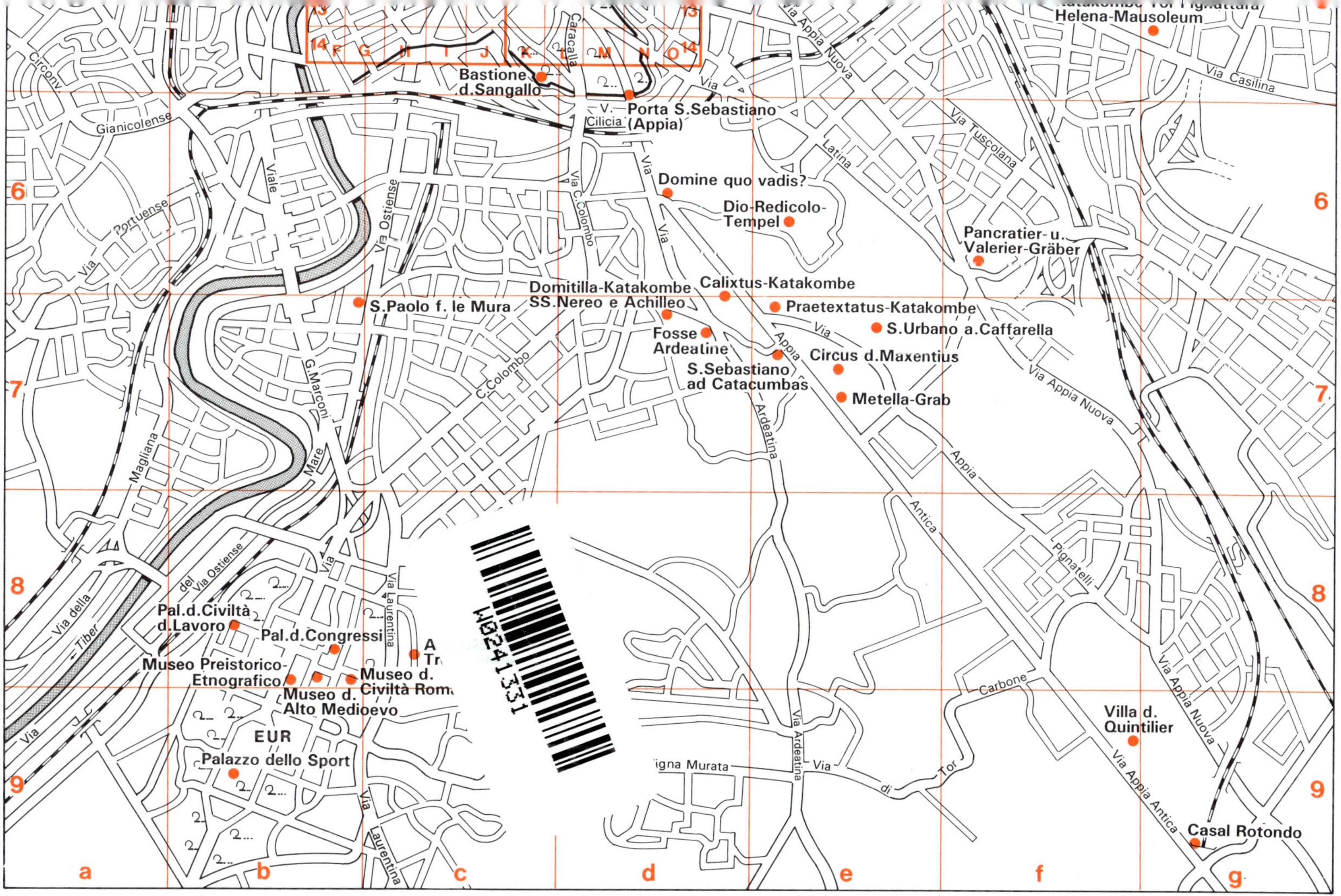
Helena-Mausoleum
Via Casilina
Via Appia Nuova
Via Tuscolana
Latina
Bastione d.Sangallo
Porta S.Sebastiano (Appia)
V. Cilicia
Caracalla
Circonv.
Gianicolense
Viale
Via Portuense
Via Ostiense
Via C.Colombo
Domine quo vadis?
Dio-Redicolo-Tempel
Pancratier- u. Valerier-Gräber
Domitilla-Katakombe
SS.Nereo e Achilleo
Calixtus-Katakombe
Praetextatus-Katakombe
S.Urbano a.Caffarella
S.Paolo f. le Mura
Fosse Ardeatine
S.Sebastiano ad Catacumbas
Circus d.Maxentius
Metella-Grab
Via Appia
Via Appia Antica
Ardeatina
Via Ardeatina
G.Marconi
C.Colombo
Mare
Magliana
Via della
Tiber
Via del Mare
Via Ostiense
Via Laurentina
Pal.d.Civiltà d.Lavoro
Pal.d.Congressi
Museo Preistorico-Etnografico
Museo d. Alto Medioevo
Museo d. Civiltà Rom
EUR
Palazzo dello Sport
Pignatelli
Carbone
Via di Tor
igna Murata
Villa d. Quintilier
Casal Rotondo
a
b
c
d
e
f
g
6
7
8
9
13
14
F
G
H
I
J
K
L
M
N
O

Kunstführer Rom

Kunstführer Rom

Von Anton Henze, Kunibert Bering und Gerhard Wiedmann
unter Mitarbeit von Ernest Nash und Hellmut Sichtermann

Mit 171 Fotos, Rissen,
Plänen und Übersichtskarten
sowie 26 Farbabbildungen
Fünfte, neu bearbeitete Auflage

Philipp Reclam jun. Stuttgart

Die vorliegende fünfte Auflage führt die erstmals 1962 und in vierter Auflage 1981 in Reclams Universal-Bibliothek erschienene Ausgabe von *Reclams Kunstführer Italien 5: Rom und Latium. Kunstdenkmäler und Museen* verändert fort.

Die Deutsche Bibliothek – CIP-Einheitsaufnahme

Henze, Anton:
Kunstführer Rom / von Anton Henze ; Kunibert Bering und Gerhard Wiedmann. Unter Mitarb. von Ernest Nash und Hellmut Sichtermann. – 5., neu bearb. Aufl. – Stuttgart : Reclam, 1994
ISBN 3-15-010402-5
NE: Bering, Kunibert:; Wiedmann, Gerhard:

Einbandentwurf: Reichert Buchgestaltung, Stuttgart, unter Verwendung eines Fotos des Bildarchivs Joachim Kinkelin, Worms / Manfred Mehlig
(Rom: Trajans-Forum, Trajans-Säule und Kirche S. Maria di Loreto)
Satz: Kösel, Kempten
Druck: Reclam, Ditzingen
Buchbinderische Verarbeitung: Wilhelm Röck, Weinsberg
Printed in Germany 1994

ISBN 3-15-010402-5

VORWORT

Dieses Rom-Buch ist eine Neubearbeitung des Bandes *Rom und Latium* aus der Taschenbuch-Reihe der Reclam-Kunstführer.

Begründet, verfaßt – zu größten Teilen – und für vier erfolgreiche Auflagen editorisch betreut hatte den »kleinen Vorgänger«, ein als Standardwerk der Guidenliteratur gerühmtes Werk, Dr. Anton Henze bis zu seinem Tode im Jahre 1983. Was dieser in Rom ansässige Kunsthistoriker und Wissenschaftsjournalist als Vermittler zwischen italienischem und deutschem Kulturleben, als gebildeter Kenner der Kunst und Geschichte Roms in vorzüglicher literarischer Form, detailgenau einerseits und mit Blick auf die großen Zusammenhänge andererseits, mitzuteilen wußte, kennzeichnet Reclams ehemaligen Führer *Rom und Latium*. Zur Beschreibung der antiken Denkmäler, der Stadttopographie und des umfangreichen Komplexes der Vatikanischen Museen hatten die dem Deutschen Archäologischen Institut in Rom verbundenen Professoren Dr. Ernest Nash und Dr. Hellmut Sichtermann sowie der Abteilungsleiter der Vatikanischen Museen Dr. Georg Daltrop wesentliches beigetragen.

Die Texte der genannten Autoren bilden nach wie vor die Grundlage des vorliegenden *Kunstführers Rom*, wenngleich in überarbeiteter, in jeder Hinsicht aktualisierter Form. Textqualität und editorische Sorgfalt sind um nichts gemindert, die Ausstattung mit teilweise farbigen Abbildungen im größeren Buchformat wurde erheblich gesteigert. Nur der Gebietsumfang hat sich geändert: Der Band ist konzentriert auf die Wünsche des Rom-Besuchers, dem für die Ewige Stadt noch mehr Objektartikel geboten werden als zuvor. Die kunsthistorisch bedeutendsten Orte der nahen Umgebung Roms blieben einbezogen.

Für die Neuausgabe hat Dr. Kunibert Behring, Privatdozent für Kunstgeschichte an der Universität Bochum, die Artikel zur frühchristlichen und mittelalterlichen Kunst bearbeitet und zu einem großen Teil neu verfaßt. Dr. Gerhard Wiedmann, Leiter der Bibliotheksabteilung an der Bibliotheca Hertziana, dem römischen Kunstforschungsinstitut der Max-Planck-Gesellschaft, hat in gleicher Weise die Texte über nachmittelalterliche Kunst aufgrund der Fachliteratur und nach den Gegebenheiten am Ort selbst revidiert und um neue Beiträge ergänzt, in Zusammenarbeit mit dem Lektorat des Verlags, das auch die Revision der Antiken-Artikel verantwortet.

Der Verlag

ZUR ANLAGE DES BANDES

Der neue »Kunstführer Rom« folgt in seiner Anlage einer Gliederung, wie sie sich in der praktischen Nutzung bewährt hat.

Die **einleitenden Texte** geben eine Übersicht über die künstlerische und die politische Entwicklung der Stadt. Dem Band sind ein geschichtlicher Überblick, eine Zeittafel, Verzeichnisse der Herrscher und der Päpste und eine Einführung in die Topographie der Stadt Rom vorangestellt. Weitere Übersichten bieten Hinweise auf wichtige Sehenswürdigkeiten sowie auf kunsthistorische und -thematische Zusammenhänge; sie machen Vorschläge für Besichtigungsprogramme der Besucher.

Der der **Stadt Rom** gewidmete Hauptteil des Bandes umfaßt die Kapitel *Antike Bauten* (die sich selbstverständlich nicht immer von späteren Überbauungen und Ergänzungen trennen ließen) – *Sakralbauten* – *Profanbauten* (dazu: Plätze, Brunnen, Stadthügel) – *Museen und Sammlungen.* Innerhalb dieser Kapitel sind die Objekte alphabetisch geordnet, sofern sich nicht (vor allem für die Antike) Untergruppierungen anboten. Verweise auf Objekte, die im Rahmen anderer Artikel mitbesprochen werden oder die auch unter anderen Namen bekannt sind, finden sich in vielen Fällen an alphabetischer Stelle im Text, auf jeden Fall aber im Objektregister, das am einfachsten immer zu Rate zu ziehen wäre (s. u.).

Der anschließende Teil behandelt die **Vatikanstadt.** Die Darstellung geht hier vom Petersplatz und von St. Peter aus und führt dann in räumlich-topographischer (nicht alphabetischer) Folge zu den anderen großen Bauten in diesem Bereich sowie zu den Vatikanischen Sammlungen.

Der folgende Teil beschreibt einige kunsthistorisch bedeutende Orte in der **Umgebung,** deren Besuch gern mit einem Aufenthalt in Rom verknüpft wird.

Im **Anhang** erschließen *Register* die Namen aller Künstler und die Objekte des Bandes. Der Gebrauch des Objektregisters sei auch empfohlen wegen der unumgänglich gemischten Aufführung der Objekte in ihren antik-römischen, italienischen und/oder deutschen bzw. eingedeutschten Bezeichnungen. Auf 5 *Übersichtsplänen* am Schluß des Bandes sind die behandelten Objekte der Innenstadt eingezeichnet; die Koordinaten ihrer Planquadrate (A–O, 1–14) finden sich jeweils als Randeintrag bei den Objektartikeln. Objekte außerhalb des Innenbereichs verzeichnet der Übersichtsplan auf den Vorsatzseiten mit den Planquadraten Va–Vg, 1–9. Randeinträge mit Eckklammern nennen den Bereich, in dem sich ein nicht in den Plänen verzeichneter Bau befindet.

Ein ● am Seitenrand neben dem Text soll – über die knapp gehaltene Liste der Hauptsehenswürdigkeiten (S. 40f.) hinaus – auf künstlerisch-kunsthistorisch herausragende Bauten, Details, Ausstattungsstücke und Museumsobjekte aufmerksam machen.

Bewußt verzichtet wurde auf die Angabe von Öffnungszeiten, da sie erfahrungsgemäß häufig Änderungen erfahren; und kaum etwas enttäuscht doch einen Besucher mehr, als eine Tür verschlossen zu finden, die es laut Führer nicht sein sollte. (Dazu auch S. 313.)

Literaturhinweise: Die Stadt Rom ist in 22 Rioni eingeteilt, d. h. Stadtviertel innerhalb der Mauern. Der Bezirk außerhalb der Mauern entspricht 32 Quartieri. Die von der Stadtverwaltung besorgten Führer der Rioni (*»Guide Rionali di Roma«*) liegen fast vollständig vor und einige Führer auch in verbesserten Neuauflagen. Sie beschreiben topographisch geordnet das Wissenswerte. Auf diese sei für jede weitere Frage, auch zu hier nicht erwähnten Bauwerken, verwiesen. Jeder Band enthält eine umfangreiche Bibliographie zu den einzelnen Objekten.

Abkürzungen und Zeichen

Es ist das Prinzip des Kunstführers, einen ohne weiteres lesbaren Text zu bieten. Einige immer wiederkehrende Wörter und Begriffe wurden zum Teil abgekürzt. Obwohl diese Abkürzungen auch sonst gebräuchlich und wohl jedermann verständlich sind, werden sie im folgenden erklärt:

beg.	begonnen
bez.	bezeichnet
bzw.	beziehungsweise
ca.	zirka
d. Ä.	der Ältere
dat.	datiert
d. Gr.	der Große
d. J.	der Jüngere; des Jahres (usw.)
d. T.	(Johannes) der Täufer
ehem.	ehemalig
Ev.	(Johannes der) Evangelist
geb., *	geboren
gegr.	gegründet
gen.	genannt
gest., †	gestorben
hl.	heilig, Heilige(r)
hll.	heilige, Heilige (Mz.)
i. ü.	im übrigen
Jh.	Jahrhundert
lat.	lateinisch
lt.	laut
n.	nach
n. Chr.	nach Christus
S.	San, Santo, Santa; Seite
s., →	siehe
s. a.	siehe auch
s. d.	siehe dort
sel.	selig, Selige(r)
sign.	signiert
sog.	sogenannt
SS.	Santissimo(a), Santi, Sante
St.	Sankt
u.	und
u. a.	unter anderem; und andere
u. ä.	und ähnliche(s)
v.	vor
v. Chr.	vor Christus
vgl.	vergleiche
z. T.	zum Teil
zw.	zwischen
~	um, gegen, zirka

Die gelegentlich verwendeten italienischen Begriffe *Dugento* (Duecento = 200, abgekürzt für 1200 = 13. Jh.), *Trecento* (14. Jh.), *Quattrocento* (15. Jh.), *Cinquecento* (16. Jh.), *Se(i)cento* (17. Jh.) bezeichnen sowohl das Jahrhundert als auch seinen Stil.

GESCHICHTLICHER ÜBERBLICK

Rom – die Hauptstadt Italiens – ist mit rund 3 Millionen Einwohnern die größte Stadt des westlichen Mittelmeerraumes und internationales Zentrum. In der seit 1929 als selbständiges Staatswesen anerkannten Città del Vaticano umschließt es den Sitz des Papstes. In der Antike galt Rom als die Ewige Stadt und die Hauptstadt der Welt; es war sammelnde und schöpferische Kraft der Mittelmeerkulturen. Mit den Aposteln Petrus und Paulus trat Rom in die Geschichte des Christentums ein und hat seitdem die abendländische Geschichte durch alle Jahrhunderte befruchtet, belebt und bestimmt.

Das Rom der Könige

Die Sage von der Gründung Roms auf dem Palatin durch Romulus im Jahre 753 v.Chr. entspricht nicht der tatsächlichen historischen Überlieferung. Rom ist wesentlich älter. Es dürfte seine Gründung und Entwicklung der Tiber-Insel verdanken die einen wirtschaftlich bedeutenden Brückenschlag über den Fluß ermöglichte und so den Verkehr auf den Straßen aus Kampanien, Etrurien und Latium verband. Nicht ohne Grund hieß von den frühesten Überlieferungen bis zum Ende der Kaiserzeit der oberste Priester *Pontifex maximus,* oberster Brückenbauer. Auf dem Kapitol wurde bereits im 14. Jh. v.Chr. gesiedelt; auf dem Palatin fanden sich Spuren einer latinischen Anlage des 10. Jh. v.Chr.; auf dem Esquilin und dem Quirinal sind sabinische Siedlungen des 8. Jh v.Chr. bezeugt. Es ist durchaus denkbar, daß ein Stammesfürst mit Namen Romulus diese und andere Stützpunkte an der Tiber-Brücke im 8. Jh., dem Jahrhundert der griechischen Kolonisation im Gebiet des heutigen Italien, zu einer Siedlung vereinte.

Religiöse, politische und militärische Mitte des Gemeindeverbandes war das Kapitol. Die Könige sowie die kulturell führende Schicht entstammten wahrscheinlich, jedenfalls seit dem Ende des 7. Jh. v.Chr., dem nördlich benachbarten Volk der Etrusker (Tarquinier); auch die auf dem Kapitol verehrten Götter Jupiter, Mars und Virinus weisen nach Etrurien, und der etruskischen Kunst gehört das berühmte Symbol der Stadt, die heute noch auf dem Kapitol bewahrte bronzene Wölfin, an. Die Tarquinier bauten die ersten Heiligtümer und staatlichen Repräsentationsbauten, so den Tempel des Jupiter Capitolinus.

Die Republik

Im Jahre 509 v.Chr. wurden die Könige vertrieben. Die etruskische Vorherrschaft wurde abgeschüttelt, das Patriziat übernahm die religiösen und staatlichen Funktionen. Es entstanden auf dem Forum die Tempel des Saturn und der Dioskuren, am Fuß des Aventin der Ceres-Tempel. Innere Auseinandersetzungen mit den Plebejern verursachten wechselvolle Geschicke. Bedroht durch die latinischen Stämme und die Gallier (Galliereinfall um 390 v.Chr.), brachte Rom die Führung in Latium an sich und konnte seine Macht im Laufe des 4. Jh. festigen; Etrurien und Mittelitalien wurden unterworfen. Im 3. Jh. entbrannte der Kampf um die Vorherrschaft im Mittelmeerraum. Rom blühte wirtschaftlich und kulturell in gleichem Maße auf; die Militärmacht behauptete sich in den Punischen Kriegen gegen Karthago (264–241, 218–201 und 149–146 v.Chr.), das besiegt und dem Reich einverleibt wurde, und eroberte die östlich an das Mittelmeer angrenzenden Gebiete. Der Bauernstaat verwandelte sich in ein hochentwickeltes, von Soldaten und Beamten getragenes Staatsgefüge. Im letzten vorchristlichen Jahrhundert geriet die Republik in Verfall: Die Bürgerkriege unter Sulla und Marius, unter Pompeius und Caesar, Verschwörungen wie die des Catilina, die Cicero bekämpfte, und schließlich das Machtstreben einzelner brachten der Stadt Erschütterungen, die mit der Ermordung Caesars im Jahre 44 v.Chr. ihren Höhepunkt erreichten.

Rom war in den republikanischen Jahrhunderten zur Weltstadt von schätzungsweise 500000 Einwohnern gewachsen; es hatte die klassischen sieben Hügel bevölkert – Kapitol, Palatin, Aventin, Caelius, Esquilin, Viminal und Quirinal; es durfte sich als schöpferisches Zentrum der hellenistischen Kultur im Mittelmeerraum betrachten und hatte in der Auseinandersetzung zwischen griechischer Form und etruskischem Erbe eine Kunst und Architektur eigener Art geschaffen.

Imperium Romanum

Das Rom der Kaiserzeit begann seinen geschichtlichen Weg unter Augustus (43 bzw. 27 v.Chr.–14 n.Chr.), dem Nachfolger und Erben Caesars, nach einer Zwischenepoche, die durch Bürgerkriege gekennzeichnet war. Das römische Herrschaftsgebiet weitete und festigte sich; die Welt erlebte 3 Jahrhunderte einer politischen und kulturellen Blüte, die zu den glanzvollsten Epochen der gesamten Geschichte gehören. Das Römische Reich umschloß die damals bekannte Kulturwelt Europas, Nordafrikas und Vorderasiens: Rom war tatsächlich das Haupt der Welt (*caput mundi*) und der Mittelpunkt ihrer Völker.
In republikanischer Zeit und in der Ära der Kaiser entstand eine Fülle von Bauwerken ersten Ranges und größten Ausmaßes. Die Stadt wuchs zu einem Gemeinwesen, das im 2. nachchr. Jh. etwa 1,5 Millionen Einwohner umfaßte. Nachdem bereits im 7. Jh. v.Chr. die Entwässerung der sumpfigen Senken am Tiber und des Forumtals durch ein Kanalsystem, die Cloaca Maxima, begonnen hatte, erlaubte die nach dem Galliereinfall von 390 v.Chr. errichtete Umwallung, Nachfolgerin einer Stadtumwehrung des 6. Jh., der sog. Servianischen Mauer, den planmäßigen inneren Ausbau der Stadt. 312 v.Chr. erhielt Rom mit der Aqua Appia die erste Wasserleitung, gleichzeitig mit der Via Appia die erste Fernstraße. Auf dem Kapitol und dem Palatin wurden große Staats- und Tempelbauten errichtet, nachdem bereits die Tarquinier-Könige im 6. Jh. damit begonnen hatten. 61–55 v.Chr. ließ Pompeius das erste Theater aus Stein erbauen. Augustus unterteilte die wachsende Stadt in 14 Bezirke; er ließ neue Wasserleitungen anlegen, 3 Theater und Dutzende von Heiligtümern bauen bzw. erneuern; als er die großen Pläne Caesars auf dem Forum zu verwirklichen begann, trat der Marmor an die Stelle des bis dahin das Stadtbild bestimmenden Ziegelbaus. Mit den Thermen des Agrippa entstand 25 v.Chr. der erste öffentliche Badebau. Nach dem Brand d. J. 64 n.Chr. setzte in der Innenstadt ein großzügiger Wiederaufbau ein, dessen Zentrum das Goldene Haus Neros war. In einer ununterbrochenen grandiosen Bautätigkeit bis in die Zeit Konstantins hinein entwickelte und verwandelte sich das Erscheinungsbild der Stadt wieder und wieder. Kaiser Aurelian begann 271 mit der Errichtung eines neuen großen Mauerrings aus Backstein.
Großartige Ruinen antiker Architektur sind vor allem auf dem Forum Romanum und dem Palatin, am Kapitol, im Kolosseum der Flavischen Kaiser, in den Diokletians- und Caracalla-Thermen, im Mausoleum des Augustus, in der Engelsburg, im Konstantins-Bogen und im Pantheon des baufreudigen Kaisers Hadrian erhalten. Daneben zeugen zahllose Fragmente von kleineren Bauwerken religiöser und profaner Bestimmung für die Größe und Würde der antiken Stadt.

Rom im Mittelalter

Päpste, Kaiser und Adelsfamilien prägten als entscheidende Kräfte die Geschichte Roms im Mittelalter: Im Spannungsfeld dieser drei Mächte bildete sich das Aussehen der Stadt heraus. Die sich wandelnden Herrschaftsansprüche, politischen Theorien und Utopien ebenso wie theologische Konzeptionen konkurrierten miteinander, ergänzten sich, lösten sich ab und bildeten immer wieder neue Lebensformen. Macht realisierte sich im Besitz von Festungen, Stadtvierteln, Türmen, Straßen oder Kirchen, dokumentierte sich in Bauprogrammen und Bildern. Die im Mittelalter christlich interpretierte Antike blieb immer gegenwärtig und lieferte in mächtigen Ruinenkomplexen nicht nur Baumaterial, sondern vor allem den großen, auf den vermeintlichen Glanz der Antike bezogenen Legitimationsrahmen für politisches Handeln ebenso wie für das Selbstverständnis der Bevölkerung. Die deutschen Kaiser (und viele Adelsfamilien) propagierten die »renovatio Romae« als wichtigstes Ziel der Politik – der Gedanke der Übertragung des römischen Herrschaftsanspruchs auf das Reich der Franken, der Ottonen, später auf das der Staufer bildete die Basis der politischen Theorie des Mittelalters.

Die päpstlich-theologische Konzeption verstand das Handeln in der Gegenwart demgegenüber als Vorbereitung auf das Reich Gottes, das sich (nach Augustin) bereits auf Erden verwirklichen kann: Päpstliche Bauten in Rom verkörpern oft den Anspruch, Rom als das Neue Jerusalem der Offenbarung erscheinen zu lassen.

Die politische Konzeption Konstantins (306–337), das Staatskirchentum, hatte zu neuer Akzentuierung des römischen Stadtbildes geführt, indem ein Kranz von christlichen Sakralbauten über den Märtyrergedenkstätten an den Ausfallstraßen entstand. Als architektonische Leitform propagierte der neugeschaffene Bautypus der Basilika die Ideen von Kirche und Staat: Aus der Kombination der kaiserzeitlichen Markthalle mit einer Apsis zur Verehrung der Kaiserstatue, dem Audienzsaal der Cäsaren und der Form der Kultstätten für nichtolympische Gottheiten resultierte die christliche Basilika als große Halle für Gemeindeveranstaltungen und Gottesdienste. Daneben errichtete man die Variante der Umgangsbasilika über den Märtyrergedenkstätten (→ Basilika von Tor de' Schiavi, S. Agnese fuori le Mura, SS. Marcellino e Pietro, S. Sebastiano, S. Lorenzo fuori le Mura), die besonders für Prozessionen geeignet waren. Häufig treten die Basiliken in Verbindung mit Mausoleen von Angehörigen der kaiserlichen Familie auf, wobei die tradierten Typen energisch weiterentwickelt werden, wie in S. Agnese und S. Costanza. In der Errichtung des Komplexes von S. Giovanni in Laterano erhielt die christliche Kirche ihr offiziell-administratives Zentrum, während sich Konstantins Monumentalbau über dem Grab Petri zum geistlichen Mittelpunkt des Abendlandes entwickelte. Insgesamt stand am Ende der konstantinischen Ära dem paganen, als Hauptstadt von Konstantinopel abgelösten Rom, dessen Monumente noch erhalten waren, ein christliches Rom gegenüber. In der Figur Konstantins, des ersten christlichen Kaisers, sah das Mittelalter das große Vorbild des Herrschers; zugleich entstand mit der Bevorzugung des römischen Bischofs die Basis für den Primatanspruch des Papstes, der zweiten prägenden Kraft des Mittelalters.

Das Eindringen germanischer Stämme beschleunigte den Zusammenbruch des Reiches: 410 nahmen die Westgoten Rom ein, 455 folgte die Plünderung der Stadt durch die Vandalen. 476 setzte Odoaker den letzten weströmischen Kaiser Romulus Augustulus ab. Wie im gesamten Mittelmeerraum sank die Einwohnerzahl erheblich (zeitweise auf 20000 bis 30000 Menschen), so daß ganze Stadtviertel verödeten – die antike Metropole entwickelte sich zu einem ländlich strukturierten Gebiet mit einigen verstreuten Siedlungskernen. Antike Bauten beutete man oft als Steinbrüche aus, benutzte sie aber auch weiter und verwandelte spätantike Hallen häufig in Sakralbauten (→ S. Pietro in Vincoli, SS. Giovanni e Paolo, SS. Quattro Coronati). In diesen Jahrhunderten des Umbruchs profilierte sich das Papsttum als einzige noch intakte Institution, als Garant der Ordnung und Bewahrer der Kultur.

In der Auseinandersetzung der Ostgoten mit dem byzantinischen Reich gelang es Kaiser Justinian (527–565), Italien unter seine Herrschaft zu bringen und Rom einem bis in das 8. Jh. anhaltenden byzantinischen Einfluß auszusetzen, der sich besonders in Malerei und Mosaikkunst (S. Agnese fuori le Mura, S. Lorenzo fuori le Mura, SS. Apostoli, S. Teodoro), aber auch in der Verehrung östlicher Reliquien (vgl. S. Saba) niederschlug. Gegen die byzantinische Oberherrschaft und ihre Steuerlast richtete sich der durch Milizen gestärkte römische Lokaladel, der zunehmend in Klerus und Militär eindrang, antike römische Titel (*consul, senatus*) wiederbelebte und die Papstwahlen zu beeinflussen suchte – die Adelsfamilien traten als dritte prägende Kraft im mittelalterlichen Rom hervor.

Nach dem Bruch mit Byzanz im Zuge des Bilderstreites wandte sich Papst Stephan II. 753 an den fränkischen Hof Pippins um Hilfe, als die Langobarden die Stadt zu unterwerfen drohten. So griff erstmals eine außeritalienische Macht zugunsten des Papsttums ein und schuf einen Präzedenzfall für die Italienzüge der deutschen Kaiser. Mit der sog. Pippinschen Schenkung (754), welche die eroberten langobardischen Gebiete (Romagna und Marken) umfaßte, wurde der Grund zum Kirchenstaat gelegt und damit der geistlichen Macht eine territoriale Basis verschafft. Die Politik Pippins fand ihre Fortsetzung in den Maximen Karls d. Gr. (768–814), der die Langobarden unterwarf und die tatsächliche Macht in Rom ausübte, ein Prozeß, der in der Krönung des Frankenkönigs 800 in der Peterskirche seinen Höhepunkt fand. In entschiedenem Rückgriff auf das spätrömische Reich betrieb Karl eine Politik der »renovatio Romae« und ließ sich »Constantinus novus« nennen; diese Zielvorstellung schlägt sich insbesondere in der Übertragung des Bautypus der Basilika in die Länder nördlich der Alpen nieder. In Rom selbst setzte in karolingischer Zeit eine Welle von basilikalen Neubauten ein (S. Marco, S. Maria in Domnica, S. Prassede, S. Anastasia, S. Cecilia in Trastevere, S. Giovanni a Porta Latina; vgl. S. Clemente/Unterkirche, S. Giorgio in Velabro), die mit umfangreichen Bildprogrammen ausgestattet wurden, so daß ein neues Rom-Bild entstand.

Über die karolingische Reichskonzeption ging die Staatsvorstellung der ottonischen Kaiser, insbesondere Ottos III., einen entscheidenden Schritt hinaus: Rom sollte nach der Theorie des Theologen Gerbert von Reims die Hauptstadt eines erneuerten römischen Reiches als Zusammenschluß italischer, germanischer und slawischer Völker werden. Otto III. versuchte als erster deutscher Kaiser, diesen Anspruch zu verwirklichen und in einem Bauprogramm durchzusetzen (vgl. S. Bartolomeo all'Isola). Das 11. Jh. stand ganz im Zeichen des Machtkampfes zwischen Kaiser und Papst, dem sog. Investiturstreit, bei dem es um das Recht, Bischöfe einzusetzen, ging. Unter Papst Gregor VII. (1073–1085) erreichte er in der Auseinandersetzung mit Heinrich IV. (1056–1106) seinen Höhepunkt. Es ging der päpstlichen Macht, gestützt auf den Adel mit seinen Truppen und die Normannen in Süditalien, um die Reform der Kirche und deren Lösung aus der Vormundschaft der deutschen Herrscher.

Wenn auch die Kirche gestärkt aus dem Investiturstreit hervorging, so kollidierten die päpstlichen Interessen doch immer wieder mit den untereinander zerstrittenen Adelsparteien in Rom. Die Frangipani und die Pierleoni erhoben 1130 je einen »eigenen« Papst (Innozenz II. und Anaklet II.) und verursachten damit ein Schisma, das neun Jahre dauern sollte. Der kommunale Adel und das aufstrebende Bürgertum widersetzten sich dem päpstlich dominierten Rom und orientierten sich an der Idee eines restaurierten römisch-antiken Gemeinwesens: 1143/44 emanzipierte sich die römische Kommune in der »renovatio senatus« unter Berufung auf die römische Republik vom Papsttum. Dieser Anspruch artikulierte sich in der Reparatur der Stadtmauer 1157, im Gesetz zum öffentlichen Schutz der antiken Triumphsäulen 1162, in der Neugestaltung des Kapitols und besonders wirkungsvoll in der Überbauung zahlreicher antiker Monumente durch Türme. Diese Türme wurden zu Schreinen für Spolien, für Bau-Reliquien, wie noch Petrarca die römischen Ruinen nannte. Der Senat verlegte 1144 seinen Sitz vom Forum Romanum auf das Kapitol und residierte ab 1150 in dem Palast der Familie Corsi über dem antiken Tabularium, dem späteren Senatorenpalast. Der Anspruch, das Kapitol – nicht der Lateranpalast – sei das Zentrum Roms unter der Herrschaft des Adels, kommt auch in den Besitzverhältnissen des urbanen Straßensystems zum Ausdruck. Von den Konsularstraßen, vom Kapitol ausstrahlend, befand sich im 12. und 13. Jh. die Via Flaminia in der Hand der Orsini, die Capocci hielten die Via Salaria, die Crescenzi und Orsini die Via Nomentana, die Conti die Via Appia, während die Colonna die Via Labicana kontrollierten.

Der Niedergang der staufischen Kaisermacht durch den plötzlichen Tod Heinrichs VI. 1197 versetzte das Papsttum in die Lage, die Herrschaft über Rom der Kommune zu entreißen: Innozenz III. (1198–1216) unterwarf den Senat, band Teile Mittelitaliens an den Kirchenstaat, erlangte die Lehnsherrschaft über England und die Vormundschaft für den Erben des Reiches, Friedrich II. – der Stuhl Petri wurde zum Zentrum der europäischen Politik. Der Gesamtkomplex des Lateran zeigt eindrucksvoll die päpstliche Bau- und Bildpropaganda des Hochmittelalters, die ab 1208 in einer befestigten Papstresidenz neben der Peterskirche eine wesentliche Ergänzung erhielt. Die Propagierung der Petrus-Nachfolge und die Berufung auf die gefälschte Konstantinische Schenkung, durch die der erste christliche Kaiser angeblich dem Papst die Herrschaft über Rom und Italien übergab, bildete für Innozenz III. und seine Nachfolger

die Basis ihrer Politik (→ S. Lorenzo fuori le Mura, vgl. S. Paolo fuori le Mura).
War damit dem Papsttum die Ausschaltung des weltlichen Einflusses und die Ausbildung der Universalkirche gelungen, so geriet die Kurie in den letzten Jahrzehnten des Dugento doch in die Abhängigkeit der französischen Könige, die den verbliebenen staufischen Widerstand beseitigten. Hinter dem kraftvoll artikulierten Anspruch Papst Bonifatius' VIII. (1294–1303) auf universale Herrschaft des Papsttums stand keine reale politische Macht mehr, doch versuchte die Kurie, durch das Jubeljahr 1300 große Pilgermassen nach Rom zu ziehen. Gleichzeitig inszenierte die Kurie umfangreiche Bauvorhaben an den römischen Sakralbauten und verpflichtete führende Künstler wie Torriti (S. Maria Maggiore), Cavallini (S. Maria in Trastevere, S. Cecilia in Trastevere), Giotto (S. Giovanni in Laterano) und Arnolfo di Cambio (S. Cecilia in Trastevere, S. Paolo fuori le Mura). Der Generation dieser Künstler gelang die Ausbildung einer neuen Formensprache, welche die noch immer byzantinisch beeinflußte Kunst Roms ablösen sollte.
Das *14. Jh.*, geprägt vom Exil der Päpste in Avignon (1309–1377) und von dem großen abendländischen Schisma (1378–1417), brachte Italien eine weitgehende Zersplitterung in Territorien und Rom heftige Kämpfe der Adelsparteien, aus denen der weitgehende Verfall der Stadt resultierte.
Erst in der Mitte des *Quattrocento* gelang es den Päpsten, wieder dauerhaft in Rom zu residieren, nachdem die Ansprüche der Bischöfe gegenüber der Kurie abgewiesen und der Widerstand des kommunalen Adels mit Waffengewalt 1436 gebrochen worden war. Die Position des Papsttums schlug sich seit Nikolaus V. (1447–1455) in einer weitreichenden Regulierung Roms nieder: Die Restaurierung der wichtigsten Straßen und Brücken schuf ein funktionierendes Kommunikationssystem zwischen den beiden Zentren der päpstlichen Baupolitik, dem Kapitol und dem Vatikan mit Engelsburg und Borgo Die Beherrschung des Kapitols, einst Zeichen kommunaler Unabhängigkeit, dokumentierte sich in der Errichtung neuer Fassaden am Konservatoren- und am Senatorenpalast sowie in einer Freitreppe vom Kapitolsplatz zur Kirche S. Maria in Aracoeli. Die Propagierung der Petrus-Nachfolge und des kurialen Verständnisses des Papsttums äußerte sich in der Planung einer tiefgreifenden Umstrukturierung des Vatikans, in Projekten, die zur Grundlage der Bautätigkeit aller nachfolgenden Päpste wurden. Das von ihm neu entworfene Rom-Bild verstand Nikolaus V. als Abbild des Neuen Jerusalem, als Verwirklichung des Gottesstaates Augustins auf Erden, während sich der Papst selbst als neuer Augustus und neuer Salomon darstellte.

Rom in der Neuzeit

Wieder ins Zentrum der päpstlichen Machtdarstellung getreten, erhielt die Stadt in ihrer künstlerischen Entwicklung entscheidende Anstöße durch die Neugestaltung von St. Peter und den Vatikanischen Palästen. Vor allem toskanische Künstler, auch Lombarden und Umbrier, bestimmten die Unternehmungen der *Renaissance* des 15. und frühen 16. Jh. (Alberti, Bramante, Bregno, Filarete, Sangallo). Gleichzeitig entwickelte sich ein immer tieferes Bewußtsein der römischen Vergangenheit, was sich in Gründungen von Antikensammlungen und in archäologischen Grabungen ausdrückte. Die toskanischen Stilformen übernahmen die der antiken Bauten. An bedeutenden Renaissance-Gebäuden haben sich in der Stadt erhalten u.a. die Kirchen S. Andrea in Via Flaminia, S. Agostino, S. Eligio degli Orefici, S. Marco, der Tempietto in S. Pietro in Montorio, S. Spirito in Sassia mit dem anschließenden Hospital, S. Maria della Pace, S. Maria del Popolo; unter den Profanbauten ragen die Palazzi der Cancelleria, Farnese, Laterano, Massimo alle Colonne, Mattei Paganica, Mattei Caetani, Quirinale, Ruspoli, Sciarra, Spada, Torlonia und Venezia sowie die Villa Giulia, Farnesina, Villa Madama und Villa Medici hervor. Die Malerei erneuert sich in den großen Freskenzyklen Peruginos, Pinturicchios und erreicht unter dem Pontifikat Julius' II. und Leos X. ihren Höhepunkt in den beiden Künstlerpersönlichkeiten Michelangelo und Raffael.
Das *16. Jh.* brachte Rom nach Überwindung der Folgen des »Sacco di Roma«, der Eroberung durch das Landsknechtsheer Karls V. im Mai 1527, eine Blütezeit, die häufig mit dem Aufstieg unter Kaiser Augustus verglichen

wurde. Die Päpste, nunmehr unangefochtene Herrscher über Rom und den übrigen Kirchenstaat, entstammten den großen Fürstengeschlechtern der Stadt und Italiens. Der planmäßige Aufbau Roms begann im Tiber-Knie mit einem fächerförmigen Straßennetz, ausgehend von der Engelsburg, wodurch sich die Stadt in östlicher Richtung, zum Corso hin, ausdehnte.

Die *Gegenreformation*, die mit dem Konzil von Trient (1545–63) ihren entscheidenden Impuls erhielt, gab auch der Bauleidenschaft der Päpste neue Antriebe. Rom gewann seit Papst Sixtus V. (1585–90) in einer großartigen Planung von Straßenzügen, Plätzen und Brükken nach und nach die Gestalt, die es bis heute bewahrt. Große Straßendurchbrüche mit den perspektivischen Blicken auf Obelisken und Kirchenfassaden sowie die herrlichen, mit Brunnen geschmückten Plätze kennzeichnen diese Periode.

Der *Barock* stellt jedoch die Kunstepoche dar, die das Bild der Stadt charakterisiert. Seine Stilformen wirkten bis weit über das 18. Jh. hinaus fort. Unter der Vielzahl ausgezeichneter Künstler ragt das Genie Berninis als Stadtgestalter, Architekt, Bildhauer und Maler hervor. Neben ihm suchten die Gunst der Päpste und Fürsten (Barberini, Borghese, Pamphili) die Architekten Borromini, Pietro da Cortona, Rainaldi, die Maler und Bildhauer Caravaggio, Carracci, Domenichino, Guercino, Pozzo, auch Reni, Algardi und Guidi. Ausländische Künstler, auf der Suche nach einem idealen Arkadien in den vorbildlichen Monumenten Roms und der kampanischen Landschaft, wurden von der Stadt angezogen, darunter Rubens, Poussin, Claude Lorrain, Velázquez und die Deutschen Elsheimer und Sandrart.

Unzählige bedeutende Kirchenbauten mit ihrem Skulpturenschmuck und Meisterwerken der Malerei gehören diesem Zeitalter an: St. Peter, Il Gesù, S. Agnese in Agone, S. Andrea della Valle, S. Andrea al Quirinale, S. Carlo alle Quattro Fontane, S. Carlo ai Catinari, Oratorio dei Filippini, S. Ignazio, S. Ivo alla Sapienza, S. Maria in Campitelli, S. Maria della Vittoria, S. Susanna, SS. Luca e Martina. Unter den barocken Palastanlagen zeichnen sich vor allem die Palazzi Barberini, Borghese, Chigi, Doria, Montecitorio aus. An einzigartigen Platzanlagen wurden die Piazza Navona, die Piazza di Spagna mit der Spanischen Treppe, der Kapitolsplatz mit dem neu aufgestellten Reiterstandbild Marc Aurels, der Petersplatz und die Grundzüge der Piazza del Popolo geschaffen. Das Wasser als künstlerisches Element zu nutzen wußte die Barockkunst am eindrucksvollsten; als die schönsten Brunnenanlagen sind Acqua Felice, Acqua Paola, Fontana della Barcaccia auf der Piazza di Spagna, die Brunnen auf der Piazza Navona, der Tritonenbrunnen und nicht zuletzt die Fontana di Trevi zu nennen.

Die Umwälzungen des *19. Jh.* – schon beginnend mit den Folgen der Französischen Revolution – veränderten die politische Stellung Roms ebenso wie sein kulturelles Leben und sein geistiges Klima. 1798 wurde in Rom eine Römische Republik ausgerufen, die allerdings im folgenden Jahr schon mit Hilfe österreichischer und neapolitanischer Truppen ihr Ende fand. 1809–11 gehörte Rom zum Napoleonischen Kaiserreich und war Titularhauptstadt des »Königs von Rom«, des einzigen Sohnes Napoleons. 1815, nach dem endgültigen Sturz des französischen Imperators, wurde der Kirchenstaat wiederhergestellt.

Der *Klassizismus*, dessen theoretische Grundlagen in bestimmenden Zügen von Winckelmann, seit 1763 Präfekt der päpstlichen Antikensammlungen, geschaffen wurden, fand seine Verbreitung in der Architektur vor allem durch Valadier, in der Skulptur durch Canova und – unter dem Einfluß des Malers Carstens – den Dänen Thorvaldsen und in der Malerei durch Mengs und Camuccini. 1810 hatte sich die Künstlergruppe der Nazarener in Rom niedergelassen, die unter dem Einfluß der romantischen Bewegung der Schlegel und Tieck ihre idealen Vorbilder in der frühen italienischen (und der altdeutschen) Malerei suchte. Zur Gruppe gehörten fast ausschließlich deutsche Maler (Overbeck, Pforr, Cornelius, Schadow, Schnorr v. Carolsfeld, die Brüder Veit u.a.; → S. Isidoro); die Fresken im Casino Massimo sind Zeugnis ihrer gemeinsamen Arbeit.

1848 vertrieb ein Volksaufstand Pius IX. aus der Stadt, und erst 2 Jahre später führten französische Truppen den Papst zurück. Als letzte Station der italienischen Einigungskämpfe fiel Rom am 20. September 1870 in die Hand

Garibaldis; 1871 wurde es Hauptstadt des Königreichs Italien. Der Bevölkerungszuwachs, der darauf folgte, führte zur Verdoppelung der Einwohnerzahl von 200000 auf 400000 bereits im Jahre 1900. Der Papst zog sich als freiwilliger Gefangener in den Vatikan zurück. Am 11. Februar 1929 stellten die Lateranverträge zwischen dem Königreich Italien und dem Hl. Stuhl die Souveränität des Papstes wieder her. Es wurde die Città del Vaticano als selbständiger Staat gebildet, dem der Bezirk von Peterskirche und Vatikan sowie einzelne Gebäude in Rom und der päpstliche Sommersitz Castel Gandolfo angehören.

Der Ausbau Roms zu einer modernen Hauptstadt begann im frühen 19. Jh., wurde von Papst Pius IX. (1846–78) energisch wieder aufgegriffen und führte im Bauboom der Gründerzeit des Königreichs nach 1871 zu übertriebenen Lösungen. Diese Bautätigkeit wurde vor allem von öffentlichen Gebäuden bestimmt: Parlament, Ministerien, Justizpalast, Banken usw. Der Gestaltung der Parkanlagen auf dem Pincio und dem Gianicolo galt ein besonderes öffentliches Interesse.

20. Jh. Die oft rücksichtslose Stadtplanung, die sich zunächst an piemontesischen Vorbildern orientierte, setzte sich bis in die Zeit des Faschismus fort. So fiel dem Bau des Denkmals für Viktor Emanuel II. ein ganzes Viertel zum Opfer; gleiches geschah bei der Anlage der Via dei Fori Imperiali, der Via della Conciliazione und vielen anderen großen Straßeneinschnitten der Mussolini-Zeit.

Die schönsten Beispiele der Architektur des Jugendstils haben sich im Quartiere Dora von Gino Coppedè (1919–23) bei der Via Tagliamento erhalten.

Um 1927 bildete sich die Malergruppe, die als »Scuola Romana« bekannt geworden ist. Hauptexponenten waren Scipione (G. Bonichi), M. Mafai und dessen Frau A. Raphaël. Sie verbanden den Expressionismus der Zeit mit der römischen Barocktradition. Doch gehörten auch Maler zur Gruppe, die einen der »Neuen Sachlichkeit« ähnlichen Realismus vertraten, wie A. Donghi und A. Ziveri. Der »Scuola Romana« schlossen sich ferner die Brüder A. und M. Basaldella, G. Capogrossi, V. Guidi, R. Guttuso u. a. an.

Für die 1942 geplante Weltausstellung EUR (Esposizione Universale di Roma) entstand im Süden der Stadt ein großzügig angelegtes Gebiet mit einzelnen hervorragenden Beispielen der Architektur unter dem Faschismus. Positiv zu bewerten ist auch die Universitätsstadt (Città Universitaria), deren Bauten ein Beitrag zur modernen Kunst geworden sind.

Nach 1945 setzte eine an internationalen Maßstäben orientierte Bautätigkeit am Stadtrand ein, nachdem man im Altstadtbereich der Erhaltung der historischen Bausubstanz den Vorrang gegeben hatte. Wichtige Beispiele dafür sind das Empfangsgebäude der Stazione Termini, die als einer der schönsten Bahnhöfe der Welt gilt, die Hallen- und Stadionanlagen, die für die Olympischen Spiele von 1960 errichtet wurden, und das neue Museumsgebäude im Vatikan, das die ehem. Lateranischen Sammlungen beherbergt.

Für die wachsende Bevölkerung wurde ein intensiver Wohnungsbau nötig, der mit bedeutungslosen Blöcken die Peripherie bestimmt. Unter den Ausnahmen sind die Bauten von M. Ridolfi und W. Frankl am Viale Etiopia (1952) hervorzuheben. Unter den architektonischen Leistungen der Gegenwart verdient das Islamische Zentrum mit der Moschee nach Entwürfen von P. Portoghesi (1992) besondere Erwähnung. Kühne, ja gewagte Ingenieurbauten sind die Werke des Architekten R. Morandi (Brücken an der Magliana, 1967, und Hangar am Flugplatz Fiumicino, 1970).

ZEITTAFEL ZUR GESCHICHTE ROMS

Politische Geschichte

753 v. Chr.	Legendäres Gründungsdatum der Stadt Rom. (Antike Geschichtsschreiber nennen auch 752 und 754.) Ausgangspunkt der Zeitrechnung *ab urbe condita*, »nach Gründung der Stadt«.
509/510 v. Chr.	Sturz des letzten Königs, Tarquinius Superbus. Beginn der Republik mit der Einsetzung von 2jährlich wechselnden Konsuln als Regierungsspitze. In der Folgezeit werden ihnen 12 Liktoren als Exekutivbeamte beigegeben. Amtsgehilfen der Konsuln werden 2 Prätoren. Maßgebliches Verfassungs- und Verwaltungsorgan ist der Senat.
494 v. Chr.	Einsetzung eines Volkstribuns.
451/450 v. Chr.	Die Decemviri legibus scribundis, 10 zur Ausarbeitung der Gesetze bestimmte Männer, beginnen die Aufzeichnung des »Zwölftafelgesetzes«, einer umfassenden Rechtsordnung.
445 v. Chr.	Einsetzung von Militärtribunen mit konsularischer Gewalt.
~ 390 v. Chr.	Brandschatzung Roms durch keltische Senonen (Gallier).

Kulturgeschichte

~ 600 v. Chr.	Erste öffentliche Bauten im Gebiet des Forum Romanum.
578–534 v. Chr.	Die in 4 Regiones geteilte, von etruskischen Königen regierte Stadt auf einer Fläche von ca. 285 Hektar erhält eine Umwallung, die *Servianische Stadtmauer*, so genannt nach dem legendären König Servius Tullius.
509 v. Chr.	Errichtung eines Jupiter, Juno und Minerva geweihten Tempels auf dem Kapitol.
498 v. Chr.	Weihe eines Saturn-Tempels und Bau eines Dioskuren-Tempels, beide am Forum Romanum.
378 v. Chr.	Bau einer weiteren Mauer von ca. 11 km Länge um ein auf ca. 426 Hektar angewachsenes Stadtgebiet.
367 v. Chr.	Bau eines Concordia-Tempels am Forum Romanum.
n. 329 v. Chr.	Erste Anlage des Circus Maximus.
312/311 v. Chr.	Bau der Via Appia von Rom nach Capua und des ersten Aquädukts, der Aqua Appia.

Politische Geschichte

264–241 v. Chr.	1. Punischer Krieg, begonnen als Hilfszug für die Stadt Messana (Messina) auf Sizilien gegen die Karthager und Syrakusaner.
227 v. Chr.	Erhöhung der jährlichen Zahl an Prätoren auf 4.
218–201 v. Chr.	2. Punischer Krieg, um Besitzungen in Spanien.
217, 216 v. Chr.	Niederlagen gegen Hannibal am Trasimenischen See und bei Cannae.
149–146 v. Chr.	3. Punischer Krieg, endet mit der Vorherrschaft Roms in Nordafrika.
133–121 v. Chr.	Die von zwei Brüdern aus der Familie der Gracchen als Volkstribunen erlassenen Agrar- und Sozialgesetze verursachen einen Volksaufstand.
82/81 v. Chr.	Bürgerkrieg. Sulla gibt Rom als Diktator für kurze Zeit eine neue Verfassung und erhöht die Zahl der Senatoren von 300 auf 600. Die Zahl der Einwohner der Stadt wird auf 400000 geschätzt.
60 v. Chr.	Triumvirat (Dreierbund) zwischen Crassus, Caesar und Pompeius.
57 v. Chr.	Bandenkriege in der Stadt.
49–30 v. Chr.	Bürgerkriege. Caesar erläßt als ernannter Diktator Notstandsgesetze.

Kulturgeschichte

179 u. 142 v. Chr.	Bau der ersten Tiber-Brücke aus Stein, des Pons Aemilius.
161 v. Chr.	Vertreibung griechischer Philosophen und Lehrer aus Rom.
~ 100 v. Chr.	»Vesta-Tempel« am Forum Boarium als erster Marmortempel in Rom errichtet.
n. 82 v. Chr.	Tempel der Fortuna Primigenia in Palestrina.
78 v. Chr.	Bau des Tabulariums.
~ 70 v. Chr.	Grab der Caecilia Metella an der Via Appia errichtet.
~ 62 v. Chr.	Bau der Steinbrücken zur Tiber-Insel.
61 v. Chr.	Pompeius errichtet auf dem Marsfeld das erste römische Theater aus Stein.
51 v. Chr.	Caesar beginnt den Bau seines Forums und der Curia Julia auf dem Forum Romanum. Er veröffentlicht seine »Commentarii de bello Gallico«, Cicero sein »De re publica«.
46 v. Chr.	Caesars Basilica Julia auf dem Forum Romanum eingeweiht.

Politische Geschichte		**Kulturgeschichte**	
44 v. Chr.	Caesar wird am 15. März während einer Senatssitzung ermordet.	2. Hälfte 1. Jh. v. Chr.	Cestius-Pyramide. Eurysaces-Grab.
		~ 40 v. Chr.	Anlage der Gärten des Sallust. Vergil schreibt seine 4. Ekloge.
		~ 30 v. Chr.	Wandgemälde im Haus der Livia. Augustus errichtet einen Apollo-Tempel auf dem Palatin.
		~ 28 v. Chr.	Augustus errichtet sein Mausoleum auf dem Marsfeld.
27 v. Chr.	Wiederherstellung der Republik. Der Imperator Octavian erhält den Ehrentitel Augustus.		
		25 v. Chr.	Baubeginn der Agrippa-Thermen, der ersten öffentlichen Badeanlage in Rom.
		23 v. Chr.	Horaz veröffentlicht die ersten 3 Bücher seiner Oden.
		13 o. 11 v. Chr.	Weihe des Marcellus-Theaters.
		13–9 v. Chr.	Bau der Ara Pacis Augustae.
		12 v. Chr.	Augustus wird zum Pontifex maximus gewählt.
		2 v. Chr.	Weihe des Augustus-Forums.
7 n. Chr.	Eine Verwaltungsreform des Augustus teilt Rom in 14 Regionen. Einrichtung einer eigenen Behörde (praefectura annonae) für die Getreideversorgung der Stadt.		
19	Ausweisung der Juden aus Rom.		
		n. 27 n. Chr.	Bau einer Prätorianerkaserne, des ersten Großgebäudes aus Ziegelmauerwerk.
		38–53	Bau der Aqua Claudia mit Porta Maggiore.
		59	Einführung von griechischen Spielen durch Nero.
		~ 60–63	Predigttätigkeit und Haft des Apostels Paulus in Rom.
64	Juli: 9tägiger Stadtbrand, der 10 von 14 Stadtregionen zerstört. Christenverfolgung.	n. 64	Nero legt sein Goldenes Haus an. Bau des Circus Maximus.
		~ 67	Tod der Apostel Petrus und Paulus.
		74	Ausweisung der Astrologen und stoischen Philosophen aus Rom.

Politische Geschichte

80	Stadtbrand. Die Einwohnerzahl wird auf 400000 geschätzt.
148	Neunhundertjahrfeier Roms. Die Zahl der Einwohner wird auf über 1 Million geschätzt.
167	Pest.
191	Stadtbrand.
247	Tausendjahrfeier Roms.
250/251	Christenverfolgung.

Kulturgeschichte

80	Einweihung des Kolosseums.
81	Titus-Bogen am Forum Romanum errichtet.
~ 90	Domitian errichtet auf dem Palatin seine Residenz (Domus Augustana, Domus Flavia).
98	Tacitus veröffentlicht die »Germania«.
v. 100	Anfänge der Domitilla-Katakombe.
107–112	Bau des Trajans-Forums.
113	Weihe der Trajans-Säule.
118–125	Neubau des Pantheons durch Hadrian.
118–134	Bau der Villa Hadrians (in Tivoli).
~ 130	Baubeginn des Hadrian-Mausoleums, der späteren Engelsburg.
135	Weihe des Venus-und-Roma-Tempels am Forum Romanum.
2. Jh.	Wandbild im Nymphäum von SS. Giovanni e Paolo.
~ 170	Reiterstatue des Marc Aurel.
~ 175	»Selbstbetrachtungen« des Marc Aurel.
196	Marc-Aurel-Säule.
Ende 2. Jh.	Mithräum von S. Prisca. Malerei der Cappella Greca in der Priscilla-Katakombe.
203	Triumphbogen des Septimius Severus.
204	Bau des Arcus Argentariorum, des Bogens der Geldwechsler.
3. Jh.	Calixtus-Katakombe angelegt.
212–216	Caracalla-Thermen.
~ 230	Übergang der christlichen Gemeinde Roms von der griechischen Sprache zur lateinischen im Gottesdienst.
~ 260	Tempel der Minerva Medica errichtet.

Politische Geschichte

293 Einführung der Tetrarchie, der Aufteilung der Verwaltung des römischen Ost- und des Westreiches auf 4 Caesaren.

313 Konstantin erteilt mit dem Edikt von Mailand den Christen Religionsfreiheit.

321 Einführung des Sonntags als Ruhetag.

330 Konstantinopel-Byzanz kaiserliche Residenz. Der römische Senat wird vom Reichsrat zum Gemeinderat.

391 Theodosius I. verbietet die nichtchristlichen Kulte. Damit wird das Christentum Staatsreligion.

395 Reichsteilung in ein Ost- und ein Westimperium. Kaisersitz des Westreichs ist Mailand.

402 Honorius verlegt die Residenz des Westreichs von Mailand nach Ravenna.

410 Westgoten unter Alarich nehmen Rom ein.

Kulturgeschichte

271–279 Bau der *Aurelianischen Stadtmauer* von ca. 19 km Länge und um ein Gebiet von ca.1400 Hektar.

298–306 Bau der Diokletians-Thermen.

306–310 Maxentius beginnt den Bau seiner Basilika am Forum Romanum.

n. 312 Bau der Laterankirche als Hauptkirche des Christentums.

312–315 Konstantins-Bogen.

326 Weihe der ersten Peterskirche.

zw. 337 u. 351 Constantina, Tochter Konstantins d. Gr., stiftet S. Agnese fuori le Mura und S. Costanza.

~ 340 Sog. Bogen des Janus Quadrifrons errichtet. Gründung von S. Croce in Gerusalemme. Bau von S. Sebastiano ad Catacumbas.

384 Streit um die Wiedererrichtung des 382 aus dem Senatsgebäude entfernten Victoria-Altars zwischen Bischof Ambrosius von Mailand und dem Senator Symmachus.

n. 386 Bau von S. Paolo fuori le Mura.

~ 400 Apsismosaik von S. Pudenziana.

401–403 Neugestaltung der Stadttore.

Politische Geschichte

455, 472 Plünderungen Roms durch die Vandalen.

476 Mit der Absetzung des Kaisers Romulus Augustulus und der Erhebung Odoakers zum König durch seine germanischen Truppen endet de facto das Römische Westreich. In der neuen Ära wird der Papst der eigentliche Stadtherr Roms.

484 Erste Trennung von West- und Ostkirche.

493–553 Ostgotenherrschaft über Italien.

536 Die Goten schließen Rom ein und zerstören die Wasserleitung der Aqua Marcia.

546 Totila erobert Rom.

552 Italien wird oströmische Provinz. Rom von Narses, dem Statthalter Kaiser Justinians, der die Einheit des Imperiums wiederherzustellen versucht, besetzt und verwaltet

568–774 Langobardenherrschaft über Italien. Rom bleibt oströmisch-byzantinisches Dukat.

~ 727 Die Stadt zählt vermutlich nur noch etwa 35000 Einwohner.

~ 750/760 »Konstantinische Schenkung«, eine Fälschung, die Rom und die Westhälfte des Reichs als Geschenk Konstantins d. Gr. an Papst Silvester I. erklärt.

751 Die Langobarden erobern Ravenna, den Sitz des byzantinischen Statthalters.

753/754 Papst Stephan III. ruft den Frankenkönig Pippin gegen die Langobarden zu Hilfe. Die »Pippinsche Schenkung« sichert dem Papst ein Territorium in Mittelitalien zu. Damit Bildung eines päpstlichen Kirchenstaats.

Kulturgeschichte

432 Weihe von S. Sabina. Sixtus III. gründet S. Maria Maggiore.

~ 470/480 Bau von S. Stefano Rotondo.

~ 530 Apsismosaik in SS. Cosma e Damiano.

608 Ehrensäule für Kaiser Phokas von Byzanz auf dem Forum Romanum errichtet.

609 Das Pantheon wird Marienkirche.

8. Jh. Wandgemälde in S. Maria Antiqua.

727 Gründung des ersten Krankenhauses, des Ospedale di S. Spirito in Sassia.

Politische Geschichte

773/774 Karl d. Gr. erobert das Langobardenreich.

800 Karl d. Gr. wird von Papst Leo III. in der Peterskirche zum Kaiser gekrönt. Als Erneuerer des römischen Kaisertums übernimmt er die Oberhoheit über Rom und Italien.

846 Plünderung von St. Peter und St. Paul vor den Mauern durch Sarazenen.

962 Kaiserkrönung Ottos I. in Rom.

972 Kaiser Otto II. wird in Rom mit Theophano, einer Nichte des byzantinischen Kaisers Johannes I., vermählt.

1000 Kaiser Otto III. verwirft die Konstantinische Schenkung und beansprucht die Obergewalt über den päpstlichen Besitz.

1001 Aufstand der Römer gegen den Kaiser.

1054 Endgültige Trennung von West- und Ostkirche.

1081–84 Mehrfache Belagerung der Stadt durch Kaiser Heinrich IV. infolge des Investiturstreits.

1084 Kaiserkrönung Heinrichs IV. in Rom durch den Gegenpapst Clemens III. Normannen unter Robert Guiscard plündern und verwüsten die Stadt.

1143/44 Adel und Bürgertum emanzipieren sich vom Papst durch eine Gemeindeverfassung nach dem Vorbild des antiken Senats. Dieser Senat verlegt seinen Sitz vom Forum Romanum auf das Kapitol.

Kulturgeschichte

791 Große Tiber-Überschwemmung macht Wiederherstellung von Stadtmauern und Aquädukten notwendig.

~ 820 Mosaiken in S. Maria in Domnica. Bau und Mosaiken von S. Prassede.

848–852 Papst Leo IV. errichtet die befestigte »Leostadt« (Civitas Leonina) auf dem rechten Tiber-Ufer, zwischen St. Peter und der Engelsburg.

~ 850 Wandmalereien in S. Clemente.

~ 1000 Bau von S. Bartolomeo all'Isola.

~ 1100 Baubeginn der Oberkirche von S. Clemente; Wandmalereien in der Unterkirche.

~ 1120 Wandmalereien und Marmorausstattung von S. Maria in Cosmedin.

~ 1140 Neubau von S. Maria in Trastevere.

Politische Geschichte

1162 Gesetz zum Schutz der antiken Triumphsäulen.

12./13. Jh. Erstarkung des zur Autonomie strebenden Stadtadels, der seine Baronien in der Stadt mit eigenen Straßenzügen und mit Geschlechtertürmen ausweist.

~ 1200 Papst Innozenz III. reißt das Stadtregiment an sich.

1231 Erdbeben.

1241 Kämpfe zwischen kaiserlicher und päpstlicher Partei führen zur Zerstörung des Augustus-Mausoleums.

1275, 1280 Große Tiber-Überschwemmungen.

1300 Die Proklamation des 1. päpstlichen Jubeljahres (»Heiliges Jahr«) löst große Pilgerströme nach Rom aus.

1303 Gründung der Universität durch Papst Bonifaz VIII.

1309–67, 1370–77 Exil der Päpste in Avignon.

1347 Cola di Rienzi vertreibt den adeligen Senat. Scheitert mit dem Versuch, als selbsternannter Volkstribun eine römische Republik zu errichten.

1373 Erste schriftliche städtische Verfassung.

~ 1420 Die Stadtbevölkerung wird auf 20000 Personen geschätzt.

Kulturgeschichte

1157 Stadtmauer erneuert.

~ 1170–90 Osterleuchter von Pietro Vassalletto und Niccolò d'Angelo in S. Paolo fuori le Mura. Kreuzgang an S. Lorenzo fuori le Mura.

1191 Freskenzyklus in S. Giovanni a Porta Latina.

1205–40 Bau des Kreuzgangs an S. Paolo fuori le Mura, etwa gleichzeitig der Kreuzgänge an SS. Quattro Coronati und S. Giovanni in Laterano.

~ 1250 Freskenzyklus im Oratorium des hl. Silvester bei SS. Quattro Coronati.

1285–93 Ziborien Arnolfo di Cambios in S. Paolo fuori le Mura und in S. Cecilia in Trastevere. *Jüngstes Gericht* von Cavallini in S. Cecilia.

1292–95 Jacopo Torriti restauriert und ergänzt das Apsismosaik von S. Giovanni in Laterano und schafft das Apsismosaik von S. Maria Maggiore.

1300 Bildnis des Papstes Bonifaz VIII. von Giotto in S. Giovanni in Laterano.

~ 1420 Rom wirkt mit seinen Kirchen- und Hausruinen, leeren und schmutzigen Straßen auf Besucher »eher als eine Wüste denn eine Stadt«.

Politische Geschichte

~ 1450 Mit Nikolaus V. beginnt eine Reihe von Päpsten (u. a. Sixtus III., Sixtus IV., Paul III., Sixtus V. und Alexander VII.), welche die systematische Stadtplanung und Neugestaltung Roms zu ihrer Aufgabe machen.

1453 Der Humanist Stefano Porcari ruft zum Aufstand gegen das Papsttum auf. Er wird in der Engelsburg erhängt.

Kulturgeschichte

~ 1427 bis ~ 1431 Masolinos Fresken in S. Clemente.

1433–45 Filaretes Bronzetür in St. Peter.

~ 1440/45 Fra Angelico malt die Kapelle Nikolaus' V. im Vatikan aus.

1455 Der Bau des Palazzo Venezia wird eingeleitet.

1481–83 Erste malerische Ausstattung der Sixtinischen Kapelle durch Botticelli, Perugino, Signorelli, Ghirlandaio u. a.

~1485 Pinturicchios Fresken in S. Maria in Aracoeli.

1488–93 Filippino Lippis Fresken in S. Maria sopra Minerva.

1498–1500 Michelangelos *Pietà* in St. Peter.

1502 Bramantes Tempietto im Hof von S. Pietro in Montorio.

1506 In der Domus Aurea wird die *Laokoon*-Gruppe gefunden.

~ 1507 Andrea Sansovinos Kardinalgrabmäler in S. Maria del Popolo.

1508–12 Michelangelo malt die Deckenbilder in der Sixtinischen Kapelle des Vatikan.

1508–20 Raffael und seine Schüler malen die Stanzen im Vatikan aus.

1511/12 Fresken Raffaels und seiner Schüler in der Villa Farnesina.

1513–15 Michelangelos *Moses* für das Julius-Grab in S. Pietro in Vincoli.

1513–16 Raffaels Cappella Chigi an S. Maria del Popolo.

1514 Raffaels *Sibyllen* in S. Maria della Pace.

1516 Antonio da Sangallo d. J. beginnt den Bau des Palazzo Farnese.

1516–21 Sebastiano del Piombo malt die *Geißelung Christi* in S. Pietro in Montorio.

Politische Geschichte

1527 Mai: »Sacco di Roma«. Die kaiserlichen Truppen plündern und verwüsten die Stadt.

1540 Die Gründung des Jesuitenordens wird von Papst Paul III. bestätigt.

1555 Papst Paul IV. läßt im Quartier des Circus Flaminius das jüdische Ghetto errichten.

Kulturgeschichte

~ 1518 Ausmalung der Loggien des Vatikan durch Raffael und seine Schule.

1519–21 Michelangelos *Christus mit dem Kreuz* in S. Maria sopra Minerva.

1534–41 Michelangelo malt das *Jüngste Gericht* in der Sixtinischen Kapelle des Vatikan.

1538 Paul III. läßt die Reiterstatue des Marc Aurel vom Lateran in das Zentrum des Kapitolplatzes durch Michelangelo plazieren. (Dort bis 1981.)

1541 Daniele da Volterra malt die *Kreuzabnahme* in SS. Trinità dei Monti.

1542–45 Michelangelo schließt seine Arbeit am Kenotaph für Julius II. in S. Pietro in Vincoli ab.

1545–1607 Bau der Villen in Frascati.

1546 Michelangelo wird die Bauleitung von St. Peter übertragen.

~ 1550 Vignola legt die Farnesinischen Gärten auf dem Palatin an.

1561 Grundsteinlegung zu Michelangelos S. Maria degli Angeli in den Diokletians-Thermen.

1568 Grundsteinlegung zum Bau von Il Gesù nach Vignolas Entwurf.

1575 Grundsteinlegung zu S. Maria in Vallicella.

1580–88 Ausgestaltung von S. Giovanni Decollato.

1584 Gründung der Accademia di S. Cecilia als Musikgesellschaft.

1584–90 Domenico Fontanas Cappella Sistina an S. Maria Maggiore.

1586 Domenico Fontana leitet die Aufstellung des Obelisken auf dem Petersplatz.

1592/93 Giuseppe Cesari malt die Cappella Olgiati von S. Prassede aus.

Politische Geschichte	**Kulturgeschichte**	
	1597–1603	Carlo Madernos Fassade von S. Susanna.
	1597–1604	Annibale und Agostino Carracci freskieren die Galerie des Palazzo Farnese.
	1599/1600	Stefano Madernos *Hl. Cäcilie* in S. Cecilia in Trastevere.
	1599–1602	Caravaggios *Matthäus*-Bilder in S. Luigi dei Francesi.
	1600	Giordano Bruno wird auf dem Campo de' Fiori als Ketzer verbrannt.
	1600/01	Caravaggios *Petrus-und-Paulus*-Bilder in S. Maria del Popolo.
	~ 1605	Caravaggios *Madonna dei Pellegrini* in S. Agostino.
	1607/08	Hochaltarbilder von Rubens in S. Maria in Vallicella.
	1621–23	Guercinos Deckenbilder im Casino dell'Aurora.
	1622–28	Domenichinos und Lanfrancos Fresken in S. Andrea della Valle.
	1624–26	Berninis Hochaltar in S. Bibiana.
	~ 1625	Baubeginn am Palazzo Barberini.
	~ 1630	Duquesnoys *Hl. Susanna* in S. Maria di Loreto und Grabmäler in S. Maria dell'Anima.
	1634	Borromini erhält den Bauauftrag für S. Carlo alle Quattro Fontane.
	1637–50	Borrominis Oratorio dei Filippini.
	1642	Grundsteinlegung zu Borrominis S. Ivo alla Sapienza.
	~ 1646	Berninis *Theresia-Altar* in S. Maria della Vittoria.
	1646–49	Neugestaltung von S. Giovanni in Laterano durch Borromini.
	1647–51	Dughets Landschaftsbilder in S. Martino ai Monti.
	1647–65	Fresken von Pietro da Cortona in S. Maria in Vallicella.
	1650	Pietro da Cortona vollendet SS. Luca e Martina.
	1652	Baubeginn von S. Agnese in Agone.
	~ 1653	Borromini baut S. Andrea della Fratte.
	1655–57	Pietro da Cortona errichtet die Fassade von S. Maria della Pace.

Politische Geschichte

1798 Französische Revolutionstruppen besetzen die Stadt und rufen die Römische Republik aus.

1800 Die Stadtbevölkerung wird auf 150000 Personen geschätzt.

Kulturgeschichte

1656–65 Carlo Rainaldis Fassade von S. Andrea della Valle.

1656–67 Bernini gestaltet den Petersplatz.

1658 Carlo Rainaldi entwirft S. Maria dei Miracoli und S. Maria di Monte Santo an der Piazza del Popolo als Stadteingangsfassaden.

1672–78 Berninis Grabmal Alexanders VII. in St. Peter.

1672–85 Baciccias Fresken in Il Gesù.

~ 1675 Berninis *Sel. Ludovica Albertoni* in S. Francesco a Ripa.

1682–87 Carlo Fontanas Cappella Cibo an S. Maria del Popolo.

1694 Andrea Pozzo vollendet die Fresken in S. Ignazio.

1707 Baciccias Deckenfresko in SS. Apostoli.

1723–25 Bau der Spanischen Treppe.

1724 Erste systematische Ausgrabungen am Palatin.

1732/33 bis 1735 Alessandro Galileis Fassade und Cappella Corsini von S. Giovanni in Laterano.

1741–43 Fugas Hauptfassade von S. Maria Maggiore.

1755–58 Deckengemälde von Anton Raphael Mengs und Anton Maron in S. Eusebio.

1762 Fontana Trevi vollendet.

1763 Winckelmann wird Generaldirektor der Altertümer des Kirchenstaats.

1766 Houdons *Hl. Bruno* in S. Maria degli Angeli.

1770 Clemens XIV. leitet den Bau des Museo Pio-Clementino im Vatikan ein.

1784–92 Canovas Grabmal für Clemens XIII. in St. Peter.

1802–04 Erste Ausgrabungen in Ostia.

Politische Geschichte		Kulturgeschichte	
1809	Aufhebung des Kirchenstaats. Rom wird Teil des Napoleonischen Kaiserreichs. Die französische Verwaltung führt auf allen Ebenen (Verwaltung, Urbanistik, Hygiene, Soziales, Verkehr) Reformen durch und begünstigt den Industrieaufbau und Ausgrabungen.		
1815	Wiederherstellung des Kirchenstaats.		
		1816–24	Valadier gestaltet die Piazza del Popolo.
		1839–48	Forum Romanum ausgegraben.
1848/1849	Volksaufstand gegen den Papst. Ausrufung einer Römischen Republik.		
1860	Große Teile des Kirchenstaats in Mittelitalien fallen unter die Herrschaft des vereinigten Italien.		
1870	20. September: Eroberung Roms durch die Truppen König Viktor Emanuels II. Ende des Kirchenstaats. Große Tiber-Überschwemmung löst die Regulation des Flusses 1876–1900 aus.		
1871	Rom wird Regierungssitz. Ausbau zur Hauptstadt des Königreichs Italien.	1871–1905	Planmäßige Freilegung des Forum Romanum.
1881	Die Stadt zählt offiziell 274000 Einwohner.		
		1885–1911	Bau des Monuments für Viktor Emanuel II.
		1889	Eröffnung des Museo Nazionale Romano in den Diokletians-Thermen.
1901	Die Stadt zählt offiziell 422000 Einwohner.		
1911	Die Stadt zählt offiziell 519000 Einwohner.	1911	Weltausstellung.
1921	Die Stadt zählt offiziell 660000 Einwohner.		
1922	Mussolinis Marsch auf Rom und seine Ernennung zum Ministerpräsidenten leiten die faschistische Diktatur ein.		
		1926–29	Freilegung der Area Sacra del Largo Argentina.
1929	Lateranvertrag zwischen der italienischen Regierung und dem Papst garantiert die politische Unabhängigkeit des Vatikanstaats.		
1931	Die Stadt zählt offiziell 930000 Einwohner.		

Politische Geschichte

1944 4. Juni: Befreiung Roms durch die Alliierten.

1946 Italien wird Republik.

1961 Die Stadt zählt offiziell 2188000 Einwohner.

1985 Neues Konkordat. Neuregelung des Verhältnisses zwischen katholischer Kirche und Staat.

1991 Die Stadt zählt offiziell 2693000 Einwohner.

Kulturgeschichte

1933 Eröffnung der von Mussolini angeordneten Via dell'Impero, heute Via dei Fori Imperiali, durch das Gebiet der Kaiserforen.

1936 Abriß des Borgo für den Baubeginn der Via della Conciliazione als Hauptachse vom Tiber zum Petersplatz.

1937 Baubeginn der EUR, der für 1942 geplanten, durch den 2. Weltkrieg verhinderten Weltausstellung.

1950 Eröffnung des Neubaus des Bahnhofs Termini.

1955 Bau der ersten U-Bahn vom Bahnhof Termini zur EUR.

1959/60 Bauten für die Olympischen Spiele.

1992 Vollendung des Islamischen Kulturzentrums von Paolo Portoghesi, Vittorio Gigliotti und Sami Mousawi.

KÖNIGE UND KAISER

Legendäre Könige

Romulus	~ 753–716 v.Chr.
Numa Pompilius	~ 716–672
Tullus Hostilius	~ 672–640
Ancus Marcius	~ 640–616
Tarquinius Priscus	~ 616–578
Servius Tullius	~ 578–534
Tarquinius Superbus	~ 534–509

Römische Kaiser. Imperium Romanum

Augustus (Octavianus)	27 v.Chr.–14 n.Chr.
Tiberius	14–37
Caligula	37–41
Claudius	41–54
Nero	54–68
Galba	68–69
Otho	69
Vitellius	69
Vespasian	69–79
Titus	79–81
Domitian	81–96
Nerva	96–98
Trajan	98–117
Hadrian	117–138
Antoninus Pius	138–161
Marc Aurel	161–180
Lucius Verus	161–169
Commodus	(177) 180–192
Pertinax	193
Didius Julianus	193
Septimius Severus	193–211
Clodius Albinus	193–197
Pescennius Niger	193–194
Caracalla	(198) 211–217
Geta	(209) 211–212
Macrinus	217–218
Diadumenianus	218
Elagabal (Heliogabal)	218–222
Alexander Severus	222–235
Maximinus Thrax	235–238
Gordianus I.	238
Gordianus II.	238
Pupienus	238
Balbinus	238
Gordianus III.	238–244
Philippus Arabs	244–249
Philippus II.	246–248
Decius	249–251
Herennius Etruscus	251
Hostilianus	251
Trebonianus Gallus	251–253
Volusianus	251–253
Aemilianus	253
Valerianus	253–260
Gallienus	253–268
Claudius II. Gothicus	268–270
Quintillus	270
Aurelianus	270–275
Tacitus	275–276
Florianus	276
Probus	276–282
Carus	282–283
Carinus	283–285
Numerianus	283–284
Diocletianus	284–305
Maximianus	286–305, 307–308
Constantius I. Chlorus	305–306
Galerius	305–311
Flavius Severus (Severus II.)	306–307
Maxentius	306–312
Licinius	308–324
Maximinus Daia	310–313
Konstantin I. d.Gr.	306–337
Konstantin II.	337–340
Constans	337–350
Constantius II.	337–361
Magnentius	350–353
Julian Apostata	361–363
Jovian	363–364
Valentinian I. (Westreich)	364–375
Valens (Ostreich)	364–378
Gratian (Westreich)	375–383
Valentinian II. (Westreich)	375–392
Theodosius I. (Ostreich)	379–395
Maximus (Westreich)	383–388
Eugenius (Westreich)	392–394

Weströmische Kaiser

Honorius	395–423
Constantin III.	407–411
Jovinus	411–413
Constantius III.	421
Johannes	423–425
Valentinian III.	425–455
Petronius Maximus	455
Avitus	455–456
Majorianus	457–461
Libius Severus (Severus III.)	461–465
Anthemius	467–472
Olybrius	472
Glycerius	473–474
Julius Nepos	474–475
Romulus Augustulus	475–476

Skiren

Odoaker	476–493

Ostgotenkönige

Theoderich d. Gr.	493–526
Athalarich	526–534
Theodahad	534–536
Witiges	536–540
Hildibald	540
Erarich	540–541
Totila	541–552
Teja	552–553

Regenten des Heiligen Römischen Reiches

Karl (I.) d. Gr.	(774) 800–814
Ludwig (I.) d. Fromme	814–840
Lothar I.	840–855
Ludwig II.	855–875
Karl (II.) d. Kahle	875–877
Karlmann	877–880
Karl (III.) d. Dicke	879–887
888–962 *Italienische Nationalkönige*	
Otto (I.) d. Gr.	936–973
Otto II.	973–983
Otto III.	983–1002
Heinrich (II.) d. Hl.	1002–1024
Konrad II.	1024–1039
Heinrich III.	1039–1056
Heinrich IV.	1056–1106
Heinrich V.	1106–1125
Lothar II. (III.)	1125–1137
Konrad III.	1128–1130, 1138–1152
Friedrich (I.) Barbarossa	1152–1190
Heinrich VI.	1190–1197
Friedrich II.	1212–1250
Konrad IV.	1250–1254
1256–1273 Interregnum	
(Richard von Cornwallis	1257–1272)
Rudolf I.	1273–1291
Adolf	1292–1298
Albrecht I.	1298–1308
Heinrich VII.	1308–1313
Ludwig IV.	1314–1347
Karl IV.	1348–1378
Wenzel	1378–1400
Ruprecht	1400–1410
Jobst	1410–1411
Sigismund	1411–1437
Albrecht II.	1438–1439
Friedrich III.	1440–1493
Maximilian I.	1493–1519
Karl V.	1519–1556

Italienische Könige

Viktor Emanuel II.	1861–1878
Humbert I.	1878–1900
Viktor Emanuel III.	1900–1946
Humbert II.	1946

VERZEICHNIS DER PÄPSTE

Die Jahreszahlen geben Beginn und Ende der Pontifikate an; sie folgen im wesentlichen dem »Annuario Pontificio« (1992). Bei den Päpsten der Frühzeit – bis etwa zu Eleutherius – sind die Daten jedoch nicht völlig gesichert. Dem Amtsnamen – seit Johannes XII. üblich – folgt die Herkunftsangabe oder der persönliche Name. »Gegenpäpste«, die in der apostolischen Sukzession kirchenamtlich nicht anerkannt werden, sind *kursiv* gesetzt. Amtsinhaber, deren Wahlrechtmäßigkeit umstritten ist, werden jedoch mitgezählt. Mißverständnisse und Verwechslungen führten dazu, daß es in den Reihen der Päpste gleichen Namens nicht durchweg eine folgerichtige Zählung gibt (so fehlt z.B. ein Johannes XX.). – Nach heute geltendem Kirchenrecht ist die Wahl eines Papstes, was nicht immer so war, ausschließlich den Kardinälen vorbehalten. Obwohl an sich jeder rechtgläubige Katholik wählbar ist, führte die Beschränkung des Wahlrechts fast immer auch zur Wahl eines Kardinals. Ebenso war die Wahl eines Nichtitalieners selbst im Mittelalter eine Ausnahme und kam seit Hadrian VI. (1522) erst mit Karol Wojtyła (1978) wieder vor.

Petrus (Simon, Bethsaida in Galiläa)	† 64 od. 67
Linus (Volterra?)	67– 76
Anacletus I. oder Cletus (Römer?)	76– 88
Clemens I. (Römer)	88– 97
Evaristus (Grieche)	97–105
Alexander I. (Römer)	105–115
Sixtus I. oder Xystus (Römer)	115–125
Telesphorus (Grieche)	125–136
Hyginus (Grieche)	136–140
Pius I. (Aquileia)	140–155
Anicetus (Syrer)	155–166
Soterus (Kampanier)	166–175
Eleuther(i)us (Grieche)	175–189
Viktor I. (Afrikaner)	189–199
Zephyrinus (Römer)	199–217
Calixtus I. (Römer)	217–222
Hippolytus (Römer)	*217–235*
Urban I. (Römer)	222–230
Pontianus (Römer)	230–235
Anterus (Grieche)	235–236
Fabianus (Römer)	236–250
Cornelius (Römer)	251–253
Novatian (Römer)	*251 († 258)*
Lucius I. (Römer)	253–254
Stephan I. (Römer)	254–257
Sixtus II. oder Xystus (Grieche)	257–258
Dionysius (Grieche?)	259–268
Felix I. (Römer)	269–274
Eutychianus (Toskaner)	275–283
Cajus (Dalmatiner?)	283–296
Marcellinus (Römer)	296–304
[Sedisvakanz	304–308]
Marcellus I. (Römer)	308–309
Eusebius (Grieche?)	309 od. 310
Miltiades oder Melchiades (Afrikaner?)	311–314
Silvester I. (Römer)	314–335
Markus (Römer)	336
Julius I. (Römer)	337–352
Liberius (Römer)	352–366
Felix II. (Römer)	*355–365*
Damasus I. (Römer?)	366–384
Ursinus	*366–367*
Siricius (Römer)	384–399
Anastasius I. (Römer)	399–401
Innozenz I. (Albano)	401–417
Zosimus (Grieche)	417–418
Eulalius	*418–419*
Bonifatius I. (Römer)	418–422
Cölestin I. (Kampanier)	422–432
Sixtus III. oder Xystus (Römer)	432–440
Leo I. d.Gr. (Tusculum)	440–461
Hilar(i)us (Sarde)	461–468
Simplicius (Tivoli)	468–483
Felix III. (II.) (Römer)	483–492
Gelasius I. (Afrikaner)	492–496
Anastasius II. (Römer)	496–498
Symmachus (Sarde)	498–514
Laurentius	*498, 501–505 († 507/508)*
Hormisdas (Frosinone)	514–523
Johannes I. (Toskaner)	523–526
Felix IV. (III.) (Samniter)	526–530
Bonifatius II. (Römer)	530–532
Dioscurus	*530*
Johannes II. (Mercurius; Römer)	533–535
Agapitus I. (Römer)	535–536
Silverius (Frosinone)	536–537
Vigilius (Römer)	537–555
Pelagius I. (Römer)	556–561
Johannes III. (Catelinus; Römer)	561–574
Benedikt I. (Römer)	575–579
Pelagius II. (Römer)	579–590
Gregor I. d.Gr. (Römer)	590–604
Sabinianus (Volterra)	604–606
Bonifatius III. (Römer)	607
Bonifatius IV. (Prov. L'Aquila)	608–615
Adeodatus I. oder Deusdedit (Römer)	615–618
Bonifatius V. (Neapolitaner)	619–625
Honorius I. (Kampanier)	625–638
Severinus (Römer)	640
Johannes IV. (Dalmatiner)	640–642
Theodor I. (Grieche)	642–649
Martin I. (Todi)	649–655
Eugen I. (Römer)	654–657

Vitalianus (Segni)	657–672
Adeodatus II. (Römer)	672–676
Donus (Römer)	676–678
Agatho (Sizilianer)	678–681
Leo II. (Sizilianer)	682–683
Benedikt II. (Römer)	684–685
Johannes V. (Syrer)	685–686
Conon (Thrazien)	686–687
Theodor (II.)	*687*
Paschalis (I.)	*687 († 692)*
Sergius I. (Syrer)	687–701
Johannes VI. (Grieche)	701–705
Johannes VII. (Grieche)	705–707
Sisinnius (Syrer)	708
Constantin (I.) (Syrer)	708–715
Gregor II. (Römer)	715–731
Gregor III. (Syrer)	731–741
Zacharias (Grieche)	741–752
Stephan (II.) (Römer)	752
Stephan II. (III.) (Römer)	752–757
Paul I. (Römer)	757–767
Constantin (II.) (Nepi)	*767–769*
Philipp	*768*
Stephan III. (IV.) (Sizilianer)	768–772
Hadrian I. (Römer)	772–795
Leo III. (Römer)	795–816
Stephan IV. (V.) (Römer)	816–817
Paschalis I. (Römer)	817–824
Eugen II. (Römer)	824–827
Valentin (Römer)	827
Gregor IV. (Römer)	827–844
Johannes (VIII.)	*844*
Sergius II. (Römer)	844–847
Leo IV. (Römer)	847–855
Anastasius Bibliothecarius	*855 (879)*
Benedikt III. (Römer)	855–858
Nikolaus I. (Römer)	858–867
Hadrian II. (Römer)	867–872
Johannes VIII. (Römer)	872–882
Marinus I. (Gallese)	882–884
Hadrian III. (Römer)	884–885
Stephan V. (VI.) (Römer)	885–891
Formosus (Römer?)	891–896
Bonifatius VI. (Römer)	896
Stephan VI. (VII.) (Römer)	896–897
Romanus (Gallese)	897
Theodor II. (Römer)	897
Johannes IX. (Tivoli)	898–900
Benedikt IV. (Römer)	900–903
Leo V. (Ardea)	903
Christophorus (Römer)	*903–904*
Sergius III. (Römer)	904–911
Anastasius III. (Römer)	911–913
Lando (Sabiner)	913–914
Johannes X. (Tossignano)	914–928
Leo VI. (Römer)	928
Stephan VII. (VIII.) (Römer)	928–931
Johannes XI. (Graf von Tusculum)	931–935
Leo VII. (Römer)	936–939
Stephan VIII. (IX.) (Römer)	939–942
Marinus II. (Römer)	942–946
Agapitus II. (Römer)	946–955
Johannes XII. (Ottaviano Graf von Tusculum)	955–963 († 964)
Leo VIII. (Römer)	963–965
Benedikt V. (Römer)	964 († 966)
Johannes XIII. (Römer)	965–972
Benedikt VI. (Römer)	973–974
Bonifatius VII. (Franco; Römer; 1. Mal)	*974*
Benedikt VII. (Römer)	974–983
Johannes XIV. (Pietro Canepanova)	983–984
Bonifatius VII. (2. Mal)	*984–985*
Johannes XV. (Römer)	985–996
Gregor V. (Bruno Graf von Kärnten)	996–999
Johannes XVI. (Johannes Philagatos)	*997–998 († 1001)*
Silvester II. (Gerbert von Aurillac)	999–1003
Johannes XVII. (Johannes Sicco)	1003
Johannes XVIII. (Johannes Fasanus)	1004–1009
Sergius IV. (Petrus »Os porci«)	1009–1012
Benedikt VIII. (Teofilatto Graf von Tusculum)	1012–1024
Gregor (VI.)	*1012*
Johannes XIX. (Romano Graf von Tusculum)	1024–1032
Benedikt IX. (Teofilatto Graf von Tusculum; 1. Mal)	1032–1044
Silvester III. (Johannes von Sabina)	1045
Benedikt IX. (2. Mal)	1045
Gregor VI. (Giovanni Graziano Pierleoni)	1045–1046 († 1047)
Clemens II. (Suidger Graf von Morsleben und Hornburg)	1046–1047
Benedikt IX. (3. Mal)	1047–1048 († 1055/56)
Damasus II. (Poppo von Brixen)	1048
Leo IX. (Bruno Graf von Egisheim-Dagsburg)	1049–1054
Viktor II. (Gebhard Graf von Dollnstein-Hirschberg)	1055–1057
Stephan IX. (X.) (Friedrich von Lothringen)	1057–1058
Benedikt X. (Giovanni Mincio da Velletri)	*1058–1059 († n. 1073)*
Nikolaus II. (Gerhard von Burgund)	*1059–1061*
Alexander II. (Anselmo Graf von Baggio)	*1061–1073*
Honorius (II.) (Pietro Cadalo)	*1061–1064 († 1071/72)*
Gregor VII. (Hildebrand von Soana)	1073–1085
Clemens (III.) (Wibert)	*1080–1100*
Viktor III. (Dauferio von Benevent [Epifani])	1086–1087
Urban II. (Odo de Lagery)	1088–1099
Paschalis II. (Raniero di Bieda)	1099–1118
Theoderich	*1100 († 1102)*
Albert	*1102*

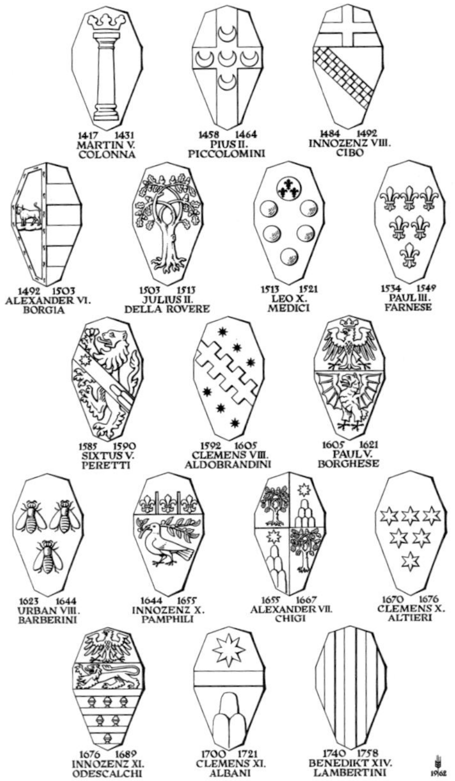

Papstwappen des 15.–18. Jh. (Auswahl)

Silvester IV. (Maginulf) 1105–1111
Gelasius II. (Giovanni Crescenzi Caetani) 1118–1119
Gregor (VIII.) (Maurice Bourdin) 1118–1121 († ~ 1140)
Calixtus II. (Guido Graf von Burgund) 1119–1124
Cölestin (II.) (Teobaldo Buccapecci) 1124
Honorius II. (Lamberto Scannabecchi) 1124–1130
Innozenz II. (Gregorio Papareschi) 1130–1143
Anacletus II. (Pietro Pierleoni) 1130–1138
Viktor IV. (Gregorio Conti) 1138
Cölestin II. (Guido di Città di Castello) 1143–1144
Lucius II. (Gerardo Caccianemici) 1144–1145
Eugen III. (Bernardo Paganelli) 1145–1153
Anastasius IV. (Corrado, Römer) 1153–1154
Hadrian IV. (Nicholas Breakspear) 1154–1159
Alexander III. (Orlando Bandinelli) 1159–1181
Viktor IV. (Ottaviano di Monticello) 1159–1164
Paschalis III. (Guido da Crema) 1164–1168
Calixtus (III.) (Giovanni von Strumi) 1168–1178 († ~ 1183)
Innozenz (III.) (Lando von Sezze) 1179–1180
Lucius III. (Ubaldo Allucingoli) 1181–1185
Urban III. (Uberto Crivelli) 1185–1187
Gregor VIII. (Alberto de Morra) 1187
Clemens III. (Paolo Scolari) 1187–1191
Cölestin III. (Giacinto Bobone) 1191–1198
Innozenz III. (Lotario Graf von Segni) 1198–1216
Honorius III. (Cencio Savelli) 1216–1227
Gregor IX. (Ugolino Graf von Segni) 1227–1241
Cölestin IV. (Goffredo Castiglioni) 1241
[Sedisvakanz 1241–1243]
Innozenz IV. (Sinibaldo Fieschi) 1243–1254
Alexander IV. (Rinaldo Graf von Segni) 1254–1261
Urban IV. (Jacques Pantaléon) 1261–1264
Clemens IV. (Guy Foulques) 1265–1268
[Sedisvakanz 1268–1271]
Gregor X. (Tedaldo Visconti) 1271–1276
Innozenz V. (Pierre de Tarentaise) 1276
Hadrian V. (Ottobono Fieschi) 1276
Johannes XXI. (Pedro Julião, Petrus Hispanus) 1276–1277
Nikolaus III. (Giovanni Gaetano Orsini) 1277–1280
Martin IV. (Simon de Brion) 1281–1285
Honorius IV. (Giacomo Savelli) 1285–1287
Nikolaus IV. (Girolamo Masci) 1288–1292
Cölestin V. (Pietro del Murrone) 1294 († 1296)
Bonifatius VIII. (Benedetto Caetani) 1294–1303
Benedikt XI. (Niccolò Boccasini) 1303–1304
Clemens V. (Bertrand de Got) 1305–1314
[Sedisvakanz 1314–1316]
Johannes XXII. (Jacques Duèse) 1316–1334
Nikolaus (V.) (Pietro Rainallucci) 1328–1330 († 1333)
Benedikt XII. (Jacques Fournier) 1334–1342
Clemens VI. (Pierre Roger) 1342–1352
Innozenz VI. (Étienne Aubert) 1352–1362
Urban V. (Guillaume de Grimoard) 1362–1370
Gregor XI. (Pierre Roger de Beaufort) 1370–1378

Päpste in Rom:

Urban VI. (Bartolomeo Prignano) 1378–1389
Bonifatius IX. (Pietro Tomacelli) 1389–1404
Innozenz VII. (Cosma Migliorati) 1404–1406
Gregor XII. (Angelo Correr) 1406–1415 († 1417)

Päpste in Avignon:

Clemens (VII.) (Robert von Genf) 1378–1394
Benedikt (XIII.) (Pedro de Luna) 1394–1417 († 1423)
Clemens (VIII.) (Gil Sánchez Muñoz) 1423–1429 († 1447)
Benedikt (XIV.) (Bernard Garnier) 1425–1430

Päpste in Pisa:

Alexander V. (Petrus Philargis) 1409–1410
Johannes (XXIII.) (Baldassarre Cossa) 1410–1415 († 1419)

Martin V. (Oddone Colonna)	1417–1431
Eugen IV. (Gabriele Condulmer)	1431–1447
Felix V. (Amadeus VIII., Herzog von Savoyen)	*1439–1449 († 1451)*
Nikolaus V. (Tommaso Parentucelli)	1447–1455
Calixtus III. (Alonso de Borja [Borgia])	1455–1458
Pius II. (Enea Silvio Piccolomini)	1458–1464
Paul II. (Pietro Barbo)	1464–1471
Sixtus IV. (Francesco della Rovere)	1471–1484
Innozenz VIII. (Giovanni Battista Cibo)	1484–1492
Alexander VI. (Rodrigo de Borja [Borgia])	1492–1503
Pius III. (Francesco Todeschini- Piccolomini)	1503
Julius II. (Giuliano della Rovere)	1503–1513
Leo X. (Giovanni de' Medici)	1513–1521
Hadrian VI. (Adriaen Florensz Dedal)	1522–1523
Clemens VII. (Giulio de' Medici)	1523–1534
Paul III. (Alessandro Farnese)	1534–1549
Julius III. (Giovanni Maria Ciocchi del Monte)	1550–1555
Marcellus II. (Marcello Cervini)	1555
Paul IV. (Gian Pietro Carafa)	1555–1559
Pius IV. (Giovanni Angelo Medici)	1559–1565
Pius V. (Antonio [Michele] Ghislieri)	1566–1572
Gregor XIII. (Ugo Boncompagni)	1572–1585
Sixtus V. (Felice Peretti)	1585–1590
Urban VII. (Giambattista Castagna)	1590
Gregor XIV. (Niccolò Sfondrati)	1590–1591
Innozenz IX. (Giovan Antonio Facchinetti)	1591
Clemens VIII. (Ippolito Aldobrandini)	1592–1605
Leo XI. (Alessandro de' Medici)	1605
Paul V. (Camillo Borghese)	1605–1621
Gregor XV. (Alessandro Ludovisi)	1621–1623
Urban VIII. (Maffeo Barberini)	1623–1644
Innozenz X. (Giovanni Battista Pamphili)	1644–1655
Alexander VII. (Fabio Chigi)	1655–1667
Clemens IX. (Giulio Rospigliosi)	1667–1669
Clemens X. (Emilio Altieri)	1670–1676
Innozenz XI. (Benedetto Odescalchi)	1676–1689
Alexander VIII. (Pietro Ottoboni)	1689–1691
Innozenz XII. (Antonio Pignatelli)	1691–1700
Clemens XI. (Giovanni Francesco Albani)	1700–1721
Innozenz XIII. (Michelangelo dei Conti)	1721–1724
Benedikt XIII. (Pietro Francesco [Vincenzo Maria] Orsini)	1724–1730
Clemens XII. (Lorenzo Corsini)	1730–1740
Benedikt XIV. (Prospero Lambertini)	1740–1758
Clemens XIII. (Carlo della Torre Rezzonico)	1758–1769
Clemens XIV. (Giovanni Vincenzo Antonio [Lorenzo] Ganganelli)	1769–1774
Pius VI. (Giovanni Angelo Braschi)	1775–1799
Pius VII. (Luigi Barnabà [Gregorio] Chiaramonti)	1800–1823
Leo XII. (Annibale Sermattei della Genga)	1823–1829
Pius VIII. (Francesco Saverio Castiglioni)	1829–1830
Gregor XVI. (Bartolomeo Alberto [Mauro] Cappellari)	1831–1846
Pius IX. (Giovanni Maria Mastai-Ferretti)	1846–1878
Leo XIII. (Gioacchino Vincenzo Pecci)	1878–1903
Pius X. (Giuseppe Melchiorre Sarto)	1903–1914
Benedikt XV. (Giacomo della Chiesa)	1914–1922
Pius XI. (Achille Ratti)	1922–1939
Pius XII. (Eugenio Pacelli)	1939–1958
Johannes XXIII. (Angelo Giuseppe Roncalli)	1958–1963
Paul VI. (Giovanni Battista Montini)	1963–1978
Johannes Paul I. (Albino Luciani)	1978
Johannes Paul II. (Karol Wojtyła)	seit 1978

ZUR TOPOGRAPHIE DER STADT ROM

Kurz bevor der *Tiber* in seinem Lauf zwischen den Monti Sabatini (dem vulkanischen Bergland um den Lago di Bracciano) und den Ausläufern des Apennin (den Sabiner Bergen) das Meer erreicht, trifft er auf die letzten Anhöhen der leicht gewellten Campagna-Ebene, die – nach Westen noch einmal etwas ansteigend – sein Tal von 4 auf etwa 1 km Breite verengen. Der *Monte Antenne* (64 m) am Zusammenfluß mit dem *Aniene* und die *Monti Parioli* zwingen sein Bett nach Westen, wo er am *Monte Mario* (139 m), dem höchsten Ausläufer des sabatinischen Berglandes, sich wieder nach Süden wendet und den *Pincio* passiert. An ihn schließen sich nach Süden *Quirinal, Viminal, Esquilin* und *Caelius* an, die sich wie Zungen in die Tiber-Niederung vorschieben. Auf dem Westufer begleiten der *Monte Vaticano* (70 m) und der langgestreckte Rükken des 81 m hohen *Janiculum* den Fluß. Zwischen Janiculum im Westen und Esquilin und Caelius auf dem östlichen Ufer erheben sich aus dem Tiber-Tal unvermittelt mit steilen Abhängen drei weitere Hügel: der doppelgipflige *Kapitolinische Hügel* (ca. 50 m), der im Grundriß fast quadratische *Palatin* und der 47 m hohe *Aventin,* dem sich im Südosten der *»Kleine Aventin«* anschließt.

Hinter diesen letzten Hindernissen, zu denen noch der Tuffklotz der Tiber-Insel kommt, treten die Berge und Hügel bald zurück. Die Albaner Berge weit im Südosten lassend, fließt der Tiber ungehemmt dem Meer zu, das ihn hinter Ostia (»Tibermünde«) aufnimmt.

Sieben der erwähnten Hügel, *Kapitol, Palatin, Aventin, Quirinal, Viminal, Esquilin* und *Caelius,* wurden im 6. Jh. v. Chr. mit einer ersten, 11 km langen Stadtmauer, 378–ca. 350 v. Chr. mit der sog. Servianischen Mauer umgeben, die der älteren fast genau folgte und ein – natürlich nicht durchweg besiedeltes – Gebiet von 426 Hektar einschloß. Beim Mauerbau Aurelians 271–279 n. Chr. bezog man den *Pincius* und Teile des *Janiculum* in das Stadtgebiet ein. Den *Mons Vaticanus* und die Wiesen bis zur Engelsburg ummauerte Leo IV. (847–855); die Befestigungen am Westhang des *Janiculum* ließ Urban VIII. Barberini (1623–44) anlegen.

Aus der Antike stammt das wichtigste, bis heute gültige Gliederungssystem des städtebaulichen Organismus Roms: das Straßennetz. Pilger und Könige aus dem Norden zogen über die *Via Trionfale* über den Monte Mario zum Vatikan oder über den Ponte Milvio und die *Via Flaminia* zur Porta del Popolo und weiter zum Marsfeld. Aus östlichen Richtungen führt die *Via Nomentana* zum Quirinal, die *Via Prenestina* zur *Porta Maggiore* und in das Stadtviertel um S. Maria Maggiore. Die *Via Ostiense* verbindet als südliche Ausfallstraße Rom mit der Küste, während die *Via Portuense* das Stadtviertel Trastevere erschließt.

Das antike Straßennetz läßt sich heute im wesentlichen nur noch außerhalb der Stadtmauer erkennen. Von Westen her führte die *Via Aurelia* durch die Porta Aurelia (heute Porta S. Pancrazio) und im Verlauf der heutigen *Via della Lungaretta (Via Transtiberina)* in Trastevere über den Tiber (Ponte Palatino) und zum Markt, dem späteren Forum Boarium am Hafen. Von dort ist der Zufahrtsweg von Süden her zu verfolgen: Durch das Tal zwischen Palatin und Aventin, in dem der Circus Maximus entstand, führte die Straße entlang der *Via del Circo Massimo* zur Porta Capena und in gleicher Richtung weiter durch den heutigen *Viale delle Terme di Caracalla* bis zur Gabelung von *Via Appia (Via di Porta S. Sebastiano)* und *Via Latina (Via di Porta Latina)* beim *Piazzale Numa Pompilio.* Von der Porta Capena führte zwischen Palatin und Caelius die *Via Triumphalis (Via di S. Gregorio)* zum Kolosseum im Norden. Der *Via Flaminia,* die als *Via Lata* vom Fuß des Kapitols nach Norden ausging, an der Porta del Popolo die Stadt verließ und auf der Milvischen Brücke den Tiber überquerte, entspricht heute die *Via del Corso,* die an der *Piazza Venezia* zu Füßen des alles Dagewesene übertrumpfenden Nationaldenkmals (1885–1911) beginnt. Zwischen dem Corso und dem Tiber liegt das antike Marsfeld (mit dem Pantheon inmitten), auf dem erst im

späten Mittelalter die sog. päpstliche Altstadt entstand, deren Zentren die Märkte auf der *Piazza Navona* und dem *Campo de' Fiori* waren.
Durch das verwinkelte Gedränge der Gassen und Straßen wurde Ende des 19. Jh. die Schneise *Via del Plebiscito* (mit *Via IV Novembre*) – *Corso Vittorio Emanuele* gelegt, die den Borgo Leos IV. jenseits des Tibers mit der Piazza Venezia verbindet. In entgegengesetzter Richtung führt vom Kapitol, genauer: vom Trajans-Forum, die gleichzeitige *Via Nazionale* zwischen Quirinal und Viminal nach Nordosten zu den Diokletians-Thermen und dem Bahnhof Termini. Parallel zu ihr läuft auf dem Rücken des Quirinal vom »Monte Cavallo« die *Via Quirinale* bzw. *Via XX Settembre* (die antike *Alta Semita*) zur Porta Pia. Dort beginnt die *Via Nomentana,* die große Ausfallstraße nach Nordosten.
Durch das sanft ansteigende Tal zwischen Quirinal und Pincio zieht sich die *Via del Tritone* von der *Piazza Colonna* am Corso über die *Piazza Barberini* als *Via Barberini* weiter in Richtung Termini. Von der *Piazza del Popolo,* dem nördlichen Endpunkt des Corso, strahlen im spitzen Winkel zwei weitere Straßen nach Süden aus: die von Papst Leo X. Medici (1513–21) befohlene *Via di Ripetta,* die beim Augustus-Grabmal den Tiber berührt und sich als *Via della Scrofa* (Saustraße) in der Altstadt beim Palazzo Madama verliert; die *Via del Babuino* (Pavianstraße) östlich davon, von Clemens VII. Medici (1523–34) initiiert, führt über die *Piazza di Spagna,* am unteren Ende der Spanischen Treppe entlang, als *Via Due Macelli* weiter, durchstößt den Quirinal im »Traforo«, einem Tunnel, und endet als *Via Milano* jenseits der Via Nazionale an der *Via Panisperna,* die – über *Via S. Maria Maggiore* – zu jenem Straßenstern gehört, den Sixtus V. (1585–90) um S. Maria Maggiore trassieren ließ (ferner *Via Depretis / Via 4 Fontane / Via Sistina*; *Via Carlo Alberto*; *Via Merulana*).
Einen schrägen Schlußstrich zog Paul III. (1534–49) mit der *Via Condotti,* die – mit ihrer westlichen Fortsetzung – alle 3 von der Piazza del Popolo ausstrahlenden Straßen als Grundlinie eines Dreiecks verbindet und im Osten auf die Spanische Treppe sich öffnet.

Vom Kolosseum, in der Senke zwischen Palatin, Esquilin und Caelius, strahlen 3 große Straßen aus: nach Nordwesten über die Kaiserfora zur Piazza Venezia die 1932 eröffnete *Via dei Fori Imperiali,* der ein dicht bebautes mittelalterliches Quartier weichen mußte, die schon von Sixtus V. (1585–90) geschaffene *Via S. Giovanni in Laterano* nach Südosten auf den Lateran und im tief eingeschnittenen Tal zwischen Caelius und Palatin die *Via S. Gregorio,* die antike *Via Triumphalis.*
In dem Winkel zwischen dem Tiber und der Aurelianischen Mauer südlich des Aventin liegt über dem antiken Hafenviertel das moderne *Quartiere Testaccio* um den 49 m hohen Hügel *Monte Testaccio* (lat. testa = Scherbe), der aus Abermillionen zerschlagener Amphoren und Krüge aufgeschüttet wurde. In seiner Nähe verläßt die *Via Ostiense* durch die Porta S. Paolo das antike Stadtgebiet nach Süden.
Im frühen Mittelalter verödeten die zusammenhängenden antiken Wohngebiete auf den Hügeln. Die Bevölkerung sammelte sich in 4 Ortschaften, von denen 3 in der Tiber-Niederung lagen und ständig vom Hochwasser bedroht waren: das antike Viertel der Plebs und der Juden »trans Tiberim« = *Trastevere* zu Füßen des Janiculum, die Siedlung um das Kapitol und der Borgo Leos IV. zwischen Vatikan und Engelsburg. Der vierte Ort, am Lateran, wurde um die Zeit des Exils von Avignon geräumt.
Die verlassenen Hügel wurden von der Campagna zurückerobert. Zwischen Kirchen und Klöstern, Ruinen antiker Thermen, Palästen und Wohnhäusern lagen Gärten, Weinberge und Weiden. Das republikanische Forum wurde zum »Campo Vaccino« (Kuhweide), das Kapitol zum »Monte Caprino« (Ziegenberg).
Mit der Rückkehr der Päpste aus Avignon und der allmählichen Festigung ihrer Herrschaft im Kirchenstaat nahm die Bevölkerung Roms wieder zu; das niedrig gelegene Marsfeld wurde dicht bebaut und entwickelte sich zum Kern des Rom der Renaissance. Erst Sixtus V. bezog die Hügel in eine großzügige Stadtplanung ein. Vom Pincio ausgehend, wurde die *Via Sistina* quer durch die grüne Wildnis gelegt; der Straßenzug verbindet SS. Trinità dei Monti über Quirinal und Viminal hinweg

mit S. Maria Maggiore auf dem Esquilin und endet am äußersten Ende der Stadt im Südosten vor S. Croce in Gerusalemme. Die Verbindung zwischen S. Maria Maggiore und dem Lateran im Süden schuf Gregor XIII. (1572–85) mit der *Via Merulana*; S. Giovanni in Laterano und S. Croce verbindet der *Viale Carlo Felice.* Bei S. Giovanni verläßt die *Via Appia Nuova* die Stadt und führt nach Südosten in die Albaner Berge, nahe bei S. Croce teilen sich vor der Porta Maggiore die antiken Straßen nach Palestrina und Frosinone, die *Via Prenestina* und die *Via Casilina.*

In dem von Sixtus V. erschlossenen Gebiet entstand im 17. und 18. Jh. der Kranz der prachtvollen Villen. Sie fielen fast alle der wilden Bodenspekulation gegen Ende des 19. Jh. zum Opfer, als Rom, die neue Hauptstadt des geeinten Italien, sich sprunghaft ausdehnte. Neue Quartiere entstanden bald auch außerhalb der Mauern. Zwischen Tiber und Monte Mario im Nordwesten Roms wurden die *»Prati di Castello«,* die Wiesen um die Engelsburg, bebaut. Vor der Porta Salaria und der Porta Pia im Nordosten und der Porta S. Lorenzo im Osten wuchsen neue Stadtviertel, jenseits des Aniene das eng bebaute *Quartiere Monte Sacro,* auf den Monti Parioli ein weiteres.

Seit 1925 wurde das riesige Gebiet zwischen der *Via Tiburtina* und der *Via Salaria* erschlossen; die Wohnblöcke schoben sich auch im Südosten zwischen der *Via Prenestina* und der *Via Latina* kilometerweit in die Campagna hinaus, ebenso wie im Süden an der *Via Ostiense,* wo das Viertel *Garbatella* entstand. Besonderes Interesse verdient die Bautengruppe der *EUR* (Esposizione Universale di Roma) an der Via Cristoforo Colombo. 1937 zur Vorbereitung der für 1942 in Rom geplanten Weltausstellung begonnen, blieben die Arbeiten infolge des 2. Weltkriegs unvollendet. Seit 1951 wurde das Viertel, in das inzwischen verschiedene Behörden verlegt worden sind, zu einem imposanten modernen Stadtteil ausgebaut. Auch jenseits des Janiculum wuchs die Stadt in das Hügelland hinaus. Hier bildeten sich die Quartiere *Monteverde Vecchio* und *Nuovo.* Jahr für Jahr schiebt sich die Millionenstadt Rom weiter in unbebaute Gebiete hinein.

Die Frage, ob Rom zum Meer oder zu den Sabiner und Albaner Bergen hin ausgebaut werden soll, ist längst überholt. Die Stadt wuchert ringsum über ihre Grenzen. Sie überdeckt dabei auch die im Bebauungsplan vorgesehenen Grünflächen, während das Rom des 19. Jh. über große und schöne öffentliche wie private Parkanlagen verfügt hatte. Über die Trabantenstadt EUR gewann das wachsende Rom Anschluß an die bebaute Küste, die zwischen Civitavecchia und Terracina mit einem Konglomerat von Seebädern, Flughäfen, Raffinerien und Industrieanlagen angefüllt ist. Insgesamt stellt dieser Ballungsraum, der seine Mitte auf dem römischen Kapitol findet, das größte Siedlungsgebiet Europas dar.

VORSCHLÄGE FÜR EIN ROM-BESUCHSPROGRAMM

Mit einer Liste der Hauptsehenswürdigkeiten

Um sich in der Fülle der künstlerischen und stadtlandschaftlichen Sehenswürdigkeiten Roms orientieren zu können, ist es unerläßlich, eine Auswahl zu treffen und diese Auswahl auf die Aufenthaltsdauer, über die der Besucher verfügt, abzustimmen. Das gilt unbedingt für den Einzelreisenden, an den sich die hier ausgesprochenen Empfehlungen zuerst richten. Wer in der geführten Gruppe Rom besucht, profitiert dagegen von festgeschriebenen, nach den Erfahrungen der Reiseunternehmer zusammengestellten Besuchsprogrammen.

Praktisch erprobt sind auch die hier geäußerten Vorschläge. Mit dem Wagen, sei es der Privat-Pkw, sei es das Taxi, oder mit den öffentlichen Verkehrsmitteln, zu einem guten Stück immer auch zu Fuß lassen sich die Tagesrouten gut bewältigen. Das Maß des Enthusiasmus für die Kunst mag darüber entscheiden, ob die Anzahl der Besichtigungen und die oft weiten Besuchswege unter normalen Voraussetzungen als mehr oder minder anstrengend empfunden werden. Der erfahrene Kunstreisende wird die vorgeschlagene Auswahl nach eigenen Wünschen zu variieren, zu kürzen oder zu ergänzen wissen.

Die Vorschläge sind gestaffelt nach drei, fünf oder acht Tagen Verweildauer. »Rom in einem Tag« – dafür einen Programmvorschlag zu machen, wie andernorts üblich und möglich, ist angesichts der Fülle des Sehenswerten nicht sinnvoll; er könnte nur auf die Empfehlung zum Sammeln hastiger Eindrücke, beispielsweise von Kapitol, Forum Romanum, Kolosseum und Vatikan, hinauslaufen. Die anschließende Liste der Hauptsehenswürdigkeiten enthält, für sich genommen, das Besuchsprogramm von etwa 14 Tagen.

Es ist zu beachten, daß der Zugang zu einzelnen Kunstobjekten von Zeit zu Zeit gesperrt ist oder diese nur nach der langwierigen Einholung von Sondergenehmigungen besichtigt werden können. So waren zum Zeitpunkt der Veröffentlichung dieses Führers der Palazzo Farnese und die Caracalla-Thermen nicht zugänglich; sie fehlen deshalb in unserem Besuchsprogramm. Aus gleichem Grunde konnten die Antikenmuseen, deren Neugliederung und Eröffnung auf Jahre hinaus unabsehbar ist, nicht berücksichtigt werden.

Die Kapitolinische Wölfin (Kapitolinische Museen Konservatorenpalast. Sala della Lupa. – Zu S. 317)

Hauptsehenswürdigkeiten

Rom

Antike Bauten

Ara Pacis Augustae, S. 81
Castel S. Angelo, Engelsburg, S. 88
Trajans-Säule, S. 95
Forum Romanum, S. 98
Domitilla-Katakombe, S. 114
Kolosseum, S. 115
Konstantins-Bogen, S. 118
Marcellus-Theater, S. 120
Palatin, S. 122
Pantheon, S. 127
Caracalla-Thermen, S. 131
Via Appia Antica, S. 135

Sakralbauten

S. Agnese in Agone, S. 142
S. Agostino (»Jesaia« von Raffael; »Madonna dei Pellegrini« von Caravaggio u. a.), S. 147
S. Andrea al Quirinale, S. 151
S. Andrea della Valle (Fresken von Giovanni Lanfranco und Domenichino), S. 152
S. Carlo alle Quattro Fontane, S. 157
S. Cecilia in Trastevere (Altarziborium von Arnolfo di Cambio; Apsismosaik; »Jüngstes Gericht« von P. Cavallini), S. 160
S. Clemente (romanische Wandmalereien in der Unterkirche; Cosmatenfußboden; Sängerchor; Apsismosaiken; Cappella di S. Caterina mit Fresken von Masolino), S. 162
S. Costanza, S. 145
Il Gesù, S. 172
S. Giovanno in Laterano mit Kreuzgang und Baptisterium sowie Scala Santa, S. 178
S. Ignazio (Deckenfresko von Pozzo), S. 193
S. Ivo alla Sapienza, S. 194
S. Lorenzo fuori le Mura (Cosmatenarbeiten des 12./13. Jh.), S. 196
S. Luigi dei Francesi (Gemälde von Caravaggio), S. 200
S. Maria in Cosmedin, S. 212
S. Maria Maggiore (Mosaiken; »Anbetung« von Arnolfo di Cambio), S. 217
S. Maria sopra Minerva (Fresken von Filippino Lippi; »Christus« von Michelangelo), S. 224
S. Maria della Pace (Fresken von Raffael), S. 229
S. Maria del Popolo (»Bekehrung Pauli« und »Kreuzigung Petri« von Caravaggio; Cappella Chigi), S. 231
S. Maria in Trastevere, S. 235
S. Maria in Vallicella (Hochaltar von Rubens), S. 237, und Oratorio dei Filippini, S. 238
S. Maria della Vittoria (»Hl. Therese« von Bernini), S. 240
S. Paolo fuori le Mura (Altarziborium von Arnolfo di Cambio; Osterleuchter von Pietro Vassaletto und Niccolò d'Angelo; Kreuzgang), S. 246
S. Pietro in Montorio (Wandgemälde von Sebastiano del Piombo), S. 250, mit Tempietto von Bramante, S. 251
S. Pietro in Vincoli (»Moses« und andere Statuen Michelangelos), S. 252
S. Prassede (Mosaiken; Zeno-Kapelle), S. 254
S. Pudenziana (Apsismosaik), S. 256
S. Sabina (Holztür), S. 261
S. Stefano Rotondo, S. 268
S. Susanna (Fassade), S. 269

Profanbauten
Plätze. Brunnen. Stadthügel

Casino Massimo (Fresken der Nazarener), S. 276
Fontana delle Tartarughe, S. 279
Fontana di Trevi, S. 279
Fontana del Tritone, S. 280
Kapitol, S. 280
Palazzo Barberini (Deckenfresko des Pietro da Cartona), S. 285
Palazzo Borghese, S. 286
Palazzo Farnese, S. 290
Palazzo Spada (Kolonnade von Borromini), S. 297
Palazzetto dello Sport, S. 300

Piazza Colonna, S. 302
Piazza Navona, S. 303
Piazza del Popolo, S. 303
Piazza di Spagna (mit Spanischer Treppe), S. 304
Villa Farnesina (Darstellungen nach Entwürfen Raffaels; »Triumph der Galathea« von Raffael; Fresken von Baldassare Peruzzi), S. 309
Villa Madama, S. 311

Museen und Sammlungen

Galleria Borghese (Raffael, Caravaggio, Bernini, Correggio, Tizian), S. 313
Galleria Doria Pamphili (Claude Lorrain, Velázquez, Caravaggio), S. 314
Galleria Nazionale d'Arte Antica, S. 315
Galleria Nazionale d'Arte Moderna (ausgewählte italienische Werke und internationale Kunst des 19. und 20. Jh., u. a. Courbet, Monet, Degas, Cézanne, van Gogh, Giacometti, Moore), S. 316
Musei Capitolini, S. 317
Museo Nazionale Etrusco di Villa Giulia, S. 319
Museo Nazionale Romano (antike Kunst, Architekturfragmente, römische Mosaiken und Wandmalereien), S. 320

Vatikanstadt

Die hochstehenden Ziffern beziehen sich für St. Peter auf den Grundriß S. 330, für die Vatikanischen Museen auf die Übersichtspläne S. 348f.

St. Peter, S. 326
([9]Bronzetür von Filarete, S. 331; [12]Altarziborium von Bernini, S. 333; [14]»Hl. Petrus« von Arnolfo di Cambio (?), S. 333; [20]Grabmal Papst Urbans VIII. von Bernini, S. 334; [25]Grabmal Papst Clemens' XIII. von Canova, S. 334; [47]»Pietà« von Michelangelo, S. 337; [55]Grabmal Papst Innozenz' VIII. von Antonio Pollaiuolo, S. 338; [68]Grabmal Papst Alexanders VII. von Gian Lorenzo Bernini, S. 339; [70]Altar Papst Leos I. von Algardi, S. 339; Marmor-Ziborium von Donatello, Grabmal Papst Sixtus' IV. von Antonio Pollaiuolo und Sarkophag des Junius Bassus im [77]Museo Storico Artistico bei der Sakristei, S. 340)
Vatikanischer Palast, S. 346
Vatikanische Museen, S. 347:
Museo Chiaramonti ([14]), S. 351
Museo Pio-Clementino ([3–13]), S. 351. (»Apoxyomenos« des Lysipp im [12]Gabinetto dell'Apoxyomenos, S. 352; »Laokoon«-Gruppe und »Apoll vom Belvedere« im [10]Cortile Ottagono, S. 352; »Knidische Aphrodite« im [9]Gabinetto delle Maschere, S. 354; »Torso vom Belvedere« in der [5]Sala delle Muse, S. 354)
Museo Gregoriano Etrusco ([27–35, 39–42]), S. 355. (Grabfunde in der [28]Sala della Tomba Regolini-Galassi, S. 356; »Mars von Todi« zwischen [29]Sala dei Bronzi und [30]Sala delle Urne, S. 356; Fragmente der Parthenonskulpturen und Grabstele eines Jünglings in den [37]Salette degli Originali Greci, S. 357)
Antike Vasensammlung([39–42]), S. 358. (Exekias-Amphora im [40]Hemicyclus, S. 358)
Stanzen ([51–54]), S. 360, und Loggien ([57]), S. 362, Raffaels und seiner Schule
Kapelle Nikolaus' V. ([56]), S. 362. (Fresken Fra Angelicos)
Sixtinische Kapelle ([71]), S. 363
Sala delle Nozze Aldobrandine ([75]), S. 367. (Fresko der »Aldobrandinischen Hochzeit«)
Salone Sistino ([82], Bibliothekssaal), S. 368
Braccio Nuovo ([16]), S. 370. (»Augustus von Prima Porta«, S. 371)
Pinakothek ([88]), S. 371. (»Stefaneschi-Triptychon« von Giotto [Saal II]; »Transfiguration Christi« und Gobelins von Raffael [Saal VIII]; »Hl. Hieronymus« von Leonardo da Vinci [Saal IX])

Umgebung

Frascati (Villen), S. 381
Ostia (römische Stadt), S. 386
Palestrina (Fortuna-Heiligtum), S. 393
Tivoli (Villa d'Este; Villa Adriana), S. 394

Rom in drei Tagen

1. Tag

Kapitol – Forum Romanum – Palatin – Kolosseum – Konstantins-Bogen – S. Pietro in Vincoli – S. Maria Maggiore – S. Giovanni in Laterano

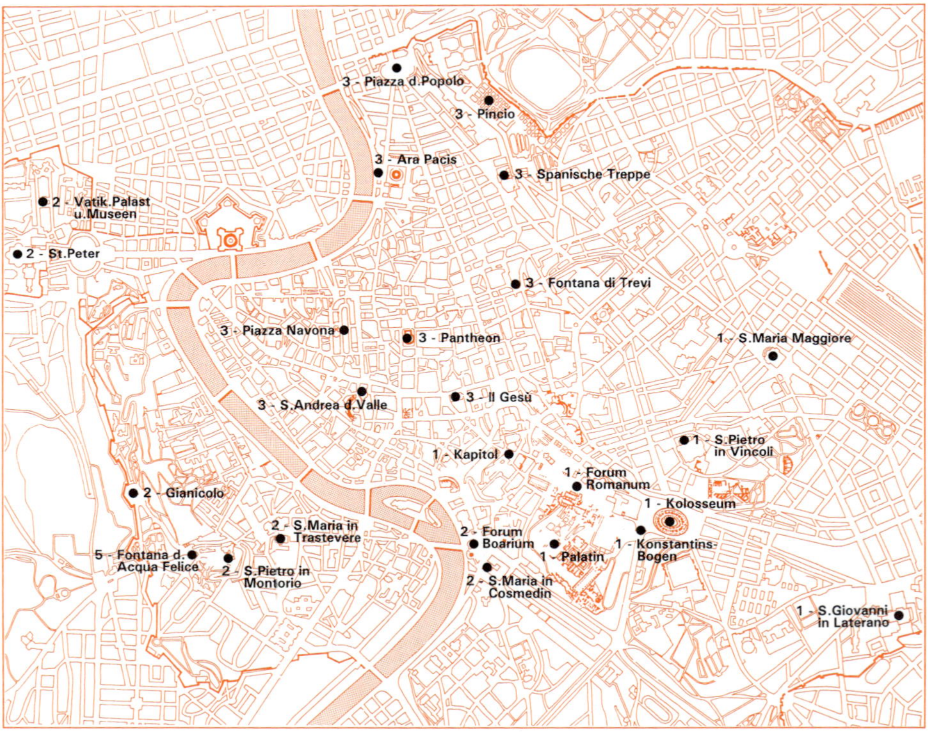

S. 280 **Kapitol.** Als Sitz der Reichs- und Stadtregierung seit antiker Zeit der bedeutendste der 7 Hügel Roms. Mit dem **Senatorenpalast** von Michelangelo, Giacomo della Porta und Girolamo Rainaldi (1547–79), dem **Konservatorenpalast** von Michelangelo und Giacomo della Porta (1563–68) sowie dem **Palazzo Nuovo** von Girolamo und Carlo Rainaldi (1603–54). Im Konservatorenpalast antike Skulpturen, darunter die »Römische Wölfin«, außerdem Fresken und eine Gemäldesammlung mit Hauptwerken der italienischen, niederländischen und spanischen Malerei der Renaissance und des Barock. Im Palazzo Nuovo das Reiterdenkmal des Kaisers Marc Aurel und andere römische Skulpturen, vielfach nach griechischen Originalen, darunter die sog. Kapitolinische Venus und Porträtköpfe antiker Kaiser, Dichter und Philosophen.

S. 98 **Forum Romanum.** Das Zentrum des antiken Rom, eine Ruinenstätte mit den Triumphbogen der Kaiser Titus (81 n. Chr.) und Septimius Severus (203 n. Chr.), mehreren Tempelanlagen, dem Sitzungsgebäude des Senats (29 v. Chr.), dem Haus und Tempel der Vestalinnen (193–211 n. Chr.), der Maxentius-Basilika (306–310 n. Chr.) und der – Wandgemälde des 5.–8. Jh. enthaltenden – Kirche S. Maria Antiqua.

S. 122 **Palatin.** Auf dem von Kaisern und römischem Adel als Wohnplatz bevorzugten Hügel liegen die reich ausgemalte Residenz von Augustus und seiner Frau Livia (um 30 v. Chr.), der Palast Domitians (um 81–96 n. Chr.), das mit Malereien ausgestattete »Haus der Greifen« (Ende 2. Jh. v. Chr.) und ein Antiquarium mit antiken Funden und Wandgemälden.

S. 115 **Kolosseum.** Amphitheater für Gladiatorenkämpfe und Tierhetzen (um 70–80 n. Chr.).

S. 118 **Konstantins-Bogen.** Ehrenbogen für Kaiser Konstantin d. Gr. (312–315 n. Chr.) mit reichem, z. T. aus älteren Kaiserdenkmälern übernommenem Skulpturenschmuck.

S. 252 **S. Pietro in Vincoli.** Auf das 5. Jh. zurückgehende Kirche mit Michelangelos unvollendetem Grabmal für Papst Julius II. und darin der Figur des »Moses« (1505–45).

S. 217 **S. Maria Maggiore.** Eine frühchristliche Hauptkirche Roms (5. Jh.). Chorfassade von Carlo Rainaldi (1670–73), Hauptfront von Ferdinando Fuga (1741–43). Mosaiken (5. und 13. Jh.). Bildhauerwerke von Arnolfo di Cambio (13. Jh.).

S. 178 **S. Giovanni in Laterano.** Die älteste, nach 312 gegründete Papstkirche, im 17. Jh. von Francesco Borromini neugestaltet. Hauptfassade von Alessandro Galilei (1733–35). Mit einem Papstbildnis Giottos und Skulpturen von Camillo Rusconi, Pierre-Etienne Monnot, Pierre Legros u. a. (1703–19). Kreuzgang mit Mosaikintarsien der Vassalletti-Werkstatt (um 1240). Baptisterium (4./5. und 16./17. Jh.).

2. Tag

Forum Boarium – S. Maria in Cosmedin – S. Maria in Trastevere – S. Pietro in Montorio – Fontana dell'Acqua Paola – Gianicolo – Vatikanischer Palast und Museen – St. Peter

S. 96 **Forum Boarium.** Der antike Rindermarkt umfaßt die Ruinen eines Tempelbezirks der Kaiserzeit, einen erhaltenen Rund- und einen erhaltenen rechteckigen Podiumtempel (beide um 100 v. Chr.), den »Bogen der Geldwechsler« (204 v. Chr.) und den Bogen des Janus Quadrifrons (um 340 n. Chr.).

S. 212 **S. Maria in Cosmedin.** In eine römische Halle eingefügte frühchristliche Kirche mit Wandmalereien (12. Jh.) und Cosmaten-Schmuck an Fußboden und Ausstattungsteilen (12./13. Jh.). In der Vorhalle die Steinmaske mit der »Bocca della Verità«.

S. 235 **S. Maria in Trastevere.** Die 1215 geweihte Kirche, herausragender römischer Bau des Hochmittelalters, besitzt Mosaiken des 12. und 13. Jh. (Pietro Cavallini), dazu einen für den Manierismus charakteristischen Kapellenanbau mit Malereien (16. Jh.).

S. 250 **S. Pietro in Montorio.** Klosterkirche vom Ende des 15. Jh. mit Fresko der Geißelung Christi von Sebastiano del Piombo (1516–21) und der Cappella Raymondi von Bernini (1638–48). Im Klosterhof Bramantes »Tempietto« in Form eines Rundtempels (1502).

S. 278 **Fontana dell'Acqua Paola.** Freistehende Wasserkunst von Flaminio Ponzio (1610–12).

S. 280 **Gianicolo.** Der Panoramaweg und die Terrasse auf diesem einst dem Gott Janus geweihten Hügel bietet schöne Ausblicke über die Stadt. Garibaldi, seiner Frau und seinen anderen Kampfgefährten sind Reiterdenkmäler und Ehrenbüsten gewidmet.

S. 346 **Vatikanischer Palast und Museen.** Auf die Sammlungen des **Museo Gregoriano Egizio** (ägyptische Kunst), des **Museo Chiaramonti** (antike Statuen), des **Museo Pio-Clementino** (Antiken, darunter der Apoll vom Belvedere, die Laokoon-Gruppe, die Knidische Aphrodite und der sog. Torso vom Belvedere) und des **Museo Gregoriano Etrusco** (etruskische Kunst, griechische Vasen) folgen die Räume des **Papstpalastes**, so die *Stanzen* mit den Fresken Raffaels und seiner Schüler (1508 – nach 1520), die Loggien Raffaels (1513–18), die *Kapelle Nikolaus' V.* mit Fresken des Fra Angelico (1454/55) und die *Sixtinische Kapelle* mit u. a. Fresken Botticellis, Signorellis, Peruginos, Ghirlandaios (1481–83) und mit Michelangelos Deckenbildern (1508–12) und seinem »Jüngsten Gericht« (1534–41). In der **Pinakothek** Meisterwerke Giottos, Raffaels, Giovanni Bellinis, Tizians, Poussins und vieler anderer. Das **Museo Gregoriano Profano** enthält antike Funde aus dem Kirchenstaat, darunter die Athena-Marsyas-Gruppe nach einem klassischen griechischen Vorbild von Myron, das **Museo Pio Cristiano** frühchristliche Kunst, schließlich das **Museo Missionario Etnologico** außereuropäische Altertümer und das **Museo Storico** Kutschen, Waffen und Kostüme.
Die Fülle der Sehenswürdigkeiten auf dem – vorgeschriebenen – Rundgang verlangt die Konzentration auf weniges, z. B. auf die hier und im Text S. 347ff. hervorgehobenen Einzelwerke.

S. 326 **St. Peter.** Hauptkirche der katholischen Christenheit, Werk mehrerer Architekten, darunter Bramante, Raffael, Michelangelo, Maderno und Bernini (1506–1626). Mit dem Altarbaldachin und der Kathedra Petri, beide von Bernini (1624–33 und 1657–66), seinen Grabmälern für Urban VIII. (1628–47) und Alexander VII. (1672–78), Canovas Grabmal für Clemens XIII. (1788–92) und Michelangelos »Pietà« (1498–1500), ferner dem Wandgrabmal für Innozenz VIII. von Antonio Pollaiuolo (1498), dem Grabmal für Innozenz XI. von Pierre-Etienne Monnot (um 1700) und dem Marmorgrabmal für Leo XI. von Alessandro Algardi (1634–44).

3. Tag

Pantheon – Il Gesù – S. Andrea della Valle – Piazza Navona – Ara Pacis – Piazza del Popolo – Pincio – Spanische Treppe – Fontana di Trevi

S. 127 **Pantheon.** Von Kaiser Hadrian errichteter Rundtempel (118–125 n. Chr.), im Jahre 609 zur Marienkirche geweiht. Grablege Raffaels und anderer Künstler sowie italienischer Könige.

S. 172 **Il Gesù.** Hauptkirche des Jesuitenordens (1568–84), als Bautypus für die Architektur des Ordens in allen Ländern maßgebend. Von Vignola und Giacomo della Porta entworfen, von Baciccia (1672–85) ausgemalt. Mit Altären von Pietro da Cortona (vor 1669) und Andrea Pozzo (nach 1694).

S. 152 **S. Andrea della Valle.** Barockkirche von Carlo Maderno, Carlo Rainaldi und anderen (1591–1665). Mit Kuppelfresken von Giovanni Lanfranco (1625–28) und Domenichino (1622–28). Carlo Fontanas Cappella Lancellotti (1671–84) ist der Schauplatz des 1. Aktes von Puccinis Oper »Tosca«.

S. 303 **Piazza Navona.** Barocker Platz mit 3 Brunnen, darunter Berninis Vier-Ströme-Brunnen (1648 begonnen), und der 1652 begonnenen Kirche **S. Agnese in Agone** von Carlo Rainaldi und Borromini.

S. 81 **Ara Pacis.** Mit einem Bilderfries geschmückter römischer »Altar des Augustus-Friedens« (13–9 v. Chr.).

S. 303 **Piazza del Popolo.** Von Giuseppe Valadier gestalteter Platz (1816–24) am alten Stadtrand, mit den Zwillingskirchen **S. Maria dei Miracoli** (1658–81) und **S. Maria di Monte Santo** (1658–79). Der Renaissancebau von **S. Maria del Popolo** (1472–80) enthält Grabmäler von Andrea Bregno (nach 1501) und Andrea Sansovino (um 1507), ferner Hauptwerke Caravaggios (1600/01); in Raffaels Cappella Chigi (1513–16) Statuen von Bernini.

S. 304 **Pincio.** Am Panoramaweg von der Piazza del Popolo zur Spanischen Treppe bieten der Piazzale Napoleone und die **Villa Medici** (nach 1564) schöne Ausblicke über die Stadt. In **SS. Trinità dei Monti** (1495–1587) ein Wandgemälde der Kreuzabnahme von Daniele da Volterra (1541).

S. 304 **Spanische Treppe.** Barock gestalteter Aufgang zum Pincio von Francesco de Sanctis (1723–25).

S. 279 **Fontana di Trevi.** Barocke Brunnenanlage von Nicola Salvi mit den Figuren von Göttern und Wasserwesen (1732–62).

Rom in fünf Tagen

1. Tag

Konstantins-Bogen – Kolosseum – Forum Romanum – Kaiserforen des Augustus und Trajan – Kapitol – Forum Boarium – S. Maria in Cosmedin

S. 118 **Konstantins-Bogen.** Ehrenbogen für Kaiser Konstantin d. Gr. (312–315 n. Chr.) mit reichem, z. T. aus älteren Kaiserdenkmälern übernommenem Skulpturenschmuck.

S. 115 **Kolosseum.** Amphitheater für Gladiatorenkämpfe und Tierhetzen (um 70–80 n. Chr.).

S. 98 **Forum Romanum.** Das Zentrum des antiken Rom, eine Ruinenstätte mit den Triumphbogen der Kaiser Titus (81 n. Chr.) und Septimius Severus (203 n. Chr.), mehreren Tempelanlagen, dem Sitzungsgebäude des Senats (29 v. Chr.), dem Haus und Tempel der Vestalinnen (193–211 n. Chr.), der Maxentius-Basilika (306–310 n. Chr.) und der – Wandgemälde des 5.–8. Jh. enthaltenden – Kirche S. Maria Antiqua.

S. 93, 94 **Kaiserforen des Augustus und Trajan.** Das Augustus-Forum um den Tempel des Mars Ultor und das 113 n. Chr. eingeweihte Trajans-Forum sind die besterhaltenen Kaiserforen. An der Ehrensäule des Kaisers Trajan sind seine Kriegszüge gegen die Daker auf einem Spiralband aus Reliefbildern dargestellt.

S. 280 **Kapitol.** Als Sitz der Reichs- und Stadtregierung seit antiker Zeit der bedeutendste der 7 Hügel Roms. Mit dem **Senatorenpalast** von Michelangelo, Giacomo della Porta und Girolamo Rainaldi (1547–79), dem **Konservatorenpalast** von Michelangelo und Giacomo della Porta (1563–68) sowie dem **Palazzo Nuovo** von Girolamo und Carlo Rainaldi (1603–54). Im Konservatorenpalast antike Skulpturen, darunter die »Römische Wölfin«, außerdem Fresken und eine Gemäldesammlung mit Hauptwerken der italienischen, niederländischen und spanischen Malerei der Renaissance und des Barock. Im Palazzo Nuovo das Reiterdenkmal des Kaisers Marc Aurel und andere römische Skulpturen, vielfach nach griechischen Originalen, darunter die sog. Kapitolinische Venus und Porträtköpfe antiker Kaiser, Dichter und Philosophen.

S. 96 **Forum Boarium.** Der antike Rindermarkt umfaßt die Ruinen eines Tempelbezirks der Kaiserzeit, einen erhaltenen Rund- und einen erhaltenen rechteckigen Podiumtempel (beide um 100 v. Chr.), den »Bogen der Geldwechsler« (204 v. Chr.) und den Bogen des Janus Quadrifrons (um 340 n. Chr.).

S. 212 **S. Maria in Cosmedin.** In eine römische Halle eingefügte frühchristliche Kirche mit Wandmalereien (12. Jh.) und Cosmaten-Schmuck an Fußboden und Ausstattungsteilen (12./13. Jh.). In der Vorhalle die Steinmaske mit der »Bocca della Verità«.

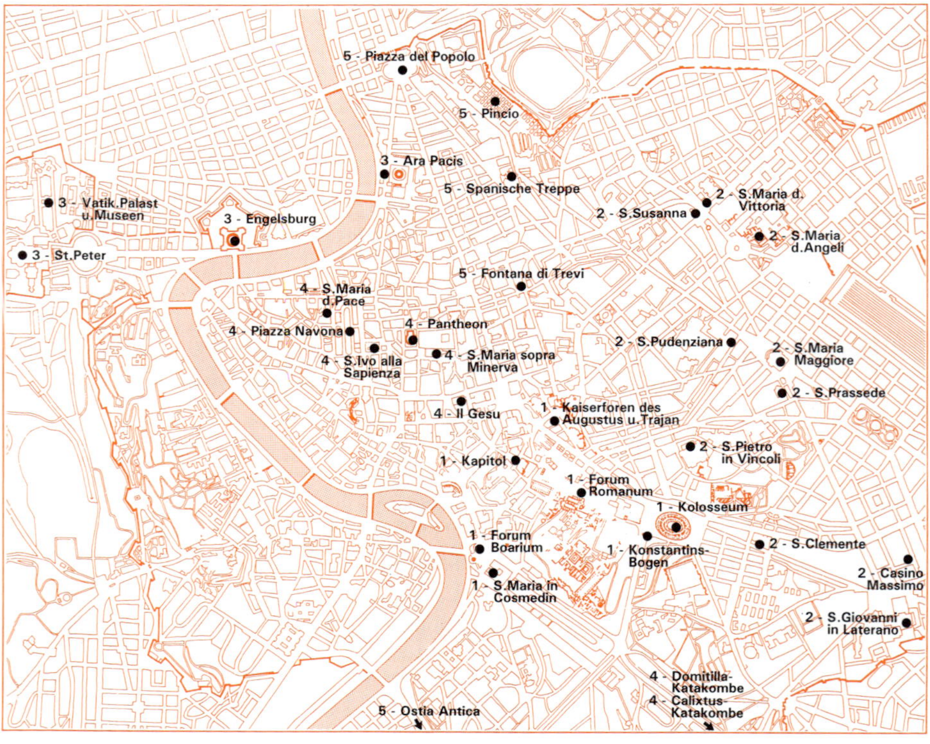

2. Tag

S. Giovanni in Laterano – Casino Massimo – S. Clemente – S. Pietro in Vincoli – S. Prassede – S. Maria Maggiore – S. Pudenziana – S. Maria degli Angeli – S. Susanna – S. Maria della Vittoria

S. 178 **S. Giovanni in Laterano.** Die älteste, nach 312 gegründete Papstkirche, im 17. Jh. von Francesco Borromini neugestaltet. Hauptfassade von Alessandro Galilei (1733–35). Mit einem Papstbildnis Giottos und Skulpturen von Camillo Rusconi, Pierre-Etienne Monnot, Pierre Legros u. a. (1703–19). Kreuzgang mit Mosaikintarsien der Vassalletti-Werkstatt (um 1240). Baptisterium (4./5. und 16./17. Jh.).

S. 276 **Casino Massimo.** Ehem. Gartencasino der Fürsten Massimo mit Wandbildern der deutschen Maler Philipp Veit, Overbeck, Schnorr v. Carolsfeld, Koch und Führich nach literarischen Hauptwerken von Dante, Ariost und Tasso (1819–29).

S. 162 **S. Clemente.** Basilika des 12. Jh. über einem Mithräum und einem christlichen Haus des 2./3. Jh. Mit Wandmalereien des 9. Jh. und der Zeit um 1100 in der Unterkirche, Mosaiken des 12. Jh. und Masolinos Fresken in der Katharinenkapelle der Oberkirche (um 1427 – um 1431).

S. 252 **S. Pietro in Vincoli.** Auf das 5. Jh. zurückgehende Kirche mit Michelangelos unvollendetem Grabmal für Papst Julius II. und darin der Figur des »Moses« (1505–45).

S. 254 **S. Prassede.** Kirche des 9. Jh. mit Mosaikausstattung in der Zeno-Kapelle, an Triumphbogen und Apsis.

S. 217 **S. Maria Maggiore.** Eine frühchristliche Hauptkirche Roms (5. Jh.). Chorfassade von Carlo Rainaldi (1670–73), Hauptfront von Ferdinando Fuga (1741–43). Mosaiken (5. und 13. Jh.). Bildhauerwerke von Arnolfo di Cambio (13. Jh.).

S. 256 **S. Pudenziana** enthält ein bedeutendes Apsismosaik der Zeit um 400.

S. 203 **S. Maria degli Angeli.** Nach einem Entwurf Michelangelos (1560) in die Thermen Diokletians eingebaute Kirche. Darin ein Meisterwerk Jean-Antoine Houdons, die Statue des hl. Bruno (1766).

S. 269 **S. Susanna** besitzt eine der bemerkenswertesten Kirchenfassaden der Stadt, 1603 von Carlo Maderno, vorbildlich für die römische Barockarchitektur.

S. 240 **S. Maria della Vittoria,** mit einer als Pendant zu S. Susanna entworfenen Fassade von Soria (1625/26), birgt Berninis bildhauerisches Hauptwerk, den Altar der hl. Therese (um 1646).

3. Tag

Ara Pacis – Engelsburg – St. Peter und Vatikan

S. 81 **Ara Pacis.** Mit einem Bilderfries geschmückter römischer »Altar des Augustus-Friedens« (13–9 v. Chr.).

S. 88 **Engelsburg (Castel S. Angelo).** Von den Päpsten zur Festung, Flucht- und Wohnburg ausgestattetes ehem. Mausoleum des Kaisers Hadrian (um 130–139 n. Chr.).

S. 326 **St. Peter.** Hauptkirche der katholischen Christenheit, Werk mehrerer Architekten, darunter Bramante, Raffael, Michelangelo, Maderno und Bernini (1506–1626). Mit dem Altarbaldachin und der Kathedra Petri von Bernini (1624–33 und 1657–66), seinen Grabmälern für Urban VIII. (1628–47) und Alexander VII. (1672–78), Canovas Grabmal für Clemens XIII. (1788–92) und Michelangelos »Pietà« (1498–1500), ferner dem Wandgrabmal für Innozenz VIII. von Antonio Pollaiuolo (1498), dem Grabmal für Innozenz XI. von Pierre-Etienne Monnot (um 1700) und dem Marmorgrabmal für Leo XI. von Alessandro Algardi (1634–44).

S. 346 **Vatikanischer Palast und Museen.** Auf die Sammlungen des **Museo Gregoriano Egizio** (ägyptische Kunst), des **Museo Chiaramonti** (antike Statuen), des **Museo Pio-Clementino** (Antiken, darunter der Apoll vom Belvedere, die Laokoon-Gruppe, die Knidische Aphrodite und der sog. Torso vom Belvedere) und des **Museo Gregoriano Etrusco** (etruskische Kunst, griechische Vasen) folgen die Räume des **Papstpalastes**, so die *Stanzen* mit den Fresken Raffaels und seiner Schüler (1508 – nach 1520), die Loggien Raffaels (1513–18), die *Kapelle Nikolaus' V.* mit Fresken des Fra Angelico (1454/55) und die *Sixtinische Kapelle* mit u. a. Fresken Botticellis, Signorellis, Peruginos, Ghirlandaios (1481–83) und mit Michelangelos Deckenbildern (1508–12) und seinem »Jüngsten Gericht« (1534–41). In der **Pinakothek** Meisterwerke Giottos, Raffaels, Giovanni Bellinis, Tizians, Poussins und vieler anderer. Das **Museo Gregoriano Profano** enthält antike Funde aus dem Kirchenstaat, darunter die Athena-Marsyas-Gruppe nach einem klassischen griechischen Vorbild von Myron, das **Museo Pio Cristiano** frühchristliche Kunst, schließlich das **Museo Missionario Etnologico** außereuropäische Altertümer und das **Museo Storico** Kutschen, Waffen und Kostüme.
Die Fülle der Sehenswürdigkeiten auf dem – vorgeschriebenen – Rundgang verlangt die Konzentration auf weniges, z. B. auf die hier und im Text S. 347ff. hervorgehobenen Einzelwerke.

4. Tag

S. Maria della Pace – Piazza Navona – S. Ivo alla Sapienza – Pantheon – S. Maria sopra Minerva – Il Gesù – Domitilla- oder Calixtus-Katakombe (je nach Öffnungszeiten)

S. 229 **S. Maria della Pace,** mit barocker Fassade von Pietro da Cortona (1655–57) und Kreuzgang Bramantes (1500–04), enthält Fresken Raffaels (1514).

S. 303 **Piazza Navona.** Barocker Platz mit 3 Brunnen, darunter Berninis Vier-Ströme-Brunnen (1648 begonnen), und der 1652 begonnenen Kirche **S. Agnese in Agone** von Carlo Rainaldi und Borromini.

S. 194 **S. Ivo alla Sapienza.** Charakteristischer Kirchenbau Borrominis (1642–60).

S. 127 **Pantheon.** Von Kaiser Hadrian errichteter Rundtempel (118–125 n. Chr.), im Jahre 609 zur Marienkirche geweiht. Grablege Raffaels und anderer Künstler sowie italienischer Könige.

S. 224 **S. Maria sopra Minerva.** Die gotische Dominikanerkirche birgt bedeutende Grabmäler sowie Fresken von Filippino Lippi (1488–93) und eine Christus-Statue Michelangelos (1519–21).

S. 172 **Il Gesù.** Hauptkirche des Jesuitenordens (1568–84), als Bautypus für die Architektur des Ordens in allen Ländern maßgebend. Von Vignola und Giacomo della Porta entworfen, von Baciccia (1672–85) ausgemalt. Mit Altären von Pietro da Cortona (vor 1669) und Andrea Pozzo (nach 1694).

S. 114 **Domitilla-Katakombe.** Nach einer zum Christentum bekehrten Enkelin Kaiser Vespasians benannte Gräberanlage. Mit frühchristlichen Fresken vieler Jahrhunderte.

S. 113 **Calixtus-Katakombe.** Gräberanlage mit Gangsystemen von insgesamt ca. 10 km Länge und frühchristlichen Fresken.

5. Tag

Ostia Antica – Piazza del Popolo – Pincio – Spanische Treppe – Fontana di Trevi

S. 388 **Ostia Antica.** Die Ruinen der um 50 n. Chr. gegründeten Hafenstadt geben eine umfassende Vorstellung von einem antiken Handels- und Lebenszentrum. (Metropolitana, Stazione Magliana.)

S. 303 **Piazza del Popolo.** Von Giuseppe Valadier gestalteter Platz (1816–24) am alten Stadtrand, mit den Zwillingskirchen **S. Maria dei Miracoli** (1658–81) und **S. Maria di Monte Santo** (1658–79). Der Renaissancebau von **S. Maria del Popolo** (1472–80) enthält Grabmäler von Andrea Bregno (nach 1501) und Andrea Sansovino (um 1507), ferner Hauptwerke Caravaggios (1600/01); in Raffaels Cappella Chigi (1513–16) Statuen von Bernini.

S. 304 **Pincio.** Am Panoramaweg von der Piazza del Popolo zur Spanischen Treppe bieten der Piazzale Napoleone und die **Villa Medici** (nach 1564) schöne Ausblicke über die Stadt. In **SS. Trinità dei Monti** (1495–1587) ein Wandgemälde der Kreuzabnahme von Daniele da Volterra (1541).

S. 304 **Spanische Treppe.** Barock gestalteter Aufgang zum Pincio von Francesco de Sanctis (1723–25).

S. 279 **Fontana di Trevi.** Barocke Brunnenanlage von Nicola Salvi mit den Figuren von Göttern und Wasserwesen (1732–62).

Rom in acht Tagen

1. Tag

Kapitol – Forum Romanum – Palatin – Kolosseum – Konstantins-Bogen – Kaiserforen des Augustus und Trajan

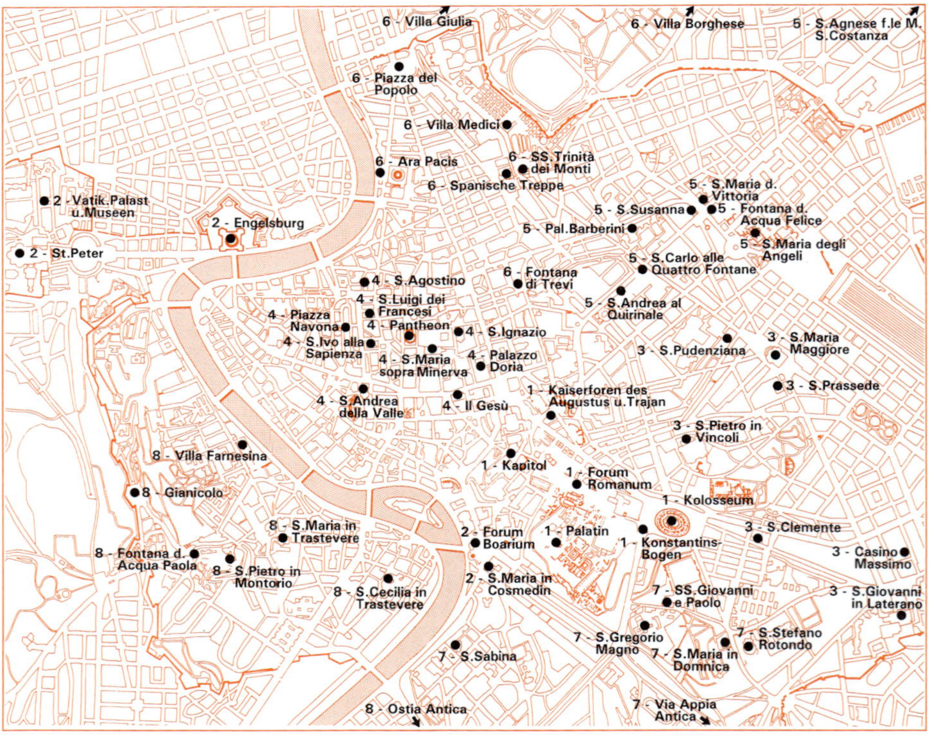

S. 280 **Kapitol.** Als Sitz der Reichs- und Stadtregierung seit antiker Zeit der bedeutendste der 7 Hügel Roms. Mit dem **Senatorenpalast** von Michelangelo, Giacomo della Porta und Girolamo Rainaldi (1547–79), dem **Konservatorenpalast** von Michelangelo und Giacomo della Porta (1563–68) sowie dem **Palazzo Nuovo** von Girolamo und Carlo Rainaldi (1603–54). Im Konservatorenpalast antike Skulpturen, darunter die »Römische Wölfin«, außerdem Fresken und eine Gemäldesammlung mit Hauptwerken der italienischen, niederländischen und spanischen Malerei der Renaissance und des Barock. Im Palazzo Nuovo das Reiterdenkmal des Kaisers Marc Aurel und andere römische Skulpturen, vielfach nach griechischen Originalen, darunter die sog. Kapitolinische Venus und Porträtköpfe antiker Kaiser, Dichter und Philosophen.

S. 98 **Forum Romanum.** Das Zentrum des antiken Rom, eine Ruinenstätte mit den Triumphbogen der Kaiser Titus (81 n. Chr.) und Septimius Severus (203 n. Chr.), mehreren Tempelanlagen, dem Sitzungsgebäude des Senats (29 v. Chr.), dem Haus und Tempel der Vestalinnen (193–211 n. Chr.), der Maxentius-Basilika (306–310 n. Chr.) und der – Wandgemälde des 5.–8. Jh. enthaltenden – Kirche S. Maria Antiqua.

S. 122 **Palatin.** Auf dem von Kaisern und römischem Adel als Wohnplatz bevorzugten Hügel liegen die reich ausgemalte Residenz von Augustus und seiner Frau Livia (um 30 v. Chr.), der Palast Domitians (um 81–96 n. Chr.), das mit Malereien ausgestattete »Haus der Greifen« (Ende 2. Jh. v. Chr.) und ein Antiquarium mit antiken Funden und Wandgemälden.

S. 115 **Kolosseum.** Amphitheater für Gladiatorenkämpfe und Tierhetzen (um 70–80 n. Chr.).

S. 118 **Konstantins-Bogen.** Ehrenbogen für Kaiser Konstantin d. Gr. (312–315 n. Chr.) mit reichem, z. T. aus älteren Kaiserdenkmälern übernommenem Skulpturenschmuck.

S. 93, 94 **Kaiserforen des Augustus und Trajan.** Das Augustus-Forum um den Tempel des Mars Ultor und das 113 n. Chr. eingeweihte Trajans-Forum sind die besterhaltenen Kaiserforen. An der Ehrensäule des Kaisers Trajan sind seine Kriegszüge gegen die Daker auf einem Spiralband aus Reliefbildern dargestellt.

2. Tag

Engelsburg – St. Peter und Vatikanische Museen – Forum Boarium – S. Maria in Cosmedin

S. 88 **Engelsburg (Castel S. Angelo).** Von den Päpsten zur Festung, Flucht- und Wohnburg ausgestattetes ehem. Mausoleum des Kaisers Hadrian (um 130–139 n. Chr.).

S. 326 **St. Peter.** Hauptkirche der katholischen Christenheit, Werk mehrerer Architekten, darunter Bramante, Raffael, Michelangelo, Maderno und Bernini (1506–1626). Mit dem Altarbaldachin und der Kathedra Petri, beide von Bernini (1624–33 und 1657–66), seinen Grabmälern für Urban VIII. (1628–47) und Alexander VII. (1672–78), Canovas Grabmal für Clemens XIII. (1788–92) und Michelangelos »Pietà« (1498–1500), ferner dem Wandgrabmal für Innozenz VIII. von Antonio Pollaiuolo (1498), dem Grabmal für Innozenz XI. von Pierre-Etienne Monnot (um 1700) und dem Marmorgrabmal für Leo XI. von Alessandro Algardi (1634–44).

S. 346 **Vatikanischer Palast und Museen.** Auf die Sammlungen des **Museo Gregoriano Egizio** (ägyptische Kunst), des **Museo Chiaramonti** (antike Statuen), des **Museo Pio-Clementino** (Antiken, darunter der Apoll vom Belvedere, die Laokoon-Gruppe, die Knidische Aphrodite und der sog. Torso vom Belvedere) und des **Museo Gregoriano Etrusco** (etruskische Kunst, griechische Vasen) folgen die Räume des **Papstpalastes**, so die *Stanzen* mit den Fresken Raffaels und seiner Schüler (1508 – nach 1520), die Loggien Raffaels (1513–18), die *Kapelle Nikolaus' V.* mit Fresken des Fra Angelico (1454/55) und die *Sixtinische Kapelle* mit u. a. Fresken Botticellis, Signorellis, Peruginos, Ghirlandaios (1481–83) und mit Michelangelos Deckenbildern (1508–12) und seinem »Jüngsten Gericht« (1534–41). In der **Pinakothek** Meisterwerke Giottos, Raffaels, Giovanni Bellinis, Tizians, Poussins und vieler anderer. Das **Museo Gregoriano Profano** enthält antike Funde aus dem Kirchenstaat, darunter die Athena-Marsyas-Gruppe nach einem klassischen griechischen Vorbild von Myron, das

Museo Pio Cristiano frühchristliche Kunst, schließlich das **Museo Missionario Etnologico** außereuropäische Altertümer und das **Museo Storico** Kutschen, Waffen und Kostüme.
Die Fülle der Sehenswürdigkeiten auf dem – vorgeschriebenen – Rundgang verlangt die Konzentration auf weniges, z. B. auf die hier und im Text S. 347ff. hervorgehobenen Einzelwerke.

S. 96 **Forum Boarium.** Der antike Rindermarkt umfaßt die Ruinen eines Tempelbezirks der Kaiserzeit, einen erhaltenen Rund- und einen erhaltenen rechteckigen Podiumtempel (beide um 100 v. Chr.), den »Bogen der Geldwechsler« (204 v. Chr.) und den Bogen des Janus Quadrifrons (um 340 n. Chr.).

S. 212 **S. Maria in Cosmedin.** In eine römische Halle eingefügte frühchristliche Kirche mit Wandmalereien (12. Jh.) und Cosmaten-Schmuck an Fußboden und Ausstattungsteilen (12./13. Jh.). In der Vorhalle die Steinmaske mit der »Bocca della Verità«.

3. Tag

S. Giovanni in Laterano – Casino Massimo – S. Clemente – S. Pietro in Vincoli – S. Prassede – S. Maria Maggiore – S. Pudenziana

S. 178 **S. Giovanni in Laterano.** Die älteste, nach 312 gegründete Papstkirche, im 17. Jh. von Francesco Borromini neugestaltet. Hauptfassade von Alessandro Galilei (1733–35). Mit einem Papstbildnis Giottos und Skulpturen von Camillo Rusconi, Pierre-Etienne Monnot, Pierre Legros u. a. (1703–19). Kreuzgang mit Mosaikintarsien der Vassalletti-Werkstatt (um 1240). Baptisterium (4./5. und 16./17. Jh.).

S. 276 **Casino Massimo.** Ehem. Gartencasino der Fürsten Massimo mit Wandbildern der deutschen Maler Philipp Veit, Overbeck, Schnorr v. Carolsfeld, Koch und Führich nach literarischen Hauptwerken von Dante, Ariost und Tasso (1819–29).

S. 162 **S. Clemente.** Basilika des 12. Jh. über einem Mithräum und einem christlichen Haus des 2./3. Jh. Mit Wandmalereien des 9. Jh. und der Zeit um 1100 in der Unterkirche, Mosaiken des 12. Jh. und Masolinos Fresken in der Katharinenkapelle der Oberkirche (um 1427 – um 1431).

S. 252 **S. Pietro in Vincoli.** Auf das 5. Jh. zurückgehende Kirche mit Michelangelos unvollendetem Grabmal für Papst Julius II. und darin der Figur des »Moses« (1505–45).

S. 254 **S. Prassede.** Kirche des 9. Jh. mit Mosaikausstattung in der Zeno-Kapelle, an Triumphbogen und Apsis.

S. 217 **S. Maria Maggiore.** Eine frühchristliche Hauptkirche Roms (5. Jh.). Chorfassade von Carlo Rainaldi (1670–73), Hauptfront von Ferdinando Fuga (1741–43). Mosaiken (5. und 13. Jh.). Bildhauerwerke von Arnolfo di Cambio (13. Jh.).

S. 256 **S. Pudenziana** enthält ein bedeutendes Apsismosaik der Zeit um 400.

4. Tag

S. Agostino – S. Luigi dei Francesi – Piazza Navona – S. Ivo alla Sapienza – Pantheon – S. Maria sopra Minerva – S. Ignazio – Palazzo Doria – Il Gesù – S. Andrea della Valle

S. 147 **S. Agostino.** Zur künstlerischen Ausstattung der Kirche (1479–83) gehört Jacopo Sansovinos »Madonna del Parto« (1518–21), eine Prophetenfigur Raffaels (1511/12) und Caravaggios »Pilgermadonna« (um 1605).

S. 200 **S. Luigi dei Francesi.** Wertvollster Besitz der Kirche (1518–89) sind die Matthäus-Gemälde von Caravaggio (1599–1602) und Domenichinos Cäcilien-Fresken (1612 bis 1614).

S. 303 **Piazza Navona.** Barocker Platz mit 3 Brunnen, darunter Berninis Vier-Ströme-Brunnen (1648 begonnen), und der 1652 begonnenen Kirche **S. Agnese in Agone** von Carlo Rainaldi und Borromini.

S. 194 **S. Ivo alla Sapienza.** Charakteristischer Kirchenbau Borrominis (1642–60).

S. 127 **Pantheon.** Von Kaiser Hadrian errichteter Rundtempel (118–125 n. Chr.), im Jahre 609 zur Marienkirche geweiht. Grablege Raffaels und anderer Künstler sowie italienischer Könige.

S. 224 **S. Maria sopra Minerva.** Die gotische Dominikanerkirche birgt bedeutende Grabmäler sowie Fresken von Filippino Lippi (1488–93) und eine Christus-Statue Michelangelos (1519–21).

S. 192 **S. Ignazio.** 1626 begonnene Jesuitenkirche, mit Andrea Pozzos 1694 vollendetem Deckengemälde, einem Hauptwerk barocker Malerei.

S. 290 **Palazzo Doria.** Barocker Adelspalast mit Gemäldegalerie in historischen Räumen (Caravaggio, Velázquez, Claude Lorrain und viele andere).

S. 172 **Il Gesù.** Hauptkirche des Jesuitenordens (1568–84), als Bautypus für die Architektur des Ordens in allen Ländern maßgebend. Von Vignola und Giacomo della Porta entworfen, von Baciccia (1672–85) ausgemalt. Mit Altären von Pietro da Cortona (vor 1669) und Andrea Pozzo (nach 1694).

S. 152 **S. Andrea della Valle.** Barockkirche von Carlo Maderno, Carlo Rainaldi und anderen (1591–1665). Mit Kuppelfresken von Giovanni Lanfranco (1625–28) und Domenichino (1622–28). Carlo Fontanas Cappella Lancellotti (1671–84) ist der Schauplatz des 1. Aktes von Puccinis Oper »Tosca«.

5. Tag

S. Andrea al Quirinale – S. Carlo alle Quattro Fontane – Palazzo Barberini – S. Susanna – S. Maria della Vittoria – Fontana dell'Acqua Felice – S. Maria degli Angeli – S. Agnese fuori le Mura mit S. Costanza (– Tivoli)

S. 151 **S. Andrea al Quirinale.** Die ehem. Hofkirche der Könige beim Quirinalspalast ist ein architektonisches Hauptwerk Berninis (1658–75).

S. 157 **S. Carlo alle Quattro Fontane.** Eine Art entgegengesetztes Pendant zu S. Andrea al Quirinale, Hauptwerk von Berninis Konkurrenten Borromini (1638–82).

S. 285 **Palazzo Barberini.** Großer römischer Stadtpalast von Maderno, Bernini und Borromini (1625 begonnen), ausgestaltet mit Fresken von Pietro da Cortona (1632–39) und anderen. Sitz der Galleria Nazionale d'Arte Antica, die Gemälde vom Mittelalter bis in das 18. Jh. enthält (Fra Angelico, Filippo Lippi, Raffael, Bronzino, Tizian, Tintoretto, El Greco, Canaletto, Guardi, Boucher und viele andere).

S. 269 **S. Susanna** besitzt eine der bemerkenswertesten Kirchenfassaden der Stadt, 1603 von Carlo Maderno, vorbildlich für die römische Barockarchitektur.

S. 240 **S. Maria della Vittoria,** mit einer als Pendant zu S. Susanna entworfenen Fassade von Soria (1625/26), birgt Berninis bildhauerisches Hauptwerk, den Altar der hl. Therese (um 1646).

S. 278 **Fontana dell'Acqua Felice (del Mosè).** Schauwand einer Wasserleitung, 1585–87 von Domenico Fontana errichtet.

S. 203 **S. Maria degli Angeli.** Nach einem Entwurf Michelangelos (1560) in die Thermen Diokletians eingebaute Kirche. Darin ein Meisterwerk Jean-Antoine Houdons, die Statue des hl. Bruno (1766).

S. 144 Die **Basilika S. Agnese fuori le Mura**, Gründung einer Tochter Konstantins d. Gr., und das zugehörige Mausoleum **S. Costanza**, ein Rundbau, besitzen bedeutende Mosaiken des 4. und des 7. Jh.

Dieses Programm kann variiert werden durch einen Ausflug nach

S. 394 **Tivoli,** zur **Villa Adriana,** der Sommerresidenz des Kaisers Hadrian (117–138), zur **Villa d'Este** mit ihren Gartenanlagen und Wasserspielen (um 1560 – Anfang 17. Jh.), dem **Dom** und dem Park der **Villa Gregoriana** (um 1840). (Bus ab Stazione Rebibbia der Metropolitana.)

6. Tag

Ara Pacis – Piazza del Popolo – Villa Giulia – Villa Borghese – Villa Medici – SS. Trinità dei Monti – Spanische Treppe – Fontana di Trevi

S. 81 **Ara Pacis.** Mit einem Bilderfries geschmückter römischer »Altar des Augustus-Friedens« (13–9 v. Chr.).

S. 303 **Piazza del Popolo.** Von Giuseppe Valadier gestalteter Platz (1816–24) am alten Stadtrand, mit den Zwillingskirchen **S. Maria dei Miracoli** (1658–81) und **S. Maria di Monte Santo** (1658–79). Der Renaissancebau von **S. Maria del Popolo** (1472–80) enthält Grabmäler von Andrea Bregno (nach 1501) und Andrea Sansovino (um 1507), ferner Hauptwerke Caravaggios (1600/01); in Raffaels Cappella Chigi (1513–16) Statuen von Bernini.

S. 310 **Villa Giulia.** Die einst päpstliche Villa des 16. Jh. ist heute Sitz eines Museums, der umfassendsten Sammlung etruskischer Kunst.

S. 308 **Villa Borghese.** In der ausgedehnten Parkanlage bildet das **Casino Borghese** mit seiner Kunstsammlung das Zentrum: Skulpturen und Gemälde von Bernini, darunter die »Apollo-und-Daphne«-Gruppe (1622–25), der »David« (1623/24) und sein Selbstbildnis von Canova (Paolina Borghese als ruhende Venus, 1805), Raffael, Tizian (»Irdische und himmlische Liebe«, um 1512), Veronese, Caravaggio, Rubens und vielen anderen.

S. 304 Von der **Villa Medici** (nach 1564) und dem vorbeiführenden Panoramaweg am **Pincio** bieten sich schöne Ausblicke über die Stadt.

S. 270 In **SS. Trinità dei Monti** (1495–1587) ein Wandgemälde der Kreuzabnahme Christi von Daniele da Volterra (1541).

S. 304 **Spanische Treppe.** Barock gestalteter Aufgang zum Pincio von Francesco de Sanctis (1723–25).

S. 279 **Fontana di Trevi.** Barocke Brunnenanlage von Nicola Salvi mit den Figuren von Göttern und Wasserwesen (1732–62).

7. Tag

S. Sabina – S. Gregorio Magno – SS. Giovanni e Paolo – S. Maria in Domnica – S. Stefano Rotondo – Via Appia Antica

S. 261 **S. Sabina.** Frühchristliche Basilika auf der Höhe des Aventin, mit reliefgeschmückter Tür aus der Erbauungszeit (um 430).

S. 191 **S. Gregorio Magno.** Den barocken Kirchenbau in hervorragender Lage zeichnet Sorias Fassade von 1633 aus.

S. 189 **SS. Giovanni e Paolo.** Die über antiken Häusern errichtete Kirche birgt ein Nymphäum mit dem größten und am besten erhaltenen Wandbild des antiken Rom (2. Jh. n. Chr.).

S. 214 **S. Maria in Domnica.** Mosaiken des 9. Jh. bilden den Hauptanziehungspunkt der karolingischen Kirche.

S. 268 **S. Stefano Rotondo,** ein im 5. Jh. angelegter Zentralbau, zählt zu den eindrucksvollsten Kirchen Roms.

S. 135 **Via Appia Antica.** An der wichtigsten, 312 v. Chr. eröffneten römischen Fernstraße nach Süden liegt über eine Strecke von mehreren Kilometern eine bedeutende Reihe von antiken Grabbauten, darunter
S. 111 das **Grab der Scipionen** (3./2. Jh. v. Chr.),
S. 113f. die **Calixtus-** und die **Domitilla-Katakombe** (1.–4. Jh.),
S. 110 das **Grab der Caecilia Metella** (1. Jh. v. Chr.) sowie Kirche und Katakomben von
S. 264 **S. Sebastiano ad Catacumbas** (1.–4. und 17./18. Jh.). Nahebei
S. 136 die Gedenkstätte für die italienischen Geiseln, die 1944 von der deutschen Wehrmacht in den **Fosse Ardeatine** erschossen wurden.

8. Tag

S. Cecilia in Trastevere – S. Maria in Trastevere – S. Pietro in Montorio – Fontana dell'Acqua Paola – Gianicolo – Villa Farnesina – Ostia Antica

S. 160 **S. Cecilia in Trastevere.** Zum Ensemble der Kirchenanlage des 9. Jh. zählen Mosaiken aus der Entstehungszeit, das Altarziborium des Arnolfo di Cambio (1293), Fresken von Pietro Cavallini (gegen 1293) und Stefano Madernos Figur der toten hl. Cäcilie (1599/1600).

S. 235 **S. Maria in Trastevere.** Die 1215 geweihte Kirche, herausragender römischer Bau des Hochmittelalters, besitzt Mosaiken des 12. und 13. Jh. (Pietro Cavallini), dazu einen für den Manierismus charakteristischen Kapellenanbau mit Malereien (16. Jh.).

S. 250 **S. Pietro in Montorio.** Klosterkirche vom Ende des 15. Jh. mit Fresko der Geißelung Christi von Sebastiano del Piombo (1516–21) und der Cappella Raymondi von Bernini (1638–48). Im Klosterhof Bramantes »Tempietto« in Form eines Rundtempels (1502).

S. 278 **Fontana dell'Acqua Paola.** Freistehende Wasserkunst von Flaminio Ponzio (1610–12).

S. 280 **Gianicolo.** Der Panoramaweg und die Terrasse auf diesem einst dem Gott Janus geweihten Hügel bietet schöne Ausblicke über die Stadt. Garibaldi, seiner Frau und seinen anderen Kampfgefährten sind Reiterdenkmäler und Ehrenbüsten gewidmet.

S. 309 **Villa Farnesina.** Zur Ausstattung des von Peruzzi 1508–11 gebauten Palastes gehören Fresken von Raffael und seinen Schülern, auch von Sodoma.

S. 388 **Ostia Antica.** Die Ruinen der um 50 n. Chr. gegründeten Hafenstadt geben eine umfassende Vorstellung von einem antiken Handels- und Lebenszentrum. (Metropolitana, Stazione Magliana.)

RÖMISCHE KUNST NACH THEMENGRUPPEN

Da der Hauptteil des Kunstführers thematisch gegliedert ist, kann sich der Rom-Reisende, der ein Besuchsprogramm nach Bautypen und -gattungen zusammenstellen möchte, an den Kapiteln selbst und an den vorgeschalteten Übersichtslisten orientieren, beispielsweise über Stadtmauern und -tore, Brücken, Grabmonumente, Thermen, Brunnen, Paläste und Villen. Weitere Hinweise gibt die Gliederung des Objektregisters am Schluß des Bandes.

Cosmatenkunst

S. 164 Osterleuchter und Fußboden in S. Clemente ~ 1130

S. 236 Fußboden in S. Maria in Trastevere ~ 1130/40

S. 169 Fußboden in S. Croce in Gerusalemme ~ 1145

S. 249 Osterleuchter in S. Paolo fuori le Mura (Vassaletti) ~ 1170–90

S. 198 Fußboden in S. Lorenzo fuori le Mura 12. Jh.

S. 142 Ziborium und Fußbodenteile in S. Agata dei Goti 12. o. 13. Jh.

S. 150 Portal, Säulen und Fußbodenteile in S. Alessio 12. o. 13. Jh.

S. 260 Portal von S. Saba 1205

S. 250 Kreuzgang von S. Paolo fuori le Mura (Vassaletti) 1205–40

S. 185 Kreuzgang von S. Giovanni in Laterano (Vassaletti) vollendet 1232

S. 198 Bischofsthron in S. Lorenzo fuori le Mura 13. Jh.

S. 243 Ausstattungsteile in SS. Nereo e Achilleo 13. Jh.

S. 258 Fußboden in SS. Quattro Coronati 13. Jh.

S. 259 Fußboden im Oratorium des hl. Silvester bei SS. Quattro Coronati 13. Jh.

Kirchenfassaden der Renaissance und des Barock

S. 148 S. Agostino 1479–83

S. 266 S. Spirito in Sassia (Antonio da Sangallo) ~ 1545

S. 158 S. Caterina dei Funari (Guidetto Guidetti) 1560–64

S. 172 Il Gesù (Giacomo della Porta) vollendet 1577

S. 272 SS. Trinità dei Monti (Giacomo della Porta?) 2. Hälfte 16. Jh.

S. 228 S. Maria ai Monti (Giacomo della Porta) n. 1580

S. 191 S. Girolamo degli Schiavoni (Martino Longhi, Giovanni Fontana) zw. 1588 u. 1634

S. 269 S. Susanna (Carlo Maderno) 1597–1603

S. 170 S. Francesca Romana (Carlo Lambardi) 1608–15

S. 240 S. Maria della Vittoria (G. B. Soria) 1624–26

S. 192 S. Gregorio Magno al Celio (G. B. Soria) 1633

S. 199 SS. Luca e Martina (Pietro da Cortona) zw. 1634 u. 1650

S. 156 S. Carlo ai Catinari (G. B. Soria) 1636–38

S. 238 Oratorio di S. Filippo Neri (Borromini) zw. 1637 u. 1650

S. 273 SS. Vincenzo e Anastasio (Martino Longhi d. J.) 1646–50

S. 142 S. Agnese in Agone (Carlo Rainaldi, Borromini) n. 1652/53

S. 169 SS. Domenico e Sisto (Vincenzo della Greca) vollendet 1654

S. 230 S. Maria della Pace (Pietro da Cortona) 1655–57

S. 152 S. Andrea della Valle (Carlo Rainaldi) 1656–65

S. 240 S. Maria in Via Lata (Pietro da Cortona) 1658–62

S. 211 S. Maria in Campitelli (Carlo Rainaldi) ~ 1662

S. 157 S. Carlo alle Quattro Fontane 1665–82

S. 218 Chor von S. Maria Maggiore (Carlo Rainaldi) 1670–73

S. 202 S. Marcello al Corso (Carlo Fontana) 1682/83

S. 269 SS. Stimmate di S. Francesco (Antonio Canevari) 1721

S. 178 S. Giovanni dei Fiorentini (Alessandro Galilei) 1733/34

S. 182 S. Giovanni in Laterano 1733–35

S. 228 S. Maria dell'Orazione e Morte n. 1733

S. 217 S. Maria Maddalena (G. Sardi?) 1734/35

S. 218 S. Maria Maggiore (Ferdinando Fuga) 1741–43

S. 200 S. Lucia del Gonfalone (Marco David) 1761–65

Grabmäler, Grabdenkmäler

S. 185 Kardinal Riccardo Annibaldi della Molara in S. Giovanni in Laterano (Arnolfo di Cambio) ~ 1275/76

S. 226 Bischof Durandus in S. Maria sopra Minerva (Giovanni di Cosma) ~ 1296

S. 155 Kardinal Stefano Surdi in S. Balbina (Giovanni di Cosma) ~ 1303

S. 344 Bonifaz VIII. in den Alten Grotten von St. Peter (Arnolfo di Cambio) ~ 1303

S. 184 Martin V. in S. Giovanni in Laterano (Donatello-Umkreis) n. 1431

S. 209 Giovanni Crivelli in S. Maria in Aracoeli (Donatello) 1432/33

S. 264 Eugen IV. in S. Salvatore in Lauro (Isaia da Pisa?) Mitte 15. Jh.

S. 162 Kardinal Nicola Forteguerri in S. Cecilia in Trastevere (Mino da Fiesole, Andrea Bregno) ~ 1473

S. 155 Pietro Riario in SS. Apostoli (Andrea Bregno, Giovanni Dalmata, Mino da Fiesole) ~ 1474

S. 264 Maddalena Orsini in S. Salvatore in Lauro (Andrea Bregno?, Giovanni Dalmata?) 1474

S. 232 Giovanni Basso della Rovere in S. Maria del Popolo (Andrea Bregno) n. 1483

S. 233 Bischof Pietro Foscari in S. Maria del Popolo (Giovanni di Stefano) ~ 1485

S. 341 Sixtus IV. im Museo Storico Artistico von St. Peter (Antonio Pollaiuolo) 1489–93

S. 338 Innozenz VIII. in St. Peter (Antonio Pollaiuolo) vollendet 1498

S. 232 Kardinäle Cristoforo und Domenico della Rovere in S. Maria del Popolo (Andrea Bregno) ~ 1500

S. 252 Julius II. (mit *Moses*-Figur) in S. Pietro in Vincoli (Michelangelo u. a.) 1505–45

S. 232 Kardinal Girolamo Basso della Rovere in S. Maria del Popolo (Andrea Sansovino) ~ 1507

S. 232 Kardinal Ascanio Sforza in S. Maria del Popolo (Andrea Sansovino) ~ 1507

S. 202 Doppelgrab Antonio Orso und Kardinal Giovanni Michiel in S. Marcello (Jacopo Sansovino) n. 1519

S. 206 Hadrian VI. in S. Maria dell'Anima (Baldassare Peruzzi u. a.) ~ 1523

S. 334 Paul III. in St. Peter (Guglielmo della Porta) 1549–75

S. 222 Pius V. in S. Maria Maggiore (Domenico Fontana) ~ 1572

S. 223 Nikolaus IV. in S. Maria Maggiore (Alessandro Cioli u. a.) 1574

S. 208 Erbprinz Karl Friedrich von Jülich-Cleve-Berg in S. Maria dell'Anima (Pietro de Motta u. a.) vollendet 1577

S. 222 Sixtus V. in S. Maria Maggiore (Domenico Fontana) ~ 1590

S. 206 Kardinal Erzherzog Andreas von Österreich in S. Maria dell'Anima (Gillis van den Vliete) ~ 1600

S. 223 Clemens VIII. in S. Maria Maggiore (Flaminio Ponzio u. a.) ~ 1605

S. 223 Paul V. in S. Maria Maggiore (Flaminio Ponzio u. a.) ~ 1620

S. 228 Kardinal Pedro de Montoya in S. Maria di Monserrato (Niccolò Torriani, Bernini) 1621, ~ 1630

S. 208 Vryburgh, van den Eynde und Piscator in S. Maria dell'Anima (François Duquesnoy) ~ 1625–33

S. 334 Urban VIII. in St. Peter (Bernini) 1628–44

S. 338 Leo XI. in St. Peter (Alessandro Algardi) 1634–44

S. 234 Prospero Santacroce in S. Maria della Scala (Alessandro Algardi) ~ 1643

S. 223 Clemens IX. in S. Maria Maggiore (Carlo Rainaldi) 1671

S. 339 Alexander VII. in St. Peter (Bernini) 1672–78

S. 245 Bolognetti in SS. Nomi di Gesù e Maria (Francesco Aprile, Francesco Cavallini, Michel Maille) ~ 1682

S. 338 Innozenz IX. in St. Peter (Pierre-Etienne Monnot) ~ 1700

S. 194 Gregor XV. in S. Ignazio (O. Grassi, Pierre Legros, P.-E. Monnot) ~ 1700

S. 144 Innozenz X. in S. Agnese in Agone (G. B. Maini) 1729

S. 185 Clemens XII. in S. Giovanni in Laterano (G. B. Maini u. a.) ~ 1732–35

S. 154 Clemens XIV. in SS. Apostoli (Canova) 1783–87

S. 334 Clemens XIII. in St. Peter (Canova) 1788–92

S. 154 Alessandro Manoel de Souza-Holstein in S. Antonio dei Portoghesi (Canova u. a.) 1808

S. 337 Jakob III. Stuart und Söhne in St. Peter (Canova) 1817–19

S. 151 Rudolf Schadow in S. Andrea della Fratte (Emil Wolff) 1823

S. 339 Pius VII. in St. Peter (Thorvaldsen) 1824–40

S. 196 Nicolas Poussin in S. Lorenzo in Lucina (Louis Vaudoyer u. a.) 1830

S. 202 Claude Lorrain in S. Luigi dei Francesi (P. Lemoyne) 1836

S. 245 Torquato Tasso in S. Onofrio (G. de Fabris) 1857

S. 211 Kardinal Bartolommeo Pacca in S. Maria in Campitelli (Ferdinand Pettrich) 1863

S. 339 Pius VIII. in St. Peter (P. Tenerani) vollendet 1866

S. 156 Johann Friedrich Overbeck in S. Bernardo alle Terme (Karl Hoffmann) 1869

S. 338 Pius X. in St. Peter (Pier Enrico Astorri) 1916–23

S. 338 Benedikt XV. in St. Peter (Pietro Canonica) 1928

S. 338 Johannes XXIII. in St. Peter (Emilio Greco) 1964–66

Weitere Papstgräber bergen vor allem die Grotten von St. Peter (S. 343).

RÖMISCHE KUNST NACH KÜNSTLERN

Eine Zusammenstellung der Werke eines Künstlers innerhalb der Stadt und der Umgebung Roms ermöglichen unschwer die halbfett ausgezeichneten Seitenangaben des Künstlerregisters. Nach Belieben kann der Rom-Besucher diese Zusammenstellung in zeitlicher Folge oder nach den Bedingungen eines Rundgangs ordnen. Die folgenden Werklisten bieten dafür Beispiele.

Gian Lorenzo Bernini *(1598–1680)*

Architektur

S. 156 Restaurierung von S. Bibiana 1624–26

S. 285 Bauleitung des Palazzo Barberini 1629–33

S. 329 Bauleitung von St. Peter seit 1629

S. 336 Mausoleum der Gräfin Mathilde von Toskana in St. Peter 1633–37

S. 251 Cappella Raymondi in S. Pietro in Montorio ~ 1638

S. 296 Benediktionsloggia am Palazzo del Quirinale 1638/39

S. 296 Fassade des Palazzo di Propaganda Fide 1644

S. 295 Palazzo di Montecitorio 1650

S. 231 Neugestaltung von S. Maria del Popolo 1655–59

S. 305 Innere Schauseite der Porta del Popolo 1655

S. 296 Flügel des Palazzo del Quirinale 1656–59

S. 325 Petersplatz 1656–67

S. 151 S. Andrea al Quirinale 1658–75

S. 347 Scala Regia im Vatikan 1659–66

S. 196 Cappella Fonseca in S. Lorenzo in Lucina 1660–64

S. 194 Querhauskapelle in S. Isidoro? 1663

S. 295 Fassade des Palazzo Odescalchi 1664

S. 227 Bauberatung an S. Maria dei Miracoli und S. Maria di Monserrato seit 1673

Skulptur

S. 314 *Jupiter und die Ziege Amalthea* (Galleria Borghese) ~ 1615

S. 314 *Aeneas und Anchises* (Galleria Borghese) 1618/19

S. 228 Büsten der *Seligen* und der *Verdammten Seele* im Palazzo di Spagna (Kopien im Collegio Spagnuolo bei S. Maria di Monserrato) 1619

S. 255 Büste Bischof Giovanni Santoni in S. Prassede

S. 228 Büste Pedro de Montoya im Collegio Spagnuolo bei S. Maria di Monserrato 1621

S. 313 *Pluto und Proserpina* (Galleria Borghese) 1621/22

S. 175 Büste Robert Bellarmin in Il Gesù 1622

S. 313 *Apollo und Daphne* (Galleria Borghese) 1622–25

S. 313 *David* (Galleria Borghese) 1623/24

S. 156 Hochaltar in S. Bibiana 1624–26

S. 334 Altarziborium in St. Peter 1624–33

S. 334 Grabmal Urban VIII. in St. Peter 1628–44

S. 209 Denkmal für Carlo Barberini in S. Maria in Aracoeli 1630– ~ 1636

S. 313 Büste Kardinal Scipione Borghese (Galleria Borghese) 1632

S. 170 Hochaltar in SS. Domenico e Sisto? 1636–40

S. 333 *Hl. Longinus* in St. Peter 1638

S. 280 Fontana del Tritone 1642/43

S. 278 Fontana delle Api 1644

S. 171 Confessio in S. Francesca Romana 1644–49

S. 240 Altar der hl. Therese in S. Maria della Vittoria ~ 1646

S. 314 *Die durch Chronos enthüllte Wahrheit* (Galleria Borghese) 1646–52

S. 303 Fontana dei Fiumi begonnen 1648

S. 170 *Noli-me-tangere*-Gruppe in SS. Domenico e Sisto ~ 1649

S. 226 Grabmal Kardinal Domenico Pimentel in S. Maria sopra Minerva 1653
S. 233 *Daniel* in S. Maria del Popolo 1657
S. 334 Cathedra Petri in St. Peter 1657–66
S. 279 Restaurierung der Fontana delle Tartarughe 1658
S. 151 Allegorien am Portal von S. Andrea al Quirinale ~ 1660
S. 233 *Habakuk* in S. Maria del Popolo 1661
S. 331 Reiterbild Konstantins d. Gr. in St. Peter 1663–70
S. 227 *Elefant* am Obelisken vor S. Maria sopra Minerva 1667
S. 321 Bozzetti für die Fontana del Moro, für einen Engel in S. Andrea della Fratte und für die *Hl. Therese* in S. Maria della Vittoria (Museo di Palazzo Venezia)
S. 87 Engelstatuen auf dem Ponte S. Angelo
S. 151 und in S. Andrea della Fratte 1668–71
S. 196 Büste Gabriele Fonseca in S. Lorenzo in Lucina n. 1668
S. 339 Grabmal Alexander VII. in St. Peter 1672–78
S. 335 Sakramentskapellenaltar in St. Peter 1673
S. 172 *Sel. Ludovica Albertoni* in S. Francesco a Ripa ~ 1675
S. 314 Reiterstatue Ludwigs XIV., Entwurf (Galleria Borghese) 1678
S. 265 *Sebastians*-Büste in S. Sebastiano ad Catacumbas (?)
S. 282 Statue Urban VIII. (Palazzo dei Conservatori)

Malerei

S. 314 Selbstbildnisse (Galleria Borghese) 1622 u. 1635?
S. 316 Urban VIII. (Palazzo Barberini) 1624–30
S. 316 *David* (Palazzo Barberini) 1625

Weitere Werke in der Galleria Doria Pamphili, in der Galleria Nazionale d'Arte (Palazzo Barberini, Palazzo Corsini), in den Musei Capitolini und im Museo Storico Artistico des Vatikan.

Francesco Borromini *(1599–1667)*

S. 285 Mitarbeit Palazzo Barberini n. 1625
S. 335 Eisengitter der Sakramentskapelle in St. Peter 1628–30
S. 195 S. Ivo alla Sapienza 1632–60
S. 157 S. Carlo alle Quattro Fontane 1634–82
S. 238 Oratorio dei Filippini 1637–50
S. 290 Palazzo Falconieri n. 1638
S. 235 S. Maria dei Sette Dolori beg. 1641
S. 181 Neugestaltung von S. Giovanni in Laterano 1646–49
S. 296 Westlicher Trakt des Palazzo di Propaganda Fide n. 1646
S. 292 Portal des Palazzo Giustiniani 1650 o. 1651
S. 142 S. Agnese in Agone seit 1653
S. 150 S. Andrea delle Fratte ~ 1653
S. 298 Kolonnade des Palazzo Spada 1653
S. 184 Grabmäler in S. Giovanni in Laterano Mitte 17. Jh.
S. 178 Überarbeitung eines Hochaltarentwurfs von Pietro da Cortona für S. Giovanni dei Fiorentini n. 1656
S. 178 Grabkapelle der Falconieri in S. Giovanni dei Fiorentini 1664–67
S. 296 Kirche Re Magi im Palazzo di Propaganda Fide vollendet 1666

Michelangelo *(1475–1564)*

Architektur

S. 280 Kapitolsplatz n. 1534

S. 291 Bauleitung des Palazzo Farnese 1546–49

S. 281 Palazzo Senatorio und Palazzo dei Conservatori v. 1547, v. 1563

S. 329 Bauleitung von St. Peter 1547–64

S. 360 Kuppelmodell von St. Peter (Vatikan) 1558–60

S. 305 Porta del Popolo? v. 1561

S. 305 Porta Pia 1561

S. 203 S. Maria degli Angeli 1561 ff.

S. 325 Cappella Gregoriana in St. Peter v. 1564

S. 223 Cappella Sforza in S. Maria Maggiore? v. 1564

Skulptur

S. 337 *Pietà* in St. Peter 1498–1500

S. 252 Grabmal Julius II. mit der *Moses-Figur* in S. Pietro in Vincoli 1505–45

S. 226 *Christus mit dem Kreuz* in S. Maria sopra Minerva 1519–21

Malerei

S. 366 Deckenbilder der Cappella Sistina (Vatikan) 1508–10

S. 366 *Jüngstes Gericht* in der Cappella Sistina (Vatikan) 1534–41

S. 347 *Petrus-* und *Paulus*-Bilder in der Cappella Paolina (Vatikan) 1554–60

Raffael *(1483–1520)*

Architektur

S. 214 Vorhalle von S. Maria in Domnica? 1513

S. 233 Cappella Chigi in S. Maria del Popolo 1513–16

S. 328 Bauleitung von St. Peter 1514–20

S. 170 S. Eligio degli Orefici ~ 1515

S. 303 Anlage der Via di Ripetta 1518

S. 311 Villa Madama begonnen 1518

Skulpturenentwürfe

S. 233 *Elias* und *Jonas* in der Cappella Chigi in S. Maria del Popolo ~ 1513–16

S. 234 Grabmäler Agostino und Sigismondo Chigi in der Cappella Chigi in S. Maria del Popolo ~ 1513–16

Malerei

S. 360 Stanzen des Vatikan 1508–20

S. 309 *Triumph der Galatea* in der Villa Farnesina 1511

S. 309 *Amor und Psyche* in der Villa Farnesina

S. 148 *Jesaja* in S. Agostino 1511/12

S. 362 Loggien des Vatikan ~ 1513–18

S. 230 *Sibyllen* in S. Maria della Pace 1514

S. 315 *La Fornarina* (Galleria Nazionale d'Arte Antica – Palazzo Barberini)

S. 233 Kartons für das Kuppelmosaik der Cappella Chigi in S. Maria del Popolo ~ 1516

Weitere Werke in der Galleria dell'Accademia Nazionale di S. Luca (S. 313), der Galleria Borghese (S. 313) und in der Pinakothek des Vatikan (S. 371).

CHRONOLOGIE DER KUNST IN ROM UND DER UMGEBUNG DER STADT

Architektur

Antike

S. 79	Servianische Mauer	n. 386 v. Chr.
S. 388	Ostia Antica	4. Jh. v Chr. – 4. Jh. n. Chr.
S. 135	Via Appia Antica	begonnen 312 v. Chr.
S. 84	Area Sacra del Largo Argentina	4.–1. Jh. v. Chr.
S. 111	Scipionen-Grab	3./2. Jh. v. Chr.
S. 79	Aurelianische Mauer	ab 271 v. Chr.
S. 98	Tempel am Forum Holitorium	3./2. Jh. v. Chr.
S. 124	Tempel der Magna Mater	204–191 v. Chr.
S. 87	Pons Aemilius	179, 142 v. Chr.
S. 99	Basilica Aemilia	179 v. Chr.
S. 130	Porticus Aemilia	174 v. Chr.
S. 87	Pons Milvius	109 v. Chr.
S. 96	»Fortuna-Virilis«-Tempel	~ 100 v. Chr.
S. 96	»Vesta«-Tempel am Forum Boarium	~ 100 v. Chr.
S. 393	Tempel der Fortuna Primigenia in Palestrina	n. 82 v. Chr.
S. 283	Tabularium	78 v. Chr.
S. 110	Metella-Grab	~ 70 v. Chr.
S. 87	Pons Fabricius	62 v. Chr.
S. 94	Caesar-Forum	begonnen 51 v. Chr.
S. 102	Basilica Julia	eingeweiht 46 v. Chr.
S. 112	Horti Sallustiani	~ 40 v. Chr.
S. 125	Haus der Livia	~ 30 v. Chr.
S. 104	Caesar-Tempel	geweiht 29 v. Chr.
S. 102	Curia Julia	vollendet 29 v. Chr.
S. 125	Tempel des Apollo Palatinus	geweiht 28 v. Chr.
S. 85	Augustus-Mausoleum	~ 28 v. Chr.
S. 131	Agrippa-Thermen	25 v. Chr.
S. 109	Lucilier-Grab	~ 20 v. Chr.
S. 109	Cestius-Pyramide	1. Jh. v. Chr.
S. 109	Eurysaces-Grab	2. Hälfte 1. Jh. v. Chr.
S. 120	Marcellus-Theater	eingeweiht 13 o. 11 v. Chr.
S. 93	Augustus-Forum	eingeweiht 2 v. Chr.
S. 124	Tempel der Magna Mater (Neubau)	3 n. Chr.
S. 103	Dioskuren-Tempel	geweiht 6
S. 283	Concordia-Tempel	7–10
S. 109	Hylas-Kolumbarium	1./2. Jh.
S. 91	Domus Aurea des Nero	n. 64
S. 91	Circus Maximus	n. 64
S. 283	Vespasian-Tempel	79
S. 115	Kolosseum	eingeweiht 80
S. 108	Titus-Bogen	81
S. 125	Domus Flavia, Domus Augustana und Stadion des Domitian	~ 90
S. 86	Basilica di Porta Maggiore	1. Jh.
S. 396	Tempel der Sibylle in Tivoli	97
S. 114	Domitilla-Katakombe	1.–4. Jh.
S. 111	Sulpicius-Grab	~ 100
S. 134	Trajans-Thermen	104–109
S. 94	Trajans-Forum	107–112
S. 95	Trajans-Säule	eingeweiht 113
S. 127	Pantheon	118–125
S. 397	Villa Adriana in Tivoli	118–134
S. 88	Castel S. Angelo	~ 130
S. 107	Venus-und-Roma-Tempel	135
S. 104	Tempel des Antoninus Pius und der Faustina	141
S. 112	Hadrianeum	145
S. 136	Mausoleum der Annia Regilla	~ 170
S. 110	Pancratier- und Valerier-Gräber	2. Jh.
S. 115	Priscilla-Katakombe	2.–4. Jh.
S. 256	Mithräum unter S. Prisca	Ende 2. Jh.
S. 303	Marc-Aurel-Säule	~ 196
S. 104	Vesta-Tempel am Forum Romanum	~ 200
S. 104	Haus der Vestalinnen	~ 200
S. 126	Septimius-Severus-Thermen	~ 200

S. 99 Triumphbogen des Septimius Severus 203
S. 97 Arcus Argentariorum 204
S. 130 Porticus Octaviae Anfang 3. Jh.
S. 131 Caracalla-Thermen 212–216
S. 130 Sessorium ~ 220
S. 162 Mithräum unter S. Clemente 3. Jh.
S. 113 Calixtus-Katakombe 3./4. Jh.
S. 122 Tempel der Minerva Medica ~ 260
S. 140 Gallienus-Villa ~ 260
S. 103 Neubau der Basilica Julia n. 283
S. 102 Saturn-Tempel n. 283
S. 133 Diokletians-Thermen 298–306
S. 189 SS. Giovanni e Paolo (Ursprungsbau) 2. Hälfte 3. Jh.
S. 101 Dezennalienbasis 303
S. 106 Tempel des Jupiter Stator Anfang 4. Jh.
S. 86 Basilica di Tor de' Schiavi 4. Jh.
S. 106 Maxentius-Basilika begonnen 306
S. 137 Circus des Maxentius 309
S. 137 Romulus-Grab ~ 309
S. 118 Konstantins-Bogen 312–315
S. 178 S. Giovanni in Laterano n. 312
S. 186 Baptisterium S. Giovanni in Fonte ~ 315
S. 114 SS. Marcellino e Pietro a Tor Pignattara ~ 320
S. 145 S. Costanza 337–351
S. 264 S. Sebastiano ad Catacumbas ~ 340
S. 98 Bogen des Janus Quadrifrons ~ 340
S. 284 Halle der Dei Consentes (Neubau) 367
S. 155 S. Balbina 2. Hälfte 4. Jh.
S. 163 Unterkirche von S. Clemente 4. Jh.
S. 246 S. Paolo fuori le Mura (Ursprungsbau) n. 386
S. 114 SS. Nereo e Achilleo 390–395
S. 80f. Porta Appia, Porta Asinaria, Porta Ostiensis, Porta Tiburtina (Umbauten) 401–403
S. 261 S. Sabina geweiht 432
S. 217 S. Maria Maggiore (Ursprungsbau) gegründet 432
S. 268 S. Stefano Rotondo ~ 470/480

Mittelalter

S. 103 S. Maria Antiqua n. 565
S. 197 Chor von S. Lorenzo fuori le Mura ~ 580
S. 270 S. Teodoro 6. Jh.
S. 144 S. Agnese fuori le Mura ~ 625–630
S. 186 Venantiuskapelle in S. Giovanni in Fonte ~ 640
S. 168 Unterkirche von S. Crisogono in Trastevere 8. Jh.
S. 212 S. Maria in Cosmedin gegen 780
S. 254 S. Prassede ~ 820
S. 160 S. Cecilia in Trastevere ~ 820
S. 203 S. Marco ~ 840
S. 241 S. Martino ai Monti Mitte 9. Jh.
S. 155 S. Bartolomeo all'Isola ~ 1000
S. 276 Casa dei Crescenzi Ende 11./Anfang 12. Jh.
S. 258 SS. Quattro Coronati ~ 1100
S. 164 Oberkirche von S. Clemente ~ 1100–28
S. 155 Campanile von S. Bartolomeo all'Isola 1113
S. 213 Umbau von S. Maria in Cosmedin ~ 1120
S. 243 S. Nicola in Carcere geweiht 1128
S. 168 Oberkirche von S. Crisogono in Trastevere 1129
S. 235 S. Maria in Trastevere ~ 1140
S. 160 Campanile von S. Cecilia in Trastevere 1. Hälfte 12. Jh.
S. 168 Campanile von S. Croce in Gerusalemme ~ 1145
S. 260 S. Saba n. 1145
S. 189 Campanile und Vorhalle von SS. Giovanni e Paolo Mitte 12. Jh.
S. 203 Campanile von S. Marco 12. Jh.
S. 162 Kreuzgang von S. Cecilia in Trastevere 12. Jh.
S. 198 Kreuzgang von S. Lorenzo fuori le Mura ~ 1190
S. 275 Casa dei Cavalieri di Rodi Ende 12. Jh., 1467–70
S. 306 Torre dei Conti 1203?

S. 250 Kreuzgang von S. Paolo fuori le Mura 1205–40
S. 259 Kreuzgang von SS. Quattro Coronati Anfang 13. Jh.
S. 166 Kreuzgang von S. Cosimato Anfang 13. Jh.
S. 176 Campanile von S. Giorgio in Velabro Anfang 13. Jh.
S. 189 Umbau von SS. Giovanni e Paolo ~ 1216
S. 170 Campanile von S. Francesca Romana n. 1216
S. 150 Campanile von S. Alessio ~ 1217
S. 196 S. Lorenzo fuori le Mura 1220
S. 270 SS. Vincenzo e Anastasio (Abbazia alle → Tre Fontane) geweiht 1221
S. 262 Kreuzgang von S. Sabina 1222
S. 170 Campanile von S. Eusebio ~ 1230
S. 185 Kreuzgang von S. Giovanni in Laterano vollendet 1232
S. 208 S. Maria in Aracoeli Mitte 13. Jh.
S. 306 Torre delle Milizie 13. Jh.
S. 88 Passetto zwischen Castel S. Angelo und Vatikanpalast 1277
S. 224 S. Maria sopra Minerva 1280 ff.
S. 257 Campanile von S. Pudenziana 13. Jh.?
S. 381 Campanile von S. Maria del Vivario in Frascati 1305
S. 218 Campanile von S. Maria Maggiore 1377

Renaissance und Manierismus

S. 245 S. Onofrio gegründet 1419
S. 288 Palazzo Colonna ~ 1420/30–1731
S. 288 Palazzo Capranica Mitte 15. Jh. u. später
S. 300 Palazzo Venezia begonnen 1455
S. 266 Glockenturm von S. Spirito in Sassia (Baccio Pontelli?) 1471
S. 231 S. Maria del Popolo 1472–80
S. 293 Palazzo del Governo Vecchio 1473–77
S. 147 S. Agostino 1479–83
S. 284 Palazzo Altemps (Martino Longhi d. Ä. u. a.) ~ 1480, n. 1578
S. 388 S. Aurea in Ostia (Baccio Pontelli) 1483–86
S. 287 Palazzo della Cancelleria (Baccio Pontelli?, Bramante, Antonio da Sangallo d. J.) 1488/89 – n. 1520
S. 176 Hospiz-Hof von S. Giovanni Battista dei Genovesi Ende 15. Jh.
S. 268 Ospedale di S. Spirito in Sassia (Baccio Pontelli?) Ende 15. Jh.
S. 230 Kreuzgang von S. Maria della Pace (Bramante) 1500–04
S. 300 Palazzetto Turci ~ 1500
S. 205 S. Maria dell'Anima 1500– ~ 1523
S. 251 Tempietto von S. Pietro in Montorio (Bramante) 1502
S. 368 Cortile della Pigna des Vatikan (Bramante) n. 1502
S. 254 Kreuzgang von S. Pietro in Vincoli (Giuliano da Sangallo?) vollendet 1503
S. 300 Innenhof des Palazzo Torlonia Giraud (Bramante) 1503–06
S. 309 Villa Farnesina (Baldassare Peruzzi) 1508–11
S. 188 S. Giovanni in Oleo (Bramante?) 1509
S. 214 Vorhalle von S. Maria in Domnica (Raffael? Andrea Sansovino?) 1513
S. 233 Cappella Chigi in S. Maria del Popolo (Raffael) 1513–16
S. 301 Palazzo Vidoni Caffarelli (Lorenzetto) begonnen 1515
S. 170 S. Eligio degli Orefici (Raffael) begonnen ~ 1515
S. 290 Palazzo Farnese (Antonio da Sangallo d. J., Michelangelo, Vignola, Giacomo della Porta) 1516–89
S. 178 S. Giovanni dei Fiorentini (Jacopo Sansovino, Antonio da Sangallo d. J., Giacomo della Porta, Carlo Maderno, Alessandro Galilei) 1517/18–1614, 1733/34
S. 311 Villa Madama (Raffael, Antonio da Sangallo d. J., Giulio Romano u. a.) begonnen 1518
S. 227 S. Maria di Monserrato (Antonio da Sangallo d. J.) begonnen 1518
S. 202 S. Marcello al Corso (Jacopo Sansovi-

no, Antonio da Sangallo d. J., Carlo Fontana) 1519/20–97, 1682/83

S. 215 S. Maria di Loreto (Antonio da Sangallo d. J.?) 1522–73

S. 297 Palazzetto Regis (Antonio da Sangallo d. J.?) begonnen 1523

S. 234 S. Maria in Porta Paradisi (Antonio da Sangallo d. J.?) begonnen 1523

S. 200 S. Luigi dei Francesi (Giovanni Mangone, Giacomo della Porta, Domenico Fontana, Antoine Dérizet) ~ 1530–89, 1756–64

S. 293 Palazzo Massimo alle Colonne (Baldassare Peruzzi) begonnen 1534

S. 280 Gestaltung des Kapitolsplatzes (Michelangelo) n. 1534

S. 266 S. Spirito in Sassia (Antonio da Sangallo d. J.) 1538–45

S. 284 Palazzo del Banco di S. Spirito (Antonio da Sangallo d. J.) 1. Hälfte 16. Jh.

S. 297 Palazzo Sacchetti (Antonio da Sangallo d. J., Nanni di Baccio Bigio) begonnen 1542

S. 382 Villa Falconieri in Frascati begonnen 1545

S. 281 Palazzo Senatorio (Michelangelo, Giacomo della Porta, Girolamo Rainaldi, Martino Longhi d. Ä.) 1547–54, 1573–82, 1605

S. 297 Palazzo Spada (Giulio Merisi da Caravaggio, Borromini u. a.) ~ 1549–1653

S. 170 S. Eligio dei Ferrari v. 1550

S. 154 S. Andrea in Via Flaminia (Vignola) 1550–53

S. 310 Villa Giulia (Vignola, Ammanati) 1551–53

S. 268 Palazzo del Commendatore bei S. Spirito in Sassia (O. Mascherino) ~ 1555–75

S. 158 S. Caterina dei Funari (Guidetto Guidetti?) 1560–64

S. 286 Palazzo Borghese (Martino Longhi d. Ä., Flaminio Ponzio, Vasanzio, Carlo Maderno, Carlo Rainaldi) 1560 – n. 1670

S. 169 SS. Crocefisso (Giacomo della Porta) 1561–68

S. 305 Porta Pia (Michelangelo) 1561

S. 203 S. Maria degli Angeli (Michelangelo, Luigi Vanvitelli) begonnen 1561, verändert 1749/50

S. 305 Porta del Popolo (Michelangelo? Nanni di Baccio Bigio, Bernini) 1561–63, 1655

S. 282 Palazzo dei Conservatori (Michelangelo, Giacomo della Porta) 1563–68

S. 287 Palazzo Caetani (Bartolommeo Ammanati? Annibale Lippi?) 1564

S. 223 Cappella Sforza in S. Maria Maggiore (Michelangelo? Giacomo della Porta) 1564–73

S. 312 Villa Medici (Nanni di Baccio Bigio, Annibale Lippi) begonnen 1564

S. 172 Il Gesù (Vignola, Giacomo della Porta) 1568–84

Barock und Klassizismus bis 1800

S. 384 Villa Mondragone in Frascati (Martino Longhi d. Ä.) 1573–75

S. 296 Palazzo del Quirinale (Flaminio Ponzio, Domenico Fontana, Carlo Maderno, Bernini, Ferdinando Fuga u. a.) 1574– ~ 1740

S. 237 S. Maria in Vallicella (Martino Longhi d. Ä., Fausto Rughesi) 1575–99, 1605

S. 297 Palazzo Ruspoli (Bartolommeo Ammanati, Martino Longhi d. J.) ~ 1579, ~ 1640

S. 228 S. Maria ai Monti (Giacomo della Porta) begonnen 1580

S. 212 S. Maria della Consolazione (Martino Longhi d. Ä.) 1583–1606

S. 236 Cappella Altemps in S. Maria in Trastevere (Martino Longhi d. Ä.) 1584–89

S. 222 Cappella Sistina in S. Maria Maggiore (Domenico Fontana) 1584–90

S. 278 Fontana del Mosè (Domenico Fontana u. a.) 1585–87

S. 152 S. Andrea della Valle begonnen 1586

S. 191 S. Girolamo degli Schiavoni (Martino Longhi d. Ä., Giovanni Fontana) 1588–1634

S. 302 Palazzo Zuccari (Federico Zuccari) begonnen 1591

S. 175 S. Giacomo in Augusta (Francesco da Volterra, Carlo Maderno) 1592–1602

S. 381 Cattedrale S. Pietro in Frascati (Ottaviano Mascherino) 1598

S. 381 Villa Aldobrandini in Frascati (Giacomo della Porta, Carlo Maderno) 1598, 1602–04

S. 294 Palazzo Mattei di Giove (Carlo Maderno) 1598–1611

S. 258 Cappella Caetani in S. Pudenziana (Francesco da Volterra, Carlo Maderno, Giacomo della Porta, Valsoldo) gegen 1600

S. 382 Villa Borghese in Frascati 1604/05

S. 222 Cappella Paolina in S. Maria Maggiore (Flaminio Ponzio) 1605–13

S. 150 S. Andrea delle Fratte (Borromini u. a.) n. 1605, ~ 1653

S. 225 Cappella Aldobrandini in S. Maria sopra Minerva (Giacomo della Porta, Carlo Maderno, Girolamo Rainaldi) Anfang 17. Jh.

S. 385 Ausbau der Villa Torlonia in Frascati (C. Maderno, D. Fontana, F. Ponzio) n. 1607

S. 240 S. Maria della Vittoria (Carlo Maderno, G. B. Soria) 1608–20, 1624–26

S. 278 Fontana dell'Acqua Paola (Giovanni und Carlo Fontana, Flaminio Ponzio) 1610–12, 1690

S. 169 SS. Domenico e Sisto (Nicola und Orazio Torriani) 1611–54

S. 156 S. Carlo ai Catinari (Rosato Rosati) begonnen 1612

S. 156 S. Carlo al Corso (Onorio und Martino Longhi d. J., Pietro da Cortona, Borromini) 1612–84

S. 285 Palazzo Barberini (Carlo Maderno, Bernini, Borromini) begonnen ~ 1625

S. 326 St. Peter (Bramante, Giuliano da Sangallo, Raffael, Antonio da Sangallo d. J., Michelangelo, Giacomo della Porta, Carlo Maderno, Bernini u. a.) geweiht 1626

S. 193 S. Ignazio (Orazio Grassi) begonnen 1626

S. 160 S. Caterina da Siena a Magnanapoli (G. B. Soria) 1628–40

S. 191 S. Gregorio Magno al Celio (G. B. Soria, Francesco Ferrari) 1629–33, 1725–30

S. 194 S. Ivo alla Sapienza (Borromini) 1632–60

S. 244 SS. Nomi di Gesù e Maria (Carlo Buzzi, Carlo Rainaldi) 1633 – Ende 17. Jh.

S. 198 SS. Luca e Martina (Pietro da Cortona) 1634–50

S. 157 S. Carlo alle Quattro Fontane (Borromini) 1634–82

S. 238 Oratorio dei Filippini (Borromini) 1637–50

S. 154 S. Antonio dei Portoghesi (Martino Longhi d. J.) gegen 1638

S. 251 Cappella Raymondi in S. Pietro in Montorio (Bernini u. a.) 1638–48

S. 273 SS. Vincenzo e Anastasio (Gaspare de' Vecchi, Martino Longhi d. J.) ~ 1640–50

S. 235 S. Maria dei Sette Dolori (Borromini) begonnen 1641

S. 181 Neugestaltung von S. Giovanni in Laterano (Borromini) 1646–49

S. 290 Palazzo Doria Pamphili (Pietro da Cortona, Antonio del Grande, Gabriele Valvassori u. a.) 1647–1744, 19. Jh.

S. 293 Fassade des Palazzo Madama (Paolo Marucelli) 1649

S. 295 Palazzo di Montecitorio (Bernini, Carlo Fontana) 1650–94

S. 142 S. Agnese in Agone (Girolamo und Carlo Rainaldi, Borromini) begonnen 1652

S. 244 S. Nicola da Tolentino (Giovanni Maria Baratta) 1653–85

S. 190 S. Girolamo della Carità (Domenico Castelli) 1654–60

S. 325 Petersplatz (Bernini) 1656–67

S. 151 S. Andrea al Quirinale (Bernini) 1658–75

S. 228 S. Maria di Montesanto (Carlo Rainaldi, Carlo Fontana) 1658–79

S. 227 S. Maria dei Miracoli (Carlo Rainaldi, Carlo Fontana) 1658–81

S. 347 Scala Regia im Vatikan (Bernini) 1659–67

S. 196 Cappella Fonseca in S. Lorenzo in Lucina (Bernini) 1660–64

S. 295 Fassade des Palazzo Odescalchi (Bernini) 1664

S. 211 S. Maria in Campitelli (Carlo Rainaldi) ~ 1665–75

S. 296 Kirche Re Magi im Palazzo di Propaganda Fide (Borromini) vollendet 1666

S. 284 Palazzo Altieri (Giovanni Antonio de' Rossi) 1670–76

S. 215 S. Maria Maddalena (Carlo Fontana, G. A. de' Rossi, Carlo Quadri) 1673–1734/35

S. 295 Kapelle im Palazzo del Monte di Pietà (Giovanni Antonio de' Rossi, Carlo Francesco Bizzaccheri) 17. Jh.

S. 236 Cappella Avila in S. Maria in Trastevere (Antonio Gherardi) 1680

S. 171 S. Francesco a Ripa 1682

S. 232 Cappella Cibo in S. Maria del Popolo (Carlo Fontana) 1682–87

S. 381 Fassade der Cattedrale S. Pietro in Frascati (Girolamo Fontana) 1697–1700

S. 308 Villa Borghese 17./18. Jh.

S. 309 Villa Doria Pamphili 17./18. Jh.

S. 154 SS. Apostoli (Carlo und Francesco Fontana) 1702–04

S. 190 Cappella Antamoro in S. Girolamo della Carità (Filippo Juvara) 1708–10

S. 150 Umbau von S. Anastasia (Carlo Gimacchi) 1721/22

S. 304 Spanische Treppe (Francesco de Sanctis) 1723–25

S. 185 Cappella Corsini in S. Giovanni in Laterano (Alessandro Galilei) 1732–35

S. 279 Fontana di Trevi (Nicola Salvi) 1732–62

S. 228 S. Maria dell'Orazione e Morte (Ferdinando Fuga) 1733

S. 244 SS. Nome di Maria (Antoine Dérizet) 1736–38

S. 385 Ausbau der Villa Rufinella in Frascati (Luigi Vanvitelli) n. 1740

S. 154 S. Apollinare (Ferdinando Fuga) 1742–48

S. 307 Villa Albani (Carlo Marchionni) 1743– ~ 1800

S. 150 S. Alessio (Tomaso de' Marchis) 1744–50

S. 234 S. Maria del Priorato (Giovanni Battista Piranesi) 1764–66

S. 351 Museo Pio-Clementino im Vatikan (Michelangelo Simonetti, Giuseppe Camporese) n. 1773

S. 329 Uhraufsätze an der Fassade von St. Peter (Giuseppe Valadier) 1786

S. 287 Palazzo Braschi (Cosimo Morelli) 1792 – n. 1804

19. und 20. Jahrhundert

S. 196 Restaurierung von S. Lorenzo in Damaso (Giuseppe Valadier) 1814

S. 302 Palazzo Wedekind (Giuseppe Valadier, Pietro Camporese d. J.) 1815–38

S. 305 Casina Valadier (Giuseppe Valadier) 1816–17

S. 303 Piazza del Popolo (Giuseppe Valadier) 1817–24

S. 246 Wiederaufbau von S. Paolo fuori le Mura (Luigi Poletti) n. 1823–54

S. 245 Kapellenausstattung in SS. Nomi di Gesù e Maria (Giuseppe Valadier) 1824

S. 150 Fassadenvollendung von S. Andrea delle Fratte (Pasquale Belli) 1826

S. 154 Fassade von SS. Apostoli (Giuseppe Valadier) 1827

S. 212 Fassadenvollendung von S. Maria della Consolazione (Pasquale Belli) 1827

S. 284 Ehem. Manifattura dei Tabacchi (Antonio Sarti) 1859–62

S. 250 St. Paul's-within-the-Walls (G. E. Street, Rodolfo Lanciani) 1872–76
S. 266 Fassade von S. Silvestro al Quirinale (A. Busiri Vici) 1873–77
S. 290 Palazzo delle Esposizioni (Pio Piacentini) 1880–82
S. 284 Nationaldenkmal für Viktor Emanuel II. (Giuseppe Sacconi) 1885–1911
S. 293 Palazzo Margherita (Gaetano Koch) 1886–90
S. 293 Palazzo di Giustizia (Guglielmo Calderini) 1888–1911
S. 269 Synagoge (Osvaldo Armanni, Vincenzo Costa) 1901–04
S. 311 Villa Massimo (Max Zürcher) n. 1910
S. 162 Christuskirche (Franz Schwechten) 1911–22
S. 277 Città Universitaria (Marcello Piacentini u. a.) begonnen 1932
S. 288 Palazzo dei Congressi, EUR (Adalberto Libera) 1938
S. 306 Stazione Termini (Angelo Mazzoni u. a.) 1938–50
S. 288 Palazzo della Civiltà del Lavoro, EUR (Giovanni Guerrini, Bruno La Padula, Mario Romano) 1939
S. 300 Palazzetto dello Sport (Pier Luigi Nervi) 1957/58
S. 298 Palazzo dello Sport (Pier Luigi Nervi) v. 1960
S. 306 Stadio Flaminio (Pier Luigi Nervi) v. 1960
S. 346 Audienzhalle des Vatikan (Pier Luigi Nervi) 1964–71
S. 242 Moschee und Islamisches Kulturzentrum (Paolo Portoghesi u. a.) vollendet 1992

Skulptur und Plastik

Antike

S. 227 Löwenkopfrelief am Grabmal Giovanni Arberino in S. Maria sopra Minerva 5. Jh. v. Chr.
S. 287 Statue des *Pasquino* am Palazzo Braschi 3./2. Jh. v. Chr.
S. 81 Ara Pacis 13–9 v. Chr.
S. 92 Stuckdekoration der Domus Aurea n. 64 n. Chr.
S. 86 Stuckdekoration der Basilica di Porta Maggiore 1. Jh.
S. 108 Reliefs des Titus-Bogens eingeweiht 81
S. 95 Reliefs der Trajans-Säule eingeweiht 113
S. 317 Reiterstatue des Marc Aurel in den Musei Capitolini ~ 170
S. 303 Reliefs der Marc-Aurel-Säule ~ 196
S. 110 Stuckdekoration der Pancratier- und Valerier-Gräber 2. Jh.
S. 256 Skulpturen im Mithräum unter S. Prisca Ende 2. Jh.
S. 99 Reliefs des Septimius-Severus-Bogens 203
S. 98 Reliefs des Arcus Argentariorum 204
S. 118 Reliefs und Skulpturen des Konstantins-Bogens 2.–4. Jh.
S. 182 Statue Konstantins d. Gr. in S. Giovanni in Laterano ~315
S. 281 Statuen von Konstantin d. Gr. und Konstantin II. am Kapitol und in den Musei Capitolini 4. Jh.
S. 342 Sarkophag des Junius Bassus im Museo Storico Artistico des Vatikan ~ 359
S. 261 Holztür von S. Sabina ~ 430
S. 281 *Dioskuren* am Kapitol

Funde im Antiquarium des Palatin (S. 127), im Antiquarium Forense (S. 108), in den Musei Capitolini (S. 317), in der Galleria Albani (S. 308), der Galleria Colonna (S. 314), im Museo Nazionale Romano (S. 320), im Museo Baracco (S. 317), im Museo Nazionale Etrusco (S. 319), in den Vatikanischen Museen (S. 347), in den Grotten von St. Peter (S. 343), im Museo della Civiltà Romana (S. 319).

Mittelalter

S. 188 Brunnen vor S. Giovanni a Porta Latina (»Stephanus«) ~ 780/790

S. 261 Ausstattung von S. Sabina 824–827

S. 185 Brunnen im Kreuzgang von S. Giovanni in Laterano 9. Jh.

S. 155 Marmorbrunnen in S. Bartolomeo all'Isola ~ 1000

S. 247 Haupttür von S. Paolo fuori le Mura (Staurachios aus Chios) 1070

S. 164 Chorausstattung in der Oberkirche von S. Clemente ~ 1100–28

S. 213 Ausstattung von S. Maria in Cosmedin ~ 1120

S. 198 Altarziborium in S. Lorenzo fuori le Mura 1148

S. 176 Altarziborium in S. Giorgio in Velabro Mitte 12. Jh.

S. 142 Altarziborium in S. Agata dei Goti 12. o. 13. Jh.

S. 394 *Kreuzabnahme* im Dom von Tivoli Anfang 13. Jh.

S. 198 Grab Kardinal Fieschi in S. Lorenzo fuori le Mura ~ 1265

S. 185 Grabmalfragment Kardinal Ricardo Annibaldi della Molara im Kreuzgang von S. Giovanni in Laterano (Arnolfo di Cambio) ~ 1275/76

S. 249 Ziborium in S. Paolo fuori le Mura (Arnolfo di Cambio) 1285

S. 209 Grabmal Honorius IV. in S. Maria in Aracoeli ~ 1287

S. 222 Fragmente vom Oratorium in S. Maria Maggiore (Arnolfo di Cambio) ~ 1289

S. 160 Altarziborium in S. Cecilia in Trastevere (Arnolfo di Cambio) 1293

S. 226 Grabmal Bischof Durandus in S. Maria sopra Minerva (Giovanni di Cosma) ~ 1296

S. 185 Grabmal Kardinal Casati in S. Giovanni in Laterano (Adeodato di Cosma) 1297

S. 334 *Petrus*-Statue in St. Peter (Arnolfo di Cambio?) 13. Jh.

S. 250 *Kruzifix* in der Sakramentskapelle von S. Paolo fuori le Mura ~ 1300

S. 155 Grabmal Kardinal Stefano Surdi in S. Balbina (Giovanni di Cosma) ~ 1303

S. 210 Grabmal Kardinal Matteo d'Acquasparta in S. Maria in Aracoeli (Giovanni di Cosma?) ~ 1303

S. 184 Tabernakel in S. Giovanni in Laterano (Giovanni di Stefano) 1367–70

S. 196 *Kruzifix* in S. Lorenzo in Damaso 14. Jh.

Werke in den Vatikanischen Grotten (S. 343) und in der Biblioteca Apostolica Vaticana (S. 367).

Renaissance und Manierismus

S. 209 Grabmal Giovanni Crivelli in S. Maria in Aracoeli (Donatello) 1432/33

S. 341 Ziborium im Museo Storico Artistico von St. Peter (Donatello) ~ 1433

S. 331 Bronzetür in St. Peter (Filarete) 1433–45

S. 184 Bronzegrabplatte Martins V. in S. Giovanni in Laterano (Donatello-Umkreis) 15. Jh.

S. 264 Grabmal Eugen IV. in S. Salvatore in Lauro (Isaia da Pisa?) Mitte 15. Jh.

S. 203 Ziborium in S. Marco (Mino da Fiesole, Giovanni Dalmata) 15. Jh.

S. 234 Hochaltartabernakel in S. Maria del Popolo (Andrea Bregno) 1473

S. 237 Holz-*Kruzifix* in S. Maria in Trastevere 15. Jh.

S. 233 Grabmal Bischof Pietro Foscari in S. Maria del Popolo (Giovanni di Stefano da Siena) ~ 1485

S. 341 Grabmal Sixtus IV. im Museo Storico Artistico von St. Peter (Antonio Pollaiuolo) 1489–93

S. 338 Grabmal Innozenz VIII. in St. Peter (Antonio Pollaiuolo) vollendet 1498

S. 337 *Pietà* in St. Peter (Michelangelo) 1498–1500

S. 252 Grabmal Julius II. mit der *Moses*-Figur in S. Pietro in Vincoli (Michelangelo) 1505–45

S. 234 Portal-*Madonna* an S. Maria in Porta Paradisi (Andrea Sansovino) ~ 1509

S. 233 *Propheten* der Cappella Chigi in S. Maria del Popolo (Raffael u. a.) ~ 1513–16

S. 148 *Madonna del Parto* in S. Agostino (Jacopo Sansovino) 1518–21

S. 226 *Christus* in S. Maria sopra Minerva (Michelangelo) 1519–21

S. 215 Portal-*Madonna* an S. Maria di Loreto (Andrea Sansovino) ~ 1522

Barock und Klassizismus bis 1800

S. 334 Grabmal Paul III. in St. Peter (Guglielmo della Porta) 1549–75

S. 90 Marmorengel des Castel S. Angelo (Guglielmo della Porta?) 1577

S. 279 Fontana delle Tartarughe (Taddeo Landini, Bernini) 1581–84, 1658

S. 162 *Hl. Cäcilie* in S. Cecilia in Trastevere (Stefano Maderno) 1599/1600

S. 228 Grabmal Kardinal Pedro de Montoya in S. Maria di Monserrato (Niccolò Torriani, Bernini) 1621 u. ~1630

S. 334 Altarziborium in St. Peter (Bernini) 1624–33

S. 333 Kuppelpfeiler-Figuren in St. Peter (Bernini, Mocchi, Andrea Bolgi, François Duquesnoy) 1627–40

S. 334 Grabmal Urban VIII. in St. Peter (Bernini) 1628–44

S. 215 *Hl. Susanna* in S. Maria di Loreto (François Duquesnoy) ~ 1630–33

S. 338 Grabmal Leo XI. in St. Peter (Alessandro Algardi) 1634–44

S. 280 Fontana del Tritone (Bernini) 1642/43

S. 278 Fontana delle Api (Bernini) 1644

S. 240 Theresia-Altar in S. Maria della Vittoria (Bernini) ~ 1646

S. 339 Altarrelief in der Cappella della Madonna della Colonna in St. Peter (Alessandro Algardi) n. 1646

S. 303 Fontana dei Fiumi (Bernini) begonnen 1648

S. 182 Stuckreliefs in S. Giovanni in Laterano (A. Algardi u. a.) vollendet 1650

S. 298 Ausstattung der Galerie im Palazzo Spada 2. Hälfte 17. Jh.

S. 334 Cathedra Petri in St. Peter (Bernini) 1657–66

S. 331 Reiterstandbild Konstantins d. Gr. in St. Peter (Bernini) 1663–70

S. 295 Ausstattung der Kapelle im Palazzo del Monte di Pietà (C. F. Bizaccheri, D. Guidi, P. Legros u. a.) 2. H. 17. Jh.

S. 87 Engelstatuen des Ponte S. Angelo (Bernini) 1668–71

S. 339 Grabmal Alexander VII. in St. Peter (Bernini) 1672–78

S. 175 Grabaltar des hl. Ignatius in Il Gesù (Andrea Pozzo u. a.) begonnen 1694

S. 194 Relief des Aloisius-Altars in S. Ignazio (Pierre Legros) 1699

S. 338 Grabmal Innozenz IX. in St. Peter (Pierre-Etienne Monnot) ~ 1700

S. 152 *Hl. Stanislaus Kostka* im Konvent von S. Andrea al Quirinale (Pierre Legros) 1703

S. 183 Apostelstatuen in S. Giovanni in Laterano (Pierre-Etienne Monnot, Pierre Legros, Rusconi u. a.) 1703–19

S. 185 Grabmal Clemens XII. in S. Giovanni in Laterano (Maini u. a.) ~ 1732–35

S. 279 Fontana di Trevi (N. Salvi) 1732–62

S. 90 Bronzeengel des Castel S. Angelo (P. A. Verschaffelt) 1752

S. 205 *Hl. Bruno* in S. Maria degli Angeli (Jean-Antoine Houdon) 1766

S. 167 Weihnachtskrippe in SS. Cosma e Damiano 18. Jh.

S. 154 Grabmal Clemens XIV. in SS. Apostoli (Canova) 1783–87

S. 334 Grabmal Clemens XIII. in St. Peter (Canova) 1788–92

19. und 20. Jahrhundert

S. 162 Taufstein der Christuskirche (Abgüsse nach Thorvaldsen) 1805–07

S. 337 Grabmal Jakob III. Stuart und Söhne in St. Peter (Canova) 1817–19

S. 344 Statue Pius' VI. in den Alten Grotten von St. Peter (Canova) 1822

S. 339 Grabmal Pius VII. in St. Peter (Thorvaldsen) 1824–40

S. 284 Brunnen der Piazza Mastai (Andrea Busiri Vici) 1865

S. 339 Grabmal Pius VIII. in St. Peter (P. Tenerani) vollendet 1866

S. 278 Najadenbrunnen (Alessandro Guerrieri, Mario Rutelli) ~ 1885, 1901

S. 338 Grabmal Pius X. in St. Peter (Pier Enrico Astorri) 1916–23

S. 136 Statuengruppe *Die Märtyrer* in der Gedenkstätte der Fosse Ardeatine (Francesco Coccia) 1950

S. 346 Bronzetür von S. Maria della Pietà (Elmar Hillebrand) ~ 1950

S. 331 Bronzetüren von St. Peter (Vico Consorti, Luciano Minguzzi, Venanzo Crocetti, Giacomo Manzù) 1950–65

S. 338 Grabmal Johannes XXIII. in St. Peter (Emilio Greco) ~ 1963

Malerei

Antike

S. 126 Dekoration des Hauses der Greifen Mitte 1. Jh. v. Chr.

S. 126 Dekoration der Aula Isiaca ~ 30 v. Chr.

S. 125 Dekoration des Hauses der Livia und der Wohnung des Augustus ~ 30 v. Chr.

S. 367 *Aldobrandinische Hochzeit* in der Biblioteca Apostolica Vaticana 1. Jh. v. Chr.

S. 91 Dekoration der Domus Aurea n. 64 n. Chr.

S. 109 Dekoration des Hylas-Kolumbariums 1./2. Jh.

S. 115 Priscilla-Katakombe 2. Jh.

S. 190 Nymphäum unter SS. Giovanni e Paolo 2. Jh.

S. 114 Domitilla-Katakombe 2.–4. Jh.

S. 265 Grab des Clodius Hermes in S. Sebastiano ad Catacumbas ~ 230/250

S. 113 Calixtus-Katakombe 3./4. Jh.

S. 114 SS. Marcellino e Pietro a Tor Pignattara 3./4. Jh.

S. 190 Unterkirche von SS. Giovanni e Paolo 3./4. Jh.

S. 114 *Hl. Petronilla* im Cubiculum von SS. Nereo e Achilleo 4. Jh.

S. 273 S. Valentino ~ 340/350

Funde im Antiquarium des Palatin (S. 127) und in der Pinacoteca von S. Paolo fuori le Mura (S. 250).

Mittelalter

S. 104 Wandgemälde neben der Apsis in S. Maria Antiqua 5./6. Jh.

S. 188 *Erlöser*-Ikone in SS. Salvatore della Scala Santa 6./7. Jh.

S. 171 *Madonna del Conforto* in S. Francesca Romana 7. (5.?) Jh.

S. 261 Oratorio di S. Silvia an S. Saba Ende 7.–10. Jh.

S. 104 Presbyterium in S. Maria Antiqua ~ 705–707 u. ~ 750/760

S. 104 Vorhalle und Seitenschiff in S. Maria Antiqua ~ 760 u. ~ 780

S. 222 *Madonna* in S. Maria Maggiore 8./9. Jh.

S. 163 Unterkirche von S. Clemente ~ 850

S. 96 Tempel der »Fortuna Virilis« (S. Maria Egiziaca) ~ 880

S. 190 Treppe zum Oratorium in SS. Giovanni e Paolo 9. Jh.

S. 258 Oratorio Mariano an S. Pudenziana 9. Jh.

S. 155 Marien-Fresko in S. Bartolomeo all'Isola ~ 1000

S. 273 S. Urbano alla Caffarella 11. Jh.

S. 258 Oratorio Mariano an S. Pudenziana 11. Jh.

S. 163 Narthex der Unterkirche von S. Clemente ~ 1100

S. 214 Mittelschiff in S. Maria in Cosmedin ~ 1120

S. 188 Mittelschiff in S. Giovanni a Porta Latina 1191

S. 394 Triptychon im Dom von Tivoli 12. Jh.
S. 197 Vorhalle von S. Lorenzo fuori le Mura 12./13. Jh.
S. 395 Apsis und Triumphbogen in S. Silvestro in Tivoli 1. Viertel 13. Jh.
S. 259 Oratorium des hl. Silvester bei SS. Quattro Coronati ~ 1250
S. 176 Apsis in S. Giorgio in Velabro (Pietro Cavallini?) ~ 1292–1309
S. 160 *Jüngstes Gericht* in S. Cecilia in Trastevere (Pietro Cavallini) gegen 1293
S. 185 Bildnis Bonifaz VIII. in S. Giovanni in Laterano (Giotto) 1300
S. 165 Apsis der Oberkirche von S. Clemente Ende 13. / Anfang 14. Jh.
S. 210 Baldachin am Grabmal Kardinal Matteo d'Acquasparta in S. Maria in Aracoeli ~ 1303
S. 184 Tabernakel in S. Giovanni in Laterano (Barna da Siena) 1367–70

Werke im Museo Storico Artistico – Tesoro di S. Pietro im Vatikan (S. 340) und in den Grotten von St. Peter (S. 343).

Renaissance und Manierismus

S. 166 Cappella di S. Caterina in S. Clemente (Masolino da Panicale) ~ 1427 – ~ 1431
S. 362 Kapelle Nikolaus' V. im Vatikan (Fra Angelico) ~ 1440/45
S. 365 Wandbilder der Cappella Sistina im Vatikan (Perugino, Botticelli, Signorelli, Ghirlandaio u. a.) 1481–83
S. 209 Cappella Bufalini in S. Maria in Aracoeli (Pinturicchio) ~ 1485
S. 245f. *Verkündigung* (Antoniazzo Romano) und Apsis (Pinturicchio, Baldassare Peruzzi) in S. Onofrio Ende 15. Jh.
S. 192 Predella in S. Gregorio Magno al Celio Ende 15. Jh.
S. 225 Cappella Carafa in S. Maria sopra Minerva (Filippino Lippi) 1488–93
S. 169 Apsis in S. Croce in Gerusalemme (Antoniazzo Romano?) ~ 1490
S. 363 Appartamento Borgia im Vatikan (Pinturicchio) 1492–95
S. 366 Decke der Cappella Sistina im Vatikan (Michelangelo) 1508–12
S. 233 Chorgewölbe in S. Maria del Popolo (Pinturicchio) 1508/09
S. 360 Stanzen im Vatikan (Raffael u. a.) 1508–20
S. 148 *Jesaja* in S. Agostino (Raffael) 1511/12
S. 309 Fresken der Villa Farnesina (Raffael, Sebastiano del Piombo, Giulio Romano, Baldassare Peruzzi, Sodoma u. a.) 1511/12
S. 230 *Sibyllen* in S. Maria della Pace (Raffael) 1514
S. 230 Cappella Ponzetti in S. Maria della Pace (Baldassare Peruzzi) 1516/17
S. 251 *Geißelung Christi* in S. Pietro in Montorio (Sebastiano del Piombo) 1516–21
S. 362 Loggien im Vatikan (Raffael u. a.) ~ 1518
S. 311 Loggia in der Villa Madama (Giulio Romano, Giovanni da Udine) n. 1520
S. 230 Lünettenbild in S. Maria della Pace (Rosso Fiorentino) ~ 1524
S. 177 Ausstattung des Oratoriums von S. Giovanni Decollato ~ 1530
S. 366 *Jüngstes Gericht* in der Cappella Sistina im Vatikan (Michelangelo) 1534–41
S. 273 *Kreuzabnahme* und *Himmelfahrt Mariä* in SS. Trinità dei Monti (Daniele da Volterra) 1541
S. 90 Apollo-Saal und päpstliche Gemächer im Castel S. Angelo (Perin del Vaga u. a.) 1544–48
S. 268 Ausstattung von S. Spirito in Sassia Mitte 16. Jh.
S. 287 Sala dei Cento Giorni im Palazzo della Cancelleria (Giorgio Vasari) 1546
S. 297 Salone dell'Udienza im Palazzo Sacchetti (Francesco Salviati) ~1553/54
S. 298 Ausstattung der Galleria im Palazzo Spada 2. Hälfte 16. Jh.
S. 200 Ausstattung des Oratorio del Gonfalone 1569–76
S. 177 Ausstattung von S. Giovanni Decollato 1580–88

S. 268 Apsis in S. Spirito in Sassia (Jacopo Zucchi) 1583

S. 297 Fresken im Palazzo Ruspoli (Jacopo Zucchi u. a.) 1586–90, 1715

S. 274 Ausmalung von S. Vitale (Tarquinio Ligustri, Annibale Priori, Agostino Ciampelli) Ende 16. Jh.

S. 368 Biblioteca Apostolica Vaticana, Salone Sistino n. 1587

S. 236 Ausstattung der Cappella Altemps in S. Maria in Trastevere (Pasquale Cati) 1589

S. 255 Ausmalung der Cappella Olgiati in S. Prassede (Giuseppe Cesari) 1592/93

Barock und Klassizismus

S. 282 Säle im Palazzo dei Conservatori (Giuseppe Cesari, Tommaso Laureti, Giacomo Ripanda) 1587–1640

S. 266 Kapellenausmalung in S. Silvestro al Quirinale (Polidoro und Maturino da Caravaggio, Domenichino u. a.) gegen 1590, frühes 17. Jh.

S. 238 Altarbilder in S. Maria in Vallicella (Federico Barocci) 1594

S. 292 Galerie des Palazzo Farnese (Annibale und Agostino Carracci) 1597–1600

S. 202 Gemälde in der Cappella Contarelli in S. Luigi dei Francesi (Caravaggio) 1599–1602

S. 233 Gemälde in der Cappella Cerasi in S. Maria del Popolo (Caravaggio) 1600/01

S. 162 Altarbilder in S. Cecilia in Trastevere (Guido Reni) 1600–02

S. 150 *Madonna dei Pellegrini* in S. Agostino (Caravaggio) ~ 1605

S. 238 Hochaltarbilder in S. Maria in Vallicella (Rubens) 1607/08

S. 192 Fresken im Oratorium S. Andrea bei S. Gregorio Magno al Celio (Guido Reni, Domenichino) 1608

S. 202 Fresken in S. Luigi dei Francesi (Domenichino) 1612–114

S. 296 *Aurora* im Casino des Palazzo Pallavicini Rospigliosi (Guido Reni) 1614

S. 294 Deckenfresken im Palazzo Mattei di Giove (Francesco Albani, Domenichino, Pomarancio, Giovanni Lanfranco) 1615

S. 385 Ausmalung der Villa Muti in Frascati (Cigoli, Passignano, Pietro da Cortona, Lanfranco) v. 1616, ~ 1630

S. 382 Fresken im Gartensaal der Villa Aldobrandini in Frascati (Domenichino) 1616–18

S. 383 Ausmalung der Villa Grazioli in Frascati (Agostino Ciampelli u. a., G. P. Pannini) 1. Hälfte 17. Jh., ~ 1730

S. 234 *Marientod* in S. Maria della Scala (Carlo Saraceni) v. 1619

S. 234 *Johannes* in S. Maria della Scala (Honthorst) v. 1620

S. 276 Decke im Casino dell'Aurora (Guercino) 1621–23

S. 153 Kuppel in S. Andrea della Valle (Domenichino, Giovanni Lanfranco) 1622–28

S. 153 Chor in S. Andrea della Valle (Domenichino) ~1622–28

S. 196 Fresken in S. Lorenzo in Lucina (Simon Vouet) 1624

S. 156 Hochschiffwände in S. Bibiana (Pietro da Cortona, Agostino Ciampelli) 1624–26

S. 156 Kuppelpendentifs in S. Carlo ai Catinari (Domenichino) 1628–30

S. 211 Ausstattungsstücke in S. Maria della Concezione (Guido Reni, Giovanni Lanfranco, Domenichino, Pietro da Cortona, Andrea Sacchi) 1631–45

S. 286 Fresko im Salone des Palazzo Barberini (Pietro da Cortona) 1633–39

S. 196 Hochaltarblatt in S. Lorenzo in Lucina (Guido Reni) 1637/38

S. 262 *Rosenkranzmadonna* in S. Sabina (Sassoferrato) 1643

S. 156 Apsis in S. Carlo ai Catinari (Giovanni Lanfranco) vollendet 1647

S. 241 Fresken in S. Martino ai Monti (Gaspard Dughet) 1647–51

S. 238 Gewölbe in S. Maria in Vallicella (Pietro da Cortona) 1647–65

S. 194 Fresken und Altarbild in S. Isidoro (Carlo Maratta) 1650–52

S. 288 Sala Grande im Palazzo Colonna (Antonio del Grande, Girolamo Fontana, Mario de' Fiori, Carlo Maratta, Giovanni Coli, Filippo Gherardi) 1654–78

S. 244 Gavotti-Kapelle in S. Nicola da Tolentino (Pietro da Cortona u. a.) begonnen 1668

S. 144 Kuppel in S. Agnese in Agone (C. Ferri, S. Corbellini, G. B. Gaulli) 1670–89

S. 175 Gewölbe in Il Gesù (Baciccia) 1672–85

S. 169 Decke in SS. Domenico e Sisto (Domenico Maria Canuti, Enrico Haffner) 1674/75

S. 284 Fresko im Salone des Palazzo Altieri (Carlo Maratta) 1674–77

S. 266 Gewölbe in S. Silvestro in Capite (Giacinto Brandi) 1680–86

S. 193 Decke, Gewölbe und Altäre in S. Ignazio (Andrea Pozzo) 1684–99

S. 155 Decke der Sakristei von SS. Apostoli (Sebastiano Ricci) 1701

S. 154 Decke in SS. Apostoli (Baciccia) 1707

S. 162 Decke in S. Cecilia in Trastevere (Sebastiano Conca) ~ 1725

S. 217 Ausstattung von S. Maria Maddalena vollendet 1735

S. 154 Gewölbe in S. Apollinare (Stefano Pozzi) 1742–48

S. 171 Altarblatt in der Sakristei von S. Francesca Romana (Pierre Subleyras) 1744

S. 202 Deckenbild in S. Luigi dei Francesi (C. J. Natoire) 1754–56

S. 170 Decke in S. Eusebio (Anton Raphael Mengs, Anton Maron) 1755–58

19. und 20. Jahrhundert

S. 277 Wandbilder im Casino Massimo (Philipp Veit, Friedrich Overbeck, Julius Schnorr v. Carolsfeld, Joseph Anton Koch, Joseph v. Führich) 1819–29

S. 206 Neugestaltung von S. Maria dell'Anima (Ludwig Seitz u. a.) 1842–44, 1874/75

S. 191 Ausstattung von S. Girolamo degli Schiavoni (Pietro Gagliardi) 1846–52

S. 150 Ausstattung von S. Alessio 1852–60

S. 147 Ausstattung von S. Agostino (Pietro Gagliardi) 1855/56

S. 247 Fresken an der Hochschiffwand in S. Paolo fuori le Mura 1857–60

S. 245 Ausstattung von Nostra Signora del Sacro Cuore n. 1878/79

S. 288 Wandbilder im Palazzo dei Congressi (Gino Severini, Achille Funi) ~ 1938

Mosaiken

Antike

S. 393 Fußboden im Tempel der Fortuna Primigenia in Palestrina 2. Hälfte 2. Jh. v. Chr.

S. 86 Fußboden der Basilica di Porta Maggiore 1. Jh. n. Chr.

S. 388ff. Fußböden in Ostia Antica 1./2. Jh.

S. 184 Apsis in S. Giovanni in Laterano n. 312

S. 270 Fußboden in S. Paolo alle Tre Fontane (Abbazia alle Tre Fontane) Anfang 4. Jh.

S. 146 Gewölbe und Nischen in S. Costanza 337–351

S. 257 Apsis in S. Pudenziana gegen 400

S. 219 Triumphbogen und Langhaus in S. Maria Maggiore n. 432

S. 248 (Triumphbogen in S. Paolo fuori le Mura ~ 450)

Funde in der Pinacoteca von S. Paolo fuori le Mura (S. 250), im den Musei Capitolini (S. 317), im Museo Gregorio Profano des Vatikan (S. 372), im Museo Archeologico Nazionale von Palestrina (S. 394).

Mittelalter

S. 166 Apsis in SS. Cosma e Damiano ~ 530

S. 197 Triumphbogen in S. Lorenzo fuori le Mura Ende 6. Jh.

S. 270 Apsis in S. Teodoro ~ 600

S. 252 *Hl. Sebastian* in S. Pietro in Vincoli Anfang 7. Jh.

S. 145 Apsis in S. Agnese fuori le Mura ~ 630

S. 186 Venantiuskapelle in S. Giovanni in Fonte ~ 645

S. 269 Kapelle der hll. Primus und Felicianus in S. Stefano Rotondo 7. Jh.

S. 167 Triumphbogen in SS. Cosma e Damiano ~ 690

S. 243 Triumphbogen in SS. Nereo e Achilleo ~ 800

S. 160 Apsis in S. Cecilia in Trastevere ~ 820

S. 254 Triumphbogen, Apsis und Zeno-Kapelle in S. Prassede ~ 820

S. 214 Triumphbogen und Apsis in S. Maria in Domnica ~ 820

S. 203 Apsis in S. Marco ~ 830/840

S. 165 Mittelschiff und Apsis in der Oberkirche von S. Clemente ~ 1100–28

S. 236 Apsis in S. Maria in Trastevere ~ 1140

S. 169 Fußboden in S. Croce in Gerusalemme ~ 1145

S. 171 Apsis in S. Francesca Romana ~ 1161

S. 248 (Apsis in S. Paolo fuori le Mura Anfang 13. Jh.)

S. 250 Ikone in der Sakramentskapelle von S. Paolo fuori le Mura 2. Hälfte 13. Jh.

S. 188 Cappella Sancta Sanctorum in SS. Salvatore della Scala Santa ~ 1280

S. 182 *Christus*-Medaillon in S. Giovanni in Laterano (Jacopo Torriti) 1291

S. 236 Apsisstreifen in S. Maria in Trastevere (Pietro Cavallini) ~ 1291

S. 184 Restaurierung des Apsismosaiks in S. Giovanni in Laterano (Jacopo Torriti) 1292

S. 222 Apsis in S. Maria Maggiore (Jacopo Torriti) 1292–95

S. 218 Fassade von S. Maria Maggiore (Filippo Rusuti) 1294–1308

S. 329 Fragment der *Navicella* von Alt St. Peter in St. Peter (Giotto) ~ 1300

S. 210 Cappella di S. Rosa in S. Maria in Aracoeli Mitte 14. Jh.

Werke in den Alten Grotten des Vatikan (S. 343).

Neuzeit

S. 258 Ausstattung der Cappella Caetani in S. Pudenziana ~ 1600

S. 333 Kuppel und Vierung von St. Peter (Cavalier d'Arpino, C. Nebbia, G. de' Vecchi) 17. Jh.

S. 334–339 Kapellenausstattung und Gemäldekopien auf den Altären in St. Peter 17. u. 18. Jh.

S. 247 Westfassade von S. Paolo fuori le Mura (N. Consoni, F. Agricola) 1854–74

S. 250 Ausstattung von St. Paul's-within-the-Walls (E. Burne-Jones) n. 1872

S. 162 Apsis der Christuskirche (Ernst Pfannschmidt, Friedrich Schwarting) ~ 1920

Rom

Abb. S. 77: Flußgott vom Vierströmebrunnen auf der Piazza Navona (zu S. 303)

Antike Bauten

Stadtmauern und Stadttore

Rom erhielt seine erste zusammenhängende Stadtmauer nach dem Galliereinfall um 390 v. Chr. Reste dieser aus regelmäßigen Tuffquadern gefügten, nach dem 6. König benannten
4/5 **Servianischen Mauer** sind in der Stadt an verschiedenen Stellen zu sehen, vor allem am Hauptbahnhof Termini, auf der Piazza dei Cinquecento, am Aventin in der Via S. Anselmo, auf dem Kapitol, in der Via Carducci und auf der Piazza Magnanapoli.

Die zweite Stadtmauer verdankt ihre Existenz wiederum den einfallenden Nordvölkern. Als die Goten 268 n. Chr. von der Poebene bis nach Umbrien vorstießen, ließ ihr Besieger, Kaiser Aurelian, die Hauptstadt durch einen riesigen Mauerring sichern. Die nach ihm benannte **Aurelianische Mauer** wurde 271 n. Chr. begonnen und von seinem Nachfolger Probus (276–282) vollendet. Das Werk wurde schnell und rücksichtslos durchgeführt. Zahlreiche zur Verteidigung geeignete Bauwerke wurden in die Mauer einbezogen, wie z. B. die Bogen der Aqua Claudia bei der Porta Maggiore, das Prätorianerlager, das Amphitheatrum Castrense, die Cestius-Pyramide, die Stützmauern der Gärten der Acilier (sog. Muro Torto) am Pincius. Die Mauer war 18,84 km lang, etwa 6 m hoch, 3,50 m tief und hatte 383 Türme, die im Abstand von 100 röm. Fuß (= ca. 29,60 m) aus der Mauerlinie hervortraten. 18 Tore vermittelten den Zugang zur Stadt. 401–403 fand unter Honorius eine umfangreiche Restaurierung der Mauer statt, wobei ihr offener Wehrgang geschlossen und verdoppelt, die Mauer also erhöht, und ihre Tore umgebaut und verstärkt wurden; ihr heutiger Anblick geht auf diese Restaurierung zurück. – Die Linie der Mauer, die bis zum 19. Jh. instand gehalten wurde, blieb seit den Zeiten ihres ersten Erbauers unverändert mit
Ausnahme des **Bastione del Sangallo (Bastio-** Vc5
ne Ardeatino; Viale di Porta Ardeatina), der 1534 unter Papst Paul III. durch Antonio da Sangallo d. J. zwischen Porta S. Sebastiano und Porta S. Paolo angelegt wurde. – Unter Urban VIII. wurde 1642–44 der auf dem rechten Tiber-Ufer liegende Teil der Aurelianischen Mauer durch einen neuen Mauerzug ersetzt, der die alte Stadtbefestigung mit der unter Paul III. und Pius IV. neu befestigten Leoninischen Stadt (Vatikan) verband.

Die Aurelianische Mauer ist noch zum größten Teil erhalten. Sie diente der Verteidigung Roms bis zum 20. September 1870, als die Truppen König Viktor Emanuels II. nordwestlich der Porta Pia mit moderner Artillerie eine

Bresche in die Mauer schossen, um durch sie in die Stadt einzudringen. – Wer sich heute von der Via Appia Antica der Stadt nähert, dem bietet sich mit dem Zug der unversehrten Stadtmauer und der Porta Appia noch der gleiche Anblick Roms, den der Reisende im 5. Jh. n. Chr. hatte.

Auch die Tore der Aurelianischen Stadtbefestigung sind mit wenigen Ausnahmen noch erhalten. Die meisten haben ihren Namen von den Straßen, die durch sie aus der Stadt führten.

Vd5/6 **Porta Appia (Porta S. Sebastiano)**

Die Porta Appia – schönstes und besterhaltenes Tor –, die ihren heutigen Namen Porta S. Sebastiano von der Kirche S. Sebastiano ad Catacumbas an der Via Appia nimmt, wurde 401/402 unter Kaiser Honorius umgebaut und blieb seitdem unverändert. An der rechten Laibung des Torbogens berichtet eine Inschrift neben der eingeritzten Zeichnung des Erzengels Michael, daß hier am Michaelistag 1327 eine »gens forestiera« (die Truppen König Roberts von Anjou) von den Römern unter dem Bezirkshauptmann Jacobus de Pontianis geschlagen wurde.

Seit Honorius umgeben das Tor 2 mächtige 4kantige Türme, die stadtauswärts gerichtet halbrunde Aufbauten haben. Zinnenkränze geben dem Tor wehrhaften Charakter. Im westlichen Turm befindet sich ein kleines Museum mit Materialien zur Geschichte der Stadtmauern (**Museo delle Mura di Roma**, Via Porta S. Sebastiano 18). Von dort kann ein Mauertrakt besichtigt werden.

Der sog. **Drusus-Bogen,** der innerhalb der Porta Appia steht, ist kein Ehrenbogen für Drusus, wie man auf Grund seiner einem Triumphbogen ähnlichen Gestalt dachte, sondern Teil einer 211–216 angelegten Wasserleitung, auf dem die Aqua Antoniniana, ein Nebenarm der Aqua Marcia, die Via Appia überquerte. Sie diente der Wasserversorgung der Caracalla-Thermen.

Vd5 **Porta Asinaria**

Östlich von S. Giovanni in Laterano steht, unter dem heutigen Straßenniveau, die 401–403 n. Chr. von Papst Honorius umgebaute Porta Asinaria. Im Laufe der Geschichte wurde das Tor mehrere Male zugemauert (ein letztes Mal
Vd5 1574, als es durch Giacomo del Ducas **Porta S. Giovanni** einige Meter weiter östlich ersetzt wurde). Bei Restaurierungsarbeiten 1951–54 wurde das Tor wieder geöffnet und auf der Stadtseite ein befestigter Torhof mit Gegenpforte entdeckt und ausgegraben.

Porta Aurelia (Porta S. Pancrazio) C10

Das westlichste antike Tor der Aurelianischen Mauer hatte schon Urban VIII. Mitte des 17. Jh. im Zuge einer neuen Befestigung des auf dem rechten Tiber-Ufer liegenden Stadtteils durch einen Neubau ersetzt, bei der er den Lauf der Stadtmauer änderte. Pius IX. tat ein Gleiches 1854, nach starken Beschädigungen durch französische Artillerie während Garibaldis Verteidigung der Stadt 1849; Architekt war Virginio Vespignani.

Porta Latina N14

Die Porta Latina, mit 2 den Durchgang der Straße (Via Latina) flankierenden halbrunden Türmen, hat als einzige den Plan der ursprünglichen Aurelianischen Stadttore bewahrt. Da sie nur etwa 350 m nördlich der weit wichtigeren Porta Appia lag, wurde sie mehrere Male gesperrt und zugemauert, zuletzt 1808, als die Via Latina aufgegeben wurde. Erst 1911 wurde das Tor wieder geöffnet und instand gesetzt.

Porta Maggiore (Porta Praenestina und **Porta Labicana;** Abb. S. 109) Ve4

Die Porta Maggiore war ursprünglich nicht Stadttor, sondern Durchgang unter dem 38–53 n. Chr. erbauten Aquädukt der Aqua Claudia und des darüber liegenden Anio Novus. An der 3geschossigen Attika haben sich 3 Inschriften erhalten. Die obere gilt dem Anio Novus, die mittlere bezieht sich auf die Restaurierung der Aqua Claudia durch Vespasian (71 n. Chr.) und die untere auf eine Wiederherstellung unter Titus (81 n. Chr.). Der Aquädukt wurde in die Stadtmauer Aurelians einbezogen und an der Außenseite mit einem runden Turm bewehrt, der das heute freistehende → Grabmal des Eurysaces umschloß. 2 rechteckige Türme, zwischen denen sich die zur Via Prenestina bzw. Via Labicana gehörigen Torbogen spannten, flankieren die Anlage. Der ganze Komplex bildete einen kleinen Festungshof, der der Straßenplanung des 19. Jh. zum Opfer fiel. Der Torbau mit seinen Türmen wurde 1834–38 abgerissen, wonach die beiden Wasserleitungsbogen der Aqua Claudia weiter als Stadttore benutzt wurden, bis man 1915 die letzten Torpfosten beseitigte.

M12 **Porta Metronia**

Zwischen der Porta Asinaria und der Porta Latina liegt die Porta Metronia, deren Name verschieden überliefert ist (**Porta Metrovia** oder auch **Porta Gabusia**). Sie ist heute weitgehend Ergebnis neuzeitlicher Restaurierungen. Das ursprünglich ziemlich bescheidene Tor in einem innerhalb der Mauern gelegenen Torturm ist zugemauert und nur noch in seinen Gewölbeansätzen erkennbar. Die Inschrifttafeln erinnern an Restaurierungsarbeiten in den Jahren 1157 und 1579.

H14 **Porta Ostiensis (Porta S. Paolo)**

Das mit seinem befestigten Hof völlig erhaltene Stadttor ist mit Namen erstmals 357 n. Chr. erwähnt, als Constantius den zweiten für den Circus Maximus bestimmten Obelisken, der heute auf der Piazza S. Giovanni in Laterano steht, von der Via Ostiensis »per Ostiensem portam« transportieren ließ. In dem Umbau des Tores durch Honorius (401–403 n. Chr.) wurden die ursprünglich 2 Durchgänge auf einen reduziert, dagegen blieben die 2 Gegentore des Torhofes erhalten. In den unter Honorius errichteten Türmen befindet sich das kleine **Museo della Via Ostiense**, das abgenommene Fresken, kleinere Fundstücke und Modelle aus der Gegend um S. Paolo fuori le Mura und Ostia zeigt.

G1 **Porta del Popolo** (ehem. Porta Flaminia / Porta S. Valentino; Piazza del Popolo, Piazzale Flaminio) → S. 305.

Porta Portese (Porta Portuensis) F11

Die ursprüngliche Porta Portuensis der Aurelianischen Mauer wurde im Zuge der neuen Befestigung des Janiculum durch Urban VIII. 1643 zerstört; durch sie führte die Via Portuensis zu den Häfen von Portus, dem heutigen Fiumicino. Die neue Porta Portese liegt etwa 450 m nördlich des alten Tores im Verband der neuen Mauer Urbans VIII. Ihre säulen- und nischengeschmückte Schaufassade, ein Werk des Architekten Marcantonio de Rossi, die erst unter Innozenz X. (1644–55) fertiggestellt wurde, trägt das Papstwappen der Pamphili.

Porta Septimiana DE8

Das Tor im Nordabschnitt der Aurelianischen Mauer auf der rechten Tiber-Seite steht über der Via Lungara, die einer antiken Verbindungsstraße zur Via Cornelia entspricht. Möglicherweise handelt es sich um ein Tor, das bereits von Septimius Severus erbaut war und später in die Aurelianische Mauer einbezogen wurde. Das verfallene Tor wurde 1498 durch Alexander VI. wiederaufgebaut. Sein heutiges Aussehen beruht auf einer Restaurierung unter Pius VI., 1798.

Porta Tiburtina Vd4

In diesem Stadttor vereinigen sich Aquädukt und Festungstor auf eigenartige Weise. Augustus erbaute 5 n. Chr. den Bogen für die A q u a e M a r c i a, T e p u l a und J u l i a. Nachdem bereits Titus 79 die Anlage erneuert hatte, ließ Caracalla 212/213 Restaurierungsarbeiten vornehmen. Die Festungsbaumeister des Honorius stellten vor diese Überführung ein von 2 mächtigen, 4kantigen Türmen flankiertes Tor.

● **Ara Pacis Augustae** (Via di Ripetta)

G3 Der **Altar des Augusteischen Friedens** ist nicht nur ein Meisterwerk römischer Skulptur der frühen Kaiserzeit, sondern zugleich ein religiöses und politisches Denkmal ersten Ranges.

Im 12. Kapitel der »Res gestae«, des Rechenschaftsberichts, den Augustus an seinem Grabmal (s. S. 85) anbringen ließ, heißt es: »Als ich unter dem Konsulat der Tiberius Nero und Publius Quintilius aus Spanien und Gallien nach Rom zurückkehrte, in jenen Provinzen vom Glück in meinen Taten begünstigt, beschloß der Senat, als Weihegeschenk für meine Rückkehr den Altar des Augusteischen Friedens auf dem Marsfeld zu errichten. Er ordnete an, daß auf ihm die Obrigkeit, die Priester und die Vestalischen Jungfrauen am Jahrestag das Opfer darbrächten.« Der Altar wurde am 4. Juli d. J. 13 v. Chr. begonnen und am 30. Januar 9 v. Chr. eingeweiht.

Gleich anderen Denkmälern des antiken Rom versank die Anlage in den Fundamenten mittelalterlicher und neuzeitlicher Bauwerke. Als 1568 die Erdarbeiten für den Bau des ***Palazzo Fiano*** *(heute* ***Palazzo Almagià****, Via del Corso/Piazza S. Lorenzo in Lucina) begonnen wurden, kamen Marmorblöcke mit Figurenfriesen und Girlanden zutage.* H4

1859 – bei der Verstärkung der Fundamente des Palastes – stieß man in einer Tiefe von 5,50 m auf eine große Plattform mit Darstellungen des Aeneas, einem Kopf des Mars und Blumenornamenten. Die Fundstücke des 16. und 19. Jh. erregten das Interesse der Archäologen. Vergleiche und Rekonstruktionsversuche führten zu der Erkenntnis, daß es sich um Teile der Ara Pacis Augustae handeln müsse. Die Vermutung wurde 1903 durch systematische Grabungen bestätigt. 1937 gelang es, die noch fehlenden erhaltenen Teile des Altars dem Erdboden zu entreißen. Im Schatten des Augustus-Mausoleums wurde die Anlage wieder aufgerichtet. Die Fundstücke der vergangenen Jahrhunderte sind dem Aufbau eingefügt, Stücke, die sich im Louvre in Paris und andernorts befinden, als Abgüsse an ihren ursprünglichen Ort gesetzt.

Über 10 Stufen ist der rekonstruierte Sockel zugänglich, der 11,63 × 10,62 m mißt. Eine Mauer, die an Stirn- und Rückseite je ein annähernd quadratisches Portal öffnet, umfriedet den erhöhten Platz, dessen Mitte der Altar einnimmt. 4 umlaufende Treppenstufen bilden sein Podest, auf dem 3 Wände ein nach vorne offenes Viereck umschließen. Der heilige Bezirk der Vorzeit, der seine Mitte in dem freistehenden Altar erhielt, kehrt in dieser Anlage verwandelt wieder.

Die zwischen Sockel, Pilastern und Gebälk zurücktretenden Wandflächen der äußeren Umfassungsmauer unterteilt ein Mäanderband in 2 Streifen, deren unterer mit Blattranken gefüllt ist: Aus kräftigen Akanthusbüscheln wachsen Stengel, die sich volutenartig über die Fläche drehen und Blätter und rosenförmige Blüten treiben; Efeu, Lorbeer, Weinlaub und Weinranken treten zurückhaltend dazwischen; Schmetterlinge, Eidechsen, kleine Reptilien und Vögel beleben den Phantasiewald, auf dessen Wipfeln Schwäne ihre Flügel ausbreiten. – Die oberen Wandstreifen nimmt an allen 4 Seiten ein *Bildfries* ein. Während die Reliefs der Schmalseiten dem Mythos huldigen, schildern die Darstellungen der Längsseiten die Grundsteinlegung des Altars. An der *Südseite* bahnt ein Trupp von Liktoren dem Kaiser den Weg. Augustus schreitet an der Spitze des Weihezuges, den Mantel über das Haupt gezogen. Ihn begleiten die Konsuln d. J. 13, Tiberius Nero, der spätere Kaiser, und Publius Quintilius Varus, der als Führer der Rheinarmee in den Wäldern Germaniens zugrunde ging. Es folgen vier Flamines, d.h. Opferanzünder, zu erkennen an den Kegelmützen, dann ein Opferdiener mit geschultertem Beil und schließlich eine eindrucksvolle Persönlichkeit, Marcus Vipsanius Agrippa, der Schwiegersohn des Augustus und zweite Mann im Staat. An seine Toga klammert sich ein Knabe, vielleicht sein damals 4 Jahre alter Sohn Lucius Caesar. Er blickt zu seiner Mutter Julia auf. Neben ihr steht die jüngere Antonia mit ihrem Gatten Drusus, dem Bruder des Tiberius. An der Hand hält sie ihr 2 Jahre altes Söhnchen Germanicus. Den Zug beschließt die Familie der älteren Antonia, der Nichte des Augustus, mit ihrem Gatten Lucius Domitius Ahenobarbus und ihren Kindern. Ihnen gesellt sich ein älterer Einzelgänger zu, in dem man Maecenas, den Freund des Augustus und den Dichter, hat erkennen wollen. Wo aber bleibt Livia, die Gattin des Augustus? Es ist kaum anzunehmen, daß man gerade sie bei diesem Familienaufzug vergessen hätte. Der westliche Teil des Frieses ist verstümmelt. Vermutlich trat Livia dort in der Nähe des Augustus auf. – Der Bildfries an der *Nordseite* stellt wahrscheinlich die Prozession der Senatoren und Magistrate dar. Die ursprünglichen Köpfe gingen verloren, die vorhandenen sind im 18. Jh. ergänzt worden. – An den *Stirnseiten* treten die Ahnherren und Heroen Roms auf: An der südlichen Schmalseite rechts neben dem Eingang bringt Aeneas, der Ahnherr des julischen Kaiserhauses, sein erstes Opfer in Latium dar; die entsprechende Szene links des Eingangs, die fast vollständig zerstört ist, stellte Romulus und Remus mit der rettenden Wölfin und Hirten dar. An der nördlichen Schmalseite herrscht die Erdgöttin Tellus zwischen den Genien der Luft und des Wassers auf der einen Seite des Eingangs; auf der anderen war Roma dargestellt.

Die Innenseite der Wände ist im unteren Teil durch vortretende Stäbe gegliedert; im oberen Abschnitt hängen über einem Fries aus Lotos und Palmetten pralle Fruchtgirlanden zwischen Stierschädeln.

Links und rechts des eigentlichen ***Altars*** wachen Löwensphingen. Die 3 Altarwände waren innen und außen mit Bildfriesen bedeckt, von denen nur ein Drittel erhalten blieb. An der Innenseite links ist in zahlreichen Figuren das Opfer des Pontifex maximus erkennbar,

Ara Pacis Augustae. Relief der Tellus

an der rechten Wand der Zug der Vestalinnen; die Außenseite zeigt Fragmente von der Herde der Opfertiere. Der Zyklus stellte den Vollzug des Opfers am Altar des Friedens dar.

Der gesamte Altar ist in carrarischem Marmor ausgeführt. Die Bildhauer beherrschten das Material in souveräner Meisterschaft und wußten ihm jede Nuance des Ausdrucks, der Gebärde und der Gewandfalte, die feinsten Übergänge in Blattwerk und Gefieder abzugewinnen. Jede Szene erhält den ihr gemäßen plastischen Charakter. In den Bildfriesen kehren die großen Bildprozessionen griechischer Tempel künstlerisch ebenbürtig wieder. Bildwelt und Ornament sprechen jedoch nicht griechisch, sondern römisch: Im Rhythmus der Prozessionen, in Tracht und Ausdruck herrscht römische Würde. Der Kaiser, seine Beamten und Senatoren tragen die Bürde des Reiches sichtbar. Aber auch in den freieren, nicht vom geschichtlichen Pathos erfüllten Szenen – etwa dem schönen Relief der Tellus – herrscht ein Sinn für Realität, den das idealisierende griechische Bildwerk nicht kannte. Selbst in den köstlichen Pflanzenornamenten wird die Mitte zwischen Natur und Dekoration schwerelos eingehalten. Im Detail und im Ganzen herrscht jenes Gleichgewicht zwischen Natur und reiner Form, das wir klassisch nennen.

Religiöse und politische Bedeutung. Der Altar ist ein einzigartiges Dokument römischen Geschichtsbewußtseins. Zum ersten Mal nimmt ein geschichtliches Ereignis beherrschend die Altarwand ein. Jedoch begnügt sich die Darstellung nicht mit dem historischen Akt der Grundsteinlegung und der dabei in Erscheinung tretenden imperialen Macht des Kaisers und der römischen Staatsidee, sondern zieht auch die Vergangenheit heran: Götter und Heroen, die einst an der Wiege Roms standen, werden vergegenwärtigt, um dem Ereignis des Tages ihren Segen zu geben. Zugleich machen die Reliefs die Kontinuität der römischen Geschichte und das Imperium sine fine, das Jupiter den Römern verhieß, anschaulich. Roma und Tellus huldigen dem Kaiser stellvertretend für Stadt und Erdkreis; der Ornamentfries nimmt durch die Schwäne an dem Vorgang teil, die heiligen Vögel sowohl des Apollo, des auserwählten Schutzgottes des Kaisers, wie auch der Venus, der Urmutter des julischen Geschlechts. Die Ideologie des Staates und die Religion verbinden sich, ohne daß jedoch die letztere ihr Wesen verlöre. Dem Staatskult werden die Außenwände des heiligen Bezirks zugewiesen, während das Zentrum eindeutig der Altar beherrscht, dessen Wände ausschließlich der Darstellung des Opferzugs vorbehalten sind.

G7 **Area Sacra del Largo Argentina**

Der Platz – Largo di Torre Argentina –, *der von den Straßen Corso Vittorio Emanuele II., Via Florida, Via di Torre Argentina und Via S. Nicola dei Cesarini begrenzt wird, hat seinen Namen von der in der Nähe gelegenen ehemaligen Residenz des vornehmlich als Chronist Alexanders VI. bekannten Johannes Burkhard (um 1455–1506), der zunächst Stiftsherr an St. Thomas in Straßburg (lat. Argentorate) und Propst von Haslach war, später nach Rom kam, zu höheren geistlichen Würden aufstieg, das Amt des päpstlichen Zeremonienmeisters bekleidete und schließlich 1503 Bischof von Civita Castellana und Orte wurde. Dem Historiker und Liturgiker Burkhard ist die Edition der ersten Ausgaben des »Liber pontificalis« von 1485 und 1487 zu verdanken.*

Burkhards 1503 errichtetes Haus (**Casa del Burcardo**, Via del Sudario 44), in seiner »deutsch« anmutenden Baugestalt ein Kuriosum auf römischem Boden, wurde nach dem lateinischen Namen seiner Heimatstadt Straßburg – Argentoratum – im Volksmund »Torre Argentina« genannt. Heute beherbergt das Haus Bibliothek und Sammlung des italienischen Schriftstellerverbandes, daneben eine kleine Theatersammlung mit Masken, Kostümen und Marionetten aus dem 18. und 19. Jh.

Beim Abbruch eines ganzen Häuserblocks wurden 1926–29 die Reste von 4 Tempeln aus republikanischer Zeit freigelegt, von denen der nördlichste (A), von der Kirche S. Nicola ai Cesarini überbaute und der daran anschließende Rundtempel (B) schon früher bekannt waren.

Die 4 Tempel, deren Gottheiten sich bisher nicht mit Sicherheit bestimmen ließen, stehen mit der Vorderseite nach Osten an einem mit Travertinplatten belegten Platz.

Der nördlichste **Tempel A** des Bezirks war ein Peripteros mit 9 stuckverkleideten Tuffsäulen an den Längsseiten und je 6 an Vorder- und Rückseite, von denen 15 noch ganz oder teilweise stehen. Die sichtbaren Reste des Tempels stammen vom Beginn des 1. Jh. v. Chr., während ein kleinerer Vorläufer, dessen Podium im Unterbau des Tempels A festgestellt wurde, bis zum Beginn des 3. Jh. zurückgeht. Im Mittelalter wurde in den Resten des Tempels die **Kirche S. Nicola ai Cesarini** erbaut, die bis auf eine Krypta und 2 Apsiden mit Freskoresten des 12.–14. Jh. Opfer der archäologischen Ausgrabungen wurde.

Der südlich anschließende **Rundtempel B**, von dem 6 Säulen des Umgangs und das Podium noch stehen, stammt in seiner frühesten Form etwa aus dem 1. Viertel des 2. Jh. v. Chr. Der jetzige Zustand geht auf einen Umbau zurück, bei dem die Cella aufgegeben und dafür der Säulenumgang mit Ziegeln vermauert und das Podium vergrößert wurde. Von dem Vorplatz, auf dem der Altar steht, führt eine Freitreppe zu einer säulengetragenen Vorhalle (das früheste Beispiel einer Verbindung von rechteckiger Vorhalle und Rundtempel – vgl. Pantheon). Im Inneren steht an der Rückwand die Basis für das kolossale Kultbild einer sitzenden Göttin, von dem der Kopf, Arme und Hände 1929 zwischen den Tempeln B und C gefunden wurden. Das Gewand der Statue war vermutlich aus Bronze und ist deshalb nicht erhalten. Die Fragmente befinden sich jetzt im Konservatorenpalast (Braccio Nuovo, Saal VII).

Der **Tempel C** ist der älteste der vier; er wurde auf einem erheblich tieferen Niveau als seine Nachbarn errichtet. Das Quadermaterial im Mauerkern des Unterbaus ist dem der Servianischen Mauer sehr ähnlich und erlaubt – zusammen mit dem tiefen ursprünglichen Bauniveau – mit großer Wahrscheinlichkeit eine Datierung in die Zeit des 4. oder 3. vorchr. Jh. Der Tempel gehört damit zu den ältesten Resten Roms. Bei einem kaiserzeitlichen Umbau entstand die große Cella; die Säulen und das Podium wurden stuckiert. Bei den Grabungen fand man Reste von Terracotta-Dekorationen, die vermutlich zum Urbau gehörten. Ferner wurde weit vor der Freitreppe unter dem Travertinpflaster der alte Altar freigelegt, der nach einer Inschrift um 180 v. Chr. von Aulus Postumius Albinus erneuert wurde.

Der nur halb ausgegrabene **Tempel D** an der Südseite des Geländes ist der jüngste. Sein

Unterbau besteht aus Travertinquadern; die Cellawände bildet stuckiertes Ziegelmauerwerk. Vermutlich war dieser Tempel den Lares Permarini, den Schutzgöttern der Seeleute, geweiht. (Nach anderer Meinung soll ihnen jener **Tempel** geweiht gewesen sein, dessen Reste 1938 etwa 130 m östlich bei der Erweiterung der Via delle Botteghe Oscure an der Kreuzung mit der Via Celsa gefunden wurden. Doch dürfte es sich dort um ein Nymphenheiligtum handeln, das nach einem Brand im Jahre 57 v. Chr. wiederaufgebaut wurde. Der Tempel hat die gleiche Orientierung wie die 4 Bauten des Largo Argentina; seine Vorhalle ist jedoch nach Westen gerichtet. Freigelegt sind ein Teil des Podiums und stuckverkleidete Peperinsäulen mit Travertinkapitellen.)

Wie aus einem Fragment der »Forma urbis«, des Stadtplans aus der Zeit des Septimius Severus, hervorgeht, grenzte der Tempelbezirk des Largo Argentina unmittelbar an den west-
F7 lich davon liegenden Portikus des **Pompeius-Theaters**. Ein hinter dem Tempel B liegendes Mauerpodium gehört wahrscheinlich zu der **Curia des Pompeius**, in der an den Iden des März 44 v. Chr. Caesar ermordet wurde. Rechts und links von dem Unterbau je eine antike Latrine.

G3 **Augustus-Mausoleum** (Piazza Augusto Imperatore)

Um 28 v. Chr. errichtete Kaiser Augustus auf dem Marsfeld eine Grabstätte für sich und seine Familie. Er wählte dabei die Form des von einem Erdhügel bedeckten Steinringes – ein Typ, der schon in der Steinzeit als Grabmal fürstlicher Geschlechter gedient und in den Tumuli, den Rundgräbern Etruriens, seine Fortsetzung gefunden hatte. Ein in Ziegeln gemauerter, mit Marmor verkleideter Zylinder von 87 m Durchmesser trug einen von Zypressen bewachsenen Erdhügel, auf dessen Höhe sich das bronzene Standbild des Kaisers erhob. Eine Allee führte zu der 44 m hohen Anlage. Den Eingang bewachten 2 Obelisken, die heute vor dem Quirinal bzw. vor der Apsis von S. Maria Maggiore stehen. Zu seiten des Tores ließ der Kaiser Bronzetafeln errichten, auf denen sein Rechenschaftsbericht, die »Res gestae«, eingeschrieben war. In der Grabanlage fanden die Urnen des Augustus, des Marcellus, der Octavia, der Agrippa, des Drusus, des Gaius und des Lucius Caesar, der Livia und anderer Mitglieder des julisch-claudischen Kaiserhauses ihren Ehrenplatz; als letzte wurde die Gattin des Kaisers Septimius Severus hier bestattet.

Der Bau diente im Mittelalter, bis ins 13. Jh., als Kastell der Colonna. 1167 wurde er von der römischen Bevölkerung zerstört, ein weiteres Mal auf Veranlassung Papst Gregors IX. 1241. 1354 verbrannte man in der Ruine den Leichnam des Cola di Rienzo. Im 16. Jh. richtete die Familie Soderini in der Ruine einen Garten ein. Später diente der Bau als Amphitheater für Stierkämpfe. 1907 wurde er Konzertsaal, der Sitz des berühmten Orchesters »dell'Augusteo«. Die endgültige Freilegung und Ausgrabung des Mausoleums begann 1934, das letzte Konzert des Orchesters fand am 13. Mai 1936 statt.

Die Ruine baut sich in 3 Stufen aus Rundmauern auf, deren breite unterste von Zypressen bewachsen ist. Ein langer Gewölbegang führt in die unterirdische Grabkammer, um die sich konzentrisch 3 Mauerringe mit ihren Rundgängen legen. Der Zugang erreicht den zentralen Raum nicht in gerader Flucht, sondern führt zunächst vor die geschlossenen Wände des zweiten Mauerringes, der sich links und rechts des aufstoßenden Ganges in 2 Toren öffnet; erst der unmittelbare Zugang zur Grabkammer liegt wiederum in der Achse des ersten Ganges. Das Zentrum der Grabkammer, in deren kreisförmige Umfassungsmauer 3 Nischen eingetieft sind, betont eine mächtige Säule. Von den Aschenurnen des Augustus und seiner Familie fand sich keine Spur. Lediglich die Grabsteine des frühverstorbenen Marcellus, des tiefbetrauerten Neffen des Kaisers, und seiner Mutter Octavia gab der Boden wieder frei. Leer sind auch die Außenmauern, die den Glanz des Marmors und des Goldes eingebüßt haben.

Die Tafeln mit den *»Res gestae divi Augusti«* sind verloren. Abschriften, die in alle Teile des Imperiums gelangten, überliefern aber den Text. Der von Augustus selbst verfaßte Bericht gibt Rechenschaft über die 57 Jahre seiner Regierung und ist eine historische Quelle von höchster Bedeutung. Die vollständigste Kopie des Berichtes – mit griechischer Übersetzung – wurde von einer Gesandtschaft Kaiser Ferdinands I. 1555 am Roma-und-Augustus-Tempel in Ankara gefunden (»Monumentum Ancyranum«).

Basilica di Porta Maggiore (Via Prenestina 17) Ve4

Der unterirdische Bau gehört zu den rätselhaftesten Räumen der antiken Architektur: Es

ist nicht bekannt, ob er Grab oder Tempel war und welcher religiösen Gemeinschaft er diente; Grundriß und Dekoration nehmen in überraschender Weise Formen des späteren christlichen Kirchengebäudes vorweg.
Grundriß und Aufbau. Das 1917 aufgefundene Gebäude liegt 14 m unter dem Erdboden. Die eine der beiden Schmalseiten wird von einer 3,62 × 3,50 m messenden Vorhalle eingenommen, zu der ein Korridor führt. Ein schmales Tor verbindet Vorhalle und Inneres des Heiligtums, das sich über trapezförmigem Grundriß erhebt und gegenüber der Eingangshalle in einer halbrunden Apsis schließt. 2 Reihen von je 3 kräftigen Pfeilern teilen den 12 m langen und etwa 9 m breiten Raum in 3 tonnengewölbte Schiffe. Flache Rundbogen spannen sich zwischen den wandhaften Pfeilern, welche die gleich hohen Schiffe stark voneinander scheiden. Der Aufbau in 3 gleichwertigen Schiffen entspricht dem der mittelalterlichen Hallenkirche.
Ausstattung. Vorhalle und Basilika haben einen weißen, mit geometrischen Linien verzierten *Mosaikfußboden* und in den Gewölben eine reiche, qualitätvolle *Stuckdekoration.* Rechtecke verschiedener Größe gliedern die gewölbten Flächen. Die so entstehenden Bildfelder nehmen Zyklen aus der griechischen Sage und Mythologie auf. In dualistischer Deutung wird das rohe Diesseits des Helden jeweils dem erlösten Jenseits gegenübergestellt. Dieses Prinzip tritt besonders deutlich in den Bildfolgen des Mittelschiffgewölbes hervor, dessen kleine Felder ihr Bedeutungszentrum in dem mittleren Quadrat mit dem Raub Ganymeds finden. Nicht weniger klar sprechen die Reliefs in der Halbkuppel der Apsis, die schon durch den größeren Figurenmaßstab als entscheidender Ort der Raumfolge herausgehoben wird. Auf der rechten Seite der Halbkuppel steigt Sappho, gefolgt von Eros, zum Meer nieder, wo sie ein Triton mit ausgespanntem Tuch erwartet, um sie zum jenseitigen Ufer an den Leukadischen Felsen zu geleiten. Von ihm grüßt Apollo, zu dessen Füßen ein zweiter Triton mit Ruder und Muschel bereitsteht. Hinter Apollo sitzt der schöne Phaon, der einst aus unglücklicher Liebe zu Sappho ins Jenseits ging, in dem er jetzt ihrer harrt. – Plastische Kraft und unmittelbarer Ausdruck zeichnen die Stuckbilder aus, deren Formgebung zugleich etwas Impressionistisches zeigt.
Eine endgültige Deutung dieser Anlage ist noch nicht gelungen. Gute Argumente stützen die Vermutung, daß es sich um den Kultraum einer neupythagoreischen Gemeinde handelt. Dafür spricht vor allem die Bildwelt der Stuckdekoration, die offensichtlich vom Gedankengut dieses Mysterienkultes genährt ist. Nicht sicher zu beantworten ist die Frage, ob der Raum sich sogar mit einem bestimmten Namen, mit T. Statilius Taurus, dem Konsul d. J. 45 n. Chr., der Anhänger des Kultes war, verbinden läßt. Mit Sicherheit jedoch kann der Bau in das 1. nachchr. Jh. datiert werden.

Basilica di Tor de' Schiavi (Via Prenestina / Via Tor de' Schiavi, an der östlichen Stadtgrenze) Vg4

Im frühen 4. Jh. entstand auf kaiserlichem Grundbesitz ein Architekturkomplex, der bis heute der Forschung große Rätsel aufgibt, ein – in Resten erhaltener – 3schiffiger, **basilikaler Bau** von 66 × 24 m und daneben ein **Rundmausoleum**. Beide stehen auf Podien. Das Besondere an der Basilika ist die Führung der Seitenschiffe um das halbrund abschließende Mittelschiff herum – das erste Auftreten einer Umgangsbasilika. Die Wand des Mausoleums ist in Fortsetzung der Grabarchitektur des 3. Jh. in abwechselnd runde und rechteckige Nischen gegliedert.
In der Situation zwar vergleichbar mit den Komplexen von → SS. Marcellino e Pietro und → S. Agnese fuori le Mura, scheint es sich doch nicht um einen christlichen Kultbau gehandelt zu haben (die sonst üblichen Gräber im Innern des Baues fehlen, übrigens auch Schriftquellen). Vielleicht kann man in der Anlage ein kaiserliches Mausoleum mit einem Gebäude zur Aufnahme einer großen Trauergemeinde bei Gedächtnisfeiern sehen. Solche Feiern wären ein Anlaß zur Bildung des Bautypus der Umgangsbasilika geworden, den wenig später die konstantinische Architektur für christliche Memorialkirchen übernommen und verbreitet hat.

Brücken und Tiber-Insel

GH9 **Pons Aemilius, Pons Cestius, Pons Fabricius und Tiber-Insel**

Die 269 × 67 m messende **Tiber-Insel** bildete von alters her den bequemsten Flußübergang vom »etruskischen Ufer« zur linkstiberinischen Stadt. Auf Grund eines Orakelspruchs brachten die Römer 292 v. Chr. eine Schlange des Heilgottes Äskulap von Epidaurus nach Rom. Bei der Ankunft entkam die Schlange vom Schiff und schwamm zur Tiber-Insel, an deren Südende man dem Gott einen Tempel erbaute. Seit jener Zeit wird die Tradition der Heilkunst auf der Insel weitergepflegt. Auf der Nordseite steht heute das **Hospital S. Giovanni di Dio** der Fatebenefratelli, zu dem die
G9 anschließende Kirche → **S. Giovanni Calibita** gehört. An der Stelle des alten Tempels steht
GH9 die Kirche → **S. Bartolomeo all'Isola.** Links von der Kirche führt eine Treppe auf eine untere Plattform, wo noch Reste einer *Travertinverkleidung* aus dem 1. Jh. v. Chr. zu sehen sind, die der Insel die Form eines Schiffes gab. Das erhaltene Stück stellt die linke Seite eines Schiffsvorderteils dar, dessen Ruderkasten mit der Äskulap-Schlange und den Resten eines Äskulap-Kopfes geschmückt ist. Bis zum Anfang des 16. Jh. stand auch noch vor S. Bartolomeo ein Obelisk, der den Mast des Schiffes darstellen sollte.

Die Tiber-Insel war mit dem Festland durch 2 Brücken verbunden. Zum linken, östlichen
GH9 Tiber-Ufer führte der **Pons Fabricius,** 62 v. Chr. von dem Wegekommissar (Curator viarum) L. Fabricius erbaut. Die Brücke ist seit dem Altertum unzerstört erhalten. Ein späterer italienischer Name »Ponte dei Quattro Capi« leitet sich von noch erhaltenen 4köpfigen Hermen her, die als Stützen des antiken bronzenen Geländers dienten. Innozenz XI. ließ 1679 ein neues steinernes Geländer bauen.

G9 Auch der **Pons Cestius,** die zum rechten Tiber-Ufer führende Brücke, wurde in republikanischer Zeit erbaut (Cestius war Wegekommissar zwischen 62 und 27 v. Chr.). Sie wurde mehrfach repariert, 152 n. Chr. von Antoninus Pius und 370 n. Chr. durch die Kaiser Valentinian I., Valens und Gratian, wonach sie als »Pons Gratiani« neu dediziert wurde. Diese Brücke stand bis 1889, als sie der geplanten Erweiterung des rechten Tiber-Arms zum Opfer fiel. Eine neue Brücke, bei der nur der Mittelbogen mit altem Material wiederhergestellt wurde, war 1892 fertig.

Unmittelbar vor der Südspitze der Tiber-Insel steht ein einzelner, **»Ponte rotto«** genannter H9 Brückenbogen des **Pons Aemilius**, der ersten Steinbrücke, welche die Römer über den Tiber schlugen. Die Brückenpfeiler wurden 179 v. Chr. von den Censoren M. Fulvius Nobilior und M. Aemilius Lepidus gebaut, aber erst 142 v. Chr. durch steinerne Bogen verbunden. Die Brücke wurde oft durch das Hochwasser des Tiber beschädigt und wieder instand gesetzt. Erst als eine Überschwemmung 1598 die ganze östliche Hälfte wegriß, wurde die Brücke aufgegeben. Die letzte Verbindung mit dem rechten Tiber-Ufer wurde 1885 abgebrochen.

Pons Aelius

Der alte Pons Aelius wurde dem Namen und der Gestalt nach zum **Ponte S. Angelo**, zur D4/5
Engelsbrücke (Farbabb. 1), als Bernini und seine Mitarbeiter 1668–71 für die Brücke 10 *Engelstatuen* schufen, die mit barockem Pathos die Leidenswerkzeuge der Passion Christi tragen (die Originale der beiden von Bernini eigenhändig ausgeführten Engel heute in S. Andrea delle Fratte). Die beiden Statuen der *hll. Petrus* (von Lorenzetto) und *Paulus* (1463/64 von Paolo Romano) wurden aus Anlaß des Besuches Kaiser Karls V. 1530 auf der dem Castel S. Angelo gegenüberliegenden Seite aufgestellt.

Pons Milvius Vb1

Der Pons Milvius, seit dem 14. Jh. auch **»Ponte Molle«** *genannt, ist eine Stätte weltgeschichtlicher Entscheidungen: Vor ihr schlug 312 n. Chr. Konstantin d. Gr. seinen Gegner Maxentius; über diese Brücke, welche die Via Flaminia und die Via Cassia über den Tiber führt, zogen die Kaiser des christlichen Europa seit Karl d. Gr. in die Ewige Stadt ein; auf ihr näherten sich die ungezählten Wanderer aus dem Norden dem Ziel ihrer Sehnsucht. Sie wurde 109 v. Chr. durch den Censor Marcus Aemilius Scaurus neu erbaut. Im Zuge einer Restaurierung des 15. Jh. fügte man am Nordende einen Brückenturm hinzu, der bei einer Restaurierung der Brücke 1805 unter Pius VII. nach einem Entwurf Valadiers neu gestaltet wurde. Während der Verteidigung Roms gegen die Franzosen ließ Garibaldi 1849 den* *nördlichen Brückenbogen sprengen; er wurde jedoch noch im gleichen Jahr nach der Rückkehr des Papstes Pius IX. nach Rom wiederhergestellt.*

Die mittleren 4 Brückenbogen stammen noch von der antiken Anlage. Am südlichen Brükkenkopf stehen heute 2 Standbilder, zur Rechten *Johannes von Nepomuk* von Agostino Cornacchini (1731) und zur Linken eine *Maria Immaculata* des Domenico Pigrani (um 1840).

● **Castel S. Angelo** (Lungotevere di Castello)

D4 Die **Engelsburg** gehört zu jenen Denkmälern, in denen sich die Geschichte des Abendlandes auf kleinem Raum darstellt. Sie ist nicht nur ein schicksalsbeladener Zeuge römischen Lebens vom 2. nachchr. Jh. bis in unsere Tage hinein, sie war auch Brennpunkt im Kampf der Ideen und Waffen, der die abendländische Welt seit den Zeiten Hadrians bewegte.

Kaiser Hadrian, der imperiale Bauherr, Griechenfreund und Kunstfreund, ließ den Bau um 130 n. Chr. als Mausoleum für sich und seine Nachfolger beginnen. 139 vollendete Antoninus Pius die Anlage, in der als letzter Kaiser Septimius Severus seine Ruhestätte fand (211). Seit Kaiser Aurelian um 271 seine große Stadtmauer errichtete, stand das Mausoleum in der Nähe der Festungsanlagen und diente diesen bald als vorgeschobene Bastion, die Kaiser Honorius und sein General Stilicho zum stärksten Fort Roms ausbauten.

Das ehemalige Grabmonument blieb Festung und erhielt den Namen Engelsburg, als dem Papst Gregor d. Gr. 590 während einer Pestepidemie auf den Zinnen der Erzengel Michael, sein Schwert in die Scheide stoßend, erschien. Gregor schloß aus dieser Erscheinung auf das Ende der Pest, das tatsächlich bald darauf eintrat. 1277 verband Papst Nikolaus III. die Engelsburg mit dem Vatikanischen Palast durch die ***Passetto*** *genannte bezinnte Mauer, die einen gedeckten Gang enthält. Fortan blieb die Anlage Festung des Papstes. Bonifaz IX. (1389–1404) ließ Restaurierungsarbeiten vornehmen. Unter Nikolaus V. (1447–55) hatte die Engelsburg, von wenigen Ausnahmen abgesehen, schon die heutige Gestalt erlangt. Alexander VI. führte den Ausbau zur Festung weiter, indem er 4 Bastionen errichten ließ; gleichzeitig entstanden die Depots und Wohngemächer, die den Päpsten ein zeitweiliges Residieren in ihrem Kastell ermöglichen. Sixtus V. (1585–90) richtete in der Burg eine Schatzkammer ein und verlegte in sie auch einen Teil des Geheimarchivs.*

Aus der wechselvollen Geschichte des Baues seien einige wenige Ereignisse erwähnt: Hier wurden Johannes Crescentius von Otto III. und Gregor VII. von Heinrich IV. belagert. Cola di Rienzo, der römische Volkstribun, suchte 1347 in der Festung Schutz und floh dann weiter. 1440 wurde hier der blutrünstige Condottiere, Schrecken Roms und des Kirchenstaates, Kardinal Giovanni Vitelleschi ermordet. 1527 konnte Papst Clemens VII. sich nur mit Mühe vor den Landsknechten Karls V. in die Engelsburg retten. In ihren Mauern ließ Pius IV. 1561 die berüchtigten Nepoten seines Vorgängers Paul IV., Kardinal Carlo und Giovanni Carafa, wegen schwerer Verbrechen hinrichten. Hier war die Stätte der Prozesse gegen Beatrice Cenci († 1599) und Giordano Bruno († 1600). Bekannte und unbekannte Gefangene schmachteten hinter den Mauern der Engelsburg, unter ihnen der Florentiner Goldschmied Benvenuto Cellini, der sich bei der Belagerung der Burg durch die Landsknechte Karls V. hervorgetan hatte. Seine Taten und Leiden überliefert die von Goethe übersetzte Autobiographie.

In den Napoleonischen Kriegen und im 19. Jh. diente der Bau weiterhin als Gefängnis und Kaserne, woran u. a. in Puccinis Oper »Tosca« erinnert wird. Erst 1901 befreite man die Engelsburg von diesen unwürdigen Aufgaben und begann Restaurierungsarbeiten. 1933/34 wurde hier ein Museum eingerichtet **(Museo Nazionale di Castel S. Angelo)**.

Das **Mausoleum Hadrians** folgte dem Vorbild des Augustus-Mausoleums, übertraf jenes jedoch an Größe, Pracht und Wehrhaftigkeit. Ein quadratisches Podium von 89 m Seitenlänge und 15 m Höhe trug den über 20 m hohen Rundbau, den eine Säulengalerie mit Statuen umkränzte. Über einem niedrigen Attikageschoß erhob sich der aufgeschüttete, von Zypressen bewachsene Erdhügel, dessen Gipfel auf quadratischem Sockel (Turm?) das Viergespann des Gottes Helios oder eine Bronzestatue des Kaisers trug. Im → **Pons Aelius**, dem jetzigen Ponte S. Angelo, gab Hadrian der Anlage eine großartige Zugangsstraße.

Über dem Eingang des Grabmals stand die Inschrift, mit der Antoninus Pius das Grab seinem Vorgänger Hadrian widmete. Pfeiler aus Travertin, auf denen bronzene Pfauen standen (2 von ihnen heute im Cortile della Pigna des Vatikan), begleiteten den Besucher von der Brücke zum Tor, das durch einen Vorraum in eine halbrund gewölbte Galerie führte. Rechts neben der Nische am Ende der

Castel S. Angelo. Sala Paolina

Galerie bog ein Gewölbegang ab und schnitt als sanft ansteigende Rampe einen Kreis durch den mächtigen Steinzylinder; hatte man diesen ausgeschritten, so gelangte man durch eine quergelagerte Galerie in die quadratische, tonnengewölbte Grabkammer von 8 m Seitenlänge, deren Wände an 3 Seiten mit kräftigen rundbogigen Nischen gegliedert waren.

Vom Bau Hadrians blieb der mächtige Mauerkern des Grabzylinders erhalten, dessen unverkleidete Quaderwände im unteren Teil der Engelsburg verwittert zutage treten. Der Rampengang und die Grabkammer haben gleich dem Außenbau ihre Dekoration aus Marmor und edlem Metall verloren; doch bleibt die Wirkung durch die einfachen Verhältnisse von Umriß und Raum noch großartig genug. Der Gang des unteren Mauerkranzes bewahrt Statuenfragmente aus dem Grabmal.

Den äußeren Eindruck bestimmt völlig der Festungscharakter des Baus. Das Geviert des alten Podiums umschreibt eine zinnenbekrönte ***Mauer***, deren unter Nikolaus V. und Alexander VI. erbaute ***Rundbastionen*** den 4 Evangelisten geweiht sind. Darüber steigt der massive steinerne ***Zylinder*** des Grabes auf. Hinter der vortretenden Gebäudekrone der Courtine verbergen sich die Prunkgemächer der päpstlichen Residenz. In der Querachse unterbrechen die auf Julius II. und Paul III. zurückgehenden ***Säulenloggien*** die urtümlich strenge Festungsarchitektur. Über dem erhöhten Mittelbau scheint die barocke Statue des *Erzengels Michael* zu schweben. Insgesamt bildet das Äußere einen machtvollen und gedrungenen Block, dessen Wirkung ausschließlich auf dem großen Umriß und den wehrhaften Wandflächen beruht.

Inneres. Das Tor führt in einen hofartigen,

Cortile del Salvatore genannten Umgang. Hier, auf dem Podium des **antiken Grabmals**, errichtete bereits Bonifaz IX. (1389–1404) einen Umgang. Der Zugang führt noch wie zu Zeiten Hadrians durch das Atrium, das 3 m tiefer als der Boden des Umgangs liegt. Der rechteckige, aus Travertinblöcken gefügte Gewölberaum schließt in einer Nische, in der ursprünglich die überlebensgroße Statue des Kaisers stand. Von hier beginnt die gewölbte Spiralrampe, die in einer Länge von 125 m eine Höhe von 12 m erreicht. Unter dem Rampengang eine Kanalisation für das Wasser, das sich im Erdreich des Grabhügels sammelte. Die Luftschächte in der Wölbung wurden später verbaut und als Gefängnisse benutzt. Die Spiralrampe führt in einen Quergang, den früheren Vorraum der Grabkammer, den Antonio da Sangallo d. Ä. um 1500 zu einer die Grabkammer schräg durchschneidenden Galerie ausbaute (seit 1822 auf einer Hängebrücke, da damals das alte Bodenniveau der Grabkammer wiederhergestellt wurde). Beim Aufstieg ist rechts die Führungsschiene eines Aufzugs zu erkennen, den wahrscheinlich Papst Leo X. (1513–21) angelegt hatte.

Über die Gangrampe ist schließlich die Plattform des antiken Rundbaus zugänglich. Innerhalb der Backsteincourtine, die den zylindrischen Baukörper krönt, erheben sich die **päpstlichen Gebäude**, die seit 1447 in einem ständigen, schwer zu rekonstruierenden Bauvorgang errichtet wurden; sie lehnen sich mit den Rückwänden an die Courtine und teilen den so entstehenden Kreis zugleich durch einen Gebäudetrakt, der den alten Mittelturm nach beiden Seiten verlängert. Auf diese Weise entstehen 2 Ehrenhöfe. Der Mauerkern im Zentrum besteht noch aus den Fundamentblöcken, welche die bekrönende Plastik des Grabmals trugen.

Die Rampe mündet im Cortile dell'Angelo, benannt nach dem dort aufgestellten *Marmorengel,* der vielleicht ein Werk des Guglielmo della Porta (1577) ist; er krönte nahezu 2 Jahrhunderte lang die Engelsburg und wurde dann durch den 1752 von dem Flamen P. A. Verschaffelt ausgeführten Bronzeengel abgelöst.

Die Räume, die sich an die Courtine legen, dienten ehemals militärischen Zwecken und beherbergen heute eine ***Waffensammlung.*** Der mittlere Gebäudetrakt umfaßt die Gemächer der Päpste, die als ***Museum*** eingerichtet sind. Glanzvollster Raum in diesem Trakt ist der Apollo-Saal, den Perin del Vaga und Gehilfen 1547/48 mit Fresken ausstatteten: Die Götter des Olymp – Mars, Venus, Diana und Herkules –, Putten und Liebeswesen, Blumen und Fruchtgebilde, pflanzliche und figürliche Ornamente führen ein groteskes Leben, zu dem die ornamentale Welt in der Domus Aurea des Nero, vermittelt durch die Studien Raffaels, Pate stand. Libellen mit Frauengesichtern, Männer mit blütenartigen Beinen, Frauen, deren Brüste aus dem Bauch hervorwachsen, und phantastische Experimente ähnlicher Art verwischen in echt manieristischer Weise die Grenzen zwischen Realität und Erfindung.

Vom Hof aus erreicht man über Treppen den Umgang, der sich im Norden in der von Antonio da Sangallo d. J. erbauten Loggia Pauls III. öffnet. Auf der gegenüberliegenden Seite, hoch über der Engelsbrücke, ist die Mittelloggia, die wahrscheinlich der gleiche Architekt für Julius II. errichtete.

Ein kleiner Vorraum führt von hier in die ***päpstlichen Gemächer***, eine von Paul III. begonnene, ungewöhnliche Raumfolge, beginnend mit der Sala del Consiglio oder Sala Paolina, dem am prächtigsten ausgestatteten Raum der Engelsburg; Perin del Vaga hat mit Bildern und Scheinarchitekturen diesen Teil der Festung in die Atmosphäre eines Lustschlosses versetzt. Als er 1547 starb, war das Werk im wesentlichen vollendet; Pellegrino Tibaldi fügte die Engel gegenüber der Eingangswand, das Bild Kaiser Hadrians und die Grisaillen aus dem Leben Alexanders d. Gr. und aus der Geschichte Roms hinzu. In echt manieristischer Weise scheinen die Maler die Wände zu durchbrechen und täuschen nicht existente Tiefenräume vor. Aus imaginären Portalen schauen Personen hervor, z. B. tritt rechts vom Eingang ein Mann in schwarzer Kleidung aus einem nicht vorhandenen Zimmer in den Saal – wahrscheinlich Fulvio Orsini, ein Historiker und Schriftsteller am Hof Pauls III., der die Maler bei ihren Kunstexperimenten mathematisch beriet.

Im folgenden Perseus-Zimmer wurden die Decke und der Fries mit Darstellungen aus der Geschichte des Perseus von Künstlergruppen wieder unter Leitung des Perin del Vaga ausgeführt, ebenso im Saal des Amor und der Psyche, wahrscheinlich dem ehem. Schlafgemach des Papstes, das heute mit Museumsmöbeln als Schlafzimmer des 16. Jh. eingerichtet ist.

Von der Sala Paolina führt ein Gang mit vorzüglichen Groteskenmalereien (1542–45) in den Bibliothekssaal, den Luzio Romano ausmalte, während die Stuckarbeiten wahrscheinlich von Raffaello da Montelupo ausgeführt wurden. – Es schließen sich weitere Säle mit Möbeln, Geräten und Bildern der Renaissance und des Barock an. Kulturgeschichtliches Interesse beansprucht die Sala del Tesoro oder Sala dell'Archivio Segreto, ein über der Grabkammer gelegener Raum des antiken Mausoleums. Hier wurden bis zum Jahre 1870 die wichtigsten Dokumente des päpstlichen Archivs und zeitweise auch der vatikanische Schatz aufbewahrt.

Vom zweiten Innenhof, dem Cortile del Pozzo oder del Teatro, der Theateraufführungen diente, sind historische Gefängniszellen zu besichtigen. Über eine schmale Treppe erreicht man das Bad Clemens' VII., das uns eine Vorstellung von der Lebenskultur der Renaissance gibt. Die Fresken mit mythologischen, erotisch inspirierten Szenen stammen von Giulio Romano oder seinen Schülern.

Eine Treppe aus römischer Zeit führt zur Sala Rotonda und zur Sala delle Colonne und von dort auf die Plattform des Mittelturmes, von wo aus man einen faszinierenden Blick auf Rom sowie die Albaner und Sabiner Berge genießen kann.

Das Castel S. Angelo dient auch zu Ausstellungszwecken, weshalb die mobile Ausstattung oft unzugänglich ist. Unter den hier aufbewahrten Gemälden sind besonders hervorzuheben: ein *»Hl. Hieronymus«* von Lorenzo Lotto, ein *»Bacchanal«* von Dosso Dossi und eine *»Pietà«* von Giovanni Girolamo Savoldo.

IJ **Circus Maximus** (Piazza di Circo Massimo)
/11 Der früheste und größte Bau für die Unterhaltung des römischen Volkes war der Circus Maximus, der das ganze Tal zwischen Palatin und Aventin ausfüllte und dessen bauliche Reste an der Ostkurve bei der Piazza di Porta Capena zu sehen sind.

Der Sage nach wurde der Circus schon in der Königszeit angelegt; ein ständiges Bauwerk ist jedoch in der Literatur nicht vor 329 v. Chr. erwähnt. Nach dem Stadtbrand 64 n. Chr. hat ihn Nero wieder aufgebaut.

Die Reste der halbrunden Ostseite lassen die Unterbauten der Sitzreihen und nach außen Treppen und Verkaufsläden erkennen. Die Fundamente des als Eingangstor in der Mittelachse der Kurve dienenden **Triumphbogens des Titus,** der ihm 80/81 n. Chr. als Ehrung für die Eroberung Jerusalems errichtet wurde, hat man 1936 freigelegt. Im Circus fanden hauptsächlich Wagenrennen mit Viergespannen statt; die Maße der Arena, d. h. der Rennbahn, waren ca. 550 × 80 m.

Domus Aurea (Via Labicana; Eingang Viale ●
della Domus Aurea) L8/9

Nach dem Stadtbrand d. J. 64, der auch Neros Domus Transitoria auf dem Palatin zerstört hatte, begann der Kaiser den Bau eines riesigen Palastes, dessen Ausführung jedoch seine Kräfte und die Mittel des Staates überstieg. Die Nachfolger errichteten über der Anlage Zweckbauten; an der Stelle des künstlichen Sees im zugehörigen Park entstand das Kolosseum. Als der nie vollendete Palast 104 n. Chr. durch ein Feuer zerstört wurde, überbaute Trajan das Gelände mit neuen Thermenanlagen. Während der Renaissance wurden größere Teile der Substruktionen und der Erdgeschoßräume des Goldenen Hauses freigelegt und in ihnen eine Fülle antiker Kunstwerke wiederentdeckt. Besonders die Renaissance-Maler der Generation Raffaels erhielten von den Fresken in diesen »Grotten« für ihre daher so genannten »Grotesken« reichste Anregungen. 1506 fand man nordwestlich im Weingarten des Felice de Fredis bei S. Pietro in Vincoli in einem verschütteten Raum die Laokoon-Gruppe, die heute im Museo Pio-Clementino des Vatikans steht.

Das **Goldene Haus des Nero** war die erste große Kaiserresidenz im Typ jener Villen, wie sie Hadrian später in Tivoli erbaute, eine Anlage, die zahlreiche Baukomplexe, einen künstlichen See, Weinberge, Viehweiden und Wildgehege umfaßte. Sueton hat sie in seiner Biographie Neros beschrieben. Die Gebäude waren aufs glänzendste mit Gold, Edelsteinen und Elfenbein ausgestattet und mit vorzüglichen Werken der Malerei und Plastik geschmückt. Die Säulenhallen der Kolonnaden erstreckten sich in einer Länge von etwa 500 m. Die gesamte Anlage, die sich vom Palatin bis weit auf den Esquilin erstreckte, war größer als etwa der Platz, den heute der

Domus Aurea. Wanddekoration (Rekonstr.)

Vatikanstaat einnimmt. Ausgrabungen unter den Trajans-Thermen haben Partien eines 2teiligen, aber zusammenhängenden Komplexes freigelegt.

Vom *Eingang* am Viale della Domus Aurea (Parco Oppio) führt ein langer Korridor, an dem links einzelne Zimmer liegen, in einen ausgedehnten Kryptoportikus mit quadratischen Fenstern und Deckenmalereien und in ein Peristyl, dem eine Reihe von Zimmern und Korridoren folgen. In ihnen haben sich Malereien des 4. Pompejanischen Stils aus der Zeit Neros erhalten, ausgezeichnet durch hochillusionistische Architekturperspektiven. Einige werden dem von Plinius genannten Maler Fabullus zugeschrieben, als dessen Hauptwerk die Deckenmalerei in dem mit Stuckarbeiten geschmückten sog. »Saal der dekorierten Decke« gilt. Durch einen zweiten, wiederum mit Malereien dekorierten Kryptoportikus ist die Sala Quadrata zugänglich und von hier aus ein weiterer Kryptoportikus mit Malereien. Es folgt der 8eckige Kuppelsaal, dessen Gewölbe sich in einer großen kreisförmigen Öffnung dem Licht und der Sonne erschließt. Statt des runden Bogens haben die den Raum umlaufenden Zugänge und Nischen gemauerte Türstürze. – Ein anschließender kleiner quadratischer Saal zeigt im Gewölbe Stuckarbeiten und Malereien, darunter den Abschied Hektors von Andromache.

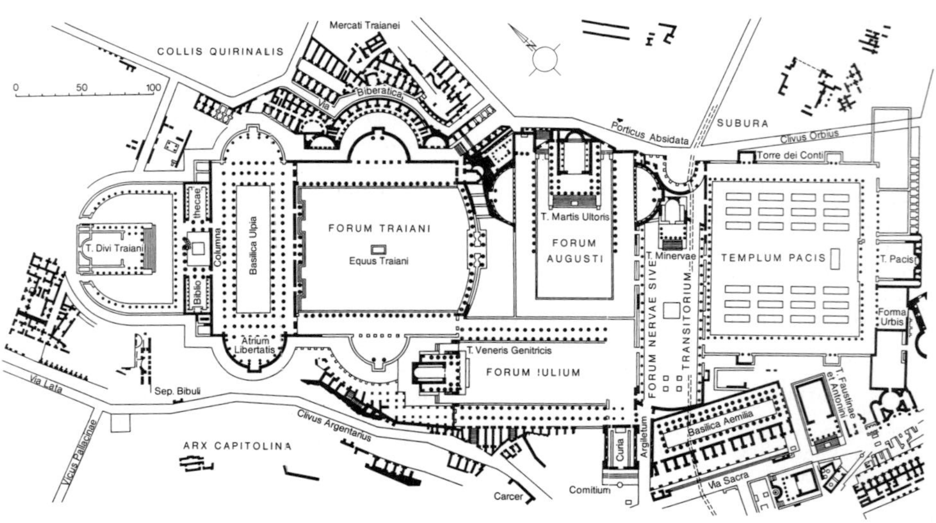

Kaiserforen. Lageplan

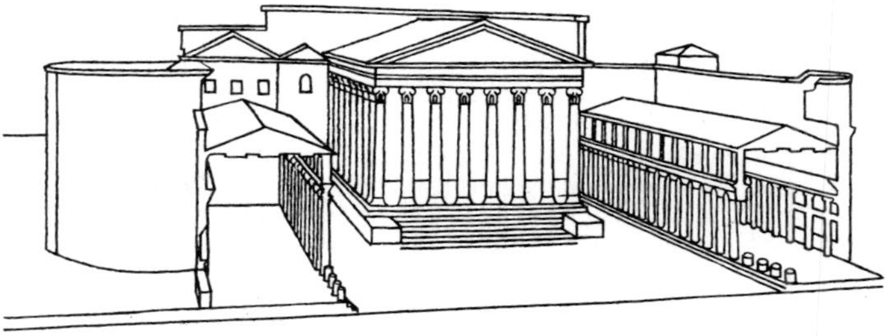

Augustus-Forum (Rekonstruktion)

Foren

● **Fori Imperiali – Kaiserforen**

7/8 Der Bezirk nördlich des Forum Romanum (Via dei Fori Imperiali), umgrenzt vom Kapitol, dem Quirinal, dem Viminal und dem Oppius, war in republikanischer Zeit ein Wohnviertel. Als das Forum Romanum den öffentlichen Aufgaben nicht mehr genügte, begann man, es in diesem Bezirk zu erweitern. Die Kaiserforen entstanden; in chronologischer Reihenfolge: ***Caesar-Forum*** (51 v. Chr. begonnen), ***Augustus-Forum*** (2 v. Chr. eingeweiht), ***Vespasians-Forum*** (71–75 n. Chr.; nicht ausgegraben), ***Nerva-Forum*** (97 n. Chr. eingeweiht) und ***Trajans-Forum*** (107–112 n. Chr.).

Augustus-Forum (Eingang Piazza del Grillo)
Octavianus Augustus gelobte in der (erfolgreichen) Schlacht von Philippi gegen die Caesar-Mörder Brutus und Cassius 42 v. Chr. dem Mars Ultor, dem »rächenden Kriegsgott«, einen Tempel, den er 2 v. Chr. weihte. Um diesen Neubau schuf er eine neue Platzanlage nach dem Vorbild des Caesar-Forums. Der Podiumstempel beherrschte einen rechteckigen, von mehrstöckigen Säulenhallen umgebenen Platz, an den sich Säle mit Exedren für Vorlesungen und Vorträge anschlossen. Eine wehrhafte Mauer aus Peperinblöcken grenzte den Bezirk von der Stadt ab und schützte ihn so vor dem Übergreifen von Bränden. Augustus verlegte viele der Staatsakte, die zuvor auf dem Kapitol und dem Forum Romanum vollzogen worden waren, in das neue Forum. Tiberius errichtete hier Triumphbogen für Drusus und Germanicus. Im 9. Jh. benutzten Basilianermönche den Bezirk; um 1200 ließen sich in den Ruinen die Johanniterritter (die späteren Rhodeser- und Malteserritter) nieder, die für ihr Priorat Reste von Bauten des Trajan und des Domitian wiederverwendeten. – Das Forum ist in den unter der Via dei Fori Imperiali gelegenen Teilen noch nicht ausgegraben.

Der **Tempel des Mars Ultor** war ein Peripteros, den an jeder Seite 8 korinthische, 15,3 m hohe Säulen umstanden. In der Rundnische waren die Standbilder von Mars und Venus aufgestellt; im Giebel war einerseits Mars zwischen Venus, der Mutter des Stadtgründers Aeneas, Roma und Tiber zu sehen, andererseits waren es Fortuna, Romulus und der Palatin. Erhalten blieben das Podium mit großer Freitreppe, in deren Mitte die Reste des Altars stehen, sowie 3 noch aufrecht stehende Säulen aus Carrara-Marmor mit Gebälk.

Die westlich des Tempels gelegene **Halle des Kolosses** ist von Süden durch 2 hohe kannelierte Säulen zugänglich. Auf der Basis einer Kolossalstatue ist noch der Standort eines Fußes sichtbar, aus dem man die Höhe des Standbildes mit etwa 14 m berechnen kann; es stellte vermutlich Augustus dar und war wohl von Kaiser Claudius errichtet worden. Die Wände des Saales zeigen die Reste einer eleganten Marmorverkleidung. Die nordöstliche Exedra läßt noch die Nischen erkennen, in denen die Statuen der Ahnen des julischen Kaiserhauses und von siegreichen Feldherren standen.

In den oberen Teil der Umfassungsmauer ist das **ehem. Priorat der Malteserritter** (→ Casa dei Cavalieri di Rodi) hineingebaut, dessen schöne Bogenhalle sich nach dem Trajans-Forum hin öffnet. Im Erdgeschoß des Hauses findet sich ein kleines Antiquarium (**Museo del Foro d'Augusto**, Piazza del Grillo 1) mit Statuen und Dekorationsfragmenten vom Augustus-Forum, mittelalterlicher Kirchendekoration und einem Modell des Forums. – Daneben wurde im Atrium eines römischen

Hauses 1947 die **Cappella Palatina (S. Giovanni Battista)** eingerichtet.

Caesar-Forum (Via dei Fori Imperiali)

Die Vorbereitungen begannen 54 v. Chr. mit Veränderungen (u. a. Bau der Basilica Julia, Neubau der Basilica Aemilia) am → Forum Romanum und mit seiner Erweiterung bis in eng bebautes Wohngebiet hinein. 8 Jahre später konnte Caesar den Tempel der Venus Genetrix, der Stammutter des Hauses der Julier, am Westende des Forums weihen. In der Kaiserzeit folgten mehrere Restaurierungen und Erneuerungen der Platzanlage. Der Venus-Tempel wurde von Domitian durch einen Neubau ersetzt, den sein Nachfolger Trajan am 12. Mai 113 n. Chr. weihte. – Vom Forum wurde 1931–33 nur etwa die Hälfte nordwestlich der Via del Tulliano ausgegraben.

Das Forum, ein Rechteck von 170 × 75 m Seitenlänge, dessen Achse von der des Forum Romanum nach Nordwesten abwich, wurde von doppelten Säulenhallen umschlossen. Die südliche Platzseite bildete eine ununterbrochene Reihe von **Läden**, die bis zur Rückseite der Curia Julia (am Forum Romanum) reichte. Auf der Westseite war sie von der **Basilica Argentaria** begrenzt, einem Hallenbau, der erst unter Trajan errichtet wurde und den Geschäften der Geldwechsler diente. Von ihr nahm auch die zwischen Caesar-Forum und Kapitol laufende Straße – Clivus Argentarius – ihren Namen. An der Südseite von Domitians **Tempel der Venus Genetrix** wurden 3 korinthische Säulen mit einem Gebälkstück wieder aufgerichtet; ebenso wurden die Säulen der das Forum umgebenden **Halle** wieder aufgestellt.

Nerva-Forum (Forum Transitorium)

Das Forum des Nerva schließt sich unmittelbar östlich an das Augustus-Forum an, eingeklemmt zwischen dieses und das noch nicht ausgegrabene Vespasians-Forum (Templum Pacis). Da die Straße vom Esquilin zum Forum Romanum das Nerva-Forum durchlief, es folglich mehr erweiterte Straße (120 × 45 m) als Platz war, wurde es auch Forum Transitorium genannt (Durchgänge zum Forum Caesaris und Trajans-Forum in der Westecke der Schmalseite beim Forum Romanum). Aus einem Epigramm des Dichters Martial wissen wir, daß hier Buchhändler ihre Läden unterhielten.

Den schmalen, länglichen Platz beherrschte ein **Tempel der Minerva**, den Papst Paul V. 1606 abreißen ließ, um die Steine für die Acqua Paola zu verwenden.

Erhalten blieben u. a. von der rechten Umfassungsmauer des Forums 2 verkröpfte Säulen und Fragmente eines Gebälkfrieses. Die Reliefs stellen im Mittelstück zwischen den Säulen Arachne dar, die nach einem Wettstreit mit Athena in eine Spinne verwandelt wird, sowie Frauen beim Spinnen und Weben. In der Attika über dem Fries Minerva, die Patronin des Handwerks.

Trajans-Forum

Das Trajans-Forum, das letzte und am besten erhaltene der Kaiserfora, wurde 107 n. Chr. begonnen und eingeweiht. Trajan übertraf alle seine Vorgänger durch die Ausdehnung (300 × 185 m) und Pracht seiner Anlage, die den Bezirk der Kaiserfora im Nordwesten abschloß. Architekt war Apollodoros aus Damaskus, einer der berühmtesten Baumeister der Zeit, der für den Kaiser auch die typenbildenden Trajans-Thermen ausführte. Hadrian fügte den Bauten einen Gedächtnistempel für Trajan hinzu. In der Säulenhalle des Forums ließen Trajan und seine Nachfolger für verdiente Heerführer, Staatsmänner und Dichter Ehrenstatuen aufstellen. Die letzte, von der wir wissen, galt dem Bischof und Schriftsteller Sidorius Apollinaris, dem Schwiegersohn des Kaisers Avitus (456 n. Chr.). Unter Papst Gregor d. Gr. (590–604) war das Trajans-Forum noch erhalten, wurde später aber überbaut und z. T. in die Festungsanlagen der Colonna und Caetani einbezogen. Von diesen mittelalterlichen Bauten erhielt sich die → Torre delle Milizie. Erste Ausgrabungen wurden 1812 unter Napoleon I. begonnen und 1814 fortgesetzt. Seit 1928 kam in einer mühevollen Ausgrabung der Trajans-Markt ans Licht.

Die Anlage gliederte sich in vier Teile:

1. Vom Augustus-Forum führte ein (nicht ausgegrabener) **Triumphbogen** mit dem Triumphgespann des Kaisers auf der Attika zum Forum, dessen von **Säulenhallen** flankierte Längsseiten sich in großen, als Unterrichtsräume dienenden Exedren öffneten, vergleichbar dem Augustus-Forum. Die Mitte des Platzes beherrschte das bronzene Reiterstandbild Trajans.

2. Quer vor der Stirnwand des Forums lag die **Basilica Ulpia** (Ulpius war Trajans Familienname), eine Halle von 130 × 25 m lichter Weite. Der Aufbau folgte dem Typ der Emporenbasilika mit hohem Mittelschiff und 4 niedrigen Seitenschiffen. 96 Porphyrsäulen mit korinthischen Kapitellen umgaben so das Mittelschiff. An die Schmalseiten schlossen Apsiden als selbständige Bauteile an. Bronzeziegel bedeckten das Dach. Vom Tempelpo-

dium herab pflegten die Kaiser Geld an das Volk zu verteilen.

3. Hinter der Basilika setzte sich das Forum in einem zweiten querrechteckigen Komplex fort. Beiderseits des Zugangs lehnte sich je eine **Bibliothek** an die Basilika, deren eine der griechischen, deren andere der lateinischen Literatur diente.

4. Im Westen begrenzte der von Hadrian errichtete **Tempel** für den vergöttlichten Trajan und seine Gattin Plotina den Platz, ein langgestreckter korinthischer Pseudoperipteros, dessen Säulenhof halbrund schloß.

An das Forum schlossen sich im Norden die sog. Trajans-Märkte an, deren Bezirk die Apsismauer des Forums von dem eigentlichen Forum abgrenzt.

Während die anderen Kaiserfora als Mitte den Tempel einer Gottheit erhalten hatten, fand das Trajans-Forum sein Zentrum im Triumph der Kaiseridee: Das Reiterstandbild des Kaisers herrschte im Mittelpunkt des Platzes, und dem Kaiser galt der Tempel, der jenseits seiner Ehrensäule die Anlage beschloß. Von hier aus wurden jahrhundertelang Gesetze verkündet. Das vielbewunderte Bauwerk war imposant in der strengen Axialität seiner Ordnung: Dem offenen Längsraum des Säulenplatzes folgte der gedeckte Querraum der Basilika; auf der anderen Seite stand in der Mittelachse die von den Bibliotheken flankierte Ehrensäule des Kaisers, und am Ende der Tempel Trajans. Diese Platzanlage entspricht weitgehend dem Schema eines Militärlagers und war sicher Programm des Soldatenkaisers. Die mehrstöckigen Exedren des Säulenplatzes und die großen Apsiden der Basilica Ulpia brachten mit ihren Rundformen lebendige Abwechslung in diese strenge Raumfolge.

Von dieser großartigen Selbstdarstellung des römischen Kaisertums blieb außer einer Reihe abgebrochener Porphyrsäulen, die heute den Platz der Basilika markieren, lediglich die vom Volk und Senat gestiftete, erst 113 n. Chr. geweihte **Ehrensäule des Kaisers Trajan** erhalten, deren Trommeln aus Marmor gefertigt wurden. Im Inneren steigt eine Wendeltreppe mit 185 Stufen empor, die durch 43 kleine, im Mantel der Säule kaum bemerkbare Wandschlitze beleuchtet wird. Ein Raum im Sockel barg in einer goldenen Urne die Asche des

Trajans-Forum. Trajans-Säule. Mittelteil

Kaisers, dessen goldenes Standbild die fast 40 m hohe Säule (Schaft: 100 röm. Fuß = 29,78 m) einst krönte (an die Stelle der im Mittelalter verlorengegangenen Statue setzte Sixtus V. 1588 ein Standbild des *Apostels Petrus* von Tommaso della Porta). Den Ruhm der Säule macht das fortlaufende Band des plastischen *Frieses* aus, das vom Sockel bis zum Balkon in einer Spirale aufsteigt. Das 200 m lange Relief zeigt mehr als 2500 Figuren. Die große Bildchronik schildert die 101/102 und 105/106 von Trajan gegen die Daker im Donaugebiet geführten Kriege, entsprechend Trajans eigenem Bericht in seinen »Commentarii«, in allen Phasen. In der auf ihr Schild schreibenden Victoria, die beide Erzählungen trennt, will man eine Rechtfertigung für die Eroberungspolitik Trajans erkennen: Sie bringe den Besiegten Kultur und Frieden. Die ursprünglich farbige Darstellung ist eine kulturgeschichtliche Quelle ersten Ranges. Die Bildhauer vermochten die Individuen zu Gruppen zusammenzuschließen und Ereignisbilder von kraftvollem Realismus und voll anschaulichster Details zu gestalten (Abgüsse im Museo della Civiltà Romana, EUR).

Forum Boarium. Portunus-Tempel (»Fortuna-Virilis-Tempel«)

Die **Trajans-Märkte** liegen am Hang des Quirinal und stützen mit ihren Gebäuden den Hügel dort, wo er für die Anlage des Trajans-Forums abgegraben wurde. Die für Marktzwecke, Großhandel und staatliche Lebensmittelverteilung bestimmten Baulichkeiten enthielten mehr als 150 Einzelläden. Man betritt den Komplex von der Via IV Novembre durch eine große, völlig erhaltene 2geschossige ***Halle***, deren unteres Stockwerk zu beiden Seiten kleine Ausstellungsräume enthält, mit besonderer Lichtzuführung durch ein Fenster über der Tür. Das zurückgesetzte Obergeschoß läßt über diesen Räumen 2 langgestreckte, durch die Stützen der Dachwölbung unterbrochene Terrassen frei. Gleich rechts vom Eingang sieht man von der Via IV Novembre in eine völlig erhaltene antike Ladenstraße »Via Biberatica« (von lat. »biber«, Getränk), die sich auf halber Höhe des Gebäudekomplexes durch das 3. Stockwerk der halbkreisförmig angeordneten Markträume zieht. In den oberen Stockwerken finden sich Räume mit Wasserbecken für den Verkauf von Fischen und Getränken und Verwaltungsräume.

Vespasians-Forum (**»Templum Pacis«**; Via dei Fori Imperiali) → S. 166 (SS. Cosma e Damiano).

Forum Boarium (Via Teatro di Marcello / Piazza Bocca della Verità / Via del Velabro) HI9

Südlich der Tiber-Insel, unmittelbar am Flußhafen, lag das Forum Boarium, der *Rindermarkt* des alten Rom. Es nahm die zwischen dem Dreieck Kapitol, Palatin und Aventin außerhalb der Stadtmauer gelegene Niederung ein, durch die die Cloaca Maxima in den Tiber floß. Im Norden war es vom Vicus Jugarius, im Südosten vom Circus Maximus und im Westen vom Fluß begrenzt.

Im nördlichen Teil ist beim Neubau von städtischen Verwaltungsgebäuden 1937 ein Tempelbezirk (**Area Sacra bei S. Omobono**) zutage gekommen mit archaischen Altären und den **Zwillingstempeln der Fortuna und der Mater Matuta**, die von der Tradition der römischen Königszeit, um die Mitte des 6. Jh. v. Chr., zugeschrieben werden. Tiefgrabungen an dieser Stelle haben ergeben, daß hier schon um 1400 v. Chr. Siedlungen bestanden.

Auf der Piazza Bocca della Verità befinden sich beinahe unversehrt ein Rundtempel und etwas nördlich davon ein rechteckiger ionischer Pseudoperipteros.

Der rechteckige, fälschlich **Tempel der Fortuna Virilis** oder, mit begründeter Vermutung, ● **Tempel des Hafengottes Portunus** genannte H9 Bau stammt etwa aus der Zeit um 100 v. Chr. Er erhebt sich auf einem mit Travertinplatten verkleideten Podium, zu dem eine Freitreppe führt. Auch die ionischen Säulen der Vorhalle sind aus Travertin, während die der Cellamauer vorgelagerten Halbsäulen aus Tuff sind. Man hat daraus geschlossen, daß der Tempel einheitlich mit Stuck überzogen war. Er verdankt seinen guten Erhaltungszustand der Tatsache, daß er um 872 in eine ***Kirche*** umgewandelt wurde, die zunächst den Namen *S. Maria de Gradellis* trug und seit dem 15. Jh. ***S. Maria Egiziaca*** hieß. An den Innenseiten der Wände blieben *Malereien* aus der Zeit Papst Johannes' VIII. (872–882) erhalten, die zu den besten Werken römischer Kunst des 9. Jh. gehören. Dargestellt sind Petrus und Johannes am Ostermorgen vor dem leeren Grab, Szenen aus dem Marienleben, Einzelbilder und Begebenheiten aus dem Leben anderer Heiliger.

Auch der neben dem rechteckigen Tempel stehende, rings von Säulen umgebene runde

Forum Boarium. Hercules-Tempel (»Vesta-Tempel«) und Fontana dei Tritoni

sog. **Vesta-Tempel**, in Rom der älteste aus
110 Marmor, verdankt seine gute Erhaltung dem späteren Einbau einer Kirche. Der Tempel, dessen Gottheit wahrscheinlich der Hercules Olivarius, der Schutzgott der Ölhändler, war, stammt ebenfalls vom Ende des 2. oder vom Beginn des 1. Jh. v. Chr und ist vermutlich das Werk eines griechischen Architekten und griechischer Bauleute, die ihn auf niedrigem Tuffsockel ganz aus Marmor von Luni in Ligurien und vom Pentelikor bei Athen erbauten. Von den 20 kannelierten Säulen, welche die Cella umgaben, fehlt eine an der Nordseite, die offenbar für einen anderen Verwendungszweck ohne ihre Basis herausgeschnitten wurde. Als ***Kirche*** wurde das Gebäude dem hl. Stephan geweiht. Bei ihrer ersten urkundlichen Erwähnung hieß sie *Sanctus Stephanus rotundus*; erst im 16. Jh. taucht der Name ***S. Stefano delle Carozze*** auf, und im 17. Jh. wurde sie ***S. Maria del Sole.*** Auch hier sind im Innenraum kirchliche Wandmalereien, des 15. Jh., zu sehen.

Die Grenze zwischen dem Forum Boarium und der Niederung, die im Altertum *Velabrum* hieß, bezeichnet der teilweise von der
19 Vorhalle der Kirche → **S. Giorgio in Velabro** überbaute **Arcus Argentariorum**.

Der Bogen der Geldwechsler wurde 204 n. Chr. von den Geld- und Viehhändlern des Forum Boarium zu Ehren des Kaisers Septimius Severus, seiner Gattin Julia Domna, seiner Söhne Caracalla und Geta sowie der Fulvia Plautilla, der Gattin des Caracalla, errichtet. In der Dedikationsinschrift wurden die Namen der Plautilla und des Geta getilgt, nachdem sie von Caracalla umgebracht worden waren; ebenso verschwanden sie aus den Reliefs des Bogens, in denen sie ursprünglich dargestellt waren.

Forum Boarium. Janus-Bogen

In den Feldern zu seiten des Bogendurchgangs stehen *Reliefs,* die Septimius Severus und Julia Domna beim Opfer darstellen; auf der Gegenseite das Bild des Caracalla; das leere Feld daneben füllte ehemals das Relief der Plautilla. Am äußeren Bogen sind Soldaten, die einen gefangenen Parther abführen, und ein Hirt mit Rindern dargestellt. Die Formensprache ist großzügig und manchmal derb.

Dicht neben dem Bogen der Geldwechsler steht inmitten der Via del Velabro der fälschlich so genannte **Bogen des Janus Quadri-**
I9 **frons**, der nach zugehörigen Weihinschriftteilen in S. Giorgio in Velabro Konstantin oder Constantius II. gewidmet war. Der um 340 n. Chr. über quadratischem Grundriß errichtete, keineswegs ganz aus Quadern gemauerte Bau öffnet sich an jeder Seite in einem großen rundbogigen Torgewölbe, dessen Schlußstein jeweils das Bild einer Gottheit (Roma, Juno, Minerva und Ceres) zeigt. Die Außenwände bilden über dem Sockel 2 Geschosse von Muschelnischen, die ursprünglich vielleicht für Statuen bestimmt waren.

HI10 Auch die Kirche → **S. Maria in Cosmedin** an der Piazza Bocca della Verità ist in ein spätantikes Gebäude des Forum Boarium hineingebaut. Im Innern der Kirche sind sowohl zu seiten des Eingangs wie im linken Seitenschiff innerhalb der Mauer die Säulen einer großen Halle zu sehen.

*Vom 4. Jh. n. Chr. an soll sie dem Präfekten der Annona, d. h. dem für die Lebensmittelversorgung der Stadt Rom verantwortlichen Beamten, als Sitz (**Statio Annonae**) gedient haben. Schon im 6. Jh. zog die Diakonie von S. Maria in Cosmedin in diese Räume ein.*

Unmittelbar hinter dem Gebäude der Annona lag der 493 v. Chr. geweihte **Tempel der Ceres, Liber und Libera**, die der griechischen Götterdreiheit Demeter, Dionysos und Kore entsprachen. Reste vom Podium dieses Tempels sind noch in der Krypta und im Hof der Kirche sichtbar.

H9 **Forum Holitorium** (Piazza di Monte Savello)
Ebenso wie der Rindermarkt lag auch der *Gemüsemarkt* außerhalb der Servianischen Mauer zwischen dem Westabhang des Kapitolinischen Hügels und dem Tiber. Im Süden grenzt er an das Forum Boarium, im Norden umfaßte er ursprünglich auch das Gelände, auf dem das Marcellus-Theater errichtet wurde. Der nach dem Bau des Theaters reduzierte Raum wurde nach Osten durch einen **Portikus** begrenzt, dessen 2reihige Säulenhalle unmittelbar nördlich des Vicus Jugarius steht. Das Forum wurde von 3 nebeneinander liegenden Tempeln beherrscht, die in und neben der Kirche → **S. Nicola in Carcere** sicht- H9
bar sind. In der südlichen Wand der Kirche findet sich die Säulenreihe eines dorischen **Tempels der Spes**; die Kirchenschiffe sind in einen korinthischen **Tempel der Juno Sospita** eingebaut, und rechts vom Glockenturm sind Podium und Säulen eines ionischen **Tempels des Janus** zu sehen. Alle 3 stammen aus dem 3. und dem Beginn des 2. Jh. v. Chr.

Forum Romanum (Via dei Fori Imperiali; Farbabb. 2) IJ8

Der zwischen dem Palatin, dem Kapitol, dem Quirinal und dem Esquilin gelegene Platz war ursprünglich ein nasses, von Bächen durchzogenes Tal. Rom lag auf den Hügeln, während der Ort des späteren Forums nicht zum Stadtgebiet gehörte. Der erste König, Tarquinius Priscus, soll das Gelände entwässert haben, u. a. durch Anlage der Cloaca Maxima, soll auch um 600 v. Chr. erste öffentliche Bauten errichtet haben.

Bald nach 510 entstand ein [10]*Tempel für Saturn (498 geweiht; 42 v. Chr. neu errichtet) und ein anderer für die* [18]*Dioskuren Castor und Pollux (im 2. Jh. v. Chr. neu gebaut), ferner die* [26]*Regia. Im 4. Jh., 367 v. Chr., kam ein* [35]*Concordia-Tempel hinzu. Mit diesen Heiligtümern war der Platz unterhalb des Kapitols abgesteckt.*

Zu den Bauten des Kultes trat das politische Zentrum, der Bezirk des [3]*Comitiums, der in der Nordwestecke (bei der späteren Kurie) des sich allmählich bildenden Rechtecks lag, der Platz der Bürgerversammlung, des Gerichts und der Parlamentsbeschlüsse. Schließlich wurden die Kurie des Senats und die Rostra, die Rednerbühne, an der das Zwölftafelgesetz in Bronzeplatten eingeschrieben war, hinzugefügt. Die Graecostasis, die Tribüne für die Gesandten anderer Länder, schloß den kleinen Kreis der Staatsbauten. Der Platz zwischen den Tempeln diente als Marktplatz, zu dessen Seiten sich Verkaufsbuden, die Tabernae, reihten. Diese Integration aus Religion, Politik und Wirtschaft war das Zentrum der Römischen Republik.*

Von den merkantilen Aufgaben wurde das Forum nach und nach durch das auf der heutigen Piazza Bocca della Verità gelegene Forum Boarium und durch einen Gemüsemarkt (Forum Holitorium beim Marcellus-Theater) entlastet; hinzu kam der Fischmarkt im Bereich des späteren Nerva-Forums.

Caesar begann eine Neuordnung des Forums. Er verlegte die [11]*Rednertribüne ungefähr in die Mitte der zum Kapitol gewandten Schmalseite. Mit der von ihm begonnenen* [13]*Basilica Julia schloß er die Baulücke zwischen* [10]*Saturn- und* [18]*Castor-Tempel. Auf der gegenüberliegenden Seite errichtete Augustus 14 v. Chr. die* [1]*Basilica Aemilia neu. Der 29 v. Chr. eingeweihte* [22]*Tempel des vergöttlichten Caesar schloß die südöstliche Stirnseite des Platzes. Tiberius erneuerte 7–10 n. Chr. den* [35]*Tempel der Concordia unterhalb des* [37]*Tabulariums. Der unter Domitian vollendete* [34]*Tempel des vergöttlichten Vespasian schloß schließlich die letzte Lücke an der kapitolinischen Schmalseite. Spätere Kaiser haben das Forum weiter überbaut und die bestehende Architektur restauriert und erneuert. Wesentliche Akzente erhielt die durch das Forum zum Kapitol hinaufführende* Via Sacra*, die als Fortsetzung der Via Triumphalis mit den großen Triumphbogen geschmückt wurde. Ehrendenkmäler anderer Art traten zwischen die Tempel und Staatsbauten.*

Am Ende der Kaiserzeit dürfte das Forum Romanum ein dichtbebauter Stadtplatz gewesen sein, in dem Altes und Neues, streng Geordnetes und zufällig Gefügtes sich verbanden. Trotz des Monumentalsinns der Römer und des imperialen Anspruchs ihrer Architektur hatte der Platz nichts Unmäßiges und Gigantisches, wie sich aus den Grundrissen schließen läßt.

Der letzte Staatsakt auf dem Forum wurde 608 vollzogen, als man dem byzantinischen Kaiser Phokas eine [14]*Ehrensäule errichtete. Dann versank der Platz in den Kämpfen der römischen Stadtgeschlechter. Die Frangipani richteten sich in der Gegend des* [32]*Titus-Bogens ein Kastell ein, einige andere Gebäude wurden in christliche Kirchen verwandelt. Trotz des Interesses, das die Renaissance den ehrwürdigen Ruinen entgegenbrachte, geschah nichts zu ihrer Erhaltung. Sie dienten weiterhin als Steinbruch und Quelle für Kalkgewinnung. Die inzwischen unter der herangewehten und von den Hügeln herabgespülten Erde versinkenden Plätze dienten als Rinderwiese. Das Forum erhielt den Namen* ***Campo Vaccino****, Kuhweide.*

Erst das archäologische Interesse des 19. Jh. nahm sich des Forums systematisch an. Was heute sichtbar ist, wurde zum größten Teil 1871–1905 freigelegt. Doch bis in die Gegenwart ist das Forum Romanum Ausgrabungsstätte geblieben.

Der abgeschlossene Bezirk des Forums ist von der Via dei Fori Imperial zugänglich. Den besten Überblick gewinnt man aber von anderer Stelle, von der Terrasse des Kapitols (vgl. S. 283; dort auch die Beschreibung von [37]**Tabularium**, [35]**Concordia-** und [34]**Vespasians-Tempel** sowie der [33]**Halle der Dei Consentes**, die alle unmittelbar am Kapitol liegen).

Vom Eingang an der Via dei Fori Imperiali nach rechts gehend stößt man auf die Unterbauten der 179 v. Chr. durch die Censoren Marcus Aemilius Lepidus und M. Fulvius Nobilior gegründeten [1]**Basilica Aemilia**, die durch Marcus Aemilius Paulus, den Konsul d. J. 78 v. Chr., vergrößert, nach einem Brand unter Augustus wiederhergestellt und im 3. Jh. n. Chr. restauriert wurde. Die Basilika war ein rund 100 m langer, 3schiffiger Bau mit einem 2stöckigen Portikus und reicher Ausstattung. Sie diente vielleicht als Börse oder Gerichtssaal. Dort, wo unter der Basilika die Cloaca Maxima ins Forum eintritt, liegen die Fundamente eines der [2]**Venus Cloacina** geweihten Rundbaus.

Nach Westen folgt der Bezirk des rund angelegten [3]**Comitiums**, an dem die ***Curia Hostilia***, die ***Basilica Porcia*** (184 v. Chr. errichtet) und die ***Graecostasis*** lagen. Einzelne Baureste waren schon z. Z. des Augustus nicht mehr zu deuten. Ein Geviert aus schwarzem Marmor, der [4]**Lapis Niger**, bezeichnet vielleicht wirklich das Grab des Romulus, für das man die Stätte seit alters hielt.

Unmittelbar benachbart erhebt sich der 3torige [5]**Triumphbogen des Septimius Severus** ●
(Abb. S. 199), vom Senat und vom römischen 18
Volk dem Kaiser 203 n. Chr. gestiftet. Die Inschrift bezieht sich auf das 10jährige Regierungsjubiläum; sie besagt, daß dieses Ehrenmal »zur Erhaltung des Staates und Mehrung des Reiches dem Kaiser Septimius Severus und seinen Söhnen Geta und Caracalla errichtet« wurde. (Der Name Getas wurde nach seiner Ermordung gelöscht.) Es gehört zu den größten seiner Art, ist 21 m hoch und 23 m breit. Dieser Ausgewogenheit, die sich dem Quadrat annähert, entspricht der architektonische Aufbau. Auf hohen Sockeln stehen 4 korinthische Säulen frei vor den Wänden. Sie tragen ein reich verkröpftes Gebälk.

In den *Reliefs* der Sockel führen römische Legionäre parthische Gefangene vor, die persische Hosen und »phrygische« Mützen tragen. In den Zwickeln über dem Mittelbogen der Forumsseite: Viktorien mit Siegestrophäen, unter ihnen links der Genius des Sommers, rechts der des Herbstes. Auf der Volute im Scheitel des Bogens schultert Mars eine Trophäe. Das Bildprogramm über den Seitenbogen stellt die Heerzüge des Kaisers gegen

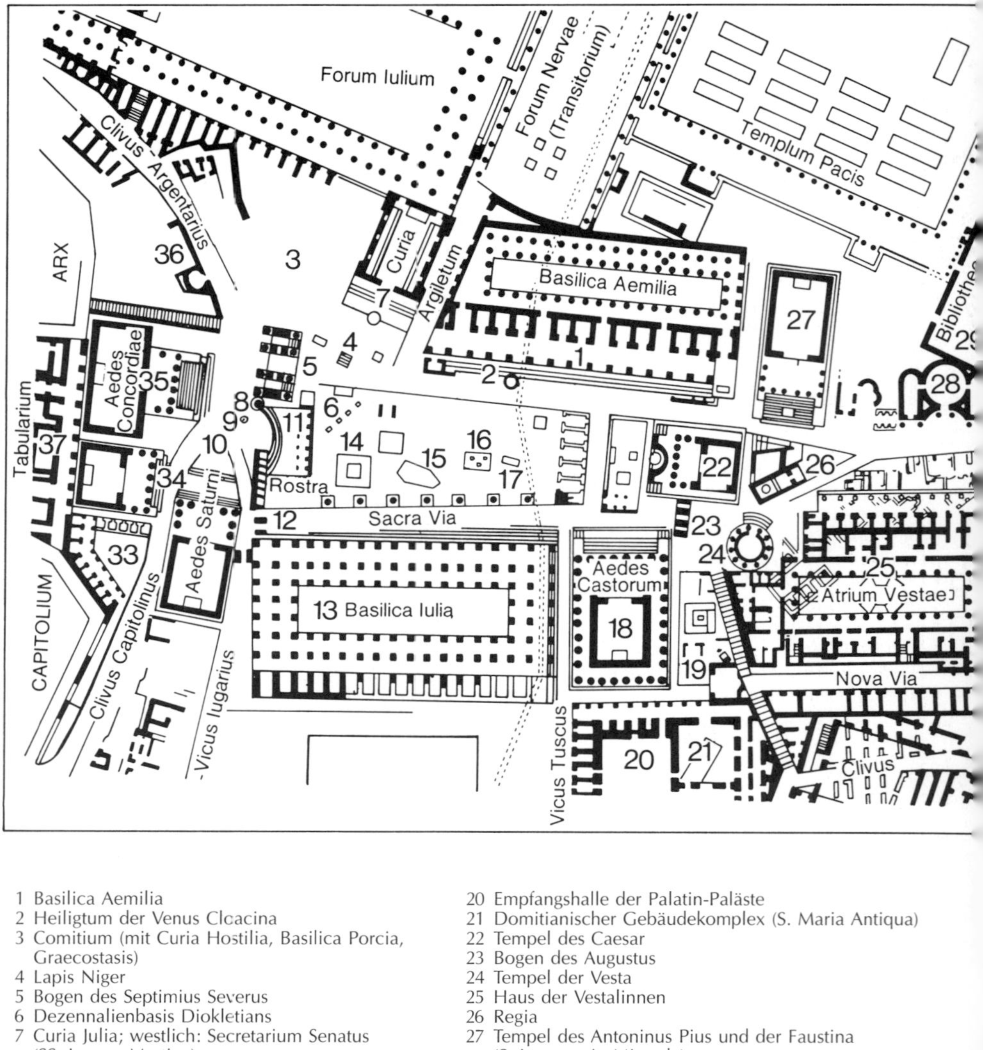

1 Basilica Aemilia
2 Heiligtum der Venus Cloacina
3 Comitium (mit Curia Hostilia, Basilica Porcia, Graecostasis)
4 Lapis Niger
5 Bogen des Septimius Severus
6 Dezennalienbasis Diokletians
7 Curia Julia; westlich: Secretarium Senatus (SS. Luca e Martina)
8 Umbilicus Urbis
9 Altar des Vulcanus
10 Tempel des Saturn
11 Rostra; dabei: Milliarium Aureum
12 Bogen des Tiberius
13 Basilica Julia
14 Säule des Kaisers Phokas
15 Lacus Curtius
16 Reiterstandbild Domitians
17 Reiterstandbild Konstantins
18 Tempel der Dioskuren
19 Quelle der Juturna
20 Empfangshalle der Palatin-Paläste
21 Domitianischer Gebäudekomplex (S. Maria Antiqua)
22 Tempel des Caesar
23 Bogen des Augustus
24 Tempel der Vesta
25 Haus der Vestalinnen
26 Regia
27 Tempel des Antoninus Pius und der Faustina (S. Lorenzo in Miranda)
28 »Tempel des Romulus«, Tempel des Jupiter Stator (der Penaten)
29 Bibliothek Vespasians(?) (SS. Cosma e Damiano)
30 Maxentius-/Konstantins-Basilika
31 Tempel der Venus und der Roma (bei S. Francesca Romana [S. Maria Nova]; Antiquarium Forense)
32 Bogen des Titus
33 Halle der Dei Consentes
34 Tempel des Vespasian
35 Tempel der Concordia
36 Carcer Tullianus/Mamertinus (S. Giuseppe dei Falegnami)
37 Tabularium

Forum Romanum. Lageplan

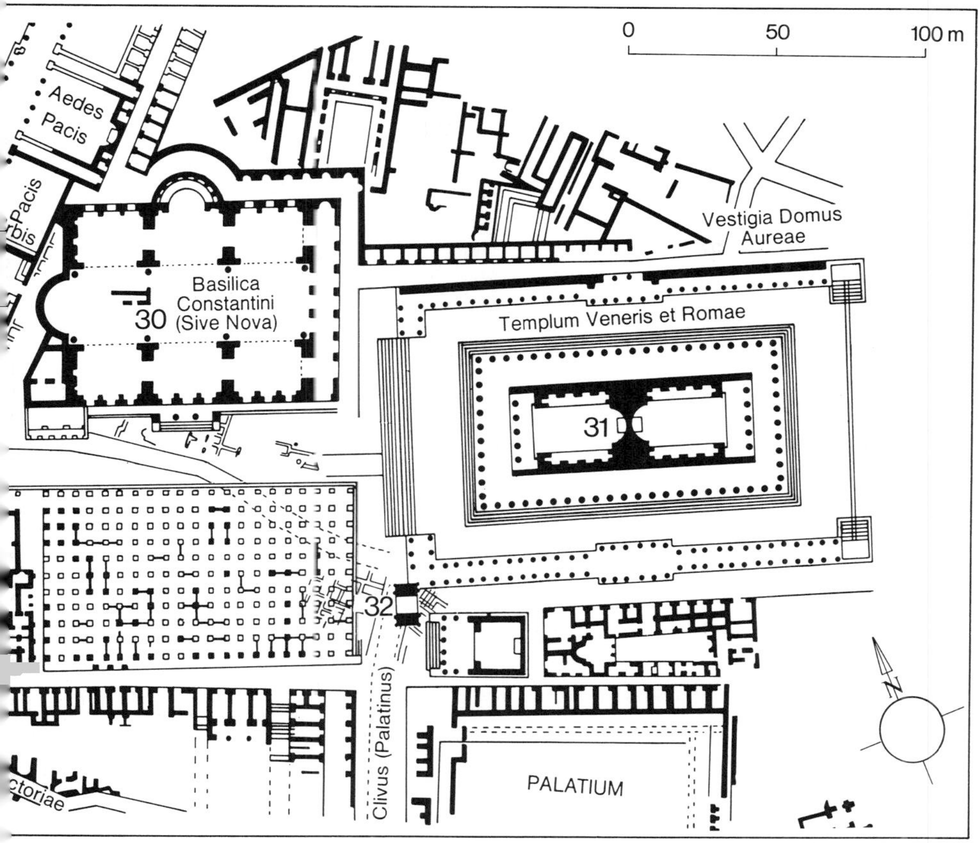

die Parther und Araber dar. In den Bogenzwickeln lagern die Gottheiten jener Flüsse, die er bezwang. Über ihnen niedrige Reliefs, in denen sich der Triumphzug entwickelt, der vor einer Personifikation Roms endet, die thronend die Kapitulation der Besiegten entgegennimmt. Die Reliefs sind unterschiedlich erhalten und daher in der Deutung umstritten. Am besten bewahrt blieben der Einzug des Heeres in Seleukeia und die Eroberung von Ktesiphon im linken Feld Die dem Kapitol zugewandte Seite entspricht der des Forums. In den Zwickeln über dem Mittelbogen jedoch der Genius des Frühlings und der des Winters. Zusammen mit den Genien der Jahreszeiten auf der Vorderseite ergeben sie ein Symbol der glücklichen Jahresläufe unter der Herrschaft des Septimius Severus. Die schwere Attika mit der umfangreichen Inschrift trug ursprünglich die Gruppe des Kaisers mit seinen Söhnen auf einem von Reitern begleiteten Wagen.

Vor dem Triumphbogen des Septimius Severus die sog. **[6]Dezennalienbasis Diokletians**, einziger Überrest eines 5-Säulen-Denkmals zum zehnjährigen Bestehen der Tetrarchie, der Aufteilung der Reichsgewalt unter 2 Augusti (Kaiser) und 2 nachgeordnete Caesares. Das Denkmal wurde im 20. Regierungsjahr Diokletians, 303 n. Chr., hinter der Rednerbühne, den Rostra, errichtet. Die Inschrift »CAESARUM DECENNALIA FELICITER« gilt der (untergeordneten) Mitregentschaft des Maximian und der beiden Caesaren Constantius Chlorus und Galerius. Die 3 anderen Seiten der Säulenbasis zeigen (von Osten über Süden nach Westen): eine Prozession von Bürgern und Offizieren, den von einer Viktorie gekrönten Kaiser beim Trankopfer für Mars, wie er aus einer Schale Wein in die Flammen des Altars gießt, daneben Roma und den Sonnengott, und die Opfertiere Schwein, Widder und Stier (Suovetaurilia).

Nordöstlich des Septimius-Severus-Bogens liegt an der Nordostseite des Comitiums, neben der über dem **Secretarium Senatus** er-
18 richteten Kirche → **SS. Luca e Martina**, die [7]**Curia Julia**, das Sitzungsgebäude des Senats.

Nachdem Sullas Sohn Faustus die 52 v. Chr. niedergebrannte Curia Hostilia *wiederhergestellt hatte, begann Caesar im Zuge seiner Neugestaltung des Forums und im Anschluß an das neu erbaute Caesar-Forum einen Neubau, nach ihm Curia Julia genannt, der 29 v. Chr. von Augustus vollendet wurde. Das unter Carinus 283 niedergebrannte Gebäude wurde von Diokletian in der gleichen Form wiederaufgebaut. Unter Papst Honorius I. (625–638) wurde die Kurie in eine Kirche,* ***S. Adriano****, umgewandelt. Martino Longhi d. J. baute 1653–56 die Kirche im barocken Zeitgeschmack um. Borromini verwendete im 17. Jh. ihre antike Bronzetür als Mittelportal von S. Giovanni in Laterano. 1931–37 wurde das Gebäude von allen Umbauten und Einbauten befreit, so daß die alte Curia Julia im Neubau Diokletians von 303 n. Chr. wiederhergestellt werden konnte.*

Die hohe Ziegelfassade zeigt unter dem Giebel noch Reste der ursprünglichen Stuckverkleidung. Im Innern waren so viele Bruchstücke eines bunten Marmorfußbodens erhalten, daß das ganze Muster des Mittelganges wiederhergestellt werden konnte. Auf beiden Langseiten der 25,60 × 17,75 m großen Halle finden sich noch 3 breite Stufen, auf denen die Sitze für etwa 300 Senatoren standen. An der nördlichen Schmalwand, bei dem Platz der Magistrate, die der Senatsversammlung vorstanden, blieben Reste der Basis für die Statue der Göttin Victoria erhalten.
In der Kurie fanden die beiden 1872 auf dem Forum gefundenen, aus der Zeit Hadrians stammenden Marmorschranken, die sog. *Anaglypha* oder *Plutei Traiani* eine vorläufige Aufstellung. Die vorzüglichen Reliefs der Innenseiten zeigen den Kaiser bei der Einsetzung der Alimenta, günstiger Darlehen für die Bauern, sowie die Verbrennung von Steuerakten auf dem Forum, zum Zeichen des Erlasses von Steuerschulden. Die Rückseiten der Reliefs zeigen die Opfertiere Schwein, Widder und Stier, die Suovetaurilia.

Südlich vom Bogen des Septimius Severus befinden sich die Reste einer Rundbasis, die den [8]**Umbilicus Urbis**, den Nabel der Stadt, symbolische Mitte Roms und des Imperiums, trug, ferner Fundamente vom [9]**Altar des Vulcanus**, eines alten Felsheiligtums.

Südlich davon liegen die Ruinen des [10]**Saturn-Tempels**. Saturn, ursprünglich eine etruskische Gottheit, die von den Römern übernommen wurde, erhielt den ersten Tempel auf dem Forum, vermutlich 498 v. Chr. Das Gebäude wurde mehrfach erneuert. Wahrscheinlich diente es in der Republik als Hort des Staatsschatzes. Vor dem Tempel begannen in jedem Jahre am 17. Dezember die Feiern der Saturnalien. Die 8 noch stehenden ionischen Säulen aus grauem Granit tragen ionische Kapitelle der spätesten Form, die von dem letzten, nach 283 n. Chr. errichteten Neubau des Tempels stammen.

Zwischen Saturn-Tempel und Umbilicus stehen die [11]**Rostra**, die Rednerbühne der Kaiserzeit, die bei der Forumsregulierung Caesars vom Comitium an die Westseite des Forums verlegt wurde. An der zum Teil wiederhergestellten Vorderseite finden sich noch die Einschnitte und Dübellöcher, an denen die Schiffsschnäbel (lat. rostra) erbeuteter feindlicher Schiffe hingen, die der Rednerbühne ihren Namen gaben. – An ihrem Südende stand der mit Goldbronze verkleidete goldene Meilenstein, **Milliarium Aureum**, eine Säule, die Augustus 20 v. Chr. errichten ließ; auf ihm waren die Entfernungen nach den großen Städten des Reiches angegeben. Ein Marmorfragment des Meilensteins und ein Gesimsstück des runden Unterbaus liegen unmittelbar hinter dem ursprünglichen Standort.

Die Vertiefung unmittelbar südlich der Rostra enthält die Fundamente des 16 n. Chr. zur Erinnerung an die Eroberung der in der Varus-Schlacht im Teutoburger Wald verlorenen Feldzeichen errichteten [12]**Tiberius-Bogens**.

Nach Osten in die Via Sacra einbiegend, erkennt man rechts die Grundmauern der [13]**Basilica Julia**, die wohl 54 v. Chr. im Auftrag Caesars begonnen und 46 von ihm geweiht, aber erst durch Augustus vollendet wurde, der sie nach einem Brand wiederherstellte und 12 n. Chr. im Namen seiner verstorbenen Enkel und Adoptivsöhne Gaius und Lucius Caesar neu weihte. Ein weiterer Brand 283 machte nochmals eine Neuerrichtung nötig. Wie der erhaltene Grundriß zeigt, war der 101 m lange und 49 m weite Bau durch Arkaden in 5 Schiffe geteilt. Das 3stöckige Hauptschiff diente im frühen Kaiserreich als Sitzungssaal für das in Zivilsachen zuständige Geschworenengericht der Hundertmänner (centumviri), das oft gleichzeitig in mehreren Abteilungen in der großen Halle tagte.

Linker Hand, vor der Rostra, steht eine 13,60 m hohe korinthische **[14]Säule** aus der 2. Hälfte des 2. Jh. n. Chr., die 608 als Ehrensäule für den byzantinischen Kaiser **Phokas** wiedererrichtet wurde. – Östlich der Säule erstreckt sich der legendäre Bezirk des **[15]Lacus Curtius**. Man fand dort 1553 ein Relief, das einen Krieger auf einem Roß zeigt (heute im Museo Nuovo Capitolino). Es stellt nach der einen Version den Marcus Curtius dar, der sich in einen Erdspalt stürzt, um die Götter mit Rom zu versöhnen, nach einer anderen den sabinischen General Mettius Curtius, der in der um den Raub der Sabinerinnen entbrannten Schlacht in den Sumpf geriet, sich aber retten konnte.

Dem Lacus Curtius folgen das *Fundament* für ein nach 91 n. Chr. errichtetes riesiges bronzenes **[16]Reiterstandbild des Kaisers Domitian** als Sieger über die Germanen, mit dem Rhein unter dem Vorderhuf des Pferdes, und eine gemauerte *Basis* für ein **[17]Reiterstandbild** wahrscheinlich **Konstantins d. Gr.**

Am Ende der Basilica Julia biegt die Via Sacra nach Norden ab und entläßt nach Süden den Vicus Tuscus, an dem der **[18]Tempel der Dioskuren Castor und Pollux** stand, die der Legende nach 499 v. Chr. auf dem Forum erschienen und die Nachricht vom Sieg am See Regillus über das Königshaus der Tarquinier brachten. Die Dioskuren, ursprünglich in Sparta verehrte Gottheiten, wurden wahrscheinlich durch etruskische Vermittlung in die römische Religion übernommen, in der sie Schutzpatrone der Reiter und der Frauen waren, die bei Castor schworen. Das Weihdatum des ersten Tempels für Castor und Pollux ist 484 v. Chr. Eine Erneuerung fand durch Lucius Caecilius Metellus Dalmaticus 117 v. Chr. statt. Aus dieser Periode sind Bruchstücke im Podium erhalten geblieben. Die anderen Ruinen stammen von dem großen Neubau, den Tiberius 6 n. Chr. weihte. Der Tempel ist ein korinthischer Peripteros, von dem noch 3 Säulen, 12 m hoch und mit reichem Gebälk, aufrecht stehen. – Östlich daneben die **[19]Quelle der Juturna**; hier sollen die Dioskuren nach ihrer Ankunft ihre Rosse getränkt haben. Das Quellheiligtum wurde 1900 ausgegraben. Man fand eine Statue des Äskulap, des Gottes der Medizin, und im Quellbecken Statuen der Dioskuren, die in zahlreiche Stücke zerbrochen waren. Ein Sokkel zeigt Reliefs der beiden Dioskuren und ihrer Schwester Helena, an den Schmalseiten Zeus und Leda, ihre Eltern.

[21]S. Maria Antiqua IJ9

Hinter dem Tempel der Dioskuren liegt am Vicus Tuscus ein großer rechteckiger Backsteinbau, vermutlich eine von Domitian auf dem Forumsniveau erbaute **[20]Empfangshalle** für den oberhalb davon auf dem Palatin liegenden, von ihm wiederhergestellten Palast des Tiberius. Die Räume zwischen der Empfangshalle und einer auf den Palatin führenden gedeckten Rampe, deren antike Zweckbestimmung ungewiß ist, wurden im frühen 6. Jh., ihre Architektur entscheidend nach 565, wie man annimmt, in eine **Kirche** umgewandelt, die schon um 640 den Namen S. Maria Antiqua führte.

Als im 9. Jh. der auf der Höhe gelegene verwahrloste Kaiserpalast eine ständige Gefahr für die am Abhang gelegene Kirche bildete, entschloß sich Papst Leo IV. (847–855), sie ihrem Schicksal zu überlassen und statt ihrer in den Ruinen des Venus-und-Roma-Tempels eine neue, S. Maria Nova (→ S. Francesca Romana), zu errichten. Über der verschütteten Basilika hat man im 13. und 14. Jh. eine zweite, 1617 völlig erneuerte Kirche erbaut, die den Namen S. Maria Liberatrice erhielt. 1899 wurde sie abgerissen, um S. Maria Antiqua wieder ans Licht zu bringen.

Die Kirche, deren Raumfolge durch das antike Gebäude, in das sie hineingebaut wurde, gegeben war, besteht aus einer quadratischen Vorhalle (Atrium), einem Quadriportikus mit Seitenschiffen und dem Presbyterium. Höchstes kunsthistorisches Interesse beanspruchen ihre *Wandmalereien*.

Das älteste, im frühen 6. oder späten 5. Jh. (als Teil einer Wachstube der Garde?) entstandene Bild auf der Wand rechts der Apsis stellt die von einem Engel verehrte Muttergottes dar. Das Fresko wurde wenig später oder erst im 7. Jh. mit einer Verkündigung übermalt, aus der ein blonder Engel rechts oben erhalten blieb. Zugleich malte man wahrscheinlich auch die Kirchenväter (Basilios und Johannes Chrysostomos sind rechts noch zu erkennen; links waren Leo d. Gr. und Gregor von Nazianz dargestellt). – Die qualitätvollsten Wandmalereien entstanden unter Papst Johannes VII. (705–707). Der Sohn eines Griechen, der seine Jugend auf dem Palatin verlebte, ließ die Kirche seiner Kindheit mit 20 Szenen aus dem Erdenleben Christi an den Seitenwänden des Presbyteriums ausschmücken, während auf der Stirnwand die Kreuzigung ausgeführt wurde. Was Byzanz in seinen Mosaiken entwickelte, trat in diesen Bildern in die bewegtere Formensprache der Wandmalerei, ohne daß die hieratische Strenge in Aufbau und Ausdruck aufgegeben wäre. – Zacharias, der letzte Grieche auf dem Papstthron (741–752), hat die Kapelle links vom Presbyterium mit Fresken ausgestattet, von denen die Kreuzigung an der Altarwand mit dem bekleideten triumphierenden Christus erhalten blieb. Gegenüber den älteren Wandmalereien wirkt diese Darstellung intensiver im Ausdruck und persönlicher im Menschenbild. – Papst Paul I. (757–767) dürfte der Apsis neue Fresken geschenkt und auch die große Versammlung der Heiligen im linken Seitenschiff in Auftrag gegeben haben. Es erscheinen die lateinischen und die griechischen Kirchenväter, in deren Mitte Christus thront; darüber Szenen aus der »Genesis«. Die Mariendarstellung, die Johannes VII. der Apsis gab, ließ Paul I. durch ein großes Fresko des Weltenrichters übermalen, dessen Reste qualitätsmäßig weit unter den Bildern aus der Zeit Johannes' VII. stehen. – Im rechten Seitenschiff aufgestellt ist das Bild der Maria Regina mit Heiligen und dem Stifter, Papst Hadrian I. (772–795), aus der Vorhalle, in der die Halbfigur des hl. Abbakyros, um 760, in der Ecke vorne links besondere Beachtung verdient.

Vom [22]**Tempel des Caesar** an der Via Sacra haben sich nur Fundamente erhalten. Augustus errichtete den von den Triumvirn des Jahres 42 v. Chr. begründeten Tempel an dem Platz, auf dem am 15. März 44 v. Chr. der Leichnam Caesars verbrannt worden war. Die Weihe fand am 18. August 29 v. Chr. statt. – Im Durchgang zwischen dem Tempel Caesars und dem Tempel von Castor und Pollux erhob sich ein 3toriger [23]**Triumphbogen des Augustus** (19 v. Chr. geweiht), anstelle eines anderen, 29 v. Chr. geweihten Tempels, der anläßlich der Rückgabe der 55 v. Chr. an die Parther verlorenen Feldzeichen vom Senat errichtet worden war.

Östlich davon liegen der [24]**Tempel der Vesta**, in dem die Vestalinnen das ewige Feuer auf dem Staatsherd unterhielten, und das Haus der Vestalinnen. Am römischen Neujahrstag, dem 1. März, wurde das Feuer in den gereinigten Wohnungen der Stadt gelöscht und neu an der Flamme im Vesta-Tempel entzündet. Der Tempel bewahrte auch das Palladion, das Aeneas der Legende nach aus Troja mitgebracht hatte. Der letzte Neubau des oft zerstörten Gebäudes, den Septimius Severus (193–211 n. Chr.) errichten ließ, war ein runder Peripteros mit 20 korinthischen Säulen auf hohem Podium. Auf den erhaltenen Teilen des Frieses am Gebälk erscheinen Opfergeräte. Das leicht ansteigende Runddach hatte wahrscheinlich in der Mitte eine Öffnung als Rauchabzug des hl. Herdes. Die heutige Rekonstruktion des Tempels verwendet Reste des antiken Marmorbaus, die sich deutlich von dem neuen Baumaterial abheben.

Das [25]**Haus der Vestalinnen** (**Atrium Vestae**) wurde ebenfalls unter Septimius Severus letztmals neu errichtet. Erhalten blieben von der Hofanlage mit Wasserbecken und Säulenhalle der Unterbau, zahlreiche Sockel für Statuen der Vestalinnen und einzelne Standbilder. Die wiederhergestellte Ädikula rechts vom Eingang zum Haus der Vestalinnen war für das Götterbild der Vesta bestimmt, das im Tempel keine Aufstellung fand. – Die für 30 Jahre verpflichteten Frauen genossen hohes soziales Ansehen, waren aber unter Todesstrafe (durch lebendige Bestattung) zur Keuschheit verpflichtet.

Gegenüber dem Heiligtum der Vesta liegt an der Nordseite des Forums der [27]**Tempel des Antoninus Pius und der Faustina**, den Kaiser

S. Lorenzo in Miranda, ehem. Tempel des Antoninus Pius und der Faustina

Antoninus Pius zu Ehren seiner Gattin Faustina d. Ä. 141 n. Chr. errichtete. Nach dem Tode des Kaisers im Jahre 161 wurde der Tempel auch ihm geweiht. Er trägt die Inschrift »DIVO ANTONINO ET DIVAE FAUSTINAE EX S[ENATUS] C[ONSULTO]«, deren erster Teil später hinzugefügt wurde. Im Mittelalter wandelte man den Tempel in die 1150 erstmals erwähnte

J8 **Kirche S. Lorenzo in Miranda** um. Frei vor der barocken Kirchenfassade von 1602 stehen 6 Säulen der vorderen Tempelfront und je 2 Säulen der Längsseite mit dem bekrönenden Gebälk. Die glatten korinthischen Säulen sind aus Cipollin, die Kompositkapitelle aus Marmor gearbeitet. Auf dem Fries des Gebälks stehen geflügelte Greifen zwischen ornamentalen Bäumen und Kandelabern.

Vor dem Tempel liegen die Reste der [26]**Regia**, in der die Priester ihre Heiligtümer (Kalender, Annalen) und das Archiv aufbewahrten.

Daß der wohlproportioniert runde Backsteinbau des sog. [28]**Romulus-Tempels** von Kaiser Maxentius 309 n. Chr. für seinen frühverstorbenen Sohn Romulus errichtet wurde, läßt sich nicht belegen; es handelt sich um den **Tempel des Jupiter Stator** oder der Penaten, der an der Stelle erbaut worden war, an der die Latiner der Sage nach auf der Flucht vor den

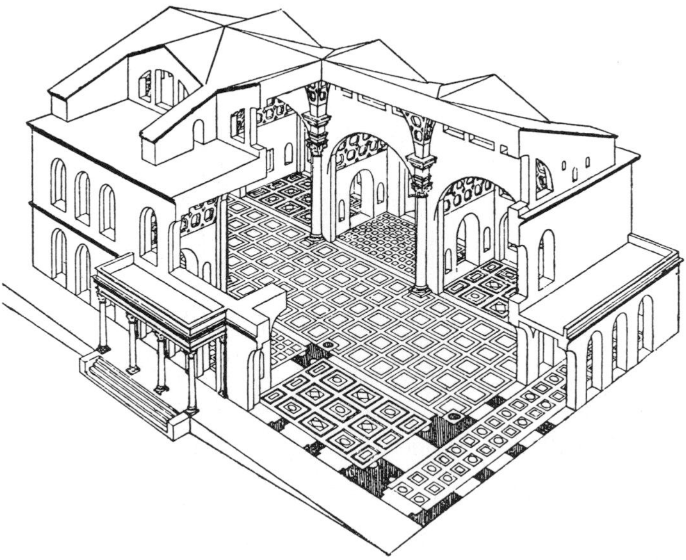

Forum Romanum. Konstantins-Basilika (Rekonstr. G. Tognetti)

Sabinern zum Stehen kamen. Das von Porphyrsäulen umrahmte *Bronzeportal* stammt noch aus der Erbauungszeit zu Beginn des 4. Jh. n. Chr.

An den »Tempel des Romulus« schließt ein **[29]Bibliotheksbau** (?) vom Forum Pacis des Ves-
J8 pasian an, der heute als Kirche → **SS. Cosma e Damiano** dient.

Östlich an der Via Sacra stehen, vom Forum abgetrennt (Zugang von der Via dei Fori Im-
● periali), die imposanten Ruinen der **[30]Maxen-**
J8/9 **tius-** oder **Konstantins-Basilika**, die 306 bis 310 von Kaiser Maxentius begonnen und von Konstantin vollendet wurde. Die 3schiffige Basilika bedeckt eine Fläche von ca. 6500 m^2. Sie hatte ein Mittelschiff mit 2 Kreuzgewölben, 2 Seitenschiffe mit kassettierten Tonnengewölben und eine Westapsis. Während die Höhe der Seitenschiffe 24,50 m betrug, erhob sich das Mittelschiff über einer Grundfläche von 60 × 25 m zu einer Höhe von 35 m. Vor den Zwischenpfeilern der Joche standen als dekorative Bauglieder riesige korinthische Säulen, deren letzte erhaltene Papst Paul V. 1613 vor der Fassade von S. Maria Maggiore aufstellen und von einer bronzenen Marienstatue krönen ließ. Der ursprüngliche Entwurf aus der Zeit des Kaisers Maxentius sah den Eingang durch eine Vorhalle im Osten vor. Konstantin ließ jedoch die Ausrichtung ändern: Er verlegte den Eingang in die Mitte der Südwand an der Via Sacra des Forums und errichtete an der gegenüberliegenden Nordwand eine zweite riesige Apsis. In der Westapsis stand die Kolossalstatue Konstantins, von der der 2,60 m hohe Kopf und Bruchstücke von Arm und Bein 1487 in der Basilika entdeckt wurden. Sie befinden sich heute im Hof des Konservatorenpalastes auf dem Kapitol. Das Erdbeben des Jahres 847 brachte wahrscheinlich das Mittelschiff und das südliche Seitenschiff zum Einsturz. Erhalten blieb lediglich der monumentale Backsteinkern des nördlichen Seitenschiffs.

Die Konstantins-Basilika diente demselben Gerichts- und Geschäftsverkehr wie die nahe gelegenen Basiliken Julia und Aemilia. Ihre Raum- und Konstruktionsideen fußten jedoch nicht auf diesen älteren Basiliken, sondern auf den riesigen Thermenanlagen des Caracalla und des Diokletian, deren überwölbte Hallen für den neuen Zweck weiterentwickelt wurden. Die Konstantins-Basilika beschloß nicht nur die lange Reihe der Bauten auf dem Forum, sondern sie war überhaupt das letzte

Forum Romanum. Titus-Bogen

große Architekturwerk, das die römischen Kaiser in Rom errichteten.
Vorbei an der Kirche → S. Francesca Romana führt der Rundgang zum [31]**Tempel der Venus und der Roma**, den Kaiser Hadrian selbst entworfen haben soll und 135 n. Chr. weihte. Der Doppeltempel, größtes römisches Heiligtum, auf einem Podium von 145 × 100 m, war in seinem östlichen Teil der Venus, der Stammutter der römischen Kaiser, in seiner westlichen Hälfte der Roma geweiht (der westliche, in → **S. Francesca Romana [S. Ma-** JK9

ria Nova] einbezogene Teil wurde erst unter Antoninus Pius vollendet). Die Götterbilder standen in mächtigen Apsiden, deren Rundungen gegeneinanderstoßen. Der prächtig ausgestattete Bau war ein griechischen Formen stark angenäherter korinthischer Peripteros mit je 10 Granitsäulen an den Schmalseiten und 44 an den Längsseiten, die zum Teil wiederaufgerichtet sind. Kaiser Maxentius stellte den durch Brand 307 n. Chr. schwer beschädigten Tempel wieder her, fügte die beiden Apsiden ein und ließ den Doppeltempel mit Tonnen einwölben.

● **32 Titus-Bogen**. Am Beginn der Via Sacra wur-
K9 de der 1torige Triumphbogen, wie die Dedikationsinschrift zeigt, dem Divus Titus, dem vergöttlichten Titus, geweiht, woraus hervorgeht, daß er erst nach Titus' Tod 81 n. Chr. von seinem Bruder und Nachfolger Domitian errichtet wurde. 1822 legte man den Bogen frei, der im Mittelalter zum Kastell der Frangipani gehörte. Bei dem Wiederaufbau durch Giuseppe Valadier wurden zerstörte Teile in Travertin ergänzt, der sich deutlich vom Marmor der originalen Teile abhebt. Auf der Velia, dem Sattel zwischen Palatin und Esquilin, errichtet, ist der Titus-Bogen der älteste erhaltene Ehrenbogen Roms. Die Grundform, seit Jahrhunderten in Stadttoren und Profanbauten angewandt, hat sich hier zu einem großen plastischen Siegesmal verselbständigt. Auf einem kräftigen Sockel stehen glatte und kannelierte korinthische Säulen, welche die Ecken des 15,40 m hohen und 13,50 m breiten Baukörpers betonen und den gewölbten, 4,75 m tiefen Durchgang flankieren; sie tragen die frühesten bekannten Kompositkapitelle. In den Zwickeln über dem Torbogen erscheinen Viktorien mit Trophäenkranz und Palmen. Auf dem Fries der Ostseite sieht man darüber noch Reste des Triumphs von Vespasian und Titus nach dem Sieg über die Juden 71 n. Chr. Die mit Blumen gefüllten Kassetten im Gewölbe des Durchgangs umgeben in der Mitte ein Rechteck mit der Apotheose des Titus. An den Seitenwänden des Durchgangs befinden sich 2 berühmte *Siegesreliefs*. Das an der Südseite zeigt die im Triumphzug mitgeführten Beutestücke aus dem Tempel von Jerusalem, den 7armigen Leuchter, den Tisch der Schaubrote und die Silbertrompeten, während das Relief der Nordseite den Triumphator Titus selbst im Triumphwagen stehend zeigt, dessen Pferde von der Göttin Roma geführt werden; Victoria krönt ihn mit dem Lorbeerkranz. In ihrer künstlerischen Vollendung wurden die Reliefs ebenso vorbildlich wie die Darstellung der einzelnen Gegenstände. So hat etwa der 7armige Leuchter in der romanischen Kunst eine ganze Reihe von Bronzeleuchtern desselben Typus angeregt. Das Viergespann mit dem Triumphator, das einst auf der Attika den bildlichen Siegeszug vollendete, ist verlorengegangen.

Das **Antiquarium Forense** (Piazza S. Maria Nova 53) ist im ehem. Kloster von S. Francesca Romana in der Südostecke des Forum Romanum untergebracht. Ausgestellt sind Funde aus dem Gebiet des Forums von der prähistorischen Zeit an; hervorzuheben die Fragmente vom Fries der Basilica Aemilia mit Szenen aus der römischen Frühzeit (Stadtgründung, Raub der Sabinerinnen, Bestrafung der Tarpeia u. a.), aus dem 1. Jh. n. Chr., sowie eine Gruppe der Dioskuren mit ihren Pferden aus der 1. Hälfte des 5. Jh. v. Chr.

Grabmonumente

(s. a. Katakomben, s. a. Via Appia Antica)

Die Römer bestatteten ihre Toten außerhalb der Stadt. Dieser bis in archaische Zeiten zurückreichende Brauch wurde in dem ersten kodifizierten Gesetz, dem Zwölftafelgesetz von 450 v. Chr., auch rechtlich festgelegt mit dem Beginn der 10. Tafel: »Einen Toten darf man innerhalb der Stadt weder begraben noch in ein Brandgrab legen.« Gräber jeder Art und Form finden sich daher an den Seiten aller aus der Stadt führenden Straßen. Maßgeblich für den Begriff »Innerhalb der Stadt« war dabei der Lauf der Stadtmauer oder einer sakralrechtlichen Zone (Pomerium), die ursprünglich mit der Mauer zusammenfiel und auch später, als die Stadt über die Mauern tatsächlich hinauswuchs, als Stadtbegrenzung gültig blieb.

Bibulus-Grab (Via dei Fori Imperiali) [17
Das unmittelbar vor dem Nationaldenkmal befindliche Grab des C. Poplicius (Publicius)

Bibulus lag zur Zeit seiner Errichtung außerhalb der sog. Servianischen Stadtmauer und stammt aus der 1. Hälfte des 1. Jh. v. Chr. Es besaß wohl die Form eines kleinen Tempels auf hohem Podium, das heute unter dem Straßenniveau liegt. Erhalten blieb eine Seite aus Travertin mit Pilastergliederung und einer fensterartigen Öffnung. Die auf dem Podium zweimal wiederholte Inschrift besagt, daß das Ehrengrab auf Beschluß des Senats für den Ädil C. Poplicius Bibulus errichtet worden ist.

● **Cestius-Pyramide** (Porta S. Paolo; Farbabb. 5)

14 *Die allgemeine Begeisterung für Ägypten, das Augustus dem Römischen Reich einverleibte, veranlaßte den Prätor und Volkstribunen Caius Cestius, Mitglied des für religiöse Festmahle verantwortlichen Siebenerrates, sich an der Straße nach Ostia eine Pyramide als Grabmal setzen zu lassen. Das Datum seines Todes ist nicht bekannt. Aus einer beim Grabmal 1662 gefundenen Inschrift geht jedoch hervor, daß einer seiner Erben Agrippa (gest. 12 v. Chr.) war, der Schwiegersohn des Augustus, und daher Cestius vorher gestorben sein muß. Im Mittelalter galt die Pyramide als Grab des Remus. (Ein Grabmal ähnlicher Form stand bis 1500 in der Nähe der Engelsburg und galt als Grab des Romulus: »Meta Romuli«.)*

Die 27 m hohe Pyramide besteht aus ziegelverkleidetem Gußwerk, das mit weißen Marmorplatten belegt ist; ihre quadratische Basis von 29,50 m Seitenlänge ist mit Travertin verkleidet. An den 4 Ecken stand je eine Säule. Die Grabkammer im Innern von etwa 4 × 6 m und 4,80 m Höhe bewahrt Reste von Wandmalerei. Zu Ende des 3. Jh. n. Chr. wurde die Pyramide in die Aurelianische Stadtmauer einbezogen.

● **Eurysaces-Grab** (Piazzale Labicano, außerhalb der Porta Maggiore) e4

Der Bäcker und Großlieferant M. Virgilius Eurysaces errichtete in der 2. Hälfte des 1. Jh. v. Chr. für sich und seine Frau Atistia eines der eigenartigsten Denkmäler der römischen Kunst, indem er den Grabbau in der Form eines Getreidespeichers errichten ließ. Die Urne stellt einen Backtrog dar. Das Grab, das die zur Belüftung notwendigen Öffnungen nachahmt, ist darüber mit einem Fries geschmückt, der die Herstellung des Brotes und seinen Verkauf darstellt. Um den Mittelteil in Augenhöhe zieht sich eine Inschrift, die dreimal mit den gleichen

Grabmal des Virgilius Eurysaces an der Porta Maggiore

Worten stolz verkündet: »Dies ist das Monument des Marcus Virgilius Eurysaces, des Bäkkers und Großlieferanten.«

Hylas-Kolumbarium (zwischen Via di Porta S. Sebastiano und Via di Porta Latina; Zugang beim Scipionen-Grab) N14

Der Typ des Kolumbariums ist in dem Grab des Freigelassenen Pomponius Hylas besonders reich entwickelt. Die Anlage entstand einschließlich ihrer Dekoration unter Tiberius, wurde aber bis in die Zeit des Antoninus Pius benutzt. Eine architektonische Ordnung aus Pilastern, Halbsäulen, Gesims und Giebel faßt mehrere der rundbogigen Nischen zusammen und gibt den Wänden den Charakter einer Doppelschale. Zierliche Ornamente und figürliche Malerei – Ranken, auf denen Jungfrauen ins Jenseits schweben, eine Muse mit Harfe, Satyr und Mänade, Meerwesen und andere Geschöpfe – vollenden das Werk des Architekten. Die stuckierte Decke war ehemals farbig gefaßt. Familienangehörige, Freigelassene und Sklaven fanden in der Grabkammer eine gemeinsame Ruhestätte.

Lucilier-Grab (Via Salaria 125) Vd3

Etwa 300 m außerhalb der Aurelianischen Stadtmauer befindet sich auf der linken Seite

Grabmal der Caecilia Metella an der Via Appia Antica

der Via Salaria hinter einem Gitter ein Rundgrab von etwa 35 m Durchmesser, das um 20 v. Chr. der Militärtribun M. Lucilius Paetus für sich und seine Schwester Lucilia Polla in der Form eines etruskischen Tumulusgrabes errichten ließ. Der ursprünglich über dem Sockel errichtete Erdhügel erreichte eine Höhe von etwa 16 m. Von der Rückseite führt ein Korridor in eine Grabkammer von 1,70 × 1,55 m, in der sich – ebenfalls wie in etruskischen Gräbern – 2 aufgemauerte Betten mit Kopfstück befinden.

● **Metella-Grab** (Via Appia Antica, km 3)

Ve7 Der Rundbau ist das eindrucksvollste über der Erde erhaltene Grab an der an Monumenten und Villen reichen Via Appia.

Die an der Straßenseite befindliche Inschrift schreibt das Grab der Caecilia Metella, der Tochter des Q. Caecilius Metellus Creticus, zu, der 69 v. Chr. die Insel Kreta für das Römische Reich eroberte. Ihr Gatte, in der Inschrift nur mit »Crassus« bezeichnet, war vermutlich Marcus Crassus, der älteste Sohn des Triumvirn.

Der mit Travertinplatten verkleidete Grabbau hat einen Durchmesser von 20 m. Von einem Fries von Stierschädeln und Girlanden, der unter dem Gesims den Rundbau umzieht, trägt das Grab wie seine Umgebung heute noch im Volksmund den Namen »Capo di Bove« (Ochsenschädel). Schon im 11. Jh. wurde der Bau als befestigter Stützpunkt der Grafen von Tusculum benützt. 1299 baute die Familie der Caetani eine Burg, der das Mausoleum als Burgturm diente. Aus dieser Zeit stammt der Aufsatz aus Ziegelmauerwerk mit ghibellinischen Zinnen. Der aus dem Grabmal stammende Marmorsarkophag der Caecilia Metella befindet sich jetzt im Hof des Palazzo Farnese.

Pancratier- und Valerier-Gräber (Via dell'Arco di Travertino 151: Parco delle Tombe della Via Latina) Vf(

An der Via Appia Nuova wurde 1858 ein Stück der antiken Via Latina aufgedeckt, an dem sich eine Reihe gut erhaltener Gräber befindet, von denen zwei ihrer reichen Innendekoration wegen bemerkenswert sind.

Von dem **Grab der Pancratier** zur Linken der antiken Straße sind nur die unterirdischen Grabkammern erhalten, in denen 17 Sarkophage gefunden wurden. Die Räume sind mit farbigen *Stuckreliefs* feinster Technik und eleganter Linienführung ausgestattet. An den Wänden Tiere, Kentauren, Götter (Victoria, Mars, Mercurius u. a.) in einer Scheinarchitektur, die an der Stirnseite besonders reich gestaltet ist. Die von einer Muschel gekrönte Mitte zeigt den Griechen Diomedes mit dem Palladion (dem Brustschild der Athena), das er gemeinsam mit Odysseus aus Troja raubte, aber später gegen Odysseus verteidigte, der in der linken Nische dargestellt ist. Auf der Gegenseite sitzt Philoktet am Ufer von Lemnos, die Wunde eines Schlangenbisses pflegend. In den seitlichen Lünetten fliegen Eroten mit Sinnbildern der Götter. Eine vielteilige Scheinarchitektur überzieht auch das flache Tonnengewölbe. Zentrum ist das Bild Jupiters, der von einem Adler in den Himmel getragen wird. In den Rechteckfeldern das Urteil des Paris; Priamus, der den Achill um die Rückgabe der Leiche des Hektor bittet; Admet, der mit Hilfe Apollos Löwe und Eber an seinen Wagen schirrt und vor König Pelias um Alkestis wirbt; schließlich Herakles, der bei den Männern des Dionysos die Leier spielt. Die Darstellungen gehen auf die Vorbilder der griechischen Malerei zurück.

Auf der anderen Seite der Straße findet sich ein aus der 2. Hälfte des 2. Jh. n. Chr. stammender Grabbau, der ohne zureichenden Grund **Grab der Valerier** genannt wird. Das zu ebener Erde gelegene, wiederhergestellte Obergeschoß enthält einen unbedeckten Vorraum, der dem Totenopfer diente, einen Lichtschacht und eine Halle für Totenmahl und Totenfeste. 2 Treppen führen in das Untergeschoß, dessen Grabkammer unter der Versammlungshalle des Obergeschosses liegt. Ihre *Stuckreliefs* gehören zu den schönsten Roms. Im Tonnengewölbe wechseln Kreise mit Quadraten; Stege verbinden die Kreise miteinander und umschließen so die Quadrate mit »Kurvenkreuzen«, die mit Rankenornamenten gefüllt sind; in den Quadraten stehen z. T. Rosetten, z. T. einzelne Gestalten, während die Kreise Gruppenbilder umschließen: Tanzende Paare und Nereiden, die von Fabeltieren über die Flut getragen werden, umgeben das Mittelfeld, in dem ein geflügelter Greif einen verhüllten Toten aufwärts zu den Göttern bringt. Die überschaubare und harmonische Komposition gibt dem Tonnengewölbe etwas Schwebendes.

14 **Scipionen-Grab** (Via di Porta S. Sebastiano 9) Am Eingang des Grabbezirks der berühmten römischen Familie der Scipionen steht ein 3stöckiges ***Haus*** aus dem 3. Jh. n. Chr., das über dem Westteil des Scipionen-Grabes errichtet wurde. Dem Haus gegenüber führt eine Treppe in ein großes ***Kolumbarium***, dessen Wände Nischen für etwa 470 Urnen aufweisen. Zur Linken ist das ***Grab*** der Scipionen von Nordwesten aus zugänglich. Die Fassade, von der nur spärliche Reste erhalten sind, hatte ein Tor mit einem Säulenportikus.

Der *Sarkophag A* im Innern gehört einem jungen Scipionen, der 167 v. Chr. Quaestor war, *B* dem Sohn des Scipio Barbatus, der 259 v. Chr. zum Konsul gewählt wurde, *C* dem Lucius Cornelius Scipio, Sohn der Paulla Cornelia, *Sarkophag D*, das älteste monumentale Grabdenkmal Roms, barg die Gebeine des Lucius Cornelius Scipio Barbatus, des Konsuls von 298 v. Chr., der in den Samniter- und Etruskerkriegen siegreich war (Kopie, das Original heute im Museo Chiaramonti des Vatikans). *Sarkophag E* nahm die Gebeine des Cornelius Scipio Asiaticus auf, *F* die der Paulla Cornelia, der Gattin des Hispanus. *G* barg einen Unbekannten, *H* den Cornelius Gaetulicus, *I* trägt eine Kopie der Inschrift des M. Iunius Silanus. Eine eiserne Treppe führt zu dem äußeren *Grab K* mit der Inschrift des Gnaeus Cornelius Scipio Hispanus, der 139 v. Chr. Prätor war. In der Nähe des Untergeschosses des römischen Hauses schließlich ein letzter *Sarkophag (L)* mit einer Inschrift für Publius Cornelius Scipio, der vielleicht ein Sohn des Scipio Africanus war.

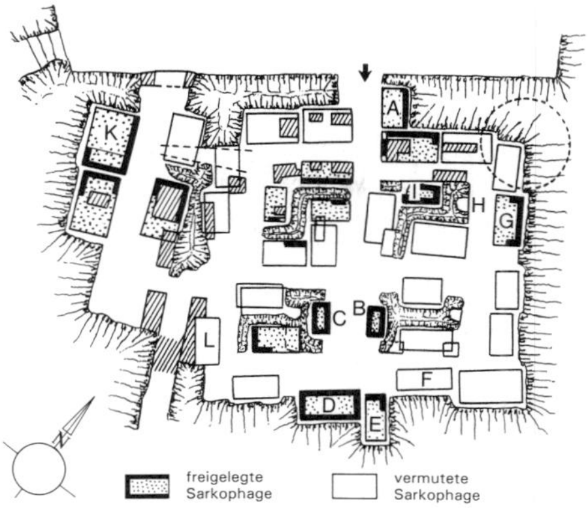

Scipionen-Grab. Lageplan

Sulpicius-Grab (Via Piave / Piazza Fiume) M1/2
Beim Abtragen der bei der Einnahme Roms am 20. 9. 1870 schwer beschädigten Porta Salaria wurde 1871 unter dem östlichen Turm des Tores ein rechteckiger pilastergeschmückter Grabbau republikanischer Zeit gefunden. An dieses Grab wurde später ein Grabstein angeschoben, der in einer Nische das Bild des 11jährigen, mit einer Toga bekleideten Knaben Q. Sulpicius zeigt, eines dichtenden Wunderkindes, das infolge geistiger Überanstrengung so früh gestorben war. Neben ihm und auf der Schreibrolle in seiner Hand ist das griechische Gedicht eingemeißelt, mit dem der Knabe sich im 3. kapitolinischen Wettstreit 94 n. Chr. unter Domitian ausgezeichnet hatte. Das Original des Grabsteins befindet sich im Museo Nuovo Capitolino, während den Grabbau eine Kopie schmückt. Die Reste des Grabes wurden aus Verkehrsgründen versetzt.

Mausoleum von Tor Pignattara (Via Casilina Vg5
643) → S. 114.

H5/6 **Hadrianeum** (am **Börsengebäude**, Piazza di Pietra)

Der **Tempel** für den unter die Götter aufgenommenen Kaiser Hadrian wurde 145 n. Chr. von Antoninus Pius geweiht. Von dem rechteckigen Bau, der vermutlich an den Schmalseiten 6 und an den Längsseiten 13 korinthische Säulen hatte, blieben 11 kannelierte Säulen der nördlichen Längsseite mit schlichtem Gebälk erhalten. Hinter der Säulenreihe ist die Cellawand noch erkennbar. Das Podium des Tempels liegt heute 4,50 m unter dem Straßenniveau. Jahrhundertelang waren die 11 aufrecht stehenden Marmorsäulen einer der bemerkenswertesten Überreste des kaiserlichen Rom auf dem Marsfeld. 1695 ließ Innozenz XII. von Francesco Fontana in den Ruinen das neue Gebäude eines Zollhauses, die Dogana di Terra, errichten, wobei die Säulen in die neue Fassade einbezogen wurden. Als 1878 das Zollamt zum Hauptbahnhof Termini verlegt wurde, baute Virginio Vespignani das Gebäude als Sitz der **Börse** und Handelskammer um, wobei die 5 Mittelsäulen des alten Tempels wieder freigelegt wurden. Bei einem weiteren Umbau des Börsengebäudes, 1928, wurden noch 3 weitere Säulen aus der Barockfassade befreit, so daß heute fast die ganze erhaltene Cellawand des Tempels wieder sichtbar ist.

Marmorreliefs vom Podium des Tempels mit symbolischen Darstellungen der Provinzen des Römischen Reiches, die zu verschiedenen Zeiten im 16., 17. und 19. Jh. beim Tempel gefunden wurden, werden heute im Hof des Konservatorenpalastes, im Palazzo Odescalchi und im Museo Archeologico Nazionale in Neapel aufbewahrt.

M2 **Horti Sallustiani** (Piazza Sallustio)

Die Römer nannten den Pincius auch »Collis hortorum«, Hügel der Gärten. Seit dem 1. vorchr. Jh. entstanden hier Gärten, Paläste, Lusthäuser und Nymphäen, die Vorläufer der großen Renaissancevillen.

Von den **Gärten des Sallust**, die sich der Historiker C. Sallustius Crispus um 40 v. Chr. im Tal zwischen dem Quirinal-Hügel und dem Pincius anlegen ließ, blieben ansehnliche Reste erhalten. Der Besitz fiel im 1. Jh. n. Chr. an die Kaiser, die zahlreiche neue Bauten einfügten. Der Park erstreckte sich vom Nordhang des Quirinals bis zu der (später dort erbauten) Aurelianischen Stadtmauer und im Osten bis zur Via Piave. Die Begrenzung im Westen ist ungewiß, jedoch gehörte sicher dazu eine an der Ostseite der Via Lucullo gelegene Mauer, Rest eines **Nymphäums**, in deren 7 Nischen noch die Löcher für die Wasserzuführung zu sehen sind.

In der benachbarten Via Friuli wurde unter der Garage der Amerikanischen Botschaft, an der Ecke zur Via Lucullo, ein **Kryptoportikus** mit bemalten Wänden aus dem 2. Jh. n. Chr. ausgegraben.

Aus der gleichen Zeit stammen die Reste eines unter Hadrian errichteten **Palastes**, die inmitten der Piazza Sallustio 14 m unter dem Straßenniveau zu sehen sind. Der Palast stand bis zum 19. Jh. am Ostende eines langen Tals, das im Süden von Resten der Servianischen Mauer auf dem Quirinal und im Norden von einer Stützmauer des Pincius begrenzt war. Als das Tal 1883 zugeschüttet wurde, um Baugrund für das neue Stadtviertel Ludovisi zu schaffen, dem auch die Villa Ludovisi zum Opfer fiel, wurden die Reste auf der Piazza Sallustio von einer Mauer umfaßt und so erhalten. Die Fassade des Südflügels ist noch in Höhe von 4 Stockwerken erhalten. In der Mitte findet sich ein großartiger runder Kuppelsaal, dessen Konstruktion an die Bauformen in der Villa Hadrians bei Tivoli erinnert, die zur gleichen Zeit angelegt wurde. Der nördliche Flügel enthält ein weites Treppenhaus, das als Muster für Paläste der Renaissance diente.

Bis zum 4. Jh. waren die mit Kunstwerken reich ausgestatteten Gärten ein Lieblingsaufenthalt der Kaiser, bis sie bei der Einnahme Roms durch Alarich 410 n. Chr. verwüstet wurden.

Kapitol, antike Bauten → S. 280, 283.

1 Ponte S. Angelo und Peterskirche

2 Forum Romanum. Blick vom Kapitol. Im Hintergrund das Kolosseum

3 S. Sabina. Inneres

4 S. Maria Maggiore. Chorfassade

5 Cestius-Pyramide

6 EUR. Palazzo della Civiltà del Lavoro

7 Villa Borghese. Äskulap-Tempel und römischer Triumphbogen im Giardino del Lago

8 S. Maria della Vittoria. Cappella Cornaro. Gian Lorenzo Bernini: Altar der hl. Therese

9 S. Maria del Popolo. Cappella Cibo

10 Palatin. Haus der Livia. Römische Wandmalerei

11 S. Clemente. Apsismosaik: Das Kreuz als Baum des Lebens

12 Casino Massimo. Dante-Zimmer. Joseph Anton Koch: Dante und Vergil

13 S. Ignazio. Deckengemälde. Andrea Pozzo: Apotheose des hl. Ignatius

14 *Villa Medici. Gartenseite*

Katakomben

(s. a. Grabmonumente, s. a. Via Appia Antica)

Unterirdische Grabanlagen größten Ausmaßes entstanden in Rom unter dem Einfluß griechischer Kulturströmungen in hadrianischer Zeit: An die Stelle der Urnenbeisetzung in Kolumbarien wie dem des Pomponius Hylas (s. S. 109) trat die Erdbestattung. Der weiche Tuffboden der römischen Campagna ermöglichte in der stark gewachsenen Metropole die Anlage von unterirdischen Gräbern, den Zömeterien, wie die zeitgenössische Bezeichnung lautet. Eine dieser Grabstätten lag beim Grabmonument der Caecilia Metella an der Via Appia in einer »ad catacumbas« genannten Talsenke, eine Flurbezeichnung, die – erst seit dem 9. Jh. nachweisbar – auf alle unterirdischen Friedhöfe ausgedehnt wurde. Die Beisetzung in Katakomben blieb die übliche Bestattungsart bis in die 1. Hälfte des 5. Jh., als der inzwischen fortgeschrittene Kirchenbau Gräberfelder in der Nähe der Märtyrerstätten begünstigte.
In Rom selbst boten republikanische Grabanlagen wie das Scipionen-Grab (s. S. 111) Anknüpfungspunkte, während die große jüdische Diaspora Katakomben in Analogie zu den Felsengräbern Palästinas graben konnte (vgl. die jüdischen Katakomben an der Via Appia). Für die Christen bedeutete der Ort der Körperbestattung zugleich die Stelle der erwarteten Auferstehung.

Die Anlage von Katakomben vollzog sich oft zunächst auf dem Besitz eines Grundherrn, der seiner Dienerschaft einen eigenen Grabbezirk einräumte. Die Vorstellung, die Katakomben seien Zufluchtsstätten der Christen in Verfolgungszeiten gewesen, gehört in den Bereich der Legende. Die Besitzverhältnisse des Grundherrn bedingen auch die Struktur der frühesten Katakomben, in denen die unterirdischen Gänge den Grundstücksgrenzen entsprechen und diese Gänge durch zahlreiche Querstollen verbunden werden – das sog. *Rostsystem* entsteht. Ein Beispiel ist die Area I der S.-Callisto-Katakombe.

Als sich im Zuge der Christianisierung große unterirdische Friedhöfe ausbildeten, trieb man einen breiten Gang in das Tuffgestein, von dem zahlreiche Stollen abzweigen (das sog. *Zweigsystem*). Häufig kam es zur Ausformung übereinanderliegender Stockwerke, die von oben nach unten in den Tuff hineinwuchsen.

Die übliche Form des Grabes war der *Loculus*, eine einfache Nische, die man mit einer Marmorplatte oder Ziegeln verschloß. Daneben gab es das aufwendigere *Arcosolium*, bei dem sich ein Bogen über dem Senkgrab – meist in einer Grabkammer (*Cubiculum, Crypta*) – wölbt. Für den Bau der Gänge und Gräber sowie für ihre Verwaltung und den Verkauf von Bestattungsplätzen waren die Fossores zuständig, die häufig in den Graffiti der Katakomben abgebildet werden.
Papst Paul I. (757–767) überführte zahlreiche Gebeine aus den Katakomben in römische Kirchen. Die »Roma sotterranea«, das »unterirdische Rom« der Katakomben, sank, von der Katakombe unter → S. Sebastiano abgesehen, in Vergessenheit, bis seit dem 15. Jh. humanistische Gelehrsamkeit und im 19. Jh. die beginnende Christliche Archäologie die Anlagen neu entdeckten.

S.-Agnese-Katakombe (S. Agnese fuori le Mura; Via Nomentana 349) → S. 145. [Ve2]

Calixtus-Katakombe (Via Appia Antica 110) ●
Die 1857 aufgefundene S.-Callisto-Katakombe zeichnet sich durch jene ***Gruft*** aus, in der die ***Päpste*** des 3. Jh. seit Sixtus II. (257–258) ihre letzte Ruhestätte fanden. Papst Calixtus I. (217–222) hatte als Diakon im Auftrag des Papstes Zephyrinus (198–217) Wiederherstellungs- oder Erweiterungsarbeiten durchführen lassen. In diese Zeit fallen auch die ältesten *Malereien* dieser Katakombe, Darstellungen der Jonas-Geschichte (Area I, Kammern 4 und 5). Im Verlauf des 3. und 4. Jh. wuchs die Ausdehnung der Gangsysteme auf ca. 10 km Länge; 170000 Gräber sollen hier Platz gefunden haben. – Von den zahlreichen Fresken seien die Malereien der ***Lucina-Gruft***, um 220, hervorgehoben, in der sich frühe Darstellungen des Guten Hirten und der Orans, der betenden Frau als Bild der Rettung erflehenden Menschheit, finden. – Neben der Papstgruft liegt das ***Cubiculum der hl. Cäcilie***; ihre Gebeine hat Papst Paschalis I. (817–824) in die Kirche der Heiligen nach Trastevere überführen lassen; auf dem Grab eine Marmorkopie von Madernos Statue der Heiligen in S. Cecilia in Trastevere. Vd6/7

S.-Ciriaca-Katakombe (S. Lorenzo fuori le Mura; Piazza S. Lorenzo) → S. 198. [Ve3]

Domitilla-Katakombe. Paradieslandschaft. Fresko

● **Domitilla-Katakombe** (Via delle Sette Chiese 282)
Vd7

Die S.-Domitilla-Katakombe vermittelt exemplarisch einen Eindruck von der Entwicklung des römischen Gräberwesens vom 1. bis zum 4. Jh.

Flavia Domitilla, eine Enkelin Kaiser Vespasians, schenkte Nichtchristen aus ihrer Umgebung einen Begräbnisplatz; sie selbst trat zum christlichen Glauben über und wurde – nach der Hinrichtung ihres christlichen Gatten, Titus Flavius Clemens, eines Neffen Vespasians – i. J. 95 verbannt.

Oberirdisch entstand ein Grabbezirk mit einem noch sichtbaren ***Kolumbarium*** (Urnenbestattung) und einer in den Hügel führenden Galerie, der sog. ***Flaviergalerie***, mit Nischen zum Aufstellen der Sarkophage. Im fortgeschrittenen 2. Jh. entwickelte sich die Anlage zu einer ***christlichen Katakombe***, die im 3. und 4. Jh. zu einem der größten unterirdischen Gräberfelder Roms ausgebaut wurde. Hervorragende Fresken aus allen Phasen der *Katakombenmalerei*, u.a. Symbole des Lebens und der Auferstehung, wie Daniel in der Löwengrube, eine der frühesten Darstellungen des Guten Hirten, eine thronende Madonna, eine Darstellung der Könige von Bethlehem, deren Zahl hier von 3 auf 4 erhöht ist, Christus und die Apostel. Ferner gibt es auch Bilder profanen Inhalts, z.B. Marktszenen. Die Abfolge der Fresken bildet einen Querschnitt durch die Entwicklungsgeschichte der frühchristlichen Malerei. Die Darstellungen sind »al fresco« auf einem noch feuchten Grund aus Kalk und Marmorstaub gemalt, mit dem der poröse Tuff überzogen wurde. In der ***Ampliatus-Gruft*** große gemalte Säulenordnungen des 4. Jh.

SS. Nereo e Achilleo. Über der Domitilla-Katakombe wurde 390–395 eine teilweise in den Boden eingetiefte Säulenbasilika mit Emporen über unregelmäßigem Grundriß errichtet. Diese Variante des Basilika-Bautypus weist bereits auf die großen Emporenbasiliken ab dem späten 6. Jh. voraus (→ S. Agnese fuori le Mura, → S. Lorenzo fuori le Mura). Hinter der Apsis liegt ein Cubiculum mit einem *Fresko* des 4. Jh., die hl. Petronilla darstellend, die als Tochter des hl. Petrus verehrt wurde.

SS. Marcellino e Pietro a Tor Pignattara (Via Casilina 643) ●
Vg

Den monumentalen Baukomplex bildete ursprünglich die älteste christliche sog. Umgangsbasilika zusammen mit dem Rundmausoleum der Kaiserinmutter Helena, heute Tor Pignattara genannt, über einer der eindrucksvollsten Katakombenanlagen Roms.

Der Komplex entstand um 320 auf kaiserlichem Besitz im Bereich der Kaserne jener von Konstantin aufgelösten Garde, die auf der Seite seines Gegners Maxentius gekämpft hatte. In der Nähe des Friedhofs der Garde bestattete man seit der 2. Hälfte des 3. Jh. Christen in Katakomben, nach 303 meist Opfer der Verfolgung Diokletians, darunter die sonst unbekannten Petrus presbyter und Marcellinus exorcista. Im Zuge seiner Religionspolitik stiftete Konstantin gerade diesen Blutzeugen eine Kirche.

Bei der 3schiffigen **Pfeilerbasilika** Konstantins (Länge: 65 m, Breite: 29 m) waren die Seitenschiffe um das halbrund abschließende Mittelschiff als Umgang herumgeführt.
Das heute ruinierte Mausoleum (**Mausoleo di S. Elena**), mit runden und eckigen Innennischen (innerer Durchmesser: 20 m), entstand

als Anbau an die Vorhalle in der Längsachse der Kirche. Es steht in der Tradition der Grabbauten des 3. Jh., zeigt aber besonders in dem zurückgesetzten Obergeschoß mit den großen Fenstern neue Architekturformen. Zur Konstruktion der Kuppel benutzte man Tonamphoren, daher der Name »**Tor Pignattara**« (»Topfturm«). In der Nische gegenüber dem Eingang stand bis ins 11. Jh. der große Porphyrsarkophag der 328 gestorbenen Kaiserin Helena (heute in den Vatikanischen Museen), doch sollte ursprünglich, vor der Verlegung der Residenz nach Byzanz, Konstantin selbst in diesem Bau beigesetzt werden.
Die **Katakombe** enthält die reichste *Ausmalung* aller römischen Grabbauten, eine Fundgrube der christlichen Malerei des 3. und vor allem des 4. Jh. Im Gegensatz zu anderen Katakomben, die ihre Themen vorwiegend aus dem Alten Testament nahmen, findet sich hier ein christologischer Zyklus. Sein Zentrum ist Christus als Lehrer, zu dessen Seiten 4 Apostel sitzen. Über diesem Mittelfeld ist die Verkündigung dargestellt; darunter folgen die Drei Weisen aus dem Morgenland ihrem Stern; links zwei der Weisen vor der Muttergottes; rechts die Taufe Christi. Hinzu kommen u. a. Darstellungen des Guten Hirten und einer Orantin, des Sündenfalls von Adam und Eva sowie der Jahreszeiten.

a5] **S.-Pancrazio-Katakombe, Ottavilla-Katakombe** (Via S. Pancrazio) → S. 246.

Praetextatus-Katakombe (Via Appia Pignatelli 1) → S. 136. Ve7

Priscilla-Katakombe (Via Salaria 430) ●
Die Priscilla-Katakombe zählt zu den ältesten Vd1/2
ebenso christlichen wie paganen Grabanlagen, deren Kern die sog. ***Acilier-Gruft*** – benannt nach den hier beigesetzten Mitgliedern der Familie der Acilii, unter ihnen eine Priscilla – bildet. Wie in der Flavier-Galerie der Domitilla-Katakombe finden sich hier breite Gänge mit Sarkophagnischen und einem Kultraum für Totenmahlzeiten; Ausmalung im Stil des späten 2. Jh. In der Nachfolge der antoninischen Stuckräume des 2. Jh. steht die sog. ***Cappella Greca*** mit ihren Fresken. Hier erreicht die *Katakombenmalerei* einen Höhepunkt. Das reiche Programm zeigt Noah mit der Taube, das Quellwunder des Moses, die 3 Jünglinge im Feuerofen, das Opfer Abrahams, Jonas, Susanna und die Auferweckung des Lazarus. Großartig in seiner Komposition ist das Bild des Eucharistischen Mahles, die sog. Panis Fractio. – Im 3. und 4. Jh. dehnten sich die Galerien und Grüfte über 2 Stockwerke aus.
Auf dem Gebiet der Priscilla-Katakombe steht die Basilika **S. Silvestro**, eine wiederhergestellte Gründung des hier 335 beigesetzten hl. Papstes Silvester I.

S.-Sebastiano-Katakomben (Via Appia Antica 136) → S. 265. Ve7

● **Kolosseum** (Piazza del Colosseo)
L9 *Das im antiken Rom **Amphitheatrum Flavium** genannte Bauwerk wurde von Vespasian zwischen 70 und 76 n. Chr. begonnen. Titus fügte dem ursprünglichen Plan ein 4. Stockwerk hinzu und weihte 80 n. Chr. das Amphitheater mit Festspielen ein, die 100 Tage dauerten und 5000 wilden Tieren den Tod brachten. Aber erst Domitian hat den Bau vollendet. Als Bauplatz diente der Teil in den Gärten der Domus Aurea Neros, den ein künstlicher See innegehabt hatte. Vom Goldenen Haus blieb nur die rund 35 m hohe Kolossalstatue Neros aus dem Vestibül stehen, die beim Bau des Venus-und-Roma-Tempels unter Hadrian auf dem Forum Romanum an die Westseite des Kolosseums versetzt wurde. Von diesem »Colossus Neronis« erhielt das Amphitheater im Mittelalter den Namen Kolosseum. Das aus Ziegelmauerwerk bestehende Fundament der Statuenbasis wurde erst 1936 entfernt; ihr Platz ist im Straßenpflaster kurz vor dem Eingang zur Via dei Fori Imperiali gekennzeichnet.*
Das Amphitheater, das der Vorführung von Gladiatorenkämpfen und Tierhetzen diente, wurde im Laufe der Jahrhunderte mehrfach verändert und wiederhergestellt. Die letzte Reparatur fand 523 n. Chr. statt, als Vorbereitung für das letzte überlieferte Schauspiel von Tierhetzen. Gladiatorenkämpfe waren schon 404 n. Chr. aufgegeben.
Im 11. Jh. machten die Frangipani das Kolosseum zur Festungsanlage; Ende des 13. Jh. war es Besitz der Annibaldi. Der allmähliche Verfall des Bauwerks wurde durch zwei Erdbeben 1231 und 1349 beschleunigt, die auf der Süd- und Ostseite die Außenmauer und große Teile des Zuschauerraums zerstörten. Die ungeheuren Steinmassen der südlichen Arkaden versorgten für mehr als 400 Jahre die Stadt mit Baumaterial. Unter anderem dienten sie für den Bau der Paläste Venezia und Farnese und

der Cancelleria. Restaurierungs- und Sicherungsmaßnahmen begannen erst 1805 unter Pius VII. 1811 und 1814 wurden das untere Stockwerk und Teile der Arena freigelegt. Weitere Ausgrabungen 1874/75 legten die Unterbauten im östlichen Teil der Arena offen; die vollständige Freilegung erfolgte 1939/40.

Das Kreuz, das heute im nördlichen antiken Haupteingang steht (bis 1939 stand es in der Mitte der Arena), erinnert an die von der heutigen Geschichtsforschung bezweifelte Vorstellung, die im Kolosseum das Zentrum der Christenverfolgung sah und es zum Symbol der Märtyrerstadt Rom machte. Der Märtyrerkult stammt erst von 1749, als Benedikt XIV. die Arena dem Andenken der christlichen Märtyrer weihte und 14 Altäre (Stationes Viae Crucis) um das Oval errichtete, die 1874 wieder entfernt wurden.

Der Bauaufgabe lag ein kompliziertes Programm der Spiele zugrunde; es enthielt Gladiatorenkämpfe und Tierhetzen, Land- und Seeschlachten, wobei Kavallerie und Kampfwagen die Arena füllten. Der Architekt hatte nicht nur diesem mannigfaltigen Spielprogramm Rechnung zu tragen, er mußte gleichzeitig für etwa 50000 Menschen Plätze schaffen, wovon 45000 Sitzplätze waren; jedoch sollten diese Massen nicht nur untergebracht, sondern auch nach Rangklassen getrennt werden, zudem mußten die Plätze schnell zugänglich sein. Unter der Arena mußten Kulissen, Theatermaschinerie, Käfige für wilde Tiere und Aufzüge untergebracht werden, mit denen man Menschen und Tiere auf den Kampfschauplatz beförderte.

Der Bautyp des Amphitheaters ist auf italischem Boden entwickelt worden. Offenbar gewann man aus den Elementen des Stadions und des Theaters den erwünschten neuen Typ. Als Grundriß diente ein Oval. Um die geräumige Arena im Zentrum legten sich in aufsteigenden Stufen die Ränge der Sitzbänke. Auf diese Weise konnte jedem Zuschauer eine Sicht auf die Arena geboten werden. Spieler und Zuschauer standen trotz der Entfernung zwischen Sitzplatz und Handlung in Verbindung, so daß sich jene Wechselwirkung ergab, wie wir sie heute in modernen Stadien erleben.

Um die Arena, deren Längsachse 86 m und deren Querachse 54 m betrug, legte sich ein 4 m hohes Podium, um die Zuschauer vor den wilden Tieren zu schützen; dahinter stiegen die Reihen des Zuschauerraums in einer riesigen Ringtreppe an. Es gab insgesamt 5 Ränge. Der Zuschauerraum, der von radial

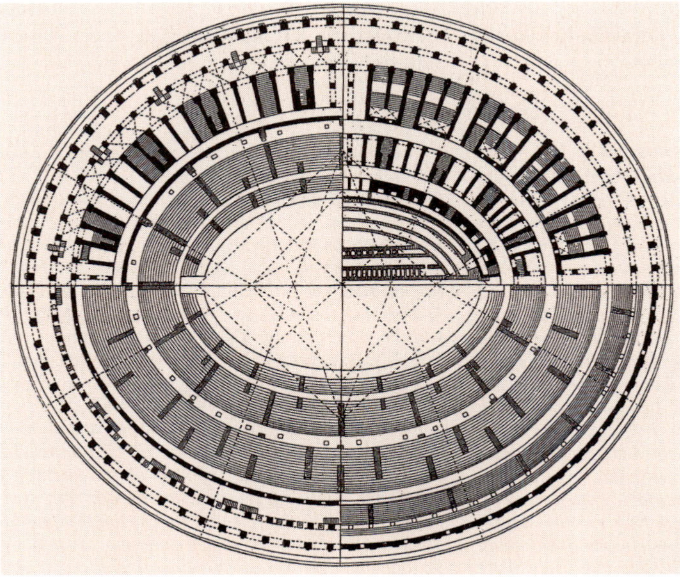

Kolosseum. Grundrisse (nach J. Durm/F. Reber)

Kolosseum. Innenansicht

gestellten Mauern und ansteigenden Tonnen- und Kreuzgewölben gestützt war, endete in der oberen Galerie, wo sich die Stehplätze befanden. Sie diente gleichzeitig den vom Marinestützpunkt Misenum abkommandierten Matrosen zur Bedienung von Sonnenschutzsegeln, die an heißen Tagen über die Arena gespannt wurden. Eine doppelte, 3stökkige Ringhalle, die das genau berechnete System der Zugänge enthielt und dem Bauwerk zugleich seine äußere Form gab, umschloß die gesamte Anlage. Die 80 Rundbogen des Erdgeschosses bildeten zugleich die numerierten Eingänge zum Theater. In der 2schiffigen, tonnengewölbten Arkadenhalle teilte sich der Strom der Zuschauer, deren Plätze strikt nach Klassenzugehörigkeit getrennt waren. Gänge führten zum Podium und zu den unteren Rängen, 16 Treppen in die Obergeschosse. Das Verbindungssystem war genial erdacht: Die 50000 Zuschauer konnten in wenigen Minuten ihre Plätze erreichen und das Amphitheater in kurzer Zeit verlassen. Der Eintritt war kostenlos.

Äußeres. Wie bei aller großen Architektur steht die Form in engster Beziehung zur Funktion. Die gewölbten Galerien, die als doppelte Ringe den Zuschauerraum umziehen, bilden zugleich die Fassade. 80 Arkaden reihen sich in den ersten 3 übereinandergetürmten Geschossen. Aus den gemauerten Pfeilern treten Halbsäulen vor, die im Erdgeschoß der dorischen, im 2. der ionischen und im 3. der korinthischen Ordnung entsprechen. Die geschlossene Wand des 4., obersten Geschosses ist aus gelblichem Travertin gemauert; korinthische Pilaster setzen die Vertikalordnung der unteren Halbsäulen fort; in jedem zweiten Wandfeld steht ein kleines rechteckiges Fenster, während in den fensterlosen Wandteilen ehemals Bronzeschilde angebracht waren.

Vom Inneren ist nur noch die eine Hälfte in den Grundzügen des Aufbaus erhalten. Obwohl auf der gegenüberliegenden Seite die oberen Bauteile zerstört wurden, gibt der riesige Krater noch immer eine Vorstellung von der gewaltigen Anlage, die 188 m lang, 156 m breit und 48 m hoch war. – Dekoration und Einrichtung sind verloren; die Arena zeigt heute ihre freiliegenden Substruktionen statt der Holzbretter, die den Kampfboden bedeckten. Immerhin werden die Grundzüge der Anlage noch deutlich: Der Triumphpforte im Westen, durch die die Kämpferscharen einzogen, steht im Osten die Porta Libitinaria gegenüber, durch die man die Leichen hinausbrachte. Der Aufbau der Rangordnungen, der von der Galerie für die Stehplätze beschlossen wurde, ist ebenso erkennbar wie das Zugangssystem.

Etwa 60 m östlich des Kolosseums, zwischen Via Labicana und Via S. Giovanni in Laterano,
L9 sieht man die Reste des **Ludus Magnus**, der größten Gladiatorenschule Roms (aus der Literatur sind noch andere bekannt). Das 1937 entdeckte und bis 1961 ausgegrabene Gebäude, das zugleich Kaserne für die Gladiatoren war, hatte in der Mitte eine elliptische *Übungsarena* mit je 2 Eingängen in der Längs- und Querachse und einem niedrigen Zuschauerraum von 4 Sitzreihen. Die Arena war von einem mehrstöckigen, rechteckigen *Kasernengebäude* umgeben.

K9 **Meta Sudans** (Piazza del Colosseo). Zwischen Konstantins-Bogen und Kolosseum befand sich ein 79–81 n. Chr. errichteter mächtiger Brunnen mit einem konischen Stumpf, aus dem das Wasser nicht hervorspritzte, sondern an dem es wie ein Schleier herabfloß (lat. »sudans«, schwitzend). Der ca. 9 m hohe und 5 m dicke Stumpf stand in einem runden Bekken, das mit Marmor abgedeckt war. 1936 beim Bau der Via dei Fori Imperiali zerstört, wurden die Fundamente in den 1980er Jahren wieder freigelegt.

Konstantins-Bogen (Via S. Gregorio) ●
Nach dem Sieg an der Milvischen Brücke i. J. 312 K9
errichtete der Senat am Beginn der Via Triumphalis für Konstantin den Ehrenbogen, der 315 – zur Feier des 10jährigen Regierungsjubiläums des Kaisers – vollendet war. Im frühen Mittelalter gehörte das Monument zum Klosterbezirk von S. Gregorio Magno und wurde später in das Kastell der Frangipani einbezogen. Papst Paul III. ließ den Bogen 1536 zum Einzug Karls V. in Rom freilegen. Auf eine Restaurierung des 18. Jh. folgte 1804 die endgültige Befreiung von allen Zutaten.

Im Konstantins-Bogen besitzen wir heute das am besten erhaltene Monument des antiken Rom (Höhe 21 m, Breite 25,70 m, Tiefe 7,40 m). Der Aufbau folgt dem Typ des 3torigen Ehrenbogens mit den vielfältigen Architektur- und Bildformen der späten Entwicklungsstufe. Die seitlichen Durchgänge werden von dem höheren Mitteltor beherrscht; eine vorgesetzte korinthische Säulenordnung gibt dem Bau das architektonische Gerüst; die bekrönende Attika trug ursprünglich die vergoldete Bronzestatue des Kaisers auf dem Triumphwagen. Architektur und Schmuck des Bogens sind zum größten Teil zusammengesetzt aus Stücken verschiedener Herkunft.

Nordseite (zum Kolosseum hin): Die Wandflächen zwischen der Säulen- bzw. Pilastergliederung sind überaus reich mit Bildwerken geschmückt. Viktorien halten in den Zwickeln des *Hauptbogens* Trophäen; darunter stehen links der Winter, rechts der Frühling. – Am *rechten Nebenbogen* füllen Flußgötter die Zwickel. Über einem niedrigen Fries, der Kaiser Konstantin bei der Verteilung von Geldgeschenken am 1. Januar 313 auf dem Caesar-Forum zeigt, stehen 2 große hadrianische Medaillons, deren eines den Kaiser auf der Löwenjagd, das andere beim Opfer an Herkules darstellt. Das rechte Wandfeld der

Konstantins-Bogen. Relief an der Innenwandung des Hauptdurchgangs

Attika füllen 2 hochrechteckige Reliefs: Kaiser Marc Aurel verteilt nach seinem Triumph 176 n. Chr. Geschenke (links) und empfängt im Feldlager einen vornehmen Germanen, der sich ihm unterwirft (rechts). Die vor die Pilaster gesetzten Statuen sind gefangene Daker. An den Postamenten der Säule, ganz unten, stehen Viktorien mit römischen Legionären und gefangenen Germanen. – Die Dekoration des *linken Nebenbogens* zeigt in symmetrischer Entsprechung Flußgötter in den Zwickeln, im niedrigen Fries darüber die große Rednertribüne des Forum Romanum mit der Basilica Julia und den Triumphbogen des Septimius Severus und des Tiberius (in der Mitte, von Senatoren und Soldaten umgeben, Konstantin). Die Medaillons stellen eine Wildschweinjagd dar (links) und ein Opfer an Apollo (rechts). Auch auf dieser Seite beschließen 2 hochrechteckige Reliefs an der Attika die bildlichen Darstellungen: links Marc Aurel, der bei seiner Rückkehr i. J. 174 in Rom empfangen wird, rechts seine Abreise. An den Sockeln der Säulen wiederum Viktorien mit römischen Legionären und Gefangenen und vor den Pilastern der Attika gefangene Daker.

S ü d s e i t e (zur Via S. Gregorio hin): In den Zwickeln des *rechten Bogens* Flußgötter; im Fries die Schlacht an der Milvischen Brücke. In den Medaillons hadrianischer Zeit eine Bärenjagd, rechts ein Opfer an Diana. Die Reliefs der Attika stellen links Marc Aurels Ansprache an die Soldaten dar, rechts das Opfer nach seinem Triumph 176 n. Chr. – Über dem *linken Bogen* zeigt der Fries die Belagerung von Verona durch Konstantin (312). Dem Aufbruch zur Jagd im linken Medaillon ist ein Opfer an Silvanus im rechten zur Seite gestellt. Die Attikareliefs zeigen Marc Aurel vor einem Barbarenführer, rechts vor Gefangenen. An den Säulensockeln und vor den Attikapilastern wie auf der Nordseite Viktorien mit Legionären und Gefangenen.

An der w e s t l i c h e n S c h m a l s e i t e im Fries das Heer Konstantins, das durch das Stadttor aus

Mailand auszieht (312 n. Chr.). Im Medaillon die untergehende Mondgöttin, die ihr Gespann dem Meer zuleitet. Das Relief der Attika, im Stil der Trajanssäulenbilder, ist ein Bruchstück aus der großen Darstellung der Taten Trajans in den Feldzügen gegen die Daker.

An der östlichen Schmalseite im Fries Konstantins Einzug in Rom, im Medaillon der aufgehende Sonnengott, im Attikarelief wiederum ein Stück aus dem Feldzug Trajans gegen die Daker.

Vielfältig wie der Inhalt dieses Bildprogramms sind Herkunft, Stil und Material der Darstellungen. Während die Architektur und die konstantinischen Reliefs in weißem Marmor gearbeitet wurden, stammen die gelben Marmorsäulen von einem älteren Bau. Die aus einem Bauwerk des Trajan übernommenen Dakerfiguren leuchten gleich den trajanischen Reliefstücken in phrygischem Marmor. Die Reliefs stammen zum größten Teil aus Bauten Trajans, Marc Aurels und aus einem Jagddenkmal Hadrians; sie wurden rücksichtslos auf die erforderlichen Maße gebracht. So scheute man sich beispielsweise nicht, einen langen Fries mit dem Siegeszug Trajans zu zersägen. Jedoch begnügte man sich nicht mit der materiellen Übernahme dieser bereits vorhandenen Bildwerke, sondern bemühte sich zugleich um eine ideelle Aneignung, indem man den Köpfen der alten Kaiser die Gesichtszüge Konstantins gab. Eigens um 312 für den Triumphbogen geschaffen wurden die Friese mit den Taten Konstantins und die Reliefs der Säulensockel. Sie setzen sich stilistisch deutlich von den Spolien aus der hohen Kaiserzeit ab: Das Individuelle, das den Bildwerken im Zeitalter Trajans und Hadrians eignete, weicht einer Typisierung, Gebärden und Ausdruck werden einfach, die Form wirkt zuweilen roh, gewinnt aber eine zuvor unbekannte, expressive Kraft. Trotz Zusammenfügung von Teilen verschiedenster Herkunft gelang es dem unbekannten Meister, ein organisches Ganzes zu schaffen, das würdig in der großen Reihe römischer Triumphbogen steht.

Der Konstantins-Bogen wirkte in die abendländische Architektur fort als Vorbild für Fassaden und Brunnen der Renaissance und des Barock.

Maecenas-Auditorium (Largo Leopardi, Via Merulana) N8

Auf dem Esquilin lagen die Gärten des Maecenas, des Beraters und Freundes des Kaisers Augustus und der Dichter Horaz, Vergil und Properz. Die Antike kennt ihn als einen der bedeutendsten Förderer der schönen Künste, dessen Name im Begriff des Mäzenatentums fortlebt.

Auf Grund der in einer Apsis theaterähnlich ansteigenden Stufen erhielt der 1874 im Gebiet der Gärten des Maecenas ausgegrabene Saalbau die fälschliche Bezeichnung »Auditorium« des Maecenas. An den Seiten des aus der Zeit um 30 v. Chr. stammenden Baues befinden sich Nischen, die mit Gartenszenen und Landschaften bemalt waren. Nur schwache Spuren davon sind heute noch erkennbar. Wasserauslässe über den Stufen der Apsis deuten darauf hin, daß die Anlage ein Nymphäum war.

Marcellus-Theater (Via del Teatro di Marcello) ● H8

*Augustus erbaute das Theater, dessen Ausführung schon Caesar begonnen hatte und in dem 17 v. Chr. bereits Spiele stattfanden, auf eigene Kosten und weihte es 13 oder 11 v. Chr. dem Andenken seines frühverstorbenen, als Nachfolger ausersehenen Neffen Marcellus, dem Sohn seiner Schwester Octavia. Das Theater wurde im Mittelalter als Festung und Wohnbau benutzt. Es gehörte den Pierleoni, kam im 13. Jh. an die Savelli und 1712 in den Besitz der Familie Orsini. Der in den Ruinen errichtete Renaissancepalast (***Palazzo Orsini***, Via Monte Savello 30), wahrscheinlich ein Werk Peruzzis, steht in und über den Konstruktionen der römischen Kaiserzeit.* H9

Im Laufe der Jahrhunderte hatte sich um das Theater so viel Schutt angesammelt, daß die Arkaden des unteren Geschosses 4 m unter der Erde lagen. Bei Anlage der Via del Teatro di Marcello wurde der Bau 1926–32 ausgegraben und restauriert.

Das Theater, das ungefähr 15000 Menschen aufnehmen konnte, folgt in der halbkreisförmigen Anlage dem Typ griechischer Theaterbauten: In der Mitte der Schnittlinie haben Bühne und Szene Platz, während die Peripherie in ansteigenden Sitzreihen umbaut war. Im Gegensatz zum griechischen Theater jedoch, dessen Halbrund in einen Berghang geschnitten wurde, stehen die römischen Theater seit dem ab 61 v. Chr. errichteten Theaterbau des Pompeius frei über dem Erdboden. Das gab den Architekten die Möglichkeit zur Errichtung einer großen, hier

Marcellus-Theater. Grundriß

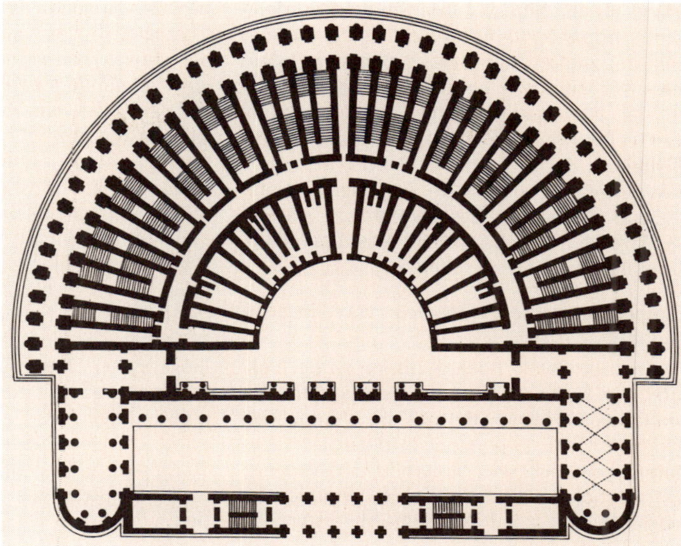

ursprünglich ca. 33 m hohen Arkadenarchitektur. Die gewaltigen Rundbogen, die den Wasserleitungen und Brücken des Römischen Reiches dienten, fügen sich hier zu einem harmonischen Halbkreis zusammen und unterwerfen sich einer edleren Gesamtordnung. Den massiven Pfeilern, welche die Arkadenbogen tragen, sind Halbsäulen vorgelegt; schönes Gebälk schied und bekrönte die 2 Arkadengeschosse, über denen eine Attika den Bau beschloß. Das Erdgeschoß bildete seine Pfeilerordnung in der dorischen, das 2. in der ionischen Ordnung, während die Pilastervorlagen der Attika der korinthischen folgten. Es ist das Verdienst der Architekten des Marcellus-Theaters, diese Ordnung zum ersten Male im großen Maßstab angewandt zu haben. Der edle, in Travertin errichtete Arkadenbau wurde Vorbild des Kolosseums.

Zwischen dem Theater und der Straße stehen 3 i. J. 1940 wieder aufgerichtete korinthische Säulen vom **Tempel des Apollo Sosianus**, 431 v. Chr. geweiht, 353 und 179 erneuert, ab 34 v. Chr. vom Konsul Sosius neu errichtet.

Nymphäen

Die im Altertum von den umliegenden Bergen in die Stadt geführten Wasserleitungen endeten im Innern der Stadt mit einem Nymphäum, einer großen Schaufontäne. Der Brauch hat sich bis in die Neuzeit erhalten, und wir verdanken ihm für die Acqua Vergine, eine Erneuerung der antiken Aqua Virgo
I5 des Agrippa, die ***Fontana di Trevi***, für die Acqua Felice, eine teilweise Wiederherstellung der Aqua Marcia durch Sixtus V., die
L4 ***Fontana dell'Acqua Felice*** und auf dem Janiculum für die durch Paul V. wiederhergestellte Aqua Traiana die ***Fontana dell'Acqua Paola***. – Die aus dem Altertum noch erhaltene Schaufontäne ist das D9/10

Nymphäum der Aqua Julia (Piazza Vittorio Emanuele II). NO7

Die Ziegelfassade mit einer großen Mittelnische stammt aus der Zeit des Alexander Severus (222–235 n. Chr.). In den beiden Seitennischen, von denen heute nur noch ein Ziegelpfeiler aufrecht steht, standen Marmortrophäen, die 1590 zum Schmuck der Balustrade auf den Kapitolsplatz gebracht wurden. Diese Trophäen kamen ursprünglich von einem der zahlreichen Siegesdenkmäler Domitians. Im Mittelalter nannte man sie »Trophäen des Marius«, wonach das Nymphäum durch Jahrhunderte den gleichen Namen (**Trofei di Mario**) führte. Das Volk hingegen nannte sie »Oche Armate« (gepanzerte Gänse) und betrachtete das Nymphäum als ein Denkmal für jene Gänse, die einst beim Galliereinfall das Kapitol retteten.

Vd4 **Tempel der Minerva Medica** (Via Giovanni Giolitti)

Die monumentale Backsteinruine an der Einfahrt zur Stazione Termini, dem Hauptbahnhof Roms, wurde seit dem 17. Jh. »Tempel der Minerva Medica« genannt in der irrigen Annahme, daß hier ein Standbild der Minerva mit der Schlange, dem antiken Sinnbild der Medizin, und zwar die sog. Minerva Giustiniani gefunden wäre (heute im Museo Chiaramonti des Vatikans). Die Kuppel, die auf einem Rahmen von 10 radialen Rippen aus Ziegelmauerwerk ruht, stürzte 1828 ein. Bis dahin war das Ruinengebäude eines der am meisten gezeichneten und gemalten Monumente Roms, bewundert vor allem von ausländischen Künstlern. – Der große Bau mit seinen Wasserspielen war ein Nymphäum in den Horti Liciniani, den Gärten des Kaisers P. Licinius Gallienus (253–268 n. Chr.). Als Grundriß dient ein Zehneck. Im Erdgeschoß der Innenwand befinden sich 9 Nischen; der 10. Sektor ist durchbrochen und bildet das Eingangstor. Dieser Ordnung entsprechen im Obergeschoß 10 rundbogige Fenster. Den großen Raum von etwa 24 m Durchmesser und 33 m Höhe überwölbte die Kuppel. Ihre 10 Rippen ruhten auf Strebepfeilern, die rings um die Außenwand des Gebäudes standen.

IJ9/10 **Palatin**

Der Palatin hat einen besonderen Rang unter den sieben Hügeln Roms: Hier stand die Wiege der Stadt, hier vollendete sich das antike Rom in den Kaiserpalästen. Der Hügel trägt heute keine Baudenkmäler mehr, die der Größe seiner Geschichte entsprechen; Ruine und Natur bilden einen Bezirk, der als Gesamtbild eindrucksvoller ist als in einzelnen Monumenten.

Vom Forum Romanum führen 3 Aufgänge zum Palatin: Der bequemste, der Clivus Palatinus, geht vom Titus-Bogen aus; eine Treppe setzt beim Atrium der Vestalinnen an und ist Teil des [3]Ninfeo della Pioggia; den eindrucksvollsten Anstieg bietet der große Gewölbegang, der bei S. Maria Antiqua beginnt und größtenteils von den Bauten Domitians stammt. Ein weiterer Aufgang schließlich führt von der Via S. Gregorio durch das dorthin versetzte [27]*Portal*, das Vignola für die Farnesischen Gärten schuf.

Ursprünglich bestand der Palatin aus 2 Kuppen, Palatium im Osten und Germalus im Westen, während die Höhe der Velia, auf der später der Titus-Bogen stand, die Verbindung zum Esquilin darstellte. Auf dem Germalus befand sich die älteste, bis ins 10. vorchr. Jh. nachgewiesene stadtrömische Siedlung. An der Tiber-Furt und der Tiber-Insel gelegen, erhielt der Platz früh strategische und wirtschaftliche Bedeutung. Nach der Legende spülte der Tiber an der Südwestseite des Palatin den Korb mit Romulus und Remus, den Söhnen des Mars und der Rhea Silvia, in eine Höhle, in der die Zwillingsbrüder von der Wölfin genährt wurden. Die Stadt des Romulus, deren sagenhafter Gründungstag des 21. April 753 v. Chr. noch heute festlich begangen wird, war von einer Mauer umgeben, zu der 3 Tore Zugang gewährten.

Im Zeitalter der Republik war der Palatin ein vom Adel bevorzugtes Wohnviertel. Wir wissen, daß u. a. der Redner Crassus, Quintus Lutatius Catulus, Sieger über die Cimbern, M. Livius Drusus, Volkstribun des Jahres 91 v. Chr., der Politiker und Schriftsteller Cicero, P. Clodius Pulcher, Parteigänger Caesars, der berühmte Redner Hortensius sowie Antonius und Agrippa auf dem Palatin wohnten. Kaiser Augustus wurde hier geboren. 294 v. Chr. erbaute der Konsul Lucius Postumius Megellus den Tempel der Victoria. Dem 204 v. Chr. von Kleinasien nach Rom gebrachten Bild der Magna Mater errichtete man 191 v. Chr. einen [5]*Tempel.*

In der Kaiserzeit veränderte der Hügel Gesicht und Bedeutung. Augustus erwarb 36 v. Chr. das Haus des Hortensius und erweiterte es durch andere Gebäude und Grundstücke. Nahe dem Haus des Augustus erhob sich sein [10]*Tempel des Apoll, von den Dichtern des Zeitalters bewundert und gepriesen. Er enthielt Bildwerke berühmter griechischer Bildhauer, u. a. die Kühe von Myron, Standbilder des Apoll, der Latona und der Artemis, Werke des Skopas, des jüngeren Kephisodot und des Timotheos. Dem Tempel zugeordnet waren 2* [11]*Bibliotheken, eine für*

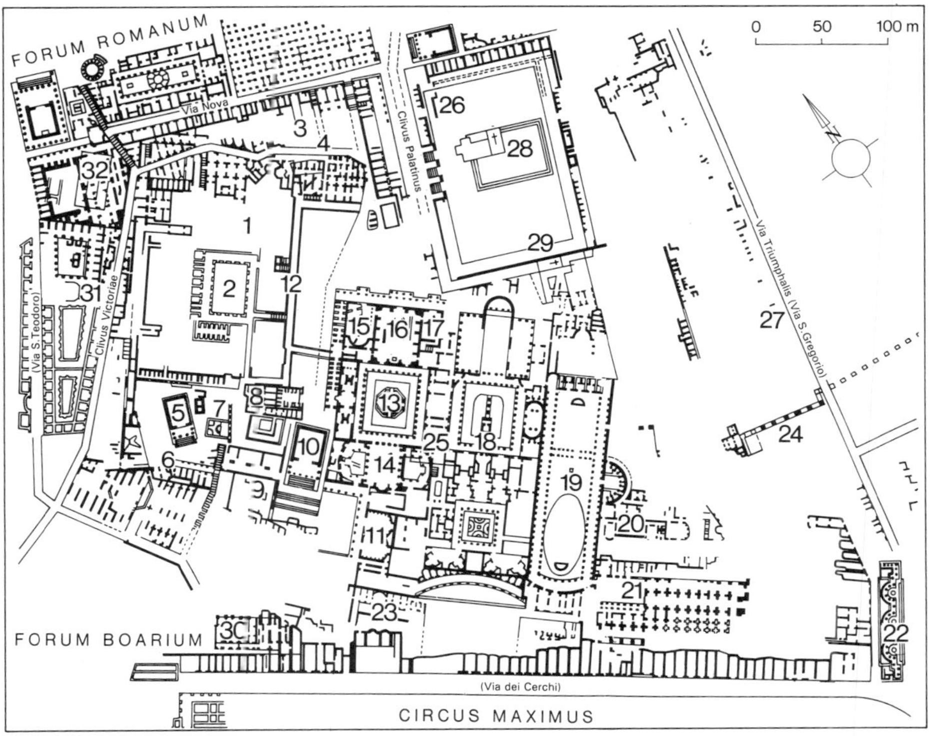

1 Farnesische Gärten; darunter
2 Domus Tiberiana
3 Uccelliera, Ninfeo della Pioggia
4 Casino Farnese
5 Tempel der Magna Mater
6 Archaische Hütten, »Haus des Romulus«
7 Zisternen
8 Haus der Livia
9 Wohnung des Augustus
10 Tempel des Apollo Palatinus
11 Bibliotheken
12 Kryptoportikus
13–17 Domus Flavia
13 Peristyl
14 Triclinium (darunter Domus Transitoria Neros)
15 Basilica (darunter Aula Isiaca)
16 Aula Regia
17 Lararium (darunter Haus der Greifen)
18 Domus Augustana
19 Stadion des Domitian
20 Thermen des Septimius Severus
21 »Domus Severiana«, Substruktionen
22 Septizonium des Septimius Severus
23 Paedagogium
24 Aqua Claudia
25 Antiquarium des Palatin
26 Tempelbezirk Elagabals
27 Vignola-Portal Via S. Gregorio
28 S. Sebastiano al Palatino
29 S. Bonaventura
30 S. Anastasia
31 S. Teodoro
32 S. Maria Antiqua

Palatin. Lageplan

Schriften in griechischer, eine für Werke in lateinischer Sprache. Tiberius erweiterte die alten kaiserlichen Gebäude nicht, sondern errichtete einen von Grund auf neuen Palast, die [2]Domus Tiberiana, auf dem nordwestlichen Teil des Hügels. Im Zentrum des Palatin begann Nero seinen Palast, die [14]Domus Transitoria, die den Palatin mit den Gärten des Maecenas auf dem Esquilin verbinden sollte. Nach dem Brand des Jahres 64 n. Chr. bezog Nero nahezu den ganzen Palatin seinem gigantischen

Plan des Goldenen Hauses ein. Die endgültige Gestalt jedoch gab Kaiser Domitian dem Hügel durch seinen Architekten Rabirius, der alle bisher errichteten Gebäude überbaute, die Niederungen zwischen Palatium und Germalus überbrückte und den Hügel durch Substruktionen erweiterte. Damit wurde ein großes Plateau für den riesigen Palast geschaffen, dessen Glanz zu preisen Martial und Statius nicht müde wurden. Der Name des Hügels ging auf diese Anlage über: Aus der Bezeichnung für beide, Palatium, bildete sich der Begriff Palast.

Obwohl Hadrian gleich Trajan nicht am Palatin Wohnung nahm, erweiterte und erhielt er die Anlage. Erst Septimius Severus betätigte sich wieder als Bauherr, nachdem ein Brand 191 n. Chr. die Gebäude beschädigt hatte. Der Kaiser begnügte sich nicht mit Wiederherstellungsarbeiten, sondern fügte neue Bauten hinzu, für die er am Südosthang weitere Substruktionen errichtete. Auf ihnen stehen die [20]Thermen des Septimius Severus. Der Palast erhielt an der zur Via Appia gewandten Seite eine monumentale Fassade, das [22]Septizonium. Nach der Regierung des Septimius Severus wurde der Palatin an der Seite des Circus Maximus durch Räume für das Hofpersonal erweitert. An der Nordostecke des Hügels errichtete der Kaiser Elagabal (218–222 n. Chr.) einen [26]Tempel des Sol Invictus Elagabalus, der von seinem Nachfolger Alexander Severus in einen Tempel des Jupiter Ultor umgewandelt wurde.

Als Diokletian und Konstantin Rom verließen, schlug die Schicksalsstunde des Palatin. Eine Zeitlang noch galt er als Sitz des Kaisers und seiner Nachfolger: Odoaker und Theoderich d. Gr. nahmen hier Wohnung; die Statthalter des Kaisers von Byzanz residierten in dem verfallenden Palast. Aber im frühen Mittelalter versank der Glanz des Palatin endgültig. In einigen seiner Räume richteten sich christliche Klöster und Kirchen ein. Die Nordostseite bezogen die Frangipani in ihre Festung ein.

Am Ende der Renaissance gewann der Platz wieder das Interesse der großen römischen Familien, die auf ihm Weinberge und Gärten anlegten und sie mit Lusthäusern schmückten. Es entstanden die Gärten der Roncioni, Mattei, Spada, Barberini und als Krönung aller dieser Versuche die von Kardinal Alessandro Farnese zwischen 1542 und 1565 angelegten Gärten, für die Vignola oder Giacomo del Duca die Bauten schufen (das früher gegen das Forum gerichtete [27]Portal jetzt an der Via S. Gregorio).

Gleichzeitig erwachte das erste archäologische Interesse am Palatin, das sich jedoch auf antike Bildwerke beschränkte. Systematische Ausgrabungen begannen erst 1724 auf Veranlassung des Herzogs Francesco I. von Parma-Bourbon. Nachdem man in der 1. Hälfte des 19. Jh. an einigen Stellen des Hügels gegraben hatte, ließ Kaiser Napoleon III., der den bourbonischen Besitz erworben hatte, 1860 umfangreiche Ausgrabungen durchführen, die nach 1870 fortgesetzt wurden und seitdem mit Unterbrechungen bis zum heutigen Tage andauern. Trotz außerordentlicher wissenschaftlicher Bemühungen und zahlreicher glücklicher Entdeckungen kennen wir viele der bedeutendsten Denkmäler des Palatin, deren Existenz durch Schriftquellen verbürgt ist, nicht einmal ihrer Lage nach. Der Hügel der Wölfin und der Kaiserpaläste versank tiefer als andere Zentren des antiken Rom.

Im Forum Romanum führt der breite Clivus Palatinus am Titus-Bogen vorbei und biegt dann rechts ab zur Treppe hin, über die man zu den Resten der [1]**Farnesischen Gärten** gelangt. In den von Vignola um die Mitte des 16. Jh. für Kardinal Alessandro und Herzog Ottavio Farnese entworfenen Gärten verbanden sich Terrassen und kleine Bauten mit einem rechteckig gemusterten Teppich aus geometrischen Blumenbeeten, Waldstücken und Fontänen zu einer großartigen, bühnenmäßig gedachten Gartenarchitektur. Auf der Höhe der dem Forum zugewandten Terrasse steht das in der alten Form wiederhergestellte Vogelhaus ([3]**Uccelliera**), und darunter befindet sich eingebettet in antike Grundmauern ein Gartensaal mit bemalter Decke, in dem die Regenfontäne (**Ninfeo della Pioggia**) Kühlung spendet. Girolamo Rainaldi vollendete die Anlage zu Anfang des 17. Jh. Hier fanden die Tagungen der »Arcadia«, der berühmten literarischen Akademie, zwischen 1693 und 1699 ein Domizil.

Unter den Farnesischen Gärten liegt noch unausgegraben der größte Teil der [2]**Domus Tiberiana**, des Tiberius-Palastes. – Über die Treppe rechts am [4]**Casino Farnese** aufwärts zur Palatin-Terrasse und weiter auf deren dem Kapitol zugewandten Seite nach Südwesten führt der Weg nochmals über eine kleine Treppe auf ein tiefer gelegenes Niveau, auf dem der 204–191 v. Chr. errichtete [5]**Tempel der Magna Mater** steht. Er wurde nach einer Feuersbrunst 111 wiederaufgebaut und 3 n. Chr. von Augustus erneut restauriert. Nur das von Steineichen dicht bewachsene Podium ist erhalten geblieben.

Vor der Tempelfront und den noch sichtbaren Resten des Altars sind 1948 die Fundamente von 3 Hütten freigelegt worden – dort, wo nach literarischer Überlieferung das [6]**Haus des Romulus** stand. Die Reste dieser **Hüttensiedlung** stammen etwa aus der Mitte des

8. Jh. v. Chr., der legendären Gründungszeit der Stadt Rom. Östlich davon fand man 2 archaische [7]**Zisternen.**

Dahinter liegt das 1869 ausgegrabene, verhältnismäßig gut erhaltene sog. [8]**Haus der Livia**, das Bestandteil des Hauses des Augustus (s. u.) war. Das als Architektur wenig ansehnliche Bauwerk, von dem sich ein Atrium und 4 Zimmer erhalten haben, birgt einen Schatz römischer *Wandmalerei* (Farbabb. 10) der Zeit um 30 v. Chr. Auf den Wänden entfaltete der sog. 2. Pompejanische Stil alle Möglichkeiten illusionistischer Wandgliederung und -durchbrechung. Die Maler stellen eine Scheinarchitektur aus weißen Säulen und dunkelroten Feldern vor die Wand. Da die Zimmer nach altrömischer Sitte keine Fenster haben, scheint hellblauer Himmel durch die gemalten Fenster herein. In einen grünenden Hain tritt Diana mit ihrem Gefolge; die verzauberte Io wird von dem hundertäugigen Argus auf Befehl der Juno bewacht, während Merkur als Retter über den Hügel schleicht. Landschaft und Tier leben in einer märchenhaften Welt; die Bilder sind mit einem leichten Pinsel gemalt, weniger auf Präzision und klaren Umriß bedacht als vielmehr Gestalt, Ereignis und Landschaft im Irrealen der Phantasie lassend. Die engen, lichtlosen Räume eines römischen Privathauses öffnen sich einer Welt, die sich zwar der alltäglichen Erscheinungsbilder von Tier und Natur bedient, aber doch nicht der Realität angehört.

Die [9]**Wohnung des Augustus** beschränkt sich jedoch nicht auf das bescheidene Haus der Livia. In Ausgrabungen sind seit 1961 Konstruktionen zutage gekommen, die sich südwestlich des Livia-Hauses bis zum Hang des Palatin hinunterziehen. Die Räume erstrekken sich in einer Breite von etwa 50 m über 2 Terrassen mit dem Blick auf das Tal des Circus Maximus. Während die obere Terrasse stark zerstört ist, zeigt die untere Stuckdekorationen an gewölbten Decken, Wandmalereien, Mosaik- und Marmorfußböden. Bemerkenswert sind die fast völlig erhaltenen Wanddekorationen zweier kleiner intimer Räume am Westende, der eine mit Blumengirlanden zwischen den Pilastern eines Portikus, der andere mit Theatermasken und perspektivischer Scheinarchitektur im 2. Pompejanischen Stil wie die Wandmalereien im Haus der Livia.

Unmittelbar nach Osten anschließend findet sich der [10]**Tempel des Apollo Palatinus**, der von Augustus 28 v. Chr. geweiht wurde. Nur das große Podium von 44 × 25 m und die Reste einer langen Freitreppe vor der Vorhalle sind erhalten. Zum Bezirk des Tempels gehörte auch eine [11]**Bibliothek**, die hinter dem Triclinium der Domus Flavia identifiziert werden konnte. 2 Räume mit halbkreisförmigen Nischenwänden und vorgelagerten Stufen lassen erkennen, daß es sich hier um den griechischen und den römischen Lesesaal handelt. Während die Reste des Apollo-Tempels aus augusteischer Zeit stammen, wurden die Bibliotheksräume von Domitian auf höherem Niveau neu gebaut, nachdem sie dem neronischen Brand 64 n. Chr. zum Opfer gefallen waren.

Ein gut erhaltener [12]**Kryptoportikus** ist eines der charakteristischen Bauwerke des Palatin. Der halb unterirdische, tonnengewölbte Korridor von 130 m Länge verband die verschiedenen Raumkomplexe des Kaiserpalastes. Im Norden begann er bei der Domus Tiberiana, lief bis zum Haus der Livia und erreichte durch einen Nebenarm die

Domus Flavia. Der große, unter Domitian von dem Architekten Rabirius errichtete Palast enthält die Repräsentationsräume der kaiserlichen Residenz. Um ein in Labyrinthform gestaltetes [13]*Peristyl* gruppieren sich im Süden ein Speisesaal ([14]*Triclinium*), eingerahmt von 2 elliptischen *Fontänen*, und hinter der nach Norden schauenden Fassade 3 öffentliche Räume, deren Funktion nicht sicher bestimmbar ist: die [15]*»Basilica«* im Westen (Raum des Staatsrates?), ein [16]*Empfangssaal* in der Mitte, das [17]*»Lararium«* im Osten (Wachmannschaft?).

Neben der westlichen Fontäne des Tricliniums sieht man einen qualitätvollen Fußboden aus Marmorintarsien auf tieferem Niveau, der zu einem Portikus der [14]**Domus Transitoria** des Nero gehörte. Zum gleichen Palast gehörten auch die unter dem Triclinium und Peristyl gelegenen Baulichkeiten: ein langgestrecktes Nymphäum aus Marmor, davor Reste eines Sommertricliniums und Nebenräume mit bemerkenswerten Deckenmalereien,

die sich heute im Antiquarium des Palatin befinden.
Unter dem Lararium besteht noch ein Haus aus republikanischer Zeit, das beim Palastbau einfach überbaut wurde, das nach einer Wandmalerei so benannte [17]**Haus der Greifen (Casa dei Grifi)**. Seine 2 Stockwerke lagen am Abhang, so daß Unter- und Obergeschoß unmittelbar Zugang zum Garten hatten. Das in den letzten Jahrzehnten des 2. Jh. v. Chr. errichtete Haus wurde um die Mitte des 1. Jh. v. Chr. verändert und bei dieser Gelegenheit neu dekoriert. Am Fuß der Treppe links ein stuckbekleideter Raum mit doppelter Wölbung, nur durch eine Dachluke beleuchtet; der Boden zeigt weißes Mosaik mit schwarzen Streifen. Die Wände tragen eine gemalte architektonische Dekoration, die dem Übergang vom 1. zum 2. Pompejanischen Stil angehört. Über einem Sockel mit kleinen Pilastern erheben sich Säulen, hinter denen gemalte Marmorintarsien erscheinen. Ein Fries bekrönt die Dekoration. – Zur Linken der Treppe befindet sich ein Raum mit Mosaikfußboden und kassettierter Stuckdecke. Die Bemalung der Wand wiederholt in vereinfachter Form die Dekoration des ersten Zimmers. Die am besten erhaltene Wandmalerei eines größeren Saales wurde abgenommen; sie befindet sich jetzt im Antiquarium des Palatin. Die Mitte des Fußbodens schmückt ein Emblem aus perspektivisch behandelten Würfeln. – Das letzte Zimmer dieser Reihe, das von einer neronischen Grundmauer durchschnitten ist, zeigt auf der Lünette der Stirnwand auf rotem Grund 2 Greifen mit Akanthusbüscheln, die dem Haus seinen (modernen) Namen gaben.
Von der Basilica der Domus Flavia führt eine Treppe in die sog. [15]**Aula Isiaca**, einen rechteckigen Saal, dessen eine Schmalseite eine Rundapsis hatte. Die ägyptisierenden Malereien stammen aus frühaugusteischer Zeit. Neros Neubauten durchschnitten den Raum und die Architekten Domitians schütteten ihn zu. Ein stark beschädigtes Fresko der Längswand zeigte Bildfelder mit Landschaften und mythologischen Szenen, die von phantasievollen Architekturgliedern eingerahmt waren. Die von der Wand abgelösten Malereien befinden sich jetzt in der Loggia der Villa Mattei in der Domus Augustana.

[18]**Domus Augustana.** Östlich der Domus Flavia liegen die stattlichen Überreste der Wohn- und Repräsentationsräume des kaiserlichen Palastes von Domitian. Große Zimmer und kleinere Verbindungsräume für Durchgang und Aufenthalt wechseln miteinander und gruppieren sich um 2 weite Innenhöfe, deren einer auf der Höhe des Hügels und deren anderer 12 m tiefer liegt. Große Nymphäen und kleine Zimmerfontänen machten in den großen schattigen Räumen das Wohnen im heißen Sommer erträglich. In den Räumen um den oberen Hof war seit dem Beginn des 9. Jh. ein Oratorium, ***S. Cesareo in Palazzo***, eingerichtet. Sie dienten später auch der ***Villa Mattei***, von der noch eine *Loggia* mit Groteskendekorationen des 16. Jh. erhalten ist. Eine 3geteilte Treppe führt in einem grandiosen pfeilergestützten Treppenhaus zum unteren Hof. Während der obere ein großes Wasserbecken (Impluvium) mit einem auf einer kleinen Insel stehenden Tempel, zu dem eine Brücke aus niedrigen Arkaden führte, enthielt, war der untere von einer quadratischen statuengeschmückten Fontäne ausgefüllt. Seine breite, völlig symmetrische Nordwand öffnete sich in einen mittleren quadratischen Saal, der von 2 8eckigen Räumen mit offener Kuppel flankiert wird.

[19]**Stadion des Domitian**. Unmittelbar längs der Ostwand der Domus Augustana liegt das fast 160 m lange sog. Stadion, das im Norden von einer Reihe von Räumen, im Süden von einer halbrunden Mauer geschlossen wird. Den offenen Mittelraum umgab ein Portikus, dessen Pfeilern Halbsäulen vorgelegt waren. Eine große, unter Septimius Severus erneuerte Exedra an der östlichen Langseite, von einer Halbkuppel überwölbt, diente als Loge für den Kaiser und seinen Hof. Das »Stadion« war keine Sportarena, sondern eine Gartenanlage mit Reitbahn vom Typ des sog. Hippodrom-Gartens, der sich in der römischen Gartenarchitektur bis in die Zeit des Barock und Klassizismus erhalten hat.

Unmittelbar anschließend an das Stadion finden sich an der Südostecke des Palatin im Verband der Palastanlage die [20]**Thermen des Septimius Severus**, deren kolossale Unterbauten aus Ziegelmauerwerk Badeanlagen und luftgeheizte Räume trugen. Ein 3 Stockwerke hohes Treppenhaus zeugt noch heute von der Höhe des im übrigen völlig verschwundenen Oberbaus. Am äußersten Ostende bilden die doppelten Ziegelarkaden eine langgestreckte Terrasse, von der man einen weiten Blick über die Stadt und, die Via Appia entlang, bis zu den Albaner Bergen hat. – Vor diesem Teil des Palastes lag das ebenfalls von Septimius Severus erbaute [22]**Septizonium**, eine mit Fontänen geschmückte freistehende Schaufassade aus Marmor, deren letzte Reste unter Sixtus V. 1589 abgetragen wurden, um als Baumaterial für päpstliche Bauvorhaben zu dienen.

In der Mitte der Südwestseite des Palatin liegt auf tieferem Niveau ein domitianisches Gebäude mit bescheidenen Räumen, das man auf Grund von Wandkritzeleien [23]**Paedagogium** nennt; es war offenbar eine Unterrichtsstätte für kaiserliche Sklaven. Unter den in die Wand geritzten *Graffiti* hat besondere Aufmerksamkeit ein »Spottkruzifix« erregt, das einen Mann mit Eselskopf am Kreuze zeigt, der von einem Gläubigen verehrt wird. Die (griech.) Inschrift besagt: »Alexamenos betet seinen Gott an« (heute im Antiquarium des Palatin).

Das [25]**Antiquarium des Palatin** steht auf den Ruinen der Domus Flavia und der Domus Augustana.

Das Gebäude entstand 1868 für einen ***Konvent der Visitantinnen****. Das Kloster wurde mit der* ***Villa Mills****, die der Schotte Charles Mills zu Anfang des 19. Jh. in neugotischem Stil in den Ruinen der Domus Augustana erbaut hatte, 1906 geräumt und bis 1927 abgetragen, mit Ausnahme des Gebäudes, das heute als Antiquarium dient.*

Die hier untergebrachten Funde umfassen Überreste aus allen Epochen und Kulturschichten des Palatin; von früheisenzeitlichen Scherben und Geräten, von republikanischen Wandmalereien bis zu kaiserzeitlichen Skulpturen. Vor allem die *Wand- und Deckenmalereien* des 1. Jh. v. Chr. bis zum 3. Jh. n. Chr. bilden ein wertvolles, prächtiges Ensemble römischer Ausstattungskunst. ●

● **Pantheon (S. Maria Rotonda, S. Maria ad Martyres**; Piazza della Rotonda) G6

Das Pantheon, der großartigste Rundbau des Altertums, ist zugleich das in seinem Grundbestand am besten erhaltene antike Bauwerk Roms.

Marcus Agrippa errichtete 27–25 v. Chr. neben seinen Thermen einen Tempel, der Pantheon, d. h. Heiligtum aller Götter, genannt wurde. Der mehrfach beschädigte und wiederhergestellte Bau brannte 80 n. Chr. nieder. Daraufhin ließ Kaiser Hadrian 118–125 den bestehenden Neubau ausführen und durch die Inschrift über der Vorhalle pietätvoll dem Gründer Agrippa zuschreiben. Während jedoch der Tempel Agrippas ein rechteckiger Bau mit der Front nach Süden war, öffnete sich der Rundbau Hadrians mit einer säulengetragenen Vorhalle nach Norden. 608 schenkte der byzantinische Kaiser Phokas das Bauwerk Papst Bonifaz IV., der hier die Gebeine vieler Märtyrer beisetzen ließ und im folgenden Jahre den Tempel als Kirche S. Maria ad Martyres weihte. 655 befahl Kaiser Constantius II. den Transport der vergoldeten Bronzeziegel des Daches nach Konstantinopel, wo sie aber nie ankamen: die Sarazenen raubten sie; Papst Gregor III. ließ um 735 eine neue Bleiverdachung ausführen. Papst Urban VIII. Barberini ließ 1632 den Bronzebeschlag der Balkendecke in der Vorhalle herausnehmen und aus dem Metall 80 Kanonen für die Engelsburg sowie die Säulen für den Altarbaldachin in der Peterskirche gießen, was Veranlassung zu dem berühmten Pasquill gab: »Quod non fecerunt barbari, fecerunt Barberini«, »Die Barberini taten, was nicht einmal die Barbaren getan haben«. Unter dem gleichen Papst errichtete Bernini an den Enden der Vorhalle 2 Glockentürme, die 1883 abgebrochen wurden.

Das Pantheon hat die Baumeister und Architekturforscher aller Jahrhunderte beschäftigt. Namentlich die Renaissance verdankt ihm zahlreiche Anregungen. Sowohl Bramante wie Michelangelo ließen sich von der Kuppel des Pantheon bei ihren Entwürfen für den Neubau der Peterskirche anregen und beeinflussen.

Seit dem Beginn des 16. Jh. war das Pantheon auch Grabstätte bedeutender Persönlichkeiten. Raffael († 1520) wurde in ihm auf eigenen Wunsch bestattet; ihm folgten Künstler wie Baldassare Peruzzi († 1536), Taddeo Zuccari († 1566), Annibale Carracci († 1609) und im späten 19. und 20. Jh. Mitglieder des italienischen Königshauses: Vittorio Emanuele II, Umberto I, Königin Margherita.

Die Frage nach der kultischen Bestimmung des Tempels ist nicht eindeutig zu beantworten. War er den 7 Planeten als Gottheiten, darunter Mars und Venus als den Stammeltern des julischen Kaiserhauses geweiht? Auch liegt der Gedanke nahe, daß es ein Symbol des Himmelsgewölbes war, in dem die Kup-

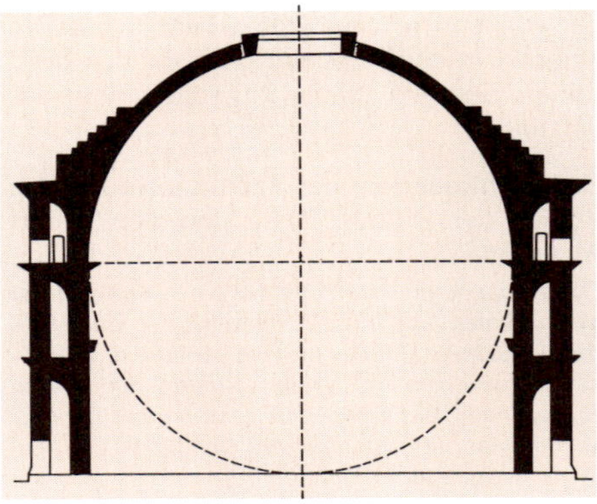

Pantheon. Querschnitt

pel das Himmelszelt und die runde Öffnung in der Mitte die Sonne bedeutet hätte.

Der unbekannte Baumeister verwirklichte seine Idee mit klar erfaßbaren Proportionen und den einfachen Mitteln von Wand, Nische und Kuppelschale. Er umschloß einen Kreis mit einer 6,20 m starken Mauer, die sich innen in abwechselnd halbrunden und eckigen Nischen öffnet. 6 Nischen bleiben unter dem starken Gebälk, das Unter- und Obergeschoß gegeneinander absetzt, während die siebente ebenso wie der gegenüberliegende Eingang mit ihrem Tonnengewölbe in das Obergeschoß hineinreicht. Auf diesem ruht die Halbkugel des Schalengewölbes, das in seiner Mitte eine runde Öffnung von 8,92 m Durchmesser freiläßt. Die Kuppel ist durch Kassetten gegliedert, die sich nach oben verjüngen.

Einfach und übersichtlich wie der Aufbau sind die Größenverhältnisse. Der Kreis des Grundrisses hat einen Durchmesser von 43,49 m; der Innenraum ist 43,49 m hoch. Die Harmonie dieses Verhältnisses wiederholt sich in den Höhenmaßen von Wand und Kuppel, die sich in die Gesamthöhe des Raumes mit je 21,75 m zur Hälfte teilen. Breite und Höhe, Ruhe und Bewegung halten sich die Waage. Die Welt kommt zur Harmonie, bestätigt vom Licht des Himmels, das durch den Ring der Kuppel einfällt und den Raum gleichmäßig erfüllt. Das Streben der römischen Architektur, das plastische Gebilde des griechischen Tempels mit einem gültigen Innenraum zu vereinigen, hat sein Ziel erreicht. Römische Bautechnik auf der Höhe ihrer Entwicklung war Voraussetzung des Werkes. Das überstarke ziegelverkleidete, mit vielen Entlastungsbogen versehene Gußwerk der Außenmauern erlaubte es dem Architekten, die Wand zum Teil bis über die Hälfte ihrer Stärke mit Nischen auszuhöhlen, ohne die gewaltige *Kuppel* zu gefährden. Diese wurde großenteils in jenem gleichen, die Jahrtausende überdauernden Gußwerk (über einem hölzernen Lehrgerüst) hergestellt, das die Römer aus zementartigem Mörtel und kleingehauenen Steinen und Ziegeln gewannen. Marmor und edles Metall schmückten die inneren Wände und bedeckten den Fußboden. Die Kassettendecke war mit vergoldeter Bronze bekleidet. Die Götterbilder traten in die Wandnischen zurück und ließen die Mitte frei.

Das Äußere zeigt heute das unverkleidete, durch kräftige Gesimse gegliederte Ziegelmauerwerk, in dem die großen Entlastungsbogen sichtbar werden. Die Kuppel rundet sich als flache Kalotte. Die Eingangsseite tritt wie eine mächtige Torburg vor. 16 korinthische Granitsäulen mit monolithischen Schäften bilden eine offene, 3schiffige Vorhalle von 15,50 m Tiefe und 33,10 m Breite, deren Rückwand in Nischen die Standbilder des Augustus und des Agrippa aufnahm; dahinter liegen Treppenräume. Aus der Vorhalle führt noch die mächtige, 2teilige Bronzetür in das Innere. Die Säulen tragen ein griechisches Tempeldach. Der Bau wirkt heute gedrückt und scheint in der Erde zu versinken, da sich das Niveau des Platzes im Laufe der Jahrhunderte stark gehoben hat. Zur Erbauungszeit dagegen stieg man auf 5 Stufen zur Vorhalle empor; die davorliegende Piazza della Rotonda war ursprünglich ein viereckiger, von einer Säulenhalle gerahmter Vorplatz, der bis zur heutigen Kirche S. Maria Maddalena reichte. Es existierte also eine Raumfolge, die sich von dem umbauten Vorplatz über die höher liegende Vorhalle zu der Fassade des Kuppelbaus hin steigerte, ohne daß die Kuppel selbst über den Vorbauten in Erscheinung getreten wäre.

Ausstattung. Die farbige Marmorverkleidung der Wände im Erdgeschoß ist antik, die Stuckverkleidung der Oberwand dagegen entstand erst 1747; ihre ursprüngliche Gliederung wur-

Pantheon. Inneres

de an einer Stelle nach alten Zeichnungen wiederhergestellt. Die Vergoldung der Kassetten im Innern der Kuppel ist verschwunden. In Rundnischen und Ädikulen nehmen heute Altäre und Gräber die Stelle der Götterbilder ein.

In der 1. Nische rechts ein Melozzo da Forlì zugeschriebenes Verkündigungsfresko; in der 2. das Grab des Königs Vittorio Emanuele II († 1878). In der 1. Nische links vom Hauptaltar das Grabmal des Kardinalstaatssekretärs Ercole Consalvi († 1824) von Thorvaldsen. Unmittelbar links davon das Grab Raffaels (1483–1520), darüber das von ihm bei Lorenzo Lotti gen. Lorenzetto bestellte Standbild der »Madonna del Sasso«; links eine 1833 aufgestellte Bronzebüste Raffaels von Giuseppe De Fabris. Es folgt das Grabmal König Umbertos I († 1900) und seiner Gemahlin Margherita († 1926). Links von dem darauffolgenden Altar der hl. Agnes ist das Grab des Malers und Architekten Baldassare Peruzzi (1481–1536) und in der letzten, 7. Kapelle fanden Taddeo Zuccari (1529–66), Perin del Vaga (1501–47), Flaminio Vacca (1538–1605) und Arcangelo Corelli († 1713) ihre letzte Ruhestätte.

Der vor dem Pantheon liegende Platz, die Piazza della Rotonda, der 1,30 m höher liegt als sein antiker Vorgänger, trägt heute in seiner Mitte einen 1575–78 von Giacomo della Porta und Leonardo Sormani errichteten **Marmorbrunnen**, auf dem ein ursprünglich aus dem Isis-Tempel des Marsfeldes stammender **Obelisk** steht. Seit der Mitte des 15. Jh. stand der Obelisk auf der Piazza S. Macuto neben der Kirche S. Ignazio, bis ihn 1711 Clemens XI. auf den Brunnen vor dem Pantheon setzen ließ.

F13 **Porticus Aemilia** (Via Rubattino / Via B. Franklin / Via G. Branca)

Auf dem linken Tiber-Ufer südwestlich des Aventin und außerhalb der Servianischen Stadtmauer befand sich seit dem Beginn des 2. Jh. v. Chr. der große Flußhafen Roms, wo die den Fluß von Ostia heraufkommenden Schiffe gelöscht wurden.

Von dem hinter dem Hafen ligenden ausgedehnten Speicherviertel sind nur noch Mauerreste einer 487 m langen und 60 m breiten Markthalle sichtbar, die den Namen Porticus Aemilia führte. 294 Pfeiler gliederten in 7 Reihen den Raum. Die Reste befinden sich in der Via Rubattino, in der Via B. Franklin und parallel zur Via G. Branca. Sie lassen sowohl die Ausdehnung der Halle wie das Alter des in Opus incertum ausgeführten Mauerwerks erkennen, das auf eine Wiederherstellung i. J. 174 v. Chr. zurückgeht. Ursprünglich wurde das Gebäude 193 v. Chr. errichtet.

H8 **Porticus Octaviae** (Via del Portico d'Ottavia)
Die Säulen und Gebälkreste, die heute als Vorhalle der **Kirche S. Angelo in Pescheria** dienen, gehörten zu einer Säulenhalle, die Quintus Caecilius Metellus Macedonicus nach dem Sieg über die Griechen 147 v. Chr. erbaute. Der 2reihige Säulenportikus umschloß die ebenfalls von Metellus erbauten Tempel des Jupiter Stator und der Juno Regina; er war wahrscheinlich das älteste »Museum« Roms, da Metellus hier die aus Griechenland mitgeführten Kunstwerke aufstellte. Augustus erneuerte die Anlage und weihte sie um 23 v. Chr. seiner Schwester Octavia. Der monumentale Eingang zu dem 118 m breiten und 135 m tiefen Portikus bestand aus 2 Reihen von je 4 korinthischen Säulen, flankiert von je 2 Pilastern, über denen sich Gebälk und Giebel erhoben. Dieser heute noch stehende Teil des Bauwerks gehörte zu einem Neubau von Septimius Severus und Caracalla nach der Zerstörung durch einen Brand. Der Eingang wurde freigelegt, als 1878 die Häuser des Ghettos niedergerissen wurden. Die Südostecke der Säulenhalle gegenüber dem Marcellus-Theater wurde 1938/39 ausgegraben.

Ve4 **Sessorium und Nachbarbauten** (Piazza S. Croce in Gerusalemme / Viale Castrense / Via Eleniana)
In der Kirche → **S. Croce in Gerusalemme** und ihrer unmittelbaren Umgebung sind die Reste einer kaiserlichen Palast- und Villenanlage zu sehen, die im Altertum als Residenz der Kaiserin Helena, der Mutter Konstantins, den Namen **Sessorium** (oder **Palatium Sessorianum**) führte.

Die Villa, die an Ausdehnung dem Goldenen Haus Neros oder der Villa Hadrians bei Tivoli vergleichbar ist, wurde vom Kaiser Heliogabalus (218–222 n. Chr.) angelegt. Aus dieser Zeit stammt das *Atrium* des Palastes, eine Halle von 36,46 × 21,80 m und 22,15 m Höhe mit 5 bogenförmigen Eingängen an den Langseiten und rechteckigen Fenstern darüber, die wenige Jahre nach Konstantins Tod (337) in die Kirche umgewandelt wurde. Ihre nördliche Außenwand läßt noch deutlich die Struktur der antiken Halle des Palastes erkennen.

Ebenso gehörte zu den Bauten des Heliogabalus das unmittelbar südwestlich der Kirche gelegene **Amphitheatrum Castrense**, dessen Ve4
südliche Umfassungsmauer in die Aurelianische Stadtmauer einbezogen wurde. Dabei wurden die durch 3 Stockwerke gehenden offenen Arkaden zugemauert. Während das Amphitheater die bescheidenen Ausmaße von 88 × 75,80 m hatte, erreichte eine ebenfalls zur Villa gehörende Rennbahn für Wagenrennen, der **Circus Varianus**, mit 565 × 125 m beinahe die Länge des Circus Maximus. Der Circus wurde beim Bau der Aurelianischen Mauer um 271 n. Chr. durchschnitten und so der Benutzung entzogen. Das innerhalb der Stadtmauer gelegene Ende wurde 1959 auf dem Gelände der Kaserne der Granatieri (Eingang Piazza S. Croce in Gerusalemme 7) ausgegraben. – Auf dem gleichen Gelände steht die Apsis eines anderen zum Palatium Sessorianum gehörenden Gebäudes, das in Zeichnungen der Renaissance ohne zureichenden Grund als **»Tempio di Venere e Cupido«** bezeichnet wird. Dieser Teil des Palastes stammt aus dem Anfang des 4. Jh., also aus der Zeit, als Helena hier residierte.

Der letzte nachweisbare Rest des Sessoriums gehört zu den **Thermen der Helena**, die ausweislich einer noch erhaltenen Inschrift in den Sammlungen des Vatikans von der Mutter Konstantins zwischen 323 und 326 n. Chr. nach einem Brand wiederhergestellt wurden.

Erhalten blieb ein an der Kreuzung von Via Eleniana und Via Sommeiller gelegenes **Wasserreservoir**, das aus der von Alexander Severus (222–235 n. Chr.) angelegten **Aqua Alexandrina** gespeist wurde und ursprünglich aus 12 untereinander kommunizierenden Kammern bestand. Die noch im 16. Jh. sichtbaren Räume der Thermen, die südlich des Wasserreservoirs lagen, sind unter der modernen Bebauung völlig verschwunden.

Thermen

G6 **Agrippa-Thermen** (Via del 'Arco della Ciambella)

Unmittelbar nach Erbauung des Pantheon begann Agrippa 25 v. Chr. südlich davon den Bau der ersten öffentlichen Badeanlage in Rom. Da es vorläufig an Wasser fehlte, begnügte man sich zunächst mit einem Heißluft-Bad (Laconicum). Erst als die ebenfalls von Agrippa erbaute und 19 v. Chr. vollendete Aqua Virgo das Wasser bis zum Marsfeld führte, wurde die bescheidene Anlage zu einem vollen Badebetrieb ausgebaut, den man seit dieser Zeit mit dem Ausdruck *Thermae* bezeichnete. Die mit Statuen, darunter dem »Apoxyomenos« des Lysipp (vgl. Museo Pio-Clementino im Vatikan), geschmückten Bäder, die den Bereich vom Largo di Torre Argentina bis zum Pantheon einnahmen, wurden mehrfach durch Feuer beschädigt und wiederhergestellt, das letzte Mal unter Constantius und Constans 344/345 n. Chr. Die einzigen von außen sichtbaren Reste finden sich in der Via dell'Arco della Ciambella. Es sind die Pfeiler und der Kuppelansatz einer runden Halle des ***Warmbades***, die sich etwa in der Mitte der gesamten Badeanlage zwischen den modernen Straßen Via dei Cestari und Via di Torre Argentina befand.

Caracalla-Thermen (Via delle Terme di Caracalla) ● KL12–14

Die Caracalla-Thermen waren das großartigste Stadtbad Roms. In der Vielfalt des Grundrisses und dem Wechsel der Räume, in der Wirkung von Perspektive und Staffelung, in Wand- und Raumbildung, in der Kühnheit der Wölbungen wie in der Gruppierung aller Räume an 2 Achsen war die Anlage in architektonischer und technischer Hinsicht ein Meisterwerk, das in der abendländischen Architektur bis zum Ausgang des Barock vorbildlich wirkte.

Der 212 n. Chr. begonnene Bau wurde 216 von Caracalla eröffnet. Unter Aurelian, Diokletian und Theoderich erfolgten Restaurierungen. Noch im 6. Jh. waren die Bäder in Gebrauch. Erst als die Goten 536 die Aqua Marcia und damit die Wasser-

1 Alte Eingänge
2 Apodyterium, Aus- und Ankleideraum
3 Palaestra, Sporthof
4 Laconicum, Schwitzbaderaum
5 Caldarium, Warmwasserbad
6 Tepidarium, Abkühlraum
7 Sog. Basilica: Frigidarium, Kaltwasserbad
8 Natatio, Freischwimmbecken

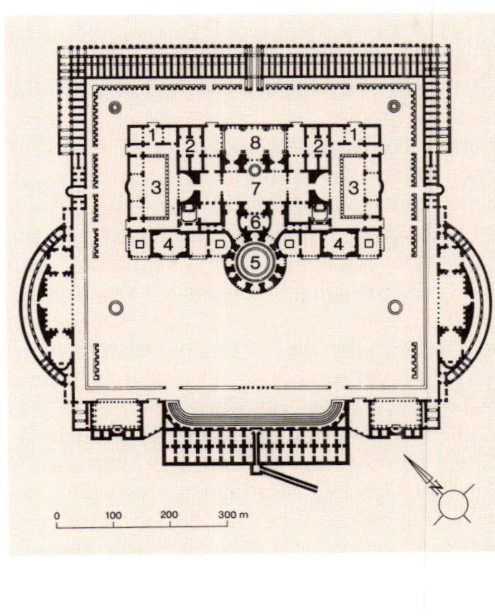

Caracalla-Thermen. Grundriß

zufuhr abschnitten, wurde die Anlage zwecklos und verfiel. Bei dem Erdbeben von 847 stürzten die Gewölbe ein.

Die großen Stadtbäder der Kaiserzeit dienten in gleicher Weise dem Baden, der Gymnastik, der Muße und der Volksbildung. In den Caracalla-Thermen waren zwei Drittel des umbauten Raumes für das Bad bestimmt, während ein Drittel dem geselligen Leben vorbehalten war. Der Besucher ging in den Gartenanlagen spazieren, entkleidete sich im Apodyterium, hielt sich im Schwitzraum auf, erholte sich von der Schwitzkur im Caldarium und dem mäßig erwärmten Tepidarium, ließ sich im Frigidarium durch ein kaltes Bad erfrischen und durfte dann dieses Wechselbad je nach Neigung und Bedürfnis wiederholen. Wer die Bäderfolge bestanden hatte, konnte im Schwimmbecken seine Kräfte üben oder im Wettkampf messen, im Dampfbad eine Erkältung vertreiben und auf den Terrassen ein Sonnenbad nehmen. Palästren standen für gymnastische Übungen, für Ringen und Boxen bereit. Ein halbiertes Stadion und Sandplätze warteten auf die Läufer und Diskuswerfer. Buffets und Restaurants luden zum Essen und Trinken ein. Clubräume boten Gelegenheit zu Gespräch und Spiel. In den Bibliotheken stand Literatur bereit, in den Vortragssälen sprachen Redner vor einer kommenden und gehenden Zuhörerschaft. Wer einkaufen wollte, fand Läden und Büros. Ein unterirdisches Mithräum bot Gelegenheit, die Gottheit zu verehren und das Spiel im Kult zu beschließen.

Grundriß und Aufbau. Der Architekt der Caracalla-Thermen entsprach diesen komplizierten Forderungen, indem er in Grundriß und Aufbau das vorbildliche Muster abwandelte, das Apollodorus in den Trajans-Thermen entworfen hatte. Als Grundfläche diente ein fast quadratisches Rechteck von 337 × 328 m. Dieses von einer Mauer eingefaßte Geviert umschloß Gartenanlage und Sportplätze. An die Umfassungsmauer lehnten sich rechts und links des Eingangs Säulenhallen mit ***Läden*** und ***Büros***. Im Osten und Westen öffnete sich die Mauer in flachen Exedren, die ***Gymnastikräume*** und ***Vortragssäle*** enthielten. In der Mitte der Südwestseite befand sich ein großes, ca. 80000 l fassendes ***Wasserreservoir***, das von der Aqua Antoniniana, einem Nebenarm der Aqua Marcia, gespeist wurde. Rechts und links davon lagen die ***Bibliotheken***.

Frei im Geviert der Mauer stand das mächtige ***Badehaus***, das alle jene vom römischen Badeprogramm geforderten Räume enthielt. Der Baukomplex war nach Sonne und Wind ausgerichtet; so liegt das Caldarium nach Südwesten, um von Mittag bis Abend der Sonneneinstrahlung ausgesetzt zu sein.

Etwa 1500 Menschen konnten gleichzeitig baden; eine Vielzahl anderer hatte währenddessen die Möglichkeit, die anderen Einrichtungen zu benutzen. Die Raumphantasie entfaltete einen verschwenderischen Reichtum der Muster und Formen. Im Grundriß wechselten Quadrate, Längs- und Breitrechteck, Kreis, Halbkreis und Vieleck. Aus einem Längssaal gelangte der Besucher in einen Querraum, dieser entließ ihn in einen Zylinder, der wiederum an ein vieleckiges Gebilde angrenzte. Wer diese komplizierte Raumfolge wölben konnte, mußte ein genialer Konstrukteur sein: Kuppel, Halbkuppel, Tonne, Halbtonne, Kreuzgewölbe gaben jedem Raum den ihm gemäßen Abschluß. Die Caracalla-Thermen sind wahrscheinlich das erste Bauwerk der Welt, in dem alle diese Gewölbeformen neben- und miteinander existierten. Der Wandaufbau stand in der Vielfalt und im Wechsel hinter Grundriß und Wölbung nicht zurück. Rundnischen höhlten sich in die massiven Backsteinmauern, Säulenstellungen traten vor die Wandfläche. Schließlich variierten die Baderäume auch in der Höhe: Zwar waren zahlreiche der aufeinanderfolgenden Räume gleich hoch, unterschieden sich jedoch in der Grundfläche, so daß der Höheneindruck von Raum zu Raum wechselte.

Das konstruktive Mauerwerk, das heute als Backsteinruine vor uns steht, war ursprünglich mit Marmor, Mosaiken und Fresken verkleidet. Statuen schmückten die festlichen Räume; wir kennen die »Flora«, den großen »Herkules« und den »Farnesischen Stier«, die heute im Museo Archeologico Nazionale in Neapel aufbewahrt werden. Monumentale Zweckarchitektur, große Malerei und Skulptur verbanden sich zu einem gemeinsamen Werk, das auf den ersten Blick verwirrend

Caracalla-Thermen. Inneres (Rekonstruktion nach Blouet)

wirken mochte. Jedoch verlor sich die Vielfalt nicht in Unordnung, sondern diente einem übergeordneten Plan, der die mannigfaltigen Räume des Badehauses streng an die Quer- und Längsachse der beherrschenden Grundfigur band.
Die Beheizung der gewaltigen Anlage erfolgte durch Warmluft, die von einem zentralen Ofen aus in die Fußböden und Wände geleitet wurde.
Die bis zum 2. Stockwerk erhaltenen ***Ruinen*** umschreiben nicht nur den gesamten Grundriß, sondern geben vor allem eine Vorstellung von der Wölbungskunst. Zusammen mit den Grünanlagen bilden sie heute einen romantischen Bezirk der Ruhe, der zugleich eine faszinierende Größe ausstrahlt.

Diokletians-Thermen (Piazza della Repubblica) LM4
Die Diokletians-Thermen, die größten Roms (Grundriß → S. 204), bedeckten eine Grundfläche von ca. 380 × 370 m Seitenlänge. Der 298 von Diokletian begonnene Bau wurde nach der Abdankung des Kaisers 306 vollendet. Die Anlage folgte den großen Vorbildern der Trajans- und Caracalla-Thermen, vergrößerte aber deren Ausmaße.
Papst Paul IV. schenkte die im Mittelalter verfallenen und als Steinbruch benutzten Gebäude dem Kartäuserorden, der von Michelangelo in den Ruinen die Kirche → **S. Maria degli Angeli** erbauen ließ. In anderen Teilen der Thermen wurden Kreuzgänge und Klostergebäude eingerichtet. Einen entfernt liegenden

Rundbau an der Piazza S. Bernardo, ursprünglich die Nordwestecke des Umfassungsbaus der Thermen, wandelte man im
L4 16. Jh. in die Kirche → **S. Bernardo alle Terme** um. Eine ziemlich unverfälschte Vorstellung von der ursprünglichen Konstruktion gibt die 1928 als ***Planetarium*** eingerichtete *Sala di Minerva* (heute Ausstellungsraum des Museums [s. u.]; Via Romita 8), die einen schönen Kuppelraum bewahrt. Großartige Eindrücke von den ehem. Thermensälen bieten die Räume des 1889 geschaffenen → **Museo Nazionale Romano**, der zentralen staatlichen Sammlung für griechische und römische Kunstwerke. Die dem Museum dienenden ***Thermengebäude*** mit ihrem Backsteinmauerwerk verbinden sich harmonisch mit der Klosterarchitektur der Renaissance. Die antiken Räume haben zum großen Teil ihre monumentalen Gewölbe bewahrt. Rechteckige Säle wechseln mit Rundräumen, mächtigen Apsiden und offenen Höfen.

[Ve4] **Helena-Thermen** (Via Eleniana) → S. 130.

M8 **Trajans-Thermen** (Parco Oppio; Via delle Terme di Traiano)

Nachdem Neros Goldenes Haus 104 n. Chr. niedergebrannt war, ließ Trajan im gleichen Jahr noch über den Ruinen ein Thermengebäude aufführen, das 109 in Betrieb genommen wurde, gleichzeitig mit der Aqua Traiana, die das Wasser vom Bracciano See nach Rom brachte. Architekt war Apollodorus von Damaskus, einer der größten Baumeister seiner Zeit, der die Raumordnung ägyptischer Tempelbezirke ebenso gut kannte wie den Plan des römischen Legionslagers. Allerdings dürfte das Konzept des Hauptgebäudes mit der Ausrichtung der Räume auf eine Symmetrieachse, an der die Hauptbäder liegen, in der → Domus Aurea selbst schon vorgebildet gewesen sein.

Die Trajans-Thermen wurden als mauer- und hallenumfriedete Gesamtanlage ebenso wie in der Disposition des Badegebäudes zum Prototyp der römischen Thermenbauten, dem man fortan bis zum Ende der Kaiserzeit mit mehr oder weniger großen Abwandlungen folgte; vgl. die → Caracalla-Thermen.

Die der Unterhaltung und dem kulturellen Leben dienenden Räume waren in der Einfriedung untergebracht. Als Reservoir diente eine ***Zisterne*** mit 9 untereinander verbundenen Wasserkammern, die im Mittelalter ***»Sette Sale«*** genannt wurde und noch beinahe unversehrt jenseits der Via delle Terme di Traiano liegt. Von den Thermen selbst blieben nur einige hohe Mauerfragmente des ***Badehauses*** und des ***Umfassungsbaus*** erhalten, die verstreut in der Parkanlage des Colle Oppio stehen. Die Exedra an der Südwestecke des Umfassungsbaus gilt fälschlich als Bibliothek.

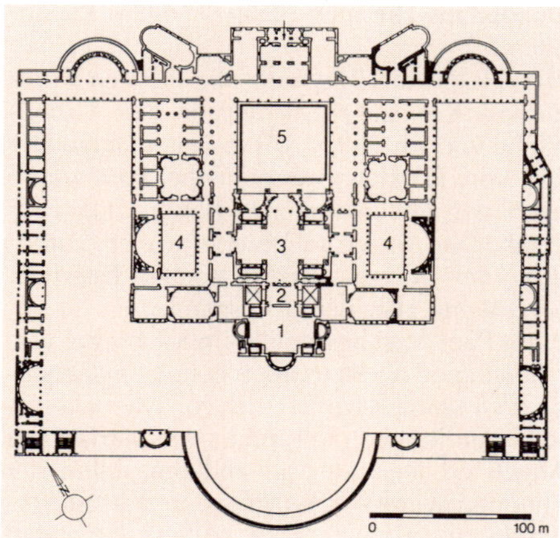

1 Caldarium, Warmwasserbad
2 Tepidarium, Abkühlraum
3 Frigidarium, Kaltwasserbad
4 Palaestra, Sporthof
5 Natatio, Schwimmbecken

Trajans-Thermen. Grundriß

● Via Appia Antica

/d6 -g9 *Die Via Appia ist die wichtigste der römischen Konsularstraßen. Der Zensor des Jahres 312 v. Chr., Appius Claudius Caecus, ließ sie anlegen und über die Albaner Berge hinaus bis Capua führen. Um 190 v. Chr. wurde sie über Benevent und Tarent bis zum Hafen von Brindisi fortgeführt und damit eine direkte Verbindung Roms mit dem Südosten Italiens geschaffen. Nach dem Niedergang des Römischen Reiches verfiel sie völlig und blieb bis zur Instandsetzung durch Papst Pius VI. Braschi gegen Ende des 18. Jh. praktisch unbenutzbar.*

Das Zwölftafelgesetz von 450 v. Chr. hatte Totenbestattungen innerhalb der Stadt verboten (s. S. 108). So entstanden Grabanlagen auch an den großen Ausfallstraßen, von denen die Via Appia den Charakter einer »Gräberstraße« verhältnismäßig gut bewahrt hat.

Die Straße beginnt mitten im heutigen Stadtzentrum, am Ende des Circus Maximus, wo in der Servianischen Mauer die Porta Capena stand. Nach dem Mauerbau Aurelians lag ihr erstes Stück in der Stadt. Dieser »tractus urbanus« sind der heutige Viale delle Terme di Caracalla und die Via di Porta S. Sebastiano.

Die ersten Grabstätten an dieser Straße findet man schon zu beiden Seiten an der Via di Porta S. Sebastiano, darunter das → **Grab der Scipionen**.

Durch die Porta Appia (Porta S. Sebastiano) folgt die Straße dem Abhang des »Clivus Martis« und überquert hinter der Eisenbahnbrücke den Almone (auch Marrana della Caffarella), in dem alljährlich die Priester der Magna Mater das Kultbild der Göttin wuschen. – Etwa 250 m weiter steht an der Abzweigung der Via Ardea-
'd6 tina nach rechts die kleine **Kirche Domine quo vadis? (S. Maria in Palmis).** Der Legende nach soll dem Apostel Petrus hier auf der Flucht aus Rom Christus begegnet sein, der auf die Frage Petri, wohin er denn wolle, antwortete: »Ich komme, um mich nochmals kreuzigen zu lassen.« Worauf Petrus beschämt umkehrte und in der Stadt den Märtyrertod erlitt.

Kurz hinter »Domine quo vadis?« zweigt links bei einer kleinen Kapelle die Via della Caffarella ab, die am Hang der Marrana entlang
/e6 zum 1 km entfernten sog. **Tempio del Dio Redicolo** führt. Die Überlieferung will, daß er der Gottheit errichtet wurde, die Hannibal zum Rückzug gezwungen habe. Der würfelförmige Bau aus gelben und roten Ziegeln mit

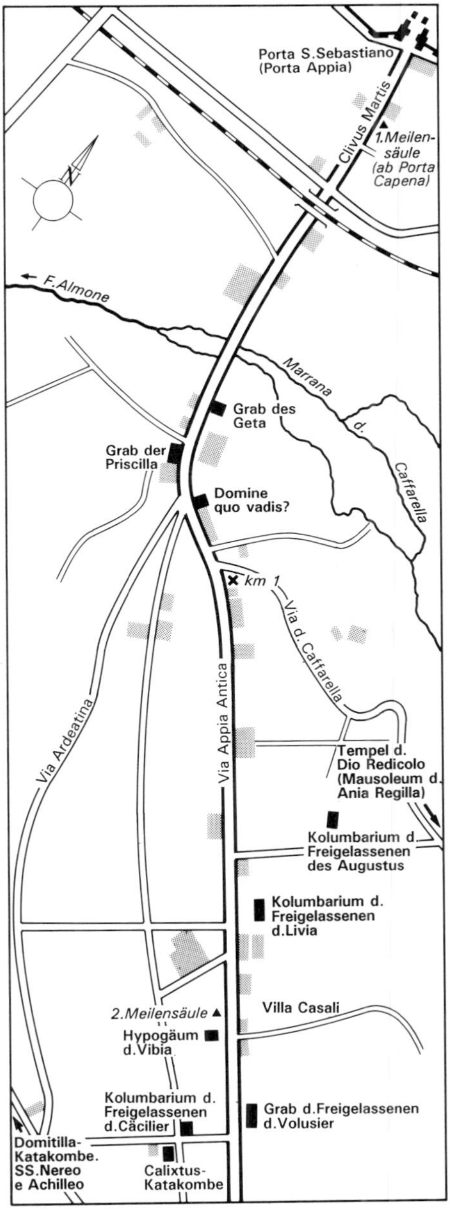

Via Appia Antica

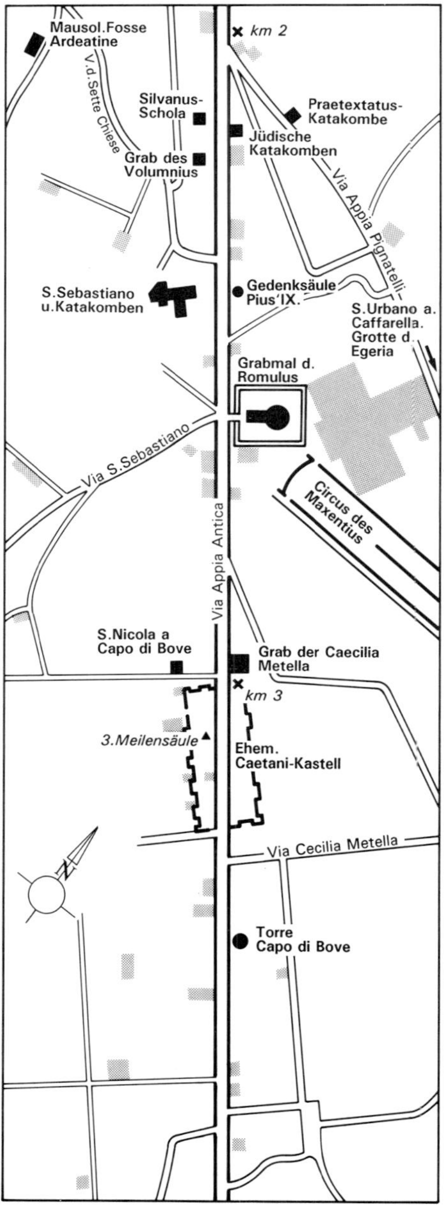

Via Appia Antica

einer reichen, feinen Dekoration aus Formsteinen ist dagegen nur ein **Mausoleum** des 2. Jh. n. Chr., das Herodes Atticus seiner Frau **Annia Regilla** errichten ließ, um sich von dem Verdacht des Gattenmordes zu reinigen. Ähnlich wie dieses vorzüglich erhaltene Bauwerk muß man sich einen großen Teil der Gräber an der Via Appia vorstellen.

Hinter der kurzen Steigung der Via Appia ist rechts bei der Villa Casali (Nr. 103) der Eingang zum **Hypogäum der Vibia**, das reizvolle Malereien mit Bezug auf Jupiter Sabatius, Hermes Psychopompos u.a. enthält.

600 m weiter (Nr. 110) befindet sich rechts der Eingang zur → **Calixtus-Katakombe**. Vd

Nach weiteren 100 m gabelt sich die Straße; links zweigt die Via Appia Pignatelli ab, die kurz vor 1700 von Innozenz XII. als Verbindung zwischen der Appia Antica und der Appia Nuova angelegt wurde. - Via Appia Pignatelli 1: Eingang zur **Praetextatus-Katakombe**, Ve7
in der u.a. der hl. Quirin und die Leidensgenossen der hl. Cäcilie begraben waren (nicht öffentlich zugänglich). – Etwa 700 m weiter zweigt von der Via Appia Pignatelli links eine Stichstraße zur **Kirche** → **S. Urbano** Ve7
alla Caffarella ab, die abgelegen über dem Almone-Tal steht. – Unterhalb der Kirche, am Hang zum Almone, liegt idyllisch hinter Dornengestrüpp die (fälschlich so benannte) **Grotte der Egeria**, ein antikes **Nymphäum** in der Villa des Herodes Atticus. (Die wahre Grotte der Egeria, die der Sage nach den König Numa Pompilius beraten hat, lag vermutlich am Caelius.)

An der Via Appia Antica, Nr. 119a, links der Eingang zu den **jüdischen Katakomben**, einem der Friedhöfe der volkreichen jüdischen Kolonie Roms, die vor allem an der Porta Capena und in Trastevere wohnte.

200 m weiter mündet rechts der Vicolo (Via) delle Sette Chiese, der zur → **Domitilla-Katakombe** Vd
mit der Basilika **SS. Nereo e Achilleo**
(Nr. 282) und den **Fosse Ardeatine** mit dem Vd
Erinnerungs- und Grabmal für die am 24. März 1944 an dieser Stelle erschossenen 335 italienischen Geiseln führt; das bronzene Gitter mit symbolischen Dornen gestaltete Mirko Basaldella; links über dem Eingang eine eindrucksvolle Statuengruppe – »Die Märtyrer« – des Bildhauers Francesco Coccia (1950).

Gleich hinter der Einmündung des Vicolo del-

Ve7 le Sette Chiese liegt (Nr. 135) die **Kirche → S. Sebastiano** mit ihren Grabanlagen und Katakomben. – Ihr gegenüber eine **Gedenksäule** für die Erneuerungsarbeiten an der Via Appia unter Pius IX., 1852.

In der Senke das **Grabmal des Romulus** (gest. 309), des Sohnes Kaiser Maxentius', in einem weiten, ehemals von gewölbten Hallen umgebenen quadratischen Hof. – Dahinter (Via Appia Antica 149) erstrecken sich bis zur Appia Pignatelli die gewaltigen Ruinen des
Ve7 1970–80 erschlossenen **Circus des Maxentius**, erbaut 309, der mit einer Länge von 482 m und einer Breite von 79 m in 10 Sitzreihen 18000 Zuschauer fassen konnte. Auf der Spina stand der Obelisk des Domitian, der heute auf der Piazza Navona Berninis Vier-Ströme-Brunnen krönt.

Nach kaum 300 m folgt links das weithin
Ve7 sichtbare → **Grab der Caecilia Metella** (Abb. S. 110). – Gegenüber steht unter den Pinien die Ruine einer kleinen schmucklosen gotischen Kirche, **S. Nicola a Capo di Bove**.

Hinter der Abzweigung der Via Cecilia Metella nach links beginnt das malerischste und an Denkmälern reichste Stück der Via Appia Antica, das sich über etwa 4 km bis zum Casal Rotondo erstreckt. Bis auf kleine Abweichungen läuft die Straße schnurgerade über den Höhenrücken zwischen der Fossa dell'Acqua Santa im Osten und den Nebentälern der Marrana di Grotta Perfetta nach Südosten und gewinnt in der Ferne, allmählich ansteigend, die Höhe der Albaner Berge. Rechts und links öffnet sich der Blick in die römische Campagna. Im Osten liegen hinter der Via Appia Nuova und den Ruinen der Aqua Claudia die neuen Wohnviertel mit der Kuppel von **S. Giovanni Bosco** (1953–58 von Gaetano Rapisardi) und die Cinecittà. Zum Meer hin erstreckt sich das sanfte Hügelland der Marranen.

Die **Torre Capo di Bove**, 100 m hinter der Via Cecilia Metella, der turmartige Kern eines Grabbaus, diente 1855 als einer der Endpunkte der geodätischen Basis entlang der Via Appia, auf der das gesamte Vermessungsnetz Italiens beruht.

Rechts und links der Straße stehen einige Grabkerne von beachtlicher Höhe; dazwischen liegen die Fragmente von bescheideneren Grabstätten, Kammergräber mit architek-

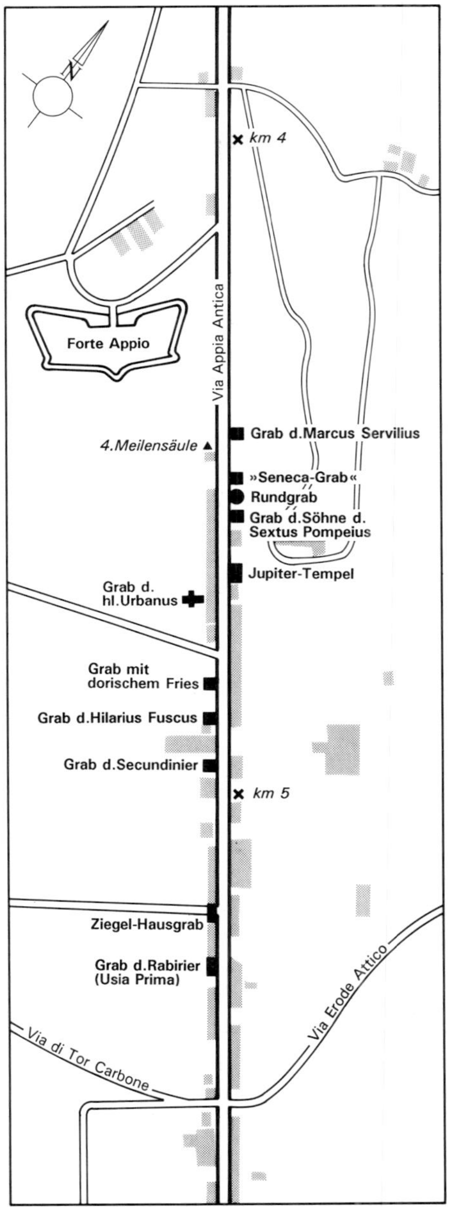

Via Appia Antica

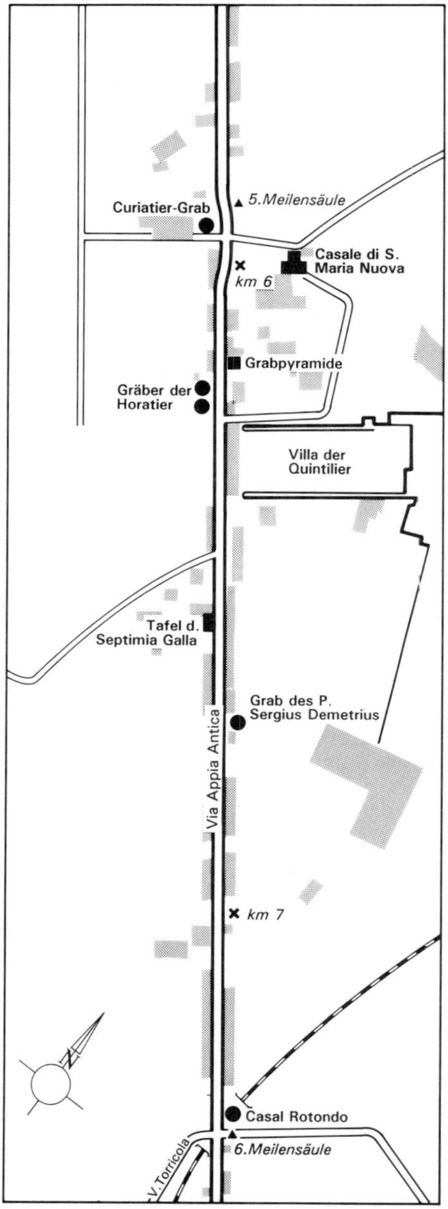

Via Appia Antica

tonischer und ornamentaler Gliederung, einzelne Grabsteine und von einem Grabbau das Relief mit einem heroisch-nackten Soldaten ungefähr 1 km rechts hinter der Torre Capo di Bove. Dahinter erinnert links die Inschrift vom **Grab eines Marcus Servilius**, umgeben von eingemauerten Fragmenten, an die Bemühungen Canovas, gegen die Gewohnheit der Zeit die Grabungsfunde an Ort und Stelle zu konservieren, statt sie in Museen zu bringen. Vor den beiden Häusern links ein großes Rundgrab mit eingemauerten Friesfragmenten, in dessen Grabkammer 2 Sarkophage in situ stehen. – Ein Stück weiter links das **Grabmal der Söhne des Sextus Pompeius** mit einer langen Versinschrift.

Der große Ziegelkern rechts hinter der Via dei Lugari wird als das **Grab des hl. Urbanus** angesehen. Im Mittelalter erhob sich auf ihm der Turm der Borgiani. – Rechts ein ebenfalls aus Fragmenten aufgebautes **Grab mit dorischem Fries** aus Tuff, dann das **Grab des Hilarius Fuscus** (die 5 Porträtbüsten nicht zugehörend) und das **Grab der Secundinier**, die zur Gens Claudia gehörten. – Hinter der Via degli Eugenii rechts die rückwärtige Hälfte eines Hausgrabes aus Ziegeln mit feiner architektonischer Gliederung und reichen Gesimsen. – Unmittelbar dahinter das restaurierte **Grabmal der Rabirier** mit 3 Reliefbüsten, von denen die Usia Prima durch Inschrift und Attribute als Isis-Priesterin gekennzeichnet ist.

Wahrscheinlich hier, im Gebiet der Kreuzung der Via Appia mit der Via Erode Attico (links) und der Via di Tor Carbone (rechts), zwischen der 4. und 5. Meilensäule von der Porta Capena, hatten die Goten i. J. 536 ihr festes Lager für die Belagerung Belisars in Rom.

Auf den nächsten 500 m ist die Zahl der bedeutenden Denkmäler gering; bemerkenswert sind indes die *Inschriftensteine*, unter ihnen die kleine **Tafel des Marcus Valerius Caro** und seiner Frau Valeria Spes, die ein kleines Jagdrelief trägt, ferner ein paar grobe Gewandstatuen.

Die Straße weicht dann älteren Monumenten aus, zu denen rechts ein großer Tumulus mit einem Tuffsockel gehört. Er galt als das **Grab eines der Curiatier**, der in dem berühmten Duell zwischen den Horatiern und den Curiatiern im Krieg zwischen Rom und Alba (7. Jh.

v. Chr.) fiel. – Schräg gegenüber liegt an einem Feldweg der **Casale di S. Maria Nuova**, ein burgartiger Bau, der in und über Ruinen aus hadrianischer Zeit errichtet wurde.

Unmittelbar dahinter bezeichnet ein gewaltiger pyramidenförmiger Grabkern den An-
Vf9 fang des Geländes der **Villa der Quintilier**, die im Osten bis zur Appia Nuova reichte. Ihre mächtigen Backsteinruinen heißen im Volksmund »Roma vecchia«. – Die Brüder Maximus und Condinus Quintilius, gebildete Großgrundbesitzer, Verfasser von mehreren Traktaten über die Landwirtschaft, wurden von Kaiser Commodus verfolgt und umgebracht. Die Villa wurde konfisziert und bis zum 4. Jh. mehrfach vergrößert und restauriert. An der Via Appia liegt der große Komplex eines ***Nymphäums*** neben einem ***Hippodrom*** und einem ***Wasserreservoir***. Das Nymphäum wurde im 15. Jh. zu einer Burg umgebaut. Die reichen Statuenfunde aus der Villa der Quintilier stehen heute z. T. in den Vatikanischen Museen.

Gegenüber der Grabpyramide liegen rechts der Straße im Kranz von Pinien und Zypressen 2 große Tumuli, die als die **Gräber der Horatier** angesehen werden. In ihrer Nähe wurde nach der Überlieferung Ciceros Freund Titus Pomponius Atticus begraben.

Von hier ab bis zum Casal Rotondo interessieren nur ein paar Inschriften zwischen den weitverstreuten Steinblöcken, die den feierlichen Ernst und die dekorative Eleganz der römischen Schrift besonders schön manifestieren. – Rechts die Reste des **Grabes der Supsifanier**, die wahrscheinlich aus Nordafrika stammten. Die seltsamen Zeichen in der Grabschrift sind römische Zahlzeichen; sie nennen den Betrag von 27000 Sesterzen, den das Grab gekostet hat. Dahinter die ganz schlichte **Tafel für Septimia Galla**, links schließlich der zerbrochene **Stein des Publius Sergius Demetrius**, eines Weingärtners im Velabrum.

g9 **Casal Rotondo**, am Ende der 6. Meile, war ein zylindrisches Grabmal wie das der Caecilia Metella. Sein Kern stammt aus republikanischer Zeit; in der Kaiserzeit wurde es erweitert und mehrmals restauriert. Ein Teil der Travertinverkleidung mit Sockel und Gesims ist an der Vorderseite rekonstruiert worden. Heute steht auf seiner Plattform ein geräumiges Bauernhaus mit einem Garten und Ölbäumen. – Von einem anderen **Grab**, einem teilweise geschlossenen Monopteros, hat Luigi Canina Architekturfragmente mit Masken und Friesen zusammengestellt. Aus dem Stück einer Inschrift mit dem Namen Cotta schloß man, daß Messalinus Cotta, ein Advokat und Literat der Zeit des Augustus, das Grab für seinen Vater **Messala Corvinus** herrichten ließ.

Hinter Casal Rotondo kreuzt die Appia eine Bahnlinie; rechts geht die Via Torricola ab, links führt eine Straße zur Appia Nuova.

Die Reihe der Grabmäler wird hier immer spärlicher. Meist liegen nur große Quader und Architekturfragmente zu beiden Seiten im Gras. Gelegentlich findet man Inschriften, wie die Grabschrift des **Publius Quinctius**, eines Militärtribunen der XVI. Legion, oder des **Sergius Svettius Demetrius**.

1,3 km hinter Casal Rotondo erhebt sich links auf einer hohen Grabpyramide die **Torre Selce** (Pflasterturm), die im 12. Jh. aus Bruchstücken des antiken Basaltpflasters errichtet wurde. Danach finden sich wieder einige Grabschriften, z. B. der Stein mit der langen Inschrift des **Caius Attilius Euhodus**, eines Goldschmieds von der Via Sacra.

Bei den Resten eines großen Zylindergrabes fällt die Straße zu einem flachen Tal ab, wo sie von der Außenringstraße gekreuzt wird. Dahinter folgen in weiten Abständen einige guterhaltene Grabstätten, links die mit Nischen und Pilastern gegliederte Ziegelfront eines 2stöckigen Grabes, rechts ein gewaltiger Tumulus mit großen Tuffquadern. 300 m abseits steht rechts auf einer Höhe die halbverfallene **Torre Rossa**, ein zinnengekrönter »Sarazenenturm« des 12./13. Jh. aus rötlichen Tuffsteinen. – Hinter der **Grabtafel des Marcus Pompeius** und einem mit Gestrüpp bewachsenen umfangreichen Grabzylinder findet man rechts auf einem freien Platz Stümpfe und Trümmer grober dorischer Säulen, die ein offenes Quadrat mit je 6 Säulen an den Seiten bilden. Sie heißen **Säulen des Herkules** und sind vielleicht die Reste eines Herkules-Tempels Domitians, von dem man weiß, daß er an der Via Appia 6 Meilen von Alba und 8 Meilen von Rom entfernt gestanden hat.

Rechts folgen die Reste des **Grabmals des Quintus Cassius**, eines Unternehmers, der mit

Marmor handelte; weiter links die Front eines zierlichen **Ziegelgrabes**, in dem **Quintus Verannius**, Legat Neros in Britannien (gest. 62 n. Chr.), beigesetzt wurde. Hinter diesem Grab steht links in der Wiese der **Torraccio di Palombaro (»Berretta di Prete«)**, ein turmartiger, überkuppelter Rundbau mit 4 in der Mauerstärke liegenden Apsiden, der im 10. Jh. als ***Kirche S. Maria Madre di Dio*** eingerichtet wurde und deshalb so gut erhalten ist.

100 m weiter endet die Asphaltstraße an der Abzweigung der Via di Fioranello nach rechts zur Via Ardeatina und der Via dell'Aeroscalo nach links zum nahen Flughafen Ciampino. Die Via Appia ist von hier ab nur noch ein von Steinbrocken übersäter Landweg, der schnurgerade die einsame Ebene der Campagna durchzieht; trotz der Nähe der Appia Nuova und des Ciampino eine Strecke von großem Reiz und bezaubernder landschaftlicher Schönheit mit dem freien Blick auf Castel Gandolfo, den Monte Cavo und Frascati.

In weiten Abständen wird die Straße von großen Monumenten flankiert. 400 m hinter der Kreuzung lag rechts die **Villa des Kaisers Gallienus** (253–268), von der außer niedrigen Mauerzügen nur das kaiserliche **Mausoleum** erhalten ist. Es war ein 2geschossiger Rundbau aus Ziegeln, an dessen Untergeschoß die äußere und innere Nischengliederung gut zu erkennen ist. Vom oberen Stock stehen nur noch Mauerpfeiler mit Nischen. – Hier, am Ende der 9. Meile, ca. 12,6 km von der Porta Capena, befand sich die Mutatio ad nonum, die erste Poststation der Via Appia, bei der die Pferde gewechselt wurden.

300 m weiter endet bei einem hohen Tumulus auf quadratischer Basis das Stadtgebiet von Rom; ein gutes Stück weiter, bei einem guterhaltenen Grabhügel auf einem Quadersockel, hat ein Bach sein Bett quer durch die Pflastersteine der toten Straße gegraben. Vor der Kreuzung der Via Appia mit der Bahnlinie Rom–Terracina erhebt sich links noch einmal ein großes Zylindergrab mit der ursprünglichen Bekrönung durch einen Tumulus. Hinter der Bahn steigt die Trasse der Via Appia langsam an. Die Höhe markiert ein mittelalterlicher Wachtturm auf dem Kern eines Pyramidengrabes. Unmittelbar dahinter vereinigt sich die Via Appia Antica mit der verkehrsreichen Appia Nuova beim Ort Frattócchie.

Sakralbauten

K7 **S. Agata dei Goti** (Via Mazzarino 16; Eingang: Via Panisperna 29)

In den Wirren des 5. Jh. – der Völkerwanderung, der Bedrohung Italiens durch die Hunnen und der Plünderungen Roms durch die Germanen 410 und 455 – stiftete der suebische (gotische) Heermeister Rikimer, die einflußreichste Persönlichkeit im Westen des zusammenbrechenden Imperiums, 462 die arianische Kirche, die 470 (?) wohl dem Christus Salvator geweiht wurde. Dem Machtanspruch, die Politik Roms zu bestimmen – Rikimer hatte 461 Libius Severus zum Kaiser erhoben –, entsprach der Bautypus der 3schiffigen Basilika mit antiken Granitsäulen in der Nachfolge konstantinischer Bauten. Unter dem Einfluß östlicher Basiliken vergrößerten sich jedoch seit der Mitte des 5. Jh. die Jochbreiten der stadtrömischen Sakralbauten (vgl. S. Pietro in Vincoli); als Maß fand der byzantinische Fuß anstelle des römischen Verwendung. Unter Gregor d. Gr. wurde der katholische Kult, vielleicht nun erst unter dem Patronat der hl. Agata, um 592 eingeführt.

Trotz Francesco Ferraris Fassade und Atrium von 1729 und älterer Umbauten der Barockzeit vermittelt das Innere von S. Agata dei Goti noch den Eindruck eines frühchristlichen Baues. Aus dem 12. oder 13. Jh. erhielten sich das *Ziborium* des Hochaltars und Reste des *Fußbodens* in Cosmatenarbeit. Die Fresken des 17. Jh. von P. Gismondi im Mittelschiff mit der Legende der hl. Agathe und die Decke von 1633 überdecken nicht völlig die Struktur des Baues. Im linken Seitenschiff das Wandgrabmal des Kardinals Carlo Bichi († 1718) von Carlo de Dominicis.

S. Agnese in Agone (Piazza Navona) ●

1652 begannen Girolamo und Carlo Rainaldi die Kirche, eine Stiftung des Papstes Innozenz X. aus dem Hause Pamphili, aber bereits ein Jahr später übernahm Borromini den im Grundriß festgelegten Bau. Die bestehende Fassade ist im wesentlichen sein Werk; er hat die von den Rainaldis schon vorgesehenen Türme dabei weiter auseinandergerückt. Ab 1657 führte C. Rainaldi, der Sohn, den Bau zu Ende. F6

Die Kirche steht über den Fundamenten des Domitian-Stadions (→ Piazza Navona), der Legende nach an dem Platz, an dem die hl. Agnes 259 oder 304 ihren Märtyrertod fand und wo seit dem 8. Jh. eine Kultstätte der Heiligen bezeugt ist. Eingeschlossen zwischen Palazzo Pamphili und Collegio Innocenziano, beherrscht sie die westliche Langseite der Piazza. Ihre mit Säulen ausgezeichnete, von einer Attika abgeschlossene Frontmitte zwischen den

S. Agnese in Agone und die Fontana dei Fiumi auf der Piazza Navona

Türmen schwingt konkav zurück, die Ädikula des Hauptportals leicht vortreten lassend. Beherrschende Motive des Fassadenprospekts sind die zentrale *Kuppel* und die baldachinartigen *Glockentürme,* die sie flankieren. Die gliedernden Doppelpilaster des Tambours finden in den doppelten Rippen der Kuppelschale optisch ihre Fortsetzung. Eine säulenumkränzte Laterne bekrönt den monumentalen und doch nicht lastenden Aufbau.

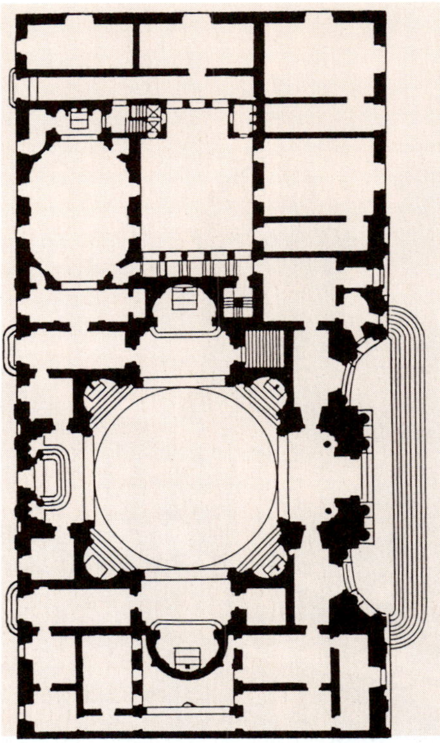

S. Agnese in Agone. Grundriß

Der Grundriß bildet ein griechisches Kreuz, jedoch mit Anräumen, die im Inneren eine Längstendenz andeuten, ohne sie wirklich in Erscheinung treten zu lassen. Zwischen den mit Marmorsäulen akzentuierten Kreuzarmen vermitteln breite, abgeschrägte Pfeilerzonen mit je einer Altarnische. Ein solcher Kirchentypus mit Elementen aus Zentral- und Längsbau, mit Doppelturmfassade und Kuppel, wirkte stilbildend auf die Architektur nördlich der Alpen.

Die Ausstattung prunkt mit üppiger Marmor- und Bilderpracht. Das *Kuppelgemälde* (Verherrlichung der hl. Agnes) hat 1670 Ciro Ferri begonnen, 1689 Sebastiano Corbellini vollendet. Die 4 Kardinaltugenden in den Eckzwickeln malte G. B. Gaulli 1667–71. – Die Altarreliefs und -skulpturen (von rechts nach links, beginnend in der 1. Pfeilernische): Tod des hl. Alexius (G. F. Rossi); Die hl. Agnes in den Flammen (E. Ferrata); Steinigung der hl. Emerentia (E. Ferrata und L. Reti); am Hochaltar Hl. Familie mit Heiligen (D. Guidi); Martyrium der hl. Cäcilie (G. Peroni und A. Raggi); Hl. Sebastian (P. P. Campi), eine veränderte antike Statue (?), 1719; Hl. Eustachius (M. Cafà). Hoch über dem Eingang das Grabmal Innozenz' X. von G. B. Maini, 1729.

S. Agnese fuori le Mura und **S. Costanza** (Via Nomentana 349; Eingang Via S. Agnese)

Der frühchristliche Komplex an der Via Nomentana besteht aus 3 Zentren: dem Grab der Märtyrerin Agnes in einer Katakombe unter der heutigen Kirche S. Agnese, den nach 1954 freigelegten Resten einer Umgangsbasilika des 4. Jh. und schließlich der Kirche S. Costanza, Mausoleum der ältesten Tochter Kaiser Konstantins.

S. Agnese

Hohe, noch heute sichtbare Substruktionen stützen die Apsis der nur in Resten erhaltenen ***Basilika***, welche die Kaisertochter Constantina auf einem kaiserlichen Landgut (Suburbanum) zwischen 337 und 351 zu Ehren Christi und der in der benachbarten Katakombe beigesetzten Märtyrerin Agnes gestiftet hat. Mit über 98 m Länge und 40 m Breite gehörte dieser Bau aus Opus listatum, d. h. einem abwechselnd aus Ziegel- und Tufflagen geschichteten Mauerwerk, zu den größten Umgangsbasiliken (vgl. SS. Marcellino e Pietro, S. Sebastiano, Basilika von Tor de' Schiavi); seine Seitenschiffe führten in einem weiten Bogen um das halbrund abschließende Mittelschiff – eine funktionelle Form, denn die Gemeinde nahm in den Seitenschiffen an Prozessionen teil und erlebte von hier aus Totenmahl und Eucharistie. Rechteckige Fenster in den Außenwänden und ein großes Rundfenster im Scheitel der Apsis sorgten für eine helle Beleuchtung des gesamten hallenartigen Raumes, im Gegensatz etwa zu → S. Sebastiano. Vor der Basilika lag ein Atrium, in das eine breite, zum Heiligengrab im Norden führende Treppe mündete. Im Inneren der Basilika fanden im Zuge des ausgreifenden Märtyrerkults während des 4. Jh. zahlreiche Bestattungen statt.

Im frühen 7. Jh., etwa 625–630, kam es daneben zum bestehenden 3schiffigen ***Neubau*** über dem Grab der Märtyrerin. Oft restauriert und im Sinn neuer Zeitstile ergänzt, erhielt er 1603 freistehende Seitenkapellen, 1614 einen Altarbaldachin und 1855 die Dekoration des Triumphbogens.

Man betritt S. Agnese entweder vom Säulenhof des Klosters aus über eine 1590 erbaute *Marmortreppe* (an den Wänden Funde aus den Katakomben und die Inschrift, die Papst Damasus I. [366–384] am Grab der hl. Agnes hatte anbringen lassen) oder von der Nordseite (Via S. Agnese) her.

Die früheste Bauphase der Kirche und ihre Ausstattung zeigen, wie sehr Rom im 7. und 8. Jh. unter byzantinischem Einfluß stand: Dem Beispiel von → S. Lorenzo fuori le Mura folgend, ist der östliche Typus der Emporenbasilika aufgegriffen worden. 16 antike Säulen tragen die Arkadenbogen; im Emporengeschoß ist diese Ordnung einfacher wiederholt; darüber lockern Rundbogenfenster die Wandflächen auf. Die reichgeschmückte Holzdecke stammt von 1600. Das Mittelschiff ist verhältnismäßig schmal und hoch, anders als in S. Lorenzo fuori le Mura, S. Clemente und SS. Giovanni e Paolo; die Konstruktion ist vielteiliger. Schließende Wandflächen hat nur die Apsis, in der sich der steinerne *Bischofsstuhl* und Teile der ursprünglichen Porphyr- und Marmorverkleidung des 7. Jh. erhalten haben, dazu das von Papst Honorius I. in ● Auftrag gegebene *Mosaik:* Vor goldenem Grund erscheint die hl. Agnes mit dem Schwert, geschmückt mit himmlischen Sternen und dem Vogel aus der Auferstehungslehre des Paulus. Die Hand Gottes krönt die Märtyrerin, an deren Seiten die Päpste Honorius und Symmachus stehen. Durch die bis dahin ungewöhnliche Hervorhebung einer einzelnen Heiligengestalt wurden die imperialen, in Christus den triumphierenden Herrscher feiernden Bildmotive konstantinischer Zeit an dieser Stelle abgelöst und der Gläubige persönlich angesprochen, wie es der Epoche nach Justinian entsprach. So äußert sich auch hier, wie im Rückgriff auf den Bautypus der Emporenbasilika, die geänderte weltanschauliche Situation und der byzantinische, über Ravenna vermittelte Einfluß.

Auf dem Altar steht die *Statue der hl. Agnes* von N. Cordier, der 1610 einem antiken Alabastertorso den Kopf, die Hände und das Gewand in vergoldeter Bronze hinzufügte. Neben dem Altarziborium (1614) einer der für die römische Kunst des 13. Jh. typischen *Osterleuchter,* die von den Zeitgenossen als Hinweise auf das Himmlische Jerusalem der Apokalypse verstanden wurden. – In der 2. Kapelle links ein Marmorbrustbild Christi, das früher Michelangelo zugeschrieben wurde.

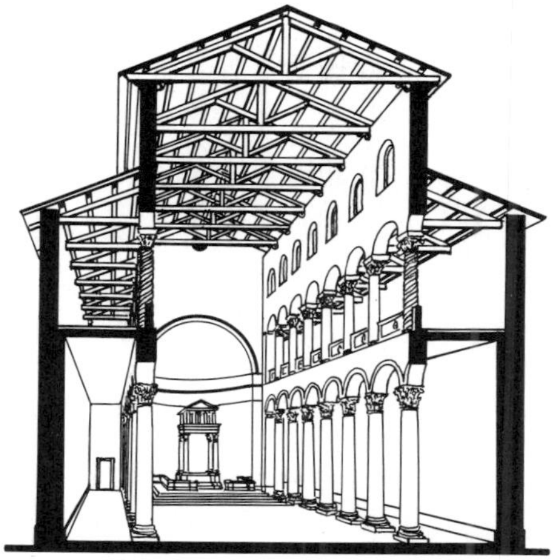

S. Agnese fuori le Mura (Rekonstruktion)

Vom linken Seitenschiff aus gelangt man zur **Katakombe der hl. Agnes.** Sie teilt sich in eine Region des 3. und eine des 4. Jh.; in letzterer sind 2 Gruppen von Grabgalerien gut erhalten geblieben.

S. Costanza ● Ve2

Der Wunsch, sich des Schutzes und der Fürbitte der Märtyrer zu versichern, bedingte die Suche nach Begräbnisplätzen in den Memorialbasiliken oder in ihrer unmittelbaren Nähe. Aus diesem Grund ließ Constantina am südlichen Querschiff der Basilika S. Agnese das eindrucksvolle, weitgehend erhalten gebliebene Mausoleum errichten, in dem sie 354 und wenig später auch ihre Schwester Helena beigesetzt wurden. S. Costanza wurde im 6. Jh. als Baptisterium, seit 1254 als Kirche benutzt. Die Barockisierung von 1620, der die Mosaiken und Marmorinkrustationen zum Opfer fielen, wurde ihrerseits 1938/39 rückgängig gemacht.

Der Bau steht zwar in der Tradition der römischen Rundmausoleen des 3. Jh., doch zeichnen ihn grundlegende Neuerungen aus. 3 konzentrische Kreise strukturieren die Grund-

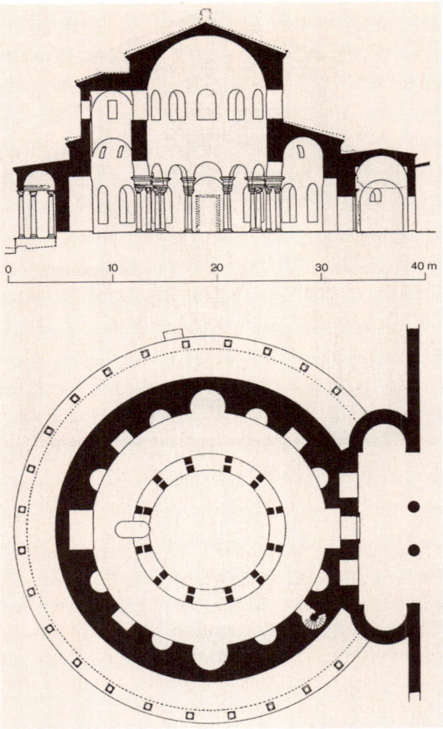

S. Costanza. Schnitt und Grundriß

rißdisposition: eine das Mausoleum außen umlaufende offene Halle und im Innern ein Umgang um einen überkuppelten runden Mittelraum von 22,5 m Durchmesser. Wichtig dabei: die Nischen im Mauerkern als Gestaltungselemente. Dieser Typus des Rundbaus mit Kuppel und Umgang tritt hier, soweit man weiß, zum ersten Mal auf. Das gleiche gilt für die kämpferartigen Architravblöcke, welche die 24 Säulen des Zentrums zu Paaren zusammenbinden. In der Kombination eines Nischensystems mit einem zentralen, durch eine Stützenreihe ausgegliederten Hauptraum ist ein wesentlicher Schritt zur Entwicklung der mittelalterlichen Architektur getan worden; der Vergleich mit dem 3 Jahrzehnte älteren Mausoleum an SS. Marcellino e Pietro verdeutlicht die Bedeutung der Neuerungen. Der differenzierten Struktur der Raumaufteilung entspricht die Beleuchtung: Während große Fenster des Obergadens den Zentralraum hell beleuchten, fällt nur wenig Licht in den Umgang. Dementsprechend tragen die äußeren Säulen des Umgangs kleinere (Spolien-)Kapitelle, die inneren größere. Verbreiterte Interkolumnien sowie größere und höhere Rechtecknischen markieren die Hauptachse des Baues, entsprechend der Blickführung des Besuchers, der das Mausoleum von der Agnes-Basilika her durch eine Vorhalle mit einer Apsis an jeder Schmalseite betreten konnte. In der Nische gegenüber dem Eingang, die ein turmartiger Aufsatz hervorhebt, stand wahrscheinlich der heute in den Vatikanischen Museen aufbewahrte prachtvolle, riesige Porphyrsarkophag der Constantina, den hier eine Kopie ersetzt.

Von der verschwenderisch reichen Ausstattung mit Mosaiken und Inkrustationen vermitteln die (weitgehend rekonstruierten) *Mosaiken* in den Tonnengewölben des Umgangs und in den Apsiden der Querachse eine Vorstellung. Im Umgang erscheinen in ausgedehntem Rankenwerk auf opakweißem Grund Vögel und Putten bei Ernte, Weinlese und Kelter. Ranken und erntende Putten gehören zu der zeitgenössischen Bilderwelt in Grabkammern und an Sarkophagen, auch dem Sarkophag der Constantina selbst, sind also einem Mausoleum nicht fremd. Ursprünglich aus dem Kult des Weingottes Dionysos stammend, symbolisieren sie den Zyklus von Tod und Wiedergeburt. Andere Gewölbefelder zeigen auf weißem Grund Pflanzen, Früchte, Lorbeerzweige und Getreidegarben, dazu Vögel und Tafelgerät. Diese Motive lassen sich einerseits als Hinweise auf die in der Antike beliebten Totenmahle bei Gedächtnisfeiern deuten, andererseits sind sie Gleichnis der Fülle von Glück und Fruchtbarkeit in der jenseitigen Welt. Hier erscheint im Gewölbescheitel ein Metallgefäß, an dessen Rand 2 Tauben sitzen, die Nachahmung eines berühmten hellenistischen Mosaiks aus Pergamon. In christlicher Deutung konnte die Taube als Allegorie der dürstenden Seele verstanden werden.

Das bedeutende Mosaik der linken Nische der Querachse zeigt Christus auf dem Paradiesberg mit den 4 Strömen in der Haltung eines römischen Kaisers bei einer Ansprache (Adlocutio; vgl. das Relief des Konstantins-

S. Costanza. Christus mit Petrus und Paulus. Apsismosaik der linken Nische

Bogens) zwischen Petrus und Paulus, denen er eine Rolle mit der Aufschrift »DOMINUS PACEM DAT« (»Der Herr gibt den Frieden«) überreicht. Die Dattelpalmen am Bildfeldrand lassen sich als »Bäume des Lebens« deuten, die Gebäude daneben und die Lämmer als Symbole der Juden- und Heidenkirche, denen Christus erscheint. Das Bild des zwischen den Apostelfürsten stehenden Christus entstand vermutlich in konstantinischer Zeit durch die Übernahme von Szenen der kaiserlichen Triumphalkunst, es bedeutete die Verkündigung eines neuen Zeitalters. Aus diesem Bereich stammt auch das Motiv des Mosaiks der rechten Querachsennische: Christus übergibt Petrus den Schlüssel. In Anlehnung an Darstellungen des auf dem Globus thronenden Kaisers erscheint hier Christus zum ersten Mal auf der Weltkugel sitzend – der stehende und der thronende Christus der Apsismosaiken von S. Costanza ergänzen einander und führen die Herrschaft Christi und in ihm die Parusie des Gesetzes Gottes vor Augen.

Die nach alten Zeichnungen rekonstruierten Themen der Mosaiken in der Kuppel greifen den Gedanken der Errettung der Menschheit in einem neuen, glücklichen Zeitalter auf, indem eine in spätantiker Tradition wurzelnde Motivwelt von Meereswesen beschworen wird, denen ein Zyklus von Rettungsszenen des Alten und des Neuen Testamentes folgt. Eine wesentliche Ergänzung dieses Bildprogramms bildet der Mosaikschmuck des turmartigen Anbaus der Hauptnische, die den Sarkophag der Kaisertochter umfing: Christus zwischen den Aposteln thronend, umgeben von Symbolen der Himmelsstadt, die auf die Apokalypse und das zukünftige Reich Gottes verwiesen.

S. Agostino (Piazza S. Agostino) F5

Seit 1286 waren die Augustinereremiten im Besitz eines Grundstücks an dieser Stelle, später eines Klosters. Der französische Kardinal Guillaume d'Estouteville veranlaßte 1479–83 einen Neubau der Kirche. Architekten waren wahrscheinlich Giacomo da Pietrasanta und Sebastiano Fiorentino. 1756–63 erneuerte Luigi Vanvitelli den Innenraum, nachdem er 1746 die Sakristei hinzugefügt hatte. Wandmalereiausstattung 1855/56 von Pietro Gagliardi.

S. Agostino. Jacopo Sansovino: Madonna del Parto

● Die Fassade ist der wenige Jahre zuvor vollendeten Schauseite von S. Maria del Popolo, der ersten römischen Kirche des Ordens, eng verwandt, bildet jedoch deren Elemente im Sinne der fortschreitenden Renaissance reicher aus. Die Gliederung durch vertikale Pilaster und die Überhöhung des breiten Mittelteils spiegelt auch hier den Querschnitt des Inneren wider. Jedoch sind die Wandflächen durch gerahmte Rechteckfelder belebt und damit zugleich Mitte und symmetrische Seitenteile stärker variiert. Oberhalb des über die ganze Fassadenseite sich erstreckenden Horizontalgesimses stellt beiderseits eine prachtvoll ausgebildete Volute die Verbindung zu der überhöhten, von einem Giebel bekrönten Mitte her – ein Motiv, das in der Fassung an Il Gesù in die Jesuitenarchitektur und darüber hinaus weltweit in die barocke Baukunst übernommen worden ist.

Überraschenderweise öffnet sich hinter dieser Renaissancefassade ein Innenraum, dessen Aufbau eher einer spätromanischen Kirche gleicht. In dem schmalen, hohen Mittelschiff der 3schiffigen Basilika mit Querhaus trennt ein massiver Wandstreifen die rundbogige Arkadenzone vom Obergaden, dessen Wandflächen in jedem Joch 2 Rundbogenfenster durchbrechen. Die Einwölbung des Langhauses folgt dem gebundenen System, d. h. 1 Joch des Mittelschiffs faßt beiderseits je 2 Joche der Seitenschiffe zusammen. Wie in Ordenskirchen häufig schließen sich dem Langhaus kurze Reihen von Nebenkapellen an. Man könnte auch die beherrschende Vierungskuppel als Element romanischer Architektur ansehen; jedoch ist sie als erste in Rom über kreisrundem Grundriß errichtet, was sie zusammen mit der schönen Wölbung und der Bedeutung für den Gesamtraum als eine Schöpfung der Renaissance von entwicklungsgeschichtlicher Bedeutung ausweist.

Unter der reichen Ausstattung finden sich Meisterwerke ersten Ranges: Rechts des Mittelportals in einer Muschelnische die von schwangeren Frauen hochverehrte *»Madonna del Parto«* von Jacopo Sansovino (1518–21), ● eine Gruppe, in der frührömische Menschenbilder verwandelt wiederzukehren scheinen. – Am 3. Pfeiler links der *Prophet Jesaja* von ● Raffael (1511/12), der in diesem Werk Michelangelos Propheten in der Sixtinischen Kapelle zum Vorbild nahm. Das Fresko wurde von Daniele da Volterra schon 1555 restauriert. Darunter die zugehörige Marmorgruppe der *»Anna selbdritt«* von Andrea Sansovino. – In der 2. Kapelle am rechten Seitenschiff eine Kopie der »Madonna della Rosa« von Raffael, deren Original in Loreto gestohlen wurde. – Im rechten Querhausarm ein Altarblatt (Hl. Augustinus u. a.) von Guercino. – Das byzantinische *Madonnenbild* auf dem 1626 bis 1628 (nach Entwurf G. L. Berninis?) errichteten Hochaltar wird von der Tradition dem hl. Lukas zugeschrieben. – In der Kapelle links des Hochaltars das Grab der hl. Monika, der Mutter des hl. Augustinus. – In der folgen-

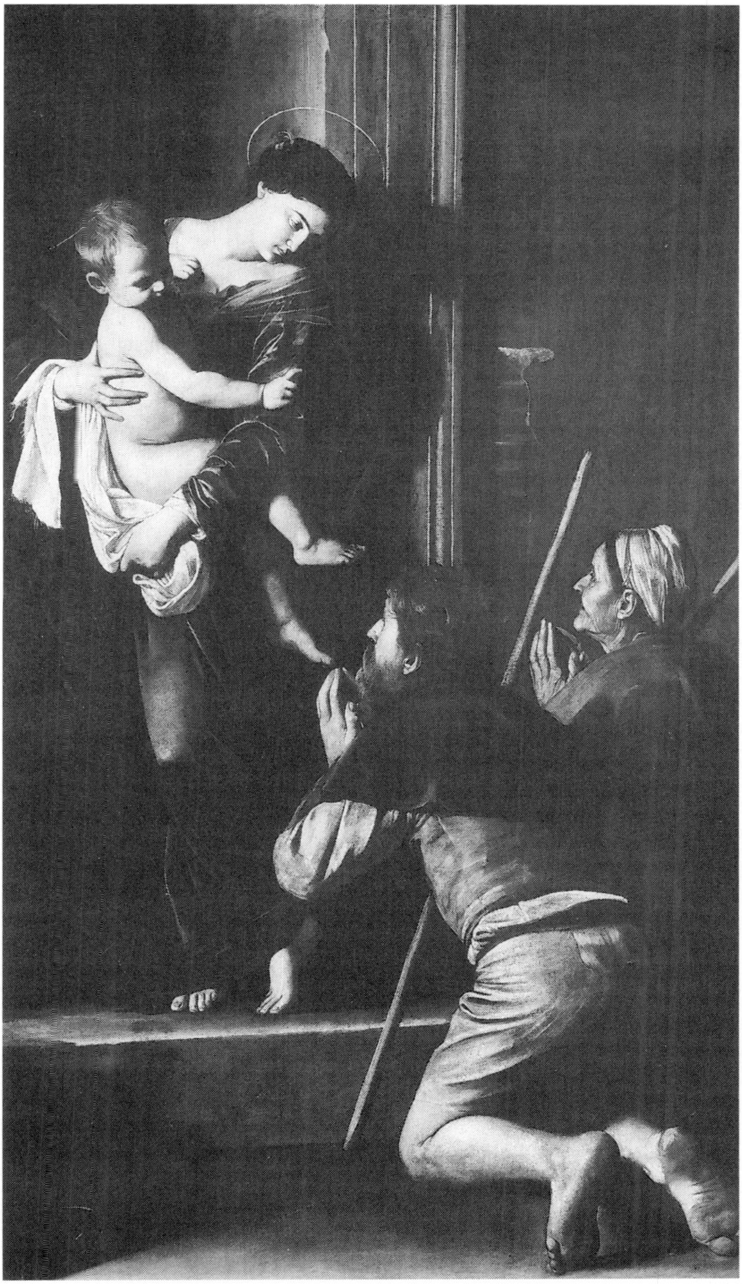

S. Agostino. Caravaggio: Madonna dei Pellegrini

den Querhauskapelle mehrere Ölbilder von Giovanni Lanfranco. – Auf dem Altar des linken Querhauses eine Statue des hl. Thomas von Villanova, die von M. Cafà begonnen und von Ercole Ferrata vollendet wurde. – In der 1. Kapelle am linken Seitenschiff die *»Madonna dei Pellegrini«* von Caravaggio (um 1605), der hier mit einfachen Mitteln außerordentliche Wirkungen erzielt: Reliefhafte Zuordnung der wenigen Figuren und starke, durch Licht und Schatten unterstützte Bewegung, strenger Aufbau der Komposition und krasser Realismus in den Pilgergestalten (die wegen allzu großer Naturnähe des Details bei den Zeitgenossen Anstoß erregten) steigern sich gegenseitig. (Abb. S. 149.)

Die ***Sakristei*** birgt die *4 Kirchenväter* von Isaia da Pisa, die früher auf dem Grab der hl. Monika standen. Die *»Kreuzigung«* stammt von L. Capponi (15. Jh.).

Rechts der Kirche liegt die 1614 gegründete **Biblioteca Angelica** (Piazza S. Agostino 8), die zahlreiche kostbare Handschriften (z. T. aus dem 9. Jh.) und Inkunabeln besitzt.

GH11 **S. Alessio** (**SS. Bonifacio ed Alessio**; Piazza S. Alessio / Via di S. Sabina)

Der 1744–50 durch Tomaso de' Marchis errichtete Neubau von S. Alessio auf dem höchsten Punkt des Aventin besitzt noch das *Cosmatenportal* einer in der Nähe der Kaiserpfalz Ottos III. gelegenen und 1217 geweihten Vorgängerkirche. Außerdem erhielten sich von ihr die bemerkenswerte ***Krypta***, der ***Campanile*** sowie im Chor 2 *Cosmatensäulen* und Teile des inkrustierten Marmorbodens mit der Grabplatte des Lupo da Olmedo († 1433). 1852–60 wurde die Kirche durchgreifend restauriert und ausgemalt. – **Kreuzgang** von 1582.

[G3/4] **SS. Ambrogio e Carlo** (Via del Corso 437) → S. 156.

I10 **S. Anastasia** (Piazza S. Anastasia)

Die Legende bringt die Kirche mit Anastasia, der Tochter des Constantius und Stiefschwester Konstantins d. Gr., in Verbindung, doch ist eine Gründung, wahrscheinlich über der für Rom ungewöhnlichen Grundrißfigur eines griechischen Kreuzes, erst für die Zeit des Papstes Damasus I. (366–384) belegt. Um 402–408 folgte der Bau eines Baptisteriums. Um 500 oder aber unter Papst Leo III. (795–816), im Zuge der Rückbesinnung der karolingischen Epoche auf die Denkmäler des frühen Christentums, wurde die Kirche in eine Basilika umgewandelt.

Für diese 3schiffige Basilika benutzte man 20 antike Säulen vom benachbarten Palatin, die Alter und Würde der Titelkirche unterstreichen sollten. Seine heutige Fassade erhielt der vielfach erneuerte und veränderte Bau (Nachrichten und Spuren aus dem 12., 15. und 16. Jh.) 1636–40 nach einem Entwurf des Bernini-Schülers Luigi Arrigucci oder des Domenico Castelli.

Die festliche Dekoration des weiträumigen Inneren entstand beim letzten großen Umbau 1721/22 nach dem Entwurf des Malteser Architekten Carlo Gimacchi, der Beispielen der Barockisierung anderer römischer Kirchen (S. Giovanni in Laterano, S. Cecilia) folgte. – Die *Fresken* mit Szenen aus dem Leben der hll. Karl Borromäus und Filippo Neri im Chorgewölbe und hinter dem Hochaltar stammen von L. Baldi. – Die von Bernini beeinflußte Figur der *Hl. Anastasia* unter dem Hochaltar wurde von F. Aprile begonnen und 1667 von E. Ferrata vollendet (vgl. Berninis Ludovica Albertoni in S. Francesco a Ripa). – In der Kapelle am Ende des linken Seitenschiffs ein mittelalterlicher Baldachinaltar mit einem kleinen, Domenichino zugeschriebenen Bild des *Hl. Hieronymus.*

Unter der Kirche wurden umfangreiche **Ruinen** eines im 1. Jh. n. Chr. begonnenen Portikus und Reste einer Straße mit Wohnhäusern, Läden und Werkstätten des 2. und 3. Jh. freigelegt.

S. Andrea delle Fratte (Via S. Andrea / Via Capo le Case) I4

1192 wird die Kirche S. Andrea delle Fratte erstmals erwähnt; ihr Name (it. »fratte«, Gebüsch) deutet auf die topographische Situation hin: Der Monte Pincio blieb während des Mittelalters unbewohnt und diente bestenfalls als Gartenland. Papst Leo XI. ließ die alte Kirche 1605 abbrechen. Ein Neubau kam zögerlich in Gang; um 1653 erhielt Borromini den Auftrag, das bestehende Langhaus um Chor, Querhaus, Vierungskuppel und Campanile zu komplettieren. Aus Geldmangel blieb der – erst 1728 geweihte – Bau unvollendet. Die Fassade baute Pasquale Belli 1826 zu Ende.

Das Äußere ist ein mächtiger, schmuckloser Ziegelbau, der lediglich in der halbfertigen *Kuppel* und im Glockenturm eine reiche Gestalt annimmt. Der von Halbsäulen gegliederte Kuppeltambour springt an 4 Seiten turmartig aus. Borromini verwandelte das spröde Material des Backsteins in eine elastische, kurvenreiche Architektur. Daneben wirkt der ● ***Turm*** spielzeugartig leicht und überdies völlig bizarr in der Abfolge seiner Teile: Über einem quadratischen, mittels Ecksäulen in einen gebrochenen Umriß übergeleiteten 1. Geschoß steht ein Rundtempelchen. Es trägt eine Balustrade und diese ihrerseits eine plastisch durchmodellierte Haube, aus deren Stützen Engel hervortreten; Flammenurnen auf dem Gebälk umkränzen eine zierliche Laterne. Den überproportionierten Abschluß bildet eine Ziervase mit 4 Henkeln, Metallkrone und -kreuz. Die Stierköpfe sind Wappenzeichen des Marchese Bufalo, Borrominis Auftraggeber.

Das 1schiffige, weiträumige Innere erweist sich als eine für das frühe 17. Jh. typische Nachahmung des Modells von Il Gesù. – Am ● Choreingang stehen (seit 1826) 2 *Marmorengel* – der eine das Schriftband des Kreuzes, der andere die Dornenkrone Christi haltend –, die Bernini 1667–69 für den Ponte S. Angelo geschaffen hat, die aber Papst Clemens IX. zu schön fand, um sie der Witterung auszusetzen. An ihrer Stelle kamen Kopien auf die Brücke. – Die Kirche birgt die *Gräber* namhafter deutscher Künstler: am letzten Pfeiler rechts das Grabmal des Bildhauers Rudolf Schadow († 1822) von Emil Wolff (1823), in der 4. Seitenkapelle zur Linken die Gräber der Malerin Angelica Kauffmann († 1807) und des dichtenden »Maler Müller« (Friedrich Müller, † 1825). – Die Bilder des *Kreuzwegs* malten Rudolfs Bruder Wilhelm Schadow (»Beweinung«), Philipp und Johann Veit sowie italienische Mitglieder der Nazarener-Künstlergemeinschaft.

● **S. Andrea al Quirinale** (Via del Quirinale 29)

5 *Bereits 1566 wurde das Noviziat der Jesuiten gegründet, für das 1658 Fürst Camillo Pamphili, Nepot Innozenz' X., die Mittel zum Bau der heutigen Kirche stiftete. Papst Alexander VII. erteilte G. L. Bernini im gleichen Jahr den Auftrag. 1661 waren die Bauarbeiten abgeschlossen, während die Innenausstattung sich hinzog bis zur Schlußweihe 1675. 1870–1946 war S. Andrea Hofkirche des italienischen Königshauses.*

Der verhältnismäßig kleine Bau stellt einen wichtigen Beitrag zu einem der Haupttypen

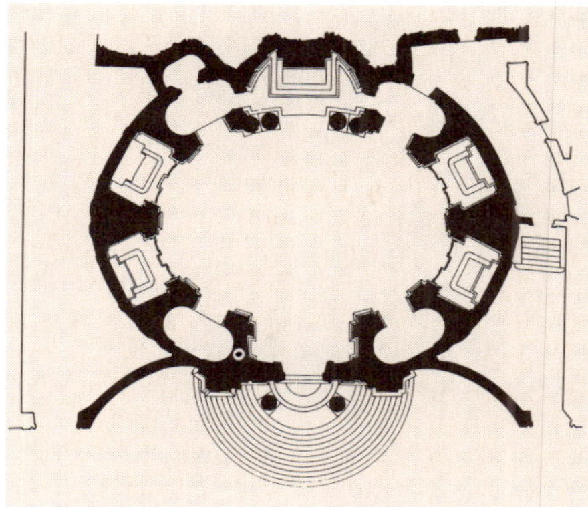

S. Andrea al Quirinale. Grundriß

kirchlicher Barockarchitektur dar, dem orientierten, d. h. nach Osten gerichteten Ovalraum.

Die Fassade ist von wirkungsvoller Einfachheit: eine das Portal und ein halbrundes Fenster darüber einfassende Ädikula aus korinthischen Pilastern, Architrav und Giebel, davor über halbrunder Freitreppe ein baldachinartiger Portalvorbau mit dem Pamphili-Wappen. Eine Gartenmauer mit einer dem Bau gegenläufigen Kurvung spannt die Fassade ein. Die flache Kuppel, mit kräftig profilierter, aber kleiner Laterne, tritt wenig in Erscheinung; stärker sprechen die volutenverzierten Strebepfeiler und die den Fassadenarchitrav weiterführende Attika in der Seitenansicht mit.

Das quergelagerte Oval des Grundrisses erweitern 8 Kapellen, die in der dicken Umfassungsmauer wie Nischen wirken. Gegenüber dem Eingang öffnet sich der Raum in einer größeren und von Säulen flankierten Altarnische; die so geschaffene Orientierungsachse ist kürzer als die Querachse, wodurch der gesamte Raum eine Dynamik erhält, die sich im Aufriß bis in die Kuppel fortsetzt. Die von kannelierten Pilastern gerahmten Seitenkapellen wechseln in Höhe und Konstruktion: während sich die hohen in runden Bogen öffnen, tragen die niedrigen Coretti (Logen) mit einem flachen Gebälk.

Die Engelfiguren aus Stuck (über den Fenstern) und den »Hl. Andreas in der Ekstase« (über der Hauptaltarnische) schuf Antonio Raggi 1662/63, die allegorischen Figuren über

S. Andrea al Quirinale. Inneres

dem Haupteingang Giovanni Rinaldi nach Entwurf Berninis. Die Tribuna und ihr Hochaltar (*»Andreas-Kreuzigung«* von G. Courtois, 1668) werden durch eine Lünette eigens beleuchtet; die Führung der Lichtfülle bezeichnen die in Stuck nachgebildeten Strahlen. In der 1. Kapelle zur Rechten Gemälde (Leben des hl. Franz Xaver) von Baciccia, um 1706, in der 2. Kapelle rechts Szenen aus der Passion von Giacinto Brandi, 1682. Von C. Maratta, um 1687, stammt das Altarbild der 2. Kapelle links, die dem hl. Stanislaus Kostka geweiht ist.

Über die Sakristei gelangt man in die **Konventsgebäude,** wo die (rekonstruierte) Zelle des polnischen Heiligen zu besichtigen ist.
● Pierre Legros stellte den *hl. Stanislaus Kostka auf dem Totenbett* in einer polychromen Marmorskulptur dar, einem Meisterwerk des barocken Illusionismus (1703).

● **S. Andrea della Valle** (Corso Vittorio Emanue-
F7 le II)

Das Grundstück der Hauptkirche des 1540 vom hl. Kajetan gegründeten Theatinerordens ist eine Stiftung der Donna Costanza Piccolomini, mit der Auflage, die Kirche dem hl. Andreas zu weihen. Bereits 1586 lieferte der Theatinerpater Giovanni Francesco Grimaldi die ersten Entwürfe; ihm stand wohl Giacomo della Porta zur Seite. Der Grundstein der bestehenden Kirche wurde 1591 gelegt; die ersten Bauteile – das Hauptschiff und die ersten 4 Kapellen (vom Eingang her) – wurden bis 1599 unter der Aufsicht von Pietro Paolo Olivieri ausgeführt. Nach einem gescheiterten Wettbewerb für die Fassade leitete 1608 Kardinal Alessandro Peretti Montalto den Fortgang der Arbeiten unter der Planung und Leitung Carlo Madernos ein (Vollendung der Kuppel 1622). Die mit dem Erdgeschoß stehende Fassade hat Carlo Rainaldi 1656–65, Madernos Plan verändernd, zu Ende geführt.

An dieser Fassade, einer weit über den Querschnitt des Kirchenbaus hinausragenden Schauwand, führt das Obergeschoß in 3 Achsen die Gliederung des 5achsigen Erdgeschosses fort. Sie entfaltet ihre plastische Lebendigkeit in mehreren Wandschichten, besonders gut in der Schrägansicht zu sehen. Anstelle der gewohnten Eckvoluten verbinden Engelsstatuen die beiden Geschosse (nur der linke Engel ist ausgeführt). In den Nischen Heiligenfiguren von E. Ferrata und D. Guidi (von links: Andreas von Avellino, Sebastian, Andreas, der Kirchenpatron, Kajetan). Auf dem Portalgiebel die Allegorien von Frömmigkeit und Hoffnung (G. A. Fancelli). Die zweite Dominante in der Außenansicht ist die *Vierungskuppel*, auf Wunsch des Kardinals Peretti Montalto nächst St. Peter die größte in Rom.

Die Kirche steht als weiträumige, 1schiffige Anlage mit Seitenkapellen auf dem Grundriß eines lateinischen Kreuzes. Die Kapellen öffnen sich in hohen, weiten Arkadenbogen zum Schiff; darüber faßt eine kräftig entwikkelte Gebälkzone die Wand zusammen. Verkröpfungen über den gebündelten Pilastern und ein kräftiges Gesims beleben optisch die Flucht der vertikalen Linien zum Chor hin. Beherrschendes Element des Innenraumes ist die *Kuppel*; ihre zentrale Bedeutung betonen die 2 runden Kapellen des Vorchors zusammen mit den letzten beiden Kapellen des Schiffs, die ihnen symmetrisch entsprechen. Darin ist, wie in wesentlichen Teilen der Gesamtanlage, eine Verbindung zu Il Gesù zu erkennen.

Ausstattung. Giovanni Lanfranco malte 1625–28 in der Kuppel das *»Himmlische Paradies«*, mit Maria und vielen anderen Heiligen, eines der ersten Werke der barocken Deckenmalerei in Rom und ein Prototyp. Von Domenichino, 1622–28, sind die *4 Evangelisten* in den Pendentifs; sein Hauptwerk in der Wandmalerei stellen die *Szenen aus dem Leben des hl. Andreas* im Chor dar (Johannes d. T. weist Andreas und seinen Bruder Petrus auf Christus hin, Berufung von Andreas und Petrus zu Aposteln, Geißelung, Kreuzigung und Aufnahme des Andreas in den Himmel), meisterhaft vor weite Landschafts- und Architekturgründe komponiert. Von ihm auch

S. Andrea della Valle. Inneres

die *Allegorien* (Glaube, Liebe, Religion, Hoffnung, Stärke und Frömmigkeit) zwischen den Fenstern. In der Apsis darunter: Kreuzaufrichtung, Kreuzigung und Kreuzabnahme des hl. Andreas, von M. Preti, 1650/51. Die Gemälde im Schiffsgewölbe sind von 1905.
Am Ende des Langhauses die *Wandgräber* zweier Päpste des Hauses Piccolomini, links das des großen Humanistenpapstes Pius II. (Enea Silvio), ein Werk der Schule Andrea Bregnos, rechts das Grab seines Adoptivneffen Pius III. Beide Renaissancegrabmäler wurden 1614 aus St. Peter hierher übertragen. – Die Cappella Ginetti oder Lancellotti, die erste an der rechten Seite des Langhauses, hat 1671–84 Carlo Fontana gestaltet (Schauplatz des 1. Aktes in Puccinis Oper »Tosca«!). – In der 1. Kapelle links (Cappella Barberini) ein Hl. Johannes d. T. von Pietro Bernini und eine Hl. Martha von Francesco Mocchi, 1609.

Vb2 **S. Andrea in Via Flaminia** (Via Flaminia)
Den kleinen Zentralbau, im Grundriß fast einem Quadrat entsprechend und von einer ovalen Flachkuppel überfangen, ließ Papst Julius III. in der Nähe seiner Villa durch Vignola 1550–53 errichten.

K11 **SS. Andrea e Gregorio al Celio** (S. Gregorio Magno; Piazza S. Gregorio) → S. 191.

H8 **S. Angelo in Pescheria** (Via del Portico d'Ottavia) → S. 130.

B4 **S. Anna dei Palafrenieri** (Vatikan; Via S. Anna) → S. 346.

F5 **S. Antonio dei Portoghesi** (Via de' Portoghesi 2)
Die gegen 1638 begonnene Nationalkirche der Portugiesen, ein Saalraum mit Seitenkapellen, geht auf einen Entwurf Martino Longhis d. J. zurück. Seit 1674 leitete Carlo Rainaldi den Bau, nach 1686 Christoph Schor. Die Ausstattung erfolgte zum größten Teil im 18. Jh. In der 1. Kapelle rechts das *Grabmal für Alessandro Manoel de Souza-Holstein* mit einem Relief von Antonio Canova, 1808.

F5 **S. Apollinare** (Piazza S. Apollinare)
Die barocke Kirche Ferdinando Fugas, 1742–48 errichtet, ist eine alte, Ende des 8. Jh. erstmals erwähnte Gründung. Bis zur Aufhebung des Ordens (1773) war sie Sitz des Collegium Germanicum-Hungaricum der Jesuiten, denen der Baukomplex 1823 als Seminario Romano zurückgegeben wurde. Die *»Glorie des hl. Apollinaris«* ist das Thema des Freskos von Stefano Pozzi im Tonnengewölbe des Innenraums. Am Altar der 3. Kapelle rechts eine *Franz-Xaver-Statue* von Pierre Legros, 1702. Den *Hochaltar* entwarf F. Fuga, 1748.

SS. Apostoli (Piazza SS. Apostoli 51) I6
Als Dank für das Ende der Gotenherrschaft (vgl. S. Agata dei Goti) gründete Pelagius I. um 560 diese Kirche, die später zur Familienkapelle der Colonna wurde, an deren Palast sie anschließt. Der in Mittelalter und Renaissance erneuerte und ergänzte Urbau wurde, baufällig geworden, 1702–24 durch den bestehenden Bau ersetzt. Baumeister waren Francesco Fontana und sein Vater Carlo. 1827 gestaltete Giuseppe Valadier die Stirnseite der Kirche großflächig-schlicht im Sinne des Klassizismus.

Das Untergeschoß der übermäßig breiten ***Vorhalle*** mit seinen 9 weitgespannten, zartprofilierten Rundbogen ist unverändert noch vom Ende des 15. Jh., aus der Zeit des Papstes Sixtus IV., wie das Wappen der della Rovere an den Kapitellen zeigt. Die Bogen im Geschoß darüber schloß Carlo Rainaldi 1681 mit Fenstern. Die Balustrade trägt die Figuren von Christus und den Aposteln. – Links und rechts des Hauptportals wachen romanische Säulenlöwen, nun von ihrer Last befreit. An der rechten Stirnseite der Vorhalle ist eine Marmorplatte (vom Trajans-Forum?) eingemauert, die den römischen Adler im Eichenlaubkranz darstellt, an der linken Schmalwand das 1807 von Antonio Canova geschaffene Denkmal für den Kupferstecher Giovanni Volpato (1733–1803).
Das Innere dieser letzten der großen römischen Basiliken ist 63 m lang. Ihre 3 weiten Schiffe trennen Arkaden auf massiven Pfeilern; eine hohe Triumphbogenwand setzt den niedrigen Chor vom querschifflosen Langhaus ab. Den Raumeindruck bestimmt das Deckenfresko mit dem *Triumph des Franziskanerordens,* einem brillanten Werk des Baciccia (1707).
Vor der Stirnwand des linken Seitenschiffs steht das *Grabmal für Papst Clemens XIV.,* ● Antonio Canovas meisterhaftes Frühwerk (1783–87). Ein schlichtes Sockelgeschoß trägt den klassizistischen Sarkophag, daneben die Statuen der trauernden Bescheidenheit und

der Sanftmut. Darüber thront der Papst in voller Pontifikalkleidung, die Rechte siegreich ausgestreckt: Endglied einer langen, von Antonio Pollaiuolo über Bernini bis zu Canova reichenden Kette von Papstdenkmälern, in dem barockes Pathos nicht völlig von der kühlen Vernunft klassizistischer Formgebung verdrängt ist. – An der linken Chorwand das *Grabmal des Kardinals Pietro Riario* († 1474), ein Gemeinschaftswerk von Andrea Bregno, Giovanni Dalmata und Mino da Fiesole, dem die Madonna mit dem Kind zugeschrieben wird. – Über dem Hochaltar das Riesenbild des *Martyriums der Apostel Philippus und Jacobus* von Domenico M. Muratori (1726).

An der Decke der ***Sakristei*** ein Gemälde mit der *Himmelfahrt Christi* von Sebastiano Ricci (1701). – In der modernen ***Krypta*** *Grabmäler* für Kardinal Alessandro Riario († 1524) und Raffaele della Rovere († 1477), dieses von A. Bregno.

12 **S. Balbina** (Viale Guido Baccelli / Piazza S. Balbina 8; Eingang durch das benachbarte Internat)

An der Straße, die von der Caracalla-Thermen auf den Aventin führt, liegt die von Antonio Muñoz 1928–39 wiederhergestellte antike Kirche aus der 2. Hälfte des 4. Jh. Sie entstand aus der Aula im Haus des Lucius Fabius Cilo, der 203 Stadtpräfekt, 204 Konsul war.

Die Seitenwände des rechteckigen Saalraumes (mit offenem Dachstuhl und Ostapsis) öffnen sich jeweils in 6 abwechselnd quadratischen und halbrunden Nischen mit Resten von Wandmalereien des 9.–14. Jh. Der Mosaikboden ist transloziert. – Rechts vom Eingang steht das *Grabmal des Kardinals Stefano Surdi* († 1303), ein Werk des Giovanni di Cosma; ein *Bischofsthron* in der Apsis zeigt ebenfalls hervorragende Cosmatenarbeit. In der 4. Nische rechts ein *Kreuzigungs-Relief* von Mino da Fiesole oder G. Dalmata, ein Teil des Grabmals des Papstes Paul II. aus Alt St. Peter. – In der Apsis ein Fresko mit der *Glorie der hl. Balbina* von Anastasio Fontebuoni (1599, 1932 restauriert).

H9 **S. Bartolomeo all'Isola** (Isola Tiberina)

Kloster und Kirche entstanden um 1000 an der Stelle eines 289 v. Chr. geweihten Äskulap-Tempels, der eine bis in die Gegenwart fortlebende Tradition der → Tiber-Insel als Ort wundertätiger Heilungen, der Krankenpflege, aber auch der Isolierung von Patienten bei ansteckenden Krankheiten (vgl. S. Giovanni Calibita) begründete. Kaiser Otto III. (983–1002) weihte Kloster und Kirche dem Andenken des auf einer Missionsreise 997 von den Pruzzen (Preußen) getöteten hl. Bischofs Adalbert von Prag, seines Weggefährten bei der Realisierung der Idee, das Römische Reich wiederherzustellen (mit Italien an der Spitze und Rom wieder als Zentrum).

In S. Bartolomeo ist ein wesentliches Dokument der gescheiterten Renovatio Ottos erhalten geblieben: In der Nähe des Altars, an der Stelle einer Quelle, die zum Äskulap-Tempel gehörte, steht ein *Marmorbrunnen* der Zeit um 1000 mit Relieffiguren von Christus, dem Apostel Bartholomäus, Otto III. und Adalbert von Prag – der ungewöhnliche Brunnen verbindet die antike Tradition des Quellheiligtums mit der Propagierung der ottonischen Reichsidee.

Reliquien des hl. Bartholomäus bestimmten allmählich das neue Patrozinium. 1113 ließ Papst Paschalis II. den Bau restaurieren und den bestehenden Glokkenturm errichten. Nach der Tiber-Überschwemmung 1557 kam es zur Erneuerung der 3schiffigen Säulenbasilika unter Martino Longhi d. Ä., 1583. Die Fassade nach Entwurf Orazio Torrianis und die Flachdecke des Mittelschiffs stammen von 1624/25; einer barocken Innenraumgestaltung 1720–39 folgte die historizistische Ausstattung 1852–65.

An der Wand des rechten Querschiffs hängt eine *Bronzeschüssel,* in der Otto III. die Reliquien des hl. Bartholomäus (jetzt zusammen mit denen des hl. Paulinus von Nola unter dem Hochaltar) von Benevent nach Rom gebracht haben soll. In der Apsis der rechten Chorkapelle in barocker Altarrahmung ein bedeutendes byzantinisches *Marienfresko* der Zeit um 1000 (1976 restauriert).

SS. Bartolomeo e Alessandro dei Bergamaschi (S. Maria della Pietà; Piazza Colonna) → S. 302. [H5]

S. Bernardo alle Terme (Piazza S. Bernardo / Via Torino 94) L4

Zur Kirche der »Bernardoni« genannten Feuillanten, eines Reformordens der Zisterzienser, wurde 1598 einer der runden Eckbauten der → **Diokletians-Thermen** *(um 300 n. Chr.) umgestaltet.*

Wie am Pantheon fällt das Licht durch ein mit einer Laterne verschlossenes Opaion im Scheitel der kassettierten Kuppel (Spannweite 22 m) in den Raum. – In den 8 Wandnischen stehen *Statuen* der hll. Augustinus, Monika, Maria Magdalena, Franziskus, Bernhard von

Clairvaux, Katharina von Alexandrien, Katharina von Siena und Hieronymus (Camillo Mariani, um 1600). – In der Kapelle rechts neben dem Chor das *Grab des Malers Johann Friedrich Overbeck* (1789–1869) von Karl Hoffmann, 1869.

G7 **SS. Biagio e Carlo ai Catinari** (Piazza Benedetto Cairoli) s. u., S. Carlo.

Vd4 **S. Bibiana** (Via Giovanni Giolitti 154)

Die Römerin Olympia Flaviana soll 363 hier, im Haus der unter Kaiser Julian Apostata getöteten hl. Bibiana, eine Kirche eingerichtet haben. Grundmauern aus dem 4. Jh. konnten 1961 tatsächlich gefunden werden. Diese Mauern hat man vermutlich bei einem Neubau unter Papst Simplicius (468–483) erneut verwendet. Im hohen Mittelalter kam es unter Papst Honorius III. (1216–1227) zu einem weiteren Neubau oder zu einer tiefgreifenden Restaurierung. Ihre gegenwärtige Gestalt erhielt die Kirche durch Bernini, der sie im Auftrag des Papstes Urban VIII. 1624–26 restaurierte, und durch Pietro da Cortona, der sie zur gleichen Zeit mit Agostino Ciampelli ausmalte. Auslösendes Moment für die Neugestaltung war die Auffindung der Gebeine der hl. Bibiana, ihrer Mutter und Schwester.

Berninis schlichte Fassade enthält im Portikus ein mittelalterliches Bauteil. 3 Tore führen in eine kleine 3schiffige und flachgedeckte Basilika.

● Der *Hochaltar* ist ein frühes Meisterwerk Berninis (1624–26). Architektur und Skulptur stehen in einem Spannungsverhältnis zueinander, in dem die kräftige Plastizität der Statue dem architektonischen Rahmen entgegenwirkt. Ein Moment der Verklärung im Aufblick der Heiligen zu Gott wird in der ruhigen Geschlossenheit der Umrisse anschaulich. Noch suchte der junge Künstler nicht dramatische Inszenierung und ausfahrende Bewegung, wie später, z. B. im Bild der hl. Teresa (→ S. Maria della Vittoria). – Von den Szenen aus dem *Leben der hl. Bibiana* an den Hochschiffwänden malte Pietro da Cortona die linke Reihe, Agostino Ciampelli die rechte.

H11 **SS. Bonifacio ed Alessio** (Piazza S. Alessio) → S. 150.

G7 **S. Carlo ai Catinari** (Piazza Benedetto Cairoli)

Der 1530 gegründete Orden der Barnabiten erwarb 1575 die in der Nähe bereits bestehende kleine Kirche S. Biagio. Den 1612 begonnenen Neubau weihte man dem jüngst, 1610, kanonisierten Karl Borromäus; der Altar der alten Kirche wurde hierher übertragen, so daß beide zu Titelheiligen wurden (**SS. Biagio e Carlo**)*. Der Beiname »Catinari« erinnert an die Krüge- und Beckenmacher, die ihre Werkstätten in dieser Gegend hatten. Der gesamte Bau entstand nach Entwürfen von Rosato Rosati; die Hauptpartien waren 1620 vollendet, Apsis und Sakristei 1646 bzw. 1650 geschlossen. 1636–38 hatte G. B. Soria die Fassade angefügt.*

An der – breitgezogenen – Fassade von 2 Geschossen und 5 Achsen sorgen Rücksprünge und die mehrfach die Höhe wechselnden Fenster und Portale, Nischen und Blendfenster für eine lebhafte, plastische Gestaltung. Einen bedeutenden Akzent gibt Rosatis stark durchgeformte *Kuppel* dem Bau. – Die Kirche ist, angeregt von der Jesuitenkirche Il Gesù, über dem Grundriß eines griechischen Kreuzes errichtet, dessen Längsarme sich in Seitenkapellen öffnen. Korinthische Pilaster gliedern die Wände; 4 zentrale Pfeiler tragen die Kuppel, deren Tambour durch 12 Fenster Licht erhält.

Zu den besten Teilen der aufwendigen Ausstattung, deren Vollendung sich bis an das Ende des 17. Jh. hinzog (vgl. die Cappella di S. Cecilia von Antonio Gherardi, 1693–1700), zählen Domenichinos *Kardinaltugenden* in den 4 Kuppelpendentifs (1628–30). Das Fresko des *zum Himmel auffahrenden Karl Borromäus* in der Apsiskalotte ist Giovanni Lanfrancos letztes Werk, 1647 vollendet. Von ihm auch das *Verkündigungsbild* in der 1. Kapelle rechts. Auf dem von Martino Longhi d. J. 1656 geschaffenen *Hochaltar* stammt das Bild mit dem einen Nagel des Kreuzes tragenden hl. Karl Borromäus von Pietro da Cortona (1667). In der 2. Kapelle links das beachtenswerte Altarbild mit dem *Tod der hl. Anna* von Andrea Sacchi (1648/49). ●

S. Carlo al Corso (**SS. Ambrogio e Carlo;** Via del Corso 437) [G

Die Kirche ist seit dem 15. Jh. im Besitz der Bruderschaft der Lombarden. Den Entschluß zum Neubau löste die Heiligsprechung von Karl Borromäus (1610) aus. Architekt war 1612–19 Onorio Longhi, 1619–27 und später sein Sohn Martino d. J. Im Verlauf der weiteren Arbeiten waren 1665 Pietro da Cortona und Borromini beratend beteiligt, Cortona vor allem beim Bau der Kuppel, die zu den größten in Rom gehört. Nachdem 1672 der Raum vollendet war, wurde 1682–84 die Fassade nach einem Entwurf des Kardinals Luigi Omodei unter der Aufsicht von G. B. Menicucci errichtet.

In der über der Grundrißfigur eines lateinischen Kreuzes gebauten, 3schiffigen Basilika öffnen sich die verhältnismäßig niedrigen, von fensterlosen Kuppeln überwölbten Nebenschiffe in Seitenkapellen und setzen sich jenseits des Querhauses als Chorumgang fort – eine in Rom einzigartige, anscheinend am Mailänder Dom orientierte Anlage. Durch Größe und gute Proportion ist die *Kuppel* über der Vierung ausgezeichnet. Sie wurde nach einer von Pietro da Cortona modifizierten Zeichnung Longhis ausgeführt.

Fresken und *plastische Werke* beleben den kühlen Raum: Im Gewölbe des Mittelschiffs (Engelsturz), in den Kuppelpendentifs (Evangelisten) und im Altarraum (Szenen aus dem Leben des hl. Karl) Wandgemälde von Giacinto Brandi (1677), in den Seitenschiffgewölben Fresken von G. B. Beinaschi, L. Garzi, L. Gimignani u. a. Das Altarbild mit der Predigt des hl. Barnabas in der 1. Kapelle links schuf P. F. Mola (nach 1652). Der *Hochaltar* enthält ein Gemälde von C. Maratta, das die hll. Ambrosius und Karl Borromäus darstellt (1685–90).

Links von der Kirche ist der Zugang zu einem säulenumstandenen Hof, 1679, vielleicht von dem Cortona-Schüler C. Ferri. Dort die 1513 errichtete **Cappella (Oratorio) di S. Ambrogio** mit der *Kreuzabnahme*-Gruppe und 2 *Sibyllen* von Tommaso della Porta (Anfang 17. Jh.).

● **S. Carlo alle Quattro Fontane** (**S. Carlino**; Via
K5 delle Quattro Fontane)

Die Kirche liegt an einer eng umbauten Straßenkreuzung (mit Via del Quirinale / Via XX Settembre), deren Ecken durch 4 **Brunnen** mit den Personifikationen des Tibers (an S. Carlo), des Aniene, der Treue und der Tapferkeit ausgezeichnet sind.

1634 erhielt Francesco Borromini von der spanischen Kongregation des Trinitarierordens den Auftrag (seinen ersten) zum Bau des Klostergebäudes und der Kirche. Nach Abschluß der Bauarbeiten für den Konvent wurde 1638 der Bau der Kirche begonnen; er war 3 Jahre später fertiggestellt. Erst 1665–82 kam die Fassade hinzu; nach dem Tode Borrominis (1667) wurde sie unter der Aufsicht seines Neffen Bernardo Castello, der auch den Glokkenturm gebaut hat, errichtet.

Die 2geschossige Fassade der Kirche gibt der Bautengruppe an der Straßenkreuzung den künstlerischen Hauptakzent mit vielen Elementen eines dynamischen Barock und mit höchst aufwendiger Anhäufung des architektonischen Vokabulars auf kleinem Raum. Die Mauer des Erdgeschosses bildet im Vor- und Zurücktreten eine Wellenlinie. Die konvexe Mitte ist durch größere Breite gegenüber den konkaven Flanken betont, die nochmals in Rundnischen zurückweichen. 4 Säulen rahmen die 3 Achsen. An den Seiten steht je eine lisenengerahmte Nische mit einer Heiligenstatue über einer säulengerahmten Nische mit Ovalfenster. Die Mittelachse wiederholt diese Gliederung in größerem Maßstab; die Bildnische (*Hl. Karl Borromäus* von A. Raggi, 1675) über dem Portal wird von 2 Engeln flankiert. – Ein kräftig profiliertes, in einer Wellenlinie geführtes Gesims trennt das Unter- vom Obergeschoß, das einem anderen Rhythmus folgt: Hier weicht auch die Mittelachse konkav zurück, so daß sich eine Abfolge von konkav – konkav – konkav ergibt. Lediglich ein kleiner Balkon tritt in der Mittelachse konvex hervor und bietet Raum für eine Art Schilderhäuschen. Die Säulen der Seitenachsen tragen ein kräftiges Attikagesims mit Balustrade, während ein von Engeln gehaltenes Medaillon und ein Dreiecksgiebel die Mitte überhöhen. Links der Fassade wiederholt der offene Glockenturm den konkaven Rhythmus; auch die ovale Kuppellaterne ist aus konkaven Elementen zusammengesetzt.

Im Innern des kuppelgewölbten, längsorientierten Zentralbaus (der in einem der Vierungspfeiler der Peterskirche Platz fände) sind optischer Eindruck und Konstruktion nicht identisch. Auf den ersten Blick vermutet der Besucher eine flache Ellipse als Mitte des Grundrisses; tatsächlich handelt es sich jedoch um einen gestreckten Rhombus, dessen spitze Winkel mit Kreis-, die flachen mit Ellipsensegmenten gerundet werden. In dem einen der Kreissegmente öffnet sich das Portal, in dem gegenüberliegenden steht der Hochaltar; die Ellipsensegmente erhielten Nebenaltäre zugewiesen, die der Querachse zu einem echten Gegengewicht gegen die Längsachse des gestreckten, auf den Hochaltar orientierten Raumes verhelfen und damit die zentralisierende Tendenz der Anlage bestärken. Die äußere Umfassungswand des Kirchenraumes steht auf einem Grundriß, der

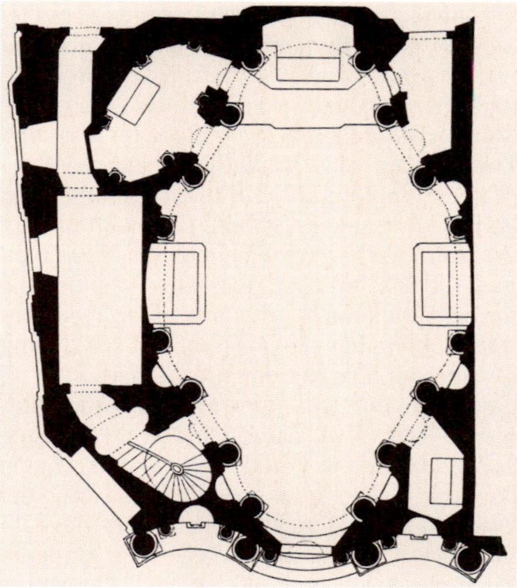

S. Carlo alle Quattro Fontane. Grundriß

sich aus Kreissegment (mit Portal), geradem Wandstück, Ellipsensegment, geradem Wandstück, Kreissegment (mit Hochaltar), geradem Wandstück, Ellipsensegment, geradem Wandstück zusammensetzt. Der Aufbau jedoch überspielt diesen einfachen Rhythmus: Die der Wand vorgesetzten Säulen verwirren den nachrechnenden Betrachter durch irreführende Stellung ihrer Kapitelle. Noch stärker verschleiert die Gliederung der Wandflächen die Grundrißform: Die 4 geraden rhythmischen Travéen öffnen sich jeweils in einer rechteckigen Tür unter einer Muschelnische mit Statue; eine kleinere, unten und oben von rechteckigen Blenden umgebene Muschelnische höhlt die beiderseits anschließenden schmalen Wandfelder aus, die sich leicht konkav runden. Die ebenfalls ausschwingenden Mittelfelder in der Quer- und Längsachse schließlich werden von 3 Altären bzw. vom Portal und der über ihm stehenden Orgel verstellt. Es besteht also ein Wechsel zwischen dunkelfarbigen, nicht zur Mauer gehörigen Wandabschnitten (Portal und Altäre) und jeweils 3 hellen, säulengerahmten Mauertravéen. Über diesem verschlungenen Wechselspiel aus Grundfigur und Wandaufbau stellt das kräftige Gesims den Grundriß rein dar, ohne daß nun aber auch die Wölbung im Bereich klar überschaubarer Stereometrie bliebe. Die Grundrisse von Kuppel und Laterne sind nicht Ellipsen, sondern frei gezeichnete Rundfiguren. Zwischen Kuppel und Gesims vermitteln Halbkuppeln, die sich über dem Hochaltar und dem Portal im Halbkreis, über den Seitenaltären in Korbbogen öffnen. Fächerförmige Kassettenbildungen und Dreiecksgiebel verdecken die Gewölbekonstruktion. Die Zwickel, die sich zwischen den Rundbogen als sphärische Dreiecke bilden, haben frei gezeichnete Umrisse und werden bereichert durch die plastischen Medaillons, deren Konturen ebenfalls keinem Zirkelschlag gehorchen. Die Kuppelschale schließlich überzieht ein kräftiges Tiefrelief aus Kreuzen und Vielecken, das mit anderen Mitteln die raumhaft gebildete Wand des Mauerkranzes fortsetzt.

In dieser komplizierten Konstruktion wirken die Raumprinzipien des Manierismus fort: die bildhafte Wandarchitektur, der immanente Widerspruch von zwei gegensätzlichen Wandeindrücken und eine zweite, von der Konstruktion unabhängige Raumwirklichkeit. Mit diesen Prinzipien errichtete Borromini auf freiem Grundriß ein fließendes Raumgehäuse, das sich vor den Augen des Betrachters während des Durchschreitens in der Horizontalen wie in der Vertikalen ständig verändert, die von der Wand gesetzte Grenze scheinbar aufhebend und mit schönen Täuschungen überraschend.

Die Nebenkapelle links des Hochaltars und die Sakristei (das frühere Refektorium) zeigen eine schlichte Stuckdekoration. – Die ***Unterkirche*** ist wie die Oberkirche angelegt.

Bedeutend als exemplarische Bewältigung einer Bauaufgabe auf kleinstem Raum ist der rechteckige Klosterhof mit 4 konvex abgeschrägten Ecken.

S. Caterina dei Funari (Via dei Funari / Via Michele Caetani) H8

Schon im frühen Mittelalter bestand im Stadtviertel der Seilmacher (it. »funari«) eine 3schiffige Basilika, die im 9. oder 10. Jh. zur 1schiffigen Kirche umgebaut wurde. Bauherr der bestehenden, 1560–64 errichteten Kirche war Kardinal Federico Cesi, Architekt – wenigstens der Fassade – Guidetto Guidetti.

Die 2stöckige Fassade folgt dem Muster von → S. Spirito in Sassia: Guidetti, wahrschein- ●

S. Carlo alle Quattro Fontane. Inneres. Kuppel

lich ein Schüler von Antonio da Sangallo d. J., verwendete die gleiche Ordnung von Rundnischen zwischen Pilastern, betonte ebenfalls die Mitte durch ein Giebelportal im Erdgeschoß und durch ein Rundfenster im Obergeschoß. Er bereicherte das übernommene Vorbild aber nicht nur dekorativ mit Fruchtgirlanden und Kartuschen, sondern erfüllte die flächige Gebundenheit des älteren Baues mit stärkerer Plastizität (Säulen statt Konsolen tragen den Türgiebel!) und veränderte seine Proportionen. – Der z. T. mittelalterliche ***Glockenturm*** trägt eine sich zweimal verjüngende, offene Krone.

Das Innere ist ein 1schiffiger Saalbau mit Seitenkapellen. – In der 1. Kapelle rechts eine *»Hl. Margherita«* und eine *»Krönung Mariä«*, beide von Annibale Carracci; in der 2. Kapelle Geschichte und Tod Christi von Girolamo Muziano (das Bild der »Tempelreinigung« von F. Zuccari, 1571); in der 3. Kapelle die »Himmelfahrt Mariä«, das letzte, unvollendete Werk von Scipione Pulzone. Auf dem Hochaltar das »Martyrium der hl. Katharina« von Livio Agresti; an den Seitenwänden des Chores Katharina-Szenen von Federico Zuccari.

J7 **S. Caterina da Siena a Magnanapoli** (Largo Magnanapoli; neben Torre delle Milizie)

1563 war das Kloster für den von Katharina von Siena gegründeten 3. Orden der Dominikanerinnen gestiftet worden. Für die 1628–40 gebaute Kirche nennen alte Stadtführer G. B. Soria als entwerfenden Architekten.

Bei der Anlage und Tieferlegung der Straße am Ende des 19. Jh. wurde die Freitreppe vor der 2geschossigen Fassade notwendig. – Der Innenraum der 1schiffigen Kuppelkirche mit zweimal 3 Seitenkapellen gewann im späten 17. Jh. durch Auskleidung mit sizilischem Jaspis erhöhte Eleganz. – Das Deckenbild, *»Glorie der hl. Katharina«*, ist ein Werk Luigi Garzis (1713). – Der plastische, in schwarzem und weißem Marmor gestaltete *Hochaltar* mit der »Ekstase der hl. Katharina« stammt von Melchiorre Cafà (vor 1667).

G10 **S. Cecilia in Trastevere** (Via S. Cecilia)

Über einer Gruppe von Häusern aus republikanischer Zeit (die Reste der bis ins 4. Jh. renovierten Gebäude sind von der Krypta der Kirche aus zu erreichen, s. u.) entstand im 5. Jh. eine erste Basilika, der Legende nach über dem Haus der römischen Patriziertochter Caecilia und ihres Mannes Valerianus, die unter Marc Aurel den Märtyrertod erlitten. Aus der Rückbesinnung der karolingischen Epoche auf das früheste Christentum resultierte unter Papst Paschalis I. (817–824) ein Neubau im Rückgriff auf Vorbilder des 4. und 5. Jh. (vgl. S. Sabina, S. Lorenzo in Lucina, S. Vitale). Als Anlaß gilt die Entdeckung des Leichnams der Heiligen in der Calixtus-Katakombe; er wurde in die Kirche überführt. Restaurierungen erfolgten im 15. und 16. Jh. sowie 1725, 1823, 1955 und um 1980. Im 19. Jh. wurde der Bau stark verändert.

Kloster und Kirche bilden einen eindrucksvoll großen Gebäudebezirk. Das barocke *Portal* von Ferdinando Fuga (1741) in einer Häuserzeile der Via S. Cecilia führt in einen gartenartigen Hof, ursprünglich das Atrium, mit ionischem *Portikus*, den ein Fries mit mosaizierten Medaillons des 12. (?) Jh. ziert. Aus der 1. Hälfte des 12. Jh. stammt der leicht geneigte 5geschossige ***Campanile*** aus Ziegelstein.

Die Umbauten des 15.–20. Jh. haben den Raumeindruck stellenweise erheblich verändert, dennoch blieb die basilikale Struktur (3 Schiffe, das Mittelschiff ungewöhnlich breit; kein Querhaus) erkennbar.

Aus der Entstehungszeit erhielten sich Fragmente des mosaizierten Apsisbogens mit der Darstellung des Himmlischen Jerusalem und das in der Konzeption mit S. Prassede direkt verwandte *Apsismosaik*: Christus auf der Himmelswolke, umgeben von den hll. Paulus und Agatha sowie dem Stifter, Papst Paschalis I. mit dem Kirchenmodell, durch den quadratischen Nimbus als Lebender gekennzeichnet; zur Linken Christi die hll. Petrus, Valerian und Cäcilie. Auf dem Fries darunter ist das Lamm der Apokalypse dargestellt. Die römischen Mosaiken aus der Zeit Paschalis' I. zeigen insgesamt einen hieratischen, von graphischen Elementen charakterisierten Stil, der neben dem Rückgriff auf frühchristlich-imperiale Motive deutlich den byzantinischen Einfluß spüren läßt.

S. Cecilia bietet die Möglichkeit, zwei ganz bedeutende Werke vom Beginn der ersten Phase der Protorenaissance in unmittelbarer Nachbarschaft zu sehen: das *Altarziborium* im Chor, laut Inschrift ein Werk des Arnolfo di Cambio von 1293, und die Freskenfragmente eines *»Jüngsten Gerichts«* von Pietro Cavallini von der inneren Eingangswand, gegen 1293 (heute im Nonnenchor und nur zu bestimm-

S. Cecilia in Trastevere. Engel aus dem »Jüngsten Gericht« von Pietro Cavallini

ten Zeiten zu besichtigen). Verglichen mit dem ca. 8 Jahre älteren Tabernakel Arnolfos in S. Paolo fuori le Mura beschränkt sich die Aufnahme gotischer Formen hier lediglich auf einige Details, bei stärkerer Betonung des farbigen Marmors; zugleich bewirkt die veränderte Wahl der Proportionen Leichtigkeit des Aufbaus und größere Harmonie seiner Teile. Diesem differenzierten, jedoch als Einheit und als Ergebnis eines Gesamtkonzepts zu sehenden Aufbau entspricht die gleichwertige Behandlung von skulpturalen und architektonischen Elementen, im Gegensatz zur Unterordnung der plastischen Elemente unter die Architektur im Tabernakel von S. Paolo fuori le Mura. So beschritt Arnolfo – in der Nachfolge des Nicola Pisano – neue Wege bei der Behandlung plastischer Volumina. Cavallini, der in seinem (1527 durch den Einbau eines Nonnenchores weitgehend zerstörten) Fresko Christus als Weltenrichter in der Mandorla, umgeben von der Madonna und Johannes d. T. sowie den Aposteln als Beisitzern des Gerichts, darstellte, läßt die Throne Elemente eines einheitlichen perspektivischen Systems bilden, das in bisher unbekannter Weise den Tiefenraum des Bildes erschließt. Damit korrespondiert die Hervorhebung der plastischen Volumina der Apostelfiguren, die darin ihre nächsten Parallelen in Sitzfiguren Arnolfos di Cambio finden, z. B. der Statue Karls von Anjou im Konservatorenpalast. Beide Werke bezeugen eine neuartige Sicht des Naturvorbildes und der Körperlichkeit; in dem veränderten Raumbewußtsein äußert sich die Lösung von mittelalterlichen Vorstellungen.

Rechts vom Eingang das *Grabmal* des englischen *Kardinals Adam von Herford* († 1398), ursprünglich von einem Baldachin überfangen, links das *Grabmal des Kardinals Nicola Forteguerri* († 1473) von Mino da Fiesole und vielleicht Andrea Bregno (architektonische Teile).

In der Confessio liegt Stefano Madernos berühmtes Meisterwerk, das Marmorbild der ● *Hl. Cäcilie* von 1599/1600. Die noch im Tod ihren Glauben bezeugende Märtyrerin (Finger der rechten Hand!) ist in der Haltung dargestellt, in der ihr Leichnam bei der Öffnung des Sarges 1599 gefunden worden sein soll.

Die Decke enthält ein großes Fresko mit der *»Krönung der hl. Cäcilie«*, das um 1725 Sebastiano Conca ausführte. – Am Ende des rechten Seitenschiffs befindet sich der Zugang zur Grabkapelle des Kardinals Rampolla mit dem Monument von Enrico Quattrini (1929), ein Beispiel des auflebenden Neubarock.

Vom rechten Seitenschiff führt ein mit Landschaftsbildern von Paul Brill dekorierter Gewölbegang in das antike **Caldarium**. Der Legende nach versuchte man hier drei Tage lang, die hl. Cäcilie durch warme Dämpfe zu ersticken. Die Altarbilder mit der »Vermählung« und dem »Martyrium« stammen von Guido Reni (1600–02).

Antike Ruinen. Von der ***Krypta*** (1899–1901 ausgestattet) aus gelangt man zu den Resten eines **römischen Hauses**, die sich unter der ganzen Kirche erstrecken. Zu sehen sind u. a. Fragmente eines Fußbodenmosaiks und eines Bildes der Minerva.

Der aus Ziegelmauerwerk im Wechsel mit Marmorsäulchen errichtete **Kreuzgang** markiert den Übergang von der strengen romanischen Architektur zu den schmuckfreudigen römischen Marmorarbeiten des fortschreitenden 12. und 13. Jh.

[E6] **Chiesa Nuova** (S. Maria in Vallicella; Piazza della Chiesa Nuova) → S. 237.

K2 **Evangelisch-Lutherische Christuskirche** (Via Sicilia 66 / Via Toscana 7)

Bei einer Zusammenkunft der ersten evangelischen Gemeinde in Rom zur Reformationsfeier 1817 wurde der Beschluß zu einem Kirchenbau gefaßt, aber erst ein Jahrhundert später ließ sich der Plan verwirklichen. Sein Förderer, Kaiser Wilhelm II., empfahl dafür Franz Schwechten, den Baumeister der Berliner Kaiser-Wilhelm-Gedächtnis-Kirche. Der Grundstein wurde 1911 gelegt; durch Verzögerungen in den Kriegsjahren fand die Einweihung erst 1922 statt.

Die Kirche mit 2 etwas zurückgesetzten Fassadentürmen und hochragendem Hauptturm an der linken Straßenfassade ist romanischen Stilformen deutschen wie italienischen Ursprungs angenähert. Die Mosaikausstattung (in der Apsis der segnende Christus in der Mandorla) schufen Ernst Pfannschmidt und Friedrich Schwarting. Der alte Taufstein verwendet Abgüsse von Marmorreliefs (»Taufe Christi«, »Maria mit Jesus und Johannes d. T.«, »Christus segnet die Kinder«, 3 schwebende Genien), die Bertel Thorvaldsen 1805/07 für den Taufbrunnen in Brahetrolleborg (Fünen) geschaffen hatte.

Auf einem Teil des für kirchliche Gemeindezwecke bestimmten Geländes steht heute das **Deutsche Archäologische Institut** (Via Sardegna 79).

S. Clemente (Piazza S. Clemente / Via S. Giovanni in Laterano) M9

Die Basilika verdeutlicht exemplarisch die Entwicklung eines römischen Kirchenbaus von der mittleren Kaiserzeit bis zur Frühzeit des Christentums. Ihre Wandgemälde und Mosaiken aus dem Mittelalter gehören zu den bedeutendsten in Rom.

Der Komplex umfaßt die Reste antiker Gebäude mit einem Mithräum, eine frühchristliche Unterkirche des 3. Jh. und eine um 1100–28 errichtete Oberkirche, die Carlo Stefano Fontana 1715–19 barock erneuert hat. Man besichtigt ihn sinnvollerweise in der geschichtlichen Folge seiner Teilbauten.

Antike Gebäude und Mithräum (Zugang über eine Treppe im linken Seitenschiff der Unterkirche)

Über den Resten eines ***Gebäudes aus dem frühen 1. Jh. n. Chr.*** entstand in der 2. Hälfte des folgenden Jahrhunderts ein mehrstöckiges ***Privathaus*** mit 4 Flügeln um einen Innenhof. Dieser Innenhof wurde im 2. Viertel des 3. Jh. in ein ***Heiligtum des Mithraskultes*** umgebaut, indem man die zum Hof führenden Türen vermauerte und ein Tonnengewölbe einzog. Der Raum erhielt eine Statuennische, Sitzbänke an den Seiten und einen mit Reliefs versehenen Altar (Darstellung des stiertötenden Mithras sowie seiner Begleiter Cautes und Cautopates); in einer Nische am Eingang steht ein Porträt Alexanders d. Gr. als Helios.

Unterkirche (Zugang vom rechten Seitenschiff der Oberkirche aus)

Zwischen 250 und 275 kam es in unmittelbarer Nähe des Mithräums zu einem weiteren Umbau: Über dem vorhandenen Tuffmauerwerk entstand in Ziegelbauweise ein großer Saal, den Pfeiler oder Säulen in 2 oder 3 »Schiffe« unterteilten. Verschiedene Indizien deuten darauf hin, daß es sich bei diesem Saal um die in den Quellen genannte legendäre Kirche im elterlichen Haus des 3. Papstes nach Petrus, Clemens I. (um 88 – um 97), handelt. Andere Überlegungen verweisen indessen auf einen als Märtyrer gestorbenen Konsul T. Flavius Clemens. Im 4. Jh., wahrscheinlich unter Papst Siricus (384–399) und wohl nicht zufällig nach Erlöschen des Mithraskults (395), wurde dieser Saal zur 1857–70 freigelegten Unterkirche umgebaut.

Der Raum war nun eine Säulenbasilika mit Arkaden zwischen den 3 Schiffen und Westapsis – die erste bekannte 3schiffige christliche Basilika. (Heute verunklären Mauern des 11. und des 19. Jh., die als Stützen der Oberkirche fungieren, den Raumeindruck erheblich.) Im Osten der Kirche öffnete sich der Narthex zu einem von Portiken umstandenen Atrium. Nach den Zerstörungen beim Normanneneinfall 1084 kam es zu einer Restaurierungsphase, unmittelbar vor dem Bau der Oberkirche.

● Die ***Wandmalereien*** der Unterkirche entstanden im 9. Jh., der Zeit der karolingischen Rückbesinnung auf das frühe Christentum, und um 1100. Im Narthex rechts vom Eingang zum Mittelschiff schildert ein um 1100 entstandenes Fresko ein *Wunder des hl. Clemens* an seinem Grab: Eine Witwe findet ihren vermißten Sohn wieder; ganz links Bischof, Klerus und Volk, die aus der Stadt zum Ort des Wunders strömen. Im Tondo darunter der Heilige mit dem Stifter der Bilder, Beno da Rapiza, und seiner Familie. Links vom Mittelschiffeingang die *Überführung des Leichnams des hl. Clemens* vom Vatikan in die dem Heiligen geweihte Basilika unter Hadrian II. 868 (die Inschrift nennt fälschlich Hadrians Vorgänger Nikolaus I.).

Der Zyklus an der Eingangswand im Kircheninneren entstand unter Papst Leo IV. (847–855). Er feiert den *Triumph Christi* in mehreren fragmentarisch erhaltenen Szenen: Hochzeit zu Kana, Kreuzigung, Frauen am Grabe, Christi Abstieg zur Vorhölle und Himmelfahrt. Teile des Himmelfahrts-Freskos blieben einigermaßen gut erhalten, so daß sich die Komposition erschließen läßt, die zwei Apostelgruppen an den Seiten eines Berges vereinigt. Maria steht mit erhobenen Armen auf dem Berg, während Christus in der Mandorla von Engeln emporgetragen wird; in der linken Apostelgruppe erscheint Papst Leo IV. (mit dem quadratischen Nimbus des Lebenden), in der rechten Gruppe steht der hl. Vitus. Gerade das Auftreten dieses sizilischen Heiligen gibt einen Hinweis auf die politische Situation: Sarazenen hatten 827 begonnen, das byzantinische Sizilien zu erobern und auf das Festland vorzustoßen. 846, im Jahr vor dem Beginn des Pontifikats Leos IV., gelangten sie nach Rom und plünderten St. Peter und S. Paolo fuori le Mura. Die Darstellung Leos IV. und des hl. Vitus als Zeugen der Himmelfahrt Christi deutet folglich den Triumph des Auferstandenen zugleich als Sieg des Christentums über die heidnischen Sarazenen. Die zugehörige Inschrift hebt den Papst hervor: »Daß diese Malerei alle anderen an Schönheit überstrahlt, ist dem Priester Leo zu danken, der sie mit Eifer gestaltet hat.«

Die Fresken an der Mittelschiffwand links kombinieren Szenen der *Alexius-Legende* mit Erzählungen aus der *Vita des hl. Clemens* und einer Darstellung des *Thronenden Christus.* Genannt sei wegen des guten Erhaltungszustandes die Schilderung der Errettung eines Kindes durch den hl. Clemens aus den Fluten des Asowschen Meeres und die Darstellung der Messe des Heiligen in einer Katakombe von Rom (wieder mit dem Stifter Beno da Rapiza und seiner Frau), bei welcher der heidnische Stadtpräfekt Sisinnius erblindet und ertaubt; ein Diener führt ihn zur Seite. In einer Nische des rechten Seitenschiffes blieb eine *Madonnen-Darstellung* des 6. (8.?) Jh. erhalten, in der Nähe der Apsis eine Christus-Darstellung *(Salvator)* des 8. oder 9. Jh., daneben unzählige Bildfragmente in der gesamten Unterkirche.

S. Clemente. Inneres. Schola cantorum

Oberkirche

Die Konzeption der auf dem Höhepunkt des Investiturstreits als Neubau der Clemenskirche begonnenen heutigen Oberkirche greift auf frühchristliche Basilikaformen zurück und zeigt in ihrer Raumfolge – Vorhalle (mit 4 antiken ionischen Säulen) und Atrium (mit Brunnen des 18. Jh.), 3schiffiges Langhaus, Sängerchor, Apsis – den reinen Typ einer mittelalterlichen Sakralarchitektur. Gegenüber der beim Neubau teilweise zugeschütteten Unterkirche wurde der Grundriß schmaler ausgelegt; 2 Reihen von je 8 antiken Säulen tragen die Rundbogenarkaden der Schiffe und die aufgehenden Wände, etwa in der Mitte des Langhauses von starken Pfeilern abgelöst. Fontana hat 1715–19 die ursprünglichen Obergadenfenster zumauern und den offenen Dachstuhl abdecken lassen, dazu Pilaster und Stuckdekor im Mittelschiff angebracht.

Aus der Zeit der Entstehung erhielten sich beachtenswerte Ausstattungsstücke, so die *Chorschranken* mit Marmoreinlagen, rund 2 Jahrzehnte vor dem Beginn des Großbetriebes der Cosmaten, die den schönen *Fußboden* gestalteten. In einer vergleichbaren Technik entstanden Teile der *Schola cantorum*, des Sängerchors im Mittelschiff, bei dessen Errichtung u.a. Platten eines Chores aus der Zeit Papst Johannes' II. (533–535) und Säulen des älteren Baues Verwendung fanden. Den Mittelgang heben 12 aus einer roten Säule geschnittene Porphyrplatten – Hinweis auf die Zahl der Apostel – im Boden hervor. Zusammen mit den beiden *Ambonen* und dem *Osterleuchter* in Cosmatenarbeit sowie dem *Bischofsstuhl* in der Apsis und dem *Altartabernakel* ist hier einer der schönsten mittelalterlichen Chorbezirke der italienischen Kunst gebildet.

S. Clemente. Cappella di S. Caterina. Masolino: Disput der hl. Katharina

Die Stirnwand des Schiffes und die Apsis schmücken *Mosaiken.* An der Triumphbogenwand verkünden die entfalteten Spruchbänder der Propheten Jesaja (über der Stadt Jerusalem, links) und Jeremia (über Bethlehem) das Kommen Christi; über den Propheten sitzen Clemens und Petrus (links) und der hl. Laurentius mit Paulus (rechts), während in der obersten Bildzone Christus und die 4 Apokalyptischen Wesen erscheinen. Über den Bänken für das Kapitel in der Apsis ist die Reihe der Apostel neben Christus und Maria gemalt (Ende 13./Anfang 14. Jh.), doch folgen Mosaiken: Aus den Städten Jerusalem und Bethlehem kommen je 6 Schafe auf das Apokalyptische Lamm zu. Die Apsiswölbung (Farbabb. 11) dient der Verehrung des Kreuzes als Baum des Lebens unter der Hand Gottes, es ist eingebunden in wuchernde Akanthusranken. Zwischen den Voluten des Akanthus finden sich Vögel, Putten und die Figuren der 4 Kirchenlehrer Augustinus, Hieronymus, Gregor und Ambrosius; die Ranken symbolisieren die durch den Kreuzestod Christi zum Paradiesgarten gewordene Kirche. Maria und Johannes stehen zu seiten des Kreuzes, auf

dem sich 12 weiße Tauben – Anspielung auf die Apostel – niedergelassen haben. Dem Kreuzesberg entspringen die 4 Ströme des Paradieses, aus denen Hirsche – Sinnbilder der nach Christus dürstenden Menschenseele – getränkt werden. Eine Inschrift gibt an, daß das Mosaik außer Reliquien von Ignatius und Jakobus auch Partikel vom wahren Kreuz Christi enthält: es ist als ein monumentales Kreuzreliquiar zu verstehen. In der Darstellungsweise orientiert sich das Bild an Vorbildern des 5. Jh., wie besonders der Vergleich mit dem Mosaik in der Vorhalle des Baptisteriums von S. Giovanni in Laterano zeigt.
Im Gegensatz zu dieser hochmittelalterlichen Ausstattung gewährt die ***Cappella di S. Caterina*** an der Eingangsseite des linken Seitenschiffs einen Einblick in die Bild- und Raumauffassung der Frührenaissance. Die – vielfach überarbeiteten – *Wandgemälde,* sehr wahrscheinlich Werke des Masolino da Panicale (um 1427 – um 1431), stiftete Kardinal Branda da Castiglione. An der Eingangswand ist der hl. Christophorus, an der Rückwand die Kreuzigung und an den Seitenwänden die Legende des hl. Ambrosius bzw. der hl. Katharina von Alexandria zu sehen. Der Maler bemühte sich um die Wiedergabe tiefer Bildräume mittels perspektivischer Verfahren; besonders deutlich wird das beim Disput der hl. Katharina mit den heidnischen Gelehrten. Die Figuren zeigen zwar plastisches Volumen (und individuellen Ausdruck), doch gelingt die angestrebte Harmonisierung des Verhältnisses von Figur und Raum nicht völlig – die in Florenz entwickelte neue Bildauffassung beginnt indessen mit diesen Fresken, die Kunst der Stadt Rom im Sinne der Renaissance zu orientieren.

E10 **S. Cosimato** (**SS. Cosma e Damiano in Mica Aurea**; Piazza S. Cosimato / Viale di Trastevere)

Zu dem Baukomplex, der heute als Altenheim und Krankenhaus (**Ospedale Nuovo Regina Margherita**) dient, gehören die aus dem 10. Jh. stammende, 1475 erneuerte **Kirche** mit einem an der Westseite des Platzes erhaltenen ***Portikus*** (ursprünglich Teil des Atriums) sowie 2 **Kreuzgänge** aus dem frühen 13. bzw. aus dem 15. Jh.

(Die ganze Baugruppe kann nur von 7 bis 9.30 Uhr besichtigt werden.)

Von der Ausstattung der **Kirche** verdienen Beachtung: das Fresko der *Madonna zwischen Heiligen* von Antonio da Viterbo links vom Hauptaltar und das mit einem Altar vereinigte *Grabmal des Kardinals Alderano Cibo* in der Seitenkapelle, das Sansovino zugeschrieben wird.

Reizvoller als die Kirche ist der große, südlich von ihr gelegene **Kreuzgang** des frühen 13. Jh. Der Westflügel (mit eingemauerten Fundstükken) zeigt noch, wenn auch durch die Vermauerung vieler Arkaden gestört, seine ursprüngliche Gestalt, während der Südflügel durch unregelmäßig gesetzte, rohe Stützpfeiler völlig entstellt ist. Die Säulenreihen der beiden Flügel im Osten und Norden wurden beim Bau des Obergeschosses in gotischer Zeit durch geschickt eingefügte Pfeiler reizvoll rhythmisiert. – Östlich der Kirche liegt ein **weiterer Kreuzgang** aus dem Quattrocento.

SS.Cosma e Damiano (Via dei Fori Imperiali) J8

Nach dem siegreichen Ende des Jüdischen Krieges errichtete Vespasian 71–75 n. Chr. das letzte der sog. Kaiserforen als **»Templum Pacis«**, *ein nahezu quadratisches, von Säulenhallen umgebenes Areal. Den südlichen Eckbau, die einstige* ***Bibliothek***, *später »Aula absidiata« mit unbekannter Zweckbestimmung, wurde um 500 von Theoderich restauriert und unter Papst Felix IV. (526–530) zur Kirche umgewandelt. Um frühere Kulte von Heilgöttern (z. B. Castor, Apollon, Äskulap) in der Nähe zu verdrängen, weihte der Papst die 1schiffige Kirche den kilikischen Märtyrerärzten Cosmas und Damian. Als Vestibulum diente der als* ***»Romulus-Tempel«*** *bekannte spätantike Rundbau an der Via Sacra. Die barocke Umgestaltung unter Luigi Arrigucci wurde 1632 abgeschlossen.*

Aus der Zeit der Einrichtung des christlichen Sakralraumes im 6. Jh. blieb das große *Apsismosaik* erhalten, eines der bedeutendsten Dokumente frühchristlicher Kunst in Rom: Christus steigt vom Himmel herab und hält in der linken Hand die Gesetzesrolle, während er die rechte im Redegestus erhebt. Neben ihm führt Paulus, wie Christus in die klassische antike Tunika gekleidet, den hl. Damian und den Stifter mit dem Kirchenmodell, Papst Felix IV. (Mitte des 17. Jh. rekonstruiertes Bildnis) herbei, während von rechts Petrus die hll.

SS. Cosma e Damiano. Apsismosaik

Cosmas und Theodor (Namenspatron Theoderichs!) zu Christus führt. Die Handlung spielt sich laut Inschrift am Jordan ab, den Rosen, Lilien und Dattelpalmen als Paradies kennzeichnen (daher links der Phönix, ein Symbol der Unsterblichkeit). Die Komposition dieses Mosaiks wirkt sich in den folgenden Jahrhunderten bei der Lösung ähnlicher Gestaltungsaufgaben maßgeblich aus (vgl. S. Prassede, Zeno-Kapelle).

Ein apokalyptisches Thema schlägt auch das weniger gut erhaltene *Mosaik des Triumphbogens* aus der Zeit des Papstes Sergius I. (687–701) an: Im Zentrum steht das Lamm Gottes auf einem mit Edelsteinen geschmückten Altar, umgeben von den Evangelistensymbolen und den (verlorenen) 24 Ältesten.

Die Holzdecke von 1632 trägt ein Marienbild von Marco Tullio Montagna, dem Urheber der Fresken im Schiff (Leben und Wundertaten der Titelheiligen u. a.). – 2. Kapelle rechts: seit 1644 Familienkapelle des Malers Giovanni Baglione, der den Raum ausstattete. Das Altarbild zeigt »Johannes Ev. einen Krüppel heilend«; an den Wänden »Anbetung der Könige« und »Darbringung im Tempel«.

Im ***Rundbau*** – zugänglich vom Vestibül der Kirche – ist eine *neapolitanische Weihnachtskrippe* aufgebaut; sie gehört zu den größten und künstlerisch bedeutendsten in Rom. •

Ebenso vom Vorplatz aus ist die **Unterkirche** zu erreichen, in der sich der *Altar,* wohl aus der Zeit Gregors d. Gr., erhalten hat. Sichtbar sind noch *Freskenreste* aus dem 13. Jh. (Magdalena und Jesus, der Auferstandene und die 3 Frauen).

S. Costanza (Via Nomentana) → S. 145. Ve2

S. Crisogono in Trastevere (Piazza Sonnino / Viale di Trastevere) F9

Die über den Resten mehrerer antiker Häuser gebaute Basilika zählt zu den frühesten, schon um 499 genannten Titelkirchen Roms. Doch faßbare Spuren hinterließ erst ein Neubau des 8. Jh., die heutige Unterkirche.

Die bestehende 3schiffige **Oberkirche** mit 22 antiken Granitsäulen und Architraven entstand 1129 (Ziegelmauerwerk des 12. Jh. ist in den Seitenwänden erhalten); 1626 erhielt sie im Auftrag des Kardinals Scipione Borghese eine schlichte, wenig qualitätvolle Barockausstattung und nach Plänen von G. B. Soria eine Fassade. Zum ursprünglichen Raumeindruck vgl. S. Maria in Trastevere. Einer Hinwendung zu frühchristlichen Bauformen wird das kurze Querhaus verdankt. Die beiden größten *Porphyrsäulen* Roms unterfangen den Triumphbogen. In der Apsis findet sich ein *Mosaik* in der Nachfolge Cavallinis mit der Darstellung der Thronenden Madonna zwischen Chrysogonus und Jakobus. In die Dekke ist eine Kopie von Guercinos »Hl. Chrysogonus in der Glorie« eingelassen (Original in London, Stafford House).

Die **Unterkirche** ist vom linken Seitenschiff aus zu erreichen. Aus der Entstehungszeit, dem 8. Jh., blieb neben Fragmenten von Wandmalereien im linken Seitenschiff die bemerkenswerte *Ringkrypta* (eine hufeisenförmige Confessio) erhalten. *Freskenreste* des 9./10. Jh. am Ende des Hauptschiffs (Figuren) und im linken Seitenschiff (Benedikt- und Silvester-Geschichte). Reste kaiserzeitlicher Architekturdekoration und andere Fundstücke, darunter ein gut erhaltener Nereiden-Sarkophag.

Ve4 **S. Croce in Gerusalemme** (Piazza S. Croce in Gerusalemme)

Als Aufbewahrungsort hochverehrter Reliquien (Teile des Kreuzes Christi, Dornen seiner Dornenkrone, der Finger des Ungläubigen Thomas u. a.) zählt S. Croce in Gerusalemme zu den 7 Haupt- und Pilgerkirchen Roms, die Wallfahrer an einem Tag zu besuchen pflegten (S. Giovanni in Laterano, S. Pietro in Vaticano, S. Paolo fuori le Mura, S. Maria Maggiore, S. Croce in Gerusalemme, S. Sebastiano ad Catacumbas, S. Lorenzo fuori le Mura). Seit 1561 ist S. Croce in Gerusalemme Zisterzienserklosterkirche. – Der Bau ist bezeichnend für die Kontinuität der Entwicklung von der mittleren römischen Kaiserzeit bis zum beginnenden Mittelalter.

Das Gebäude steht auf einem ehemals kaiserlichen Latifundium, auf dem Konstantin I. → SS. Marcellino e Pietro mit dem angebauten Helena-Mausoleum errichten ließ und zu dem ebenso der Circus Varianus sowie das Amphitheatrum Castrense gehören, ferner ein Palast in der Nähe der Porta Maggiore, das sog. → **Sessorium** *aus dem frühen 3. Jh. n. Chr., von dem die eindrucksvollen Reste eines Apsidensaales erhalten blieben. Ein weiterer Saal, von 36,46 × 21,80 m Grundfläche und 22,15 m Höhe, öffnete sich mit 5 großen, in die nördliche Längsseite eingelassenen Bogen, so eine vestibulumartige Halle bildend, die ein gedeckter Gang mit dem Amphitheater und dem Circus verband.*

Dieser Saal wurde im 2. Viertel des 4. Jh., vielleicht erst gegen 350, zu einer Kirche umgebaut, die der Aufbewahrung der von Helena, der Mutter Konstantins, 326 im Heiligen Land aufgefundenen Kreuzreliquien dienen sollte. Durch den Anbau einer Apsis an der Ostseite des Saales erhielt der ursprünglich quergerichtete Saal eine Längsachse und wurde damit zum ersten geosteten Kultbau Roms. In der nördlichen Außenmauer des heutigen Baues sind die zugemauerten Fenster im oberen Teil der ursprünglichen Saalwand noch zu sehen. Die westliche Stirnwand des Saales erhielt 5 Türen anstelle der Fenster und bildete nun die Eingangsfront. Etwa in der Mitte des Raumes wurden 2 Quermauern mit je 3 rundbogigen Öffnungen eingezogen. Möglicherweise waren die Quermauern untereinander verbunden, so daß sich ein vierungsähnliches Bauelement ergab, das bereits Prinzipien mittelalterlicher Raumgestaltung vorbereitete. Eine solche Unterteilung des Langhauses durch Querwände war indessen schon im syrisch-palästinensischen Sakralbau entwickelt worden. Hinter der Apsis trennte man einen kleinen Raum, die heutige Helena-Kapelle, vom übrigen Palast ab und verband ihn durch einen gewölbten Gang mit der Kirche; der Legende nach errichtete man diese Kapelle über Erdreich vom Berg Golgatha, der Hinrichtungsstätte Christi.

Dieser konstantinische Bau erlebte in einer politisch höchst brisanten Zeit, als sich 1144 die römische Kommune etabliert hatte und der erneuerte Senat sich dem Papsttum energisch widersetzte, einen entscheidenden Umbau. Papst Lucius II. (1144/45) ließ ihn zu einer 3schiffigen Säulenbasilika umgestalten und den Campanile errichten. Für den mittelalterlichen Menschen bedeuteten Türme Herrschaftszeichen, und Reliquienbesitz konnte Machtausübung sanktionieren: So dokumentierte S. Croce in der Rückbesinnung auf den frühchristlichen Basilikatypus und in der Verwendung von 8 antiken Granitsäulen den päpstlichen Machtanspruch gegenüber der römischen Kommune. (Papst Lucius II. kam bei Straßenkämpfen 1145 ums Leben; sein Nachfolger Eugen III. mußte im folgenden Jahr unter dem Druck der Kommune Rom verlassen.)

Nach dem Zusammenbruch des Oströmischen Rei-

ches und der Expansion der Osmanen im 15. Jh. bekam die Legende von der Auffindung des Hl. Kreuzes erneut aktuelle Bedeutung. Hinzu kam, daß in einer Nische über dem Triumphbogen von S. Croce um 1490 die Kreuzreliquie wiedergefunden wurde, was der Kirche gesteigerte Verehrung zutrug. Die Folge waren Erweiterungen und Ausgestaltungen der Kirche. Die Helena-Kapelle wurde Reliquienkammer, erhielt um 1500 ein Mosaik, 1590–93 Fresken von Pomarancio, beide mit Themen der Kreuzlegende, schließlich 1602 3 Altargemälde von Rubens (heute in der Kathedrale von Grasse in Südfrankreich). Völlig neu gestaltet wurde S. Croce von Papst Benedikt XIV. 1743/44, die Ausführenden waren Domenico Gregorini und Pietro Passalacqua.

Die Fassade steht zeitlich und künstlerisch am Ende der glänzenden Reihe bedeutender römischer Kirchenfronten der Renaissance und des Barock, wenngleich für die *Vorhalle,* ein quergestelltes Oval mit halbem Umgang, eine originelle Lösung gefunden wurde. Ebenso enttäuscht der phantasielose Innenraum mit seinem ungewöhnlichen Stützenwechsel. Aus der Umbauphase des 12. Jh. erhielten sich der *Mosaikfußboden* (Cosmatenarbeit?) und einige Fresken, dazu *Medaillons* im Obergaden mit der Darstellung von Patriarchen und Propheten. Das Deckenbild schildert die Erhebung der hl. Helena und Konstantins, darunter Michael und Luzifer; von Corrado Giaquinto, um 1744. Die Halbkuppel der Apsis bewahrt ein panoramaartiges Rundbild mit der Auffindung des Kreuzes durch Helena, darüber die Figur des segnenden Christus; das Fresko gilt als Werk des Antoniazzo Romano, um 1490. An den Wänden Fresken von C. Giaquinto (»Die Eherne Schlange« und »Moses schlägt Wasser aus den Felsen«).

Eine Treppe führt rechts von der Apsis in die ***Helena-Kapelle***. Ihr *Gewölbemosaik* enthält Fragmente vielleicht der 1. Hälfte des 5. Jh., schließt jedenfalls thematisch an Bilder der Frühzeit des Christentums an. Seit den »Restaurierungen« von 1523 und 1590–93 ist der Originalbestand nicht mehr zu beurteilen. In der Mitte erscheint Christus als Pantokrator, umgeben von den 4 Evangelisten, und zwischen diesen 4 Szenen aus der Kreuzlegende. Über der Altarnische die Hetoimasia mit Petrus und Paulus. In der linken Bogenlaibung sind das Kreuz Christi, seine Leidenswerkzeuge, die hll. Helena und Papst Silvester sowie der Stifter, Kardinal Bernardino Carvajal (1495–1523), dargestellt. – Die Fresken Pomarancios zur Kreuzlegende (1590er Jahre) sind kaum mehr zu erkennen.

Hinter der Helena-Kapelle liegt die 1930 entworfene ***Kreuzkapelle***, in der Reliquien aufbewahrt werden (Eingang im linken Seitenschiff, neben dem Chor).

Durch einen Gang mit der Helena-Kapelle verbunden ist die ***Cappella Gregoriana*** von 1520–23, eine weitere Stiftung Carvajals.

SS. Crocefisso (**Oratorio dell'Arciconfraternità del SS. Crocefisso**; Piazza dell'Oratorio / Via dell'Umiltà) HI5/6

Während der Pest 1522 bewirkte ein 1519 aus dem Brand der Kirche S. Marcello (al Corso) geretteter Kruzifixus das wunderbare Ende der Seuche. Daher bildete sich die Bruderschaft des SS. Crocefisso di S. Marcello. Für sie entwarf Giacomo della Porta 1561 ein Oratorium, das ein Jahr später begonnen und 1568 abgeschlossen wurde.

Die Fassade – 3achsig und 2geschossig mit einem überhöhten Mittelteil, den Voluten mit den Seiten verbinden – ist typisch für della Porta. – Die Wände des einfachen Rechtecksaals mit Kassettendecke sind nach 1578 mit Szenen der Kreuzlegende von Auffindung des Christuskreuzes durch die hl. Helena bis hin zum Wunder des Kruzifixus von S. Marcello (Eingangswand) von N. Circignani, B. Croce, C. Nebbia und Giovanni de' Vecchi freskiert worden. Raumtyp und Ausstattung sind mit anderen Oratorien, die in diesen Jahren entstanden, vergleichbar.

SS. Domenico e Sisto (Via Panisperna / Largo Angelicum 1) J7

Die Kirche, die dem anliegenden Dominikanerkloster und der päpstlichen Hochschule Angelicum dient (hier auch Zugang zur Kirche), wurde mit dem Nonnenchor (1575–77) und dem Campanile begonnen; 1611–46 (Gesamtweihe) entstand unter Leitung Nicola Torrianis, dem in den 30er Jahren sein Sohn Orazio folgte, der Hauptbau, der in den folgenden Jahrzehnten seine Ausstattung erhielt.

Über Vincenzo della Grecas doppelter Rampentreppe (vollendet 1663) erhebt sich weit oberhalb des ursprünglichen Niveaus die von ihm 1654 mit Obergeschoß und Giebel zu Ende gebrachte eindrucksvolle Fassade.

Den 1schiffigen Innenraum dominiert das *Deckengemälde* von Domenico Maria Canuti und Enrico Haffner, 1674/75. Dargestellt ist der »Triumph des hl. Dominikus«. Der Raum wird durch illusionistische Malerei aufgerissen und scheint sich in einem Himmelssturz von Engeln und Wolken ins Grenzenlose zu verströmen. Gegenüber dem Deckenfresko in der Jesuitenkirche Il Gesù ist hier die Raumillusion noch weiter getrieben. – Auf dem 1. Nebenaltar rechts eine *»Noli me tangere«*-Gruppe von Antonio Raggi nach einem Entwurf Berninis (um 1649), dem auch der Entwurf des Hochaltars (1636–40) zugeschrieben wird. Das Bild des hl. Dominikus auf dem 3. Altar malte P. F. Mola 1648. Auf dem 3. Altar links eine *Madonna mit dem Kind,* ein Fresko des 15. Jh., das Benozzo Gozzoli zugeschrieben wird.

Vd6 **»Domine quo vadis?«** (S. Maria in Palmis; Via Appia Antica) → S. 135.

I9 **S. Eligio dei Ferrari** (Via S. Giovanni Decollato 9)

Die vor 1550 erbaute Kirche gehört der Vereinigung der Grobschmiede und ist deren Patron, dem hl. Eligius, geweiht.

Der harmonische Saalraum, dem sich ein eingezogener Chor anschließt, zeigt eine reiche Barockausstattung. Die flache Decke mit vergoldetem Rankenwerk ist 1604 datiert. Das Bild der »Madonna mit Heiligen« auf dem Hochaltar stammt von Sermoneta. In der 3. Kapelle links eine »Kreuzigung« von Scipione Pulzone. – Der Kirche ist ein kleines ***Oratorium*** angeschlossen; dort eine Fahne, bemalt von Pompeo Batoni (»Die Madonna erscheint dem hl. Eligius«, 1750).

E7 **S. Eligio degli Orefici** (Via S. Eligio)

Die kleine Kirche der Università degli Orefici ed Argentieri, der Vereinigung der Gold- und Silberschmiede, wurde um 1515 von Raffael begonnen. Die Fassade führte ein unbekannter Architekt im Laufe des 16. Jh. aus. Zu Beginn des 17. Jh. hat wohl Flaminio Ponzio die Kirche durchgreifend restauriert und die Fassade oberhalb des Hauptgesimses verändert.

Der Zentralbau erhebt sich über dem Grundriß eines griechischen Kreuzes mit kurzen Armen und Halbkreisapsis. Seine Kuppel mündet in eine elegante Laterne (von Baldassare Peruzzi?). Breite Pilaster und Lisenen beleben mit ihrem flachen Relief die kubische Geschlossenheit des Außenbaus. – Fresken schmücken die Altäre; am rechten Altar eine »Anbetung der Könige« von G. F. Romanelli (17. Jh.). Matteo da Lecce malte die »Verkündigung« an der Triumphbogenwand und das Pfingstbild in der Apsis. Im linken Kreuzarm die »Anbetung der Hirten« von Giovanni de' Vecchi (um 1574).

S. Eusebio (Piazza Vittorio Emanuele II 12/A) O7

Die Titelkirche des 5. (?) Jh., angeblich über dem Haus des hl. Eusebius errichtet, wurde unter Gregor IX. um 1230 vollkommen erneuert (aus dieser Zeit der ***Glockenturm***). Restaurierungen erfolgten 1586–88 und 1600. Bestimmend wurden die Eingriffe des 18. Jh., ab 1711 unter Carlo Stefano Fontana, der auch die Fassade mit dem 5bogigen Portikus hinzufügte, 1750–59 unter Niccolò Picconi. – Von der Ausstattung verdient das Deckenfresko von Anton Raphael Mengs und Anton Maron mit der *»Glorie des hl. Eusebius«* Beachtung (1755–58). Das *Chorgestühl* aus dem Cinquecento ist erhalten.

S. Francesca Romana (**S. Maria Nova**; Via dei Fori Imperiali / Piazza S. Francesca Romana 4) JK9

Das Erdbeben des Jahres 847 und die damit verbundene Einsturzgefahr der Gebäude auf dem Palatin veranlaßte Papst Leo IV. (847–855), die Kirche → S. Maria Antiqua durch einen Neubau (daher »S. Maria Nova«) in den Ruinen des Venus-und-Roma-Tempels auf dem Forum Romanum zu ersetzen. Von dieser Basilika ist im heutigen Langhaus noch Bausubstanz erhalten, obwohl sie 1216 nach einem Brand restauriert und 1608–15 unter Carlo Lambardis Leitung neu ausgestattet (und mit barocker Fassade versehen) wurde. Bereits 1161 hatte ein Neubau von Querschiff, Apsis und Campanile stattgefunden. 1421 gründete Francesca de' Ponziani, die hl. Francesca Romana, hier ihre Oblatenkongregation; die 1608 kanonisierte Heilige gilt heute als Patronin der Autofahrer. – Im Olivetanerkloster wohnten u. a. 1589 Torquato Tasso und 1866–70 Franz Liszt.

Architektur des 13. Jh. hat sich an der Längsseite und im 42 m hohen ***Campanile*** erhalten, der trotz starker Restaurierungen als Musterbeispiel für römische Türme des 12./13. Jh. gelten darf, die architektonische Gliederung mit Schmuckfreude verbinden. Roter Backstein, weiße Marmorsäulen und eingesetzte farbige Majolikascheiben wetteifern im Spiel der Farben. – Die Fassade, vor einer Querhalle stehend, zeigt den Einfluß Palladios. Die hochragende 2geschossige Mittelachse wird von mächtigen Doppelpilastern gerahmt, die

S. Francesco a Ripa. Gian Lorenzo Bernini: Sel. Ludovica Albertoni

ein breites Schriftband und ein kräftiges Gebälk tragen. Ein stark profilierter Giebel, der von 3 Statuen (links die hl. Francesca) gekrönt wird, bildet den oberen Abschluß. Die 1geschossigen Seitenachsen tragen Volutengiebel und Eckstatuen.

Der schlichte Raum wird von Marmor, Stuck und Bildern reich geschmückt. Der 1644–49 aus vielfarbigem Marmor errichteten *Confessio* liegen Entwürfe Berninis zugrunde; die plastische Gruppe der hl. Francesca Romana mit einem Engel wurde 1866 von G. Meli als Ersatz für die zerstörte Gruppe des 17. Jh. gearbeitet. – Die *»Madonna del Conforto«* (Madonna des Trostes) im Hochaltar entstand vermutlich um die Mitte des 7. Jh. (vielleicht schon im 5. Jh.?) und ist wohl die älteste bekannte Marienikone. – Das bedeutende *Apsismosaik* von ca. 1161 folgt byzantinischen Vorlagen. Es zeigt die bekrönte Madonna mit dem Kind auf einem mit Gemmen geschmückten Thron; links von der Madonna die Apostel Jakobus und Johannes, rechts Petrus und Andreas. Ornamentierte Bogen umfangen die Gestalten, die vor einer sich weitenden Landschaft erscheinen. Ein sich im Hochmittelalter wandelndes Bewußtsein der Raumauffassung äußert sich in einer zunehmend tiefenräumlich aufgefaßten Bildkomposition.

In der 2. Kapelle rechts ein interessantes *Grabmal* für den Befehlshaber der päpstlichen Truppen *Antonio Rio* († 1450) mit dem Relief des Toten zu Pferd. Im rechten Querhaus das *Grabmal Gregors XI.*, vom römischen Senat 1584 gestiftet zum dankbaren Gedenken an die Zurückverlegung des Papstsitzes von Avignon nach Rom (1377) und von Pier Paolo Olivieri geschaffen. – In der Sakristei die *»Erweckung eines toten Kindes durch St. Benedikt«*, ein Meisterwerk der französischen Malerei, noch ganz im klassischen Geist des 17. Jh. als Figurenkomposition 1744 von Pierre Subleyras gemalt. ●

In der ***Krypta*** ist ein *Marmorrelief der hl. Francesca Romana* von Ercole Ferrata in die Wand gemauert.

In den **Konventsgebäuden** befindet sich heute das **Museo del Foro** (Antiquarium Forense, → Forum Romanum).

S. Francesco a Ripa (Piazza S. Francesco d'Assisi) F11

Die Kirche steht auf dem Platz der Kapelle des Hospizes S. Biagio, in dem sich der hl. Franziskus 1210 oder 1219 aufgehalten haben soll. Um 1229, etwa ein Jahr nach seiner Heiligsprechung schon, entstand hier ein Kloster der Franziskaner, 1231 der Bau einer 3schiffigen Basilika, die Pietro Cavallini mit Fresken ausgemalt hat. Die mittelalterliche Kir-

che mußte 1682 dem bestehenden Bau des Mattia de' Rossi völlig weichen.

Den barocken Neubau, eine querschifflose, 3schiffige Pfeilerbasilika, prägte das Ideal franziskanischer Schlichtheit, das allerdings in der reichen Ausstattung der Nebenkapellen aufgegeben worden ist.

Auf dem Altar der Cappella del Crocefisso (1. rechts), die Carlo Fontana zugeschrieben wird, ein ausdrucksvolles *Holzkruzifix* des 17. Jh. – In der 2. Kapelle rechts, entweder von Carlo Fontana oder von Filippo Leti erbaut, das Altarbild der *»Madonna della Salute«*. Das aus der sienesischen Schule des 14. Jh. stammende Werk verrät noch den Einfluß byzantinischer Vorbilder. – Die letzte Kapelle rechts, die Cappella Pallavicini, errichtete Niccolò Michetti 1710. Giuseppe Mazzuoli gilt als Schöpfer der beiden *Pallavicini-Grabmäler*, die in die große Dekoration der Kapelle aus Marmor und Stuck miteinbezogen sind.

Gegenüber dieser Kapelle, die fast wie ein Querhausarm wirkt, die kleinere Cappella di S. Anna, auf deren Altar ein meisterliches Spätwerk Berninis, die liegende Gestalt der ● *Sel. Ludovica Albertoni* (1601–74) bewahrt wird. Die Selige ruht sterbend auf dem Lager, von ihren Gewändern weich umflossen. Bernini lockert den Marmorblock mit beispielloser Meisterschaft auf und steigert zugleich die farbige Wirkung durch die Verwendung verschiedenfarbigen Marmors: Vor der weißen Gestalt der Seligen breitet sich ein fallendes Tuch aus rotem, weiß geädertem Marmor aus. – Das Altarbild im Hintergrund zeigt die *Madonna und die hl. Anna*, ein Werk von Giovanni Battista Gaulli gen. Baciccia (1675). – In der 2. Kapelle am linken Seitenschiff eine *»Verkündigung«* von Salviati.

● **Il Gesù** (**SS. Nome di Gesù**; Piazza del Gesù / H7 Via del Plebiscito)

Um seinem 1540 kirchlich bestätigten Orden ein eigenes Gotteshaus zu verschaffen, bewarb sich Ignatius von Loyola im gleichen Jahr beim Papst um die Zuweisung der kleinen gotischen Kirche S. Maria della Strada im Zentrum der Stadt. Sie wurde 1542 wirklich ordenseigen, und bald erlaubte die Förderung durch Paul III., an einen großzügigen Neubau an gleicher Stelle zu denken. Dazu erfolgte Ende des Jahres 1550 oder Anfang 1551 die Grundsteinlegung, doch verhinderten Einsprüche von vielen Seiten vorerst die Errichtung. Planender Architekt war Nanni di Baccio Bigio, dessen Entwurf Michelangelo aber korrigiert (oder durch einen eigenen Vorschlag ersetzt?) hat. Ausgeführt wurde indessen – nach der neuerlichen Grundsteinlegung im Juni 1568 – ein Konzept von Vignola, dem Lieblingsarchitekten des jetzt als Protektor und Mäzen des Unternehmens auftretenden Kardinals Alessandro Farnese († 1589). 1577, vier Jahre nach Vignolas Tod, wurde die Wölbung geschlossen und die Fassade von Giacomo della Porta – nach eigenem Riß – vollendet. 1584 fand die Schlußweihe statt.

Das 17. Jh. gab der Architektur des Cinquecento eine hochbarocke Dekoration. Für die Freskierung wurde 1672 der Genuese Giovanni Battista Gaulli gen. Baciccia unter Vertrag genommen. Mit der Gestaltung der Apsis 1841–43 und der Ergänzung der Langhausausstattung 1858–61 erhielt der Raum seine endgültige Form.

Die Fassade des Giacomo della Porta läßt das breit angelegte 1. Geschoß als Hauptgeschoß, dem das 2. fast nur wie eine Giebelwand aufsitzt, dominieren, wirkungsvoll vorbereitet von Treppe und Gebäudesockel. Die von der Renaissance entwickelte freie Ordnung aus Säulen und Pilastern wird in eine antiklassische Pilastergliederung abgewandelt, welche die architektonische Ordnung Zug um Zug zur Mitte hin steigert, wo Hauptportal und Mittelfenster des Obergeschosses kräftige Akzente setzen. Das starke Relief zwischen Wandflächen, Tür- und Fensteröffnungen, vortretenden Pilastern, Säulen und Gesimsen bedeutet ebenso wie die Konzentration auf die Mitte hin einen Vorklang der Kirchenfassaden des Barock. Über dem Hauptportal das Marmorwappen IHS der Jesuiten, das von den griechischen Anfangsbuchstaben des Namens Jesus abgeleitet ist. – Strebepfeiler über den Seitenschiffen nehmen das Motiv der seitlichen Volutengiebel an der Fassade auf. Das über die Flucht der Seitenschiffe nicht vortretende Querhaus trägt über der Vierung eine *Kuppel* mit 8seitigem Tambour und der Lilie aus dem Wappen Alessandro Farneses unter dem Kreuz an der Laternenspitze.

Inneres. Die 1534 von Ignatius von Loyola gegründete Societas Jesu (S. J., Gesellschaft Jesu) wollte durch Predigt und intensive Seelsorge wirken. Im Gemeindegottesdienst entfaltete sie die Liturgie der Messe und die großangelegte Predigt wie ein geistliches

Il Gesù. Fassade. (Links: Palazzo Altieri)

Schauspiel. Die Seelsorge dagegen nahm sich des einzelnen Gläubigen in Beichte, Exerzitien und Kongregation an. Vignola entsprach diesen Forderungen durch die Anlage eines kreuzförmigen, 1schiffigen Raumes, dessen Langhaus verhältnismäßig kurz ist, so daß die Vierungskuppel als beherrschendes und sammelndes Zentrum erscheint; im Außenbau 8eckig, erweist sie sich im Innern als kreisrund; ihr lichter Tambour zieht den Blick von jedem Punkt des Raumes auf sich. An die Kreuzarme, die über die Flucht des Langhauses nicht hinausgreifen, schließt sich ein kurzes Chorjoch an, hinter dem sich die Apsis in voller Breite des Mittelschiffs rundet. So entsteht ein großer einheitlicher Raum, der für Messe und Volkspredigt geeignet ist. Die Abseiten des Langhauses dagegen werden in eine Flucht einzelner Kapellen verwandelt, die der Beichte, der Versammlung kleiner Gruppen in Kongregation und Verein, der persönlichen Andacht und dem Totengedenken zu dienen vermögen. Im großen und ganzen entspricht dieses Baukonzept den Grundzügen von Albertis S. Andrea in Mantua (um 1470); es ist also ein Kirchentypus des Quattrocento, der hier vorbildlich wirkte und Vignolas Gesù zu einem Urbild des längsgerichteten Kuppelbaus im Barock werden ließ.

Die hochbarocke Dekoration täuscht über die ursprüngliche Raumwirkung hinweg. Das – im 19. Jh. mit Marmor und Alabaster ausgestattete – Langhaus wird beiderseits durch mächtige pfeilerartige Wandkompartimente begrenzt, zwischen deren Doppelpilastern sich die halbkreisförmigen Bogen der Kapellenzugänge spannen. Girlanden und niedrige Logen (sog. Coretti) gliedern die Wand oberhalb dieser Arkadenstellungen. Den Wandaufbau beschließt ein vielfach ausgekehltes, stark vortretendes Gesims, das ursprünglich ebensowenig ornamentiert war wie die Gewölbezone, in die seitlich Fenster eingeschnitten sind.

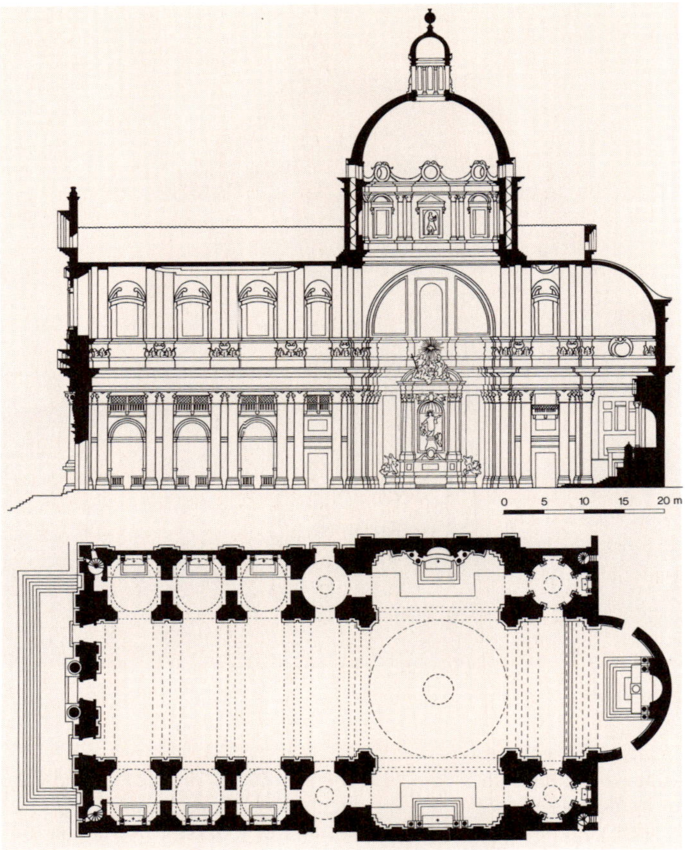

Il Gesù. Längsschnitt und Grundriß

In der Raumgestaltung ist nun keineswegs die Tendenz zu barocker Vereinheitlichung bzw. Zentralisierung verwirklicht, wie der Betrachter zunächst annehmen möchte: Manieristische Züge verleugnen durchaus nicht die Entstehung des Baues im 3. Viertel des 16. Jh. Der zunächst so dynamisch angelegte Zug des Raumes zur Altarapsis hin wird bereits im Langhaus gehemmt durch die Seitenkapellen, die eine nicht klar zu definierende Mittelstellung zwischen selbständigen Raumeinheiten im Sinne der Renaissance und erweiternden Nebenräumen des Langhauses einnehmen. Dieser manieristische Widerspruch zwischen entschiedener Orientierung und deren gleichzeitiger Aufhebung wird in der Verbindung der Seitenkapellen untereinander noch deutlicher: Ihr Eigenleben ist nicht nur durch die zum Langhaus geöffneten Arkadenbogen gefährdet, sondern auch durch die schmalen Durchgänge, die von einer Kapelle zur anderen führen. Die verschachtelte, beengende und zugleich endlos weiterführende Raumflucht des Manierismus spiegelt sich in dieser Anlage. – Hinzu kommt die Bedeutung der Lichtführung: Die hoch in das Tonnengewölbe des Mittelschiffs einschneidenden Fenster folgen einander dicht und regelmäßig; das schmalere Joch vor der Kuppel aber hat kleinere Fenster, so daß der Raum plötzlich dunkler wird. Um so entschiedener öffnet er sich dann jedoch sofort dem herabstürzenden Licht der Vierungskuppel, die sich nicht mit Tambourfenstern begnügt, sondern zusätzlich den Kuppelfuß mit runden Fenstern durchbricht und schließlich auch durch die Laterne eine Fülle hellsten Lichtes einströmen läßt.

In der Ausstattung triumphiert der Barock. Baciccia stattete die Vierungskuppel, das Tonnengewölbe des Langhauses, die Apsiswölbung und das linke Querhaus (in dieser Reihenfolge) 1672–85 mit leidenschaftlich bewegten *Fresken* aus: Im Mittelschiff ist der Triumph des Namens Jesu dargestellt, in der Apsis unter musizierenden Engeln die Anbetung des Lammes; in den Rundnischen des Kuppeltambours über der Vierung stehen Allegorien der 4 Kardinaltugenden, die nach Entwürfen Baciccias in Stuck ausgeführt wurden; darüber füllt eine Verherrlichung Christi im Paradies die Kuppel. Die Pendentifs zeigen die 4 Evangelisten, die 4 Kirchenväter, 4 Propheten (Daniel, Jesaja, Jeremia, Ezechiel) und 4 Patriarchen (Moses, Gideon, Eli, Samuel). Barocker Illusionismus beherrscht vor allem die Darstellung in der Langhauswölbung: Dynamik der Linienführung, Glut der Farben und kühne Verkürzungen scheinen das Gewölbe aufzureißen und einen Blick in die himmlische Herrlichkeit zu eröffnen.

Im rechten Arm des Querhauses steht der *Altar des hl. Franz Xaver*, eines der letzten Werke von Pietro da Cortona († 1669), mit einem Altarbild von Carlo Maratta (Tod des Heiligen, 1679). Thematisch zugehörig die Franz-Xaver-Szenen im Gewölbe des Querarms von Giovanni Andrea Carlone. – Rechts am Chor die Cappella del S. Cuore, deren Fresken (Evangelisten und Kirchenlehrer) Baldassare Croce 1599 ausführte. – Den *Hochaltar* im Chor schuf Antonio Sarti 1841–43 in neoklassizistischen Formen. Links in einer Nische über der Tür die *Büste des hl. Robert Bellarmin* von Bernini (1622), Teil des Grabmals des Heiligen, das 1841 auseinandergestückelt worden ist. – Links des Chores die reich ausgestattete Cappella di S. Maria della Strada oder degli Astalli, an der Stelle der Vorgängerkirche. Die Architektur entwarf der Jesuit Giuseppe Valeriani; von ihm (mit Pulzone) auch die Leinwandbilder mit Szenen aus dem Marienleben, die Fresken sind von Giovanni Battista Pozzi.

Im linken Arm des Querschiffs der von Andrea Pozzo ab 1694 mit Mitarbeitern errichtete *Altar mit dem Grab des hl. Ignatius.* Zwischen 4 großen Säulen aus Travertin mit Lapislazuli steht das kolossale versilberte Standbild des Heiligen aus Stuck, 1804. Die Marmorgruppe der Dreifaltigkeit darüber stammt von Bernardino Ludovisi und Lorenzo Ottoni; die von den barbarischen Völkern verehrte Gruppe des Glaubens zur Linken schuf Jean Théodon, die Religion zwischen den Häresien zur Rechten Pierre Legros. Pozzo, von Haus aus Maler, hob in diesem riesigen Grabaltar die Grenzen zwischen Malerei und Plastik, zwischen Realität und Illusion auf. Der goldbronzene Sarkophag unter dem Altar birgt die Gebeine des hl. Ignatius. – Die Mitte des linken Querhausgewölbes nimmt Baciccias Verherrlichung des Ordensgründers Ignatius ein.

An die Sakristei schließt sich die **Casa Professa** von 1599–1623 an. Hier die ***Wohnräume des hl. Ignatius*** und ein kleines ***Museum*** mit Dokumenten aus der Geschichte des Jesuitenordens.

Gesù e Maria (Via del Corso 45 / Via di Gesù e Maria) → S. 244. G2

S. Giacomo in Augusta (**S. Giacomo degli Incurabili**; Via del Corso 499) G2/3

Die Geschichte der Pfarrkirche erlaubt einen Blick in die mittelalterliche Stadtplanung Roms: Die Kirche entstand vermutlich gleichzeitig mit dem 1332 gegründeten Spital S. Giacomo. Ausschlaggebend für die Wahl des Grundstücks war die Nähe zu dem Tor, durch das von Norden her die Via Flaminia die Pilgerströme in die Stadt führte, so daß kranke Reisende hier Aufnahme finden und damit Seuchen besser kontrolliert werden konnten. Der Beiname »in Augusta« leitet sich von dem in der Nähe gelegenen Grabmonument des Augustus ab. Bereits zu Ende des 15. Jh. beabsichtigte man, Kirche und Hospital zu ersetzen. Entwürfe lieferten Antonio da Sangallo d. J. (um 1515–19 und nochmals um 1530) und Baldassare Peruzzi (um 1534–36: ein Ovalbau!). Doch erst 1592 begann Francesco da Volterra die Kirche; 1598–1602 wurde sie von Carlo Maderno unter Beibehaltung der Pläne Francescos vollendet.

Den Innenraum bestimmt im Grundriß ein Oval, das sich rechts und links in je 3 annähernd quadratischen Kapellen öffnet. Da die mittlere dieser Kapellen jeweils höher und geräumiger ist, wird der Raum im Aufriß rhythmisch belebt. – In der mittleren rechten Cappella dei Miracoli befindet sich auf dem *Altar* ein Marmorrelief von Pierre Legros

(1716), das den hl. Franz von Paula im Gebet vor einem wundertätigen Marienbild zeigt. – Rechts vom Eingang, im ehemaligen Baptisterium, ein Altarbild mit der *»Auferstehung Christi«* von Cristoforo Roncalli.

[F6] **S. Giacomo degli Spagnuoli, ehem.** (Nostra Signora del Sacro Cuore; Corso del Rinascimento 27) → S. 245.

I9 **S. Giorgio in Velabro** (Piazza Bocca della Verità / Via del Velabro)

Der Beiname der Kirche erinnert an das »Velabrum«, jene einst sumpfige Gegend zwischen Kapitol und Palatin, in der Faustulus die Brüder Romulus und Remus gefunden haben soll; durch die Cloaca Maxima wurde sie trockengelegt. In frühchristlicher Zeit (5./6. Jh.?) gab es hier, im Bereich des antiken Rindermarktes (→ Forum Boarium), eine Diakonie, die unter Papst Gregor IV. (827–844) neu strukturiert wurde, u.a. durch den Bau dieser Kirche unter Verwendung bestehender Diakoniebauten. Die Vorhalle und der den → ***Arcus Argentariorum*** *z. T. überlagernde Glockenturm kamen am Beginn des 13. Jh. hinzu. Restaurierung des im 18. Jh. barockisierten Raumes 1924/25 durch A. Muñoz. Schwere Beschädigungen und den Verlust der Vorhalle erlitt die Kirche in der Nacht des 27./28. Juli 1993 durch ein Bombenattentat.*

Am 14. Februar 1347 hat Cola di Rienzo hier an der Kirchentür sein politisches Manifest, das die Römer zum Aufstand aufwiegelte, angeschlagen.

Die auffälligen Unregelmäßigkeiten der Architektur erklären sich aus den Verhältnissen der verwendeten Grundstücke und mangelnden Finanzmitteln ebenso wie aus den benutzten Spolien unterschiedlicher Herkunft. So zeigt die weiträumige 3schiffige Säulenbasilika eine merkwürdige Unentschiedenheit der Einzelformen: Die Arkadensäulen, die in Höhe, Material und Bearbeitung ungewöhnlich stark differieren, scheinen aus den Restbeständen der verschiedensten antiken Bauwerke ausgesucht zu sein; die Scheitelhöhe der Arkadenbogen wechselt, und kaum einer dieser Bogen entspricht einem genau geschnittenen Halbkreis. Die Fenster in den Hochschiffwänden verzichten überhaupt auf den abschließenden Rundbogen.

Von der ursprünglichen Ausstattung erhielten sich lediglich einige *Freskenfragmente des 8./9. Jh.*, heute im Untergeschoß des Campanile. – Bedeutend, aber leider schlecht erhalten ist das von Kardinal Jacopo Stefaneschi gestiftete *Apsisfresko*, das Pietro Cavallini oder seine Schüler zwischen 1292 und 1309 geschaffen haben. Christus steht auf der Weltkugel, rechts von ihm die hll. Petrus und Sebastian (als Soldat), links Maria und der hl. Georg. Die Komposition ist an frühchristlichen Vorlagen orientiert; möglicherweise sollte das Fresko ein früheres Werk ersetzen (in der Apsis aufgefundene Mosaikreste sind heute an der Wand des rechten Seitenschiffs zu sehen). Doch zeigt die vornehmlich durch die Wiedergabe des Lichteinfalls beschriebene Modellierung der Körper unter den Gewändern jene neue Körper- und Raumauffassung, die mittelalterliche Bildschemata zunehmend überwinden und zur Frührenaissance überleiten wird (vgl. Cavallinis Mosaiken und Fresken in S. Maria in Trastevere und S. Cecilia in Trastevere).

Um die Mitte des 12. Jh. errichtete ein Meister Nicola mit seinen Söhnen (?) das *Ziborium des Hochaltars.* 4 Ecksäulen tragen ein Gebälk, auf das 2geschossige Säulenstellungen gesetzt sind. Die abschließende pyramidenförmige Bedachung wird nochmals durch einen Arkadenkranz unterbrochen, so daß ein rhythmisch reichgestufter und belebter Aufbau entsteht. – An den Wänden Fragmente von Chorschranken des 8. oder 9. Jh., Platten, Transennen u. a.

S. Giovanni Battista dei Genovesi (Via dei Genovesi / Via Anicia 12) G

Kirche und Hospital der Genueser gehören zu den Stiftungen, die die landsmannschaftlichen Bruderschaften für Rompilger unterhielten.

Die 1481 errichtete **Kirche** wurde bei Restaurierungen des 17. und 19. Jh. völlig erneuert. – Dagegen hat der im späten 15. Jh. entstandene Hof des anschließenden **Hospizes**, der zu den schönsten seiner Zeit gezählt werden darf, seine ursprüngliche Gestalt bewahrt: Doppelgeschossige Arkaden umschließen in der Art eines Kreuzgangs ein Viereck; während im Untergeschoß Rundbogen von hohen, schlanken Achteckpfeilern getragen werden, verbindet im Obergeschoß ein gerades Gebälk die kürzeren 8eckigen Pfeiler.

S. Giovanni Calibita (Isola Tiberina) G

Das ***Ospedale dei Fatebenefratelli****, das Hospital der Barmherzigen Brüder, setzt eine antike Tradition der Krankenpflege fort; die → Tiber-Insel war u. a. ein dem Heilgott Asklepios geweihter Ort (vgl. S. Bartolomeo all'Isola). Zu dem Krankenhaus gehört diese*

kleine, in frühchristliche Zeit zurückreichende Kirche des Johannes Kalybita, eines hl. Einsiedlers in Kleinasien, die an der Stelle eines Heiligtums des wegen seiner Heilkräfte verehrten Jupiter Jurarius entstand.

Das heutige Aussehen der **Kirche** geht auf eine Umgestaltung 1736–42 zurück, doch entstand die Fassade bereits 1640, wahrscheinlich nach Entwurf Martino Longhis d. J. – Im Tonnengewölbe des Schiffes Corrado Giaquintos Fresko der »*Verherrlichung des hl. Ordensbruders Johannes von Gott*«. Der 1. Seitenaltar rechts trägt das als wundertätig verehrte Fresko der »*Madonna della Lampada*« vom Ende des 13. oder Anfang des 14. Jh.

19 **S. Giovanni Decollato** (Via S. Giovanni Decollato; klingeln bei Nr. 22)

Die Kirche wurde von der seit 1488 bestehenden Confraternità della Misericordia gegründet, der auch Michelangelo angehörte. Diese Bruderschaft, die Johannes d. T. als Patron wählte, hatte es sich zur Aufgabe gemacht, den zum Tode Verurteilten auf ihrem letzten Gang beizustehen. An jedem 29. August, dem Gedächtnistag der Enthauptung des Täufers, durfte sie einem der Verurteilten die Freiheit geben. Der Bau der Kirche und der Bruderschaftsgebäude wurde Anfang der 1530er Jahre begonnen; 1552 war der Chor der Kirche vollendet. Ausgestaltet wurde sie hauptsächlich zwischen 1580 und 1588. Restaurierungen fanden 1727 und 1888 statt.

Die Fassade an der Via S. Giovanni Decollato zeigt über einer schlichten toskanischen Pilasterordnung einen flachen Giebel. – Das Innere ist ein langgestreckter Saalraum unter einer kassettierten Holzdecke, der an jeder Wand 3 Seitenaltäre hat. Der eingezogene Altarraum schließt in einer rechteckigen Apsis.

Die einheitliche, qualitätvolle Dekoration des 16. Jh. gehört zu den reinsten Leistungen des Manierismus toskanischer Herkunft in Rom. Fein gearbeitete Stuckornamente schmücken die dorischen Pilaster; die Wände, vor allem seitlich der Fenster, sind mit den Gestalten von Aposteln und Engeln freskiert, größtenteils Werke Jacopo Zucchis, des Cristoforo Pomarancio, Giovanni Battista Naldinis und Giovanni Balduccis.

Auch die Mehrzahl der *Altarbilder* darf als manieristische Malerei von Rang angesehen werden. An der rechten Wand zeigt der 1. Seitenaltar die »Geburt Johannes' d. T.« von J. Zucchi (um 1585), der 2. Altar eine Darstellung des »Ungläubigen Thomas« aus der Nachfolge Vasaris (um 1580). Auf dem letzten Seitenaltar zur Rechten »Mariä Heimsuchung« von Pomarancio (um 1590). G. Balducci stellte auf dem Triumphbogen, der den Übergang zum Altarraum markiert, 6 Kirchenväter dar. Das Hochaltarbild zeigt die »Enthauptung Johannes' d. T.« von Giorgio Vasari (1553). An den Chorwänden abermals die »Enthauptung des Täufers« von einem unbekannten Meister aus der Schule Michelangelos und die »Auferweckung des Lazarus« von Balducci (um 1590). Bei der Rückkehr in das Schiff sehen wir auf dem 2. Seitenaltar an der linken Außenwand »Johannes Ev.« von G. B. Naldini (um 1580) und auf dem letzten Altar die (stark übermalte) »Madonna della Misericordia« (2. Hälfte 15. Jh.), umfangen von einem Bild der »Himmelfahrt Marias« (J. Zucchi?).

Im Fußboden des Hofes (um 1559), der sich in rundbogigen Säulenarkaden öffnet, verschließen 7 runde Marmordeckel die Grabkammern, in denen die Hingerichteten namenlos bestattet wurden, unter ihnen Giordano Bruno.

Vom Arkadenhof aus ist das **Oratorium** zugänglich, ein um 1530 errichteter Saal mit reichem und vorzüglichem Freskoschmuck meist florentinischer Maler. Über dem Eingang eine toskanische Statue Johannes' d. T. (Mitte 16. Jh.). Die »Kreuzabnahme« auf dem Altar stammt von Jacopino del Conte (um 1550). – Die Wände des Oratoriums schmükken *Fresken der Johannes-Geschichte*: die Ankündigung der Geburt des Täufers, von Jacopino del Conte (um 1535), mit einem Bildnis Michelangelos, der seit 1514 der Bruderschaft angehörte; die Heimsuchung (1538) und die Geburt des Täufers (1551), von Salviati; die Verkündigung an Zacharias (1538), die Predigt des Täufers (1538) und die Taufe Christi (1541), alle drei von Jacopino; die Verhaftung des Täufers (um 1540) von Battista Franco; das Gastmahl des Herodes (um 1550) von Pirro Ligorio, die Enthauptung des Täufers (1553), wohl von einem Salviati-Schüler.

In der ***Camera storica*** des **Konventsgebäudes** Bilder, Werkzeuge und Kleidung, welche die Bruderschaft bei ihren Aufträgen benutzte, sowie Kunstwerke aus ihrem Besitz.

D6 **S. Giovanni dei Fiorentini** (Via Giulia/Via Acciaioli 2)

Die Kirche der Florentiner am Tiber-Knie hat eine wechselvolle Baugeschichte. Bei der Anlage der Via Giulia um 1508 sollte die bereits bestehende Kirche abgerissen und durch einen Neubau ersetzt werden. An einem von Leo X. Medici, also selbst einem Florentiner, unterstützten Wettbewerb, 1517 oder 1518, beteiligten sich Raffael, Peruzzi, Antonio da Sangallo d. J. und Jacopo Sansovino. Der Papst wählte einen Entwurf Sansovinos, der die Kirche als Zentralbau, wie wohl vorgeschrieben, begann. Nach mehrmaligen Stockungen setzte Antonio da Sangallo d. J. 1520 oder 1521 die Arbeiten, nun für einen Langbau, bis zu seinem Tod 1546 fort. 1559 zog man Michelangelo zu Rate, doch erst 1583 kam es zum Weiterbau, jetzt unter Giacomo della Porta († 1602), der das Langhaus fortführte, aber an die Stelle des von Sangallo geplanten Zentralchors ein Querhaus mit Chor setzte. Sein Nachfolger Carlo Maderno schuf die 8seitige Vierungskuppel 1614. Schließlich errichtete Alessandro Galilei 1733/34 die Fassade.

Äußeres. Galilei verwendete für die *Fassade* den monumentalen Formenapparat der Kolossalsäulen und -pilaster, den er zuvor bereits für die Fassade von S. Giovanni in Laterano benutzt hatte. Während dort jedoch eine straffe Zusammenfassung in horizontaler und vertikaler Richtung erreicht war, droht hier die durch ein kräftiges Horizontalgesims in 2 Geschosse geteilte Fassade in die Breite zu zerfließen. Das mit anliegenden Strebepfeilern über den Seitenschiffdächern besetzte Langhaus und die 8eckige Kuppel zeigen gegenüber Galileis Betonung der plastischen Details die strengen Architekturformen des 16. und frühen 17. Jh.

Inneres. Wären die Entwürfe Michelangelos ausgeführt worden, so besäßen wir in S. Giovanni dei Fiorentini eine der kühnsten Zentralanlagen des 16. Jh. Der ausgeführte Bau, dessen Langhaus großenteils auf die Pläne des Antonio da Sangallo d. J. zurückgeht, ist eine schulmäßig-strenge 3schiffige Pfeilerbasilika mit Querhaus und Vierungskuppel. Die Seitenschiffe öffnen sich in rechteckigen Nebenkapellen, und der Chor wird ebenfalls von Kapellen flankiert, so daß ein Grundriß entsteht, dessen Rechteck sich dem Quadrat annähert. Sangallo zeigt sich in den Einzelformen des Langhauses – den schlanken Pfeilern, den modellierten Arkadenbögen, dem klar profilierten Gebälk – seinem großen Lehrer Bramante verpflichtet. Ein ungewöhnlich hoch ansetzender Triumphbogen leitet in das von Giacomo della Porta errichtete Querhaus über, dessen Vierung von der Kuppel Madernos beherrscht wird.

Im Kontrast zu der gemessenen, ja fast kühlen Raumwirkung des Langhauses steht die bewegte Form des hohen Barock in der Ausstattung der Apsis, die auf Pietro da Cortona zurückgeht, wobei der *Hochaltar* eine Überarbeitung des Entwurfs durch Borromini (nach 1656) ist. Die Grabmale der Falconieri an den Chorwänden zeigen die Gestalt des »Glaubens« von Ercole Ferrata links und die der »Caritas« von Domenico Guidi. – Über dem Altar im rechten Querhausarm die Darstellung des »Martyriums der hll. Cosmas und Damian« von Salvator Rosa (1669). An den Seiten das Grabmal Acciaioli von Ercole Ferrata und das Grabmal Corsini von Alessandro Algardi. – In der Cappella Sacchetti, links neben dem Hochaltar, ziemlich zerstörte Fresken von Lanfranco mit der Himmelfahrt Christi, Propheten und Szenen aus der Passion (1621–24). In den übrigen Kapellen waren Florentiner Künstler wie Vanni, Passignano, Santi di Tito u. a. tätig.

Die ***Grabkapelle der Falconieri*** unter dem Chor ist ein kleines Meisterwerk Borrominis. Der ovale Raum ist 10 m lang, 5 m hoch und maximal 5 m breit. Links und rechts der Ellipsenscheitel gibt es je eine rechteckige Tür unter einem Rundfenster; die flankierenden Säulen haben reich ausgebildete Kämpfer, von denen pilasterbreite Rippen in die flache Kuppel strahlen und sich in einem ornamentalen Oval treffen. Wie oft entfaltete Borromini seine dynamische Raumarchitektur auch hier auf engstem Raum zu bedeutender Wirkung.

S. Giovanni in Laterano (Piazza di Porta S. Giovanni) C

Die älteste Kirchengründung Konstantins, die »Mutter aller Kirchen der Stadt und des Erdkreises«, ist die älteste Papstbasilika und die eigentliche Kathedrale des Bischofs von Rom, deshalb vor St. Peter die ranghöchste Kirche der katholischen Christenheit. Mit dem Lateranpalast gehört sie zum exterritorialen Gebiet des Vatikanstaates. Für den Rom-Pilger, der innerhalb eines Tages die Wallfahrt zu den Hauptkirchen der Stadt (S. Giovanni in Laterano, S. Pietro in Vaticano, S. Paolo fuori le Mura, S. Maria Maggiore, S. Croce in Gerusalemme, S. Sebastiano ad Catacumbas, S. Lorenzo fuori le Mura) unternahm, war S. Giovanni die erste, zugleich die vornehmste der 5 Basilicae maiores (S. Giovanni im Lateran, St. Peter im Vatikan, St. Paul vor den Mauern, S. Maria Maggiore, S. Lorenzo vor den Mauern), deren Titelinhaber stets der Papst ist als der römische Patriarch.

Die konstantinische Gründung umfaßte die Basilika, ein Baptisterium sowie den Bischofspalast und bildete ein urbanistisch wirksames Zentrum, das mit weiteren Großbauten Konstantins (→ S. Agnese fuori le Mura, → SS. Marcellino e Pietro und → S. Lorenzo fuori le Mura) zu einem Kranz von Sakralbauten um das kaiserzeitliche Rom erweitert wurde und mit der monumentalen Architektur des 1.–3. Jh. konkurrierte. Die Kombination der Bauten zu einem Ensemble wurde wegweisend für die Architektur des Abendlandes, z. B. in Ravenna, Aachen und Florenz.

Aus der Schenkung Konstantins an Papst Miltiades entwickelte sich nach der Verlegung der kaiserlichen Residenz nach Byzanz (330) das Zentrum des päpstlichen Rom, als der Papst den Anspruch erhob, Stellvertreter des Kaisers im Westen zu sein. Im Mittelalter bildete sich zwischen dem Vatikan und dem Lateran eine urbanistisch bedeutsame Straßenverbindung aus, die als päpstliche Prozessionsstraße propagandistische Bedeutung während der mittelalterlichen Kämpfe um die Herrschaft in Rom bekam. Der Lateran erlebte im hohen Mittelalter durch eine öffentlich wirksame Sammlung von antiken Großfiguren einen erheblichen Ausbau und wurde zum wichtigsten Zentrum der päpstlichen Bau- und Bildpropaganda. Die Päpste residierten im Lateran bis 1308. Damals brannte der Palast ab; im folgenden Jahr begann das Exil in Avignon.

Die Basilika

Schon kurz nach der Entscheidungsschlacht gegen Maxentius (312) veranlaßte Kaiser Konstantin den Bau auf dem Gelände der eingeebneten Kasernen jener (aufgelösten) Gardetruppen, die auf gegnerischer Seite gekämpft hatten. Ein bis heute nicht exakt identifizierter Gebäudekomplex der Familie der Laterani, die unter Nero aus politischen Gründen enteignet wurde, hatte diesem Teil des Mons Caelius seinen Namen gegeben. In etwa 4 Jahren entstand im 2. Jahrzehnt des 4. Jh. ein 5schiffiger und querhausloser (?), Christus als Salvator geweihter Bau von ca. 100 m Länge und ca. 54 m Breite. (Johannes d. T. wurde erst i. J. 905 Patron der Kirche.)

Unter der barocken Ummantelung blieb der ***konstantinische Bau*** weitgehend erhalten: Das 90 m lange, in eine Apsis mündende Mittelschiff wurde von den inneren Seitenschiffen auf der ganzen Länge begleitet; die äußeren Seitenschiffe endeten in kapellenartigen Annexbauten. 2 Reihen von je 16 roten Granitsäulen trugen im Mittelschiff einen Architrav und den von Fenstern durchbrochenen Obergaden; jeweils 21 grüne Marmorsäulen trennten die Seitenschiffe (diese Säulen fanden erneute Verwendung in einigen Ädikulen der heutigen Mittelschiffwände). Der Bau war von Osten (!) durch 3 Portale im Mittelschiff zu betreten (ein Atrium ließ sich bisher nicht schlüssig nachweisen). Marmorplatten bedeckten den Fußboden und die Wände. Darüber hinaus stiftete Konstantin wertvolle Stücke zur Ausstattung der Kirche, u. a. 7 silberne Altäre sowie einen Altar vor der Apsis, Silberleuchter und das sog. Fastigium, eine Art silbernes Ziborium über dem Hauptaltar mit fast lebensgroßen Figuren Christi und der Apostel (die frühkaiserzeitlichen Säulen des Baldachins befinden sich seit dem frühen 17. Jh. am Sakramentsaltar im linken Querhaus).

Insgesamt bot die konstantinische Lateranbasilika das Bild eines Monumentalbaues, der durchaus mit der Architektur des antiken Rom konkurrieren konnte; nach den Kultgewohnheiten der frühchristlichen Gemeinde konstituierte sich hier die basilikale Form des christlichen Sakralgebäudes: Im Mittelschiff fanden Prozessionen des Bischofs und des Klerus statt, die Seitenschiffe blieben den Gläubigen vorbehalten. Der Altarbereich diente dem Vollzug des Offertoriums, des Meßopfers, während der Thron des Bischofs als Endpunkt der Gebäudeachse in der Apsis hinter dem Altar stand. Zugleich demonstrierte die Lateranbasilika die Bedeutung der christlichen Religion für das Imperium Konstantins, der mit dem Christentum eine staatstragende Religion zu etablieren versuchte. Aus diesen Faktoren resultiert die fundamentale Bedeutung des Laterankomplexes für das mittelalterliche Papsttum.

Nach den Angriffen Alarichs (410) und Geiserichs (455) auf Rom war der Lateran mehrfach das Ziel von Plünderungen. Bauarbeiten fanden unter Papst Hadrian I. (772–795) statt. Beim Erdbeben 896 stürz-

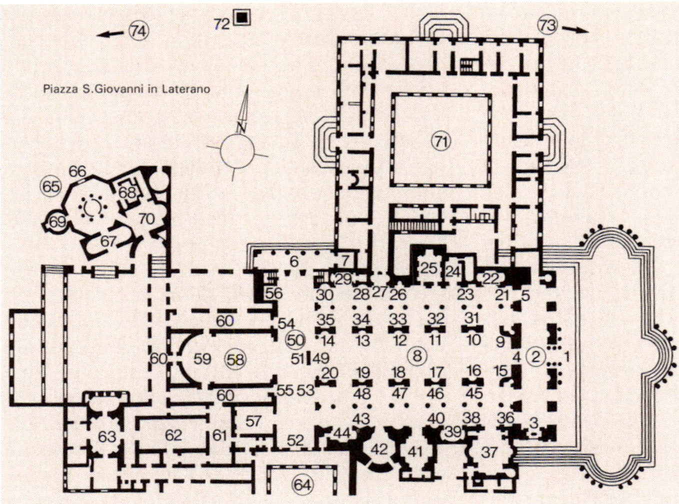

1 Hauptfassade
2 Vorhalle
3 Konstantin-Statue
4 Hauptportal, antike Bronzetür
5 Porta Sancta
6 Querhausfassade, Nordvorhalle
7 Statue Heinrichs IV. von Frankreich
8 Langhaus
9–20 Apostelstatuen
9 Judas Thaddäus
10 Matthäus
11 Philippus
12 Thomas
13 Jacobus maior
14 Paulus
15 Simon
16 Bartholomäus
17 Jacobus minor
18 Johannes
19 Andreas
20 Petrus
21 Grabmal Kardinal P. Mellinis
22 Cappella Orsini
23 Grabmal Kardinal G. Acquavivas
24 Cappella Torlonia
25 Cappella Massimo
26 Grabmal Kardinal C. Rasponis
27 Portal zum Lateranpalast
28 Grabmal Kardinal Casatis
29 Cappella S. Giovanni Ev.
30 Grabmal Kardinal A. Martinez' de Chaves
31 »Ausrufung des 1. Hl. Jahres durch Bonifaz VIII.«, Freskenrest (Giotto?)
32 Grabmal Papst Silvesters II.
33 Grabmal Papst Alexanders III.
34 Grabmal Papst Sergius' IV.
35 Grabmal Kardinal R. Farneses
36 Grabmal Kardinal R. Annibaldis
37 Cappella Corsini
38 Grabmal Kardinal G. Biancos
39 Cappella Antonelli
40 Grabmal Kardinal B. Caracciolos
41 Cappella Santori (S. Severina)
42 Cappella Lancellotti
43 Grabmal G. Casanates
44 Cappella S. Ilario, Zugang zum Kreuzgang
45 Grabmal G. Lanciutis
46 Grabmal Bischof G. Garimbertis
47 Grabmal A. Burgios
48 Grabmal Kardinal L. Sassos
49 Confessio, Grabplatte Papst Martins V.
50 Querhaus
51 Papstaltar
52 Sakramentsaltar
53 Grabmal E. Savellis
54 Grabmal Papst Innozenz' III.
55 Grabmal Papst Leos XIII.
56 Cappella del Crocefisso
57 Cappella Colonna
58 Chor
59 Apsismosaik J. Torritis
60 »Porticus Leonina«, Korridor
61 Alte Sakristei
62 Sala Clementina, Kanonikersakristei
63 Neue Sakristei
64 Kreuzgang
65 Baptisterium S. Giovanni in Fonte
66 Baptisteriumseingang
67 Cappella SS. Rufina e Seconda, ehem. Narthex
68 Cappella S. Giovanni Ev.
69 Cappella S. Giovanni Batt.
70 Cappella S. Venanzio
71 Lateranpalast
72 Obelisk
73 SS. Salvatore della Scala Santa
74 Ospedale S. Giovanni

S. Giovanni in Laterano und anliegende Bauten. Grundriß

te die Basilika vom Altar bis zur Eingangswand ein; der Wiederaufbau erfolgte erst unter Sergius III. (904–911).
Das 13. Jh. brachte erneut An- und Umbauten und eine veränderte Ausstattung – die Lateranbasilika stand im Zeichen des Kampfes zwischen Papsttum, Kaisertum und stadtrömischem Adel. Als bedeutende Realisierung des »Renovatio«-Gedankens entstand zunächst der 1232 vollendete [64]Kreuzgang, ausgeführt von den römischen »Marmorari« Vassalletto, Vater und Sohn. Angesichts der tiefen Krise des Papsttums in den beiden Jahrzehnten vor dem

S. Giovanni in Laterano. Ostfassade

Exil in Avignon wurde die Lateranbasilika noch einmal zum Ausdrucksträger päpstlicher Doktrinen, die das Umbauprogramm unter Nikolaus IV. (1288–92) prägten. Mit der Neuerrichtung und Mosaikausstattung der [59]Apsis waren möglicherweise die Anlage eines Querhauses nach dem Vorbild der Peterskirche sowie die Wiederherstellung des hinter der Apsis gelegenen Umgangs verbunden.
In krassem Widerspruch zu der päpstlichen Bildpropaganda steht in den letzten Jahrzehnten des 13. Jh. die tatsächliche Situation des Papsttums, das zunehmend vom Einfluß der Anjou in Neapel abhing. Unter Bonifaz VIII. (1294–1303) scheiterte endgültig der Versuch, die Universalkirche zu einem Universalstaat mit theokratischer Leitung zu entwickeln. Das Jubeljahr 1300 mit einem großen Zustrom von Pilgern nach Rom brachte nur einen kurzfristigen propagandistischen Erfolg – die Lateranbasilika bewahrt in einem Giotto zugeschriebenen [31]Fresko (am 1. Pfeiler des inneren rechten Seitenschiffes) mit der Darstellung der Ausrufung des Jubeljahres durch Bonifaz VIII. ein eindrucksvolles Bilddokument dieses Ereignisses.
1308 vernichtete ein verheerender Brand weite Teile der Lateranbasilika und den päpstlichen Palast, ein Geschehen, das wie ein Fanal für die Krise des Papsttums erscheint: Im folgenden Jahr verlegte Clemens V. seinen Sitz nach Avignon und geriet in völlige Abhängigkeit vom französischen Königtum. Urban V. kehrte 1367 nach Rom zurück, mußte aber 3 Jahre später erneut nach Avignon ausweichen. Erst Martin V. (1417–31) gelang es, das Papsttum wieder nach der Rückkehr 1421 uneingeschränkt in Rom zu etablieren. Er leitete sogleich eine notwendige Restaurierung und Neuausstattung ein (seine Grabplatte in der [49]Confessio des Altars).
Die Päpste des 16. und 17. Jh. veranlaßten einen tiefgreifenden Umbau, der am ursprünglichen Grundriß festhielt und wesentliche Teile der alten Mauersubstanz bestehen ließ. 1586–90 führte Domenico Fontana die [6]Vorhalle des Querhauses an der Piazza S. Giovanni aus. Anläßlich des Hl. Jahres 1650 ließ Innozenz X. das Innere 1646–49 durch Francesco Borromini umbauen. Alessandro Galilei errichtete 1733–35 die monumentale [1]Hauptfassade. Die wechselvolle Baugeschichte fand 1884–86

unter Leo XIII. ihren Abschluß durch einen vergrößernden Neubau des [58]*Chores, der die alte Apsis, nach Westen hinausgeschoben, nachahmt. Ein Bombenattentat 1993 hat die Fresken der nördlichen Vorhalle erheblich zerstört.*

Äußeres. Der heutige Bau tritt nur in der Fassade und in der Vorhalle des Querhauses in Erscheinung, während die anderen Seiten von Kreuzgang, Baptisterium und Lateranischem Palast umschlossen bzw. verdeckt sind. Den Wettbewerb, den Benedikt XIII. 1730 für die [1]Fassade ausschrieb, gewann Alessandro Galilei in Konkurrenz mit u. a. N. Salvi, L. Vanvitelli und F. Fuga. 5 Achsen werden von hohen, beide Fassadengeschosse zusammenfassenden Pilastern gegliedert, die ein klar konturiertes Gebälk mit einer balustergeschmückten Attika tragen. Die triumphbogenartige Mittelachse mit Hauptportal und Benediktionsloggia ist durch größere Breite, vorgelagerte Doppelsäulen und den bekrönenden Giebel (darin ein *Christus-Mosaikmedaillon* von J. Torriti, 1291) hervorgehoben. Die seitlichen Achsen öffnen sich in rechteckigen Portalen und hohen rundbogigen Loggienarkaden. Auf der Balustrade der Attika stehen 15 ca. 7 m hohe *Statuen* (links Flanke beginnend): Eusebius, Thomas von Aquin, Basilius, Johannes Chrysostomus, Ambrosius, Gregor d. Gr., Johannes d. T., Christus (erhöht), Johannes d. Ev., Hieronymus, Augustinus, Athanasius, Gregor von Nazianz, Bernhard von Clairvaux, Bonaventura. Die Fassade war im malerisch bestimmten Spätbarock Roms ein Ereignis. Die horizontale Lagerung der 2 Geschosse wird von dem außerordentlich zügigen Aufstieg der Säulen und Pilaster völlig überspielt, und die bekrönenden Statuen unterstützen diesen Eindruck noch wesentlich, indem sie auch die Horizontale der Attika emporzureißen scheinen. Die plastische Kraft der Gliederung verstärken die schattenreichen Höhlungen von Portalen und Loggia. – In der [2]Vorhalle steht eine [3]*Kolossalstatue Konstantins*, um 315 (mit ergänzten Beinen und Armen), die im Bereich der Konstantins-Thermen gefunden wurde.

Einfacher hatte Domenico Fontana 1586–90 die [6]Vorhalle an der Nordseite des Querhauses gestaltet, die in 2 Geschossen schlicht aneinandergereihte Pilasterarkaden zeigt. Die 2 über der Vorhalle aufragenden Glockentürme des 12. oder 13. Jh. sind 1360 erneuert und 1562 von Pirro Ligorio restauriert worden. – Nicolas Cordier schuf die [7]Statue König Heinrichs IV. von Frankreich.

Inneres. 5 Portale führen aus der [2]Vorhalle der Hauptfassade in das Langhaus. Das mittlere bewahrt die [4]*antike Bronzetür*, die von der Curia des Forum Romanum hierher übertragen wurde; das äußere rechte ist die [5]Porta Sancta, die nur während des Hl. Jahres geöffnet wird.

Als Innozenz X. den Bau erneuern ließ, verlangte er von seinem Architekten Borromini, daß er einerseits das konstantinische [8]Langhaus sichere, andererseits in den Formen der Zeit umbaue und zugleich doch möglichst getreu bewahre. Auch die unter Pius IV. (1559–65) von Daniele da Volterra entworfene flache Kassettendecke des Mittelschiffs mußte beibehalten werden. Natürlich war Borromini durch diese Forderungen in seinen Plänen eingeengt. Er reduzierte die 14 Arkaden des Mittelschiffs auf 5, die er zwischen riesige Pilaster spannte. In die Wandstücke zwischen den Pilastern wurden von farbigen Marmorsäulen gerahmte Tabernakel gehöhlt. 5 Fenster in der Hochwand nehmen den Rhythmus der Arkaden auf. Die Tendenz zum Zentralraum, ein Charakteristikum der Architektur Borrominis, führte zur Abschrägung der Ecken an der Eingangswand. Diese Bestrebungen bestimmten auch die Umgestaltung der doppelten Seitenschiffe: Während die inneren mit flachen Kuppeln gewölbt werden, öffnen sich die äußeren in Fenstern, unter denen von Cherubim gestützte Architrave stehen. Schließlich unterstützt die Anfügung von Seitenkapellen durch Borromini und andere diese Tendenz zu Breitenausdehnung und Verweilen, die im Gegensatz zur ursprünglichen Ausrichtung der Basilika steht.

Das [50]Querhaus zeigt die zurückhaltenden Cinquecento-Formen, die ihm Giacomo della Porta im Auftrag Clemens' VIII. 1597–1601 gab. Die bauliche Umgestaltung beschränkte sich auf ein System von Rahmen, Bogen und Nischen und eine Gliederung der Hochwand mit Pilastern.

Ausstattung. Im Mittelschiff füllen großfigurige, 1650 vollendete Stuckreliefs von Algardi und Mitarbeitern die querrechteckigen Nischen über den Säulentabernakeln mit *Szenen aus dem Alten und dem Neuen Testa-*

S. Giovanni in Laterano. Inneres. Langhaus-Wandgliederung

ment, die zunächst in Erz gegossen werden sollten. Darüber sind Propheten gemalt (um 1718). Die Säulennischen blieben anfänglich leer und wurden erst 1703–19 durch die Hilfe großherziger Stifter mit kolossalen **9–20***Apostelstatuen* gefüllt. Jede der 4,25 m hohen Figuren ist aus einem einzigen Marmorblock gemeißelt. Rechts des Eingangs beginnend: Judas Thaddäus (Ottoni), Matthäus (Rusconi), Philippus (Mazzuoli), Thomas (Legros), Jacobus maior (Rusconi), Paulus (Monnot); gegenüber: Petrus (Monnot), Andreas (Rusconi), Johannes (Rusconi), Jacobus minor (de' Rossi), Bartholomäus (Legros), Simon (Moratti). Es überrascht nicht, daß die Beteiligung so vieler Meister Werke sehr unterschiedlicher Qualität erbrachte. In der plastischen Fülle sind Rusconi und Legros einander ebenbürtig. Im »Matthäus« Rusconis ist noch ein Nachklang der Propheten Michelangelos in der Sixtinischen Kapelle spürbar. Die dreidimensional gesehene Statue ist auf die Nische konzipiert und sprengt sie doch zugleich. Haar und Gewand sind leidenschaftlich bewegt, die Arme greifen weit aus. Eine gewisse Weichheit, die zuweilen die Gefahr der spätbarocken Plastik war, wird von einem glaubhaften Pathos überspielt. Der »Bartholomäus« des Pierre Legros scheint verklärt zwischen den Säulen in den Himmel zu schreiten, das Martyrium lobpreisend, dessen Attribute – die abgezogene Haut und das Messer – er mit der Gebärde eines französischen Tragöden hält.

Im [50]Querhaus schmücken *Fresken* verschiedener Maler (Cavalier d'Arpino u. a.), gegen 1600, Begebenheiten aus dem Leben Konstantins und aus der Geschichte des Laterans, darüber Heilige, in der Form gemalter Gobelins.

Mit der Aufstellung des raumbeherrschenden Tabernakels, 1367–70 über dem [51]*Papstaltar* setzten die Päpste ein Zeichen ihres Willens, die Residenz von Avignon nach Rom zurückzuverlegen. Von dem Sienesen Giovanni di Stefano geschaffen und von Barna da Siena mit Gemälden versehen, wurde es leider 1851–54 stark restauriert. Es enthält die als Häupter von Petrus und Paulus verehrten Reliquien. Die Altarmensa soll, der Legende nach, aus der Zeit des Petrus stammen. – In der [49]*Confessio* unter dem Altar liegt die 1432 vom Goldschmied Simone di Giovanni Ghini signierte *Bronzegrabplatte für Martin V.*, jenen Papst, mit dessen Wahl beim Konstanzer Konzil 1417 das Schisma beendet wurde. Simone gilt nur als Künstler des Rahmenwerks, die Figur des Papstes wird einem Meister aus dem Donatello-Umkreis zugeschrieben.

Der [52]*Sakramentsaltar* von Pier Paolo Olivieri, um 1600, füllt die ganze Breite der südlichen Querhaus-Schmalwand. Korinthische Säulen mit einem kräftigen Giebel bilden die majestätische Ädikula, die das Altarsakrament behütet. Für den Aufbau sollen vergoldete Bronzesäulen verwendet worden sein, die seit den Tagen Konstantins in der Kirche waren und der Legende nach aus dem Tempel zu Jerusalem oder aus dem Tempel des Jupiter Capitolinus in Rom stammen. – Im Fresko darüber die »Erscheinung des auferstandenen Christus vor den Aposteln«.

Der neue [58]Chor, den das 19. Jh. auf seine Weise ausstattete, gibt dem Raum etwas von der im Barock verlorengegangenen Längsausrichtung zurück. Die heutige Gestalt des ● [59]*Apsismosaiks* – von Jacopo Torriti 1292 restauriert und 1884/86 versetzt – basiert auf der frühchristlichen Komposition: Im Zentrum der Darstellung steht das Gemmenkreuz, das Symbol des Todes Christi, dessen Brustbild, von Wolken und Engeln umgeben, darüber erscheint. Im Apsisscheitel schwebte vermutlich die Hand Gottes. Dem Berg des Kreuzes entspringen die 4 Paradiesflüsse, an deren Ufern Hirsche und Schafe trinken. Darunter fließt der Jordan mit Fischen, Vögeln, Kindern u. a. Die hervorragendsten Zeugen Christi flankieren in großfiguriger Darstellung das Kreuz: Paulus, Petrus, Maria, Johannes d. T., Johannes d. Ev. und Andreas (von links); die weiteren Apostel erscheinen in der Reihe darunter zwischen den Fenstern. Die Neugestaltung des Mosaiks durch Nikolaus IV. fügte zwischen Petrus und Maria die Gestalt des hl. Franziskus und an der entsprechenden Stelle gegenüber die des hl. Antonius von Padua ein, damit die hohe Bedeutung des Franziskanerordens im 13. Jh. bezeugend, gewiß auch den Darstellungswillen von Nikolaus IV., dem ersten Franziskaner auf dem päpstlichen Stuhl. Der Mosaizist Jacopo Torriti setzte in die untere Apostelreihe, die ganz sein Werk sein dürfte, in die Ecke links, sein eigenes Bild, in die andere Ecke das seines Gehilfen Jacopo da Camerino; beide waren ebenfalls Franziskaner. Die Künstlersignatur steht unter St. Paulus. Insgesamt dokumentiert dieses Mosaik in der Redaktion des späten 13. Jh. den päpstlichen Anspruch, durch franziskanische Frömmigkeit frühchristliche Ideale wiederzubeleben und damit den in der Apokalypse geschilderten Gottesstaat zu verwirklichen.

In der Lateranbasilika sind viele Päpste und Kardinäle beigesetzt; eine große Zahl ihrer *Grabmäler* entwarf Borromini. Sie war außerdem zu allen Zeiten begehrte Grablege römischer Familien, die in der Ausschmückung der Kirche wetteiferten. – Im äußeren rechten Seitenschiff das Grab des [21]P. Mellini († 1527), daneben das des [23]Kardinals Acquaviva († 1574) mit den beiden schönen, ursprünglich zum [30]Grabmal des Kardinals von Portugal gehörenden Gestalten der »Weisheit« und »Mäßigung«, die wahrscheinlich von der Hand des Isaia da Pisa stammen. Die [25]4. Kapelle erbaute Giacomo della Porta für die Familie Massimo. Weiter zum Querhaus

hin an der Wand das schöne Grabmal, das Adeodato aus der Familie der Cosmaten 1297 für den [28]Kardinal Casati errichtete. Am Eckpfeiler das Grab des [30]Kardinals Martinez de Chaves (Kardinal von Portugal, † 1447) von A. Filarete und Isaia da Pisa.
Im inneren rechten Seitenschiff am 4. Pfeiler das Grabmal des [34]Papstes Sergius IV. († 1012) und am 2. Pfeiler das Hochgrab des [32]Papstes Silvester II. († 1003), das 1909 von Ungarn gestiftet wurde; eine gegenüber angebrachte Inschrift besagt, daß hier jedesmal das Geräusch von Gebeinen zu hören sei, wenn ein Papst sterbe. – Am 1. Pfeiler Reste des Giotto zugeschriebenen [31]Freskos, das die *»Ausrufung des ersten Hl. Jahres von 1300 durch Papst Bonifaz VIII.«* darstellt. Sein ursprünglicher Platz war in der Benediktionsloggia des Lateranpalastes.
Am äußeren linken Seitenschiff liegt die architektonisch bedeutende [37]***Cappella Corsini***, die Papst Clemens XII. Corsini 1732–35 durch Alessandro Galilei über dem Grundriß eines kurzarmigen griechischen Kreuzes erbauen ließ. Eckpilaster tragen Rundbogen, auf denen die kreisrunde, von einer Laterne bekrönte Kuppel ruht. Die Wände öffnen sich in rundbogigen Nischen, deren dem Eingang gegenüberliegende den Altar aufnimmt, während in den seitlichen Sarkophage der Corsini stehen. Eine Krypta bietet Raum für weitere Sarkophage. Eine Schar von Bildhauern und Steinmetzen war an der Ausstattung des Raumes beteiligt. Über einem prachtvollen antiken Porphyrsarkophag thront die Bronzestatue des greisen Papstes Clemens XII., die Francesco Giardini nach einem Entwurf von Maini schuf. Neben dem Sarg »Freigebigkeit« und »Überfluß«. Marmorne Allegorien wachen neben dem Altar und neben den Särgen, Putten beweinen die Toten, Tugenden mahnen (die »Fortitudo« von G. Rusconi, die »Temperantia« von F. Valle, die »Justitia« von G. Lironi, die »Sapientia« von A. Cornacchini). Der Raum verzichtet nicht auf die Farbe, ist jedoch kühl in Weiß, Hellblau und Gold gehalten. Porphyr (Rot), Serpentin (Grün) und Alabaster (Hellbraun) bringen wärmere, wenn auch keine bunten Farben in den klassizistischen Kanon. Ein radial in Vielecke geteiltes Fußbodenmosaik bereitet die kassettierte Kuppel vor.

S. Giovanni in Laterano. Giotto: Papst Bonifatius VIII. verkündet das erste Hl. Jahr 1300

[64]Kreuzgang

Der Kreuzgang, zu betreten durch eine Tür in der letzten [44]Kapelle des äußeren linken Seitenschiffs, zählt mit der vergleichbaren Anlage von → S. Paolo fuori le Mura zu den wichtigsten Werken der Cosmatenkunst in Rom. Eine Inschrift nennt Vassalletto, Vater und Sohn, als Künstler. Die Anlage dieser Kreuzgänge in den 30er Jahren des 13. Jh. kann als ein weiterer Ausdruck der »Renovatio Romae« gewertet werden, der Antwort der Päpste auf den Machtanspruch des staufischen Kaiserhauses und des mit ihm verbündeten stadtrömischen Adels. Die kreuzgewölbten, jeweils 36 m langen Arme des Kreuzgangs öffnen sich mit Arkaden und Türen zu der zentralen Gartenfläche. Gedrehte, geflochtene, auch glatte oder kannelierte *Säulen* tragen die Arkaden, die vielfältige Mosaikintarsien sowie Tierfiguren und Laubwerk aufweisen.
Der Kreuzgang birgt eine Fülle von Inschriften, Skulpturen und Fragmenten. Besonders beachtenswert sind der *Brunnen* des 9. Jh. mit langobardischer Bandornamentik im Zentrum des Gartens und ein frühchristlicher (?) *Bischofsthron,* umgeben von Säulen nach der Art der Cosmaten. – Die Fragmente des *Grabmals* für den 1275/76 verstorbenen *Kardinal*

Riccardo Annibaldi della Molara, ein Fries von Klerikern bei der Totenfeier vor Mosaikgrund, gehören zu einem der bedeutendsten Werke Arnolfo di Cambios. Das zugehörige [36]Grabmal – es ist im 1. Joch des äußeren linken Seitenschiffs der Basilika in der barocken Erneuerung zu sehen – folgte dem Typus der französischen Nischengräber, verzichtete jedoch auf gotische Formen; es strebte erstmals die Dimension der Freiplastik an, indem es sich völlig aus dem Wandzusammenhang löste. Die Tumba stand monumental auf einem Sockel vor der Wand. Diese statischen Elemente kontrastieren mit den dynamischen Bewegungen der Kleriker als Handlungsträger, die einen für die italienische Plastik des 13. Jh. ungewöhnlich hohen Realitätsgrad erhielten.

[65]Baptisterium S. Giovanni in Fonte

O10/11 Von der um 315 über einer antiken Thermenanlage errichteten Taufkirche blieben noch wesentliche Teile erhalten, so daß die ursprüngliche Gestaltung des oktogonalen, überhöhten Zentralraums mit einem niedrigeren, tonnengewölbten Umgang rekonstruierbar ist. Die spätere ***[67]Cappella SS. Rufina e Seconda***, 1153/54 eingerichtet, bildete den Narthex, der originale Eingang lag folglich dem heutigen gegenüber. Unter Papst Sixtus III. (432–440) erfolgte eine Gliederung des Innenraums durch eine Reihe roter Porphyrsäulen über 8eckigem Grundriß (am Architrav die Inschrift des Papstes), wobei die zeitgenössischen Quellen vermerken, diese Säulen seien bereits in Konstantins Zeit für das Baptisterium ausgewählt worden. Zwischen 1534 und 1549 erfolgte die Angleichung des Umgangs an die Höhe des Mittelraums. Seither also die Doppelgeschossigkeit des inneren Polygons. Restaurierung 1963–65.

Die *Fresken* mit Christus- und Konstantins-Szenen sind Werke des 17. Jh. – Von der ursprünglich reichen Marmorinkrustation des Baptisteriums finden sich keine Reste mehr. – In der östlichen Apsis blieb ein *Mosaik* des 5. Jh. mit der Darstellung von Akanthusranken – schon in der Antike Hinweis auf Sterben und Auferstehen – erhalten. Die ursprüngliche Mosaikausstattung verlieh der auffälligen bautypologischen Verwandtschaft dieses frühesten Baptisteriums mit den zeitgenössischen Mausoleen, besonders mit S. Costanza, Sinn und Bedeutung: Dem Eintritt des Gläubigen in das irdische christliche Leben bei der Taufe entspricht der Eintritt in das jenseitige Leben durch den Tod.

Bis zum 7. Jh. entstanden um das Baptisterium mehrere ***Kapellenanbauten:*** in der Querachse rechts einer für ***[68]Johannes d. Ev.,*** links einer für ***[69]Johannes d. T.,*** beide von Papst Hilarius (461–468) gestiftet, mit dem Dank an den Täufer für Befreiung nach der »Räubersynode« von Ephesus 449. Das Bronzeportal der rechten Kapelle ist später, 1195/96, das der linken noch unter Hilarius entstanden. In der Kapelle des Evangelisten ein Gewölbemosaik mit dem Lamm Gottes im Kranz der Jahreszeiten, dazu Tauben und Fruchtschalen. Alabasteraltar mit der Bronzestatue des Titelheiligen, 1586.

Der aus Dalmatien stammende Papst Johannes IV. (640–642) errichtete neben dem Oratorium Johannes' d. Ev. eine ***[70]Kapelle*** für die Reliquien des ***hl. Venantius***, die durch den Awareneinfall aus Dalmatien vertrieben worden waren. Unter Theodor I. (642–649) erhielt die Kapelle ein bedeutendes *Mosaik,* das die Madonna als Orans mit den hll. Dominus und Venantius, den Apostelfürsten und den Päpsten Johannes IV. und Theodor I. zeigt. Die Komposition des Apsismosaiks findet ihre Fortsetzung auf der Stirnseite der Kapelle mit 2 Reihen von je 4 Märtyrern, der Ehrengarde Mariens und Teilnehmer an der Theophanie. Die Evangelistensymbole und die Darstellungen der Städte Jerusalem und Bethlehem deuten auf die apokalyptische Sphäre des Neuen Jerusalem hin, auf das der segnende Christus im Apsisscheitel, die Päpste und Heiligen vorausweisen. Es zeigt sich auch in dieser Komposition, wie etwa in dem wenig älteren Mosaik von → S. Agnese fuori le Mura (vgl. S. Teodoro), die Verdrängung der konstantinischen imperialen Bildvorstellungen durch östliche, in diesem Fall istrisch-salonikische Vorbilder. Die unruhig wirkende Anordnung der Mosaiksteine lockert den strengen Linearismus der byzantinischen Vorbilder auf, wie er sich noch in den Mosaiken von SS. Cosma e Damiano und S. Agnese fuori le Mura findet.

[71]Lateranpalast O1

Der Lateranpalast war nicht nur Schauplatz der Konzilien von 1123, 1139, 1179 und 1215, sondern

S. Giovanni in Laterano. Kreuzgang

stand auch immer wieder im Zentrum der politischen Auseinandersetzungen zwischen Kaiser und Papst im Mittelalter. Ein Beispiel: Anläßlich des 1122 geschlossenen Wormser Konkordats, welches das vorläufige Ende des Investiturstreits bedeutete, erbaute Calixt II. (1119–24) eine dem hl. Nikolaus geweihte Kapelle, an deren Wand er den Text der Urkunde schreiben ließ. Die Antwort Friedrichs I. Barbarossa bestand darin, daß er 1168 bei seinem Einmarsch in Rom befahl, diese Wand zu zerstören.

Geschichte und Anlage des 1308 durch einen Brand vernichteten alten Lateranpalastes, eines Konglomerats von Wohn- und Repräsentationstrakten, Kapellen, Triklinien (Speisesälen), Aulen und Kreuzgängen, blieben bis heute weitgehend ungeklärt. Nach der Rückkehr aus Avignon hatten ihn die Päpste als Sitz zugunsten des Vatikans aufgegeben. Im Neubau des Papstes Sixtus V., seit 1585 von Domenico Fontana errichtet, blieb einzig die päpstliche Privatkapelle Sancta Sanctorum erhalten (s. u., SS. Salvatore della Scala Santa).

Die Einförmigkeit des barocken Baues wird auf seiner westlichen Seite gelockert durch Fontanas doppelten Portikus der Querhaus-Vorhalle der Basilika, dagegen gesteigert durch die verhältnismäßig enge Piazza S. Giovanni in Laterano, der Fontana durch den ägyptischen [72]**Obelisken** aus dem Circus Maximus einen riesenhaften Akzent gab. – An der Westseite des Platzes liegt das 1216 gegründete **Ospedale di S. Giovanni**, das seine NO10
heutige Gestalt einem Neubau aus der Mitte des 17. Jh. verdankt. – Bei einem Neubau des Verwaltungsgebäudes des Istituto Nazionale della Previdenza Sociale (Via Amba Aradam 5) wurde 1962–64 ein antiker Palastbau aufgedeckt, dessen Baureste vom 1. bis zum 4. Jh. n. Chr. reichen. Möglicherweise handelt es sich hier um das **Haus der Familie der Latera-**

ni, das diesem Teil des Caelius den noch heute gebräuchlichen Namen »Lateran« gab.

O10 **SS. Salvatore della Scala Santa.** Das kleine, dem Lateranpalast schräg gegenüber gelegene Gebäude birgt die Cappella Sancta Sanctorum, einstmals päpstliche Hauskapelle und einziger erhaltener Bauteil des alten Palastes. Die bestehende Anlage errichtete Domenico Fontana 1585–90 im Auftrag Sixtus' V. – Die mosaikgeschmückte Außenapsis an der Südseite ist eine Rekonstruktion des um 796 entstandenen ersten *Tricliniums* Leos III. aus dem 18. Jh. Das dabei wiedergeschaffene Mosaik stellt die Erteilung des Missionsauftrags an die Apostel durch Christus dar. (Die Szenen der Stirnwand des Tricliniums zeigten die Übergabe der Schlüssel an Petrus und des Labarums an Konstantin sowie die Verleihung des Palliums an Leo III. durch Petrus, der gleichzeitig Karl d. Gr. die Fahne der Stadt Rom überreicht.)
Als Aufgang zur Cappella Sancta dient die aus dem mittelalterlichen Lateranpalast stammende, angeblich von der Kaiserin Helena nach Rom gebrachte *Scala Santa,* über die Christus im Praetorium von Jerusalem zu Pontius Pilatus hinaufgeschritten sein soll (»Ecce homo«-Szene). Die aus 28 mit Holz verkleideten Marmorstufen bestehende Treppe darf nur auf Knien erklommen werden.

Die ***Cappella Sancta Sanctorum***, zwischen Cappella di S. Lorenzo und Cappella di S. Silvestro, erhielt ihr heutiges Aussehen unter Nikolaus III. (1277–80), der die *Mosaiken* anbringen ließ, darunter das Brustbild Christi an der Decke in einer von 4 Engeln getragenen Lichtscheibe, eine Weiterentwicklung des antiken Motivs der Imago clipeata, die Apotheose der Verstorbenen darstellend. Dieses Christus-Bildnis korrespondiert mit der berühmten, hochverehrten *Erlöser-Ikone* des 6./7. Jh., einem »nicht von Menschenhand geschaffenen« Bild Christi, auf dem Altar. Bis zu ihrer Überführung in die Lateranbasilika durch Urban V. wurden hier die Häupter der Apostelfürsten aufbewahrt, ebenso weitere Reliquien wie das Haupt der hl. Agnes, Steine von der Hinrichtung des hl. Stephanus, Reliquien des hl. Nikolaus von Bari u. a. – die Mosaiken der Lünetten nehmen auf diese Reliquien Bezug.

S. Giovanni in Oleo (Via di Porta Latina) N14

Benoît Adam, ein französischer Auditor an der Sacra Rota, einem der päpstlichen Gerichte, ließ 1509 über antiken Vorgängerbauten dieses Oratorium erbauen; als Architekt wird u. a. Bramante vermutet. Veränderungen und Restaurierungen erfolgten 1658 (Borromini) und 1719.

Der 8eckige Bau erhebt sich auf dem Platz, auf dem nach der Legende der Evangelist Johannes wunderbarerweise vom Märtyrertod im kochenden Öl errettet wurde. – Die Fresken (Leben des hl. Johannes) malte Lazzaro Baldi in der 2. Hälfte des 17. Jh.

S. Giovanni a Porta Latina (Via S. Giovanni a Porta Latina 17) N14

Verstärkten Bemühungen, den Johannes-Kult in Rom zu etablieren, verdankt die Kirche ihre Gründung zwischen 493 und 496.

Die Struktur des Urbaues bestimmt auch heute noch das Aussehen der 3schiffigen Säulenbasilika, die – 1191 und 1566 restauriert – sich nach der Entfernung barocker Dekorationen in ihrem mittelalterlichen Zustand präsentiert. Insbesondere blieb die auffällig byzantinische Gestaltung der frühchristlichen Choranlage erhalten mit innen halbkreisförmig, außen 6eckig angelegter Hauptapsis, querrechteckigem Vorchor und den Pastophorien. Je 5 Säulen mit Rundbögen trennen die einzelnen Schiffe; 2 der ionischen Kapitelle stammen aus antiken Bauzusammenhängen, die restlichen aus dem 12. Jh. Über allen Schiffen liegt ein offener Dachstuhl. Der 5bogige Narthex mit eingelassenen Spolien entstand ebenfalls im 12. Jh.; an seinen Wänden sind Freskenreste zu sehen und Chorschrankenfragmente von hervorragender Steinmetzarbeit, um 1200. – Auf dem Vorplatz ein ***Brunnen*** aus der Zeit Papst Hadrians I. (772–795) mit der ganz singulären Künstlerinschrift »Ego Stephanus«.
Der 3zonige *Freskenzyklus* an den Mittelschiffwänden gehört mit seinen 46 erhaltenen Einzelbildern, in denen sich Szenen des Alten und des Neuen Testaments gegenüberstehen, zum Bedeutendsten, was in Rom an Wandmalerei um 1200 geschaffen worden ist. Ihr Stil ist fern der byzantinisierenden Richtung der römischen Malerei dieser Zeit, von volkstümlicher Ausdruckskraft. Die Szenenfolge beginnt am Triumphbogen zwischen den Fenstern der rechten Wand: Erschaffung der Welt, dann Adams und Evas Sündenfall, Verdam-

SS. Giovanni e Paolo mit Vorgängerbauten. Grundriß

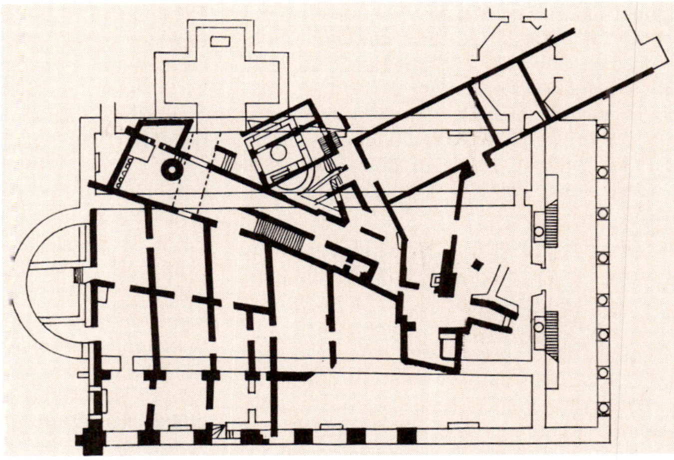

mung Adams und Evas, der Engel am Paradiestor; Adam und Eva nach der Vertreibung (Eingangswand), Opfer Kains und Abels, Ermordung Abels, Verurteilung Kains; Einschiffung Noahs (linke Wand), Arche Noahs, Abraham und die 3 Engel, Opfer Isaaks, Jakobssegen, Jakobs Kampf mit dem Engel und Jakobs Traum. Wieder an der rechten Wand: Verkündigung und Heimsuchung, Ankunft in Bethlehem, Geburt Christi, Verkündigung an die Hirten, Anbetung der Könige; Joseph erhält im Traum die Anweisung, nach Ägypten zu fliehen (linke Wand), Flucht nach Ägypten, Bethlehemitischer Kindermord, der 12jährige Jesus unter den Schriftgelehrten im Tempel, Taufe Christi, eine undeutbare Szene (Verklärung Christi?), Christus und die Samariterin, Christus und die Ehebrecherin; Auferweckung des Lazarus (rechte Wand), Abendmahl, Fußwaschung, Verrat des Judas, Kreuztragung, Kreuzigung, Grablegung; die 3 Frauen am Grabe (linke Wand), Christus erscheint den beiden Marien, Gang nach Emmaus, das Brotbrechen, die Jünger erzählen vom Zusammentreffen beim Gang nach Emmaus, der Ungläubige Thomas, Erscheinung Christi am See Tiberias. An der Eingangswand Christus als Weltenrichter; gegenüber auf der Triumphbogenwand das Apokalyptische Lamm mit den 4 Evangelistensymbolen und ursprünglich den beiden Johannes. – In den Pastophorien Freskenreste vom Ende des 8. Jh.

SS. Giovanni e Paolo (Piazza SS. Giovanni e Paolo / Clivo di Scauro) K10

Die zu den Titelkirchen Roms gehörende Basilika geht zurück auf eine Hauskirche, die in der 2. Hälfte des 3. Jh. in einem Komplex von 3 Häusern eingerichtet worden ist, vermutlich durch einen Christen namens Byzans oder Byzantius. Ihr Patronat gründet auf der Legende, die Märtyrerbrüder Johannes und Paulus, kaiserliche Beamte, seien 361 in diesem Anwesen ermordet und bestattet worden. Der letzte Besitzer des Gebäudekomplexes dürfte der durch seine Korrespondenz mit Augustinus, Hieronymus und Paulinus von Nola bekannt gewordene Pammachius (um 340–410) gewesen sein; er könnte den Versammlungssaal durch den Bau der unter barocker Verkleidung (1715–19) noch bestehenden 3schiffigen Basilika am Ende seines Lebens ersetzt haben. Bei einer der vielen Bauerneuerungen entstand 1154–59 das Erdgeschoß des noch existierenden Narthex (Obergeschoß um 1216). Dem 12. Jh. gehört auch der Campanile an. Sakristei und Kuppelkapelle sind Werke des 19. Jh. (1857–80). Ausgrabungen legten seit 1887 die alten Teile unter und an der Kirche frei, so 1948–51 wesentliche Partien des Außenbaus unter Entfernung der barocken Zutaten.

Die 8 Säulen der ***Vorhalle*** des 12. Jh. besitzen z. T. antike Basen und Kapitelle, ebenso sind an den Arkaden darüber, an der Stirnwand des Mittelschiffs, antike Spolien wiederverwendet. – Von dieser durch puristische Restaurierungsmaßnahmen gezeichneten Front hebt sich die schöne Gliederung des 45 m hohen ***Campanile*** ab. Er steht auf Resten (Travertinblöcken) des einst riesigen **Claudius-** KL10

Tempels; der **Konventbau** verbindet ihn mit der Kirche. Anstelle der an römischen Glokkentürmen üblichen Zierscheiben fanden 35 spanisch-maurische Platten, Teller und Schalen in Majolikatechnik, versehen mit arabischen Schriftzeichen, Verwendung (Imitationen; die Originale in einem kleinen **Museum** in den Substruktionen des Claudius-Tempels).

Die linke Außenwand der **Kirche** zeigt bis heute besonders eindringlich die antike Bausubstanz: Den Clivus Scauri (z. T. noch antikes Pflaster!) hinaufsteigend, nimmt man links unterhalb der frühmittelalterlichen Stützbogen (5. Jh.?), welche die Straße überspannen, 6 in die Wand eingelassene Bogen wahr, die zu einem Wohn- und einem Geschäftshaus aus der 2. Hälfte des 2. Jh. n. Chr. gehören. Über den Bogen blieben in der Fassade 2 Reihen von Fenstern, die auf 2 Obergeschosse schließen lassen, erhalten; nach rechts hin schließt sich die Fassade eines weiteren Gebäudes an, das bis zum Narthex der Kirche reicht. Dies ist der Komplex, der in der 2. Hälfte des 3. Jh. umgewidmet wurde; seine Räume hat man auf einen Innenhof mit einem Brunnen orientiert, im 1. Geschoß wurde eine Reihe kleiner, büroartiger Räume, im 2. ein großer Versammlungssaal eingerichtet. So erfüllten sie alle Voraussetzungen für eine Hauskirche.

Die Apsis, fast so breit wie das Mittelschiff, erhielt um 1216 ihre mit quergestellten Tonnen gewölbte Zwerggalerie, ein Unikum in Rom. Diese Arkatur machte die Vermauerung der 4 großen Rundbogenfenster in der Apsis notwendig, mit erheblichen Konsequenzen für die Beleuchtung des Inneren. Einen weitgehenden Eingriff bedeutete der Einbau von 2 Schwibbögen im Mittelschiff, um 1216, und die damit verbundene Umstrukturierung der frühchristlichen Basilika in eine durch Stützenwechsel rhythmisierte romanische Architektur, wie sie unter der heute sichtbaren barocken Verkleidung noch zu ahnen ist.

Im rechten Seitenschiff führt eine Treppe zu den **antiken Räumen** unter der Kirche, zuerst in ein ***Nymphäum***, mit dem größten und am ● besten erhaltenen *Wandbild* des antiken Rom: Venus (oder Proserpina?) mit einer weiteren Gottheit, wohl Bacchus, und Gefolge auf einer Meeresinsel (2. Jh. n. Chr.). In den folgenden Räumen finden sich u. a. auch Fresken mit unzweifelhaft christlicher Thematik, so Darstellungen einer Orans, jenes damals, im 3. Jh., aufkommenden Bildtyps einer betenden Frauengestalt, der zu den frühesten christlichen Bildzeichen gehört. Die Ausmalung eines in der Mitte des Komplexes gelegenen Raumes mit Orans, Landschaftsszenen mit Hirten u. a. legt die Deutung als ***Oratorium*** nahe; eine sog. Confessio-Nische enthält die möglicherweise älteste Darstellung eines Martyriums (spätes 4. Jh.).

In einem Raum unter dem linken Seitenschiff der heutigen Kirche (hinter dem 3. Bogen der Fassade am Clivus Scauri) war ein ***mittelalterliches Oratorium*** mit z. T. erhaltenen Fresken des 12. Jh. eingerichtet, das eine Treppe mit der Basilika verband. Die Treppenwände zeigen Fresken des 9. Jh. mit Darstellungen aus der Passion Christi (Kreuzigung, Höllenfahrt).

S. Girolamo della Carità (Via di Monserrato 62/Piazza della Rota) E7

Die Kirche der 1519 gegründeten Compagnia della Carità zur Unterstützung der Armen und Gefangenen ist 1654–60 von Domenico Castelli erbaut worden. Die oft Carlo Rainaldi zugeschriebene Fassade stammt ebenfalls von Castelli.

Lisenen, Dreiecks- und Segmentgiebel tragen zu der bewegten Gliederung der Fassade bei. – Das 1schiffige Innere, über kreuzförmigem Grundriß, öffnet sich beiderseits in je 2 Seitenkapellen. Die erste rechts (Cappella Spada) wurde von Francesco Borromini gestaltet, eine seiner letzten Arbeiten (1660). Marmorintarsien imitieren die Ausstattung mit wertvollen Stoffen, wie sie auch die von Engeln gehaltene Balustrade eines vom Gewicht durchhängenden Teppichs vortäuscht. Die Grabmäler schufen Ercole Ferrata (links) und Cosimo Fancelli. – Im rechten Querhausarm befindet sich das *Grabmal des Asdrubale di Montauto* (Monte Acuto) nach einem Entwurf von Pietro da Cortona (1629). Auf dem Hochaltar, den C. Rainaldi entwarf, die »Kommunion des hl. Hieronymus«, eine Kopie nach Domenichino (Original in der Pinakothek des Vatikan). – Links des Hochaltars die von Filippo Juvara entworfene Cappella Antamoro (1708–10); die Statue des hl. Filippo Neri stammt von Pierre Legros.

3/4 **S. Girolamo degli Schiavoni** (**S. Girolamo degli Illirici**; Via Tomacelli 132 / Via di Ripetta)

Die Nationalkirche der Kroaten erhielt ihren Namen vom nahegelegenen Quartier der »Illirici«, der Pilger und Geschäftsleute aus Istrien, Kroatien, Slowenien, Dalmatien, Bosnien und der Herzegowina, denen auch Flüchtlinge nach Rom gefolgt waren, vor allem nach dem Sieg der Türken bei Kosovo Polje (Amselfeld) 1389. S. Girolamo, der hl. Hieronymus, ist der Schutzpatron Dalmatiens. Papst Sixtus V. ließ den bestehenden Bau von Martino Longhi d. Ä. und Giovanni Fontana seit 1588 erbauen. Die Weihe fand erst 1634 statt. Neuausstattung und Restaurierung 1846–52.

● Die vorzüglich proportionierte Travertin-Fassade, seit 1901 ohne die ursprüngliche Freitreppe, entspricht dem Gliederungssystem an → S. Caterina dei Funari und → S. Spirito in Sassia: Sie wird von einem kräftigen Horizontalgesims in 2 annähernd gleich hohe Stockwerke geteilt. Ionische Pilaster gliedern das Erdgeschoß in 5 Achsen, in deren mittlerer das hochrechteckige Portal steht, während sich die schmaleren seitlichen in Rundnischen öffnen. Das Obergeschoß ist auf 3 Achsen reduziert, die von korinthischen Pilastern flankiert werden. In Entsprechung zum Untergeschoß sind in die seitlichen Achsen Nischen eingetieft, während die Mitte durch ein großes rechteckiges Fenster betont ist. Ein flacher Giebel bekrönt den Aufbau. Über dem Dach erhebt sich ein kleiner bizarrer Glokkenturm.

Im einfachen, harmonischen Innenraum öffnet sich das Langhaus seitlich in Nebenkapellen. Die »Kreuzerhöhung« und den »Triumph der streitenden Kirche« im Gewölbe, einer Tonne mit Stichkappen, die »Anbetung der Könige« und die »Kreuzigung« an den Querhauswänden malte P. Gagliardi 1846–52. In der Kuppel, über den 4 Evangelisten von P. Guidotti (Ende 16. Jh.), illusionistische Architekturmalerei und Darstellung der Trinität mit Heiligen. Im Chor Szenen aus der Hieronymus-Legende, 1588 von A. Viviani al fresco ausgeführt.

I8 **S. Giuseppe dei Falegnami** (am Forum Romanum; Ecke Via dell'Arco di Settimio)

Die kleine Kirche der Bruderschaft der Zimmerleute und Tischler wurde 1598–1663 über dem römischen Staatsgefängnis, dem **Carcer Mamertinus**, *erbaut. Der nach einem Brunnenhaus gelegentlich auch als* **»Tullianum«** *bezeichnete Kerker wurde um 300 v. Chr. angelegt und hat 2 übereinanderliegende Gewölberäume. Der obere diente als Gefängnis der zum Tode Verurteilten. Hier wurden der Numidierkönig Jugurtha, der Gallierfürst Vercingetorix und die Mitverschworenen des Catilina gefangengehalten und hingerichtet. – Nach der Legende, der zufolge der Kerker auch die Apostel Petrus und Paulus aufnahm, erhielt die im 16. Jh. in den antiken Mauern eingerichtete Kapelle den Titel S. Pietro in Carcere (auch SS. Pietro e Paolo in Carcere).*

Insgesamt ergibt die Geschichte des Baues eine in Rom nicht ungewöhnliche »Mehrstökkigkeit« der Anlage: **Kirche S. Giuseppe d. F.** mit einem ***Oratorium*** (Zugang zu diesem aus dem Kircheninnern, rechte Längswand), Krypta **SS. Crocefisso di Campo Vaccino** (Eingang neben der Freitreppe zur Kirche), darunter **S. Pietro in Carcere** mit ***Oberer*** und ***Unterer Kapelle*** (Eingang an der Fassade des antiken Kerkers, unter dem Straßenniveau).

S. Gregorio Magno al Celio (**SS. Andrea e Gregorio al Celio**; Piazza S. Gregorio) K11

Der Bereich zwischen S. Gregorio und SS. Giovanni e Paolo auf dem Caelius, erschlossen durch eine antike Straße, den Clivus Scauri, bewahrt als eine der wenigen Zonen Roms noch zusammenhängende spätantik-frühmittelalterliche Züge. So finden sich hier Reste einer Insula sowie ein **Kryptoportikus**, dahinter eine **»Aula basilicale absidata«**, die Bibliothek des Papstes Agapitus I. (535–536). Im weiteren Verlauf des Clivus Scauri gibt es nicht nur weitere spätantike Gebäudereste und Tavernen an der Piazza SS. Giovanni e Paolo, sondern vor allem den bedeutenden Baukomplex von → SS. Giovanni e Paolo.

In diesem Stadtviertel stand das elterliche Anwesen Gregors d. Gr. (590–604), der es um 580 in eine Benediktinerabtei umwandelte, nachdem er bereits 6 Klöster auf seinen Gütern in Sizilien gestiftet hatte. Das St. Andreas geweihte Kloster entwickelte sich zu einem Zentrum der Ausbildung des neuen christlichen Weltbildes und der päpstlichen Politik unter Gregor d. Gr., der die weltliche Macht des Papsttums in Italien nach einer Epoche des Niedergangs festigte (Gründung des späteren Kirchenstaates) und u. a. die Bedeutung der germanischen Völker für die römische Kirche erkannte. Von hier brach 596 Abt Augustinus mit 39 Begleitern auf, um die britischen Inseln zu missionieren.

Der Neubau einer Klosterkirche (geweiht 1106?) erhielt den hl. Gründer Gregor als Patron. 1573 übernahmen Kamaldulenser Kirche und Kloster. Völlige

S. Gregorio Magno al Celio. Fassade

Umgestaltung im Barock: Ab 1629 erbaute Giovanni Battista Soria das Atrium, 1633 ist seine Fassade datiert. 1725–30 erhielt das Innere durch Francesco Ferrari die gegenwärtige Gestalt.

Über einer hohen Freitreppe erhebt sich die palastartige Fassade der **Kirche** mit 2 durch ein kräftig profiliertes Gesims getrennten Stockwerken, die, wie meist bei Soria, einander in Höhe und Breite entsprechen und so eine Gesamtform von klassischer Ausgewogenheit bilden. Das Erdgeschoß öffnet sich in 3 Rundbogenportalen von gleicher Größe, denen im oberen Stockwerk 3 rechteckige, von Giebeln bekrönte Fenster entsprechen. Anstelle barocker Säulenordnungen begnügt sich der Architekt mit einer Gliederung durch nichtkannelierte korinthische Pilaster. Die mittlere der 3 Achsen tritt risalitartig hervor und wird zudem durch rahmende Doppelpilaster, den Segmentgiebel über dem Fenster und den abschließenden Dreieckgiebel hervorgehoben.

Durch das ***Atrium***, das sich hinter der Fassade als gestrecktes Rechteck mit Pfeilerarkaden öffnet, betritt man das Innere der 3schiffigen Basilika, das dem Vorbild von S. Ignazio folgt, jedoch die Maße verkleinert und die Formen ins Liebenswürdige und Bescheidene übersetzt. Wie in S. Ignazio werden die (der Antike entstammenden) Säulen als Freisäulen und Arkadenstützen neben Pfeiler gesetzt. Barokker Illusionismus dient dem niedrigen und schmalen Chor, der sich hinter einer auf Säulen ruhenden Bogenstellung perspektivisch verlängert.

Die nach Plänen Francesco da Volterras um 1600 von Maderno erbaute und von G. B. Ricci mit Marmorimitationen und michelangelesken Figuren ausgemalte ***Cappella Salviati*** (links der Apsis am Ende des linken Seitenschiffs) zeigt rechts ein Madonnenbild, das nach der Legende zum hl. Gregor sprach; links ein *Marmoraltar* von Andrea Bregno (1469). – In der rechten Apsis eine Altarmensa mit 3 Reliefs des Gregorius-Lebens von Luigi Capponi und eine gemalte Predella mit je 7 Heiligen zu seiten des hl. Michael, beides gegen Ende des 15. Jh. – Rechts davon die Cella di S. Gregorio, in der ein *Marmorthron* aufgestellt ist, der als Bischofsstuhl des hl. Gregor angesehen wird.

Oratorien

Die ursprüngliche Klosteranlage begnügte sich mit kleinen Kapellenbauten (an einem kleinen Platz links des Atriums).

Der linke Bau, **S. Barbara**, muß als ältestes der 3 Oratorien angesehen werden. Die linke Wand (aus Opus latericium) gehörte zu einem ***Wohnhaus des 3. Jh.***, dessen Fassade bis zu einer Höhe von 4,5 m über Straßenniveau erhalten blieb und einen Teil der umfangreichen Insula am Abhang des Caelius bildete. Das Kloster Gregors d. Gr. bezog das Gebäude mit ein. In der Mitte des Oratoriums steht ein längsrechteckiger *Tisch* über antiken (?) Stützen, an dem Gregor täglich 12 Arme gespeist haben soll. Die *Fresken* von Antonio Viviani zeigen Szenen aus der Geschichte des Heiligen (1603). Dessen Statue, aus dem gleichen Jahr, ist ein Werk des Nicolas Cordier.

Auf den Mauern der Insula errichtete man wohl um 1100 auch das benachbarte **Oratorium S. Andrea**, das 1608 umgebaut worden ist. Es besitzt bedeutende, leider stark beeinträchtigte Malereien: rechts die *»Geißelung des hl. Andreas«* von Domenichino, links sein *»Gang zur Hinrichtung«* von Guido Reni, beide 1608.

In der Apsis des zu Beginn des 17. Jh. erbauten **Oratoriums S. Silvia** malte Reni ein *»Engelskonzert«* (1608). Von Cordier ist die Statue der hl. Silvia, der Mutter Gregors d. Gr.

● **S. Ignazio** (Piazza S. Ignazio)

H6 *1626, vier Jahre nach der Heiligsprechung des Ordensgründers Ignatius von Loyola, legte Kardinal Ludovico Ludovisi den Grundstein für diese nach Il Gesù zweite große Jesuitenkirche Roms, nahe bei einem Kolleg des Ordens. Aus dem Planungswettbewerb war der Jesuitenpater Orazio Grassi, Professor der Mathematik und Astronom, als Sieger hervorgegangen. Die Arbeiten kamen 1694 mit den Gewölbefresken Andrea Pozzos zu einem Abschluß. Gesamtweihe 1722.*

Die kleine Piazza S. Ignazio vor der Kirche umschließen **Häuser** mit feingezeichneten, geschwungenen Fassaden (erbaut um 1700 von Filippo Raguzzini). Die zwischen ihnen verschwindenden Gassen lockern die Platzfront auf und geben dem Ganzen eine elegante Leichtigkeit, die an die Bühne einer Goldoni-Komödie erinnert.

Äußeres. Die breitgelagerte Fassade bleibt nicht nur an plastischer Kraft und Straffheit der Gliederung hinter der Schauseite von S. Andrea della Valle zurück, sondern schließt sich auch nicht in gleichem Maße zu der dort erreichten zwingenden Einheit zusammen. Korinthische Doppelpilaster gliedern das Erdgeschoß. Lediglich das durch größere Breite und Höhe ausgezeichnete Hauptportal wird von Säulen flankiert und von einem Segmentgiebel überhöht, der zugleich als einziges Architekturmotiv Ober- und Untergeschoß in der Attikazone miteinander verklammert. Während große Voluten die seitlichen Achsen beschließen, erhebt sich in der breiten Mittelachse – entsprechend dem basilikalen Querschnitt des Inneren – das 2., von einem kräftig gerahmten Giebel gekrönte Stockwerk, dessen Gliederung im wesentlichen der des Erdgeschosses entspricht. – Der kolossale Baukörper, dessen Querhaus mit schlichten Backsteinwänden aufragt, erhielt niemals die geplante, beherrschende Vierungskuppel. Statt dessen trug die Vierung mit dem nördlichen Querhaus ein berühmtes Observatorium.

Das Innere zeigt ein gegenüber dem Gesù gewandeltes Raumbild: Die großen Nebenkapellen des 1schiffigen Kreuzkuppelraums, die sich jetzt frei dem Langhaus öffnen, schließen sich untereinander fast zu durchgehenden Seitenschiffen zusammen. Das schmale, wandhaft geschlossene Joch, das im Gesù unmittelbar vor dem Querhaus den Zug zum Altar hemmte, ist weggefallen: 3 weite, gleichmäßige Rundbogenarkaden auf Säulen sind zwischen die großen Doppelpilaster des Langhauses gespannt. Auf die niedrigen Logen, die im Gesù zwischen Kapellenöffnungen und Gesims eingeschoben wurden, verzichtet der Architekt zugunsten eines einheitlicheren Wandaufbaus. Daß der Mathematiker Grassi ein Meister der Proportionen war, beweist die trotz der nicht ausgeführten Vierungskuppel erreichte Harmonie des riesenhaften Raumes.

Ihre Vollendung fand die Architektur in den *Fresken* des Jesuitenbruders Andrea Pozzo. ● Während die 4 Fresken in der Apsis Szenen aus dem *Leben des hl. Ignatius* zeigen, ist die gesamte Decke des Mittelschiffs mit ihren 750 m^2 der *Apotheose des Heiligen* (Farbabb. 13) gewidmet. Mit einem ungeheuren Aufgebot an Figuren, in einer virtuosen Meisterschaft der Perspektive malt Pozzo einen Triumph des Glaubens, der zu den kühnsten Werken illusionistischer Malerei gehört. Über den damals bekannten 4 Erdteilen wird der hl. Ignatius in den Himmel aufgenommen. Scheinarchitekturen, schwebende Gruppen, täuschende Untersicht und der unendlich sich öffnende Himmel erweitern den realen Raum ins Unendliche. Beim Blick in diesen Himmel kann selbst das kritische Auge nur mit Mühe unterscheiden, wo Architektur und Plastik aufhören und in ihre Fortsetzung aus Farbe und gemalter Form übergehen. Pozzo malte 1685 auch die *Scheinkuppel* (auf Leinwand!), mit Samson und den Philistern, Deborah und Sisara, David und Goliath, Judith und Holofernes in den Zwickeln. Durch eine runde Marmorplatte im Zentrum des Mittelschiffs hat Pozzo selber den Betrachtungsstandpunkt angegeben, von dem aus die perspektivische Anlage des Bildes perfekt die Architektur fortzusetzen scheint.

Im rechten Arm des Querhauses, mit Gewölbemalerei ebenfalls von Pozzo, liegt der *hl. Aloisius,* Luigi Gonzaga (1568–91), begraben, der als 17jähriger auf seine Markgrafschaft Castiglione verzichtete und in den Je-

S. Ivo alla Sapienza. Inneres. Kuppel

suitenorden eintrat. Der von Pozzo errichtete Altar wurde 1699 geweiht; in seiner Mitte ein Relief von Pierre Legros, das die Apotheose des Heiligen darstellt. Qualität der künstlerischen Form und Kostbarkeit der Materialien steigern sich in dieser Huldigung für einen der bedeutendsten Vertreter des Ordens gegenseitig. – In der rechten Nebenkapelle des Chores errichtete Legros mit P. E. Monnot nach Entwurf von O. Grassi das prunkvolle *Grabmal für Gregor XV.*, eine pathetische, geistlich-weltliche Huldigung für den Papst, der Ignatius heiligsprach.

J3 **S. Isidoro** (Via degli Artisti 41)

Mit dem seit 1622 für die Franziskaner erbauten Kloster ist ein Stück deutscher Kunst- und Künstlergeschichte verbunden: In den vorübergehend aufgehobenen Konvent zog 1810 die ein Jahr zuvor in Wien von Friedrich Overbeck mit Franz Pforr, Ludwig Vogel und anderen gegründete Künstlergruppe der »Lukasbrüder« ein. Ihr Spottname »Nazarener« bezog sich auf das nahezu mönchische Leben und die »altdeutsche« Kleidung der den künstlerischen Idealen Raffaels und Peruginos huldigenden Maler (→ Palazzo Zuccari, → Casino Massimo). In Rom stießen u. a. Peter Cornelius, Julius Schnorr von Carolsfeld, Wilhelm Schadow, Karl Philipp Fohr und die Brüder Johann und Philipp Veit, aber auch italienische Künstler zu dieser für die romantische Bewegung bedeutungsvollen Vereinigung.

Die Fassade der Kirche wurde nach einem Entwurf von Carlo Bizzaccheri (1704/05) fertiggestellt. Im Innern – einem kurzen Saal mit Seitenkapellen und Querhaus – dominiert die Ausstattung des 17. Jh. Das Hochaltarbild (»Madonna mit dem Kind und hl. Isidor«) stammt von Andrea Sacchi. Die 1. Kapelle rechts, St. Joseph geweiht, trägt Fresken von Carlo Maratta (1650–52), der auch die 1. Kapelle links ausgestaltet hat. Die Kapelle am rechten Querhaus gilt als Werk Berninis (1663); die »Immacolata« auf dem Altar ist wieder von Maratta.

S. Ivo alla Sapienza (Palazzo della Sapienza; ●
Corso del Rinascimento 40) FC

Der **Palazzo della Sapienza**, *die alte römische Universität, war von Pirro Ligorio und Giacomo della*

S. Ivo und Palazzo alla Sapienza

Porta im 16. Jh. begonnen worden. Für die noch fehlende Kirche, die Bibliothek und die Palastfassaden wurde Francesco Borromini 1632 als Architekt auf Lebenszeit berufen. 1642 wurde der Grundstein zur **Kirche** *gelegt, 1660 erfolgte die Weihe. Seit der Verlegung der Universität an den heutigen Standort (1935; → Città Universitaria) ist der Palazzo Sitz des* **Staatsarchivs**.

Ein ausgedehntes Straßengeviert wird von
36 dem 3stöckigen **Palast** gefüllt. Fenster unter Dreiecks- und Segmentgiebeln, Pilaster und schwach profilierte Gesimse lockern die riesenhaften, abwehrenden Wände kaum auf. Eine freiere Architekturform erhielt lediglich der 2stöckige Innenhof mit offenen Pfeilerarkaden und vorgesetzten Pilastern.

Die Anlage der Fassade von Borrominis **Kirche** ist weitgehend von dieser Hofgestaltung durch G. della Porta bestimmt worden, wie an der formalen Fortführung der Arkadenrundbogen um Fenster und Portal der Kirchenfront und an Details deutlich wird. Auf den Ecken einer Attika mit querovalen Luken stehen eigenartige Ziertürme, plastische Nachbildungen der heraldischen »monti« (Berge) mit Stern im Wappen des Papstes Alexander VII. Chigi (1655–67). Darüber ragt der an 6 Seiten ausschwingende und so die einschwingende Fassade kontrapunktierende Baukörper der Kirche hoch hinaus. Krönung des Ganzen, sinnvoll durch Strebepfeiler über

Pilastern vorbereitet, ist die *Laterne,* eine der originellsten Roms: Doppelsäulen, zwischen denen die Wand konkav zurücktritt, werden durch ein verkröpftes Gebälk verbunden; darüber setzt eine Schneckentreppe an, deren Windungen eine eigenartige Krone bilden, die ihrerseits von einer kleinen Metallkrone mit dem Kreuz auf einer Kugel vollendet wird. Die Prinzipien und Stilmittel Borrominis, vor allem der vielfach getreppte, plastische Aufbau und das – aus dem Grundriß entwickelte – Spiel mit konkaven und konvexen Wänden machen S. Ivo zu einem der besten Beispiele seiner Kunst.

Das Innere ist ein Zentralbau komplizierter Geometrie und Stereometrie. Das kompositionelle Prinzip des *Grundrisses* ist die sternförmige Überschneidung von 2 gleichseitigen Dreiecken, die innen ein regelmäßiges Sechseck bilden, an das sich konvexe oder konkave Raumformen verschiedener Form, Größe und Bestimmung anschließen. Eine kolossale Pilasterordnung trägt das den Grundriß mit allen Brechungen nachzeichnende Gesims, auf dem wie ein Baldachin die lichte 6teilige Faltkuppel in Weiß und Gold ruht. Die dominierende Fülle der Ornamentformen ist wieder dem Chigi-Wappen entnommen; die Spitze jedes Kuppelsegments schmückt der von Borromini gern verwendete 6flügelige Cherubskopf.

Das um 1661 von Pietro da Cortona begonnene Hochaltarbild mit dem hl. Ivo als »Advokat der Armen« hat um 1670 Giovanni Ventura Borghesi vollendet.

F7 **S. Lorenzo in Damaso** (Piazza della Cancelleria 1)

Das kleinere Tor in der Fassade des → **Palazzo della Cancelleria** *führt nicht in den Palast, sondern in die als Palastkapelle dienende Kirche S. Lorenzo in Damaso, welche die von Papst Damasus I. um 380 errichtete Titelkirche ersetzt; diese lag, wie Grabungen im Hof der Cancelleria belegen, nordöstlich der heutigen Kirche. Kardinal Riario bezog die neue Kirche 1496 in den Palastbau ein. Im 17. und 18. Jh. verändert, wurde sie von Valadier 1814 vollkommen restauriert.*

Im Vestibül rechts die Cappella Ruffo mit *Fresken*: an der Decke Gottvater und in den Zwickeln Ruth, Rebecca, Esther und Rachel von Corrado Giaquinto; das Altarbild der *»Madonna mit Heiligen«* malte Sebastiano Conca. Am rechten Pfeiler des Vestibüls das *Standbild des hl. Karl Borromäus* von Stefano Maderno. – Von der alten Ausstattung hat sich ein hölzernes *Kruzifix* des 14. Jh. erhalten (1. Kapelle rechts).

S. Lorenzo in Lucina (Piazza in Lucina 16a) H4

Die unter Papst Sixtus III. (432–440) über dem Haus der Matrone Lucina errichtete Säulenbasilika ließ Papst Paschalis II. (1099–1118) erneuern und einen Portikus anfügen (Weihe 1130). Damals oder erst um 1200 entstand der 3geschossige Glockenturm. 1650 erhielt die Kirche die gegenwärtige Gestalt durch Cosimo Fanzago, doch wurde sie 1927–30 dem Erscheinungsbild des Baues des 12. Jh. noch etwas angenähert.

Von Interesse ist im 1schiffigen Langhaus das *Grab Nicolas Poussins* (1594–1665) am 2. Pfeiler rechts, nach Entwurf von Léon Vaudoyer 1830 angelegt, mit einer Bildnisbüste von Paul Lemoyne und einem Relief von Louis Desprez, »Die Hirten von Arkadien« (»Et in Arcadia ego«) nach einem Gemälde Poussins im Louvre.

Bedeutendstes Werk der Ausstattung ist die von Bernini zwischen 1660 und 1664 entworfene Cappella Fonseca (4. rechts). Die nach ● 1668 ausgeführte *Büste* des päpstlichen Leibarztes *Gabriele Fonseca* (die am Altar auf der linken Seite am nächsten stehende) ist eine eigenhändige Arbeit Berninis, ebenso meisterhaft in der Wiedergabe nervöser Anspannung wie in der Verbindung von Naturalismus und leidenschaftlicher Glaubensversenkung. – *»Christus am Kreuz«* auf C. Rainaldis Hochaltar (1675) gehört zu den Meisterwerken von Guido Reni (1637/38). – Hinter dem Altar steht der marmorne *Bischofsstuhl* aus der Zeit des Papstes Paschalis II. (1112). – Die Fresken und die beiden seitlichen Gemälde der 5. Kapelle links mit Szenen aus dem Leben des hl. Franz von Assisi stammen von Simon Vouet (1624), das Altarbild mit dem »Tod der hl. Giacinta Marescotti« malte Marco Benefial (1758).

S. Lorenzo in Miranda (Forum Romanum; Via in Miranda) → S. 105. J8

S. Lorenzo fuori le Mura (Piazza S. Lorenzo/ Piazzale del Verano 3) Ve

Die Basilika gehört zu den 7 Haupt- oder Pilgerkirchen Roms und zählt kirchenrechtlich wie künstlerisch zu den bedeutendsten Gebäudekomplexen der Stadt, birgt doch die

Krypta die Gebeine der Märtyrerdiakone Laurentius und Stephanus, der römischen Stadtpatrone. Um die komplizierten baugeschichtlichen Zusammenhänge zu beleuchten, seien zunächst die 3 wichtigsten Komponenten genannt: 1. die – verschwundene – konstantinische Basilika, 2. die Laurentiuskirche des Papstes Pelagius II. (579–590) – heute der Chor der Basilika – und 3. die Marienkirche des frühen Mittelalters, die heute das Langhaus der Basilika bildet.

Die konstantinische Basilika

Der nur durch Grabungen nachgewiesene frühchristliche Bau (Länge: 99 m; Breite: 36 m) war die jüngste Umgangsbasilika konstantinischer Zeit (vgl. S. Sebastiano, SS. Marcellino e Pietro, S. Agnese fuori le Mura, Basilica di Tor de' Schiavi). Er lag etwa 25 m südlich der heutigen Kirche und war nach Westen ausgerichtet. Die beiden Seitenschiffe führten in einem weiten Bogen um das halbrund schließende Mittelschiff herum, um Prozessionen beim Totenmahl zu ermöglichen; der Boden der Kirche war dicht mit Gräbern belegt. Eine Treppe führte nordwärts zu einer Katakombe mit dem Grab des hochverehrten, 258 hingerichteten Laurentius (vgl. die Anlage von S. Agnese), das spätestens seit Papst Damasus I. (366–384) prachtvoll ausgestattet war. Seit dem 6. Jh. sah sich die Kirche vor wachsenden Schwierigkeiten bei der Unterhaltung der konstantinischen Monumentalbasiliken, die zunehmend verfielen.

Die Laurentiuskirche des Papstes Pelagius II.

Dieser Verfall und das Bestreben, den Altar in unmittelbare Verbindung mit dem Märtyrergrab zu bringen, führte unter Papst Pelagius II. (579–590) zur Abtragung des Hügels über der Katakombe und zur Errichtung einer Basilika direkt über dem Grab des Heiligen. Nach östlichen Vorbildern entstand eine Emporenbasilika, die jedoch durch Einfügung eines Oberlichtgadens stadtrömischen Baugewohnheiten angepaßt wurde. Diese Kirche bildet heute den Chor der Basilika S. Lorenzo fuori le Mura.

Die Marienkirche

Wahrscheinlich unter Papst Sixtus III. (432–440) entstand westlich der Laurentiuskirche eine der Muttergottes geweihte 3schiffige, nach Osten ausgerichtete Basilika, deren Apsis unmittelbar an die des westlich orientierten Pelagius-Baues anstieß. Papst Honorius III. (1216–27) vereinigte beide Kirchen, indem er ihre Apsiden abreißen ließ und die Marienkirche zum Langhaus, den Pelagius-Bau zum Chor der jetzt nur noch dem hl. Laurentius geweihten neuen Kirche bestimmte. Dabei wurde der Fußboden des Pelagius-Baues im Bereich des Mittelschiffs gehoben. Aus dem 1. Viertel des 13. Jh. stammen die Vorhalle, errichtet von den Marmorkünstlern Vassalletti, und der aus Ziegelsteinen aufgeführte Campanile. Den Restaurierungen des 15. und des 17. Jh. folgte 1864–70 unter Papst Pius IX. eine durchgreifende Neugestaltung. – Ein Bombenangriff zerstörte 1943 besonders im Langhaus sowohl die Architektur als auch Malereien und Mosaiken; Wiederaufbau 1945–49.

● Die Kirche liegt neben dem großen Friedhof Campo Verano. In ihrer Vorhalle – mit 6 antikisierenden, z. T. geriefelten ionischen Säulen und schön ausgebildetem Architrav – sind *antike Sarkophage* aufgestellt. Die Stirnwand der Vorhalle ist mit *Fresken* des 12. und 13. Jh. (Stephanus- und Laurentius-Legenden) ausgestattet. – Das Langhaus verrät den Einfluß von S. Maria in Trastevere: Einem breiten, hohen Mittelschiff unter offenem Dachstuhl ordnen sich schmale Seitenschiffe unter. Glatte ionische Säulen tragen auf einem geraden Gebälk die Hochwand, die unterhalb der Obergadenfenster eine breite, geschlossene Mauerfläche bildet. Der tief herabhängende Triumphbogen aus der Zeit des Pelagius markiert die Nahtstelle der beiden Bauteile.

Der Bau des Pelagius erhebt sich über der Märtyrergruft; allerdings zerstört der erhöhte Fußboden die ursprünglichen Proportionen, indem die *antiken Säulen*, die den Pelagius-Bau in 3 Schiffe teilen (und opulent mit Emblemen gezierte korinthische Kapitelle besitzen), nur noch zu einem Drittel sichtbar sind. Über den Seitenschiffen öffnen sich Emporen, so daß ein überaus reicher Wandaufbau entsteht: Die geraden Architrave, die aus antiken Spolien zusammengefügt sind, tragen schlanke korinthische Säulen mit weitgespannten Rundbogenarkaden, und erst darüber zieht sich die ungegliederte, in Fenstern geöffnete Hochwand. – Seitlich des Triumphbogens führen Treppen auf das ursprüngliche Niveau der Märtyrerkirche hinab, das in den Seitenschiffen beibehalten wurde. Von hier aus ist die ehemalige Vorhalle des Pelagius-Baues zugänglich, die 1878 als Grabkapelle für Papst Pius IX. von Ludwig Seitz mit Mosaiken geschmückt wurde.

● Ausstattung. Das *Triumphbogenmosaik* vom Ende des 6. Jh. zeigt Christus als Herrscher auf der Weltkugel zwischen Petrus und Paulus thronend; zu seinen Seiten führt links der hl. Laurentius den Papst Pelagius, rechts der hl. Stephanus den hl. Hippolytus, einen von

S. Lorenzo fuori le Mura. Grab des Kardinals Fieschi

Laurentius bekehrten römischen Wachsoldaten, empfehlend heran. Eine solche, an griechischen Vorbildern orientierte Betonung der Märtyrerverehrung war in Rom bisher unbekannt. Formal diente vielleicht das Apsismosaik von → SS. Cosma e Damiano auf dem Forum Romanum als Vorbild (vgl. auch S. Agnese fuori le Mura). Die Inschrift berichtet, daß Pelagius unter den Schwertern der Feinde die bedrohte Kirche des hl. Laurentius erneuerte, erweiterte und schmückte.

Auf den neuen Boden des Chores wurde der *Cosmatenfußboden* des 12. Jh. übertragen.

Das 1148 von den vier Brüdern Johannes, Petrus, Angelus und Sasso – Söhnen des Paulus – signierte marmorne *Ziborium* stellt über ein reich profiliertes, von 4 Säulen getragenes Gebälk zunächst ein quadratisches, dann ein 8eckiges Säulengeschoß und schließt mit einem pyramidenförmigen Dach, das von einer 8eckigen Laterne nochmals unterbrochen wird. – Ein bedeutendes Werk der Cosmatenkunst ist der im 13. Jh. entstandene *Bischofsthron*, einer der reichsten seiner Art.

Im Mittelschiff des Langhauses stehen 2 *Marmorambonen* des frühen 13. Jh. Die Epistelkanzel zur Linken ist in der Pracht des farbigen Marmors die schönste der römischen Cosmatenkanzeln. – Der *Osterleuchter* entstammt der 2. Hälfte des 13. Jh. – An die Innenseite der Eingangswand lehnt sich das um 1265 entstandene *Hochgrab des Kardinals Fieschi* († 1256), das 1943 zerstört und aus den Resten, u. a. einem wiederverwendeten antiken Sarkophag mit Hochzeitsdarstellung des 2. Jh. n. Chr., wiederaufgebaut wurde.

Die ***Krypta*** birgt den antiken Sarkophag mit den Gebeinen von Laurentius und Stephanus.

Der **Kreuzgang** wurde unter Clemens III. (1187–91) oder Cölestin III. (1191–98) in den schlichten Architekturformen errichtet, die der Tätigkeit der römischen Marmorkünstler vorangingen. Arkaden sind in Fünfer- und Sechsergruppen zwischen Ziegelpfeiler gespannt. Die kräftigen Säulen haben teilweise weder Basis noch Kapitell. Die Anlage wirkt architektonischer als die späteren ziervollen Kreuzgänge. Ungewöhnlich ist das (nördlich der Alpen geläufige) Obergeschoß, ein Säulengang mit niedrigeren Arkaden (1960/61 restauriert).

Catacombe di S. Ciriaca. Vom Kreuzgang aus ist die Katakombe zugänglich, in der ein *Kolumbarium* und *frühchristliche Malereien* künstlerische Bedeutung haben. Thematisch interessant ist das Fresko mit dem Gleichnis von den Klugen und den Törichten Jungfrauen.

SS. Luca e Martina (Forum Romanum; Via del ●
Foro Romano / Via Tulliano) 18

Im späten 5. oder im 6. Jh. übernahm die christliche Gemeinde den Baukomplex des **Staatsarchivs (Secretarium Senatus)**, *um hier eine Kirche für die legendäre römische Märtyrerin Martina einzurichten. Noch im 12. Jh. war offenbar die Erinnerung an die antike Tradition lebendig, denn in der Kirche fanden noch immer Gerichtssitzungen der Senatoren statt. Sixtus V. schenkte 1588 das Gebäude der Accademia di S. Luca, der seit 1577 bestehenden Künstlervereinigung Roms. Als Pietro da Cortona 1634 Vorsitzender der Akademie wurde, erbaute er, mit Förderung durch den Kardinal Francesco Barberini, eine neue Oberkirche und bezog die Unter-*

SS. Luca e Martina. (Rechts: Triumphbogen des Septimius Severus, Forum Romanum)

kirche als Krypta seiner Neugestaltung ein. Der 1650 vollendete Bau erhielt den Namen SS. Luca e Martina. Seine isolierte Stellung ist ein Ergebnis der Forums-Umgestaltung 1931–33, bei der auch das anliegende Gebäude der Accademia zu verschwinden hatte.

Äußeres. Die Kirche ist über dem Grundriß eines griechischen Kreuzes errichtet, dessen 4 Arme in runden Apsiden schließen. Diese Grundform ist auch für die entwicklungsgeschichtlich bedeutende Fassade bestimmend. Zum erstenmal in der Geschichte der neuzeitlichen Architektur scheint das Volumen des Innenraums auch den Außenbau zu modellieren. So entsteht der konvexe Mittelteil der Fassade, die erste kurvig geschwunge-

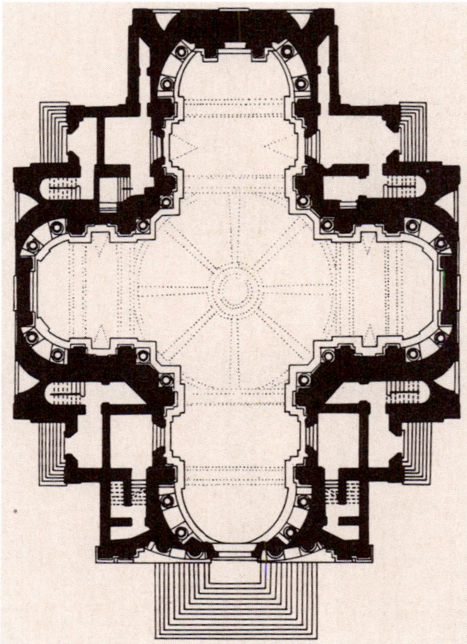

SS. Luca e Martina. Grundriß

ne Front, deren drängende Kraft durch die seitlich rahmenden, aber in der Fläche bleibenden Doppelpilaster in gleichem Maße gesteigert wie gebändigt wird. Im Untergeschoß betonen kolossale Säulen und ein Portal mit Segmentgiebel den Mittelteil, während im Obergeschoß die Gliederung auf Pilaster reduziert ist; lediglich das von einem Dreiecksgiebel bekrönte Fenster erhält durch die rahmenden Säulen einen etwas stärkeren plastischen Akzent. Über dem kräftigen Gesims herrscht in ganzer Breite die Kuppel.

Da im Innern die Querarme abgeflacht sind, erhält der Raum eine leicht betonte Längsausrichtung auf den Hauptaltar hin. Die architektonische Ordnung, welche die Fassade kennzeichnet, setzt sich auch in dem von der Kuppel erhöhten Raum fort. Die Wände werden weitgehend in Pilaster und Säulen aufgelöst; die verbleibenden Flächen öffnen sich in Rundnischen. Die dynamische Architektur zeigt die Prinzipien des Hochbarock in exemplarischer Klarheit, da sie niemals eine malerische Ausstattung erhielt. Wirkungssichere Dekorationen sind die Stuckteile der Architektur und die Kassetten, ferner die *Evangelisten-Reliefs* des Kuppelpendentifs nach Entwürfen von Camillo Rusconi, um 1635. – Die *Liegefigur der hl. Martina* am Hauptaltar schuf Niccolò Menghini 1635.

Links des Altars führt eine Treppe in die **Unterkirche**, die Pietro da Cortona, der hier († 1669) seine Grablege fand, aus eigenen Mitteln neu gestaltete. Den *Schrein der hl. Martina* zieren Alabasterreliefs von Cosimo Fancelli. Die Terracotta-Gruppe von 3 *Märtyrern* (Seitenkapelle) schuf Alessandro Algardi.

S. Lucia del Gonfalone (Via dei Banchi Vecchi 13)

Die 1264 gegründete Confraternità del Gonfalone, die älteste Bruderschaft Roms, die wohltätigen Aufgaben nachkam, übernahm im 15. Jh. eine hier seit dem 13. Jh. bestehende Kirche. Der Tiber-Überschwemmungen wegen entstand 1511 unweit östlich ein Neubau (S. Lucia Nuova), der 1761–65 abermals durch einen Neubau ersetzt wurde.

Die Kirche des 18. Jh. ist ein 1schiffiger Bau mit Seitenkapellen. Beachtenswert ist die 2geschossige Fassade von Marco David, deren Obergeschoß, mit großem Fenster und Balkon, ein im Segmentgiebel eingefangener Dreiecksgiebel abschließt. Künstlerisch bedeutender als die von der Restaurierung 1859–66 bestimmte Kirche ist das nahegelegene

Oratorio del Gonfalone (Via del Gonfalone / Besichtigung: Vicolo della Scimia 1B).

Das Oratorium wurde 1544–47 in die alte Kirche (S. Lucia Vecchia) gebaut und unter dem Titel ***SS. Pietro e Paolo del Gonfalone*** *den beiden Apostelfürsten geweiht. Heute Konzertsaal.*

Die Fassade (1580) fügte Domenico Castelli hinzu. – Der Freskenzyklus im Innern stellt die *Passion Christi* dar. Einen ersten Entwurf für die Ausstattung lieferte Lelio Orsi aus Reggio Emilia, der jedoch die Arbeiten nicht übernehmen konnte. Jacopo Bertoia, Federico Zuccari, Livio Agresti, Cesare Nebbia und andere wechseln sich bei der Gestaltung der doch einheitlich wirkenden Wanddekoration ab (1569–76).

S. Luigi dei Francesi (Piazza S. Luigi dei Francesi)

Die französische Nationalkirche wurde 1518 als Zentralbau nach Entwurf des Jean de Chenevières begonnen, konnte aber nur bis 1524 finanziert wer-

S. Luigi dei Francesi. Cappella Contarelli. Caravaggio: Die Berufung des Apostels Matthäus

den. Antonio da Sangallo d. J. hat später einen Entwurf für einen Längsbau gemacht. Architekt der bestehenden Pfeilerbasilika war aber Giovanni Mangone, ab ca. 1530, wenn auch G. della Porta und D. Fontana (seit 1585 leitender Architekt) den Bau vollendeten, der 1589 geweiht und danach allmählich ausgestattet wurde. Unter Antoine Dérizet erfolgte 1756–64 die dekorative Auskleidung des Inneren.

Die breitgezogene, 2geschossige Fassade überfängt der Dreiecksgiebel nur über 3 (von 5) Achsen; das ist ungewöhnlich. Das Hauptportal ist als Säulenädikula ausgebildet, ebenso das Fenster darüber. Die jeweils anschließende Achse öffnet im Erdgeschoß ein Portal unter Segmentgiebel und Bogenfenster; dem entsprechen im Obergeschoß die von Dreiecksgiebeln bekrönten und von Blendarkaden gerahmten Bildnischen (Sel. Johanna von Valois, Hl. Chlothilde). Die beiden äußeren Achsen sind stärker davon abgesetzt, im Breitenmaß und im Dekor; Statuennischen im Erdgeschoß (Karl d. Gr. und König Ludwig d. Hl. von Frankreich, wie die oberen Figuren von Pierre Lestache, 1758) und darunter Medaillons mit den Wappenzeichen François' I. »Bei aller Schönheit der Einzelglieder als Ganzes lahm und unbefriedigend« (J. Weingartner).

Das Innere der 3schiffigen Pfeilerbasilika mit 2 Kapellenreihen und kassettierter Tonnenwölbung, ohne Querhaus, erhält durch die Kuppel über dem eingezogenen Chor einen bedeutenden Akzent. Die Konzeption der Renaissance, wie sie in S. Giovanni dei Fiorentini fortwirkte, prägt den maßvollen, wohlproportionierten Raum.

Ausstattung. Das Deckenbild mit *»Tod und Verklärung des hl. Ludwig«* (1754–56) entwarf C. J. Natoire. Auf dem Hochaltar die *»Himmelfahrt Marias«* von F. Bassano. – In der

● 2. Kapelle rechts ein Freskenzyklus aus dem *»Leben der hl. Cäcilie«* von Domenichino (1612–14) ein Werk von idealer, hier indessen noch etwas pathetischer Klassizität in der Nachfolge der Carracci. Auf dem Altar eine Kopie G. Renis (1600) nach dem berühmten Gemälde der hl. Cäcilie von Raffael in Bologna. – Am 1. Pfeiler links das *Grab* des Malers *Claude Lorrain* (1600–82) mit einem Denkmal von P. Lemoyne (1836).

● Die Cappella Contarelli, die 5. am linken Seitenschiff, ist die Grabstätte eines Mäzens des Kirchenbaus, des Kardinals Mathieu Cointrel († 1585), den die Italiener Contarelli nannten. Caravaggio hat den Raum 1599 bis 1602 mit *Bildern* aus der Legende des Namenspatrons Contarellis, des *Apostels Matthäus*, ausgestattet. Das Altarbild erregte wegen der realistischen Gestaltung Anstoß und wurde im gleichen Jahr 1602 durch die heutige, geschmeidiger komponierte Fassung ersetzt (die erste wurde 1945 in Berlin zerstört). Die Tafelbilder der linken und der rechten Wand zeigen die »Berufung« und das »Martyrium des Apostels«. Caravaggio erreicht in diesen Darstellungen den ersten Gipfel seiner Kunst. Naturalistische Kraft durchdringt Gesichter und Gebärden. Mit den Möglichkeiten des Helldunkels wird das Ereignis in seiner Dramatik gesteigert und so eine die Malerei der Zeit revolutionierende, drastisch antiideale Sicht auf die erfahrbare Wirklichkeit durchgesetzt. – Die Matthäus-Szenen in den 3 Feldern der Tonnendecke malte Giuseppe Cesari 1591–93.

G5 **Maddalena** (Via delle Colonelle / Piazza della Maddalena) → S. 215.

K7 **Madonna dei Monti** (Via dei Serpenti / Via Madonna dei Monti 41) → S. 228.

SS. Marcellino e Pietro a Tor Pignattara (Via Casilina 643) → S. 114. V

S. Marcello al Corso (Via del Corso / Piazza S. Marcello) H

Die Legende bringt den ersten Bau mit Papst Marcellus I. 308/309 in Verbindung, doch sind die wenigen gefundenen Mauerreste in die Zeit zwischen 380 und 450 zu datieren. Damals bestand das zugehörige, 6,5 m unter Straßenniveau (Via S. Marcello) freigelegte ***Baptisterium*** *vielleicht schon; andererseits kann es aber auch im Zuge einer Restaurierung unter Papst Hadrian I. zwischen 772 und 795 entstanden sein. In der 2. Hälfte des 12. Jh. wohl wurde der Bau einer großen Säulenbasilika mit Atrium und Querschiff errichtet; Reste der Westwand des Querschiffs sind zu beiden Seiten der barocken Fassade noch sichtbar. An der Apsis hängend, war 1354 zwei Tage lang die Leiche des hingerichteten Cola di Rienzo dem Schimpf der Römer ausgesetzt. – Dieser 1519 bei einem Brand völlig eingestürzte Urbau wandte seine Apsis dem Corso zu, während der im gleichen oder folgenden Jahr von Jacopo Sansovino entworfene, von Antonio da Sangallo d. J. fortgesetzte und erst 1597 vollendete Neubau entgegengesetzt orientiert wurde. Die Fassade baute Carlo Fontana 1682/83.*

An der konkav geschwungenen, den Kirchplatz überhöhenden Front stehen 4 Statuen von Seligen und Heiligen des Servitenordens, um 1683 von Francesco Cavallini geschaffen. Über dem Portal ein Relief von Antonio Raggi, die Zurückweisung der Papstwürde durch den hl. Filippo Benizzi darstellend. Auf dem gesprengten Portalgiebel die Allegorien von Glaube und Hoffnung.

Das Innere ist eine flach mit einer Kassettendecke (1592) geschlossene Saalkirche, die sich beiderseits durch Rundbogen in rechteckige Kapellen öffnet. Über dem Portal an der Innenwand eine große *»Kreuzigung«* von G. B. Ricci (1613). Links Doppelgrab des Antonio Orso († 1511) und des Kardinals Giovanni Michiel († 1503), des Neffen Pauls II., nach 1519 von Jacopo Sansovino. – In der 3. Kapelle rechts das Grabmal des Bischofs Matteo Grifoni († 1567), eine von Michelangelo beeinflußte toskanische Bildhauerarbeit. – In der 4. Kapelle rechts ein *Holzkruzifix*, das der Brand von 1519 verschonte (vgl. Oratorio del Crocefisso). Perin del Vaga, Daniele da Volterra und Pellegrino Tibaldi gaben der Kapelle einen reichen Freskenschmuck. – In der 4. Kapelle zur Linken die »Bekehrung des hl. Paulus« von Federico Zuccari und Fresken von Taddeo Zuccari (»Leben des hl. Paulus«). Die Grabbüsten von Alessandro Algardi (um 1630) stellen Angehörige der Familie Frangipani dar.

H7 **S. Marco** (Palazzo Venezia; Piazza S. Marco/ Piazza Venezia)

Die Kirche ist in ihren Proportionen durch den ersten, 336 von Papst Markus gegründeten Bau bestimmt, der hier ein Haus aus seinem Besitz der Gemeinde schenkte. Es entstand die erste bekannte Säulenbasilika Roms (→ S. Valentino), 2,3 m unter dem Niveau der heutigen Kirche. In den Wirren der Völkerwanderungszeit vernichtete sie ein Brand, doch kam es im 6. Jh. zur Wiederherstellung. Den Neubau, der die Substanz der bestehenden Kirche bildet (Länge: 40,5 m; Breite: 30,5 m), veranlaßte Papst Gregor IV. (827–844), vormals Seelsorger dieser Kirche: eine Basilika mit je 12 Säulen und einer Ringkrypta unter der Apsis; als Vorbilder dürfen → S. Sabina und → S. Lorenzo in Lucina gelten. 1466–71 wurde S. Marco dem zur Papstresidenz erhobenen Palazzo S. Marco, heute Venezia, einbezogen und verändert, 1735/36 und 1743–49 barock ausgekleidet.

Die Kirche setzt sich von den geschlossenen Wänden des → **Palazzo Venezia** durch die Fassade (1466–71) der ***Vorhalle*** ab, die sich in 2 Geschossen von etwa gleicher Höhe in je 3 feinprofilierten großen Rundbogenarkaden öffnet. Während den Pfeilern im Erdgeschoß Halbsäulen vorgelegt sind, begnügt sich das obere Stockwerk, die Benediktionsloggia, mit flachen Pilastern – eine wohlüberlegte Abstufung der Plastizität, die dem Verhältnis von Sockel zu Aufbau entspricht. In den Wänden der Vorhalle sind frühchristliche und mittelalterliche Marmorfragmente eingemauert. – Der ***Campanile*** des 12. Jh. öffnet seine Backsteinwände in Triforienfenstern. – Der 1468 über der Sakristei errichtete zweite Turm ist in eine elegante Loggia verwandelt.

Das Innere der Kirche ist eine wohlproportionierte 3schiffige Basilika, deren Mittelschiff direkt in einer halbrunden Apsis mündet. Die Säulenbasilika des 9. Jh. ist in den späteren Umbauten als Ganzes erhalten geblieben; die Pfeiler hinter den Säulen fügte das 18. Jh. ein.

Aus der Zeit Gregors IV. stammt das bedeutende *Apsismosaik*, das, wie die Architektur, frühchristliche Motive aufgreift und die Kompositionen von → S Prassede und → S. Cecilia in Trastevere fortführt: Unter der Hand Gottes im Apsisscheitel steht Christus vor dem Goldgrund, der in seiner rational nicht bestimmbaren Raumwirkung die göttliche Sphäre kennzeichnet, mit dem geöffneten Buch und griechischem Segensgestus. Rechts erscheinen Papst Markus, der Diakon Agapitus und die hl. Agnes; die gegenüberliegende Seite zeigt den Diakon Felicissimus und den Evangelisten Markus, der Papst Gregor IV. (mit Kirchenmodell und dem quadratischen Nimbus des Lebenden) zu Christus geleitet. Das Mosaik darunter präsentiert das Lamm mit dem Kreuz, die 4 Paradiesflüsse, die 12 Lämmer (Apostelsymbole) sowie die Städte Jerusalem und Bethlehem. Insgesamt ist also die apokalyptische Vision des Johannes dargestellt.

Die schön kassettierte *Decke* des Mittelschiffs wurde um 1470 von Giovannino und Marco de' Dolci gearbeitet. – Im *Fußboden* sind Reste der Cosmatenarbeit des 13. Jh. erhalten. – Die ***Sakramentskapelle***, rechts vom Chor, wird Pietro da Cortona zugeschrieben. – Die ***Sakristei*** bewahrt das Fragment eines *Kreuzigungs-Freskos* aus der Schule des Pietro Cavallini. Ein Schüler des Melozzo da Forlì malte die Darstellung des Evangelisten Markus (15. Jh.). Das *Ziborium* ist eine Gemeinschaftsarbeit von Mino da Fiesole und Giovanni Dalmata.

Die ***Krypta***, die die Gebeine zahlreicher Märtyrer birgt, gehört zu den typischen Umgangskrypten der karolingischen Architektur Roms.

S. Maria degli Angeli (Diokletians-Thermen; Piazza della Repubblica) ● M4

Eine mittelalterliche Legende berichtet von 40000 Christen, die zwischen 304 und der Vollendung 306 zur Arbeit an den → **Thermen Diokletians** *gezwungen worden seien. Daher erfolgte wohl schon seit dem 5. Jh. eine »Christianisierung« der Thermen, z. B. durch die Einrichtung einer (zerstörten) Cyriak-Kirche und durch die Nutzung eines Kuppelraumes an der Westecke für die Kirche → S. Bernardo alle Terme (das Pendant dieses Kuppelraumes steht noch an der Ecke Via Viminale/Viale Terme di Diocleziano). Allerdings verfiel der gesamte Komplex, nachdem der Gotenkönig Witigis bei der Einschließung Roms 536 die Wasserleitung Aqua Marcia zerstört hatte und das Leben im östlichen Stadtteil für Jahrhunderte gelähmt war.*

1515 läßt sich erst wieder ein Projekt zur Einrichtung einer Kirche nachweisen. 1550 schließlich

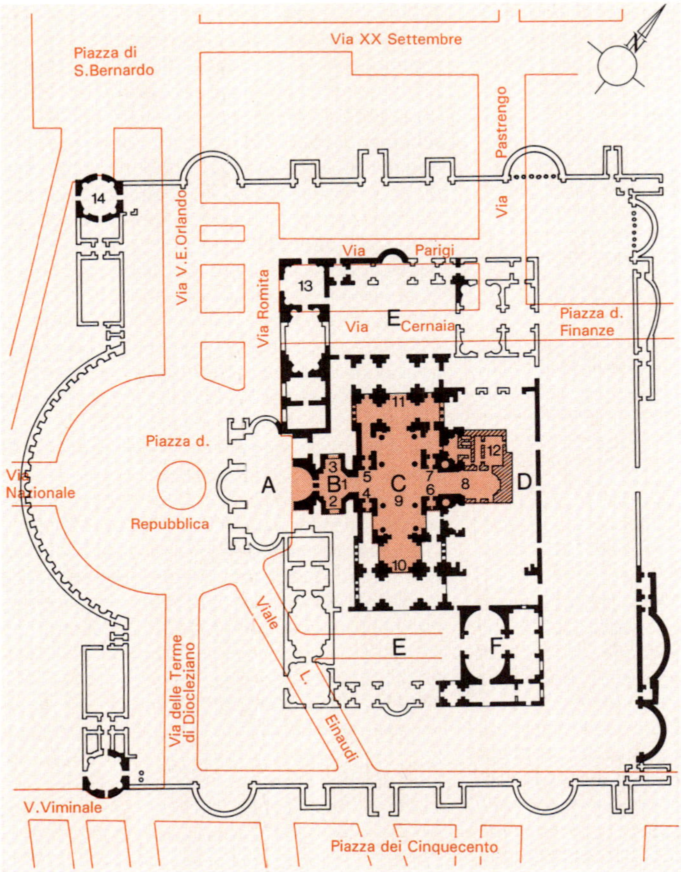

S. Maria degli Angeli (rot unterlegt) in den Diokletians-Thermen. Grundriß

Thermen
A Caldarium
B Tepidarium
C Frigidarium
D Natatio
E Palaestren
F Apodyterium?

Kirche
1 Vestibül
2 Kreuzkapelle
3 Magdalenenkapelle
4 Bruno-/Aldobrandini-Kapelle
5 Petruskapelle
6 Hyazinthkapelle
7 Inkarnationskapelle
8 Tribuna
9 Querschiff
10 Albergati-Kapelle
11 Brunokapelle
12 Epiphaniekapelle

13 »Sala della Minerva«
14 S. Bernardo alle Terme

wurden die Thermen geräumt und feierlich konsekriert, doch mußten schon nach einem Monat die Gottesdienste wegen des Einspruchs einiger Nepoten des Papstes Julius III., die ihren bequemen Reitplatz in den Thermen nicht verlieren wollten, wieder eingestellt werden. Erst 1560 setzte sich der hartnäckige Kämpfer für den Kirchenbau, der Priester Antonio del Duca, beim neuen Papst Pius IV. durch. Michelangelo legte einen Wettbewerbsentwurf vor, der nach dem Bericht Vasaris beim Papst höchste Bewunderung auslöste und mit dessen Verwirklichung 1561 begonnen wurde.

Michelangelo plante die Kirche auf dem Grundriß eines griechischen Kreuzes. Die eine Achse bildete das Tepidarium, mit 8 riesigen Granitsäulen als Stützen der 3 mächtigen Kreuzgratgewölbe (90,80 × 27,00 m bei 30,00 m Höhe); beide Schmalseiten erhielten Eingänge. An den Ecken der Längswände öffnete sich je ein hoher und tiefer Nebenraum, so daß der Saal mehr in der Quer- als in der Längsrichtung betont wurde; Michelangelo bestimmte diese 4 Nebenräume zu Kapellen. Die zweite Achse wurde aus den hohen Durchgängen zum Frigidarium (im Osten) und zum Caldarium (im Westen, zur Piazza della Repubblica) gebildet, wo sich ein überkuppelter Rundbau mit geräumigen Nischen an das Tepidarium anschloß. Den östlichen Kreuzarm, in dem der Grundstein zum Marienaltar gelegt war, schloß Michelangelo mit einer halbkreisförmigen Apsis. Das Hauptportal, das eine reiche Umrahmung erhielt, lag indes nicht gegenüber dem Marienaltar – wie heute –, sondern am südlichen Ende des Thermensaals (Richtung Stazione Termini). Die Dekoration der beiden anderen Portale, die sicher geplant war, ist nie ausgeführt worden.

1564 starben Michelangelo und Antonio del Duca, im Jahr darauf Pius IV. Der Bau war wohl erst im rohen vollendet.

Gregor XIII. sorgte 1577 für die Plattierung des von Michelangelo um fast 2 m erhöhten Fußbodens. Nach und nach wurden die Kapellen an der westlich vorgelagerten Rotonda und die 4 kleinen Kapellen an der heutigen Hauptachse dekoriert, vielleicht nach Entwürfen von Giacomo della Porta.

Zum Hl. Jahr 1700 wurde die Kirche erneuert. Man vermauerte die Nordtür zur Via Cernaia und errichtete an dieser Stelle, gegenüber dem Hauptportal, den Altar des hl. Bruno, der von vielen Gläubigen als Hochaltar angesehen wurde.

1727 wurden die Tribunafenster verändert und z. T. geschlossen, ferner die 4 großen, ohne Dekoration gebliebenen Kapellenräume am Hauptraum vermauert, wodurch dieser eine eindeutige, scharf akzentuierte Längsrichtung erhielt.

1749/50 erfolgte eine durchgreifende Erneuerung, die Luigi Vanvitelli durchführte. Schon 1746 war das Prachtportal im Süden geschlossen und davor der Albergati-Altar errichtet worden. Damit war Michelangelos Konzeption gestört; der gewaltige, durchgehende Frigidarium-Hauptsaal wurde stärker als Querschiff (mit die antiken Säulen verbindendem Architrav) betont, die kleine, aus verschiedenen Elementen zusammengesetzte Ost-West-Achse als Hauptschiff aufgewertet. Vanvitelli brach nun ganz folgerichtig Michelangelos Apsis ab, verlängerte die neue Hauptachse und errichtete ein neues Presbyterium mit polygonalem Abschluß. Um dieses Hauptschiff in der Dekoration anzugleichen, ließ Vanvitelli 8 Säulen aufmauern, die aber das ohnehin schon schmale Schiff noch mehr verengen. Auch die Fassade zur heutigen Piazza della Repubblica gestaltete Vanvitelli.

Ausstattung. Nach Vanvitellis Angaben wurden die heutigen Fenster, die Stuckgirlanden unter dem Gesims und die Dekoration der Wände ausgeführt. Um Wandflächen für 12 Bilder, die in St. Peter durch Nässe gefährdet waren, zu gewinnen, hatte Benedikt XIII. die großen Kapellenfenster vermauern lassen. Unter den Bildern sind *»Der Sturz des Simon Magus«* von Pompeo Batoni und *»Die Messe des hl. Basilius«* von Pierre Subleyras, beide an der linken Wand des linken Kreuzarms, bemerkenswert.

Zu beiden Seiten des Hochaltars stehen die von Alessandro Cioli entworfenen Grabmäler Pius' IV. († 1565) und des Kardinals Serbelloni († 1591), der der erste Inhaber der neuerrichteten Titelkirche war. – In der Rotonda links am Portal ein lebensgroßer Engel mit einem Weihwasserbecken, eine gute Marmorarbeit aus dem Umkreis Berninis. – Im Durchgang von der Rotonda zum Querschiff in einer Nische rechts die ausdrucksvolle *Figur des hl. Bruno*, des Gründers des Kartäuserordens, dem die Kirche anvertraut wurde, ein wegen seiner Lebensnähe vielbewundertes Meisterwerk von Jean-Antoine Houdon, 1766. – Den Meridian mit den Positionen der Sternbilder und des Polarsterns, der im Fußboden schräg durch die Kirche läuft, ließ Clemens XI. Albani 1702 anlegen. ●

Im Vestibül die Grabmäler der Maler Carlo Maratta († 1713) und Salvatore Rosa († 1673).

S. Maria dell'Anima (Via S. Maria dell'Anima; wenn geschlossen, Piazza della Pace 20 klingeln) F5/6

Die Kirche der Deutschen Nation, wie sie noch das Heilige Römische Reich zusammengefaßt hat, verdankt ihre Entstehung einer privaten Hospizstiftung vom Ende des 14. Jh., ihre Förderung aber den Bestrebungen des ausgehenden 15. Jh., den in Rom lebenden Nationen eigene Kirchen zu geben. (Seit 1859 fungiert die Gründung als Studienkolleg deutscher und österreichischer Priester.) Unter ihrem Leiter, dem päpstlichen Zeremonienmeister Johannes Burkhard, Stiftsherr von St. Thomas zu Straßburg sowie später Bischof von Civita Castellana und Orte (s. auch Casa del Burcardo, S. 84), beschloß 1499 die deutsche Bruderschaft den Neubau des Hospizes und seiner 1431–33 errichteten gotischen Kirche. Der Grundstein zur Kirche wurde im Jahre 1500 gelegt, der Chor 1510 geweiht; um 1523 war der Bau im wesentlichen vollendet. Die Frage nach dem Architekten ist nicht zu beantworten; vermutlich stammt der Entwurf von einem unbekannten deutschen Baumeister. Auch die Urheber der ehemals irrtümlich Giuliano da Sangallo zugeschriebenen Fassade und der B. Peruzzi zugewiesenen Portale sind nicht überliefert. – 1842–44 und

1874/75 wurde der Raum zurückhaltend restauriert bzw. neugestaltet (u. a. mit Gewölbemalereien von Ludwig Seitz, 1874/75).

Während im Glockenturm die späte Gotik eine Verbindung mit frühen Renaissanceformen anstrebt, äußert sich in der 3geschossigen Fassade rein die Renaissance. Die Marmorgruppe der Muttergottes mit 2 zu ihr flehenden unerlösten Seelen – der *S. Maria dell'Anima* – im Giebelfeld des Mittelportals wird Andrea Sansovino zugeschrieben.

● Quadratische Pfeiler tragen die Gewölbe der 3schiffigen *Halle* – eine für Rom ungewöhnliche Form, die ohne Zweifel auf deutschen Einfluß zurückgeht. Ohne Querhaus setzt sich das Mittelschiff in einem langgestreckten, halbrund schließenden Chor fort. Der Raum ist so steil, daß Höhe und Breite einander fast entsprechen. Es bildet sich ein nahezu gleichseitiger Kastenraum, wie er sich auch bei deutschen Hallenkirchen findet. Die halbrund geöffneten Seitenkapellen erreichen fast die Höhe der Schiffe, so daß der ohnehin weite Raum sich nochmals dehnt. Dieser Aufbau in Verbindung mit dem fast quadratischen Grundriß des Gemeinderaums schafft einen Zentralbau, dem der lange Chor die Orientierung gibt, ohne ihn in seinem Grundcharakter zu beeinträchtigen. Die Einzelformen – antikisierende Kämpfer, Ornament, Rundbogen – sind der Renaissance verpflichtet. Aus der Verbindung von Hallentyp und Renaissanceformen ging einer der schönsten Räume der römischen Renaissance hervor.

Ausstattung. An der inneren Fassadenwand, rechts neben dem Hauptportal, das *Grabmal des Kardinals Erzherzog Andreas von Österreich,* der am 14. November 1600 in der Kirche beigesetzt wurde. Der ausführende Meister war Gillis van den Vliete (Egidio »Fiammingo« della Riviera) aus Mecheln. Ursprünglich im Chor neben dem Grabmal Papst Hadrians VI. aufgestellt, wurde das Monument anläßlich der Barockisierung des Chores in veränderter Form an die heutige Stelle versetzt. Den ehemals größeren Wandaufbau hat man sich ähnlich dem Grabmal des Erbprinzen Karl Friedrich von Jülich-Cleve-Berg im Chor vorzustellen.

Kapellen rechts: 1. Kapelle. Altarbild von Carlo Saraceni, 1618: *Der hl. Benno, Bischof von Meißen, nimmt aus einem Fisch die Schlüssel zum Meißener Dom,* die er selber in die Elbe geworfen hatte, um den gebannten Kaiser Heinrich IV. am Betreten des Domes hindern zu können. Links und rechts des Altars Kenotaphe für den Stifter der Kapelle, Johannes Lambacher (seit 1582 im Dienste der Fugger und als Leiter der spanischen Filiale des Fuggerschen Bankhauses 1615 in Spanien gestorben). – 2. Kapelle. Die Ausstattung ermöglichte eine Stiftung des Apostolischen Protonotars und Sekretärs Johannes Savenier aus Lüttich († 1638). Die Fresken mit *Szenen aus der Geschichte der hl. Anna,* der die Kapelle geweiht ist, stammen von dem Bolognesen Giovanni Francesco Grimaldi. Beiderseits des Altars (Altarblatt mit *Maria und dem Kind zwischen den hll. Anna und Joseph* von Giacinto Gimignani) als Gegenstücke gearbeitete Grabmäler für Johannes Savenier und seinen Vetter Walter Walteri von Castro (rechts) sowie für Kardinal Johannes Walter de Sluse (links; Büste möglicherweise von Ercole Ferrata). – 3. Kapelle. Von Jakob Fugger, Bruder des 1478 in Rom verstorbenen Markus Fugger und Onkel des 1511 als Apostolischer Protonotar verstorbenen Markus Fugger, als Markus-Kapelle bestimmt. Auf dem Altar ehemals eine Votivtafel Jakob Fuggers von Giulio Romano, die sich heute auf dem Hochaltar der Kirche befindet. Fresken (*Marienszenen*) erst nach 1549 von Sermoneta. Auf dem Altar eine Skulptur, Kopie des Gnadenbildes in Altötting. – 4. Kapelle. Geweiht am 23. November 1510. Der Wunsch, den Raum den Welsern als Stiftungskapelle zu übertragen, wurde nicht erfüllt. Ausstattung erst Ende des 18. Jh. Auf dem Altar eine freie *Kopie der »Pietà« von Michelangelo* in St. Peter, 1531/32 von Lorenzetto, wahrscheinlich unter Mitarbeit von Nanni di Baccio Bigio.

Im ***Chor*** rechts das große *Grabmal für Papst Hadrian VI.* aus Utrecht (1522–23), nicht nur den letzten deutschen, sondern den – bis Ende des 20. Jh. – letzten nichtitalienischen Papst überhaupt. Über der Gestalt des Verstorbenen wachen die allegorischen Standbilder von »Gerechtigkeit«, »Weisheit«, »Tapferkeit« und »Mäßigkeit«. Der Entwurf des Grabmals geht auf Baldassare Peruzzi zurück; den Skulpturenschmuck schufen Michelangelo Senese und Tribolo. – An der gegenüberliegenden Wand das *Grabmal* für den 1575 ●

S. Maria dell'Anima. Inneres

auf einer Pilgerfahrt in Rom verstorbenen *Erbprinzen Karl Friedrich von Jülich-Cleve-Berg.* Die Tugend-Statuen (»Klugheit« und »Liebe«) in den seitlichen Nischen stammen vom Grabmal des Kardinals Erzherzog Andreas von Österreich (die ehemals am Grabmal des Erbprinzen aufgestellten Statuen heute in Nischen unterhalb der Apsisfresken). Den Entwurf für das 1577 vollendete Grabmal erstellte Pietro de Motta; die Skulpturen stammen von Nicolas Mostaert (Niccolò Pippi) aus Arras und Gillis van den Vliete. – Zu seiten beider Grabmäler Wandbilder von Michael Wittmer (1874): Karl d. Gr. und Bonifatius sowie Kaiser Heinrich II. und Papst Leo IX. – Auf dem Hochaltar das ursprünglich für die Fugger-Kapelle gemalte Votivbild der *»Hl. Familie«* von Giulio Romano (1682 von Carlo Saraceni restauriert).

Kapellen links: 4. Kapelle. Stiftung des Mainzer Erzbischofs und Kurfürsten Kardinal Johann Albrecht von Brandenburg, wie die Kapelle gegenüber am 23. November 1510 geweiht; Vollendung der Ausstattung erst 1550. *Fresken* (u. a. die hll. Johannes und Albertus Magnus, die Patrone des Stifters, sowie Stefan und Mauritius, Patrone der zum Bistum gehörenden Dome in Halberstadt und Magdeburg) von Francesco Salviati, der gegen 1550 auch das Altarbild ausführte *(»Kreuzabnahme«).* – 3. Kapelle. Freskenausstattung mit Darstellungen aus der *Legende der hl. Barbara* (entsprechend dem Barbara-Patrozinium der Kapelle) von Michael Coxie aus Mecheln (nach 1534?). Vom gleichen Meister das Altarbild der *Hl. Dreifaltigkeit mit der hl. Barbara und dem Kardinal Enckenvoirt,* Stifter der Kapelle. – 2. Kapelle. Die Ausstattung des 16. Jh. wurde im späten 18. und im 19. Jh. ersetzt. Die heutigen Fresken (*Szenen aus dem Leben des hl. Johann von Nepomuk*) stammen von Ludwig Seitz, der 1906 auch das Altarblatt schuf (*»Hll. Johann von Nepomuk und Johannes Sarkander«*; ihnen ist die Kapelle geweiht). – 1. Kapelle. Stiftung des Lambertus Ursinus de Vivariis, eines aus Lübeck stammenden Patriziers († 1619). Fresken (*Lambert-Vita*) von Jan Miel, 17. Jh. Altarblatt (*»Enthauptung des hl. Lambert«*) von Carlo Saraceni. – Neben dem Seitenportal rechts Grabstein des Melchior Frundsberg († 1528), des Sohnes von Georg von Frundsberg.

Links des Hauptportals *Grabmal des Kardinals Wilhelm von Enckenvoirt* († 1534); ursprünglich wie das Monument des Kardinals Andreas von Österreich in der Tribuna, bereits dort wegen der Errichtung des Jülich-Cleve-Berg-Grabmals in seiner Aufstellung verändert und schließlich im Zuge der Barockisierung des Chores an den heutigen Platz gebracht. Meister des Grabmals war wahrscheinlich Giovanni Mangone (oder Michelangelo Senese?).

Am 3. rechten Pfeiler des Langhauses das *Grabmal Adriaen Vryburgh* aus Alkmaar († 1628), am gegenüberstehenden Pfeiler links das 1633 aufgestellte *Grabmal Ferdinand van den Eynde* († 1630) und am 2. linken Pfeiler das *Grabmal Georg Piscator* († 1625) – alle drei Werke des flämischen Bildhauers François Duquesnoy. Im kleinen Format werden hier dem Barock intime und stimmungsvolle Wirkungen abgewonnen; die Putten, die Bahrtücher mit Inschriften tragen, gehören zu den lebensvollsten Geschöpfen der europäischen Plastik in der 1. Hälfte des 17. Jh. ●

S. Maria Antiqua (Forum Romanum) IJ9
→ S. 103.

S. Maria in Aquiro (Piazza Capranica) G!

Über einem Vorgängerbau des 8. Jh. begann 1590 Francesco da Volterra die neue Kirche, die nach seinem Tode (1594/95) von Carlo Maderno und Filippo Breccioli gemeinsam vollendet wurde. Die Fassade wurde 1620 begonnen und mit dem 2. Geschoß nach Plänen von Pietro Camporese d. Ä. 1774 zu Ende geführt. 1866 erfuhr das Innere eine Restaurierung.

Die 3schiffige Pfeilerbasilika erhielt bei der Restaurierung des 19. Jh. in Mittelschiff, Kuppel und Altarraum eine Ausmalung durch Cesare Mariani. – In der 3. Kapelle rechts Fresken des *Marienlebens* von C. Saraceni. – In der 2. Kapelle links Bilder der *Passion Christi* von G. B. Speranza. »Dornenkrönung« und »Geißelung« werden Gerard van Honthorst zugeschrieben, der seiner Hell-Dunkel-Effekte wegen Gherardo della Notte genannt wurde.

S. Maria in Aracoeli (Campidoglio; Piazza d'Aracoeli) I8

*Das → **Kapitol**, in der Antike nicht nur der Ort des wichtigsten Tempels, sondern auch der Burg (arx), war politischer und kultischer Mittelpunkt Roms* *über Jahrtausende hinweg. Unter S. Maria in Aracoeli und in seiner Nähe lagen der* ***Tempel der Juno Moneta****, der staatlichen Münzprägestätte, aber auch jener heilige Ort, an dem die Auguren Himmelszeichen beobachtet und prophetisch gedeutet haben. Als die paganen Kulte endgültig der Vergangenheit angehörten, spätestens in der 1. Hälfte des 8. Jh., ergriff das Christentum mit einer Klostergründung Besitz vom Kapitol.*

Eine jüngere Legende christianisierte das heidnisch-römische Kapitol: Dort, wo heute die Kirche steht, habe einst die Tiburtinische Sibylle dem Kaiser Augustus prophezeit, ein göttliches Kind, Sohn einer Jungfrau, werde die Altäre der Götter stürzen und eine neue Welt begründen. Darauf habe sich der Himmel geöffnet und sei die Madonna mit dem Christuskind erschienen. Augustus habe an der Stelle dieser Vision dem »Erstgeborenen Gottes« eine »Ara Coeli«, einen »Himmelsaltar«, errichtet. Am gleichen Ort, so glaubte man, habe dann Helena, die Mutter Konstantins d. Gr. (→ S. Croce in Gerusalemme), ihr Grab erhalten.

Im 10. Jh. fiel das (ursprünglich griechische?) Kloster an die Benediktiner, die möglicherweise den Neubau einer 3schiffigen Basilika mit 15 Jochen errichteten. Mit der erneuten Konstituierung des römischen Senats 1143 wurde die Kirche Tagungsort des Großen und des Kleinen Rates, damit die Tradition des Kapitols als Symbol der Herrschaft über Rom fortsetzend. 1249 übergab Papst Innozenz IV. das Kloster den Franziskanern, die in die bestehende Kirche ein Querschiff einfügten und so ihre heutige Gestalt prägten. Architekt war wohl Arnolfo di Cambio, Leiter der Ausstattung Pietro Cavallini.

Aus Spenden der Römer ließ die Kommune 1348 als Dank für die Errettung von der Pest durch Lorenzo di Simeone Andreozzi (Inschrift neben dem Hauptportal) die Treppe bauen – Cola di Rienzo stieg sie als erster hinauf.

Die 124stufige steile, für ihre Zeit einzigartige **Treppe** führt vor die eher abweisende Backsteinwand einer Fassade, die ihre Form nur aus den Umrissen des basilikalen Aufbaus gewinnt.

Die große 3schiffige Säulenbasilika von 12 Jochen hat das Bild des 13. Jh. mit kostbaren Ausstattungsstücken späterer Jahrhunderte bewahrt. An beide Seitenschiffe schließt sich eine Reihe von Nebenkapellen, so daß sich im Langhaus der Anschein eines 5schiffigen Querschnitts ergibt. Das kurze Querhaus greift nicht über die Seitenwände der »Kapellenschiffe« hinaus. Das Mittelschiff setzt sich in einem platt geschlossenen Chor fort, dem seitlich, nach den Gepflogenheiten der Bettelordenskirchen, Nebenchöre zugeordnet sind. Antike Säulen, verschiedenartig in ihrer stilistischen Erscheinung wie in der Art des Marmors, tragen die in rechteckigen Fenstern sich öffnende Hochwand (*Fresken* von Umile da Foligno, Giovanni Odazzi, Giuseppe Passeri). Die *Holzdecke* mit den Zeichen der Schiffahrt (1572–75) wurde zum Andenken an den Seesieg über die Türken bei Lepanto gestiftet.

Insgesamt wirkt das Innere in Konstruktion und Raumbild altertümlich. Nach römischer Tradition herrscht das Mittelschiff durch seine Breite und Höhe entschieden über die Seitenschiffe. Indem das Ganze als ein großer, in Nebenräumen ausklingender Saal erscheint, entspricht der Bau dem Anliegen der Franziskaner, die Räume für den Volksgottesdienst und die große Predigt erstrebten.

Ausstattung. Der *Fußboden*, von zahlreichen Grabplatten durchbrochen, besteht z. T. aus Opus alexandrinum, mit späteren Einfügungen der Cosmatenzeit. – Hoch an der Eingangswand das *Denkmal für Carlo Barberini* von Bernini (Ausführung z. T. von Stefano Speranza), 1630 – um 1636. – Rechts des Eingangs das *Grab des Giovanni Crivelli*, des aus Mailand stammenden Erzdiakons von Aquileia, als Werk Donatellos (1432/33) bezeichnet. Zur Linken das *Grab* des Astronomen *Ludovico Grato Margani* aus der Schule des Andrea Sansovino (1520). ●

Am Beginn des ***rechten Seitenschiffs*** öffnet sich die Cappella Bufalini. Pinturicchio schmückte sie um 1485 mit *Fresken*, die zu seinen bedeutendsten Werken zählen: Dargestellt sind neben der Stigmatisation des hl. Franziskus Leben und Totenfeier des hl. Bernhardin von Siena. Pinturicchio verbindet in diesen Fresken den symmetrischen Aufbau und die verträumte Melancholie der umbrischen Malerei mit spielerischer Eleganz. – Zwischen der 7. und 8. Nebenkapelle des rechten Seitenschiffs mündet der Seiteneingang; außen über dem Portal *Mosaik* (Ende 13. Jh.) mit Madonna zwischen Engeln. ●

Im ***rechten Querhausarm*** *Grab von Papst Honorius IV.* († 1287), mit vorzüglicher Cosmatenarbeit und einer Arnolfo di Cambio oder Fra Guglielmo da Pisa zugeschriebenen Liegefigur, und das um 1287 entstandene *Grab des Luca Savelli*, für das ein antiker Sarkophag verwendet wurde. – Die Cappella

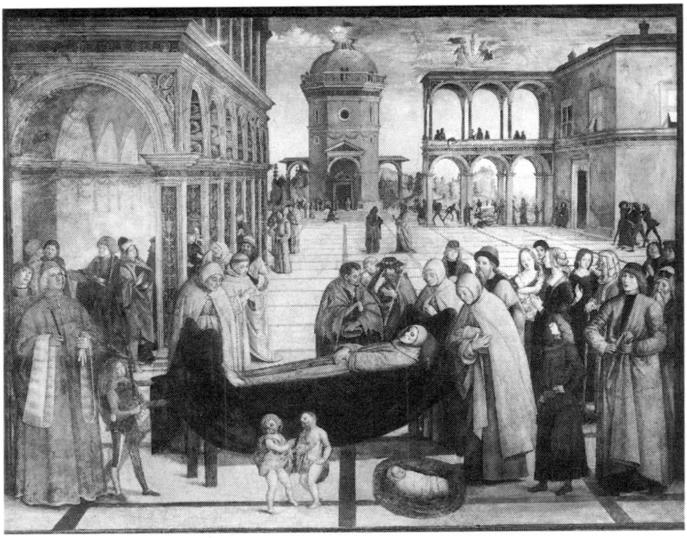

S. Maria in Aracoeli. Cappella Bufalini. Pinturicchio: Totenfeier für den hl. Bernhardin von Siena

di S. Rosa am rechten Querhausarm enthält das *Mosaik* einer Thronenden Madonna, der Johannes d. T. und der hl. Franziskus den Stifter, einen Senator, empfehlen (Mitte 14. Jh.).
In der Mitte des Querschiffs erinnern 2 *Ambonen* mit wiederverwendeten Stücken des 8./9. Jh. an die Ende des 12. Jh. von Lorenzo di Cosma und seinem Sohn Jacopo (Signatur auf dem rechten Pult) eingerichtete Schola. – Die byzantinische (?) *Marienikone* auf dem Hochaltar ist ein hochverehrtes Bild, nach der Legende vom hl. Lukas gemalt oder als »nicht von Menschenhand« bezeichnet, ursprünglich vielleicht schon des 6. Jh., mit späteren Übermalungen. Im ***linken Querhausarm*** an der linken Wand das kolossale *Standbild Leos X.* von Domenico Aimo (1522), im Winkel der Wand zum linken Seitenschiff das Grab des Felice de Fredi, der 1506 die »Laokoon«-Gruppe fand. – Vor der Stirnwand das großartige *Grabmal des Kardinals Matteo d'Acquasparta* († 1303), des Generals der Franziskaner und Legaten Bonifaz' VIII., vermutlich von Giovanni di Cosma. Der Kardinal ruht auf seinem Sarkophag unter dem Baldachin; links und rechts halten Engel die Wache. Im Grund des Baldachins ein Fresko, das Pietro Cavallini zugeschrieben wird: die Thronende Madonna zwischen 2 Heiligen. – In der Mitte des Querhausarms erhebt sich eine elegante, 1627 vollendete *Ädikula*, die 1798 beschädigt und 1833 wiederhergestellt wurde; sie bezeichnet den Ort der Verheißung durch die Sibylle. In der großen *Porphyrwanne* unter der 8eckigen Kuppel ruhen angeblich die Gebeine der hl. Helena, der Mutter Konstantins, und der hll. Abondius, Abondantius, Artemisius und Isidor. Dahinter erlaubt ein Spalt den Blick auf die tiefe Confessio mit dem an ursprünglicher Stelle belassenen *Altar* (12. Jh.?).
Aus dem Querhausarm gelangt man in die ***Sakristei***. In einer Kapelle links vor ihr wird der *»Santo Bambino«* aufbewahrt, das wundertätige Christkind von Aracoeli, das nach der Legende aus dem Holz eines Ölbaums vom Garten Gethsemane geschnitzt wurde. Zur Weihnachtszeit wird es in der 1. Kapelle des linken Seitenschiffs inmitten einer großen Krippe gezeigt. (Im Februar 1994 geraubt!)
Im ***linken Seitenschiff*** verdient die Architektur der 7. Kapelle, ein Werk Carlo Rainaldis, Beachtung. – In der 5. Kapelle ein Altarbild (»Hl. Paulus«) von G. Muziano und Fresken von C. Roncalli an den Seitenwänden. – Auf dem Altar der 3. Kapelle ein (stark beeinträchtigtes) *Fresko* von Benozzo Gozzoli mit dem hl. Antonius von Padua zwischen Stiftern und Engeln (ca. 1449).

H8 **S. Maria in Campitelli** (Piazza Campitelli)

Papst Alexander VII. wählte zur Aufstellung eines Marienbildes, das während der Pestepidemie von 1656 Hilfe gespendet hatte, die hier seit 1619 bestehende Kirche, plante aber 1658 einen Um-, dann einen Neubau. Carlo Rainaldis Pläne gingen zunächst, um 1662, von einem ovalen Grundriß aus, hatten aber 1665 dem mit der Chorpartie (für das Gnadenbild) und der Fassade begonnenen Werk ein Langhaus zwischenzuschalten. Im Ergebnis blieb schließlich der Zentralbaugedanke für Chor und Langhaus jeweils bestimmend. Der Rohbau war 1675 vollendet.

Die hohe Fassade tritt mit besonders kräftigem Relief aus der Häuserzeile des Platzes hervor. Säulen und Pilaster, in gehäufter Fülle und z. T. von der Wand gelöst, sind das dominierende, eine enorme Tiefenstufung der Wand bewirkende Motiv. Diesen Effekt unterstützen die starken Profile der Giebel und verkröpften Gesimse, die ihren Hauptakzent ganz oben, im Hauptgiebel, ausspielen.

Das Innere ist vollkommen auf das wundertätige Marienbild konzentriert. An den zentral aufgefaßten Längsbau der Kirche, dessen »Kreuzarme« zu Seitenkapellen ausgebaut sind, schließt sich der von einer Kuppel hell erleuchtete Chorraum an. Giovanni Antonio de' Rossi schuf den *Hochaltar* mit der goldenen Gloriole, die das *Gnadenbild*, eine italienische Nachbildung einer französisch-rheinischen Arbeit des frühen 13. Jh., umgibt.

In der 1. Kapelle rechts Michaelsbild von Sebastiano Conca, 1735. – In der 2. Kapelle Altargemälde mit den hll. Anna, Joachim und Maria von Luca Giordano. – Im Kuppelraum rechts das Grab des Kardinals Bartolommeo Pacca († 1844) von dem Dresdner Thorvaldsen-Schüler Ferdinand Pettrich, 1863. – In der 1. Kapelle links Deckenfresko mit der »Himmelfahrt Mariens« von Giuseppe Passeri und Altar mit Reliefs von Lorenzo Ottoni (»Sel. Lodovica Albertoni vor dem Christuskind und seinen Eltern«).

/4 **S. Maria della Concezione** (**S. Maria dei Cappuccini**; Via Vittorio Veneto)

1626 legte Kardinal Antonio Barberini, Kapuziner und Bruder Urbans VIII., den Grundstein zu diesem Konvent seines Ordens. Architekt war Ant. Casone.

Die schlichte Fassade Casones erhielt durch die urbanistische Neugestaltung der Via Veneto 1890 eine unscheinbare Treppenanlage. – Einige bedeutende Werke der Malerei und

S. Maria in Campitelli. Fassade

Skulptur des 17. Jh. regen zum Vergleich an: In der 1. Kapelle rechts »Michaels Kampf mit dem Drachen« von Guido Reni, um 1632. In der 2. Kapelle »Geburt Christi« von Lanfranco, um 1631. In der 3. Kapelle »Ekstase und Tod des hl. Franziskus« von Domenichino. In der 5. Kapelle »Erweckung eines Toten durch den hl. Antonius« von Andrea Sacchi, 1635. – Das Hochaltarbild ist eine Kopie (1814) nach Lanfrancos zerstörter »Immacolata« von 1630. Vor dem Hochaltar das Grab des Kardinals Antonio Barberini († 1646) mit der berühmten

Bocca della Verità

Inschrift: »HIC IACET PULVIS CINIS ET NIHIL« (»Hier ruht Staub, Asche und Nichts«). Links das Grabmal des Alexander Sobieski († 1714), Sohn des Königs Johann III. Sobieski von Polen, eine Skulptur von Camillo Rusconi. – Links in der 5. Kapelle »Vision des hl. Bonaventura« von Andrea Sacchi, 1645. In der 1. Kapelle ein Werk des von den Barberini bevorzugten Pietro da Cortona: »Ananias gibt dem hl. Paulus das Augenlicht zurück«, um 1631.

In der ***Sakristei*** eine Bildersammlung, darunter eine Madonna aus der 1. Hälfte des 15. Jh. umbrisch-markischer Herkunft, ferner Werke aus dem Umkreis von Guido Reni und Caravaggio.

In 5 unterirdischen Kapellen ***(Cimitero)*** die Gebeine von etwa 4000 Kapuzinermönchen, wie oft zu makabren Ornamenten zusammengefügt.

19 **S. Maria della Consolazione** (Piazza della Consolazione)

Der bestehende Kirchenbau, weitgehend eine Umgestaltung der 1470 geweihten Vorgängerin, entstand 1583–1606 nach Plan Martino Longhis d. Ä. Der damals unvollendeten Fassade fügte 1827 Pasquale Belli das 2. Geschoß hinzu.

Das Innere der 3schiffigen Pfeilerbasilika ist auf die von Giacomo della Porta 1585 begonnene und von M. Longhi vollendete Tribuna mit ihrer 2geschossigen Fensterordnung ausgerichtet. Am rechten Seitenschiff liegen 3, am linken 5 Nebenkapellen, z. T. Anbauten des 16. Jh. an die alte Kirche.

Die 1. Kapelle rechts bewahrt wertvolle, leider beschädigte *Fresken* von Taddeo Zuccari mit Darstellungen aus dem Leben Christi (1553–56). – Die malerische Ausstattung der 3. Kapelle stammt von Giovanni Baglione, dem Autor einer für die Kenntnis der Barockkunst bedeutenden Sammlung von Künstlerbiographien aus dem Jahr 1642. – Im Altarraum »Geburt und Himmelfahrt Mariä« von C. Roncalli (vor 1626). Der Hochaltar von Longhi umrahmt das wundertätige Bild der *»Trostreichen Maria«* (15. Jh., vielleicht von Antoniazzo Romano).

S. Maria in Cosmedin (Piazza Bocca della Verità) H

Die Kirche entstand in einem traditionsreichen Geschäftszentrum des antiken Rom, dem → **Forum Boarium** *(Rindermarkt) beim Tiber-Hafen, das im frühen Mittelalter besonders von handeltreibenden Griechen besiedelt war. Der Beiname »in Cosmedin« weist auf die griechischen Traditionen hin und läßt sich als »die Geschmückte« (von griech. »kosmein«, schmücken) oder als Anknüpfung an den Namen eines Stadtviertels in Konstantinopel (»Kosmidion« nach einem Kloster der hll. Cosmas und Damian mit einem hochverehrten Marienbild) deuten.*

Die an den Seiten des Portals der Kirche und in der linken Seitenschiffwand noch sichtbaren *Säulen* gehören zu einem antiken Vorgängerbau. Sie waren Teil einer offenen ***Aula***, die nach der Form der korinthischen Kapitelle aus dem späten 1. Jh. n. Chr. stammt und um 500 renoviert wurde.

Die Deutung dieser Halle und eines anschließenden hohen Tuffquaderplateaus ist umstritten: Sieht man in den Tuffquadern das Podium eines Tempels der Ceres, des Liber und der Libera *(sie entsprechen etwa den griechischen Gottheiten Demeter, Dionysos und Kore), so könnte sich die Aula als Sitz der spätantiken staatlichen Lebensmittelversorgung, der* Annona, *erweisen. Die jüngere Forschung plädiert für eine Deutung des monumentalen Plateaus als*

S. Maria in Cosmedin. Inneres

Ara maxima, jenen großen Herakles-Altar, der zu den ältesten Heiligtümern des antiken Rom gehörte; bei der Aula könnte es sich um einen Annex handeln, möglicherweise um den in den antiken Quellen genannten Aufbewahrungsort von Herakles-Reliquien.
In der 2. Hälfte des 6. Jh. dürfte die christliche Gemeinde in dem antiken Sakralkomplex eine Diakonie eingerichtet und die Aula durch Vermauerung der Säulen zu einem (bereits 3schiffigen?) Kirchengebäude umgestaltet haben. Die entscheidende Ausbauphase erfolgte dann (772–780) unter Papst Hadrian I. zur Zeit des Bilderverbots im oströmischen Reich. Die Gegner der 731 von Byzanz aus der Kirche ausgeschlossenen Ikonoklasten fanden seither als Flüchtlinge Aufnahme in Rom; so wuchs die griechische Gemeinde des Stadtviertels und mag eine Erweiterung der Kirche notwendig geworden sein: Das antike Podium wurde teilweise abgetragen, die Kirche von 17 m auf 35 m verlängert und ein – für die westliche Architektur zukunftweisender – 3-Apsiden-Chorschluß gebaut. Vor der Fassade entstand ein Narthex, dessen Obergeschoß vermutlich 2 (allein für Frauen bestimmte?) Emporen über den Seitenschiffen verband. In die Tuffquader des Podiums tiefte man eine 3schiffige Krypta ein, die ein kleines Querhaus (nach dem Vorbild von Alt St. Peter?) erhielt. Um 1120 veranlaßte der päpstliche Kämmerer Alfanus (s. sein Grabmal im Narthex), daß das Mittelschiff die mit Pfeilern alternierenden Gruppen von je 3 Säulen bekam, und stiftete die ungewöhnliche Ausstattung mit Marmorarbeiten und 48 Wandbildern. Ebenfalls im 12. Jh. entstand der vorzüglich schöne Campanile. 1894–99 und 1925 wurde das im Barock veränderte Gotteshaus in den Zustand des 12. Jh. zurückversetzt.

Vor der linken Wand des Narthex steht eine Art Schwörstein, die ***»Bocca della verità«*** (»Mund der Wahrheit«), eine antike Tritonenmaske mit offenem Mund, von der der Volksglaube behauptet, sie halte die Schwurhand eines jeden fest, der einen Meineid leiste. Rechts vom Eingang das *Grabmal des Kämmerers Alfanus* (1123). – Im Obergeschoß eine gute Sammlung von Architekturfragmenten u. a.

Das Innere der 3schiffigen Basilika wird von dem breiten und hohen Mittelschiff beherrscht. Dreimal 3 antike Säulen mit z. T. im 12. Jh. neugefertigten Kapitellen tragen jeweils im Wechsel mit einem breiten Pfeiler die rundbogigen Arkaden; dieser dem Umbau des 12. Jh. zu verdankende Stützenwechsel gleicht deutschen Baugepflogenheiten. Eine Reihe kleiner Rundbogenfenster läuft an der Hochwand unmittelbar unter der flachen Decke entlang. Die ungewöhnlich breite, geschlossene Wandfläche zwischen Arkaden und Hochschiff-Fenstern stützt die Meinung, daß der Bau vor 1120 Emporen hatte. Kardinal Caetani, Neffe des Papstes Bonifaz VIII. und Stifter des Hochaltarziboriums, ließ anläßlich des Hl. Jahres 1300 ein Rosenfenster in der Fassade und Apsisfenster mit Biforien einfügen.

Zur prachtvollen, ungewöhnlich vollständig ● erhaltenen Marmor-Ausstattung zählen der teppichartige *Fußboden*, die *Schola*, die mit Marmorschranken einen Bezirk aus dem Mittelschiff abgrenzt und sich durch einen von Säulen getragenen Architrav vom Altarraum absetzt, die beiden *Marmorambonen* und schließlich der *Bischofsthron* in der Apsis, dessen 2 Löwenköpfe möglicherweise Werke der römischen Antike sind. Im späten 13. Jh. kam der gedrehte *Osterleuchter* hinzu, der den Künstlernamen Pascalis trägt. – Über der antiken Wanne aus rotem Granit, die seit Papst Hadrians I. Zeiten als Reliquienbehälter und Altarunterbau dient, erhebt sich ein gotisches *Ziborium* von 1295, das lt. Inschrift Deodatus Millini arbeitete.

Die Malereien in den 3 Apsiden stammen aus dem 20. Jh. Die Engelschöre am Triumphbogen gehören zu einem Christus-Bild in der Mitte, das zerstört ist (nach Mitte des 9. Jh.). – An den Hochwänden des Mittelschiffs Reste ● von *Wandmalereien*, die zu den bedeutendsten römischen Werken der 1. Hälfte des 12. Jh. gehören. An der rechten Wand waren 12 Szenen aus dem Buch Daniel (dieser Prophet ist wahrscheinlich im Medaillon nahe der Eingangswand dargestellt) mit der Charakterisierung des Königs Nebukadnezar (die Jünglinge im Feuerofen u. a.) dargestellt. Dazu auf der linken Wand als Antityp Karl d. Gr. ebenso in 12 Szenen. Von diesem Zyklus sind noch 9 Szenen zu erkennen (vom Triumphbogen zum Eingang hin): Akklamation des Kaisers beim Auszug aus St. Peter, die Sachsenschlacht von Verden, die Bekehrung der Sachsen, der Auftrag Gottes für den Kreuzzug gegen die Mauren und die Befreiung von Santiago de Compostela, der Fall Pamplonas, die Zerstörung des Mohammed-Bildes, die Geschenke des Kalifen Harun al-Raschid, der Tod Karls d. Gr., Karl d. Gr. vor Christus seinem Richter. Papst Calixtus II., der die Kirche 1123 weihte, ein gebürtiger Franzose und enger Vertrauter der kapetingischen Könige, sah in Karl d. Gr. einen französischen Helden und betrieb erfolglos dessen Heiligsprechung; zugleich verstand man den Frankenkönig als erfolgreichen Vorkämpfer der Reconquista, der Wiedereroberung Spaniens von den Moslems. – Unter dem Karls-Zyklus sind Szenen des Marienlebens, unter den Nebukadnezar-Bildern 2 Wunderheilungen Christi und sein Einzug in Jerusalem z. T. noch erkennbar.

In der Sakristei eine zu Beginn des 8. Jh. für Alt St. Peter im Auftrag des Papstes Johannes VII. angefertigte *Mosaikikone.*

S. Maria in Domnica (»**La Navicella**«; Via della Navicella 10) L1

Die von Papst Paschalis I. (817–824) gebaute Kirche erhielt ihren Beinamen nach der **Fontana della Navicella** *davor mit ihrem kleinen Marmorschiff (als Besitzzeichen?), das Leo X. 1513/14 erneuern ließ. Als Kardinal Giovanni de' Medici hatte er 1489–92 und 1513 die Kirche restaurieren, die Hochschiffwände erhöhen und die Vorhalle errichten lassen. 1820–24 und 1935 (Apsismosaiken) erfolgten weitere Restaurierungen.*

Das Äußere wird von der Vorhalle bestimmt, einer vorzüglichen Hochrenaissancearchitektur, als deren Urheber man früher Raffael ansah, die jedoch eher von Andrea Sansovino stammen dürfte, dem Bauleiter der Restaurierung. – Das Innere der 3schiffigen Säulenbasilika mit Kassettendecke (1566) läßt in den breiten Proportionen des Mittelschiffs und in der niedrigen Apsis, die gegen das Langhaus durch eine hohe Triumphbogenwand abgesetzt ist, die frühmittelalterliche Baugesinnung noch erkennen. Ungewöhnlich schmal sind dagegen die Seitenschiffe.

Von der karolingischen Ausstattung des harmonischen Raumes haben sich die *Mosaiken* ● am Triumphbogen und in der Apsis erhalten. In der Mitte des Triumphbogens thront Christus in der Mandelglorie zwischen 2 Erzengeln und den 12 Aposteln (vgl. das Mosaik von S. Agata dei Goti); in den Zwickeln Moses und Elias. Die Apsishalbkuppel zeigt eine großartige Verherrlichung der thronenden Muttergottes, zu deren Füßen der Stifter Paschalis I. kniet, um ihre Füße zu küssen. Den Thron umdrängen weißgewandete Engel. Das Paradies deuten rote Anemonen und weiße Lilien auf einer Wiese an. Hier tritt in das Repertoire christlicher Bildzeichen das Motiv der Gottesmutter, deren Feste seit dem 7. Jh. auch im Westreich gefeiert wurden. Es rückt neben die Präsentation Christi als Weltherrscher oder Spender der Gesetze (→ S. Cecilia in Trastevere, → S. Prassede). – Im unteren Teil der Apsis Fresken von Lazzaro Baldi (Johannes d. T. und Johannes Ev.). – Die Grisailledekoration am Obergaden malte Perin del Vaga, vielleicht nach Entwurf Giulio Romanos.

I7 **S. Maria di Loreto** (Largo del Foro Traiano / Piazza Madonna di Loreto)

Der kleine Bau am Trajans-Forum, der der Bruderschaft der Bäcker gehörte, wurde 1522, wahrscheinlich nach einem Plan von Antonio da Sangallo d. J., begonnen. Kirchturm und Kuppel mit der manieristisch-phantastischen Laterne, in der Elemente seines Lehrers Michelangelo erkennbar sind, baute erst 1565–73 Giacomo del Duca.

Doppelpilaster gliedern jede Seite des kastenartigen Untergeschosses in 3 Felder mit Portal (oder Mittelnische) und 2 Seitennischen. Diesem im Umriß quadratischen Erdgeschoß ist das Achteck des Kuppeltambours samt -schale auf- und entgegengesetzt; Krönung des Ganzen ist die etwas überproportioniert wirkende Laterne. – Die Skulptur über dem Portal, eine *Madonna mit Kind und dem Haus von Loreto*, wird Andrea Sansovino zugeschrieben.

Im Inneren, einem 8eckigen Kuppelraum mit 4 Kapellen und Chor, gehen die Formen von der Geschlossenheit des Sockels zur lichten, wohlproportionierten Höhe der lichterfüllten, flacher als außen gewölbten und erst im 19. Jh. ausgemalten Kuppel über. Die Übereinstimmung zwischen den Grundrissen der 4 das Oktogon bildenden Eckstützen, mit großer Innen- und 2 kleinen Außennischen, und den Vierungspfeilern in St. Peter ließ früher an Bramante als Planautor denken. – Das Gewölbe der Chorkapelle schmückt eine schöne Renaissance-Kassettierung. An ihren Wänden stehen 6 große Statuen in Nischen. Die der *Hl. Susanna* (2. von links) ist ein Meisterwerk (um 1630–33) des flämischen Klassizisten François Duquesnoy, der einen unpathetischen Stil, wie Poussin in der Malerei, gegen den vorherrschenden römischen Barock vertrat. Man vergleiche seine Figur mit der Hl. Cäcilie von Giuliano Finelli rechts (1629/30). Das Altarbild mit der Loreto-Madonna stammt aus der Schule Peruginos. ●

S. Maria di Loreto. Fassade

S. Maria Maddalena (**Maddalena**; Via delle Colonnelle / Piazza della Maddalena 53) G5

1673 wurde der Bau nach Plänen Carlo Fontanas begonnen, 1690 unter der Leitung von G. A. de' Rossi fortgesetzt und nach dessen Tod (1695) von Carlo Quadri zu Ende geführt. Die Vollendung der Ausstattung zog sich bis 1735 hin. Erst 1734/35 wurde die Fassade (von G. Sardi?) errichtet.

S. Maria Maddalena. Fassade

Die Gliederung der 2geschossigen Fassade setzt lediglich in der Umrahmung des Mittelportals mit Kolossalsäulen und Dreiecksgiebel kräftige plastische Akzente; im übrigen wird die außerordentliche Dynamik der Architektur durch die konkave Schwingung der gesamten Wand erreicht, deren Wirkung der konvexe Schwung des Treppenpodestes noch steigert. Die bewegten Figuren und das zierliche Kurvenspiel der Ornamente gehören bereits dem Rokoko an.

Das Innere der durch flache Seitenkapellen erweiterten 1schiffigen Kirche veranschaulicht die Prinzipien des Spätbarock. Der Raum zeichnet sich durch Leichtigkeit und Grazie aus. Seine prächtige Ausstattung bilden Malereien und Skulpturen des Rokoko. Die *»Auferweckung des Lazarus«* im Fresko an der Decke schuf 1732 M. A. Cerruti. É. Parrocel hat die Kuppel ausgemalt. – Die Kapelle rechts neben dem Altar bewahrt ein schönes Standbild der *Hl. Magdalena* (15. Jh.). Das Altarbild ist ein *Nikolaus*-Gemälde des Baciccia, 1698. – Auf dem Altar der 2. Kapelle links der *Hl. Lorenzo Giustiniani* von Luca Giordano (1704). – Ein Glanzwerk des Rokoko schließt optisch die Eingangsseite: der große *Prospekt der Orgel* des Deutschen Johann Konrad Werle (1735).

Die ***Sakristei*** – links neben dem Hochaltar – entwarf 1738–41 C. Marchionni. Mobiliar und Dekoration machen in ihrer Einheit den Raum zu einem hervorragenden Beispiel des Rokoko.

Der zugehörige **Konventbau** der Camillianer, eines Krankenpflegeordens, entstand 1680 bis 1684.

● **S. Maria Maggiore** (Piazza S. Maria Maggio-
16 re/Piazza dell'Esquilino; Farbabb. 4)

S. Maria Maggiore gehört zu den bedeutendsten Kirchen der katholischen Christenheit. Unter den 7 Hauptkirchen Roms ist diese zugleich eine der 5 päpstlichen Patriarchalbasiliken, der Basilicae maiores (neben S. Giovanni in Laterano, S. Pietro in Vaticano, S. Paolo fuori le Mura und S. Lorenzo fuori le Mura). Sie gehört exterritorial zum Vatikanstaat.

Die Basilika bildet das Zentrum einer noch heute das Stadtbild Roms prägenden urbanistischen Neugestaltung durch Sixtus V. (1585–90); von ihr gehen sternförmig u. a. die Straßen Via Sistina (Via Depretis), Via Carlo Alberto, Via Merulana und Via S. Maria Maggiore aus: Der Kult der Madonna sollte die Verehrung des Apostelfürsten sichtbar überstrahlen. Trotz zahlreicher Um- und Anbauten blieb der Eindruck wenigstens des ursprünglichen Innenraumes aus frühchristlicher Zeit erhalten, zu dem vor allem die Ausstattung mit Mosaiken beiträgt.

Der Legende nach verdankt die Basilika S. Maria Maggiore ihre Entstehung einem Wunder: Die Gottesmutter erschien in der Nacht zum 5. August 352 (oder 363) dem Papst Liberius und dem Patrizier Johannes im Traum und trug ihnen auf, über jenem Hügel Roms, auf dem am nächsten Morgen Schnee liegen würde, ihr zu Ehren eine Kirche zu bauen. Auf dem Esquilin fanden sie wirklich mitten im Sommer ein Schneefeld in Form eines Basilika-Grundrisses und begannen dort zu bauen. (Daher auch der Beiname **S. Maria della Neve**, *»Maria Schnee«).*

Ein Kirchenbau des Papstes Liberius stand wohl an einer nicht lokalisierbaren Stelle auf dem Esquilin. Nach jüngsten architekturgeschichtlichen Untersuchungen entstand S. Maria Maggiore indessen erst im 5. Jh.; sie wurde von Papst Sixtus III. 432, unmittelbar nach der römischen Synode von 430 und dem Konzil von Ephesus (431), gegründet, zwei Versammlungen, auf denen die grundlegende Entscheidung über den Glauben an die göttliche Natur Christi getroffen und die Bezeichnung »theotokos« (»Gottesgebärerin«) für Maria für rechtmäßig erklärt wurde. Damit begann auch in der westlichen Christenheit die in der Ostkirche lange schon gepflegte Marienverehrung; S. Maria Maggiore gilt als die erste Marienkirche im Westen. Zugleich wuchs der Machtanspruch des Bischofs von Rom gegenüber den Patriarchen von Konstantinopel und Antiochia; es ist deshalb nicht verwunderlich, daß seine Konzeption auf die imperialen Basiliken der konstantinischen Ära zurückgriff. Mit dieser Gründung und der Ausbreitung der Marienverehrung bot sich dem Papst auch die Möglichkeit, die da und dort noch verehrten paganen Muttergottheiten wie Isis oder Kybele (die an der Stelle der Kirche einen Tempel hatte, wie die christliche Legende behauptet) zu verdrängen. Nachweislich lag nur knapp 300 m von S. Maria Maggiore entfernt der Tempel der als Geburtshelferin angerufenen Juno Lucina.

Unter Papst Eugen III. (1145–53) wurde vor der östlichen Fassade eine 1stöckige neue Vorhalle errichtet und gleichzeitig der Marmorfußboden des Langhauses in Opus alexandrinum angelegt.

Papst Nikolaus IV. (1288–92) ließ im Westen ein schmales Querhaus einfügen und eine neue Apsis errichten, die von Jacopo Torriti 1292–95 mit Mo-

saiken geschmückt wurde. – 1294–1308 schuf Filippo Rusuti die Fassadenmosaiken.
1377 wurde der Glockenturm neu errichtet (Erhöhung und Abschluß 1503–13).
Papst Alexander VI. Borgia stiftete die 1493–98 ausgeführte Kassettendecke, die Giuliano da Sangallo, laut Vasari, entworfen hat.
1564–73 errichtete Giacomo della Porta, vielleicht nach Plänen Michelangelos, die Cappella Sforza am linken Seitenschiff. 1550 bereits war die Cappella Cesi als erster Anbau dieser Art entstanden. – 1584–90 kam am rechten Seitenschiff die Cappella Sistina von Domenico Fontana hinzu. – 1587 wurde auf Anordnung von Sixtus V. der Obelisk vom Mausoleum des Augustus auf dem Platz vor der Chorfassade aufgestellt. – Die Neugestaltung des Obergadens im Mittelschiff mit Gemälden aus dem Marienleben erfolgte 1593 unter Kardinal Pinelli. Dabei wurde die Stuckplastik aus der Gründungszeit beseitigt oder erneuert.
1605 wurde am rechten Seitenschiff von Flaminio Ponzio das Baptisterium angebaut, 1605–13 links die Cappella Paolina errichtet und ausgestattet, auf Geheiß des Papstes Paul V. (1605–21), der 1613 durch Carlo Maderno die Cipollinosäule aus der Maxentius-Basilika auf dem Platz vor der Hauptfassade aufstellen ließ. – 1670–73 erfolgte durch Carlo Rainaldi die spätbarocke Ummantelung der Apsis und die Anlage der sie umgebenden Freitreppe.
1741–43 errichtete Ferdinando Fuga die Vorhalle der Fassade mit der Segensloggia des Papstes. 1743–50 wurde der Innenraum im Sinne einer einheitlichen barocken Gesamterscheinung neu gestaltet.
Im 20. Jh. wurden die Mosaiken kunstgeschichtlich und technisch untersucht und von späteren Zutaten befreit.

Äußeres. Den frühchristlichen Baukörper umgeben heute die Erweiterungen des 16. bis 18. Jh. Als Carlo Rainaldi 1670 mit dem Bau der [1]***Chorfassade*** begann, stand auf dem Platz (Piazza dell'Esquilino) bereits der in Rom gefertigte **Obelisk vom Mausoleum des Augustus**, den Sixtus V. 1587 bei seiner Lieblingskirche hatte wiederaufstellen lassen. Aus dem Kirchengebäude des 5. Jh. traten seitlich die Querhausarme des 13. Jh. und die Kapellen der Päpste Sixtus V. und Paul V. in ihren barocken Formen hervor. Rainaldi hatte von der einen zur anderen Kapelle eine Schauwand zu errichten, die das alte Bauwerk verdeckte. Zugleich sollte eine Freitreppe angemessen zwischen dem Platz und der erhöhten Chorfassade vermitteln. Über 3 Podeste steigt diese große Freitreppe von 3 Seiten zu der Fassade empor, die einem barocken Palast vergleichbar gegliedert ist. 2 Stockwerke werden durch breite Pilaster und ein starkes horizontales Abschlußgesims zusammengefaßt. In der Mitte tritt als kräftiger plastischer Akzent die Apsis mit figurengekrönter Balustrade vor. Das an den Seiten zurücktretende Attikageschoß, und damit die ganze Front, wird ebenfalls von einer luftigen Balustrade abgeschlossen. Die beiden Kuppeln über den Kapellen Sixtus' V. und Pauls V. stellen der außerordentlichen Breitenausdehnung dieser zugleich von Strenge und barocker Fülle geprägten Schauseite die ausgleichenden Vertikalakzente entgegen.
Ferdinando Fuga, der 1741 im Auftrag Benedikts XIV. den Bau der [2]***Hauptfassade*** begann, hatte ebenfalls die in Jahrhunderten geschaffene Situation in Rechnung zu ziehen: An der rechten Seite fand er ein palastartiges Gebäude, ein Werk Flaminio Ponzios von 1605, vor; in der Mitte, über einer 1stöckigen Vorhalle, das *Mosaik,* in dem Filippo Rusuti 1294 –1308 u. a. die Gründungslegende vom Maria-Schnee-Wunder dargestellt hat (heute über Eingang Via Liberiana 27 zu erreichen; stark restauriert); links der Vorhalle einen noch nicht ganz vollendeten Eckbau von Simone Costanzi, der dem vorhandenen Anbau Ponzios spiegelbildlich entspricht. Fuga gab nun der [3]Vorhalle 5 Eingänge, von denen die beiden äußeren und der mittlere durch monumentale Säulenädikulen betont sind. Der wellenförmig bewegte Wechsel von Giebel – geradem Architrav – Segmentgiebel überspielt die horizontale Teilung zwischen Unter- und Obergeschoß und verbindet die Vorhalle mit der darüber in 3 Rundbogen sich öffnenden Loggia, deren durch Plastizität der Gliederung, abschließenden Giebel und bekrönende Statue hervorgehobene Mitte als Benediktionsloggia dient. Den oberen Abschluß bildet eine Balustrade, die aber wiederum nicht als strenge Horizontale in Erscheinung tritt, sondern durch den Mittelgiebel und die Standbilder (die Madonna zwischen 4 hll. Päpsten) aufgelockert wird. So erreichte Fuga einen reizvollen Kontrast zwischen den gelagerten, massiven Eckbauten und der luftigen, das Emporstreben betonenden Mittelpartie.
Hinter dieser barocken Schauwand erhebt sich der [6]***Campanile***, der 1377 unter Verwen-

S. Maria Maggiore. Haupt(Ost)fassade

dung alter Bauteile und in Anlehnung an romanische Vorbilder neu erbaut wurde, der letzte und mit 75 m höchste der romanischen Türme Roms. – In dieses malerische Ensemble fügt sich die 14,3 m hohe (korinthische) **Mariensäule** ein. Sie ist die einzige noch erhaltene der 8 Cipollinosäulen aus der Basilika des Maxentius auf dem Forum Romanum und wurde 1613 unter Paul V. durch Carlo Maderno hierher versetzt. Mit der bekrönenden Marienstatue von Guillaume Berthélot und dem Sockel erreicht sie eine Gesamthöhe von über 42 m.

Wie die Formation im Innern zeigt, setzt die 3schiffige Basilika die Reihe der Longitudinalbauten Konstantins fort, wobei 2 Reihen von jeweils 20 Säulen und geraden Architraven ein breites Mittelschiff von schmalen Seitenschiffen trennen. Da ein Querhaus bis zum Ende des 13. Jh., als auch die alte Apsisstirnwand zum Triumphbogen gemacht wurde, fehlte, hatte der Raum von 86,5 m Länge einen erheblichen Tiefensog, der durchaus noch erlebbar ist. Als Beeinträchtigung dieses Eindrucks mag lediglich der **9**Altarbaldachin Fugas empfunden werden, dessen Maße nicht an den Proportionen des Raumes orientiert sind (1750). Die Seitenschiffe waren ursprünglich ungewölbt und wie heute ohne Fenster. Dagegen reihten die Hochwände des Mittelschiffs Fenster an Fenster, bis bei der Restaurierung 1593 jedes zweite Fenster zugemauert wurde. Den Raum schließt die schöne *Kassettendecke* von Giuliano da Sangallo, die mit dem ersten Gold, das aus Amerika nach Europa kam, gefaßt worden sein soll (1493–98).

Dem 5. Jh. und der Umbauphase unter Nikolaus IV. werden die höchst bedeutenden ***Mosaiken*** an den Längswänden des Mittelschiffs, am Triumphbogen und in der Apsis verdankt. Die Widmungsinschrift des Papstes Sixtus III. (432–440) am Triumphbogen gibt einen Hin- ●

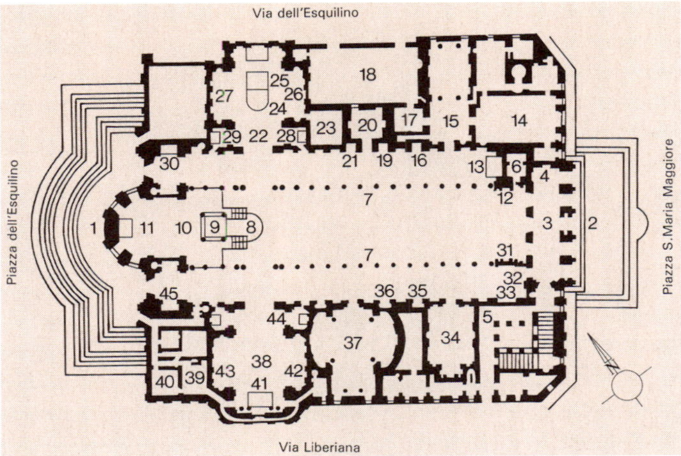

S. Maria Maggiore. Grundriß

1 Chorfassade, Freitreppe (auf dem Platz Obelisk)
2 Hauptfassade, Loggia (auf dem Platz Mariensäule)
3 Vorhalle
4 Statue Philipps IV. von Spanien
5 Zugang zur Benediktionsloggia
6 Campanile
7 Mittelschiff, Mosaiken des Alten Bundes
8 Confessio
9 Hochaltar
10 Triumphbogen, Mosaiken des Neuen Bundes
11 Apsis, »Marienkrönung« u. a. Mosaiken
12 Grabmal Papst Clemens' IX.
13 Cappella Patrizi
14 Sakristei
15 Baptisterium
16 Altar der Hl. Familie
17 Cappella SS. Michele e Pietro
18 Hof
19 Altar des hl. Niccolò Albergati
20 Cappella delle Reliquie
21 Altar der »Verkündigung«
22 Cappella Sistina
23 Sakristei der Cappella Sistina
24 Sakramentstabernakel
25 Krippenkapelle
26 Grabmal Papst Sixtus' V.
27 Grabmal Papst Pius' V.
28 Altar der hl. Lucia
29 Altar des hl. Hieronymus
30 Grabmal Kardinal C. Rodriguez'
31 Grabmal Papst Nikolaus' IV.
32 Gräber der Kardinäle de Levi
33 Grabmal Kardinal A. Favoritis
34 Cappella Cesi
35 Altar des hl. Leo d. Gr.
36 Altar des hl. Franz von Assisi
37 Cappella Sforza
38 Cappella Paolina
39 Sakristei der Cappella Paolina
40 Kapitelsaal der Cappella Paolina
41 Altar mit Madonnenbild »Salus Populi Romani«
42 Grabmal Papst Pauls V.
43 Grabmal Papst Clemens' VIII.
44 Altar der hl. Francesca Romana
45 Grabmal C. Merlinis

weis für die Deutung des frühchristlichen Bildprogramms: »Xystus Episcopus plebi Dei« (»Bischof Sixtus für das Volk Gottes«). Die Geschichte des Volkes Gottes, gipfelnd in der Epiphanie Christi und im Nachvollzug in der Eucharistiefeier am Altar unter dem ursprünglichen Apsisbogen, heute dem Triumphbogen, stellt danach die übergreifende Thematik dar. Wahrscheinlich war in der Apsiswölbung Maria als Gottesmutter dargestellt.

Die linke Wand des [7]Mittelschiffs zeigt in ehemals 21 Mosaikfeldern Ereignisse aus dem Leben Abrahams, Isaaks und Jakobs, während auf der rechten Längswand Moses- und Josua-Szenen zu sehen sind. Die Vorbilder für die Bildkompositionen lieferten illustrierte Handschriften, erzählende Friese antiker Monumente und Sarkophagreliefs. – Ausgehend von der Bitte Melchisedeks um Jahwes Segen für Abraham (1. Feld, beim Triumphbogen), ist links das Wachsen des auserwählten Volkes geschildert (2. Feld: Erscheinung der 3 Engel bei Abraham; 3. Feld: Anwachsen der Herden Abrahams und Lots; 9. Feld: Rahel und Jakob; 15. Feld: Jakob und Esau), wobei den Stammmüttern Sarah, Rebekka, Rahel und Lea besondere Aufmerksamkeit gewidmet ist. – Gegenüber, rechts, werden der Sieg der Israeliten und die Erfüllung der Verheißung Jahwes gefeiert (2. Feld vom Triumphbogen aus: Die Tochter des Pharao adoptiert Moses; 4. Feld: Moses und Aaron; 7. Feld: Auszug und Un-

S. Maria Maggiore. Inneres

tergang des Pharao; 10. Feld: Amalekiterschlacht; 15. Feld: Der Fall Jerichos; 17. Feld: Sieg über die Amoriter; 19. Feld: Josua und die 5 gefangenen Könige).

Die barocken *Fresken* (von G. B. Ricci, B. Croce und anderen, 1593) über den Mittelschiffmosaiken bezeichnen Stationen aus dem Christus- und dem Marienleben.

Die Erfüllung des Alten Bundes in den Mosaikzyklen des Langhauses bildet das Präludium zu den Mosaiken am [10]Triumphbogen, dem ehem. Apsisbogen, die dem Neuen Bund gewidmet sind: Szenen aus der Kindheit Christi werden mit Darstellungen seiner Wiederkunft nach der Offenbarung des Johannes kombiniert. In der Mitte die Hetoimasia, der leere Thron, ihm zu seiten Petrus und Paulus sowie die 4 Apokalyptischen Wesen (Evangelistensymbole). Im obersten der 4 Streifen links die Verkündigung, Joseph und die Engel, rechts die Darbringung im Tempel, Josephs Traum. – Im 2. Streifen die Huldigung der 3 Könige, rechts eine ungewöhnliche Szene: Aphrodisios, der legendäre Herrscher der ägyptischen Stadt Sotine, zieht in der Kleidung eines Kaisers des 4. Jh. der nach Ägypten fliehenden Hl. Familie entgegen und betet Christus an. Die Götzenbilder stürzen dabei von ihren Sockeln. – Im 3. Streifen der Kindermord in Bethlehem und die 3 Könige bei

Herodes und seinen Gelehrten, im 4. Jerusalem und Bethlehem.

Jacopo Torritis Mosaik in der neu errichteten [11]Apsis wandelt das ältere Thema der Theotokos, der Gottesmutter, entsprechend der hochmittelalterlichen Vorstellung der Madonna als Himmelskönigin in die Darstellung der Marienkrönung um. Die wachsende Bedeutung des Franziskanerordens wird ersichtlich im Bild des hl. Franz von Assisi neben Petrus und Paulus (linke Seite) sowie des hl. Antonius von Padua neben Johannes d. T. und Jakobus (rechts). Die knienden Stifter sind Nikolaus IV., der erste Franziskaner auf dem päpstlichen Thron, und der Kardinal Jacopo Colonna. Da Maria seit den Kirchenvätern symbolisch mit der Kirche gleichgesetzt wird, lassen sich die Mosaiken der Apsis und des Triumphbogens zusammen als die Vereinigung Christi mit seiner Kirche am Ende der Zeiten lesen. Die antikisierenden Motive des fruchtbaren Jordan-Ufers und die wuchernden Rankenpflanzen unterstreichen die Vision eines endzeitlichen Paradieses. – Unter der Apsiswölbung befinden sich Darstellungen aus dem Marienleben: Verkündigung, Geburt Christi, Tod der Gottesmutter, Anbetung der Könige, Darbringung im Tempel.

Am rechten Seitenschiff liegt das 1605 von Flaminio Ponzio erbaute, 1825 von G. Valadier z. T. neugestaltete [15]***Baptisterium*** mit dem Altarrelief der *»Himmelfahrt Mariä«,* das Pietro Bernini, der Vater Lorenzos, schuf (1606–11), und Fresken von Passignano. – Die [17]***Cappella SS. Michele e Pietro*** erhielt im Gewölbe um die Mitte des 15. Jh. monumentale Evangelistengestalten von Lorenzo da Viterbo oder seiner Schule. – Im benachbarten [18]Hof steht ein *Gedenkkreuz* (Schaft in der Form einer Kanone), das an die Konversion Heinrichs IV. von Frankreich erinnert (1595). – Es schließt sich die 1750 von Fuga erbaute [20]***Cappella delle Reliquie*** an, die durch 10 Porphyrsäulen ausgezeichnet ist.

Der größte Anbau dieser Seite ist die [22]***Cappella Sistina***, benannt nach ihrem Stifter Kardinal Peretti, dem späteren Papst Sixtus V. Architekt war Domenico Fontana, 1584–90. Für die seit dem 7. Jh. in S. Maria Maggiore verehrte »Krippe von Bethlehem« hatte bereits Arnolfo di Cambio um 1289 ein Oratorium erbaut, dessen genauer Standort nicht mehr bekannt ist. In einer kleinen unterirdischen [25]Krippenkapelle werden diese Reliquien bewahrt; hier befinden sich auch die Reste der Anlage Arnolfo di Cambios, u. a. Altartisch, Mosaikfußboden und die *Skulpturen der Hll. 3 Könige, des Joseph und von Ochs und Esel,* während die Madonna aus dem 16. Jh. stammt. Darüber erhebt sich ein [24]Sakramentshäuschen aus Bronze, da die Kapelle zugleich als Sakramentskapelle dienen sollte. Ihre dritte Zweckbestimmung schließlich war, eine würdige Grabstätte für Sixtus V. und Pius V. zu sein. Eine Gruppe manieristischer Künstler malte die Kapelle reich aus. – Beherrscht wird der Raum jedoch von den beiden *Papst-Grabmälern.* Fontana läßt [27]*Pius V.* als großen Kirchenlehrer (Sitzfigur von Leonardo Sormani) in einer 2stöckigen, säulengeschmückten Schauwand thronen. Kleinteilige Reliefs in feiner Meißelarbeit von Silla Longhi da Viggiù und Gillis van den Vliete (Egidio »Fiammingo« della Riviera) aus Mecheln erinnern an Ereignisse aus dem Leben des Papstes (Schlacht von Lepanto, Sieg über die Hugenotten, Papstkrönung). Es entstand eine große Ruhmeswand, ein Versuch, mit künstlerischen Mitteln die Vergänglichkeit des Lebens zu überwinden. Einen völlig anderen Denkmaltyp wählte sich der Bauherr [26]*Sixtus V.*: Kniend und barhäuptig dem Sakramentshaus und der Krippe zugewandt, ist er ins Gebet versunken (Figur von Valsoldo). Die Reliefs schufen Nicolas Mostaert (Niccolò Pippi) aus Arras und van den Vliete mit Valsoldo.

An der Außenwand des rechten Seitenschiffs, nahe dem rückwärtigen Ausgang, das [30]*Grabmal des spanischen Kardinals Consalvo Rodriguez* († 1299) von Giovanni Cosma.

Auf der gegenüberliegenden Seite des Langhauses öffnet sich die 1613 vollendete [38]***Cappella Paolina***, die Paul V. Borghese nach dem Vorbild der Cappella Sistina für die Angehörigen seines Hauses durch Flaminio Ponzio errichten ließ. Gemeißelte, stuckierte und von Reni, Lanfranco, G. Baglione u. a. gemalte Figuren umgeben den Raum, dessen Zentrum der goldene Schrein des [41]Prunkaltars mit dem verehrtesten der Madonnenbilder Roms ist: *»Salus Populi Romani«*; der Legende nach vom hl. Lukas gemalt, stammt es tatsächlich aus dem 8./9. Jh. – Die Grabmäler sind auf

S. Maria Maggiore. Apsismosaiken

das Gnadenbild hin orientiert. Das von F. Ponzio entworfene [42]*Monument für Paul V.* (links) enthält eine Statue des Papstes von Silla da Viggiù. Auch das [43]*Grabmal Clemens' VIII.* ist ein Werk Ponzios mit einem Standbild von Silla da Viggiù; unter den 5 Reliefs mit Szenen aus dem Pontifikat des Papstes befinden sich Arbeiten von Pietro Bernini. In den Reliefs der Denkmäler feiert die weltliche Macht der Päpste ihren Triumph. Das Richteramt und die politischen Taten werden detailfreudig geschildert.

Die 2. Kapelle am linken Seitenschiff, die [37]***Cappella Sforza***, erbaute Giacomo della Porta 1564–73, vielleicht nach Plänen Michelangelos. Auf dem Altar eine »Himmelfahrt Mariä«, darüber, im Fresko, die »Marienkrönung«, beides von Sermoneta. – Es folgt die [34]***Cappella Cesi*** von Martino Longhi d. Ä. oder Guidetto Guidetti, um 1550, mit Bildern von G. B. Ricci und Sermoneta (Altarbild: »Enthauptung der hl. Katharina«). An den Seiten 2 Gräber für Angehörige der Familie Cesi von Guglielmo della Porta.

Nahe der Eingangswand des Mittelschiffs steht rechts das von C. Rainaldi entworfene [12]*Grabmal Papst Clemens' IX.*, 1671. Das Standbild des Papstes stammt von Domenico Guidi, die Personifikation des Glaubens von Cosimo Fancelli, die der Caritas von Ercole Ferrata. – Formal das Vorbild war gegenüber das [31]*Grabmal für Papst Nikolaus IV.* († 1292), das Alessandro Cioli 1574 entwarf, mit den Statuen des Papstes, der Justitia und der Veritas von Leonardo Sormani.

S. Maria sopra Minerva. Inneres

GH6 **S. Maria sopra Minerva** (Piazza della Minerva)

Die Kirche, vor allem berühmt für Teile ihrer künstlerischen Ausstattung, steht in einem Zentrum des antiken Rom, zwischen Pantheon, Hadrians- und Isis-Tempel, auf dem Gelände der Saepta Iulia, jenes monumentalen, für die Wahlen der römischen Republik geschaffenen Platzes, der seit Augustus als Markt und zur Ausstellung von Kunstwerken diente.

Die falsche Annahme, die Kirche sei über einem Minerva-Tempel errichtet worden, gab ihr den Beinamen »sopra Minerva«; eine Aedicula Minervae lag etwa 200 m weiter östlich. Der Bau der Dominikanerkirche entstand ab 1280, etwa gleichzeitig mit der Ordenskirche S. Maria Novella in Florenz; möglicherweise waren dieselben Architekten an beiden Bauten tätig. Der Orden besaß zwar in Rom seit 1222 die Basilika → S. Sabina, die jedoch wegen ihrer Lage auf dem verödeten Aventin der Aufgabe der Dominikaner, Seelsorge für einen großen Bevölkerungskreis zu treiben, nicht dienen konnte.

Die Kirche ist als 3schiffige Pfeilerbasilika errichtet. Im 14. Jh. zog man die Gewölbe des Querhauses ein, um 1450 die des Mittelschiffs als die ersten derartig weit gespannten Kreuzgratgewölbe in Rom seit denen der → Maxentius-Basilika. Diese Raumform erfüllte die Funktion einer Predigerkirche zur Aufnahme großer Massen. Der vielgerühmte »gotische« Eindruck des 1614 von Maderno barockisierten Raumes rührt allerdings in hohem Maße von einer Restaurierung 1848–55 im Sinne der Neugotik her, bei der man die Grate der Gewölbe mit Rippen versah, die Fenster zu Zwölfpässen umbildete und die Pfeiler mit Stuckmarmor verkleidete sowie Vergoldungen, gotisierende Malereien und Glasfenster ausführte. – Die Kapellenanbauten wurden gegen 1540 begonnen.

Ausstattung. Wie Ordenskirchen häufig, dient S. Maria sopra Minerva auch als Grablege; in Kirche und Kapellen finden sich zahlreiche Grabmäler. An der Eingangswand steht links das von Mino da Fiesole geschaffene *Grabmal für Francesco Tornabuoni* († 1480); darüber das des Kardinals *Giacomo Tebaldi* († 1466) von Andrea Bregno (?).
Die 5. Kapelle am rechten Seitenschiff, von Carlo Maderno, bewahrt am Altar eine schöne *»Verkündigung«* von Antoniazzo Romano mit dem Bildnis des Stifters, des Dominikaner-Kardinals Juan de Torquemada (15. Jh.).
Dem 1½jochigen Raum der anschließenden
● ***Cappella Aldobrandini*** gaben Giacomo della Porta und nach dessen Tod (1602) Carlo Maderno und Girolamo Rainaldi Architektur und Marmorausstattung, deren klares Gefüge im Gegensatz zu dem von Cherubino Alberti geschaffenen illusionistischen Deckenbild steht. Die Darstellung des *»Abendmahls«* ist ein Spätwerk (1594) des Federico Barocci. An den Seitenwänden stehen die beiden *Grabmäler für die Eltern von Papst Clemens VIII. Aldobrandini* († 1558 bzw. 1557), deren Skulpturen von dem lothringischen Bildhauer Nicolas Cordier, von Camillo Mariani, Ippolito Buzzi und Stefano Maderno ausgeführt wurden.
In der 7. Kapelle errichtete Andrea Bregno das *Grabmal des spanischen Kardinals Juan de Coca* († 1477). Das Fresko des *»Weltenrichters«* ist neben der »Verkündigung« im Pantheon vielleicht das früheste Werk von Melozzo da Forlì. An der Wand links, gegenüber, das *Grabmal Sopranzi* († 1495) aus der Bregno-Werkstatt.
● Die ***Cappella Carafa*** an der Stirnwand des rechten Querhausarmes ließ sich Kardinal Oliviero Carafa als Grabkapelle erbauen. Seit 1488 arbeitete hier der Florentiner Maler Filippino Lippi, nach Vasari mit seinem Gehilfen Raffaellino del Garbo; am 16. Mai 1493 fand die Weihe statt. Seinen *Fresken* verdankt die Kapelle ihren Ruhm. Anstelle des Bauherrn, des Kardinals Carafa, der seine Ruhestätte in der Krypta des Domes von Neapel fand, diente sie seinem Neffen Papst Paul IV. als Grabstätte. Der prachtvolle, von kannelierten korinthischen Pilastern und einem weit ausladenden Gebälk getragene *Eingangsbogen,* den möglicherweise der Florentiner Giuliano da Maiano entwarf, wird in dem Fresko

S. Maria sopra Minerva. Michelangelo: Christus mit dem Kreuz

der Rückwand aufgenommen, wobei perspektivische Mittel den Raum weit über seine realen Grenzen hinaus auszudehnen scheinen. Dargestellt sind an der rechten Wand Szenen aus dem Leben und die Apotheose des hl. Thomas von Aquin, des großen Dominikanertheologen, als des geistigen Triumphators über Häretiker wie Arius und Manichäus;

Piazza della Minerva. Elefanten-Obelisk

die Allegorien der Wissenschaften zu seinen Seiten. In den Gewölbekappen die 4 Sibyllen, an der Rückwand die Himmelfahrt Mariä, zu deren Füßen das ebenfalls freskierte Altarbild die Verkündigung mit der Gestalt des Kardinals Carafa zeigt. An der linken Seitenwand mußte die Darstellung der Tugenden und Laster dem nach einem Entwurf von Pirro Ligorio um 1560 ausgeführten *Grabmal Pauls IV.* weichen. Die Bedeutung der Fresken liegt in der neuartigen, die Hochrenaissance des frühen 16. Jh. vorbereitenden Vereinheitlichung, die gleichermaßen in Komposition und Farbigkeit anschaulich wird. Im Widerstreit zu diesem Streben nach großer, geschlossener Form steht der erregte Linienstil des liebevoll behandelten Details.
Links von der Carafa-Kapelle das von Giovanni di Cosma (unter dem Totenbett) signierte *Grabmal für Bischof Durandus* († 1296), der das »Rationale divinorum officiorum«, ein wichtiges Buch zur Liturgie, verfaßte. – In der Kapelle nächst dem Chor ein Altarblatt der *»Madonna«,* das Fra Angelico zugeschrieben wird, und an der rechten Wand Andrea Bregnos *Grabmal des Kardinals Capranica* († 1458).
In dem neuen *Hochaltar* ruht in einem Sarkophag des 15. Jh. die um die Rückkehr der Päpste aus Avignon nach Rom höchst verdiente hl. Katharina von Siena (1347–80). – Hinter dem Altar links das *Grabmal für Leo X.,* rechts für *Clemens VII.* von Baccio Bandinelli. Die Statue Leos X. meißelte Nanni di Baccio Bigio, die Clemens' VII. Raffaello da Montelupo. – Im Fußboden u. a. das Grab des Kardinals und berühmten Humanisten Pietro Bembo (1470–1547). – Links des Altars steht der etwas überlebensgroße *»Christus mit dem Kreuz«* von Michelangelo, 1519–21 mit Gehilfen ausgeführt. Christus steht in völliger Nacktheit aufrecht und hält mit beiden Händen das Kreuz und die Marterwerkzeuge (Rohr, Schwamm, Strick) neben sich, den Kopf zur Seite gewandt. In der Statue, die auf Vielansichtigkeit berechnet ist, treten das Idealbild eines antiken Heroen mit dem Gehalt des christlichen Themas, der in der Milde des Ausdrucks anschaulich wird, in einen Widerstreit, der die Würdigung des Werkes zu allen Zeiten erschwert hat. Mit großer Meisterschaft wird der Marmor in jedem Detail zum Leben erweckt, so daß der Maler Sebastiano del Piombo sagen konnte, die Knie dieser Statue seien mehr wert als ganz Rom. – Die Statue Johannes' d. T. auf der rechten Seite des Altars stammt von Giuseppe Obici (1858).
Im linken Nebenchor, der heute als Nebenausgang dient, liegt die Grabstätte des Malers und Dominikanermönchs Fra Angelico da Fiesole (um 1400–55), der nach der Vollendung der Nikolaus-Kapelle im Vatikan hier im Konvent von S. Maria sopra Minerva gestorben ist (auf dem Grabmal falsches Geburtsjahr!). An der rechten Wand das *Grabmal des Kardinals Domenico Pimentel,* nach Entwurf Berninis von seinen Schülern ausgeführt, 1653. Carlo Rainaldi hat das riesige Grabmal an der Rückwand für den *Kardinal Carlo Bonelli* († 1676) entworfen, Giacomo della Porta das des *Kardinals Antonio Michele Bonelli* († 1598) an der linken Wand. – In der kleinen Kapelle links daneben das Rundbogen-*Grab*

● *für Giovanni Arberino* († 1490), dessen Bedeutung die Reliefplatte mit dem *Löwenkampf des Herkules* ausmacht – eine erstrangige attische Marmorarbeit des 5. Jh. v. Chr.
Neben der Kapelle führt ein Durchgang zur ***Sakristei***, an die das mit Fresken von Antoniazzo Romano geschmückte Sterbezimmer der hl. Katharina von Siena anschließt.
An der Stirnwand des linken Querhausarmes öffnet sich die Kapelle des hl. Dominikus mit dem *Grabmal für Benedikt XIII.* (1724–30), einen aus dem Dominikanerorden hervorgegangenen Papst, 1768 von Pietro Bracci, Carlo Marchionni und Baccio Pincelotti. – An der linken Seitenwand des linken Querhauses errichtete Luigi Capponi 1506 das Grabmal für den Bildhauer Andrea Bregno († 1503). Inschrifttafel, Blendarchitektur und das Brustbild des Toten sind umgeben von den Werkzeugen seines Berufes.

Der **Konventbau** des 16. Jh. war Schauplatz des Prozesses gegen Galileo Galilei 1633.

Vor der Kirche, in der Mitte der Piazza della Minerva, steht ein bemerkenswertes Monument: Ein 1667 von Ercole Ferrata nach einem Modell Gian Lorenzo Berninis ausgeführter **Elefant** trägt einen ägyptischen **Obelisken** des 6. Jh. v. Chr., der im Garten des Dominikanerkonvents gefunden wurde. Die von Papst Urban VIII. verfaßte Inschrift besagt, man müsse Kraft haben, wenn man die Weisheit tragen wolle.

G2 **S. Maria dei Miracoli** (Piazza del Popolo, zwischen Via del Corso und Via di Ripetta)

Die Kirche und ihr Schwesterbau → S. Maria di Montesanto sind als Stadt-Entree zwischen Via del Babuino, Corso und Via di Ripetta in symmetrischer Entsprechung der Fassaden von Carlo Rainaldi im Auftrag Alexanders VII. 1658 konzipiert worden. 1661–81 entstand S. Maria dei Miracoli für den 3. Orden der Franziskaner. Den Entwurf Rainaldis hat Carlo Fontana für die Kuppel und das Innere umgestaltet. Bernini war seit 1673 für den Bau beider Kirchen beratend und korrigierend tätig. Glokkenturm um 1760.

Äußeres. Das Hauptportal der Kuppelkirche wird von einer *Vorhalle* betont, die über 4 Säulen eine kräftige Attika und einen flachen Giebel trägt. Den beiderseits zurückschwingenden Baukörper erhöht eine Balustrade, auf der Standbilder von Heiligen stehen. Querrechteckige Fenster lockern den niedrigen Tambour der 8eckigen Kuppel auf, die in einer eleganten Laterne gipfelt. – Der in große Fenster aufgelöste ***Glockenturm*** mit seiner lebhaft geschwungenen Haube steht in der Nachfolge der Türme von S. Agnese in Agone.
Inneres. Dem Kreisrund, das sich alternierend in große und kleine Altarnischen mit wechselnden Bogenhöhen und Oratorien öffnet, geben Pilaster eine strenge Gliederung. – Die Mitte des Hochaltars nimmt das wundertätige Bild der *»Madonna dei Miracoli«* ein. – An den Seiten des Chorraums stehen die von C. Fontana entworfenen *Grabmäler* für den 1685 gestorbenen *Kardinal Girolamo Gastaldi* (mit den Statuen »Glaube« und »Hoffnung« von A. Raggi) und seinen 1681 gestorbenen Bruder, den *Grafen Benedetto Gastaldi* (mit »Stärke« und »Weisheit« von Raggi); die Bildnisbüsten schuf G. Lucenti.

S. Maria di Monserrato (Via di Monserrato; E7 Zugang durch das Spanische Seminar, Via Giulia 151)

Der Bau wurde 1518 von Antonio da Sangallo d. J. als Nationalkirche der Aragonesen und Katalanen begonnen, zog sich jedoch lange hin. 1582–84 entstanden erste Teile der Fassade von Francesco da Volterra; abgeschlossen hat sie erst die Restaurierung 1820/21 unter Giuseppe Camporese, dem auch für die Innendekoration Verantwortlichen. Seit der Zusammenlegung (1807) der Stiftung mit der von S. Giacomo degli Spagnuoli (→ Nostra Signora del S. Cuore) an der Piazza Navona ist S. Maria di Monserrato spanische Nationalkirche.

Die Fassade, im wesentlichen nach dem Konzept Francescos da Volterra, folgt im Typus noch Antonio da Sangallos S. Spirito in Sassia aus der Jahrhundertmitte. Der Architrav des Portals wird von einer vollplastischen Darstellung der *»Madonna im Monserrat«* (18. Jh.) bizarr überschnitten. – Im Innern der 1schiffigen und tonnengewölbten, sehr weiträumigen und hohen Kirche tragen Pfeiler, die von leicht vorspringenden Pilastern verstärkt werden, die Arkadenbogen zu den je 3 überkuppelten Seitenkapellen.
Ausstattung. In der 1. Kapelle rechts das Grabmal der spanischen Päpste Calixtus III. († 1458) und Alexander VI. († 1503), 1879–89 von Felipe Moratilla. Auf dem Altar Bild des *Hl. Diego* von Annibale Carracci (ursprünglich in S. Giacomo degli Spagnuoli), ein schon zur Entstehungszeit bewundertes Gemälde. – In der 1. Kapelle links die Marmorgruppe der *Hl. Anna selbdritt mit dem Stifter*

Petrus de Velasco, ein Werk des in Florenz ausgebildeten Ungarn Maso del Bosco, signiert und 1544 datiert. Am rechten Pfeiler kleines Votivrelief von L. Capponi mit der Taufe Christi. – In der 3. Kapelle zur Linken der *Hl. Jakobus* von Jacopo Sansovino (nach 1523), der im Schreitmotiv vom Apoll des Belvedere, im Faltenwurf von römischen Togastatuen inspiriert ist. Vasari rühmte an ihm die Anmut der Bewegung. – In der Apsis hinter dem Hochaltar *»Kalvarienberg«* von Sermoneta.

Im Saal des anschließenden **Collegio Spagnuolo** das bedeutendste Werk der Ausstattung, das *Grabmal des Kardinals Pedro de Montoya* († 1630). Die Architektur des ursprünglich in S. Giacomo befindlichen Grabmals stammt von Niccolò Torriani und enthält mit der Marmorbüste des Kardinals eines der frühen Hauptwerke Berninis (1621), an dem die Zeitgenossen die Porträtgenauigkeit faszinierte. Hier ferner 2 vorzügliche Marmorkopien der 1619 von Bernini geschaffenen Büsten der *»Seligen«* und der *»Verdammten Seele«,* von denen die letztere eine fast karikierende Besessenheit des Ausdrucks zeigt (Originale im Palazzo di Spagna). – Im Hof des Spanischen Seminars eine Reihe von guten *Grabmälern* der Zeit um 1500.

G2 **S. Maria di Montesanto** (Piazza del Popolo, zwischen Via del Corso und Via del Babuino)

Das formale Pendant zu → S. Maria dei Miracoli, der zweiten Kirche an der Mündung der 3 Hauptstraßen in die Piazza, auf Anregung des Papstes Alexander VII. von Carlo Rainaldi mit Carlo Fontana so seit 1658 konzipiert, ist die erste Karmeliterkirche Roms, 1662–79 gebaut und bis ins 18. Jh. ausgestattet. Bei der Errichtung der Kuppel hatte Bernini eingegriffen. Der Glockenturm am Corso wurde Mitte des 18. Jh. nach einem Entwurf von Girolamo Theodoli hinzugefügt.

Grundform und Gliederung der Hauptfassade entsprechen dem benachbarten Bau von S. Maria dei Miracoli. Die 4 Säulen des *Portikus* stammen von Berninis abgebrochenem Campanile an St. Peter. Die Heiligenstandbilder auf der Balustrade gingen aus der Schule Berninis hervor.

Der über dem Grundriß eines längsgerichteten Ovals – also nicht eines Runds, wie S. Maria dei Miracoli – erbaute Innenraum ist durch kräftige korinthische Pilaster gegliedert, zwischen denen sich beiderseits je 3 tiefe Kapellen öffnen. Der gestreckte Altarraum greift mit seinem Tonnengewölbe hoch in die Kuppel ein, die den Raum beherrscht. – Der Hauptaltar trägt das Bild der *»Madonna di Monte Santo«,* ein Werk des 16. Jh. – Die 3. Kapelle rechts wurde 1679 von dem Fontana-Schüler Carlo Bizzaccheri entworfen; die Fresken stammen von dem Maratta-Schüler Niccolò Berrettoni. – Das Altarbild mit den *»Hll. Jakobus und Franziskus zu Füßen der Madonna«* in der 3. Kapelle links ist ein Werk Marattas.

S. Maria ai Monti (**Madonna dei Monti**; Via dei Serpenti / Via Madonna dei Monti 41) K7

Die von Giacomo della Porta seit 1580 erbaute Kirche bietet eine 2geschossige Front von schöner Relation der Teile und feiner Zeichnung der Details innerhalb eines geläufigen römischen Fassadentyps. Im unteren Teil ist sie durch Pilaster in 3 mittlere und 2 Randfelder gegliedert; das 3geteilte Obergeschoß ist von Voluten gerahmt, die zum flachen Giebel führen, entsprechend der Gesù-Fassade u. a.

Im Innern wölbt sich über dem kurzen Langhaus eine Tonne. Rechts und links öffnen sich je 3 tiefe Kapellen. Die kurzen Querschiffarme, an die sich eine weite halbrunde Apsis unmittelbar anschließt, greifen nicht über die Wände des Langhauses hinaus. Eine weite Vierungskuppel beleuchtet den gesamten vorderen Bereich. – Der *Freskenschmuck* stammt fast ganz von Cristofano Casolani (Decke: Christi Himmelfahrt und die 4 Kirchenväter; Kuppelpendentifs: die 4 Evangelisten) und seiner Schule, um 1620. Auf dem Architrav steht der Text des »Salve Regina«. Den Altar um das Gnadenbild (16. Jh.) entwarf G. della Porta, der Architekt der Kirche.

Das **Kolleg** links neben der Kirche ist ein Werk des Gaspare de' Vecchi, 1635–39.

Auf der kleinen Piazza della Madonna dei Monti links steht ein **Brunnen** von Battista Rusconi nach einem Entwurf von Giacomo della Porta, 1588/89; im 19. Jh. restauriert.

S. Maria Nova (S. Francesca Romana; Via dei Fori Imperiali / Piazza S. Francesca Romana 4) JK

→ S. 170.

S. Maria dell'Orazione e Morte (Via Giulia 262) E7

Das Kirchengrundstück hatte die Bruderschaft »Vom Gebet und Tode«, die für die Bestattung Armer

sorgte, 1572 erworben und bebaut. Pläne für einen Neubau wurden 1722 von Ferdinando Fuga vorgelegt, aber erst ab 1733 ausgeführt. Es ist der erste römische Kirchenbau des aus Florenz gebürtigen, später als Hofarchitekt in Neapel tätigen Fuga.

Die prunkvolle 2geschossige Fassade der Kuppelkirche, der Pilaster, Säulen, Gebälke und Giebel ein kräftiges Relief geben, steht in der Tradition des römischen Hochbarock (vgl. SS. Luca e Martina); Totenschädel am Türrahmen, Inschriften und andere Zeichen erinnern an die selbstgewählte Aufgabe der Bruderschaft. – 12 Säulen umgeben den über längsovalem Grundriß errichteten Hauptraum. Der Wechsel von konkav ausschwingenden Seitenkapellen und konvex sich vorwölbenden Wandflächen bewirkt den Eindruck einer wellenförmigen Raumgrenze. So bildet der Bau den spätbarocken Schlußpunkt einer ganzen Reihe längsovaler Sakralbauten in Rom, angefangen bei Vignolas ersten Versuchen an S. Andrea in Via Flaminia (Kuppelform) und S. Anna dei Palafrenieri bis zu Rainaldis S. Maria di Montesanto und den Höhepunkten, Borrominis S. Carlo alle Quattro Fontane und Berninis S. Andrea al Quirinale. – Zwischen den beiden linken Seitenkapellen befindet sich ein Fresko von Giovanni Lanfranco aus dem Vorgängerbau.

G10 **S. Maria dell'Orto** (Via della Madonna dell'Orto / Via Anicia)

Die Bruderschaft römischer Gärtner und Kleinhändler begann 1492 mit dem Bau der Kirche, die 1563 im wesentlichen vollendet war. Als ihr Architekt wird Guidetto Guidetti genannt. Die Fassade wurde zwischen 1566 und 1579 errichtet. Der Raum erhielt 1686–1706 eine neue Dekoration.

Die Fassade ist ungewöhnlich in die Breite gedehnt. Ihr oberer Teil mit den markanten Zierobelisken ist für Francesco da Volterra dokumentiert, der aber offensichtlich einem Entwurf von Vignola folgte. – Die Anlage ist eine 3schiffige Pfeilerbasilika mit rechteckigen Seitenkapellen, Querhaus und fensterloser Flachkuppel über der Vierung. Die noch vom Maß und Raumgefühl der Renaissance bestimmte Kirche wirkt innen festlich durch die Dekoration, die schon den Geist des Rokoko ahnen läßt. In stuckierten Blüten- und Fruchtgirlanden huldigten die Gärtner den Heiligen und dem auferstandenen Christus. Die ausführenden Meister waren Simone Giorgini, Leonardo Reti und nach 1730 auch Valvassori. – Das Deckenfresko mit der »Himmelfahrt Mariens« stammt von Giacinto Calandrucci. – In der 1. Kapelle rechts finden sich Malereien von den Zuccari, in der 3. Kapelle rechts sowie in der 1. und 3. Kapelle links solche von Baglione. Alle drei, die Zuccari und Baglione, arbeiteten gemeinsam an der Ausgestaltung der Apsis. In der 2. Kapelle links die »Taufe Christi« von Corrado Giaquinto (1750).

S. Maria della Pace (Vicolo della Pace) F5

Zum Dank für seinen Friedensschluß mit Mailand, Neapel und Florenz begann Papst Sixtus IV. 1482

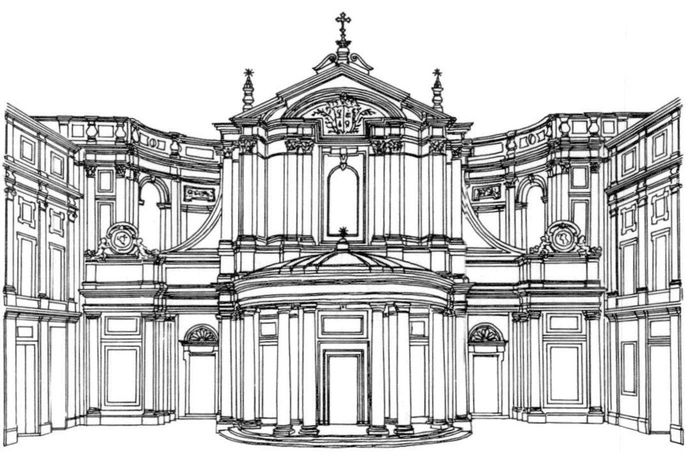

S. Maria della Pace. Fassade

mit dem Umbau einer kleinen Marienkirche, der er den Beinamen »zum Frieden« gab. Als Baumeister wird Baccio Pontelli vermutet. 1500–04 ließ Kardinal Oliviero Carafa von Bramante den Kreuzgang erbauen. 1611–14 entstand unter Carlo Madernos Leitung die Tribuna. Pietro da Cortona errichtete 1655–57 die Fassade und schuf die Stuckdekoration des Inneren.

Von Cortona wurden auch die Fassaden der umgebenden Häuser entworfen, somit der Platz gestaltet.

Auf dem eng umbauten Platz errichtete Cortona eine der bewegtesten Barock-Fassaden Roms. Sie ist in ihrer ingeniösen Erfindung beispiellos. Die seitlichen Achsen, deren Erdgeschoß lediglich mit den vorgestellten Säulen die Fläche durchbricht, weichen im oberen Stockwerk konkav zurück. Damit wird der mächtige Schwung des halbkreisförmig vortretenden Mittelbaus vorbereitet, der sich im Erdgeschoß über 3 konzentrischen Stufen wie ein Rundtempel öffnet. Ein gerundeter Architrav über stark profiliertem Gesims trägt ein flaches Dach, über dem das weniger ausschwingende, aber in der Gliederung kräftig modellierte Obergeschoß zurücktritt. Ein mehrfach gerahmter Giebel, in dem ein Segmentbogen – Echo des großen Mittelfensters – eingespannt ist, beschließt den Aufbau. Die Architekturglieder drängen nach außen, nach innen und in die Höhe. Ihrer spannungsvollen Dynamik entspricht die Vielfalt der Formen, die zwischen Rechteck, Dreieck, Halbkreis, konvexer und konkaver Schwingung wechseln. In der Konzentration aller architektonischen Mittel auf die Mitte, in der Ballung von Säulen und Pilastern, im Widerspiel von vortretender Gliederung und zurückweichender Nische entstand eine trotz kleiner Ausmaße große Architektur, das Urbild der raumhaften barocken Schauwand.

Inneres. Das 1schiffige Langhaus, das beiderseits Nebenkapellen erweitern, mündet in dem beherrschenden 8eckigen Kuppelraum, an den sich ein Chorquadrat anschließt.

Ausstattung. Die *Kuppel,* deren Fresko mit der »Darbringung im Tempel« Baldassare Peruzzi 1517–24 ausführte, erhielt durch Pietro da Cortona eine vorzügliche Stuckdekoration. – Für den von Carlo Maderno errichteten *Hochaltar* schuf Stefano Maderno 1616 die beiden Statuen des »Friedens« und der »Gerechtigkeit«. Die Malerei der Tribuna schuf zum größten Teil F. Albani, 1612–14.

Die bedeutendsten Werke der Ausstattung sind die *Sibyllen,* die Raffael 1514 im Auftrag seines Freundes, des sienesischen Kaufmanns Agostino Chigi, über dem Bogen der 1. rechten Kapelle (***Cappella Chigi***) malte. Chigi, der diese Kapelle ursprünglich als seinen Grabraum von Raffael gestaltet sehen wollte (an dessen Stelle aber Pietro da Cortona trat), fand seine Ruhestätte später in S. Maria del Popolo. Raffael führte die Sibyllen – die Cumaea, die Persica, die Phrygia und die Tiburtina – eigenhändig aus, während die 4 Propheten wahrscheinlich von Timoteo Viti unter seiner Aufsicht gemalt wurden. Raffael stellt 3 seiner Sibyllen als blühende junge Frauen dar, nur die vierte hält sich als weise Alte im Schatten. Anders als bei Michelangelo sind die Gestalten nicht in sich oder in prophetische Bücher versunken; liebliche Engel bringen ihnen die Botschaft, die sie mit den Gebärden kräftiger und schöner, von der Liebe befeuerter Frauen entgegennehmen. Raffael erlöst die Sibyllen aus der Einsamkeit, in der andere Maler der Zeit sie sahen. Sein Bild stellt eine diesseitige, vom Geist und vom Eros erfüllte Gemeinschaft dar.

Die 1. Kapelle im Langhaus links ist die ***Cappella Ponzetti.*** Ihre Ausstattung und das Altarbild mit der Madonna, den hll. Brigitta und Katharina und dem Kardinal Ponzetti ist ein Werk des Baldassare Peruzzi von 1516/17. – Die 2. Kapelle rechts, **Cappella Cesi**, von Antonio da Sangallo d. J. ausgeführt, erhielt eine reiche Marmordekoration von Simone Mosca sowie eine Reihe von Statuen und Reliefs, die großenteils von Vincenzo de' Rossi stammen; von ihm auch das Grabmal der Francesca Carduli Cesi († 1518). Das Lünettenfresko außen mit der »Erschaffung Evas« und dem »Sündenfall« malte um 1524 Rosso Fiorentino, die Fresken im Gewölbe Sicciolante da Sermoneta, um 1565.

Der 2geschossige **Kreuzgang**, Bramantes erstes Werk in Rom, umschließt den 4eckigen Hof. Die Loggien haben im Erdgeschoß Pfeiler mit vorgelagerten Pilastern auf hohen Sockeln; Rundbogen tragen ein schmales Gesims. Darüber das Obergeschoß, dessen horizontaler Architrav von Pfeilern und Säulen im Wechsel unterstützt wird (eine Ordnung, die schon in der kretischen Kunst bekannt war). Vielteilig und doch einfach, schmiegsam und

S. Maria della Pace. Cappella Chigi. Raffael: Sibyllen (Ausschnitt)

zugleich fest, bildet der Kreuzgang im Geiste des Humanismus eine Ordnung klassischer Harmonie.

d6] **S. Maria in Palmis** (»Domine quo vadis?«; Via Appia Antica) → S. 135.

H5 **S. Maria della Pietà** (Piazza Colonna) → S. 302.

A5 **S. Maria della Pietà** (Vatikan) → S. 346.

G1 **S. Maria del Popolo** (Piazza del Popolo)

Ein Nußbaum über Neros Familiengrab galt der Bevölkerung Roms als Hort der verlorenen Seele des Kaisers. Um den bösen Geist zu vertreiben, habe Papst Paschalis II. 1099 den Baum fällen und eine Sühnekapelle errichten lassen. So berichtet eine – allerdings erst seit dem 15. Jh. nachweisbare – Legende. 1227 wurde der Bau erweitert und den Augustinern übergeben. Der hochmittelalterliche Bau verfiel während des Exils der Päpste in Avignon. 1472 faßte Sixtus IV. den Plan, einen Neubau (samt Kloster) als Familienkirche der Della Rovere zu errichten. Der Architekt konnte bisher nicht mit Sicherheit ermittelt werden; er stammt wohl aus dem Umkreis des Andrea Bregno. 1477 war die Fassade bereits vollendet, 1480 wurde die Kirche geweiht. 1505 erweiterte Papst Julius II. nach einem Entwurf Bramantes den Mönchschor. Die Kirche, die mit Kapellen, Bildern, Grabmälern und Statuen aufs reichste ausgestattet wurde, hat Bernini im Auftrag des Chigi-Papstes Alexander VII. 1655–59 barock umgestaltet.

Im Augustinerkloster S. Maria del Popolo war 1512 der Augustinermönch Martin Luther zu Gast.

An der zwischen 1815/16 und 1824 von Giuseppe Valadier neu gestalteten → Piazza del Popolo bildet die schlichte und vorzüglich gegliederte Quattrocento-[1]Fassade (mit »abgebrochenen« Seitengiebeln von Bernini) samt Vierungskuppel, Glockenturm und Kuppel der Cappella Cibo eine reizvolle Silhouette. – Rechts davon, zurückgesetzt, beginnt der ebenfalls von Valadier neugebaute **Konvent.**

Inneres. Die gewölbte kreuzförmige Pfeilerbasilika mündet in Bramantes langgestreckten Chor, dem sich seitlich je 2 (nicht ursprüngliche) Kapellen angliedern. Das kurze Langhaus, die den Raum erweiternden Kapellen an den Seitenschiffen und die von einer Kuppel überhöhte Vierung bilden einen der für Renaissance und Barock vorbildlichen Kirchentypen. Die Konstruktion, die den unverputzten Stein bevorzugt, zeigt in Einzelheiten den Einfluß der Antike. Den Pfeilern sind Halbsäulen im römischen System vorgelagert, wie sie am Kolosseum erhalten blieben; sie tragen die schlichten Kreuzgratgewölbe des Mittelschiffs. Niedrigere Halbsäulen unterstützen die breiten Seitenschiffarkaden. Das Gesims des Mittelschiffs wurde erst von Bernini eingezogen, gleichzeitig mit den Heili-

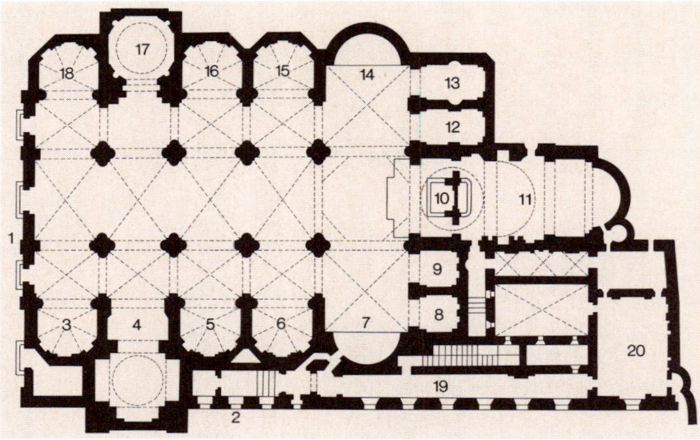

S. Maria del Popolo. Grundriß

1 Fassade Piazza del Popolo
2 Seitenfront-Portal
3 Cappella della Rovere (Venuti, del Presepe)
4 Cappella Cibo (S. Lorenzo)
5 Cappella Basso della Rovere (S. Agostino)
6 Cappella Costa (S. Caterina)
7 Rechtes Querschiff
8 Cappella Cicala (S. Rita da Cascia)
9 Cappella Feoli (S. Tommaso da Villanova)
10 Hochaltar
11 Chor
12 Cappella Cerasi (dell'Assunta)
13 Cappella Teodoli (S. Caterina)
14 Linkes Querschiff
15 Cappella Soderini (del Crocefisso)
16 Cappella Mellini (S. Nicola da Tolentino)
17 Cappella Chigi (Madonna di Loreto)
18 Baptisterium
19 Sakristei-Korridor
20 Sakristei

---

gengruppen darüber, Werken der Bernini-Schüler; ursprünglich war der Raum schlicht und erhielt seine Wirkung allein aus den Proportionen. – Langhaus und Querhaus werden durch die stark belichtete Vierungskuppel mit Tambour zusammengefaßt, die hier zum ersten Male so in der römischen Architektur auftritt.

Ausstattung. Eine Fülle von Meisterwerken der Malerei und Plastik der Renaissance und des Barock bergen die Nebenkapellen des Langhauses.

Pinturicchio und seine Mitarbeiter haben die Kapellen am rechten Seitenschiff 1485–89 ausgemalt; viele Fresken gingen indessen verloren. – Für die [3]***Cappella della Rovere***, die erste zur Rechten, schuf Andrea Bregno das *Grabmal der Kardinäle Cristoforo* († 1477) *und Domenico della Rovere* († 1501), der Neffen Papst Sixtus' IV. Die *Madonna* ist ein Relief von Mino da Fiesole. Pinturicchio schuf das Altarbild mit der *»Anbetung des Christkinds«* und die Darstellungen aus dem Leben des hl. Hieronymus. – Die folgende [4]***Cappella Cibo*** (Farbabb. 9) richtete Carlo Fontana 1682–87 als Begräbnisstätte für den Kardinal Alderano Cibo, Staatssekretär unter Innozenz X., ein, indem er die bereits bestehende Seitenkapelle zu einem Zentralbau über dem Grundriß eines griechischen Kreuzes erweiterte und eine bekrönende Kuppel hinzufügte. Säulen und Pilaster drängen sich an den Wänden, die feierlichen Farben von dunkelgrünem Serpentin und kastanienbraunem Jaspis betonen den Charakter der Grabkapelle, die zu den feinsten polychromierten Architekturräumen Roms gehört. Die Freiheit heller Farbe und bewegter Form wird ausschließlich dem Hauptaltar zugestanden, für den Carlo Maratta das Altarbild der von Heiligen umgebenen Immaculata malte.

Die [5]***Cappella Basso della Rovere***, die 3. Kapelle rechts, ist noch mit den (stark überarbeiteten) *Fresken* aus der Schule Pinturicchios geschmückt. Das *Grabdenkmal des Giovanni Basso della Rovere* († 1483) wird Andrea Bregno zugeschrieben.

Die reiche Ausstattung der Kirche mit Grabmonumenten erreicht ihren Höhepunkt im [11]*Chor* mit 2 *Grabmälern* von Andrea Sansovino, die Papst Julius II. um 1507 für die *Kardinäle Ascanio Sforza* (links) und *Girolamo Basso della Rovere* (rechts) errichten ließ. Der Aufbau folgt dem System des 1torigen Triumphbogens, wie es sich auch in der Sakristei am Altartabernakel Andrea Bregnos findet. Der Sarkophag mit dem ruhenden Abbild des Kardinals erhält seinen Platz in der Mitte des Triumphbogens. Der verstorbene Kirchenfürst wird auf den Altar erhoben: die Fürstenhuldigung tritt in Wettbewerb mit dem Bild Christi und der Heiligen, die hier in die seitlichen Nischen und auf das Gebälk verwiesen werden, wo sie den Platz wiederum mit antiken Tugenden teilen müssen. Die rhythmische Schönheit des getreppten Aufbaus, die Anmut des Ornaments und der Figuren, nicht zuletzt aber die souveräne Marmorbearbeitung dienen einem Vorgang von geistesgeschichtlicher Bedeutung. – Der [10]*Hochaltar* enthält ein *Madonnenbild,* das der Legende nach vom hl. Lukas gemalt, wahrscheinlich jedoch zu Anfang des 13. Jh. entstanden ist. – Das rahmende Chorgewände schmücken vergoldete Stuckreliefs mit der Legende der Kirchengründung. Die Malerei im Chorgewölbe ist Pinturicchios letztes römisches Werk, 1508/09: die *»Marienkrönung«,* umgeben von den Evangelisten, den Kirchenvätern und Sibyllen.

Am linken Arm des Querhauses öffnet sich als erste nächst dem Chor die [12]***Cappella Cerasi***, für die Caravaggio 1600/01 die beiden Tafelbilder der *»Bekehrung des Saulus«* (er ist, vom Licht getroffen, zur Erde gestürzt) und der *»Kreuzigung Petri«* ausführte. Der Meister der Helldunkel-Malerei stellt die Ereignisse der Apostelgeschichte auf dem dramatischen Höhepunkt dar. Landschaft und Raum treten im scharfen Dämmerlicht zurück, aller Ausdruck sammelt sich in der groß und nah gesehenen, in ungewöhnlichen Torsionen virtuos verkürzten Figuren, deren Ausdruck durch grell einfallende Lichter gesteigert wird. – Am Altar die *»Himmelfahrt Marias«* von Annibale Carracci, 1601.

Die – vom Eingang gezählt – 1. Kapelle am linken Seitenschiff ([18]***Baptisterium***) bewahrt das *Grabmal des Bischofs Pietro Foscari* († 1485), ein in der Verbindung von Bronzefigur und Marmorsarkophag ungewöhnliches, künstlerisch eindrucksvolles Werk des Giovanni di Stefano da Siena.

Die 2. Kapelle, [17]***Cappella Chigi***, ließ sich der sienesische Bankier Agostino Chigi 1513–16 nach Entwurf seines Freundes Raffael errichten als einen Kuppelbau auf dem Grundriß eines griechischen Kreuzes. Luigi della Pace führte 1516 das *Kuppelmosaik* mit Gottvater als Schöpfer des Firmaments, mit dem Himmelsglobus und den 7 Planeten als Allegorien, nach Kartons von Raffael aus. Auf dem Altar die *»Geburt der Muttergottes«* von Sebastiano del Piombo, nach 1547 vollendet von Francesco Salviati. Links des Altars der vom Walfisch ausgespiene *Jonas,* ein Werk Lorenzettos (nach einem Entwurf von Raffael?), *Daniel in der Löwengrube* von Bernini (1657), *Elias* von Lorenzetto (wiederum nach einem Entwurf Raffaels?) und rechts des Altars *Habakuk* von Bernini (1661). Die Propheten symbolisieren Auferstehung und Himmelfahrt

S. Maria del Popolo. Cappella Chigi. Gian Lorenzo Bernini: Habakuk

Christi; Bernini fand für sie plastische Formulierungen, die den festen Rahmen der Nischen weit verlassen und als bewegte Gruppen in den Raum wirken. Glänzend die Figur des Habakuk, den der Engel an den Haaren zur Löwengrube tragen wird, damit er dort Daniel aus seinem Speisekorb zu essen gebe. An den Seiten die *Gräber von Agostino Chigi* († 1520) und dessen Bruder *Sigismondo* († 1526), nach einer Idee Raffaels gestaltet.

● In der [20]***Sakristei*** steht heute das marmorne *ehem. Hochaltartabernakel,* das Andrea Bregno im Auftrag des späteren Papstes Alexander VI. 1473 schuf. Der triumphbogenartige, von Engeln bewachte Rundbogen rahmt ein sienesisches Madonnen-Fresko des frühen 15. Jh. Die 2geschossigen Seitenachsen werden von Pilastern und Muschelnischen gegliedert. Ein Giebel bekrönt die Anlage, die sowohl durch die Schönheit des architektonischen Aufbaus wie der bildhauerischen Arbeit besticht.

G3 **S. Maria in Porta Paradisi** (Via di Ripetta / Via Antonio Canova; Zugang über das Ospedale di S. Giacomo)

Die kleine Kirche wurde ab 1523 erbaut. Als Architekt gilt Antonio da Sangallo d. J.

Die Fassade ist einem Triumphbogen vergleichbar gegliedert, möglicherweise nicht ohne Bezug auf den Titel der Kirche »Paradiestür«; im übrigen steht sie außerhalb der römischen Tradition, ist florentinisch. Über dem Portal ein meisterhaftes *Madonnen-Relief* von Andrea Sansovino, um 1509, also nicht für diese Stelle geschaffen. – Das Innere ist ein schlichter, harmonischer Achteckraum des 17. Jh., wie er Sangallos Entwurf, der wohl eine Rotunde vorsah, kaum entspricht.

Gegenüber der Kirche die unter Gregor XVI. (1831–46) von Pietro Camporese d. J. erbaute
G2/3 **Accademia di Belle Arti** (Via di Ripetta 222).

● **S. Maria del Priorato** (Piazza dei Cavalieri di
G11/12 Malta)

Nur mit Sondergenehmigung zu besichtigen. – Durch das Schlüsselloch des gewöhnlich immer geschlossenen Tores zum Priorat bietet sich ein Blick auf die Kuppel von St. Peter, schön gerahmt von Gartenhecken der Malteser.

1764–66 hat Giovanni Battista Piranesi die Kirche des Ende des 14. Jh. hierher verlegten Malteser-Priorats vollständig erneuert und ausgestattet.

Die Kirche – in schönster Aussichtslage auf dem Aventin – ist das einzige architektonische Werk des durch seine Stiche berühmten Künstlers. In die Baukonzeption bezog Piranesi auch den Platz vor der Kirche und den umgebenden Garten ein. Die dekorativen Elemente der Kirche und der Einfriedung sind auf den Malteserorden und den Bauherrn, den Großprior Giovanni Rezzonico (Turm und Adler sind seine Wappenembleme), bezogen, im übrigen gehen sie auf antike Vorbilder zurück.

Die Fassade stellte das früheste Beispiel des römischen Klassizismus dar, eine unerhört detailreiche, auf die Wirkung von Licht und Schatten angelegte Schauwand. Je 2 breite kannelierte Pilaster flankieren das von einem Blendgiebel überhöhte rechteckige Portal und das darübergesetzte Rundfenster, das die Mitte eines geriefelten Sarkophags, sozusagen sein (Bild-)Medaillon, bildet. Über dem flachen Giebel mit Emblemen des Malteserordens lag ursprünglich eine Attika. – Der im »aufklärerischen« Licht hellweißer Fassung strahlende Saalraum, mit je 4, rundbogige Nischen für Grabdenkmäler bildenden Blendarkaden an den Seitenwänden, birgt in der Apsis einen *Altar* von Tommaso Righi nach Entwurf Piranesis, der in der Kirche beigesetzt ist (Denkmal von Giuseppe Angelini, 1780, in der 2. Nische rechts).

S. Maria Rotonda (Pantheon; Piazza della Rotonda) → S. 127. G6

S. Maria della Scala (Piazza della Scala 23) E9

Zur größeren Verehrung eines wundertätigen Madonnenbildes unter der Treppe (»Scala«) eines nahen Hauses wurde 1593 diese Kirche begonnen, ein Saal mit Seitenkapellen, nach Plänen von Francesco da Volterra. Ottaviano Mascherino führte die Arbeiten fort; Francescos Fassade wurde erst 1624 gebaut.

Beachtung verdient die Ausstattung: der auf einen Entwurf von Carlo Rainaldi zurückgehende *Hochaltar,* das Bild der *»Enthauptung Johannes' d. T.«* von dem Caravaggio-Nachfolger Gerard van Honthorst (»Gerardo della Notte« genannt wegen seiner Hell-Dunkel-Malerei) in der 1. Kapelle rechts und Alessandro Algardis *Grabmal des Prospero Santacroce* († 1643) im Querhaus links. Das Altarblatt mit dem *»Marientod«* von Carlo Sa- ●

raceni in der 2. Kapelle links erhielt den Vorzug vor der (heute im Pariser Louvre bewunderten) Fassung des Themas durch Caravaggio, dem Saraceni damals bereits künstlerisch zu folgen begann.

c8] **S. Maria Scala Coeli** (Abbazia alle Tre Fontane; Via delle Tre Fontane) → S. 270.

D9 **S. Maria dei Sette Dolori** (Via Garibaldi 27)
Konvent und Kirche der Augustinerinnen auf dem Gianicolo wurden ab 1641 gebaut, die Kirche nach einem Entwurf Borrominis.

Den Planer gibt schon die – unvollendete – Backsteinfassade mit ungewöhnlicher, konkav schwingender Mitte zu erkennen. Das Innere ist ebenso eigenwillig gestaltete Architektur. Dem einfach als Rechteck mit abgeschrägten Ecken angelegten Hauptraum – eine typisch borromineske Grundrißform – sind Vorraum und Chor als selbständige Teile in der Hauptachse zugeordnet. Der Architekt hat dem Saal Bewegung zu geben gewußt durch die Führung des mächtigen Gebälks. Es schwingt in teilweise bizarrer Umformung über Altarnischen, abgeschnürten Chor und Eingang. Die Fensterzone ist stark reduziert zugunsten der Hauptgeschoßhöhe und einer wirkungsvollen Wandgliederung im regelmäßigen Wechsel von Säule und geschlossenem Wandfeld.

Am Altar links ein Gemälde von Carlo Maratta (um 1655): *»Der hl. Augustinus vor dem Kind«*, das ihm die Unerforschbarkeit Gottes für den menschlichen Geist nahebringt durch das Gleichnis von der Unausschöpfbarkeit des Meeres mit einer Muschel.

C4 **S. Maria in Traspontina** (Via della Conciliazione)
Die erste, vor dem 12. Jh. entstandene Kirche S. Maria in Traspontina (so genannt wegen ihrer Lage jenseits der Tiber-Brücke) mußte 1564 den neuen Befestigungsanlagen an der Engelsburg weichen. Pius V. schenkte daraufhin den Karmelitern einen Neubau, der 1566 von Giovanni Sallustio Peruzzi, dem Sohn des Baldassare Peruzzi, begonnen wurde. Er führte den Bau bis zur 4. Kapelle und errichtete die Fassade bis zum Gesims. 1581–87 leitete Ottaviano Mascherino die Bauarbeiten und vollendete die Fassade. 1587 wurde die noch nicht fertiggestellte Kirche geweiht, doch errichtete erst Francesco Peparelli 1637 Querhaus, Chor und Turm. Simone Broggi vollendete 1668 die Kuppel.

Die Kuppelkirche ist über dem Grundriß eines lateinischen Kreuzes angelegt, ihre Travertinfassade in die Straßenfront eingebunden.

Die Darstellungen von Heiligen aus dem Karmeliterorden in der Kuppel führte 1637 Domenico Cerrini aus, ein Schüler Guido Renis. Der Baldachinaltar geht auf einen Entwurf von Carlo Fontana zurück; das wundertätige Madonnenbild ist ein Werk des 13. Jh. – In der 1. Kapelle rechts ein Bild der hl. Barbara von G. Cesari, ihrer Patronin gewidmet von den Artilleristen der Engelsburg (die verhindert haben sollen, daß die Kuppel der Kirche einen Tambour erhielt; er hätte ihr Schußfeld beeinträchtigt). – Die Fresken mit Darstellungen aus dem Leben des hl. Albertus in der 5. Kapelle rechts führte Antonio Circignani aus. Die 3. und die 5. Kapelle links enthalten Fresken von G. B. Ricci.

Links neben der Kirche liegt das von Kardinal Giuseppe Sacripanti 1715 gegründete **Oratorium Dottrina Cristiana**.

S. Maria in Trastevere (Piazza S. Maria in Trastevere) ● E9
Roms älteste Marienkirche bietet das besonders eindrucksvolle Bild einer römischen Kirche des hohen Mittelalters. Ihre Geschichte weist jedoch in die Zeit des frühesten Christentums zurück.
Grabungen deckten die Spuren einer von Papst Julius I. (337–352) gegründeten 3schiffigen Basilika auf, die ihrerseits einen Titulus des Papstes Calixt I. aus dem Anfang des 3. Jh. ersetzte. Der heutige Bau geht auf den aus Trastevere stammenden Papst Innozenz II. (1130–43) zurück, der in einer unrechtmäßigen Wahl auf den Stuhl Petri gekommen war, aber mit Hilfe der französischen Könige nach dem Tod seines Gegenspielers Anaklet II. (1130–38) anerkannt wurde. Der Neubau um 1140 erweist sich so als Dokument der Beendigung dieses Schismas. Weihe 1215.

Die Fassade – an der Piazza mit Carlo Fontanas **Brunnen** (1694) – trägt ein *Mosaik* vom Ende des 12. Jh. mit der Darstellung der thronenden Kirchenpatronin Maria, umgeben von 10 weiblichen Heiligen. In der barocken ***Vorhalle*** Fontanas (1701/02) finden sich viele Fundstücke antiker, frühchristlicher und mittelalterlicher Kunst.

Im Innern der Kirche trennen 22 antike Säulen mit breiten Architraven die 3 Schiffe. Jenseits des Querhauses öffnet sich eine mächtige eingezogene Apsis, der zu beiden Seiten Chorkapellen angefügt sind. Der *Fußboden* hat großenteils seine Cosmatenarbeit bewahrt, während die Decke erst 1617 von Domenichino eingezogen worden ist. Bei der Raumgestaltung wurde eindeutig auf den Typ der frühchristlichen Basilika (→ S. Maria Maggiore, → S. Lorenzo fuori le Mura) zurückgegriffen. Offenbar versuchte der Bauherr Innozenz II., dem weitverbreiteten Bedürfnis nach Rückkehr der Kirche zu den Idealen des frühesten Christentums angesichts des desolaten Zustands des Stuhles Petri entgegenzukommen.

An frühchristliche Traditionen knüpfen auch Bildmotive und Komposition des in der Zeit um 1140 entstandenen *Apsismosaiks* an, das Pietro Cavallini ca. 1291 um einen unteren Bildstreifen erweitert hat. Zwar entspricht die frontale Stellung der Figuren und ihre Reihung im Hauptbild durchaus frühchristlichen Vorlagen, doch das Motiv des gleichsam mit seiner Mutter auf einer Thronbank sitzenden Christus (links davon: Innozenz II. mit dem Kirchenmodell, die hll. Calixtus und Laurentius; rechts die hll. Petrus, Cornelius, Julius, Calepodius) als Zentrum der Komposition ist in der römischen Kunst dieser Zeit ungewöhnlich. Damit entspricht der päpstliche Auftraggeber dem großen Aufschwung des vor allem von Zisterziensern und Prämonstratensern geförderten Marienkults: Als Himmelskönigin herrscht Maria unmittelbar neben Christus über die Erde. Zugleich greift er damit ein von der zeitgenössischen französischen Kunst entwickeltes Bildmotiv auf – man mag darin einen Hinweis auf die politische Orientierung des Papstes während des Schismas 1130–38 erkennen.

Die mariologischen Aspekte betont eineinhalb Jahrhunderte später Pietro Cavallini bei seiner Ergänzung des Apsismosaiks durch 6 Szenen aus dem Marienleben (Geburt der Gottesmutter, Verkündigung, Geburt Christi, Anbetung der Könige, Darbringung im Tempel, Marientod; in der Mitte des Zyklus Maria zwischen Petrus und Paulus; neben der Weihinschrift der kniende Stifter Kardinal Bertoldo Stefaneschi). Er erprobt dabei neue Formen der Bildordnung, welche die bisherigen, an byzantinischen Vorbildern orientierten Schemata ablösen sollen. Seine Komposition prägt ein völlig verändertes Raumverständnis; die Figuren lösen sich aus der flächenhaften Bindung und gewinnen ein körperhaftes Volumen, das häufig der Lichteinfall moduliert. Die rundplastisch wirkenden Figuren treten in ein rhythmisches Verhältnis zu ebenfalls räumlich wirkenden architektonischen und landschaftlichen Elementen, so daß strukturierte Bildräume an die Stelle des bisherigen immateriellen Goldgrundes treten (vgl. Cavallinis Fresko in → S. Cecilia in Trastevere). Es war Cavallini, der neben seinem Zeitgenossen Giotto von den mittelalterlichen Bildvorstellungen zu denen der Frührenaissance übergeleitet hat.

Die ***Cappella Altemps***, links der Apsis gelegen, ließ sich 1584–89 Kardinal Mark Sittich von Hohenems (italianisiert in Altemps), der auch Bischof von Konstanz war, von Martino Longhi d. Ä. erbauen. Pasquale Cati führte 1589 die Malereien aus. Das schlichte, quadratische, von einem Stichkappengewölbe geschlossene Gehäuse, das durch 2 seitliche Fenster Licht erhält, wird durch die manieristische Dekoration in einen der kompliziertesten Kapellenräume des späten 16. Jh. verwandelt. Der reiche bildliche Schmuck hat *Szenen aus dem Marienleben* zum Thema, die in der Himmelfahrt im Gewölbescheitel gipfeln. Auf diese zentrale Darstellung zielen 8 radial angelegte Kompositionslinien, ohne indessen ungehindert ihr Ziel zu erreichen: eine Fülle von verschiedenförmig gerahmten Bildern stellt sich ihnen immer wieder entgegen. Die Rahmen bilden ein labyrinthisches Gitterwerk in Weiß und Gold, hinter dem die hellen Farben der Bilder zurücktreten. Ein Prinzip des Manierismus, entschiedene Wege auf das Raumziel zu lenken und sie gleichzeitig immer wieder zu beirren, wird an einem Musterbeispiel deutlich. – Bemerkenswert die Fresken an den Wänden: Pius IV. ernennt den Kardinal Hohenems, seinen Neffen, zum Legaten; Konzil von Trient. – Auf dem Altar ein *Madonnenbild*, wahrscheinlich 1. Hälfte des 8. Jh.

Die ***Cappella Avila***, die 5. am linken Seitenschiff, gehört zu den phantastischen Raumschöpfungen des Malers und Architekten Antonio Gherardi (1680). Verschachtelte, auseinander hervorwachsende Kuppeln, die mit Gestalten aus Stuck überladen werden, aus

S. Maria in Trastevere. Pietro Cavallini: Anbetung der Hll. Drei Könige. Apsismosaik

unsichtbaren Quellen einsickerndes Licht und andere Kunstgriffe führten zu einem Raumgebilde, in dem Tendenzen des Manierismus verwandelt wiederkehren.

In der 3. Kapelle am rechten Seitenschiff eine ● ganz vorzügliche *Kruzifixus*-Skulptur aus Holz, 15. Jh.

● **S. Maria in Vallicella / Chiesa Nuova** und
E6 **Oratorio dei Filippini** (Piazza della Chiesa Nuova / Corso Vittorio Emanuele II)

In dem eng bebauten westlichen Viertel der mittelalterlichen Stadt genoß die Kirche S. Maria in Vallicella (»im kleinen Tal«) wegen eines wundertätigen Marienbildes, aus dem nach einem Steinwurf Blut geflossen sein soll, besondere Verehrung. Um 1150 erwähnt ein Dokument erstmals die kleine Kirche; im 16. Jh. war sie weitgehend verfallen. Zur bestehenden Kirche, vorerst 1schiffig vom Architekten Giovanni Matteo da Città di Castello geplant, legte die Bruderschaft des hl. Filippo Neri am 17. September 1575 den Grundstein. Martino Longhi d. Ä. erweiterte ab 1585 den Bau auf 3 Schiffe. 1599 erfolgte die Weihe. Die Fassade von Fausto Rughesi (1605) und die Kapellenanbauten sind im 17. Jh. dazugekommen, so auch das benachbarte Oratorium Borrominis von 1637–50.

Die **Kirche** gehört zu den bedeutenden römischen Barockbauten. Ihre groß dimensionierte Fassade wirkt allerdings nur wie eine in die Höhe und Breite gezogene Kompilation aus Madernos S. Susanna und dem Gesù; die Portalachsen erscheinen zu schmal und plastische Details wie die Figurennischen eingeengt und kraftlos, ebenso die Voluten zu seiten des Obergeschosses.

Das Innere der kreuzförmigen, 3schiffigen Pfeilerbasilika erhält über der Vierung durch die hochragende Kuppel einen bedeutenden Akzent. Kräftige kannelierte Pilaster tragen im Mittelschiff ein sehr hohes Gebälk, über dem sich die Fenster erst in der Gewölbezone öffnen. Mittelschiff und Seitenschiffe sind durch verhältnismäßig niedrige, rundbogige Arkaden verbunden, über denen ein breiter Wandstreifen Platz für eine gleichmäßige Reihe querovaler Bilder bietet. Seitenkapellen erweitern die gangartig schmalen, mit Quertonnen gewölbten Seitenschiffe.

Der monumentale Raum trägt eine festliche Dekoration, in der die Farben Weiß und Gold vorherrschen. Apsis (»Himmelfahrt Marias«), Kuppel (»Dreifaltigkeit«) und Langhaus (»Maria verhindert auf die Bitten des hl. Filippo Neri hin den Einsturz der alten Kirche in Vallicella«) stattete Pietro da Cortona zwi-

S. Maria in Vallicella. Peter Paul Rubens: Mitteltafel des Hochaltars

schen 1647 und 1665 mit *Fresken* aus, die zu den bedeutendsten Monumentalmalereien des 17. Jh. gehören. – Die Stuckarbeiten stammen von Ercole Ferrata und Cosimo Fancelli, meist nach Entwürfen Pietros da Cortona ausgeführt.

Am rechten Querhausarm die von Carlo Rainaldi 1623 erbaute ***Cappella Spada***, eine 3teilige Anlage, für deren Altar Carlo Maratta 1685 die *»Madonna zwischen den hll. Karl Borromäus und Ignatius«* malte. – Links des Chores liegt die ***Kapelle des hl. Filippo Neri***, unter deren Altar der Heilige ruht. – Im linken Querhausarm ein bedeutendes Altarbild, der *»Tempelgang Mariä«*, von Barocci (1594), ein mystisch anmutendes Werk des Manierismus. – Ein weiteres Bild Baroccis in der 4. Kapelle links, *»Heimsuchung«*, von Filippo Neri besonders geliebt.

Die Bilder des *Hochaltars* sind Frühwerke von Rubens (1607/08): auf der Mitteltafel das von Engeln umgebene wundertätige Gnadenbild der *Madonna*, zur Linken *»Der hl. Gregor zwischen den hll. Maurus und Papianus«*, auf der Gegenseite *»Die hl. Domitilla zwischen den hll. Nereus und Achilleus«*. Die 3 auf Schiefer gemalten Tafeln spiegeln die vielfältigen Einflüsse wider, die Rubens während seines 8jährigen Italien-Aufenthalts aufgenommen hatte. In der Führung des Lichtes verrät sich das Studium Tintorettos und Caravaggios; die räumliche Anlage des Hauptbildes und die Stellung einzelner Figuren lassen noch Reflexe des Manierismus spürbar werden, der jedoch insgesamt durch die Vereinheitlichung der Komposition ebenso wie durch das großangelegte Pathos der Figuren (Gregor!) bereits überwunden ist.

Links neben S. Maria in Vallicella das **Oratorio dei Filippini.** E6

Francesco Borromini errichtete das Oratorium 1637–50 für die Bruderschaft des hl. Filippo Neri. An dieser Stelle hatte der Heilige um 1560 mit jenen geistlichen Gesängen in seiner Jünger-Gemeinschaft begonnen, welche die Grundlage für die spätere musikalische Gattung des Oratoriums bilden. Der Hauptsaal, die Sala Borromini, in der u. a. Pergolesi und Cimarosa gespielt haben, wird noch heute für musikalische Darbietungen benutzt. – Das Gebäude beherbergt außerdem die älteste öffentliche Bibliothek Roms, die 1581 gegründete **Biblioteca Vallicelliana**.

Die architektonische Leistung, die Borromini mit diesem Bau vollbrachte, gipfelt in der Fassade. Nach dem Willen der Auftraggeber sollte sie schlicht hinter der benachbarten Eingangsseite der Kirche zurückstehen. Borromini schuf aber eine 2geschossige Schauwand, die niedriger als die anschließende Kirchenfassade ist und sich auch in Form und Struktur von ihr unterscheidet. Die in gelbem Backstein errichtete konkave Wand wird durch Pilaster in 5 schmale Achsen geteilt. Im hohen Untergeschoß stehen über Rundnischen Giebelfenster. Das Obergeschoß öffnet sich in einer Reihe von größeren Fenstern und wirkt daher trotz geringerer Höhe beherrschend. Die Mittelachse tritt im Erdgeschoß konvex aus der konkaven Grundlinie der Fassade. Im Obergeschoß dagegen wird die Mitte von einer scheinbar tief in die Wand eindringenden Balkonnische betont; tatsächlich

Oratorio dei Filippini. Fassade

jedoch ist diese Nische flach: die illusionistischen Mittel der borrominesken Architektur täuschen die Tiefe lediglich vor. – Bewegt und geistreich, den Stein plastisch verwendend, die Fläche meidend, in der Schlichtheit Anmut gewinnend, tritt in dieser Fassade eine neue künstlerische Konzeption neben die pathetische und monumentale Ordnung des römischen Barock. Es werden hier erstmals die Grundlagen einer Architektur erkennbar, die für den Spätbarock nicht nur in Italien, sondern auch nördlich der Alpen Schule machen sollte. Seltsamerweise deckt die Fassade nicht den Querschnitt des Oratoriums: Der Raum, ein 2geschossiges Rechteck mit Loggien und abgeschrägten Ecken an der Eingangsseite, ist nach links verschoben; so öffnen sich die beiden Fensterachsen rechts in der Front auf Nebenräume.

S. Maria in Via (Largo Chigi / Via S. Maria in Via / Via del Tritone) H5

An dem ursprünglich mittelalterlichen, seit 1604 neugestalteten Servitenkloster ist lediglich die hohe Schauwand der Kirchenfassade von gewissem kunsthistorischem Interesse. Der disparate Charakter ihrer beiden Geschosse erklärt sich aus der Baugeschichte.

Um 1590 begonnen, wohl nach Entwurf von Giacomo della Porta, war sie unter der Bauleitung Martino Longhis d. Ä. (seit 1594) bis zum Ansatz des 2. Geschosses gediehen, als 1596 der Weiterbau stockte. Die Vollendung im Geist eines schmuck- und bewegungsreicheren Hochbarock erfolgte erst 1670–81 durch Carlo Rainaldi.

S. Maria in Via Lata (Via del Corso 306; neben dem Palazzo Doria) H6

Kirche und Diakonie entstanden im frühen Mittelalter (erste Erwähnung möglicherweise schon 570) über den Resten eines als Magazin umgebauten Portikus aus der Zeit Kaiser Hadrians (117–138). Leo IX. begann 1049, im Jahr seiner Wahl zum Papst, einen Neubau, der seine Apsis der Via Lata (heute: Via del Corso) zuwandte. Er wurde 1491 abgetragen und seinerseits ersetzt. Diese 1506 geweihte Kirche ist zwischen 1628 und der Innenraumneugestaltung durch Cosimo Fancelli 1680 zur heutigen Gestalt barockisiert worden.

● Die Fassade ist das letzte Werk von Pietro da Cortona (1658–62), der für den bühnenartigen Aufbau Motive aus der Architektur Palladios benutzte. Über einem eleganten Säulenportikus öffnet sich das Obergeschoß ungewöhnlicherweise in einer hohen Loggia. Dementsprechend ist es eine ganze Achse tief, nicht Schauwand, sondern Schaukörper.

Das Innere der reich ausgestatteten 3schiffigen Säulenbasilika, die noch die Quattrocento-Struktur des Urbaus erkennen läßt, bewahrt im Fußboden (rechtes Seitenschiff, Abschlußkapelle des linken Seitenschiffs) Reste von Cosmatenarbeit. Im 6. Joch des linken Seitenschiffs Gräber der Familie Bonaparte. Im Hauptaltar eine Marienikone vom Ende des 13. Jh., die *»Madonna Avvocata«*.

Unterkirche. Aus der Vorhalle führt eine Treppe zu den von Pietro da Cortona ausgestalteten 6 Räumen des unterirdischen Oratoriums, der frühmittelalterlichen Diakonie (unter dem vorderen Langhausdrittel). Der Legende nach war Paulus in diesen Räumen gefangen, bevor er in den Mamertinischen Kerker überführt wurde. Die bedeutenden Fresken, die z. T. aus dem frühen 8. sowie dem 9./10. Jh. stammen und seit 1960 abgenommen sind, werden nach ihrer Restaurierung in einem Nebenraum der Kirche ausgestellt.

Gegenüber der rechten Seitenfront der Kirche (Via Lata) findet sich in einer Wandnische eine der »sprechenden Figuren« Roms, der **»Facchino«**. Die Brunnenfigur stellt einen Wasserträger dar; an die Figur heftete man Zettel mit Spottversen.

● **S. Maria della Vittoria** (Via XX Settembre 17/
L4 Largo S. Susanna)

Die 1608–20 errichtete Kirche der Karmeliter war zunächst dem Apostel Paulus geweiht. Nach dem Sieg der Katholischen Liga über die Protestanten am Weißen Berg bei Prag 1620, welcher der Wunderkraft eines Marienbildes im Besitz eines militärisch verdienten Karmeliterpaters zugeschrieben wurde, erhielt der Hochaltar dieses Bild und die Kirche das Patronat der hl. Maria »zum Siege«. Als Architekt nennen Historiographen der Zeit Carlo Maderno; die Fassade fügte G. B. Soria 1624–26 hinzu. 1833 zerstörte ein Brand die Ausstattung der Apsis und das Madonnenbild. Jüngere Ergänzung sind die Glasfenster von 1955/56.

Äußeres. Für die Gliederung der hohen, an einer Straßenecke gelegenen Stirnseite ist die – aufwendiger gestaltete – Fassade der benachbarten Kirche → S. Susanna vorbildlich gewesen. Die Durchbildung der von Pilastern unterteilten Wand aus Travertin hebt stark die Mittelachse mit dem als Ädikula ausgebildeten Portal hervor, zu dem eine Freitreppe ansteigt. Der Segmentgiebel vor der Attika überfängt die Portalzone und bindet sie optisch zusammen; er leitet, diese Betonung der Mitte noch unterstützend, auch zu dem rundbogigen Ädikulafenster des Obergeschosses über, ganz ähnlich wie der Dreiecksgiebel an Madernos S. Susanna (vgl. die Varianten dieses Motivs z. B. an S. Maria dell'Orto, am Gesù und an S. Maria in Vallicella).

Inneres. Farbiger Marmor, reichprofilierte Gesimse und eine Fülle von Dekoration in Malerei und Plastik verhelfen dem tonnengewölbten Saal mit seinen Seitenkapellen, kurzem Querhaus und halbrunder Apsis zu festlicher und einheitlicher Wirkung – ein Musterbeispiel für das barocke Gesamtkunstwerk, bei dem die Anteile von Architektur, Malerei und Plastik nicht zu sondern sind.

In der 2. Kapelle rechts ein Altarbild der »Madonna mit dem Kind und dem hl. Franz« von Domenichino, dem Bellori (1642) auch die Fresken der Wände zuweist. – Im linken, zur ***Kapelle*** für die Familie ***Cornaro*** umgestalteten Querhaus steht eines der am meisten bewunderten und zugleich am heftigsten abgelehnten Werke der religiösen Kunst, der *Altar der hl. Therese* (Farbabb. 8), den Bernini um ● 1646 im Auftrag des venezianischen Kardinals Cornaro schuf – nach des Künstlers eigener Meinung sein Meisterwerk als Bildhauer. Marmorplatten in den Farben von Bernstein, Rosa und Gelb, von dunklen Adern durchzogen, bekleiden die Wände. An der Stirnwand flankieren schwere, gekuppelte Säulen unter einem reichen Gebälkgiebel ein konvex hervortretendes Tabernakel. Dieser Rahmen dient einer zu Bild und Szene gleichermaßen angeordneten Figurengruppe, die weiß aus

15 Galleria Borghese. Sala degli Imperatori. In der Mitte: Gian Lorenzo Bernini: Pluto raubt Proserpina

16 *Domenichino: Jagd der Diana (Galleria Borghese)*

17 *Diego Velázquez: Papst Innozenz X. (Galleria Doria Pamphili)*

18 *Gian Lorenzo Bernini: Selbstbildnis (Galleria Borghese)*

19 *Vatikanischer Palast. Kapelle Nikolaus' V. Fra Angelico: Papst Sixtus II. weiht Laurentius zum Diakon (Ausschnitt)*

20 Peterskirche. Aufblick in die Kuppel

21 *Vatikanische Gärten. Casina di Pio IV mit Blick auf die Kuppel der Peterskirche*

22 *Vatikanischer Palast. Stanza della Segnatura. Raffael: Die Schule von Athen (Ausschnitt)*

23 *Vatikanischer Palast. Sixtinische Kapelle. Michelangelo: Die Sibylle von Delphi*

25 Tivoli. Villa Adriana. Sog. Teatro Marittimo

24 Tivoli. Villa d'Este. Fontana del Organo Idraulico

26 Ostia Antica

der Nische leuchtet, vor die Folie großer goldener Strahlen gestellt. Auf einer Marmorwolke schwebt die Heilige, hingestreckt in der Vision, in der sie den goldenen Pfeil der göttlichen Liebe aus der Hand des über ihr erscheinenden Engels im Herzen erwartet. Aus den Nischen in der Altarwand und in den Seitenwänden schauen Angehörige der Familie Cornaro dem Ereignis zu. Bernini nahm das Thema wörtlich aus der 1565 vollendeten Autobiographie der hl. Therese von Avila (1515–82), der Reformatorin des Ordens der Karmeliterinnen. Berninis zu extremem Ausdruck getriebene Deutung eines mystischen Ereignisses des Mittelalters und in der mystischen Literatur des 14. Jh., in der himmlische und irdische Minne nicht immer streng zu sondern sind, wurde nicht selten als profan und theatralisch empfunden, niemals dagegen die unvergleichliche Meisterschaft angezweifelt, mit der er dem Marmor alle Schwere nahm und die Figuren und den Vorgang in der Schwebe hält.

Die Fresken der 3. Kapelle links schuf Giovanni Francesco Grimaldi 1641; das Altarbild der Dreifaltigkeit stammt von Guercino (um 1642). – Die Malereien in der Apsis von Luigi Serra (1885) stellen den Einzug der Madonna della Vittoria mit dem katholischen Heer in Prag dar; der Karmeliterpater trägt das Bild wie ein Amulett vor der Brust. Im Chor ein Gemälde mit dem »Hl. Paulus in Ekstase« von Honthorst (um 1620).

47 **S. Martino ai Monti (SS. Silvestro e Martino ai Monti**; Viale Monte Oppio 28 / Via Equizia)

Der sakrale Komplex von S. Martino ai Monti auf dem Mons Oppius besteht aus zwei Komponenten, der Basilika und einem damit verbundenen antiken Bau, einer sog. Hauskirche, unter ihr. Während sich die Fassade unauffällig im Gewirr der Häuser verliert, bietet die Rückseite den Anblick einer ausgesprochen malerischen Baugruppe.

Die Basis für die Gründung von S. Martino ai Monti bildet ein Titulus Silvestri (oder Equitii), an dessen Stelle 498 Papst Symmachus eine dem hl. Martin von Tours geweihte Kirche, heute die Unterkirche, errichten ließ. Der ursprüngliche Titulus ging im frühen 6. Jh. auf eine nahegelegene Halle über, die im 3./4. Jh. zu Marktzwecken (?) errichtet worden war. Unter Papst Sergius II. (844–847) begann der Neubau der bestehenden Martinskirche, die Pietro da Cortona zwischen 1635 und 1664 barock umgestaltete und Gaspard Dughet mit bedeutenden Fresken ausstattete. 1676 erhielt sie die Fassade, die ein Portal von 1575 einschließt.

Die in der Bausubstanz der heutigen Kirche erhaltene 13jochige Basilika greift mit ihren 3 Schiffen auf frühchristliche Vorbilder (vgl. die Grundrißposition von S. Sabina) zurück, wie es dem Gedanken der »renovatio« in karolingischer Zeit entsprach (vgl. SS. Quattro Coronati und S. Prassede). Das breite Mittelschiff schließt mit einer Halbkreisapsis, die Seitenschiffe haben gerade Abschlüsse. Der Hochaltar steht über einer großen Confessio. Die Säulen, Spoliengut aus verschiedenen antiken Bauzusammenhängen, tragen Architrave mit durchgehendem Eierstab. Darüber zeigt die Hochwand eine interessante Gliederung: Zwischen korinthischen Pilastern wechseln miteinander plastische Bildädikulen, gemalte Rundbogennischen mit vorgespiegelten Coretti und rundbogige Fenster. In den gemalten Fensterhöhlen stehen perspektivisch verkürzte Architekturräume; über ihnen erscheinen Rondoreliefs. Die Fenster öffnen sich hinter plastisch hervortretenden Coretti; dem mittleren ist eine Säulenstellung vorgeordnet.

Die wertvollsten Werke der reichen Ausstattung befinden sich in den Seitenschiffen. Gaspard Dughet (1613–75), ein Schüler von Poussin, malte dort 1647–51 die ersten selbständigen *Landschaftsdarstellungen* in einer römischen Kirche (»Vorläufer« sind die Fresken in → S. Vitale). Im rechten Seitenschiff schilderte er zwischen den Seitenaltären die Geschichte des Propheten Elias, indem er kleine Gestalten in weitgebreitete Landschaften einordnete. Darüber stehen querrechteckige Veduten aus der römischen Campagna. Im linken Seitenschiff sitzen die verhältnismäßig kleinen Landschaftsdarstellungen zwischen 3 großen Fresken, in denen Filippo Gagliardi um 1650 die Innenräume der alten Peterskirche und der Lateranbasilika in ihrem vorbarocken Zustand wiedergab. Der dokumentarische Wert der Darstellung von S. Giovanni in Laterano ist allerdings durch die Auffindung einer Zeichnung Borrominis, die den Bauzustand vor Beginn der Umbauten zeigt, in Frage gestellt worden. Das Mittelbild erinnert an die Synode des Jahres 324, die Papst Silvester und Kaiser Konstantin d. Gr. in der

»Hauskirche« von S. Martino ai Monti (s. u.) abgehalten haben sollen. – Eine doppelte Treppe führt zum Hochaltar, dessen tempelartiges Tabernakel ein Werk Pietros da Cortona ist.

Inmitten der Balustrade, welche die Confessio umschließt, führt eine Treppe in die weiträumige ***Krypta***, in der Reliquien des hl. Silvester und anderer Heiliger ruhen, und weiter in die

frühchristliche »Hauskirche«. Als die Christengemeinde die antike 2schiffige Halle mit 6 Gewölben in eine Kirche umwandelte, baute sie in der Südwand des westlichen Schiffes eine kleine Apsis mit einem Mosaik (um 500; Darstellung des Silvester?) ein und gab einem östlich an die beiden Schiffe angrenzenden Hof ein Gewölbe. Die ursprünglichen Pfeiler der Halle wurden mit Ziegelmauerwerk stark ummantelt und vom 6. bis 9. Jh. mit Fresken (Maria zwischen 4 Heiligen, Lamm Gottes u. a.) ausgestattet. Weder die kirchenhistorische noch die archäologische Forschung konnten bisher schlüssige Beweise für die Vermutung erbringen, diese umgebaute Halle sei jene Titel- oder Hauskirche gewesen, die Papst Silvester I. im 4. Jh. eingerichtet habe und die 324 Schauplatz einer Synode gewesen sei.

B5 **SS. Michele e Magno** (**S. Michele in Sassia**; Largo degli Alicorni / Via del S. Uffizio)

Am Ende des Borgo S. Spirito, gegenüber den Kolonnaden des Petersplatzes, führt eine links und rechts von Gebäuden flankierte Treppe zu dem kleinen Bau. Die ehem. Kirche der Friesen in Rom, wie sie hier seit dem 9. Jh. stand, wurde im 13. Jh. restauriert und mit dem noch sichtbaren Campanile versehen. Die bestehende 3schiffige Pfeilerbasilika geht auf eine Erneuerung von 1756–59 zurück. Vorne im linken Seitenschiff das Grab von Anton Raphael Mengs (1728–79), Freund Winckelmanns und »Principe« der Accademia di S. Luca, der als Maler und Theoretiker großen Einfluß auf die Bildung einer klassizistischen, an den antiken Denkmälern orientierten Kunst hatte.

● **Moschee** und **Islamisches Kulturzentrum**
Vd1 (Viale della Moschea; Monte Antenne)

Die Entwürfe von Paolo Portoghesi und Vittorio Gigliotti sowie von Sami Mousawi gingen aus einem 1975 ausgelobten Wettbewerb hervor. 1992 fertiggestellt.

Die Gesamtanlage bildet nach islamischer Gewohnheit einen vielteiligen Komplex, bestehend aus der zentralen **Moschee** mit Hofhalle, einem **Auditorium**, einer **Bibliothek** und **Versammlungsräumen**.

Der **Moscheebau**, über quadratischem Grundriß, fügt sich mit der zentralen Mittelkuppel und den umgebenden 16 Seitenkuppeln in die Tradition des islamischen Kultbaus der Neuzeit ein, wie er von osmanischen Baumeistern nach byzantinischen Vorbildern, z. B. der Hagia Sophia in Istanbul, geschaffen worden ist. Die an islamische Gewölbe- und Ornamentstrukturen erinnernden, sich kreuzenden Rippen der Kuppel und die wie Palmen wirkenden Pilaster sind Zitate aus der römischen Barockarchitektur Borrominis (→ S. Ivo). Von daher erklärt sich auch die Verwendung des flachen Ziegelsteins als Baumaterial, im Wechsel mit Travertin und Beton. Majolika und geometrisch gestaltete Glasfenster bestimmen den farbigen Charakter des Raumes. – Auf der Südseite das 39 m hohe ***Minarett***.

»La Navicella« (S. Maria in Domnica; Via della Navicella 10) → S. 214. [L

SS. Nereo e Achilleo (Viale delle Terme di Caracalla 28 / Piazzale Numa Pompilio) L1

Die Kirche gehört zu den frühesten Titelkirchen Roms; sie wurde wohl schon um die Mitte des 4. Jh. gegründet. Den ursprünglichen Titulus »Fasciola«, wie er am Portal erscheint, hat die Legende als den Platz gedeutet, an dem der hl. Petrus bei der Flucht aus dem Gefängnis die Binde (lat. »fasciola«) von seiner durch die Ketten verursachten Wunde verlor. Nachdem die Kirche im 6. Jh. den beiden frühchristlichen Märtyrern gewidmet worden war, erfolgte unter Papst Leo III. (795–816) ein Neubau »a fundamentis«. Fast 700 Jahre später mußte Sixtus IV. (1471–84) und ein weiteres Jahrhundert danach, ab 1596, der Titelkardinal der Kirche, Cesare Baronio, die Anlage sichern und z. T. neu ausstatten. Im 19. Jh. wurde der Bau konsolidiert und erstmals nach historizistischer Auffassung restauriert.

Der Außenbau zeigt die schlichten Formen der Zeit um 800, während die Achteckpfeiler und offenen Dachstühle des 3schiffigen Innenraums Ergebnisse der Wiederherstellung um 1480 sind.

Die Wandgemälde mit Heiligenlegenden und

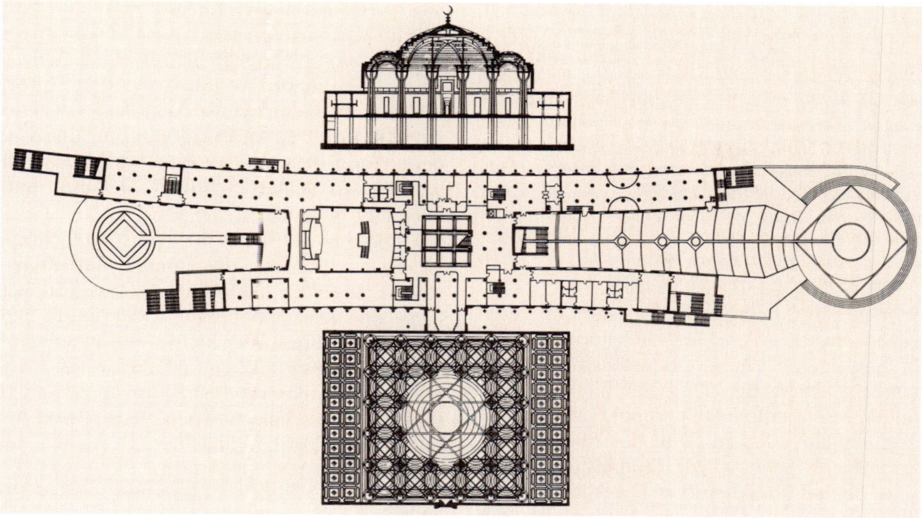

Moschee und Islamisches Kulturzentrum. Schnitt der Moschee und Gesamtgrundriß

-bildnissen sind Werke von 1596 und danach. – Zur Ausstattung Leos III. gehören die bedeutenden *Mosaiken des Triumphbogens*: »Die Verklärung Christi auf dem Berg Tabor«, wobei Christus – flankiert von Moses, Elias und Jüngern – als »lux vera«, »wahres Licht«, in einer Mandorla erscheint. Diese Metamorphosis wird thematisch durch die links wiedergegebene »Verkündigung« und die Darstellung der »Madonna mit dem Kind und einem Engel« vorbereitet – ein für die stadtrömische Kunst der karolingischen Zeit ungewöhnliches Programm. Es wurzelt in justinianisch-byzantinischen Traditionen und wurde durch die Kunst Ravennas vermittelt. Aus karolingischer Zeit stammen vermutlich auch die – ursprünglich in S. Silvestro in Capite stehenden – Ambonen. – Ein Apsismosaik Leos III. wurde 1596 in Freskomalerei nachgebildet und erweitert: das Gemmenkreuz auf dem Paradiesesberg, umgeben von Heiligen. *Cosmatenarbeiten* des 13. Jh. finden sich u. a. an der Kanzel, den Chorschranken, dem Chorboden, dem Hauptaltar und einem älteren Bischofsstuhl im Apsisscheitel. – Der *Osterleuchter* ist eher ein umgedeuteter Marmor-Baluster der Spätantike als ein Werk des 15. Jh. – Am linken Altar *»Hll. Domitilla, Nereus und Achilleus«*, Gemälde von Pomarancio (1599).

SS. Nereo e Achilleo (Via delle Sette Chiese 282) → S. 114. Vd7

S. Nicola in Carcere (Via del Teatro di Marcello / Via del Foro Olitorio) H9

Die Kirche steht im Zentrum eines bedeutenden antiken Handelsplatzes, des → **Forum Holitorium** *(Gemüsemarkt) zwischen Kapitol, Marcellus-Theater und Tiber-Hafen. Hier wandelte die christliche Gemeinde, wie auch an anderen Stellen im Stadtgebiet (Forum Romanum, Largo Argentina, Forum Boarium) Tempel römischer Gottheiten in christliche Kulträume um. Nachdem sich im späten 8. Jh. ein Kerker in den antiken Gebäuden befunden hatte (daher der Beiname der Kirche?), kam es wohl unter Urban II. (1088–99) zur Einrichtung einer dem hl. Nikolaus (Patron der Gefangenen!) geweihten Kirche in dem mittleren Tempel jener das Forum Holitorium beherrschenden Gruppe dreier antiker Sakralbauten. Die Stiftung dieser Kirche (eine Inschrift im linken Seitenschiff nennt möglicherweise das Stiftungsgut) hängt offenbar mit der Ankunft der Reliquien des hl. Nikolaus von Myra 1087 in Bari zusammen, die eine weitverbreitete Verehrung des Heiligen im Abendland der Kreuzzüge zur Folge hatte. Die heute bestehende Kirche ist das Ergebnis* *eines Um- oder Neubaus, den Papst Honorius II. 1128 weihen ließ (Weihinschrift im rechten Seitenschiff). In den 90er Jahren des 16. Jh. wurde das Innere umgestaltet; 1599 gab Giacomo della Porta der Kirche die Fassade. Nach mehreren Restaurierungen und Ausmalungen im 19. Jh. wurden 1932 die antiken Säulen in den Umfassungswänden und die Kirche selbst aus einem geschlossenen Bauzusammenhang herauspräpariert. – Im Mittelalter erfüllte die Kirche wichtige soziale und religiöse Funktionen: Junge Mütter versorgten hier Findelkinder, und in der Krypta wurden bis ins 19. Jh. hinein Exorzismen vorgenommen.*

S. Nicola in Carcere steht über dem mittleren der 3 Tempel (»A« – »B« – »C«) und bewahrt in besonderer Weise die größtenteils noch aufrecht stehende Tempelarchitektur: Die nördliche (rechte) Außenmauer der Kirche entspricht der linken Seite des nördlich anschließenden ehemaligen **Tempels (C)**; 8 ionische Säulen sind sichtbar. Die südliche Außenwand nutzt die rechte Säulenreihe des südlichen **Tempels (A)** der antiken Baugruppe; hier sind noch heute 6 dorische Säulen mit Architrav sichtbar. Das Mittelschiff entspricht der Cella des mittleren **Tempels (B)**; die 7 Säulenpaare sind Spolien aus verschiedenen Bauten der Kaiserzeit.

Die Vorderfront der **Kirche** bietet ein eindrucksvolles Nebeneinander antiker, mittelalterlicher und manieristischer Bauteile: Giacomo della Portas *Portal* mit Säulen und Dreiecksgiebel steht neben dem *Turm* des 13. Jh. (2 seiner 3 Glocken sind aus dem Jahre 1286). In den Seitenwänden wechseln die freigelegten antiken Säulen mit rotem Backsteinmauerwerk.

Im Innern der 3schiffigen Basilika tragen den Baldachin des Altars 4 römische Alabastersäulen; unter der Mensa steht eine Urne aus grünem Porphyr. An der Wand des rechten Seitenschiffs eine »Dreifaltigkeit mit Engeln« von Guercino; auf derselben Seite das Freskenfragment einer »Madonna mit Kind« von 1470, Antoniazzo Romano zugeschrieben.

K3 **S. Nicola da Tolentino** (Salita / Via S. Nicola da Tolentino)

Die Kirche ist in ihrer überlieferten Form ein Neubau, zu dem die – aus dem Orden der Augustiner-Eremiten hervorgegangenen – Barfüßer 1653 den Grundstein legten. Bauleiter (und entwerfender Architekt?) war Giovanni Maria Baratta, ein Schüler Alessandro Algardis. Die Weihe fand 1685 statt.

Der kurze Raum der Kirche entspricht dem von Il Gesù abgeleiteten Typus des tonnengewölbten, von Nebenkapellen begleiteten Saales, mit Querhaus, Vierungskuppel und Chor, der hier ausnahmsweise flach endet. – Der *Hochaltar* mit einer Marmorgruppe der Madonna und dem hl. Nikolaus von A. Algardi wurde von seinen Schülern D. Guidi und E. Ferrata vollendet.

Ein spätes Meisterwerk des Pietro da Cortona ist die 2., 1668 von der Familie ***Gavotti*** gestiftete ***Kapelle*** links. Nach Pietros Tod hat ● Ciro Ferri das Kuppelfresko vollendet. In den Nischen Figuren von Ercole Ferrata (Hl. Joseph) und Antonio Raggi (Hl. Johannes d. T.). Die Büste am Grabmal des Giovanni Gavotti und das Altarrelief mit der Madonna sind Arbeiten von Cosimo Fancelli.

SS. Nome di Gesù (Il Gesù; Piazza del Gesù) H7 → S. 172.

SS. Nome di Maria (Largo del Foro Traiano) I7

Die neben → S. Maria di Loreto zweite Kirche am Trajans-Forum wurde im Auftrag der 1688 zum Dank für die Befreiung Wiens von den Türken gegründeten Bruderschaft SS. Nome di Maria von Antoine Dérizet aus Lyon 1736–38 erbaut und bis 1751 ausgestattet.

SS. Nome di Maria, gleich S. Maria di Loreto ein Kuppelbau, unterscheidet sich von dieser nicht nur durch steilere Proportionen und »französische« Eleganz der Einzelformen, sondern auch durch einheitliche Ausführung. Gerafft, leicht und hell ist das Innere der ovalen Anlage, die sich seitlich in 7 Kapellen öffnet.

SS. Nomi di Gesù e Maria (Via del Corso G2 45 / Via di Gesù e Maria)

1636 feierten die nicht sehr begüterten Augustinereremiten den ersten Gottesdienst im unvollendeten Chor ihrer Klosterkirche, die 3 Jahre zuvor nach einem schon 1619 gebilligten, nun um 2 Langhausachsen verkürzten Bauplan des Mailänder Architekten Carlo Buzzi begonnen worden war. Erst 1671 und zügig 1678, dank der mäzenatischen Unterstützung des Bischofs Giorgio Bolognetti von Rieti, erfolgte der Weiterbau zur Vollendung, nun unter der Leitung und wohl nach Ausstattungsplänen von Carlo Rainaldi, dessen Handschrift auch der Fassadenentwurf trägt. Bolognetti wurde vom Orden erlaubt, die Kirche zu einem Mausoleum seiner Familie zu gestalten.

Der Raum, ein Saal mit je 3 Kapellen zu beiden Langseiten und eingezogenem Chor, in musterhaftem Barock splendid mit vielfarbigem Marmor ausgestattet, überrascht durch die Anbringung der 4 *Bolognetti-Grabdenkmäler* in mittlerer Höhe zwischen den Kapellen: Im gesprengten Giebel einer Ädikula, die 2 Beichtstuhlnischen überfängt, knien einzeln oder zu zweit die Toten, mit pathetischer Geste zum Choraltar blickend oder dem Nachbarn zugewandt, eine bedeutungsvolle Säulen- und Pilasterarchitektur hinter sich (Figuren, um 1682, von Francesco Aprile, Francesco Cavallini und Michel Maille). Über den Monumenten Nischen mit den hll. Elisabeth, Anna, Joachim und Zacharias. An der Eingangswand stehen in vergleichbarer Form 2 Tumbagräber für Camillo und Giulio Del Corno, von Ercole Ferrata und Domenico Guidi ebenfalls in den 1680er Jahren geschaffen. Das Deckenbild (Gottvater mit der Madonna und Engeln) malte Giacinto Brandi, von dem auch das Hauptaltarbild stammt. Beachtlich die 2. Kapelle links in der klassizistischen Neuausstattung durch Giuseppe Valadier, 1824.

F6 **Nostra Signora del Sacro Cuore** (ehem. **S. Giacomo degli Spagnuoli**; Corso del Rinascimento 27 / Piazza Navona)

Die Kirche zwischen dem Corso im Osten und der Piazza Navona im Westen trägt die Spuren einer wechselvollen Baugeschichte mit vielen Veränderungen, bis hin zur vorübergehenden Umkehrung von Eingangs- und Chorseite.

Um 1450 bis um 1478 war der Bau als Nationalkirche der Spanier in 2 Etappen errichtet und ihrem Nationalheiligen Jakobus geweiht worden. Im 18. Jh. zusehends verfallend, mußte diese 1819 ausgeräumt und geschlossen werden. Zur Wiederherstellung verhalf ihr die junge Herz-Jesu-Kongregation, die 1878/79 den Bau kaufte und herrichtete, der Kirche schließlich 1881 den heutigen Namen gab. – Die Kunstwerke der alten Kirche sind nach → S. Maria di Monserrato (heute die Spanische Nationalkirche) und in spanische Museen verbracht worden.

Das Mittelportal (nach 1500) der Front (nach 1920) am Corso del Rinascimento stand ursprünglich an der Piazza Navona. Es war dort Teil der 2. Fassade von Antonio da Sangallo d. J., die nur als Prospekt fungierte, und war folglich zugemauert. Umgekehrt steht das originale Ostportal von 1463 jetzt an der Piazza Navona.

Das Innere ist als gotische Halle gebildet. Baugeschichtlich interessant sind die ersten 2 Joche mit Kreuzpfeilern und Gewölben der römischen Frührenaissance (um 1500). Eines der ehemals 7 Joche ging beim Bau des Corso del Rinascimento (1936–38) verloren; die kurz zuvor vollendete Ostfassade mußte herangerückt werden. – Die Ausstattung stammt größtenteils aus dem 19. und dem frühen 20. Jh., doch bewahrt die 2. Kapelle links ihre vorzügliche, von Antonio da Sangallo d. J. zwischen 1517 und 1523 entworfene Architektur. Die gleichzeitigen Wandgemälde von Pellegrino da Modena schildern Szenen aus dem Leben des hl. Jakobus.

S. Onofrio (**S. Onofrio al Gianicolo**; Piazza S. Onofrio 2) C6

Der Vorplatz der auf dem Gianicolo gelegenen Kirche mit dem Kloster der Hieronymiten – von Stendhal als einer der schönsten Plätze zum Sterben bezeichnet – gewährt einen prachtvollen Blick auf Rom.

Kloster und Kirche wurden 1419 gegründet und im Laufe des 15. Jh. ausgestattet; sie sind die frühesten Bauwerke der Renaissance in Rom.

Eine breite Treppe führt in 2 Absätzen auf den baumbeschatteten Vorhof, der an 2 Seiten von einem 2geschossigen Bauwerk umschlossen wird. Das Erdgeschoß öffnet sich in rundbogigen Säulenarkaden, während im oberen Stockwerk schmale Rechteckfenster mit breiten, dekorierten Wandflächen wechseln. Die Lünettenfresken im Portikus mit Szenen aus dem Leben des hl. Hieronymus sind Werke von Domenichino.

Die kreuzgewölbte Saalkirche hat 2 Joche und eine große, dem Raum integrierte Apsis. Die tiefgebusten Gewölbe, die breiten Proportionen und die einfache Gliederung stehen im offensichtlichen Gegensatz zur Florentiner Renaissance. Die römische Renaissance fand hier ihren bezeichnenden Raumtypus.

In der Apsis der Kirche Fresken mit *Szenen aus dem Marienleben*, die von Pinturicchio und seinen Schülern (Wölbung) bzw. Peruzzi und seinen Schülern ausgeführt wurden. – In der 1. Kapelle links steht das von G. de Fabris 1857 ausgeführte Grabmal Torquato Tassos, der im Kloster S. Onofrio in der Nacht zum 25. April 1595, am Vorabend seiner Dichter- ●

Bartolomeo Pinelli: S. Paolo fuori le Mura nach dem Brand vom 15. Juli 1823

krönung auf dem Kapitol, starb. – Rechts des Altars das *Grabmal des Kardinals Giovanni Sacco* († 1505), dessen Skulpturen aus der Schule von Andrea Bregno stammen, während das Bild der Madonna im Rundbogen von einem unbekannten umbrischen Meister des 15. Jh. gemalt wurde. – Im Gewölbe der 1. Kapelle rechts ein schönes *Verkündigungs-Fresko* von Antoniazzo Romano (Ende 15. Jh.).

Im **Kreuzgang** des anstoßenden **Klosters**, um 1500 gebaut, einige Lünettenbilder des Cavalier d'Arpino. – Ein kleines Museum erinnert an Torquato Tasso (**Museo Tassiano**).

Va5 **S. Pancrazio** (Via / Piazza S. Pancrazio)

Die Kirche steht auf einem alten Kirchhof vor der Stadtmauer. Der Urbau des 5. Jh wich Neubauten und Restaurierungen des 17. und 19. Jh. – Unter der Kirche die **Catacombe di S. Pancrazio** (oder **Catacombe di Ottavilla**).

● **S. Paolo fuori le Mura** (Piazzale S. Paolo / Via
Vb7 Ostiense)

Die Basilika an der antiken Straße nach Ostia, seit dem Neubau von St. Peter die zweitgrößte Kirche Roms, erhebt sich an der Grab- oder Gedenkstätte des hl. Paulus, der am Ort der heutigen Abbazia alle Tre Fontane getötet (als römischer Bürger mit dem Schwert enthauptet) worden sein soll. Nördlich der Basilika sind Reste eines paganen Friedhofs freigelegt worden.

Unter Konstantin entstand ein Gedenkbau, den jedoch 386 die Kaiser Valentinian II., Arcadius und Theodosius abtragen ließen, um eine monumentale 5schiffige Basilika nach dem Vorbild von Alt St. Peter (→ Vatikan) zu errichten. Die seit dem 8. Jh. der Kirche zugeordnete Benediktinerabtei baute 1205 bis 1240 den Kreuzgang. Dieser überaus repräsentative Bau in der Nachfolge der konstantinischen Basiliken fiel 1823 einem verheerenden Brand, der bei Ausbesserungsarbeiten am Dach ausbrach, zum Opfer.

Die (von Luigi Poletti 1854 vollendete) Rekonstruktion der alten Kirche, von der lediglich Teile der Seitenschiffe und der Eingangswand sowie Triumphbogen, Querschiff und Tribuna erhalten geblieben waren, vermittelt noch einen guten Eindruck von den Ausmaßen, von Raumgestalt und -abfolge der ehemaligen frühchristlichen Basilika (Länge außen: 131,6 m; Breite: 65 m; Höhe: 29,7 m; Breite des Mittelschiffs: 24,6 m).

Das [1]Atrium, heute ein von Portiken mit kolossal »auftretenden« korinthischen Säulen aus Granit umgebener Vorhof (1892–1928), diente, mit einem Brunnen inmitten, ursprünglich Reinigungsritualen, nach denen man die Vorhalle der Basilika (heute mit 10 korinthischen Säulen aus Rosengranit) betrat. In der Mitte des Atriums steht nun eine Paulus-Statue von G. Obici (Mitte 19. Jh.). – Die [3]Westfassade der Basilika zeigt *Mosaiken* (1854–74) – als Ersatz für 1280–90 von Pietro Cavallini geschaffene (Fragmente auf der Rückseite des Triumphbogens) – mit großen Prophetengestalten zwischen den Fenstern (Jesaja, Jeremia, Ezechiel, Daniel), darüber das Lamm Gottes, die Städte Jerusalem und Bethlehem sowie im Giebel der thronende Christus mit Petrus und Paulus (in Abänderung des ursprünglichen Programms entworfen von N. Consoni und F. Agricola). Das Portal rechts neben dem [4]Mittelportal (mit Petrus- und Paulus-Szenen von A. Maraini, 1930) gilt als [5]Hl. Tür und wird nur in Jubeljahren geöffnet. Die Innenseite der Tür bildet die *ursprüngliche Haupttür,* 1070 in Konstantinopel von einem Staurachios aus Chios (Signatur) gefertigt; mit Szenen von Heiligen und aus dem Neuen Testament (Silbereinlagen).

Inneres. Die 5 Schiffe des Langhauses gliedern 4 Reihen zu je 20 korinthischen, unkannelierten Monolithsäulen aus Granit von 11 m Höhe. Der offene Dachstuhl des frühchristlichen Gebäudes wurde durch eine reich stuckierte und vergoldete Decke ersetzt. Den inneren Seitenschiffen nahm man die Hochfenster, so daß sie ihr Licht jetzt lediglich durch die Fenster in den Außenmauern der äußeren Seitenschiffe erhalten, die gleich denen des Mittelschiffs 1891 mit diaphanen Alabasterscheiben versehen wurden.

Im Mittelschiff zeigt eine Reihe von (erneuerten) *Medaillons,* die rechts neben der Apsis beginnt, die Bildnisse der Päpste seit Petrus. Darüber schildern 36 *Fresken* verschiedener Künstler zwischen den Fenstern der Hochwände Szenen aus dem Leben des Apostels Paulus (entstanden 1857–60); diese Gemälde ersetzen die zwischen 1280 und 1290 von Pietro Cavallini geschaffenen Heiligenbilder. (Seine Darstellungen aus dem Neuen und Alten Testament liefen in 2 Reihen unter den Fenstern ab.)

S. Paolo fuori le Mura. Grundriß

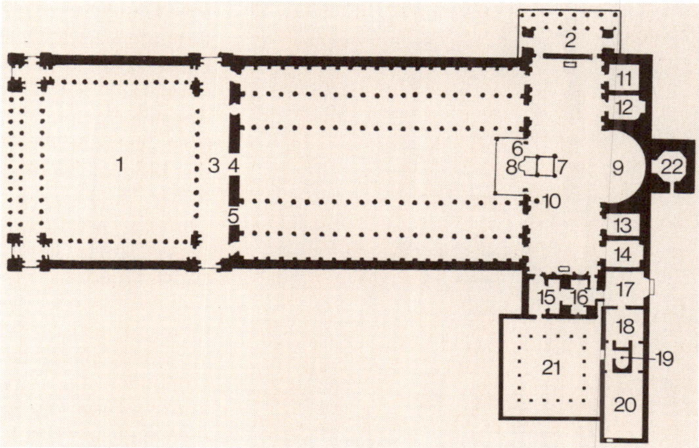

1 Quadriportikus, Atrium
2 Nordportikus
3 Westfassade
4 Mittelportal
5 Porta Santa
6 Triumphbogen
7 Altarziborium
8 Confessio
9 Apsismosaik
10 Osterleuchter
11 Cappella S. Stefano
12 Cappella del SS. Sacramento
13 Cappella S. Lorenzo
14 Cappella S. Benedetto
15 Sala del Martirologio, Oratorio S. Giuliano
16 Baptisterium
17 Sala Gregoriana
18 Sakristei
19 Cappella delle Reliquie
20 Pinakothek
21 Kreuzgang
22 Campanile

S. Paolo fuori le Mura. Osterleuchter. Reliefszenen am Säulenschaft

Das Mittelschiff schließt mit dem bei dem Brand von 1823 – wie Querhaus und Apsis – erhaltenen **6***Triumphbogen* des Urbaus ab. Seine Ausstattung mit *Mosaiken* erhielt er unter Papst Leo I. d. Gr. (440–461) als Stiftung von Galla Placidia, der 450 verstorbenen Kaiserschwester. Das Schriftband unter der Decke verkündet: »TEODOSIUS CEPIT PERFECIT ONORIUS AULAM DOCTORIS MUNDI SACRATAM CORPORI PAULI« (»Theodosius begann und Honorius vollendete diese dem Körper Pauli, des Lehrers der Welt, geweihte Halle«). Die Majuskeln am Bogen berichten: »PLACIDAE PIA MENS OPERIS DECUS HOMNE. PATERNI GAUDET. PONTIFICIS STUDIO SPLENDORE LEONIS« (»Placidias frommer Sinn gab dem Werk des Vaters die Zier, bestärkt durch den hingebungsvollen Eifer des Papstes Leo«). Mehrere unglückliche Restaurierungen entstellten den Befund aus frühchristlicher Zeit, doch sind Thema und Komposition getreu überliefert: Über dem Bogenscheitel erscheint Christus im Medaillon, mit Sonnengloriole und Kreuznimbus, die linke Hand zum griechischen Segensgestus erhoben, während die rechte ursprünglich einen Kreuzstab schulterte. Von den Seiten her nähern sich die 24 Ältesten der Offenbarung des Johannes in demütiger Haltung, darüber schweben die 4 Apokalyptischen Wesen (Evangelistensymbole). Neben den Bogenansätzen weisen die Apostelfürsten auf das apokalyptische Geschehen; sie sind zugleich die Vertreter der Juden- und der Heidenkirche.

Hinter dem Triumphbogen öffnet sich die (moderne) **8**Confessio mit dem Grab des Apostels Paulus. – Das **9***Apsismosaik* bewahrt trotz der fast völligen Neugestaltung im 19. Jh. die Motive der originalen Fassung aus dem frühen 13. Jh.: Auf dem Goldgrund thront Christus zwischen den hll. Paulus und Lukas (links) sowie Petrus und Andreas (rechts); Papst Honorius III. (1216–27) kniet neben Christus, dessen Füße er küßt. Das Gemmenkreuz auf einem Thron, die Palmen und Engel verweisen ebenfalls auf die Apokalypse – das Empfinden der Menschen damals war beherrscht von apokalyptischen Ängsten vor dem Ende der Welt und zugleich von messianischen Heilserwartungen (vgl. den Bilderzyklus von S. Giovanni a Porta Latina).

Über dem Papstaltar der Apostelgruft erhebt sich das 1285 von Arnolfo di Cambio mit einem »socius Petrus« vollendete und von

S. Paolo fuori le Mura. Kreuzgang

ihm signierte [7]*Ziborium*: 4 Porphyrsäulen tragen den Baldachin, der aus einem Arkadengeschoß (gotische Spitzbogen mit Dreipaß) und einer Dachzone mit Giebeln und Fialen sowie einem Dachreiter besteht. Einige Teile sind Spolien. Hervorgehoben seien die an den Ecken in Nischen gestellten, freiplastischen Figuren Arnolfo di Cambios – Petrus, Paulus, Timotheus (?) und der Stifter, Abt Bartolomeo (?) –, die als autonome skulpturale Elemente in die Architektur integriert sind, anders als am etwa 8 Jahre jüngeren Tabernakel von → S. Cecilia in Trastevere (vgl. auch die Skulpturen des Annibaldi-Grabmals im Kreuzgang von S. Giovanni in Laterano). Ein Vergleich mit dem schlichten Ziborium über dem Grab des Kardinals Fieschi († 1256) in S. Lorenzo fuori le Mura vermag außerdem zu zeigen, wie sehr sich Arnolfo di Cambio bemühte, die Traditionen des 12. und 13. Jh. in Architektur und Skulptur zu überwinden. In den Zwickeln sind u. a. der Abt Bartolomeo, der das Ziborium dem Apostel darbringt, das Opfer Kains und Abels sowie Adam und Eva dargestellt (letztere inspiriert von antiken Venus-Darstellungen). In den Giebelfeldern schließlich werden die durchbrochenen Rosetten von langgewandeten Engeln getragen, die an antike Siegesgöttinnen erinnern.

Zur Ausstattung der ehemaligen Schola cantorum gehörte der größte und reichste der römischen [10]*Osterleuchter*, eine 5,62 m hohe Bildsäule, die von Pietro Vassalletto und Niccolò d'Angelo um 1170–90 geschaffen wurde. Sphingen mit bärtigen Köpfen bewachen den Säulenfuß, über dem der Lebensbaum seine Äste mit Laubwerk und Früchten entfaltet. In den beiden folgenden Abschnitten des Säulenschaftes vergegenwärtigen Reliefs die Passion; darüber triumphiert in nischenförmigen Mandelglorien Christus in Auferstehung und Himmelfahrt. Über den 3 Bildstreifen bricht das Laubwerk des Lebensbaumes wieder aus dem Stamm. Unter der abschließenden Kerzenschale hocken Fabelwesen. Die Osterleuchter der römischen Kirchen galten im Mittelalter als Hinweise auf das Neue Jerusalem, die Civitas Dei.

In der [12]Cappella del SS. Crocefisso, auch Sakramentskapelle genannt, wird ein um 1300 entstandenes ergreifendes *Holzkruzifix* aufbewahrt, ein Christusbild, das 1370 zur hl. Brigitta von Schweden gesprochen haben soll. Es ist das Urbild des geschundenen Gekreuzigten in der italienischen Kunst. Auf dem Altar steht eine bemerkenswerte *Mosaikikone* aus der 2. Hälfte des 13. Jh., eine Madonna mit Kind im Typus der Hodegetria (»Wegführerin«: Maria als Führerin der Kirche). Vor diesem, ehemals am Confessioaltar angebrachten Bild legte Ignatius von Loyola, der Gründer des Jesuitenordens, mit seinen frühesten Gefährten 1541 das Ordensgelübde ab.

An der Südwand des Querhauses Durchgang zum [16]Baptisterium, das bei der Restaurierung 1930 kreuzförmigen Grundriß erhielt. Die 7 ionischen Säulen sind Spolien, der Taufstein ist neu. Mosaikreste sind im Museum der Abtei zu besichtigen.

Der [21]**Kreuzgang** im Süden des Querhauses gehört zu den eindrucksvollsten in Rom (vgl. S. Giovanni in Laterano). Er entstand zwischen 1205 und 1240 (mit Unterbrechung 1225–35) und wurde u. a. von Pietro Vassalletto, einem der führenden römischen Marmorkünstler, gestaltet. In den Arkaden findet sich ein ganzes Spektrum der Gestaltungsmöglichkeiten hochmittelalterlicher Marmorkunst: geschraubte, gedrehte oder »geflochtene« Säulen mit kannelierten oder in wechselnden Mustern ornamental ausgelegten Schäften unter jeweils wieder verschiedenen Kapitellen. Dazu treten Reliefs in den Bogenzwickeln, die zahlreiche Motive – Adler und Schlage, Medusenköpfe, Vögel, Akanthus, Masken, Greife, Drachen usw. als Hinweise auf die durch Christus überwundene sündige Welt – zeigen. Einige der adaptierten antiken Motive lassen sich als christlich zu interpretierende Herrschaftszeichen verstehen. – In den Trakten des Kreuzgangs sind Sarkophage, Inschriften, Altäre u. a. Einzelstücke ausgestellt, darunter eine große *Sitzfigur des Papstes Bonifaz IX.* (1389–1404) und ein im 12. Jh. für *Pietro di Leone* wiederverwendeter antiker *Sarkophag* mit Szenen des Apollo-Mythos.

[20]**Pinacoteca.** Die kleine Sammlung der Abtei, vom Kreuzgang her zugänglich, bewahrt aus der ursprünglichen Basilika Reste der Medaillons mit Papstbildnissen (5.–9. Jh.) und Mosaikfragmente (4. oder 5. Jh.) aus dem Baptisterium. Von dem umfangreichen Zyklus der einstigen Sakramentskapelle (jetzt [13]Cappella S. Lorenzo), die Lanfranco 1624–25 schuf, haben sich 2 Fresken (Eherne Schlange und Mannalese) erhalten. Daneben Gemälde von Antoniazzo Romano, Cigoli, Agricola u. a. – Die **Bibliothek** der Abtei bewahrt als kostbarsten Schatz die *Bibel Karls d. Kahlen*, ein Hauptwerk der karolingischen Buchmalerei. – Vom Kreuzgang her ereicht man die [19]Reliquienkapelle mit hervorragenden kunsthandwerklichen Gegenständen.

S. Paolo alle Tre Fontane (Via delle Tre Fontane) → S. 270. [Vc

St. Paul's-within-the-Walls (**S. Paolo entro le Mura**; Via Napoli 58; Via Nazionale) L5

Die anglikanische amerikanische Nationalkirche von 1872–76 ist die erste Kirche, die von einer ausländischen und nichtkatholischen Glaubensgemeinschaft im alten Stadtgebiet gebaut wurde. Entworfen haben sie der englische Architekt G. E. Street und der Archäologe Rodolfo Lanciani.

Frei von urbanistischen Zwängen in einem Viertel, das in jenen Jahren im Entstehen war, inspirierte man sich an der Pisaner Gotik mit ihren farbigen Steinschichten. – Schon von Anfang an war im Innern an eine *Mosaikausstattung* gedacht, für die der Präraffaelit E. Burne-Jones die Entwürfe lieferte. Die oberen Teile der Apsis mit dem thronenden Christus und die beiden Bogen des Chores mit der Verkündigung und dem Lebensbaum stammen von ihm; an der unteren Zone war Thomas Matthews Rooke (1906/07) beteiligt.

S. Pietro in Montorio (Gianicolo; Via Garibaldi) D1

Der (widerlegten) Legende zufolge soll Petrus auf dem Gianicolo den Kreuzestod erlitten haben. Deshalb stand hier schon im 9. Jh. eine Kirche, die seit 1472 zu einem Franziskanerkloster gehört. Den Beinamen »in Montorio« verdankt die Kirche der goldbraunen Farbe des Erdbodens (it. »monte d'oro«, Goldberg).

Der unbekannte Baumeister der bestehenden, im Jahre 1500 geweihten Kirche gab ihr eine ganz sparsam gegliederte Giebelfassade mit einem gotischen Radfenster als Kennzeichen. – Das 1schiffige, reich ausgestattete Innere öffnet sich beiderseits in Nebenkapellen.

S. Pietro in Montorio. Modell des Bramante-Tempiettos nach dem ursprünglichen Entwurf

2 große halbrunde Exedren vor dem langgestreckten, nach 1849 erneuerten Mönchschor bilden eine querhausartige Ausweitung.

In der 1. Kapelle rechts ein Altarbild mit der ● *»Geißelung Christi«*, eine in der Bewegung der Figuren und in der reichen Säulenarchitektur kühne Komposition von Sebastiano del Piombo. Es ist das erste in Öltechnik gelungene Wandgemälde der italienischen Renaissance, zwischen 1516 und 1521 geschaffen und schon von den Zeitgenossen bewundert, besonders von Vasari, dem Kunstschriftsteller und Schöpfer der Architektur der 4. Kapelle rechts und des Altarbildes darin (*»Bekehrung des hl. Paulus«*). Die beiden Grabdenkmäler dieser 4. Kapelle und die Schranke schuf Ammanati. – Daniele da Volterra war der Gestalter der 5. Kapelle links. Von ihm (oder Giulio Mazzoni) soll auch das Altarblatt (*»Taufe Christi«*) gemalt sein. – Die 2. Kapelle links ● (***Cappella Raymondi***) verdankt ihre Innenarchitektur Bernini, der die Entwürfe schuf, während die Ausführung seinen Schülern Bolgi, Baratta und Salé anvertraut wurde (1638–48). Salés Relief auf dem Altar stellt die *»Entrückung des hl. Franziskus«* dar. – Unter den Stufen zum Hochaltar liegt Beatrice Cenci (1599 hingerichtet) begraben.

● **Tempietto di Bramante.** Im Hof des anstoßenden Franziskanerklosters bezeichnet der 1502 von Bramante erbaute Tempietto jene Stelle, auf der gemäß der Legende das Kreuz Petri gestanden hat. Bramante schuf mit diesem kleinen Werk in Form einer Gedächtniskapelle das Musterbeispiel der Hochrenaissance-Architektur schlechthin. 3 konzentrische Stufen führen zu dem kreisrunden Tempelpodest, auf dem 16 dorische Säulen den Tempelkern umgeben. Ein Metopengebälk trägt die streng geformte Balustrade, hinter der das zurücktretende Obergeschoß die

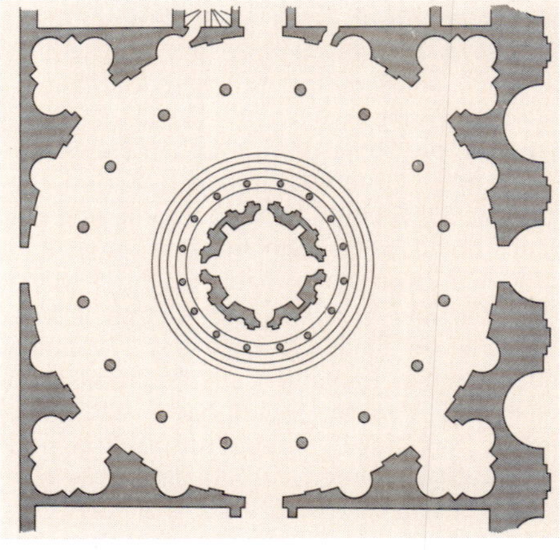

S. Pietro in Montorio. Grundriß des Tempiettos nach dem ursprünglichen Entwurf Bramantes

Gliederung des Erdgeschosses aufnimmt: Eine rechteckige Nische wechselt jeweils mit einer muschelgewölbten Rundnische. Ein kräftiges Gesims und eine schlichte Kuppel mit reicher barocker Laterne bekrönen den Bau.
Der heute fremd und beengt in einem ärmlichen Innenhof stehende Tempel sollte nach dem Entwurf Bramantes ein ihm entsprechendes Ambiente erhalten: Den Rundbau umschloß im gemessenen Abstand ein Kranz freistehender Säulen; den quadratischen Hof begrenzten starke Mauern, die sich in tiefen Nischen und 4 Zugängen öffneten und auf diese Weise mit der Gliederung des Kernbaus korrespondierten (s. das Modell S. 251).

A4/5 **S. Pietro in Vaticano, Peterskirche** → S. 326.

L8 **S. Pietro in Vincoli** (Piazza S. Pietro in Vincoli 4)
Die vermutlich in der 2. Hälfte des 4. oder am Anfang des 5. Jh. gebaute, bereits kurz nach 430 völlig erneuerte Kirche war ursprünglich Petrus und Paulus geweiht. Als Eudoxia, die Gattin Kaiser Valentinians III. (425–455), die angeblichen Ketten, in denen man Petrus nach Rom gebracht hatte, der Kirche schenkte, wurde der Apostelfürst der alleinige Kirchenpatron. Restaurierungen erfolgten unter Papst Hadrian I. (772–795), nach 1084, im 13. (Neubau der Hauptapsis) und – eingreifend – im 15. Jh.
Trotz der Umgestaltungen während der Renaissance blieb der frühchristliche Bau, eine 3schiffige Basilika mit breitem Mittelschiff, Querhaus, Hauptapsis und, als Neuheit, 2 Nebenapsiden, weitgehend erhalten. Der Einbau des Querhauses verrät sowohl die Orientierung an der konstantinischen Peterskirche als auch an dem im östlichen Mittelmeerraum inzwischen weiterentwickelten Basilikatypus; an die Stelle des römischen Fußes (ca. 29,57 cm) als Grundmaß trat der byzantinische Fuß (ca. 30,95 cm). Die Proportionierung des Baues ergab, verglichen mit den zuvor entstandenen römischen Bauten von S. Maria Maggiore und S. Sabina, eine deutliche Verringerung der Säulenzahl; es sind 20 Säulen mit dorischen Kapitellen aus der römischen Kaiserzeit, darüber Rundbogen statt, wie bisher, Architrave. Grundrißdisposition und Wandaufbau wurden vorbildhaft für weitere Bauten des 5. Jh., z. B. für → S. Agata dei Goti. Die Umbauten und Renovierungen konnten die Bausubstanz nur geringfügig verändern.
Das Erscheinungsbild der Kirche wird von den im 13.–18. Jh. entstandenen Partien bestimmt. Giuliano della Rovere, der spätere Papst Julius II., hat 1471–1503 am meisten zur Neugestaltung beigetragen. Er ließ u. a. den Kreuzgang bauen und einen Portikus mit 5 Rundbogen vorsetzen, den Kardinal Granvella 1570–78 um ein geschlossenes Stockwerk erhöhte. Weitere Eingriffe erfolgten um 1705, als die kassettierte Tonnendecke des Hauptschiffs mit dem Bild des »Kettenwunders« von G. B. Parodi angebracht wurde.
Links des Eingangs steht das *Grabmal* für die florentinischen Künstlerbrüder *Antonio und Piero Pollaiuolo* († 1498 bzw. 1496), mit 2 schlicht gerahmten Büsten wohl von der Hand Luigi Capponis. Darüber das anonyme Fresko der Pestprozession von 1476. – An der linken Seitenschiffwand das *Grab des Kardinals Nikolaus von Cues* (aus Kues an der Mosel), des großen Theologen und Philosophen (1401–1464); die farbige Reliefplatte mit dem hl. Petrus zwischen einem Engel und dem betenden Kardinal stammt von Andrea Bregno. – Im 2. Altar des linken Seitenschiffs ein *Mosaik* des frühen 7. Jh. mit dem *hl. Sebastian*, das den byzantinischen Einfluß auf die frühmittelalterliche Kunst Roms belegt.
Hochberühmter Besitz der Kirche ist das *Kenotaph für Papst Julius II.* von Michelangelo im rechten Querhausarm. Seit 1505 arbeitete Michelangelo an Projekten für das Grabmal, das in St. Peter im Vatikan hätte aufgestellt werden sollen. Durch die Freskierung der Sixtinischen Kapelle (1508–12) abgehalten, hoffte Michelangelo, nach dem Tode des Papstes (1513) das Werk realisieren zu können, vermochte es aber erst 1542–45 in reduzierter und veränderter Form abzuschließen. Vom ursprünglich geplanten riesigen Monument und seinen 28 Figuren blieben außer dem Moses (1513–16 mindestens projektiert, 1535 erstmals erwähnt) nur 2 »Sklaven« (Louvre) sowie Rahel und Lea als Werke von Michelangelos eigener Hand. Die übrigen, schwächeren Figuren oben sind Werke von Mitarbeitern: die liegende Figur des Papstes von Tommaso Boscoli, die Madonna von Scherano da Settignano, der Prophet und die Sibylle von Raffaello da Montelupo. Moses ist wahrscheinlich in dem Augenblick dargestellt, da er vom Berge Sinai herabgestiegen ist und bei der Rast den Verrat des Volkes

S. Pietro in Vincoli. Michelangelo: Moses

Israel, den Tanz um das Goldene Kalb, erkennt; unter dem rechten Arm hält er die Gesetzestafeln; das Haupt ist von den Strahlen der göttlichen Erleuchtung erhöht, die durch die falsche Auslegung eines hebräischen Wortes in der lateinischen Vulgata-Übersetzung zu Hörnern wurden. Nach anderer, die kirchenpolitischen Intentionen des Papstes berücksichtigender Deutung ist der Prophet – Führer des Volkes Israel wie Julius II. Lenker der Kirche Christi – in dem tragischen Moment erfaßt, da Gott ihn das Gelobte Land schauen, ihn aber auch wissen läßt, daß Moses selbst es nicht mehr erreichen werde. In diesem Werk mit seinem Pathos ist der Grund zur Barockskulptur gelegt. – Eine ruhige Bewegung veranschaulichen die Statuen von Jakobs beiden Frauen, Rahel (links) und Lea, die wohl erst 1542 der nahezu 70jährige Meister begonnen hatte.

Unter dem Hochaltar werden in einem Renaissance-Tabernakel die »Ketten des hl. Petrus« aufbewahrt.

Gemälde von Guercino, A. Carracci, Domenichino u. a. in der ehem. Sakristei bereichern die Kirchenausstattung.

Rechts von der Kirche ist der Zugang – über den Palazzo della Facoltà di Ingegneria – zum 1503 vollendeten **Kreuzgang**, der Giuliano da Sangallo zugeschrieben wird. In der Mitte schöner **Brunnen** von Antonio da Sangallo d. J. und Simone Mosca, um 1517.

M7 **S. Prassede** (Via S. Prassede 9a)

Bereits im frühen 5. Jh. soll die Kirche als Nachfolgebau einer auf dem angeblichen Besitz eines Senators Pudens stehenden Hauskirche existiert haben. Sie war der hl. Praxedis geweiht, der Tochter des Senators, der nach der Legende Petrus bei sich aufnahm. Die Gebeine der hl. Praxedis und ihrer Schwester, der hl. Pudentiana (→ S. Pudenziana), ruhen in der Ringkrypta. Papst Paschalis I. (817–824) betrieb einen Neubau von Grund auf: die bestehende, 1560–66 und 1594–1600 lediglich renovierte und dekorierte Kirche.

Durch einen unscheinbaren Backsteinbogen an der Via S. Prassede und einen Treppengang erreicht man das an 3 Seiten von profanen Gebäuden umgebene Atrium und die schlichte Kirchenfassade mit einem Renaissance-Portal. Der kleine Turm über dem Querhaus (Ende des 11. Jh.?) dürfte der älteste Glockenturm in Rom sein.

Wie alle Kirchenbauten Roms aus der Zeit Paschalis' I. nahm S. Prassede die frühchristliche Tradition auf; die 3schiffige, flachgedeckte Architravbasilika mit Querhaus und Apsis nach dem Vorbild von Alt St. Peter ist unter den Dekorationen des 16. Jh. weitgehend erhalten. – Gegliedert wird das Mittelschiff durch den rhythmischen Wechsel zweier Granitsäulen mit jeweils einem Pfeiler und die quer durch den Raum gespannten Schwibbögen. Es ist allerdings eine offene Frage, ob diese Strukturen dem 9. Jh. angehören (vgl. den Stützenwechsel und die Schwibbögen in SS. Quattri Coronati, vgl. auch S. Maria in Cosmedin) oder ob die Pfeiler und Schwibbögen erst im frühen 13. Jh. eingefügt wurden.

Die *Fresken* der Wände (Apostel, Leidensgeschichte Christi u. a.) malten Künstler des 16. Jh. wie B. Croce, G. Balducci. – Im Fußboden, einer Imitation von Cosmatenarbeit (1918), befindet sich eine Porphyrplatte, die jene Vertiefung bedeckt, in der die hl. Praxedis das Blut von Märtyrern gesammelt haben soll.

S. Prassede ist berühmt durch seine *Mosaiken,* meist gut erhaltene Werke am Triumphbogen, an der Apsis (Bogen und Wölbung) und in der von Paschalis I. als Grablege seiner Mutter Theodora gebauten Zeno-Kapelle. ●
Unter Wiederaufnahme frühchristlicher Motive vergegenwärtigen sie die Apokalypse: Der Triumphbogen zeigt das von Christus und den Aposteln (oder gekrönten Auserwählten) sowie, mit Buchrolle, Moses (oder Johannes Ev.?) und Elias beherrschte Neue, das Himmlische Jerusalem, dessen edelsteinglänzenden, von Erzengeln bewachten Toren sich Heilige und Selige nähern. Am Apsisbogen erscheinen der Thron des Apokalyptischen Lammes, das Buch mit den 7 Siegeln, die 7 Leuchter, 4 Erzengel, die Evangelistensymbole und die in weiße Gewänder gehüllten 24 Ältesten, die ihre Ehrenkränze dem Lamm darbieten: Das Aurum Coronatum ist dargestellt, der Brauch der römischen Provinzen, dem Kaiser Gold in Form von Kränzen darzubringen, hier auf Christus übertragen. Die Gesamtkonzeption findet ihren Höhepunkt in dem Mosaik der Apsis. Über einem dreifachen goldenen Schriftband stehen weiß vor goldenem Grund das Lamm und die 12 Lämmer der Apokalypse. Der von der göttlichen Hand bekränzte Christus beherrscht das Hauptbild vor blauem, mit Rot und Gold durchwirktem Grund. Von links geleitet Paulus die hl. Praxedis und Papst Paschalis I. zu Christus hin, von rechts Petrus die hl. Pudentiana und St. Zeno. In diesem formal und teilweise thematisch vom Apsismosaik in → SS. Cosma e Damiano abhängigen Bild wird die Bedeutung der Gesamtkonzeption faßbar: die Verwirklichung des Neuen Jerusalem, der Civitas Dei Augustins, im Bild von Bau und Ausstattung der Basilika S. Prassede. Diese großartig gestufte Bildfolge von Triumphbogen, Apsisbogen und Halbkuppel hat aber nicht mehr die große technische Sicherheit wie die frühchristlichen Mosaiken. Die plastischen Körper weichen flächenhaft in der Wand stehenden Gestalten; die Darstellung der Menschen vereinfacht sich auch in Ge-

S. Prassede. Apsismosaik des 9. Jh.

sicht und Gebärde. Doch wird dieser Verlust aufgewogen durch die Kraft des Ausdrucks.

● An der Eingangswand der ***Zeno-Kapelle*** am rechten Seitenschiff sind über einem eigenartigen Portal mit ionischen Kapitellen und antikem Marmorgebälk Kompositionen frühchristlicher *Mosaiken* aufgegriffen (→ S. Sabina): Brustbilder Christi und der Apostel (äußerer Bogen) sowie der Madonna mit weiteren Heiligen (innerer Bogen) in Rundscheiben (13. Jh.?). – Das Innere der über dem Grundriß eines griechischen Kreuzes errichteten Grabkapelle für die Papstmutter gehört zu den wenigen vollständig gewölbten Bauwerken des Mittelalters in Rom und ist in seiner Art das bedeutendste künstlerische Zeugnis des 9. Jh. in der Stadt. Der Mittelraum hat Kreuzgratgewölbe, während die kurzen Arme unter Tonnen liegen. Den Fußboden bedeckt Marmorinkrustation (12. Jh.?). – Mittelpunkt der umfassenden Mosaikausstattung ist das Brustbild Christi im Gewölbe. Er erscheint in einem lorbeerumkränzten Medaillon, das 4 Engel, von den säulengestützten Ecken des Mittelraumes aufsteigend, tragen. Das Programm der Seitenwände weist im Anschluß an die Mosaiken der Basilika und entsprechend der Bestimmung des Raumes als Grablege auf die Wiederkunft Christi hin: Ein Mosaikfragment zeigt die Anastasis den Abstieg Christi zur Vorhölle und die Errettung der Menschheit in den Personen von Adam und Eva, andere stellen das mystische Lamm und den Paradiesesberg mit den 4 Strömen dar, Märtyrerinnen mit Kronen sowie (linke Wand) die hll. Agnes, Pudentiana, Praxedis und die Papstmutter Theodora; im Kreuzarm gegenüber Apostel mit Büchern. – In der Altarnische findet sich das als *»S. Maria Liberatrice«* hochverehrte Mosaik einer Thronenden Madonna zwischen den hll. Praxedis und Pudentiana (13. Jh.?), an der Altarwand in einer Lünette die (fragmentierte) Verklärung Christi. Zu seiten des kleinen Fensters über dem Altar Johannes d. T. und Maria. Über dem Eingang zeigt eine großflächig erhaltene Komposition die Verehrung des apokalyptischen Thrones mit dem Kreuz (Hetoimasia) durch Petrus und Paulus.

In einem Raum neben der Zeno-Kapelle ein 1223 von Kardinal Giovanni Colonna nach Rom gebrachtes *Säulenfragment,* das von der Geißelsäule Christi stammen soll.

Am 3. Freipfeiler im rechten Seitenschiff ein Grabmal mit der *Bildnisbüste des Bischofs Giov. Batt. Santoni* († 1592) von der Hand des jungen Bernini. – In der Cappella del Crocefisso rechts vom Hochaltar steht das Arnolfo di Cambio zugeschriebene *Grabmal des Pantaléon Anchier,* eines 1286 hier in der Kirche ermordeten Neffen Urbans IV.

Die ***Cappella Olgiati*** am linken Seitenschiff ● wurde 1590 von Martino Longhi d. Ä. für Bernardo Olgiati als Grabkapelle gebaut. Wohl 1592/93 schuf Giuseppe Cesari die bedeutende manieristische *Ausmalung.* Das Gewölbe ist in ein Labyrinth vorgetäuschter Räume und Architekturglieder verwandelt. In den Stichkappen sitzen die Kirchenväter, in den Eck-

S. Prisca. Mithräum. Mithras mit dem Stier; davor Oceanus-Saturnus

räumen Propheten und Sibyllen. Mitte der Darstellungen ist das rechteckige Deckenbild mit der Himmelfahrt Christi. Kleine Bilder nehmen Himmelfahrt, Auferstehung, »Noli me tangere« und Emmaus-Wunder auf. Fruchtgirlanden und verschlungene Schriftbänder steigern den verwirrenden Eindruck der Dekoration.

I12 **S. Prisca** (Via S. Prisca 11)

Die Vorgeschichte der Kirche führt in eine der wichtigsten Phasen des frühen Christentums zurück, in die Zeit Theodosius' I., der es 391 zur Staatsreligion erhob und alle anderen Kulte verbot. Das löste u. a. weitreichende Verfolgungen von Nichtchristen aus. S. Prisca steht über dem Areal des trajanischen Privatpalastes auf dem Aventin. Hier soll eine Prisca, christliche Nachbesitzerin eines Teiles des vornehmen Viertels, am Ende des 3. Jh. ein Oratorium eingerichtet haben, unmittelbar neben einem Mithräum vom Ende des 2. Jh. Jedenfalls verwüsteten und zerstörten Christen in theodosianischer Zeit dieses Mithräum. Die Krypta entstand in den von den Christen zerstörten Häusern. Im 5. Jh. wird ein erster Kirchenbau erwähnt, der, zwischen 772 und 795 durch Papst Hadrian I. fast von Grund auf erneuert, im Normannensturm 1084 unterging. Paschalis II. (1099–1118) war der Schöpfer des Neubaus, dessen überlieferte Gestalt im wesentlichen das Ergebnis zweier Umbauphasen 1455/56 und um 1600 ist.

In den Pfeilern der einfachen barocken Basilika sind noch die antiken Säulen sichtbar. Die breite Apsis wurde um 1600 ausgemalt. – In der kleinen Taufkapelle am rechten Seitenschiff ein eigenartiger *Taufstein,* der aus dem schönen Marmorkapitell einer dorischen Säule gebildet ist. Der Legende nach diente er dem hl. Petrus, doch dürfte das Kapitell erst um die Mitte des 2. Jh. n. Chr. entstanden sein.

Bedeutender als die Kirche sind die Krypta und die unter der Kirche ausgegrabenen römischen Bauten. Die – nur von außen zugängliche – ***Krypta*** ist eine tonnengewölbte Anlage aus 3 Armen eines Kreuzes. Die Wandmalereien entstanden 1600.

Von dem **römischen Haus**, über dem die Kirche steht, sind ansehnliche Räume mit Tonnengewölben und Apsiden ausgegraben, ebenso das ***Mithräum.*** Im hadrianischen Nymphäum, dem ersten Raum, den man betritt, sind Fundstücke, Plastiken, Bildintarsien, Gebrauchsgegenstände und Inschriften ausgestellt. Bemerkenswert ist der tonnengewölbte Kultraum des Mithräums, mit Rundnischen beiderseits des Eingangs. In der einen steht ein Torso des Mithras-Begleiters Cautes, dem gegenüber eine Figur des Cautopates entsprach. Der Kultraum ist an den Seitenwänden über breiten Bänken von Wandmalereien geschmückt, die Ereignisse des Mithras-Kultes darstellen. Wertvoll als Quelle des Kultes sind die Beischriften der von den Hieben der Christen lädierten Bilder. In der großen abschließenden Rundnische steht ein Hochrelief des Gottes, der den Stier tötet, mit Serapis, dem ägyptischen Gott der Fruchtbarkeit, Mars, Venus und anderen Göttern. Vor dem Relief aus Stuck die liegende Gestalt eines Oceanus-Caelus. – Der mittlere Nebenraum diente offenbar als Baptisterium; um ein Becken lief ringsum ein Podium, auf dem die Gemeinde der Taufe beiwohnte.

S. Pudenziana (Via Urbana 161) L6

Gegen 400 erfolgte unter Papst Siricius der Einbau der Kirche S. Pudenziana in einen Thermensaal aus

S. Pudenziana. Apsismosaik: Christus und die Apostel

dem 2. Jh. n. Chr., der von der Legende als Haus des Pudens, des Vaters der hl Pudentiana (zur Legende → S. Prassede), gedeutet wurde. Die Struktur dieses Gebäudes aus der mittleren Kaiserzeit nahm bereits Grundzüge des späteren basilikalen Wandaufbaus in der Verwendung von Säule und Architrav mit darüber aufgehender Wandzone vorweg. Unter Papst Hadrian I. (772–795), im späten 11., im frühen 13. und Ende des 16. Jh. ist der Bau mehrfach verändert worden. Vom Ursprungsbau blieb jedoch die Apsis mit dem berühmten Mosaik erhalten. Wohl im 13. Jh. entstand der 5geschossige Campanile, erst 1870 die Fassade.

Der Portalvorbau enthält im Gebälk ein *Friesfragment* des 11. oder 12. Jh. (nach anderen: 8./9. Jh.), dessen Ranken 5 Medaillons mit dem Lamm Gottes und den Halbfiguren der hll. Pastor, Pudentiana und Praxedis sowie des Pudens (von links) einfassen. – Die vorderen 3 Joche des Langhauses sind heute 1schiffig, während der hintere Teil seine Dreischiffigkeit behielt; dort finden sich in den Pfeilern des 16. Jh. noch einige Säulen des Baues aus dem späten 4. Jh.

Außerordentliche Bedeutung erhält die Kirche durch das *Apsismosaik,* eines der bedeutendsten Dokumente frühchristlicher Bildkunst. Es erweitert das Thema des im Apostelkreis wie ein antiker Philosoph lehrenden Christus in die Bild- und Bedeutungswelt der Apokalypse. (Die Komposition wurde 1589 am oberen und unteren Bildrand beschnitten, zur Einpassung der Kuppel, die Niccolò Pomarancio ausmalte; die rechte Figurengruppe und andere Fehlstellen wurden 1830–33 ergänzt.) Das Motiv des thronenden Basileus, des kaiserlichen Herrschers, aufgreifend, läßt der Mosaizist Christus frontal auf dem gemmengeschmückten Thron erscheinen, umgeben von – nicht mehr allen – Aposteln. Die Lettern im geöffneten Buch bezeichnen ihn als Schutzherrn der Kirche S. Pudenziana. Ihm am nächsten sitzen Petrus und Paulus, denen die Personifikationen der Heiden- und der Judenkirche (vgl. S. Sabina) Triumphkränze auf das Haupt setzen. Ein mit goldenen Ziegeln gedeckter Arkadenbau umfängt die gesamte Figurengruppe. Im Zentrum ragt dahinter das monumentale Gemmenkreuz auf, Sieges- und Auferstehungssymbol seit konstantinischer Zeit. An den Seiten des Kreu-

zesfußes erstreckt sich das Himmlische Jerusalem. Die apokalyptische Sphäre wird im weiten Himmel über der Stadt durch die 4 mystischen Wesen der Offenbarung des Johannes vor Augen geführt, eine der frühesten Darstellungen. In der Weiterentwicklung und Übersteigerung von Motiven der konstantinischen Epoche leitet das Apsismosaik von S. Pudenziana zu den apokalyptischen Mosaiken der theodosianischen Zeit über. Zugleich artikuliert diese Konzeption kirchenrechtliche Ansprüche, schrieb doch bereits Ignatius von Antiochien im frühen 2. Jh. (?): »Was Christus inmitten seiner Apostel ist, ist der Bischof im Kranz seiner Presbyter.«
Bemerkenswert die ***Grabkapelle*** der Familie ***Caetani*** am linken Seitenschiff, von Francesco da Volterra begonnen und nach 1598 von Carlo Maderno vollendet. Die farbige Marmordekoration stammt von Giacomo della Porta und Valsoldo; die Mosaikausstattung entwarf Federico Zuccari. Das Relief der »Anbetung der Könige« auf dem Altar hat Pier Paolo Olivieri 1599 begonnen, Camillo Mariani vollendet. Durch den Reichtum des Wandaufbaus und perspektivische Wirkungen entsteht ein fesselnder Raumeindruck.

Aus dem linken Seitenschiff erreicht man über eine Treppe den Zugang zum **Oratorio Mariano** mit *Fresken* des 9. und 11. Jh. (Petrus zwischen den hll. Pudentiana und Praxedis, Maria mit dem Kind, Bekehrung des Paulus u. a.). In dem Oratorium wird ein Teil der Hauskirche des 2. Jh. gesehen.

● **SS. Quattro Coronati** (Via dei Querceti / Via
M10 SS. Quattro Coronati 20)

Der Kloster- und Kirchenkomplex auf dem Celio zählt zu den wichtigsten mittelalterlichen Monumenten Roms. Die Baugruppe, 16 m über die Via S. Giovanni in Laterano aufragend, fungierte als heilige Stätte und zugleich als Festung zur Sicherung der Lateranzugänge.

Die Kirche wurde den »Vier Gekrönten« geweiht, jenen legendären heiligen Steinmetzen, denen man spitze Kronen in den Kopf getrieben hatte, weil sie keine Statuen heidnischer Gottheiten meißeln wollten. Eine andere Legende bringt die »Vier Gekrönten« mit römischen Soldaten in Verbindung, welche die Verehrung einer Äskulap-Statue verweigert hatten und deshalb das Martyrium erlitten. Bereits im 4. Jh. läßt sich der Kult der Vier Gekrönten in Rom, seit dem 5. Jh. (als Titulus) auf dem Mons Caelius nachweisen.
Der christliche Kult übernahm eine Aula absidiata des 4. Jh., deren ursprünglicher Zweck unbekannt ist (vgl. S. Pietro in Vincoli, S. Balbina u. a.). Papst Leo IV. (847–855) gründete einen monumentalen Neubau unter Einbeziehung älterer Teile, mit Vorbau, Campanile zu Verteidigungszwecken, Atrium, Langhaus, Apsis und Ringkrypta (Gesamtlänge: 96 m; Länge der Basilika: 48,5 m, Breite: 28 m). 32 Säulen trennten die 3 Schiffe der Basilika. Diese Basilika vernichtete ein Brand während der Eroberung Roms durch die Normannen 1084 (nur die am linken Schiff der hl. Barbara geweihte Kapelle blieb erhalten), doch begann Papst Paschalis II. (1099–1118) die Wiederherstellung des Komplexes.

Das Paschalis-Projekt geriet weitgehend zu einer Neuplanung und verlieh der heutigen 3schiffigen, 5jochigen Kirche ihr Aussehen: Die Seitenschiffe wurden aufgegeben und das ehemalige Mittelschiff in 3 Schiffe geteilt. Die Schiffe münden in ein Querschiff, an das sich auf der gesamten Länge die breite karolingische Apsis anschließt. Über den neu entstandenen Schiffen richtete man Emporen ein. Der östliche Teil des karolingischen Langhauses bildete nun das 2. Atrium der Kirche (vgl. den ebenfalls von Papst Paschalis II. vorgenommenen Umbau von → S. Clemente); in diesem 2. Hof finden sich in der rechten Seitenwand und in der 2schiffigen Vorhalle noch Säulen der karolingischen Basilika.

Während des päpstlichen Exils in Avignon (1309–77) verfiel die Kirche. Sie erfuhr erst 1423–1431 eine Renovierung durch Papst Martin V. Restaurierungen 1912–14 und 1957.

Die Gebäudegruppe der Kirche und des (ihr 1138 beigegebenen) Klosters SS. Quattro Coronati, aus rotem Backstein errichtet, spricht am eindrucksvollsten im Halbrund der karolingischen *Apsis*, die wie eine Festungsbastion die Via SS. Quattro Coronati überragt. Den Eingang auf der Höhe des Caelius betont ein mittelalterlicher ***Glockenturm***, der sich in einer niedrigen Säulenstellung öffnet.
Der Innenraum der Kirche ist eine hohe Emporenbasilika mit Stützenwechsel. Das Mittelschiff schließt eine schöne kassettierte *Holzdecke* des 16. Jh. ab. *Cosmatenmosaik* des 13. Jh. bildet den Boden der Basilika. An der Eingangswand blieben *Fresken* des 14. Jh. erhalten, Votivbilder von Stiftern. In der Apsis stehen u. a. (restaurierte) Ambonen des 13. Jh.

SS. Quattro Coronati. Oratorio S. Silvestro. Fresko (1246): Konstantin übergibt Papst Silvester die Insignien

In der Wölbung stellte Giovanni da S. Giovanni 1623 die *Geschichte der Quattro Coronati* dar. Er tat beiden Legenden recht (vgl. Einleitung), indem er in der unteren Bildzone die Geschichte der Steinmetze aus Pannonien, in der oberen die der 4 römischen Soldaten erzählt. Den oberen Abschluß bildet das Paradies, in das die Märtyrer eingingen. – Die ***Krypta*** in der typischen Ringform der karolingischen Zeit bewahrt 4 Sarkophage mit den vermuteten Gebeinen der Titelheiligen.

Im rechten Seitenschiff der karolingischen Basilika entstand im frühen 12. Jh. das **ehemalige Refektorium** des Klosters. Hier fand man große Teile des *Mosaikfußbodens* des karolingischen Vorgängerbaus.

● Vom linken Seitenschiff aus ist der **Kreuzgang** erreichbar, ein Werk der römischen Marmorkünstler des beginnenden 13. Jh. auf der Höhe ihrer Meisterschaft. Die Gänge haben statt des offenen Dachstuhls aus Ziegelsteinen gemauerte Tonnengewölbe. 5 Paare von Doppelsäulchen wechseln jeweils rhythmisch mit einem Pfeiler, dessen Ziegelkern mit Marmor verkleidet ist. Kannelierte Pilaster sind den Pfeilern vorgesetzt. Auch die Wände des Hofes tragen Marmorplatten. Das edle Material und die zierliche Form bilden zu dem romanischen Werkstein und seinen kräftigen Einzelsäulen einen ausdrucksvollen Kontrast. In der Mitte des Kreuzgangs steht ein schöner **Brunnen** aus der Zeit des Papstes Paschalis II. (1099–1118).

Links am Kreuzgang ist der Zugang zur **Barbara-Kapelle.** Der Trikonchos aus dem 9. Jh., ursprünglich eine Seitenkapelle der karolingischen Basilika, steht heute isoliert südlich der Kirche. In die Ecken des kreuzgratgewölbten Raumes wurden spätantike *Konsolen* des 4./5. Jh. eingesetzt (vgl. die Zeno-Kapelle an → S. Prassede). *Freskoreste* des 9. Jh. (Hauptapsis) und des 13. Jh.

Am 1. Vorhof liegt das **Oratorium des hl. Silvester.** An den Wänden des rechteckigen Raumes, der einen schönen *Cosmatenfußboden* besitzt, sind steinerne Sitzbänke entlanggeführt. Das Tonnengewölbe trägt eine *ornamentale Malerei* aus Kreuzen und Balkensternen, in der Mitte 5 keramische Zierscheiben. Darunter umläuft ein Fries den Raum, der sich an den Stirnseiten zu 2 Streifen mit szenischen Darstellungen verdichtet, 8 Geschehnissen aus der *Konstantins-Legende.* Auf dem ● Höhepunkt der Auseinandersetzung des staufischen Kaisers Friedrich II. mit dem Papsttum unter Innozenz IV. (1243–1254) erfuhr die päpstliche Bildpropaganda in diesem bemerkenswerten Freskenzyklus einen monumentalen Ausdruck. Ausgehend von einer Darstellung Christi als Weltenrichter an der Eingangswand schildern die 8 (erhaltenen) Szenen legendäre Begebenheiten: Die 1. Darstellung (rechte Wand) zeigt den vom Aussatz befallenen Konstantin und den Rat der Ärzte, im Blut von Säuglingen zu baden, worauf der Kaiser angesichts der flehenden Mütter verzichtet. 2: Dem schlafenden Konstantin erscheinen Petrus und Paulus im Traum; sie drängen ihn, Papst Silvester (I.) auf dem Berg Soracte zu konsultieren. 3: 3 Boten reiten zum Berg Soracte. 4 (linke Längswand): Den Boten tritt der Papst mit 2 Begleitern entgegen. 5: Der Kaiser verehrt die Bilder der Apostelfürsten, die Silvester ihm zeigt. 6: Im Bad der Taufe wird Konstantin geheilt. 7: Vom thronenden Kaiser empfängt Silvester kniend Papstkrone und Baldachin. 8: Der Kaiser führt den Schimmel des Papstes demütig zu Fuß durch die Stadt Rom. Der Zyklus ist ein Teil der päpstlichen Propaganda gegen den Kaiser. Sein Thema kreist um die »Konstantinische Schenkung«, jene Urkundenfälschung des 8. Jh., mit der die Päpste, besonders Innozenz IV. und seine unmittelbaren Nachfolger, ihre Herrschaft über die Stadt Rom und Italien sowie den Hegemonialanspruch gegenüber dem Kaisertum zu legitimieren versuchten. In der Bedeutung der Apostelfürsten liegt der zweite grundlegende Aspekt dieser Agitation, die in diesen Jahren eines verstärkten Ausbaus des Vatikan die Petrus-Nachfolge des römischen Bischofs als Legitimation päpstlicher Macht immer wieder herausstellte. Der Kardinal Raynaldus, Bischof von Ostia, der die Kapelle 1246 weihte, war ein Neffe Gregors IX.

Auf der rechten Wand noch 3 *Silvester-Szenen:* Der Heilige erweckt einen von einem Juden getöteten Stier zum Leben; Auffindung des Kreuzes Christi; Silvester tötet einen Rom bedrohenden Drachen. – In der Gestalt des Weltenrichters im oberen Bildstreifen werden Anklänge an die nordische Gotik (französische Tympana) spürbar. – Die Blattranken unter dem Gewölbe gehören zu den qualitätvollsten romanischen Ornamenten Roms.

SS. Re Magi (Palazzo di Propaganda Fide; Via di Propaganda) → S. 296. [I4]

S. Rocco (Via di Ripetta / Largo S. Rocco 1) G3

Am ehemaligen Flußhafen, dem Porto di Ripetta, wurden ein Hospital und eine Kirche errichtet, die man 1502 dem Pestheiligen S. Rocco weihte. 1646 bis ca. 1680 hat G. A. Rossi sie barock umgestaltet.

Die Fassade Giuseppe Valadiers (1834) ist eine Adaption von Palladios S. Giorgio Maggiore in Venedig. – Im Innern der weitgehend vom 19. Jh. ausgestalteten Kirche trennen gebälkartig ausgebildete Segmentbogen, die zwischen Doppelsäulen gespannt sind, die beiden Seitenschiffe in einzelne Joche. – In der 2. Kapelle links die fast unleserlich gewordene »Anbetung des Jesuskindes« von Baldassare Peruzzi. Auf dem Hochaltar Bild des »Hl. Rochus« von Giacinto Brandi. In der Sakristei u. a. »Die Madonna zwischen den hll. Rochus und Antonius mit den Pestkranken« von Baciccia, 1663/64.

S. Saba (Via S. Saba) J13

Die kriegerischen Ereignisse des 7. Jh. – 637/638 eroberten die Moslems Jerusalem – zwangen griechische Christen zur Flucht aus Palästina. In den Westen flohen auch Mönche des 508 gegründeten Klosters Nea Laura bei Bethlehem, das auf den hl. Sabas zurückgeht. Sie erhielten um 650 (?) in Rom einen Apsidensaal des 4./5. Jh. auf dem Aventin als Oratorium (s. u.) ihres neuen Saba-Klosters, richteten im Fußboden Grabstätten ein und statteten den Bau mit Fresken aus. In den Auseinandersetzungen der sich entwickelnden römischen Papstkirche mit der Ostkirche übernahmen Angehörige dieses Konvents bis ins 10. Jh. immer wieder schwierige diplomatische Missionen, bis in der 2. Hälfte des 10. Jh. die Benediktiner S. Saba bekamen, schließlich 1145 die Cluniazenser – Anlaß für den Bau der bestehenden Basilika, die später noch mehrmals den Ordenseigentümer wechselte. Mitte des 15. Jh., 1900–11 bei Ausgrabungen sowie 1932/33 und 1943 restauriert.

Die Marmorrahmung des *Kirchenportals* weist eine bemerkenswerte Künstlerinschrift auf: Am Türsturz von 1205 nennt sich der Magister Jacobus, der Vater des Marmorkünstlers Cosma (I), der seinerseits die berühmte Cosmatenfamilie weiterführte. – 7 Säulenpaare gliedern das Innere der Basilika, die noch den alten offenen Dachstuhl aufweist. Die 3 Schiffe münden in Apsiden; die Kapitelle und Basen stammen aus Spoliengut. An das linke Seitenschiff schließt sich ein sog. 4. Schiff an, dessen

Funktion bisher nicht gedeutet wurde; es enthält Wandmalereireste des späten 13. Jh.
Von der ursprünglichen Mosaikausstattung der Hauptapsis blieb nichts erhalten. In der Mitte der Apsis ein Kreuzigungs-Fresko des 14. Jh. Die auf Christus (neben den hll. Sabas und Andreas) bezogenen Reihen von Aposteln und Lämmern darüber sind überarbeitete Fresken des 13. Jh. Das Ziborium wurde nach dem Vorbild von → S. Giorgio in Velabro restauriert. Dahinter steht ein ebenfalls rekonstruierter Bischofsstuhl, dessen Sitz von Löwenplastiken getragen wird und sich durch eine Kreuzscheibe mit cosmateskem Mosaik auszeichnet, durch die ein Nimbus gleichsam das Haupt des Bischofs umgab. – Teile der einstigen Schola finden sich an der Außenwand des rechten Seitenschiffs (Künstlerinschrift des Petrus Vassallectus = Vassaletti; vgl. S. Lorenzo fuori le Mura, S. Paolo fuori le Mura).

In der Vorhalle führt eine Treppe zum **Oratorio di S. Silvia.**

Die Legende bringt das Oratorium mit dem Platz auf dem Aventin, an dem die hl. Silvia, die Mutter Papst Gregors I. (590–604), in einer Einsiedelei gelebt haben soll, in Verbindung.

Der Saal von 13,4×10 m hat eine eingezogene Apsis (Teil eines vornehmen Hauses?). Seine Front ist in der heutigen Kirchenfassade noch in einer Höhe von 8,5 m erhalten; in der unverputzten Fassade sind zu den Seiten des Portals die einstigen Eingänge als vermauerte Rundbögen sichtbar. Die Seitenwände der »aula absidiata« (→ S. Pietro in Vincoli, → S. Balbina, → SS. Quattro Coronati) tragen die ersten 4 Joche der Basilika. – Bedeutend sind die im Korridor des Gemeindeamtes ausgestellten
● *Fresken,* die in 4 Phasen vom späten 7. bis zum Anfang des 10. Jh. entstanden. Dazu gehören 7 Heiligenköpfe (hll. Sebastian, Laurentius, Stephanus, Petrus von Alexandrien u. a.) aus der 2. Hälfte des 7. Jh. und ein christologischer Zyklus des frühen 8. Jh. mit ursprünglich 24 (?) Szenen, von denen 10 rekonstruierbar blieben (Christus, auf den Wellen schreitend; Heilung des Gichtbrüchigen; Taufe Jesu u. a.).

● **S. Sabina** (Piazza Pietro d'Illiria 1)

111 In S. Sabina kann der moderne Besucher einen besonders nachhaltigen, von Umbauten fast ungetrübten Eindruck einer frühchristlichen Basilika gewinnen.

Hier auf dem intensiv bebauten Aventin stiftete um 422 der illyrische Priester Petrus die 3schiffige querhauslose Säulenbasilika in dem seit dem frühen 4. Jh. üblichen Typus. 432 wurde sie geweiht. Papst Eugen II. stattete den Bau 824–827 mit der Sängerbühne, einer Ikonostasis, Ambonen und einem Altarziborium aus. 1222 schenkte Honorius III. die Kirche dem hl. Dominikus und erbaute den Kreuzgang. Restaurierungen und Umgestaltungen veränderten den Bau 1586/87 und 1589–1601 sowie 1667–69 und 1729 entscheidend und zerstörten große Teile der alten Ausstattung, darunter alle vorbarocken Fresken, doch eine sachgerechte Restaurierung unter Antonio Muñoz entfernte 1914–19 die Zutaten und gewann so ein der ursprünglichen Basilika weitgehend entsprechendes Modell von ihr.

Der Außenbau erschließt sich am schönsten vom **Parco Savello** aus. Der Eingang zu diesem liegt neben einem **Brunnen**, dessen Wasser sich aus einer antiken Tritonenmaske in einen Sarkophag ergießt. Der Park, in dem Zedern, Palmen und Apfelsinenbäume wachsen, bietet von einer Terrasse einen großartigen Blick auf das rechte Tiber-Ufer mit St. Peter, während in der Nahsicht die roten Backsteinmauern von **S. Sabina** freiliegen, gegen deren Hochschiffwände sich die kräftigen Strukturen der vorbildlich restaurierten Gitterwerke aus Selenit in den großen Rundbogenfenstern absetzen. (Ein Knick in der südlichen Seitenschiffwand läßt sich auf die Berücksichtigung von Fundamenten eines antiken Hauses zurückführen, in dem sich vermutlich eine Hauskirche, die Vorläuferin von S. Sabina, befand.)

In der Vorhalle des 13. und 15. Jh. zieht die aus Zypressenholz gefertigte *Tür des Hauptportals* alle Aufmerksamkeit an durch ihre Reliefs, 18 von ursprünglich 28 Bildfeldern (in veränderter Anordnung). Dieses Hauptwerk frühchristlicher Kunst, um 430 geschnitzt, ist von einzigartiger künstlerischer und ikonographischer Bedeutung. ●

Zu sehen sind in den 4 Felderreihen (links beginnend, von oben nach unten): 1. Reihe: Kreuzigung Christi – Wunder Christi: Heilung des Blinden, Vermehrung der Brote und Fische, Hochzeit von Kana – Christus und der Ungläubige Thomas – Moses als Jethros Schafhirte, vor dem brennenden Dornbusch und auf dem Berg Horeb – Verurteilung Christi durch Pilatus. – 2. Reihe: 2 Frauen vor dem Engel nach der Auferstehung Christi – Wunder des Moses: Verwandlung des Bitterwassers von Mara in süßes Wasser, Wachtelwunder, Manna fällt vom Himmel, Wasser aus dem Felsen – Christus erscheint den Frauen nach der Auferstehung – Huldigungsszene? Zacharias, im Tempel verstummend? – 3. Reihe: Die 3 Magier – Himmelfahrt Christi – Verleugnung Petri – Eherne Schlange, Zug durch das Rote Meer, Feuersäule (Buch Exodus). – 4. Reihe: Christus und 2 Jünger in Emmaus – Christus über der von Petrus und Paulus triumphgekrönten Kirche – Habakuk wird von einem Engel emporgerissen zum Flug zu Daniel – Himmelfahrt des Elias – Jesus vor Kaiphas? Moses vor dem Pharao?

Die Fülle der Themenbezüge, besonders in der Gegenüberstellung von alt- und neutestamentlichen Szenen, ist schwerlich noch ganz erfaßbar, da die alte Ordnung der Bildfelder nicht wiederherstellbar ist. Immerhin sind typologische Gegenüberstellungen in den schlicht erzählenden, von östlichen Stilvorbildern abhängigen Flachreliefs erkennbar. So kann die Aufrichtung der Ehernen Schlange als Vorausweisung auf Christus am Kreuz gesehen werden, ebenso die Entsprechung der Himmelfahrt des Elias zur Himmelfahrt Christi und der Wundertaten des Moses zu den Christus-Wundern. Die Hervorhebung der Apostelfürsten in der Darstellung Christi als Weltheiland und Herr der Kirche (4. Reihe) läßt wohl auch die erregte zeitgenössische Diskussion um den sich abzeichnenden Primatanspruch des Bischofs von Rom gegenüber dem Patriarchen von Konstantinopel anklingen.

Der Innenraum (Farbabb. 3) entwickelt seine Tiefenwirkung kontinuierlich in West-Ost-Richtung, ein Eindruck, den der Verzicht auf ein Querhaus und vor allem die dicht gestaffelten 12 Säulenpaare hervorrufen. Das Mittelschiff mündet in die halbrund schließende Apsis, die ein Triumphbogen prägnant hervorhebt.

In den Bogenlaibungen und den Arkaden fanden sich Reste farbiger Marmorinkrustationen; von dem Mosaik darüber blieben Reste an der Stirnwand erhalten. Eine *mosaizierte Inschrift* nennt auf der Eingangswand den Stifter Petrus von Illyrien; 2 Frauengestalten, Personifikationen der Juden- und der Heidenkirche, zu denen 2 verlorene Petrus- und Paulus-Figuren gehörten (vgl. das Apsismosaik von S. Pudenziana), flankieren die Inschrift. Malereien aus dem frühen 20. Jh. deuten die ursprüngliche, anhand von Stichen des 17. Jh. rekonstruierte Komposition der Mosaiken des Triumphbogens an: Im Scheitel des Bogens erscheint Christus als Pantokrator im Medaillon; er ist umgeben von Petrus und Paulus sowie weiteren Medaillons mit Aposteln, deren Reihe sich bis zu den Fußpunkten des Bogens fortsetzt; in den Ecken des Triumphbogens waren die in der Apokalypse genannten Städte Bethlehem und Jerusalem wiedergegeben. So erfährt das Programm der Türen im Triumphbogenmosaik eine wesentliche Steigerung durch den Hinweis auf die zukünftige Weltherrschaft Christi.

Damit setzt S. Sabina in den Bauformen und im Ausstattungsprogramm die imperialen Konzeptionen der konstantinischen Epoche fort, eine Tradition, die sich erst in der 2. Hälfte des 5. Jh. änderte (→ S. Agata dei Goti). In karolingischer Zeit wurde S. Sabina zum Vorbild für → S. Cecilia und → S. Marco.

Aus wiedergefundenen Fragmenten gelang es, die *Sängerbühne* mit meisterhafter langobardischer Ornamentik, die beiden *Ambonen* sowie einen mittelalterlichen *Bischofsstuhl* in der Apsis zu rekonstruieren. Vor der Sängerbühne, der Schola cantorum, die mosaizierte Grabplatte für den Dominikanergeneral Muñoz da Zamora († 1300). – Das *Fresko der Apsis* mit dem thronenden Christus, Aposteln und Heiligen wurde 1559/60 von Taddeo Zuccari gemalt, teilweise in Anlehnung an das in Resten unter der Malerei noch erhaltene ursprüngliche Mosaik.

In der Cappella Elci (Katharinenkapelle) am linken Seitenschiff tragen Wände und Kuppel Fresken mit Szenen aus dem Leben der hl. Katharina von G. Odazzi. Auf dem Altar das Bild der *»Rosenkranzmadonna zwischen dem hl. Dominikus und der hl. Katharina von Siena«*, ein Hauptwerk von Sassoferrato (1643). – In der Cappella S. Giacinto am rechten Seitenschiff Dominikus-Szenen, in Fresko gemalt von Federico Zuccari (1600).

Der **Kreuzgang** des frühen 13. Jh. gehört zu den ersten großen Werken der römischen Marmorkünstler, in denen sich die frühen Architekturformen in ziervolle, abwechslungsreiche Organismen verwandeln.

S. Sabina. 4 Bildfelder der frühchristlichen Holztür

Das benachbarte **Kloster** war Stätte bedeutender kirchengeschichtlicher Ereignisse: Hier gründete der hl. Dominikus seinen Orden, hier begegnete er dem hl. Franziskus, hier lehrte Thomas von Aquin. Die Zellen des hl. Dominikus und des aus dem Dominikanerorden hervorgegangenen Papstes Pius V. sind zugänglich.

E5 **S. Salvatore in Lauro** (Via dei Coronari / Piazza S. Salvatore in Lauro)

Das Tiber-Ufer gegenüber der Engelsburg blieb im Mittelalter den Fischern vorbehalten, die hier ihre Netze ausbreiteten. In dieser Gegend wird erstmals 1177 die Kirche S. Salvatore in Lauro erwähnt, die ihren Beinamen vielleicht einem antiken Lorbeerhain verdankt. Ein Neubau (1449–53) fiel 1591 einem Brand zum Opfer, samt vielen Kunstwerken und der damals berühmtesten Orgel Italiens. Die heutige Kirche entstand ab 1594 unter der Planung Ottaviano Nonnis gen. Mascherino, wurde aber nie ganz vollendet. Kuppel und Campanile kamen 1727–34 hinzu (Ludovico Rusconi Sassi), die Fassade 1857–62 (Camillo Guglielmetti).

Im Wandaufbau des 1schiffigen Innenraums zeigt sich der Einfluß Palladios: Zwischen den Seitenkapellen stehen je 2 korinthische Säulen vor der Wand, die ein kräftig ausgebildetes Gebälk tragen. Darüber setzt ein Tonnengewölbe mit tiefen Stichkappen an.

Ausstattung. In der 1. Kapelle rechts eine »*Pietà*« von Giuseppe Ghezzi (1634–1721). In der 2. Kapelle »*Maria mit dem hl. Karl Borromäus und Engeln*« von Alessandro Turchi (1578–1649). In der 4. Kapelle »*Geburt Christi*« von Pietro da Cortona (1628–30), die zu dessen Ansehen in Rom wesentlich beitrug. Der Hochaltar stammt von Antonio Asprucci, 1792.

Der 1921 restaurierte **Kreuzgang** hat ein Untergeschoß des 15. Jh., mit Rundbogen über Säulen, und ein Obergeschoß des 16. Jh. mit Pfeilern. Der bildnerische Schmuck ist von guter Qualität.

In das anliegende ***ehem. Refektorium***, dessen Decken und Stirnwand *Fresken* von Francesco Salviati (um 1550) schmücken, wurde 1859 das beim Neubau von St. Peter vom Standort
● entfernte *Grabmal Eugens IV.*, des Papstes des Konzils von Basel, Ferrara und Florenz, übertragen. Das bedeutende Werk, das um die Mitte des 15. Jh. entstanden ist und Isaia da Pisa zugeschrieben wird, zeigt den Toten liegend auf seinem Sarkophag, von Heiligen und Engeln umgeben. Der Typ des Grabmals wurde in Rom für ein halbes Jahrhundert vorbildlich. – Von bemerkenswerter Qualität ist auch das Giovanni Dalmata oder Andrea Bregno zugeschriebene *Grabmal für Maddalena Orsini*, 1474.

O10 **SS. Salvatore della Scala Santa** (Piazza S. Giovanni in Laterano) → S. 188.

Ve7 **S. Sebastiano ad Catacumbas** (**S. Sebastiano fuori le Mura, Basilica Apostolorum**; Via Appia Antica 136)

Zu dem bedeutenden sakralen Bezirk zählen die **Basilika** – sie ist eine der 7 Pilgerkirchen Roms –, vor- und frühchristliche **Grabmonumente** und **Katakomben** sowie ein von Sixtus III. (432–440) gegründetes **Kloster**, das im 9. Jh. benediktinisch, im 12. Jh. zisterziensisch wurde und seit 1826 den Franziskanern gehört. Etwa 150 m entfernt liegt die Senke »ad catacumbas«.

Nach neueren Forschungen erweist sich die Entstehungsgeschichte als Reflex einer Zeit der Christenverfolgungen und der anschließenden konstantinischen Religionspolitik: Unter Kaiser Valerian (253–260) war es den Christen bei Todesstrafe verboten, ihre Friedhöfe zu betreten und dort Gedächtnisfeiern abzuhalten. Den Kult der Apostelfürsten verlegte man daher wahrscheinlich an einen ungefährlichen Ort, in die »ad catacumbas« genannte Region an der Via Appia, wo der Legende nach Petrus und Paulus gemeinsam in einem Haus gewohnt haben sollen. Etabliert hat man ihn wohl um 258 in einem für Gedächtnismahle genutzten Portikus. Diese schlichte Stätte wurde um 340 mit der großen Basilica Apostolorum überbaut – ein sichtbares Zeichen der Aufwertung des Kultes durch den Kaiser. Seit dem 8. oder 9. Jh. ist Sebastian, ein unter Diokletian gemarterter Offizier der Prätorianer, Patron der Kirche. Die Basilika ging um 1612 in dem bescheidenen heutigen Barockbau auf. Flaminio Ponzio, der den Neubau im Auftrag des Kardinals Scipione Borghese errichtete, benutzte dabei lediglich das im 13. Jh. nach den Seitenschiffen hin zugemauerte Mittelschiff der frühchristlichen Basilika; Giovanni Vasanzio fügte Fassade und Portikus hinzu.

Die Basilika

Trotz mehrfacher Umbauten blieb die Substanz der konstantinischen, um 340 in Opus listatum errichteten Kirche im Mauerwerk des heutigen Baues erhalten (Länge: 73 m, Breite: 30 m). Sie war eine 3schiffige Pfeilerbasilika, deren Seitenschiffe einen halbrunden Umgang um das Mittelschiff bildeten, damit dem Typus von → SS. Marcellino e Pietro und → S. Agnese fuori le Mura folgend (vgl. auch die Basilica di Tor de' Schiavi). Zwischen 561 und 574 war die Apsis nach östlichen Vorbildern als Trikonchos gestaltet worden.

Im Schiff eine große Schauwand mit Reliquien, darunter einem Abdruck des Fußes Christi, von dem die Quo-vadis-Legende berichtet (ihrem Gedenken dient die in der Nähe von S. Sebastiano an der Via Appia Antica [s. d.] gelegene Stätte »Quo vadis?«). – Gegenüber der *Altar des hl. Sebastian* mit der liegenden Marmorfigur des Märtyrers von dem Bernini-Schüler Antonio Giorgetti. – Die *Schrifttafel* an der Eingangswand, ein schriftgeschichtlich bedeutendes Dokument, verkündet den Lobgesang des Papstes Damasus I. (366–384) auf die Apostelfürsten, die hier, »ad catacumbas«, einst gewohnt hätten. – Die das Mittelschiff abschließende *Holzdekke*, die durch Farbigkeit und kolossale Plastizität auffällt, zeigt in der Mitte lebensgroß und fast vollkörperlich die Gestalt des Kirchenpatrons.

Die von Carlo Fontana 1706–12 für Papst Clemens XI. erbaute ***Cappella Albani***, ein Kuppelraum mit Apsis, ist dem hl. Fabian geweiht. Das Bild der Papstwahl des Heiligen, an der rechten Wand, stammt von Giuseppe Passeri, die Kommunion des Kaisers Philippus Arabs, links, von Pier Leone Ghezzi. – Zum mittelalterlichen Baubestand zählt die am Apsisscheitel errichtete sog. ***Cappella di Onorio III***, ein Oratorium des Papstes Honorius III. (1216–27), mit frühen, möglicherweise im

8. Jh. entstandenen *Fresken* (Thronende Madonna, Prophet Elias, Thronender Christus).

Von den im 4. Jh. am Südseitenschiff angebauten ***Mausoleen*** galt das letzte, die fast am Apsisscheitel gelegene »Platonia«, lange als Grablege der Apostel Petrus und Paulus, deren Gebeine man an dieser Stelle vor der Verfolgung durch Kaiser Valerian (258) in Sicherheit gebracht habe. Heute wird es als Grabbau des hl. Quirinus († 309) gedeutet. – Im Mausoleum daneben weist das Graffito *»domus Petri«* auf die alte Legende einer Wohnung der Apostelfürsten an der Via Appia hin.

● **Grabmonumente und Katakomben** (Zugang im rechten Seitenschiff der urspr. Basilika)

Die 3 **Grabhäuser** mit ihren Ziegelfassaden entstanden im 1. Jh. n. Chr. und wurden zunächst als Kolumbarien, d. h. zur Aufnahme von Aschenurnen errichtet, erst später für Erdbestattungen umgebaut und ausgeschmückt.

Das ***Grab des Clodius Hermes*** zeichnet sich durch seine *Wandmalereien* aus. 2 Szenen an der äußeren Stirnwand gelten als die ältesten, um 230 entstandenen biblischen Kompositionen der christlichen Kunst: das Gleichnis vom Guten Hirten, der das verlorene Schaf zur Herde zurückbringt und von zwei Männern begrüßt wird, sowie die Speisung der Fünftausend, wobei als Kompositionsschema das Motiv des Totenmahles verwendet ist; 5 übereinander gestaffelte Tische verdeutlichen die Menschenmenge, die von Christus und seinen Jüngern gesegnet und gespeist wird. Das Innere erhielt gegen 250 eine Ausmalung im Rot-Grün-Linearstil, mit dem Haupt der Gorgo an der Decke und dem Motiv der beiden Tauben an einem Frucht-Kantharos sowie Vögeln in Weinranken an 2 Wänden – Symbolen der Hoffnung auf Wiedergeburt und ein Leben im Jenseits.

Das ***benachbarte Grabhaus*** erhielt bereits im 2. Jh. eine gut erhaltene *Stuckdekoration,* welche die Kassettierung eines Tonnengewölbes mit einem viereckigen Mittelfeld imitiert. In den Grabnischen finden sich lateinische Graffiti in griechischen Buchstaben und das älteste Glaubensbekenntnis, das griechische Wort ΙΧΘΥΣ (»Fisch«), gebildet aus den Anfangsbuchstaben von Iesus CHristos THeou HYos Soter, d. h. Jesus Christus, Gottes Sohn, Erretter. – Auch das ***3. Grabhaus*** zeigt eine reiche *Stuckdekoration* mit vornehmlich vegetabilen Ornamenten.

Zu dem Bereich der 3 Grabhäuser gehörten die **Triclia**, ein Komplex um einen Hof mit Mausoleum und 2 Portiken. 4 im ***Mausoleum*** gefundene Sarkophage mit mythischen Themen belegen, daß es nicht-christlichen Römern gehörte. Demgegenüber fanden sich an den Wänden der ***Portiken*** Graffiti, die nicht nur Anrufungen der Apostelfürsten ausdrükken, sondern auch Gedächtnismahle zu deren Ehren belegen. Hier also muß der Ort des Petrus-und-Paulus-Kultus gewesen sein, den man monumental mit der Basilika überbaute, um damit dem christlichen Kult ungeahnt hohen Rang zu verleihen.

Unter der Basilika liegen, in 4 Stockwerke gegliedert, die in den Tuff geschlagenen **Katakomben** mit zahlreichen Nischengräbern. Im 2. Geschoß blieben *Wandmalereien* mit christlichen Themen erhalten (eine »Orans« genannte betende Frau, das Christuskind in der Krippe, Moses schlägt Wasser aus dem Felsen). – Ein rechteckiger, gewölbter Raum ist die ***Krypta*** mit den Gebeinen des ***hl. Sebastian***. Auf einem Säulenfragment steht eine *Büste* des Heiligen, die als Werk Berninis gilt.

S. Silvestro (Via Salaria 430) → S. 115. Vd1/2

S. Silvestro in Capite (Piazza S. Silvestro / Via del Gambero) H4

Zwischen 755 und 757 veranlaßte Papst Stephan II. hier, in einem damals kaum bewohnten Weingartengebiet – an der Stelle seines Vaterhauses –, einen Kirchenbau, der ein höchst bedeutungsvolles politisches Ereignis dokumentierte: Der Papst hatte 754 in der Abtei St-Denis den Frankenkönig Pippin sowie dessen Söhne Karl und Karlmann gesalbt, um sich ihrer Hilfe gegen die Langobarden zu versichern. Die damit vollzogene kirchenpolitische Wendung von der Orientierung an Byzanz weg und hin zum erstarkenden Frankenreich schlägt sich in der ersten Weihe der Kirche an die Stadtpatrone von Paris, Dionysius, Rusticus und Eleutherius, nieder. Dennoch wurde das zugehörige Kloster mit griechischen Mönchen besetzt. Der Bruder und Nachfolger Stephans II., Paul I. (757–767), stattete die 3schiffige Basilika mit Mosaikschmuck und Marmorverkleidung aus und übertrug zahlreiche Reliquien, u. a. die des hl. Silvester, hierher. Noch heute befinden sich die Ausstattungslisten des 8. Jh. auf Tafeln zu beiden Seiten des Portals. Die Be-

zeichnung »in capite« bezieht sich auf die Aufbewahrung des angeblichen Hauptes des Täufers Johannes in dieser Kirche seit dem 12. Jh. Um 1200 wurde der Campanile gebaut. Nach einer wechselvollen Geschichte verfiel der Bau. In den 1590er Jahren wurde unter Francesco da Volterra ein Neubau eingeleitet, den 1595 Carlo Maderno übernahm. Das heutige Aussehen gab ihm Domenico de' Rossi 1690–96 (Fassade 1698–1703) nach einem Innenraumkonzept von Carlo Rainaldi.

Durch einen schönen Hof, in dessen Mauern viele antike und mittelalterliche Spolien eingelassen sind, gelangt man zur 1schiffigen **Kirche**, deren Tonnengewölbe Giacinto Brandi 1680–86 mit der »Himmelfahrt Marias« freskiert hat. In der 2. Kapelle rechts die »Stigmatisation des hl. Franz von Assisi«, von dem Caravaggio-Nachfolger Orazio Gentileschi. Der Tempelbaldachin des Hochaltars ist ein Werk Carlo Rainaldis.

J6 **S. Silvestro al Quirinale** (Via XXIV Maggio 10)
Die 1030 erstmals erwähnte Kirche wurde im späten 16. Jh. von Onorio Longhi erneuert (Weihe 1584). Nachdem die vorderen Teile der Straßenregulierung des 19. Jh. zum Opfer gefallen waren, erhielt der Restbau 1877 die dekorative Fassade.

Das Innere ist ein 1schiffiger, kreuzförmiger Raum mit Seitenkapellen und langgestrecktem Chor. Die kassettierte Decke entstand in der Zeit Pius' V. (1566–72). – Von den bedeutenden *Malereien* in der 1. Kapelle links stammen die Magdalena-Szenen an den Seitenwänden von Polidoro und Maturino da Caravaggio, ebenso die Grisaillen mit Putten und Dekor am Sockel. Neben dem Altar die Peruzzi oder Polidoro da Caravaggio zugeschriebenen hll. Katharina von Siena und Magdalena. An der Decke die Geschichte des hl. Stephan von Cavalier d'Arpino. – Am linken Arm des Querhauses die von O. Longhi oder Ottaviano Mascherino 1585 erbaute ***Cappella Bandini***, deren *Fresken* mit David und Judith, Esther und Salomo Domenichino ausführte. Die Stuckstatuen der hll. Magdalena und Johannes Ev. stammen von Alessandro Algardi, die der hll. Joseph und Martha von Francesco Mochi. Auf dem Altar eine »Himmelfahrt Mariä« von Scipione Pulzone (1585).

Durch eine Tür im linken Querarm Zugang zu einem stimmungsvollen, als Garten gestalteten **ehem. Friedhof.**

SS. Silvestro e Martino ai Monti (Viale del Monte Oppio 28 / Via Equizia) → S. 241. M7

S. Spirito in Sassia (Borgo S. Spirito) C5
Zu den frühesten karitativen Einrichtungen Roms zählt die Stiftung des Königs Ina von Sassia (= Sussex), der 727/728 ein Hospiz für englische Pilger und die dazugehörende Kirche S. Spirito in der Nähe der Petersbasilika einrichtete. Im Hospital S. Spirito, nach einer Zeit des Verfalls von Papst Innozenz III. 1207 erneuert, nahm die Heiliggeist-Bruderschaft Greise und Kranke aller Nationen auf; es galt vielen anderen Ländern als Vorbild. Baccio Pontelli wird der 1471 errichtete Glockenturm zugeschrieben. Der 1538–45 unter Leitung von Antonio da Sangallo d. J. unternommene Umbau gab der Kirche eine einheitliche Ausstattung; die Fassade führte Ottaviano Mascherino nach Plänen Sangallos aus. 1926 wurde der Bau restauriert.

Äußeres. Der ***Glockenturm*** übersetzt Geschoßanordnung und Fensterreihung romanischer Glockentürme in die Formensprache der frühen Renaissance. – Architekturgeschichtliche Bedeutung hat die Fassade. Die ● beiden einander in ihrer Höhe entsprechenden Geschosse zeigen die gleiche Pilastergliederung. Während jedoch das Erdgeschoß 5 Achsen aufweist, werden im Obergeschoß die beiden äußeren Achsen durch je einen steilen Volutengiebel ersetzt. Die seitlichen Achsen öffnen sich in beiden Geschossen in rundbogig geschlossenen, halbrunden Nischen, die in der Vertikalen von quadratischen Blenden flankiert werden. Die breite Mittelachse ist durch ein Portal hervorgehoben, das einen Dreiecksgiebel trägt. Ihm entspricht im Obergeschoß ein großes, von einer Wappenkartusche akzentuiertes Rundfenster. Diese Formen und Ordnungen sind der römischen Architektur seit der frühen Renaissance geläufig. Antonio da Sangallo schließt sie in seiner Fassade jedoch straff und bündig zur wohlgeordneten Harmonie zusammen, erfüllt sie mit aktivem Leben und bereitet so die großen Schauseiten der römischen Barockarchitektur vor. Unmittelbare Nachfolge fand sein Entwurf an den Fassaden von → S. Caterina dei Funari und → S. Girolamo degli Schiavoni.

Das Innere ist ein langgestreckter Einraum, der sich an beiden Seiten in halbrunden Kapellen öffnet. Der eingezogene Chor schließt ebenfalls halbrund. – In der 3. Kapelle rechts, die als Nebeneingang dient, steht eine schöne

S. Spirito in Sassia. Fassade

Orgel von 1547. – Der Raum, dessen Schiff eine vergoldete Kassettendecke trägt, bewahrt fast unversehrt die einheitliche manieristische Ausstattung aus der Mitte des 16. Jh. Höhepunkt sind *Fresken in der Apsis,* die Jacopo Zucchi 1583 ausführte. In der Halbkuppel thront Christus zwischen Johannes d. T. und Petrus, unter ihm erscheint in dem sich öffnenden Himmel die Taube des Hl. Geistes. An der geschlossenen Rundwand der Apsis ist in einem perspektivisch gemalten Säulensaal die Herabkunft des Hl. Geistes dargestellt.

Zwischen der Kirche und dem Ospedale di S. Spirito liegt der um 1555–75 von O. Mascherino errichtete **Palazzo del Commendatore**, der Sitz des Präsidenten des Hospitals. Hinter der eindrucksvollen Fassade öffnet sich ein Innenhof mit Portikus und Loggia, in dem römische Sarkophage aufgestellt sind. Der Palast dient heute der 1711 gegründeten **Biblioteca Lancisiana**, die vor allem die Geschichte der Medizin pflegt. – An den Palast schließt sich die Fassade des

C5 **Ospedale di S. Spirito in Sassia** an. Der langgestreckte Backsteinkomplex, den vermutlich Baccio Pontelli erbaute, wurde unter Alexander VIII. um 1 Geschoß erhöht; Benedikt XIV. ließ den großen Arkaden-Portikus schließen. Die zum Tiber gelegene Front ist 1926 nach einer alten Zeichnung getreu wiederhergestellt worden. Die Mitte des Bauwerks überhöht ein mächtiger 8eckiger Turm, dessen Wände Maßwerkfenster durchbrechen. Um das Portal aus der Bregno-Schule wurde in späterer Zeit eine größere Portalanlage geschaffen. Die weitläufige Anlage umschließt 4 schöne Innenhöfe. Eindrucksvoll ist der langgestreckte Krankensaal, der sich schlicht in den 8eckigen Kuppelraum öffnet. Im Saal Sixtus' IV. erzählen *Fresken* aus der umbrischen Schule des 15. Jh. Ereignisse aus dem Leben der Päpste Sixtus II. und Innozenz III.

Anschließende Gebäude beherbergen ein Museum der medizinischen Kunst (**Museo Storico Nazionale dell'Arte Sanitaria**; Lungotevere in Sassia 3).

● **S. Stefano Rotondo (S. Stefano in Monte Celio;**
M11 Via S. Stefano Rotondo / Via della Navicella)

Der von Papst Simplicius (468–483) geweihte Rundbau, über einem Mithräum im einstigen römischen Kasernenviertel errichtet, erhielt seine – verlorengegangene – Ausstattung mit Mosaiken und Marmorintarsien zwischen 523 und 530. Gegen die Mitte des 7. Jh. wurden Reliquien der hll. Märtyrer Primus und Felicianus in die Kirche übertragen und eine ihnen geweihte Kapelle als Apside angebaut. Diese Translatio ist die erste bekannte Überführung von Reliquien aus den Katakomben in eine römische Kirche. Von Erneuerungen wird aus den Jahren 772–795, 1130–43 und 1452–54 (unter Bernardo Rossellino, der das schöne Doppelportal entwarf) berichtet.

S. Stefano Rotondo entstand als wichtigster Kirchenbau des 5. Jh. in Rom in der Ära nach Leo I. d. Gr. (440–461), als das sich entwickelnde Papsttum gesteigerte Ansprüche – besonders dem Patriarchen von Konstantinopel gegenüber – artikulierte (vgl. das Programm der Holztüren von → S. Sabina). Es ist heute Kirche des Pontificium Collegium Germanicum et Hungaricum.

In der ursprünglichen Grundrißgestalt der Kirche durchdrangen sich die Kreisform (ein Zentralraum mit 2 Umgängen) und ein griechisches Kreuz, dessen Arme den äußeren Umgang unterteilten. Beide Elementarformen sind bevorzugt den Memorialbauten im Osten zugrunde gelegt worden. Eine entsprechende Übereinstimmung mit der konstantinischen Grabeskirche Christi in Jerusalem zeigt sich außerdem in fast identischen Abmessungen der inneren Rotunden hier wie dort. In Rom selbst war der Rundbau bekannt durch S. Costanza und das Baptisterium von S. Giovanni in Laterano.

Heute bildet einer der Kreuzarme den vestibulumartigen Eingang, von dem aus man den noch erhaltenen Umgang (ursprünglich der innere Umgang) erreicht. Unter dem Vestibül wiesen Grabungen eine frühe Zisterne (5. Jh.?) nach. Die 34 Säulen, die im 5. Jh. die beiden Umgänge trennten, sind in der heutigen Außenwand sichtbar. Im Innern durchquert eine Reihe antiker Granitsäulen (aus dem 8., dem 12. Jh.?) den Zentralraum, um die Holzdecke zu stützen. Der Zeitpunkt der einschneidenden Veränderung des Baues durch die Vermauerung der äußeren Säulenstellung konnte bisher nicht schlüssig nachgewiesen werden; aufgrund der schriftlichen Überlieferung kommen die Pontifikate Innozenz' II. (1130–43) und Nikolaus' V. (1447 bis 1455) in Frage. Noch bewahrt der hohe Mittelraum 22 Marmorsäulen mit ionischen Kapitellen.

An der Umgangswand beschreibt ein großer, schlecht erhaltener *Freskenzyklus* in 31 Szenen die Grausamkeit von Martyrien frühchristlicher Heiliger in drastischer Ausführlichkeit. »Gräßlich« nannte sie Jacob Burckhardt. Niccolò Circignani gen. Il Pomarancio hat die Bilder 1582–85 nach einem literarischen Werk aus dem »reformpädagogischen« Geist des Konzils von Trient geschaffen. – Die Gemälde an der Hochaltarbalustrade, Stephanus-Szenen, sind ebenfalls von Pomarancio.
Einer der Kreuzarme bildet heute die Kapelle der hll. Primus und Felicianus, in deren Apsis ein *Mosaik* des 7. Jh. die beiden Heiligen zu seiten eines Gemmenkreuzes mit dem Medaillon des Pantokrators Christus darstellt. Der Triumphcharakter dieser Komposition, ausgedrückt durch die göttliche Hand mit dem Kranz über dem Kreuz, erklärt sich aus der mit den Jerusalem-Wallfahrten zunehmenden Verehrung des Hl. Kreuzes und den damit verbundenen Bildformulierungen. Stilistisch steht sie oströmischen Mosaiken sehr nahe. Der spätantike Marmorboden mit geometrischen Mustern wurde restauriert und (auf dem Niveau der Renaissancezeit) neu verlegt. An den Wänden schildern Fresken von Antonio Tempesta das Martyrium von Primus und Felicianus, um 1580. – Der zweite Kreuzarm dient als Kapelle der hll. Stephan von Ungarn († 1038) und Paulus Eremita; 1778 hat sie Pietro Camporese gestaltet. Das *Grabmal,* um 1524, gilt als Werk Jacopo Sansovinos.

G7 **SS. Stimmate di S. Francesco** (Largo delle Stimmate / Via dei Cestari 21)

Die bereits im Spätmittelalter bestehende Kirche »Zu den Wundmalen des hl. Franziskus« wurde 1597 der gleichnamigen Bruderschaft übergeben. Neubau ab 1708 durch Giovanni Battista Contini.

Die für Rom nicht typische Fassade von Antonio Canevari (1721) ist von Einflüssen Neapels bestimmt: Über einer Loggia steht eine geschlossene Wand mit einer bewegten Statue des Heiligen davor. Im 1schiffigen Innern öffnen sich je 3 Seitenkapellen. Das Deckengemälde mit der Darstellung der Passionswerkzeuge stammt von Giovanni Odazzi; das Hochaltarbild mit dem Titelheiligen malte Francesco Trevisani.

S. Susanna (Via XX Settembre 14 / Largo S. Susanna; Abb. S. 271) L4

Die heutige amerikanische Nationalkirche, eine frühchristliche, unter Papst Leo III. (795–816) als 3schiffige Emporenbasilika neuerrichtete Gründung, ließ Sixtus IV. 1475–77 zu einem 1schiffigen Raum umbauen. Nach kleineren Eingriffen wurde um 1587 eine grundlegende Neugestaltung mit Krypta unter der Leitung von Carlo Maderno vorgesehen. Seine Fassade wurde 1597–1603 ausgeführt.

Ihren Ruhm verdankt die Kirche der 2geschossigen, kunstvoll in die Häuserfront einbezogenen Fassade, deren Wand sich in beiden Geschossen von den Seiten her von Achse zu Achse auf die Mitte hin staffelt. Das verdeutlichen vor allem die Stützenformen (Bevorzugung der – eingetieften! – Säulen in bisher nicht gewagter Häufung) und die dreifache Tiefenstufung der Wand. Hand in Hand damit geht eine Bereicherung der Schmuckformen. Im reizvollen Widerspiel zu dem »Crescendo« in der Horizontalen steht die Abnahme der Plastizität in der Vertikalen: Während kräftige Halbsäulen das Untergeschoß gliedern, werden im Obergeschoß weniger plastische Pilaster verwendet. Lediglich die Loggia erhielt eine stärker vortretende Ädikula. Der mittels einer Balustrade stark konturierte Giebel faßt das dynamische Leben der Schauwand zusammen. Raum und Fläche, Ruhe und Bewegung, Pathos und Strenge vereinigen sich hier in glücklicher Ausgewogenheit zu einem Meisterwerk, das zu den Urbildern der römischen Barockfassaden gehört. – In den Nischen unten Figuren der hll. Susanna und Felicitas von Antonio Paracca gen. Valsoldo, oben S. Gaius, ein Papst, und S. Gabinius, beide von Stefano Maderno.
Das barockisierte Innere ist eine 1schiffige, durch je 2 Seitenkapellen erweiterte Anlage. Die karolingischen Mosaiken im Presbyterium haben Cesare Nebbia und Paris Nogari durch *Fresken* ersetzt (1595–97). In fingierten Wandteppichen zwischen ebenfalls gemalten Architekturen stellte Baldassare Croce an den Langhauswänden Szenen aus der Legende der hl. Susanna dar.

Synagoge (Lungotevere dei Cenci) G8

Schon seit dem 2. Jh. v. Chr. bestand in Rom eine jüdische Gemeinschaft. Durch ein Edikt Papst Pauls IV., 1555, wurde das Gebiet am linken Tiber-

Ufer zwischen dem »Ponte dei Quattro Capi« (Ponte Fabricio), dem Porticus Octaviae, der Piazza Mattei und der Via Arenula zum Ghetto erklärt.

Nach der Einigung Italiens, 1870, demoliert, errichteten Osvaldo Armanni und Vincenzo Costa 1901–04 die Synagoge in »assyro-babylonesischem« Stil neu. Die quadratische Kuppel ist im Innern mit Aluminium ausgekleidet; die Malereien stammen von Annibale Brugnoli und Domenico Bruschi.

Der Synagoge ist die **Mostra permanente della Comunità Ebraica di Roma** angeschlossen, die eine reiche Sammlung an Thorarollen und Büchern, Gold- und Silberschmiedearbeiten des 18. Jh. zeigt.

I9 **S. Teodoro** (Via S. Teodoro 7)

Im 6. Jh. entstand unter dem Einfluß von Byzanz am Rand des vornehmlich von Griechen bewohnten Stadtviertels unterhalb des Palatin eine kleine Rundkirche, die dem beliebten griechischen Militärheiligen Theodor gewidmet war. Die Apsis erhielt um 600 ein bedeutendes *Mosaik*: Christus thront auf der Weltkugel, begleitet von Petrus und Paulus, die von den Seiten 2 männliche Heilige herbeiführen. Es ist trotz vieler Restaurierungen der Hauptanziehungspunkt dieser um 1450 durch Antonio di Francesco da Firenze erneuerten kleinen Kirche.

Vc8 **Abbazia alle Tre Fontane** (Via delle Tre Fontane / Via Laurentina)

Der Klosterbezirk einige Kilometer südlich von S. Paolo fuori le Mura dient dem Andenken an die Hinrichtung des Apostels Paulus, dessen Haupt dreimal auf dem Boden aufgeschlagen sein soll, worauf an diesen Stellen 3 Quellen, »tre fontane«, dem Boden entsprangen. Über den Quellorten entstanden die Kirchen ***S. Paolo alle Tre Fontane, SS. Vincenzo e Anastasio*** *und* ***S. Maria Scala Coeli****. 1140 erhielten die Zisterzienser, 1868 die Trappisten das Kloster.*

Man betritt am Ende einer langen Allee von Eukalyptusbäumen ein **Torhaus** (Rest eines Oratoriums Johannes' d. T. aus dem 8. Jh.?) mit Spuren von Fresken aus dem 9. Jh. im Gewölbe.

S. Paolo alle Tre Fontane

Die Kirche ist dem Gedenken der Exekution des hl. Paulus gewidmet. Ein erster (Zentral-?)Bau entstand vermutlich im 5. Jh. Ihn ersetzte Giacomo della Porta 1599.

Das schlichte Äußere des Zentralbaus birgt im Innern eine prachtvolle Ausstattung. 3 Nischenbrunnen mit Säulenstellungen, Attika und Muscheln bezeichnen die 3 Quellen. Im Fußboden haben sich bedeutende Fragmente römischer Mosaiken aus Ostia (Anfang 4. Jh.) erhalten.

SS. Vincenzo e Anastasio

Der heutige, 1221 geweihte Bau ersetzt die 625 von Papst Honorius I. (625–638) gegründete Kirche, die 1140 an die Zisterzienser aus Clairvaux überging. Er trug wesentlich dazu bei, die Baugesinnung der Zisterzienser in Italien zu verbreiten.

Am Außenbau läßt sich deutlich die Struktur der Basilika mit einem sehr hohen Mittelschiff, 2 niedrigen Seitenschiffen und wenig ausgeprägtem Querhaus erkennen. Die Zisterzienser planten, das Mittelschiff über massiven Pfeilern und weiten Arkaden mit einer Tonne einzuwölben, ein für die zeitgenössische stadtrömische Architektur ungewöhnliches Vorhaben. Die deutlich sichtbaren Wölbungsansätze wurden jedoch nicht weitergeführt; man begnügte sich mit einem offenen Dachstuhl, vermutlich weil die Wände dem Gewölbeschub nicht gewachsen waren. Der von der burgundischen Ordensarchitektur her zu verstehende Bautypus hat in Rom und Latium keine Parallele. Dennoch zeigt die schlichte Form der Pfeiler lokale Traditionen, während in den Arkaden Anklänge an römische Wölbungen (vgl. die stadtseitigen Bögen der Aurelianischen Mauer) sichtbar werden. An den Pfeilern Fragmente von Wandmalereien des 16. Jh.

S. Maria Scala Coeli

Der Name der Kirche (»Himmelsleiter«) geht auf eine Legende zurück, der zufolge der hl. Bernhard von Clairvaux eine Seele, für die er während einer Messe betete, auf einer langen Leiter vom Fegefeuer in den Himmel steigen sah.

Vom mittelalterlichen Baubestand der Kirche blieb lediglich die als Gefängnis des Apostels Paulus angesehene ***Krypta*** mit einem Mosaikfußboden des 12. Jh. erhalten. – Den bestehenden Zentralbau errichtete Giacomo della Porta 1581–84. Im Gegensatz zu S. Paolo alle Tre Fontane hat er den Kuppelraum schlicht, fast nur durch das Vieleck des Grundrisses gegliedert, am Außenbau alle Formen des Manierismus angewendet.

SS. Trinità dei Monti (Piazza della Trinità dei Monti; Abb. S. 305) I3

Die Kirche, die mit ihrer Doppelturmfassade die Spanische Treppe beherrscht (→ Piazza di Spagna),

S. Susanna. Fassade (zu S. 269)

SS. Trinità dei Monti. Cappella Aldobrandini. Daniele da Volterra: Kreuzabnahme

ist eine französische Gründung. König Karl VIII. veranlaßte den Kauf eines Grundstücks zum Bau eines Klosters für die Paulaner, den Orden des hl. Franz von Paola, der damals noch lebte. Mit dem Bau der Kirche wurde 1495 begonnen, aber die Arbeiten zogen sich bis 1587 hin. König Ludwig XVIII. leitete 1816 eine Restaurierung und teilweise Neuausstattung mit Gemälden ein. Heute gehört das Kloster Nonnen von Sacré-Cœur. In der vorübergehend profanierten Kirche hatte J.-D. Ingres zeitweise sein Atelier.

Äußeres. Eine doppelläufige, mit antiken Kapitellen und Heiligenreliefs geschmückte Treppe des 16. Jh. führt zu dem als Säulenädikula mit Dreiecksgiebel gebildeten Portal, das die Mitte der Fassade betont, während die von Pilastern gerahmten Seitenachsen das Sockelgeschoß für die beiden Türme bilden. Über einem niedrigen Obergeschoß erheben sich frei die Türme mit hohen Glockenstuben. Als Architekt der im Typus durchaus französisch anmutenden Fassade wird jetzt allgemein Giacomo della Porta angesehen. – Im 1schiffigen, durch Seitenkapellen erweiterten Kirchenraum gehören die Gewölbe in der Chorpartie zu den wenigen Kreuzrippengewölben Roms.

● In der an Gemälden reichen Ausstattung dominiert die Schule Michelangelos: In der Cappella Aldobrandini (2. links) hängt die zu allen Zeiten bewunderte und u. a. von Rubens (Kathedrale Antwerpen) zum Vorbild genommene Figurenkomposition der *»Kreuzabnahme«* von Daniele da Volterra. Das 1541 gemalte Fresko wurde auf Leinwand übertragen. Stark beschädigt, läßt es doch die ursprüngliche Qualität erkennen. Vom selben Künstler die *»Himmelfahrt Mariä«* in der 3. Kapelle rechts; dort an der Decke Malereien von Marco Pino und Pellegrino Tibaldi. Taddeo und Federico Zuccari schufen die Gemälde mit *Darstellungen aus dem Marienleben* in der 7. Kapelle links, der Nazarener Philipp Veit 1822 die *»Immaculata«* auf dem 3. Altar links.

F8 **SS. Trinità dei Pellegrini** (Piazza dei Pellegrini / Via dei Pettinari)

Die bereits im Mittelalter bestehende Kirche war 1558 von Papst Paul IV. der Pilgerbruderschaft übergeben worden. 1587 und 1597 hat M. Longhi d. Ä. sie umgebaut. Die Fassade, für die ein Entwurf von G. P. Maggi überliefert ist, fehlte bei der Weihe 1616 noch; sie erhielt erst 1722/23 durch F. de Sanctis ihre heutige Gestalt.

6 Säulen in doppelter Ordnung gliedern die leicht konkave Fassade. Der Innenraum mit weitem Schiff und je 3 Seitenkapellen wurde bei Restaurierungen im 19. Jh. in seinem Eindruck entstellt. Die Darstellung Gottvaters in der Kuppellaterne (1612) und das Hochaltarbild mit der *»Dreifaltigkeit«* (1625) stammen von G. Reni. Die übrigen Altarbilder lieferten u.a. die Maler Cavalier d'Arpino, B. Croce und G. B. Ricci.

H4 **SS. Trinità degli Spagnuoli** (Via Condotti 41)

Die spanischen Trinitarier erwarben 1733 einen Palast, an dessen Stelle sie ihr Konventsgebäude und, nach Plänen des spanischen Architekten E. Rodriguez de Santos, 1741–46 die Kirche errichteten.

Die 2geschossige, konkave Fassade des elliptischen Gebäudes (mit 6 Seitenkapellen) folgt der Biegung der Straße, als Blickpunkt des ehemaligen Hafens bei S. Rocco und der Spanischen Treppe am Ende der Via Condotti. Das Fresko am Gewölbe stammt von G. Guglielmi (1748), das Hochaltarbild mit der »Hl. Dreifaltigkeit« malte C. Giaquinto.

S. Urbano alla Caffarella (Via Appia Pignatelli/Vicolo S. Urbano) Ve7

Um 900 wurde ein kleiner Tempel, der einst zu dem ausgedehnten Landsitz des bekannten Mäzens Herodes Atticus, Freund des Kaisers Marc Aurel, gehörte, zur Kirche S. Urbano alla Caffarella (nach dem benachbarten Caffarella-Tal) umgewandelt.

Die Säulen der bemerkenswerten Krypta sind nach dem Abbruch der barocken Einbauten einer Restaurierung (1634) wieder sichtbar. – Im Innern der Kirche blieb einer der wichtigsten römischen *Freskenzyklen* des 11. Jh. erhalten (Szenen aus dem Leben Christi, Legenden der hll. Urban, Cäcilie, Valerianus und Tiburtius; große, restaurierte Kreuzigung mit dem Stifternamen Bonizzo und Datum 1011).

S. Valentino (Viale Maresciallo Pilsudski) Vb2

Die Kirche, eine Stiftung des Papstes Julius I. (337–352), auf dem Friedhof an der Via Flaminia, ist die früheste 3schiffige Säulenbasilika in Rom; sie wurde schon von Eusebius, dem Biographen Kaiser Konstantins, beschrieben. Nach östlichen Varianten des Basilikatypus baute man S. Valentino in der 1. Hälfte des 7. Jh. zu einer Basilika mit erhöhtem Podium und Krypta um (vgl. S. Agnese fuori le Mura, S. Lorenzo fuori le Mura).

SS. Vincenzo e Anastasio (Piazza di Trevi) I5

Die Kirche (nicht zu verwechseln mit SS. Vincenzo e Anastasio im Klosterbezirk der Abbazia alle → Tre Fontane) ist die alte, seit dem 14. Jh. bestehende Pfarrkirche des Quirinal. Im Zuge der Neugestaltung der Fontana di Trevi 1640 wurde sie in die Planung des Platzes einbezogen. Gaspare de' Vecchi gilt als der Architekt des Neubaus, doch ist die im Auftrag des Kardinals Mazarin als Schauwand gegenüber der Brunnenanlage 1646–50 errichtete Front das Werk Martino Longhis d. J.

Diese 2geschossige Fassade überspielt ihre Breitenausdehnung durch die vertikale Gliederung. Der Zusammenhang mit dem basilikalen Raum wird zwar noch deutlich, indem das Obergeschoß schmaler als das Untergeschoß ist; Inneres und Äußeres entsprechen sich jedoch nicht: Die Fassade ist ein reiner Prospekt. Dreiersäulen, die mit durchgehen- ●

dem Sockel und tiefschattendem Gebälk das Untergeschoß enorm stark nach vorn treten lassen, rahmen höchst aufwendig das schlichte Portal. Die seitlichen Achsen nimmt je ein von Lisenen gerahmtes Wandfeld ein. Die interessant zurückgestuften Ecken werden durch je 2 freistehende Säulen betont. Eine flache Muschel und ein gesprengter Segmentgiebel übergreifen in der Attikazone das Portalmassiv. Damit wird die Wirkung der horizontalen Geschoßteilung zugunsten einer einheitlichen vertikalen Gliederung gemindert; der Vergleich mit älteren, zurückhaltenderen Formulierungen dieses Motivs, z. B. an Sorias S. Maria della Vittoria, liegt nahe. Das 2. Geschoß übernimmt die Säulenordnung der Mittelachse im Erdgeschoß bei nochmals gesteigerter, schier kopflastiger Motivfülle, die das kleine Fenster zur Nichtigkeit macht. Das Wappen Mazarins mit dem Kardinalshut akzentuiert dieses Fortissimo von gestuften Säulen und Mehrfachgiebeln, sie spielerisch übergreifend. Wegen dieser an einen Orgelprospekt erinnernden Häufung der enggestellten Säulen heißt die Kirche im Volksmund »S. Vincenzo in Organo«.

Der **ehem. Konvent** (Via del Lavatore) ist ein Bau des 18. Jh. von C. F. Bizzaccheri.

[Vc8] **SS. Vincenzo e Anastasio** (Abbazia alle Tre Fontane; Via delle Tre Fontane) → S. 270.

K5/6 **S. Vitale** (Via Nazionale 194/b)

Nach mehrmaligem Umbau einer 3schiffigen Säulenbasilika aus der Zeit des Papstes Innozenz I. (401–417) im 9., 12. und 13. Jh. erfolgte anläßlich des Hl. Jahres 1475 durch Sixtus IV. die Umwandlung in eine 1schiffige Saalkirche. 1598–1880 unterstand die Kirche den Jesuiten, die ihr Noviziat bei der nahen Kirche S. Andrea al Quirinale hatten.

Von der Via Nazionale führt eine Treppe hinab auf den Vorplatz der Kirche und zu dem Säulenportikus, in dessen Stirnwand noch 4 Säulen der alten Basilika stehen. Das *Portal* der Kirche hat hölzerne Türflügel mit Bildfeldern (Martyrium der hll. Protasius, Valeria, Vitale und Gervasius sowie Szenen aus dem Leben des hl. Ignatius, umgeben von vollplastisch gearbeiteten Statuetten dieser Heiligen), die zu Anfang des 17. Jh. von einem unbekannten Angehörigen des Jesuitenordens geschnitzt wurden. – Das Innere, ein Saalraum mit kassettierter Holzdecke, erhielt bei einer Restaurierung des späten 16. Jh. seine heutige Gestalt. Die *Fresken* an den Wänden mit Architekturperspektiven, Landschaften und Märtyrerszenen wurden früher Gaspard Dughet und dem Cavalier d'Arpino zugeschrieben. Nach Dokumenten im Archiv der Gesellschaft Jesu sind sie jedoch 1595 bis 1610 von Tarquinio Ligustri und einem zweiten, ebenfalls nicht weiter bekannten Maler, Annibale Priori, ausgeführt worden. Die Fresken im Altarraum, Steinigung und Marter des hl. Vitalis darstellend, stammen von Agostino Ciampelli; es sind schöne Dokumente des Manierismus toskanischer Herkunft in Rom.

Profanbauten
Plätze · Brunnen · Stadthügel

3] **Casa Bartholdy** (Via Gregoriana 28) → S. 302.

J7 **Casa dei Cavalieri di Rodi** (Piazza del Grillo 1)
Auf der Nordseite des → Augustus-Forums richtete sich der Johanniterorden (seit 1530 Malteser genannt) zum Ende des 12. Jh. unter Verwendung antiker Bauten ein. Ende des 14. Jh. verlegte er seinen Sitz auf den Aventin (→ S. Maria del Priorato). Kardinal Marco Bembo, Neffe Papst Pauls II., übernahm die Leitung des Ordens und veranlaßte

1467–70 eine Restaurierung, die den Bau heute noch wesentlich bestimmt.

Das schlichte Backsteinmauerwerk des Hauses mit großen Fenstern ist Ruinen augusteischer Zeit eingefügt. Eine Schauseite bezieht die Seitenwand des Mars-Ultor-Tempels ein. Auf der Seite des Trajans-Forums öffnet sich eine weite Loggia, deren Innenwände Fresken mit Landschaftsdarstellungen, Tieren und einem Fries mit Kaiserbildnissen enthält; sie sind der Werkstatt Pinturicchios zuzuschreiben. – Das Haus, noch immer Sitz der Malteser, birgt im Erdgeschoß das **Antiquarium del Foro di Augusto** und im Atrium eines augusteischen Hauses seit 1947 eine **Kapelle (S. Giovanni Battista)** (Besichtigung nur mit Genehmigung des Sovrano Ordine Militare di Malta möglich).

H9 **Casa dei Crescenzi** (Via Petroselli 54/Piazza della Bocca della Verità)

Den irrtümlich vielfach als Haus des Cola di Rienzo oder des Pilatus angesehenen Bau errichtete Ende des 11. oder Anfang des 12. Jh. ein Niccolò di Crescenzio, wie die Inschrift über dem Portal berichtet: »Nikolaus, dem dieses Haus gehört [. . .], trieb der Wunsch, den Glanz des alten Rom zu erneuern.« Er hat deshalb für das Gebäude, das als Wohnturm oder als Zollstation am Tiber-Übergang diente, Bruchstücke römischer Ruinen wiederverwendet: Säulen und Säulenreste, Konsolen und Backsteine, alle aus dem 2./3. Jh. n.Chr. Für den Wehrgang, der das 1. Obergeschoß umzog, griff man auf Vorbilder des römischen Profanbaus zurück.

Das Bild des mittelalterlichen Rom war durchsetzt von vielen solchen **Herrensitzen** und **Familienhäusern.** Eine zinnenbekrönte Mauer umgab häufig das Anwesen, das ein Turm überragte, um die soziale Stellung des Besitzers und die Wehrhaftigkeit seiner Gebäude anzuzeigen. Der zentrale, meist rechteckige Hof verband ein mehrstöckiges Herrenhaus, Unterkünfte des Personals, Ställe und Schuppen. Die Herrensitze waren eng umschlossen von den Wohn- und Geschäftsquartieren der Handwerker, Kaufleute, Kleriker und einfachen Menschen – die soziale Gliederung der mittelalterlichen Stadtbevölkerung schlug sich kaum in einer topographisch faßbaren Trennung der Schichten nieder. Erhaltene Beispiele finden sich gegenüber S. Crisogono (13. Jh.) und in der Via del Teatro di Marcello, gegenüber S. Nicola in Carcere (mit Turm aus dem 12. Jh.). Ein Turm zur Beherrschung des Tiber-Übergangs steht am Ponte Fabricio. Reste von Herrensitzen sind die Türme an der Via S. Maria dell'Anima (**Torre Millina**), in der Via della Tribuna di Tor dei Specchi und an der Piazza Margana (**Torre dei Margani**).

Casa Crivelli (Via dei Banchi Vecchi 22) [D
→ S. 296.

Casina Valadier (Pincio; Viale A. Mickievicz) H2
→ S. 305.

Casino dell'Aurora (Via Lombardia 44) J3

Von der einst weitläufigen ***Villa Ludovisi*** haben sich nur der → Palazzo Margherita und das Casino dell'Aurora (Besichtigung an bestimmten Tagen) erhalten.

Der Bau stammt aus dem späten 16. Jh.; sein Architekt ist unbekannt. Kardinal Ludovico Ludovisi, Neffe Papst Gregors XV., erwarb 1621 das Gebäude und den Garten von Kardinal Francesco Maria del Monte.

Es hat sich ein Deckenbild mit den *Planetengöttern* erhalten, das die neuere Forschung dem von del Monte geförderten Caravaggio zuschreibt (1597). – Der Name des Casinos stammt vom berühmten Deckenfresko Guercinos (1621–23) mit der *Darstellung der Göttin Aurora* und der anderen Tageszeiten, einem der bedeutendsten Beispiele illusionistischer Barockmalerei. In den anderen Räumen sind u.a. *Landschaftsbilder* von Guercino, Domenichino und Paul Bril erhalten.

Casino Borghese (Piazzale Scipione Borghese Vc
5) → S. 309.

Casino Massimo (Via Matteo Boiardo 16)

Das heute den Franziskanern gehörende Casino unweit des Laterans war das Gartenhaus der – abgebrochenen – Villa Giustiniani (ein Portal des 17. Jh. jetzt an der Villa Celimontana, westlich von S. Maria in Domnica). Der mit einer sächsischen Prinzessin verheiratete Fürst Carlo Massimo, seit Ende des 18. Jh. Besitzer des Anwesens, beauftragte 1817 die deutschen Künstler Peter Cornelius und Friedrich Overbeck mit der Ausmalung von 3 Räumen nach Hauptwerken der italienischen Literatur: Dantes »Divina Commedia«, Ariosts »Orlando furioso« und Tassos »Gerusalemme liberata«. Für Cornelius, der die Vorbereitung leitete, aber schon 1818 Rom ver- O *ließ, wurde Philipp Veit beigezogen. An der Ausmalung 1819–29 beteiligten sich dann noch Julius Schnorr von Carolsfeld, Joseph Anton Koch und Joseph von Führich – alle, bis auf Koch, »Nazarener« (→ S. Isidoro). Die (1979 restaurierten) Wandbilder sind das bedeutendste, durchweg in vorzüglicher Freskotechnik ausgeführte Gemeinschaftswerk dieser romantischen Künstlergruppe.*

An der Decke des Dante-Zimmers malte Veit 1820–24 die Himmelsrose. Im höchsten Himmel die Dreifaltigkeit und Maria, davor Bernhard von Clairvaux und Dante. Den äußeren Ring bilden 8 Himmel des Paradieses mit 25 Seligen; Dante ist, meist mit Beatrice, in jede Doppelszene einbezogen. Dieses Programm geht auf Cornelius zurück. Eher hinderlich als förderlich sollen dem zu Zaghaftigkeit und Grübelei neigenden Maler die ständigen Ratschläge seiner Mutter, Dorothea Schlegel, und seines Stiefvaters, Friedrich Schlegel, bei der Arbeit gewesen sein. Völlig im Gegensatz zur introvertierten Gleichförmigkeit und buntfarbenen Helligkeit Veits schilderte Koch, ein exzellenter Dante-Kenner, 1824–29 an den Wänden (Farbabb. 12) Dantes Traum von den wilden Tieren und seine Rettung durch Vergil, womit die »Göttliche Komödie« eingeleitet wird, das Inferno (mit dem Höllenfürsten Minos über der Tür der Langseite), das von einem Engel geleitete Sühneschiff am Läuterungsberg und die Pein des Fegefeuers. Im »Inferno« noch zu Lebzeiten Kochs aus Prüderie angebrachte Übermalungen hat die Restaurierung respektiert, sie legte lediglich die in den Putz geritzten originalen Umrißlinien der Figuren frei (vgl. die Gruppe von Paolo und Francesca da Rimini).

Der Mittelsaal, das fast doppelt so große Ariost-Zimmer, enthält Bilder aus dem Epos vom »Rasenden Roland«, vom Kampf und von den Abenteuern christlicher Ritter. An der Decke die Hochzeit Ruggieros mit Bradamante vor Karl d. Gr., darum herum 4 Schlachtenszenen (Rinaldo stürmt gegen Arles, die Eroberung von Biserta, Dudos Seeschlacht, Ritterkampf auf der Insel Lipadusa). An der Hauptwand links das Sarazenenheer vor Paris, rechts der Heerzug Karls d. Gr. in Paris. An der Durchgangsseite zum Dante-Zimmer der maurische Krieger Medoro und die Prinzessin Angelica, beider Namen in die Rinde eines Baumes schneidend und so den Schmerz und das »Rasen« Rolands weckend. An der anderen Schmalseite: Melissa zeigt Bradamante ihre zukünftige Geschlechterreihe; die Taufe Ruggieros. An der Fensterwand sarazenische Feldherren. Schnorr von Carolsfeld hat 1822–27 den Zyklus allein ausgeführt und damit seinen Ruhm als Wandmaler begründet. Das Ariost-Zimmer war das »Vorspiel« für sein 4 Jahre später, 1831, begonnenes Hauptwerk, den »Nibelungen«-Zyklus in der Münchner Residenz.

Das Thema des Tasso-Zimmers von Overbeck (1819–27) und Führich (1827–29) wird mit der Allegorie des »Befreiten Jerusalem« in der Deckenmitte angeschlagen. Aus den Abenteuern der Kreuzritter im Heiligen Land erzählen die 4 umgebenden Bildfelder: Sofronia und Olindo auf dem Scheiterhaufen, von der heranreitenden Clorinda befreit; Erminia bei den Hirten; Rinaldo in Armidas Zaubergarten; Tankred tauft Clorinda. An den Wänden: Gabriel gebietet Gottfried von Bouillon die Befreiung Jerusalems; Peter von Amiens beruft Gottfried zum Führer des christlichen Heeres während der Vorbereitungen zum Sturm auf Jerusalem; Rinaldo und Armida (Führich); Tod Gildippes und Odoardos durch Soliman Altamor; die Kreuzfahrer am Heiligen Grab (Führich).

Cimitero degli Stranieri acattolici (Via Caio Cestio 6) GH14

Der neben der Cestius-Pyramide im Schatten der Stadtmauer gelegene Friedhof, auf dem nichtkatholische Ausländer begraben werden, gehört zu den eindrucksvollsten Plätzen Roms. Hier unter Pinien und Zypressen fanden ihre Ruhestätte u.a. Goethes Sohn August, Asmus Jacob Carstens, Carl Philipp Fohr, Henriette Hertz, die Söhne Wilhelm v. Humboldts, August Kestner, Hans v. Marées, Malvida v. Meysenbug, Gottfried Semper, Wilhelm Friedrich Waiblinger, Percy B. Shelley und John Keats.

Città Universitaria (Haupteingang: Viale delle Scienze) Vde3/4

Die Gesamtplanung der neuen Universitätsstadt, ein gut durchdachtes Zusammenspiel von Baukomplexen und Alleen, hatte 1932–35 Marcello Piacentini. Ihm waren auch die wichtigsten Einzelgebäude, u.a. das Rektorat, vorbehalten, während die Planung der übrigen Institute an junge Architekten vergeben wurde.

Neben den Travertin, das typische Baumaterial der faschistischen Architektur, trat der Beton als Material für die Gerüstbauweise. Die Metallprofile sind zum Teil aus dem damals neuen, dem Aluminium ähnlichen Werkstoff »Anticorodal«. – Die architektonisch interessantesten Leistungen sind das **Institut für Mathematik** von Giò Ponti, das für **Physik** von Giuseppe Pagano und das mit weiten Glasflächen gestaltete **Institut für Botanik** von Giuseppe Capponi. Vor dem **Rektorat** Piacentinis, das in der Aula Magna monumentale Fresken von Mario Sironi besitzt, ist die Statue der *»Minerva«* ein Werk von Arturo Martini. – Einige Institute bieten – auf Anfrage zugänglich – hervorragende ***Sammlungen*** (antike Kunst, Abgüsse, Mineralien, prähistorische Funde usw.).

M5 **Collegio Massimo** (Piazza dei Cinquecento 68) → S. 320.

H6 **Collegio Romano** (Piazza del Collegio Romano)

Der Bau, vom Jesuiten Giuseppe Valeriani 1583–85 als Kolleg seines Ordens errichtet, ist an allen Seiten von Straßen umgeben und umfängt an der Nordwestecke die Kirche → S. Ignazio. Zwischen einem 3stöckigen Mitteltrakt schließt beiderseits je ein 2geschossiger, von einer Attika überhöhter Seitentrakt an. Der 2geschossige Innenhof öffnet sich in Loggien. – Das Gebäude ist seit 1870 Staatsbesitz (Gymnasium u. a.).

D8 **Farnesina** (Via della Lungara 230) → S. 309.

[F7] **Farnesina dei Baullari** (**Piccola Farnesina**; Corso Vittorio Emanuele II 166–168) → S. 297.

D9/10 **Fontana dell'Acqua Paola** (Gianicolo; Via G. Garibaldi)

Papst Paul V. ließ diesen Brunnen als Abschluß der nach ihm benannten Wasserleitung erbauen. Giovanni Fontana und Flaminio Ponzio führten die Arbeiten zwischen 1610 und 1612 aus.

Die Architektur der Schauwand mit ihren 3 rundbogigen Toren und der Attika samt Inschrift ist von Vorbildern antiker Triumphbogen und nicht zuletzt der → Fontana del Mosè inspiriert. Carlo Fontana fügte 1690 das große Brunnenbecken hinzu, das dem Ganzen monumentalen Charakter verleiht.

Fontana delle Api (Via Veneto, am Beginn bei der Piazza Barberini) [J4]

Motivisch steht der **Brunnen der Bienen** (aus dem Wappen des Stifters, des Barberini-Papstes Urban VIII.) in einem Zusammenhang mit der nahen → Fontana del Tritone. Gian Lorenzo Bernini hat ihn 1644 für eine Hauswand in der Via Sistina geschaffen. Im 19. Jh. wurde er versetzt und an dieser Stelle isoliert aufgestellt.

Fontana della Barcaccia (Piazza di Spagna) [HI
→ S. 304.

Fontana dei Fiumi (Piazza Navona) → S. 303. [F6

Fontana del Moro (Piazza Navona) → S. 303. [F6

Fontana del Mosè (**Fontana dell'Acqua Felice**; Piazza S. Bernardo) L4

Im Auftrag von Papst Sixtus V., den die Inschrift an der hohen Attika rühmt, errichtete Domenico Fontana 1585–87 diese erste große Schauwand eines römischen Brunnens.

Die von Halbsäulen gegliederte Wand öffnet sich in 3 Nischen, mit der kolossalen *Moses*-Gestalt von Prospero da Brescia in der mittleren Nische und Reliefs mit Darstellungen aus der biblischen Geschichte von G. B. della Porta, Flaminio Vacca und Pier Paolo Olivieri in den Seitennischen. Die davor liegenden Löwen sind Kopien ägyptischer Originale, die in den Vatikanischen Museen aufbewahrt werden. Der Brunnen wird von einem Aquädukt aus den Albaner Bergen gespeist, der von Papst Sixtus V. restauriert wurde und nach dessen bürgerlichem Namen (Felice Peretti) Acqua Felice benannt ist. Die wasserspendende, bildbeladene Schauwand ist das Urbild der großen barocken Wandbrunnen Roms.

Fontana delle Naiadi (Piazza della Repubblica) ● L4

Der **Najadenbrunnen** wurde um 1885 bei den Bauarbeiten für die Via Nazionale geplant. Das weite Becken mit den Wasserspielen stammt von Alessandro Guerrieri. Der Figurenschmuck mit den spielenden Nymphen und Meereswesen wurde 1901 von Mario Rutelli hinzugefügt, die zentrale Gestalt des Meeresgottes Glaukos mit dem Delphin vom gleichen Bildhauer erst weitere 10 Jahre später. Der Brunnen ist für diese Zeit wohl eine der gelungensten Schöpfungen, die das Wasser als Element im Kunstwerk verwenden.

Fontana delle Tartarughe auf der Piazza Mattei

Fontana delle Tartarughe (Piazza Mattei)

38 Das Zentrum des von Wohnhäusern umgebenen Platzes bildet der von Giacomo della Porta entworfene und mit Figuren des Florentiner Bildhauers Taddeo Landini 1581–84 geschaffene **Schildkrötenbrunnen.** Aus dem flachen Brunnenbecken steigt ein Vierpaß, dessen Ecken mächtige marmorne Muscheln verstärken; darüber stellen 4 spielend bewegte bronzene Jünglingsgestalten die Verbindung zu der runden Brunnenschale her; die Schildkröten, denen sie zum Sprung in das Becken verhelfen und denen der Brunnen seinen Namen verdankt, wurden im 17. Jh. hinzugefügt. Da 1658 G. L Bernini mit der Restaurierung des Brunnens beauftragt war, liegt es nahe, ihm diesen geistreichen Einfall zuzuschreiben. Dünne Wasserstrahlen vollenden die echt manieristisch dekorative und so wenig römisch wirkende Formenverschlingung.

Fontana di Trevi (Piazza di Trevi)

Die großartige Schauwand erhielt ihre heutige Gestalt durch Nicola Salvi (1732 begonnen und 1762, nach seinem Tod, vollendet). Der Brunnen wird vom Wasser der Aqua Virgo **(Acqua Vergine)** *gespeist, das M. Agrippa im Jahr 19 v. Chr. für seine Thermen in die Stadt führte (Reste des* **Aquädukts** *sind in der nahe gelegenen Via del Nazareno sichtbar). Anläßlich einer Wiederherstellung unter Urban VIII. (1640) war Gian Lorenzo Bernini mit der Gestaltung des Brunnens beauftragt worden, doch verhinderte der Tod des Papstes die Ausführung. Eine Restaurierung veranlaßte 1872 der deutsche Mäzen Wilhelm Hüffer. Zuletzt 1989–91 restauriert.* 15

6 enge Gassen führen auf die kleine Piazza di Trevi, auf der die monumentale Säulenfassade von → SS. Vincenzo e Anastasio und die pathetisch bewegte Fontana di Trevi eine der eigenartigsten Architekturgruppen der Stadt bilden. Die *Brunnenwand,* die vor dem **Palazzo Poli** aufgerichtet ist, erhielt einen

Mittelrisalit in Form eines 3torigen römischen Triumphbogens; kolossale Säulen tragen eine mächtige Attika mit Figuren der 4 Jahreszeiten; statt der Tore öffnen sich seitlich rechteckige Nischen, die von der riesigen mittleren Rundnische überragt werden. Das Zentrum beherrscht auf seinem Muschelwagen Okeanos, Gott der Fluten, der über die Tritonen mit ihren Meerpferden im klippenreichen Meer gebietet; die Gruppe stammt von P. Bracci, der vielleicht dem Entwurf von G. B. Maini folgte. Die linke Nische füllt die von F. Valle geschaffene Statue des »Überflusses«; darüber ein Relief von G. Grossi mit der Darstellung des Agrippa, der den Entwurf für das Aquädukt prüft. In der Nische rechts die Personifikation der »Heilkraft« von F. Valle, darüber A. Bergondis Reliefdarstellung der Sage von einer Jungfrau, die durstigen römischen Soldaten die Quelle zeigte (daher der Name: Aqua Virgo, Jungfrauenquelle). Das Wasser strömt zu Füßen des Okeanos über künstliche Felsen in ein großes halbrundes Becken.
Beiderseits des 3achsigen Triumphbogens sind 2geschossige, zum Palast gehörende Flügel sichtbar, die von kolossalen Pilastern in je 3 Achsen geteilt werden.

● **Fontana del Tritone** (Piazza Barberini)

J4 *Im Auftrag des Barberini-Papstes Urban VIII. schuf Gian Lorenzo Bernini 1642/43 dieses Meisterwerk eines für Rom typischen Brunnens.*

4 Delphine tragen die Schalen einer offenen Muschel und darauf den Triton, der aus seinem Horn einen hohen Wasserstrahl senkrecht in die Luft bläst. Die Bienen als Elemente des Barberini-Wappens und päpstliche Insignien bezeichnen den Stifter. (Vgl. Fontana delle Api.)

BC7–9 **Gianicolo**

Der Name des Gianicolo (Janiculum), der Anhöhe, die auf dem rechten Tiber-Ufer das Gegenstück zum Pincio bildet, wird vom Gott Janus hergeleitet, der hier ein Heiligtum hatte. Auf dem Hügel verteidigte sich 1849 Garibaldi gegen die Truppen des Generals Oudinot. Dem Andenken dieses Ereignisses gilt das **Reiterstandbild Garibaldis**, das 1895 Emilio Gallori schuf. Die an den Piazzale G. Garibaldi anschließenden Alleen sind von Büsten seiner Getreuen gesäumt; darunter ein **Reitermonument seiner Frau Anita** (1932 von Mario Rutelli). Die Terrasse des Platzes bietet einen Blick auf die Stadt, den rechts die sanften Konturen der Albaner Berge, im Hintergrund die Höhenzüge der Abruzzen begrenzen. – Die beste Aussicht auf die Stadt hat man aber weiter nördlich beim **Leuchtturm**, einem Geschenk der in Argentinien ansässig gewordenen Italiener (Entwurf von Manfredo Manfredi, 1910).

Kapitol (Campidoglio) ●

Der Kapitolinische Hügel war der kleinste, HI8
aber der bedeutendste der 7 Hügel des antiken Rom. Von seinen 2 Kuppen trug die nördliche, auf der heute die Kirche → **S. Maria in** I8
Aracoeli steht, die Burg und den Tempel der Juno Moneta, während auf der südlichen Kuppe der Tempel des Jupiter Optimus Maximus Capitolinus stand. Die ehemalige Talsenke nimmt heute die Piazza del Campidoglio ein. An der Ostseite des Hügels erhob sich das Tabularium.

Das Kapitol, im Altertum Zentrum und Symbol des römischen Reiches, hat im Mittelalter seine Bedeutung verloren. Der Kampf gegen das Papsttum (1143) führte zur »renovatio senatus« und machte den Ort wieder zum Zentrum des bürgerlichen Roms. Noch heute ist das Kapitol Sitz des Stadtoberhaupts. – Die entscheidende Wendung in der Formung des Kapitol-Hügels fand unter Papst Paul III. statt, der Michelangelo den Auftrag zur planmäßigen Gestaltung gab.

Michelangelos Arbeit begann mit der Aufstellung des ursprünglich vergoldeten **Reiterstandbilds des Kaisers Marc Aurel**, das 1538 vom Lateranplatz, wo es als Bildnis des Kaisers Konstantin galt, hierher verbracht wurde. (Seit 1990, nach der letzten Restaurierung, ist das Original im Palazzo Nuovo aufgestellt.) Die Orientierung der Monumente in Nordwestrichtung, auf den Vatikan hin, war damit festgelegt. Michelangelo plante um die Statue einen ornamentalen labyrinthischen Stern im Oval, wie 1940 im *Bodenbelag des Platzes* ausgeführt, indessen ohne die vorgesehenen Stufen. Unter dem rechten Vorderhuf des Pferdes befand sich ursprünglich das kleine Standbild eines unterworfenen Königs mit gebundenen Händen. Der Kaiser, mit dem Mantel des Feldherrn, die Rechte in der Gebärde des Friedenbringers erhoben, reitet ein schweres Pferd. Roß und Reiter bilden eine geschlossene Silhouette; das enorme, kraft-

Etienne Dupérac: Kapitol. Stich (1569) nach Michelangelos Entwurf

voll wirkende Volumen der Gruppe hat Michelangelo dadurch zu steigern gewußt, daß er ihr einen relativ kleinen, jedenfalls im Größenverhältnis nicht entsprechenden Sokkel gab. Das Denkmal gehört zu den größten künstlerischen, übrigens auch gußtechnischen Leistungen der antiken Plastik.
1544 entwarf Michelangelo die Rampe, **»La Cordonata«**, die den Besucher von der Piazza d'Aracoeli auf den Platz geleitet. Giacomo della Porta hat ihr 1577–81 die heutige Gestalt gegeben. Auf halbem Wege steht links das kleine, 1887 errichtete **Denkmal für Cola di Rienzo.** Links und rechts vom Zugang stehen auf der Balustrade die **Dioskuren**, 2 Marmorgruppen aus der späten Kaiserzeit, die im 16. Jh. im Ghetto wiedergefunden wurden. Daneben die sog. **Trophäen des Marius**, Siegeszeichen mit Waffen der Barbaren, die ursprünglich den Monumentalbrunnen auf der Piazza Vittorio Emanuele II zierten, **Standbilder Konstantins d. Gr.** und **Konstantius' II.** aus den Thermen Konstantins am Quirinal und an den Enden 2 **Meilensteine** von der Via Appia mit Inschriften Nervas und Vespasians.

Der mittlere Bau am Kapitolplatz ist der **Pa-** 18
lazzo Senatorio, der zwischen 1547 und 1554 bis zum Grundgeschoß gebaut war und von Giacomo della Porta 1573–79, Michelangelos Pläne verändernd, fortgeführt wurde; Girolamo Rainaldi schloß 1605 die Arbeiten ab. Der Bau benutzt als Unterbau das Tabularium (s. u.) und Teile der mittelalterlichen Vorgängerbauten, von denen sich an den Seiten die mächtigen 4kantigen Türme erhalten haben. In der Mitte zwischen den beiden Treppenrampen, die zum Hauptportal führen, steht ein ***Brunnen*** mit einem antiken Standbild der Minerva, das später in eine *Roma* verwandelt wurde; zur Linken liegt die Personifikation des *Nils,* rechts die des *Tibers.* Den durch Brunnen und Portal gesetzten Akzent greift hoch über der 3stöckigen Fassade ein 1578–82 von M. Longhi d. Ä. erbauter ***Glokkenturm*** auf, der einen älteren ersetzt. – Das Innere des stark restaurierten Palastes be-

Kapitol. Palazzo Senatorio

wahrt im großen Ratssaal ein *Standbild Caesars* aus trajanischer Zeit.

An der rechten Seite des Platzes befindet sich
18 der **Palazzo dei Conservatori**, heute Sitz der **Kapitolinischen Museen** (→ Musei Capitolini), 1563–68 von Giacomo della Porta nach Entwürfen Michelangelos erbaut. Eine korinthische Kolossalordnung faßt die beiden Stockwerke der Fassade zusammen. Sie öffnet sich im Erdgeschoß in einer Kolonnade, deren Architrav zwischen den Pfeilern auf ionischen Säulen ruht. Im Obergeschoß Fenster, von Säulen gerahmt und von einem Segmentgiebel bekrönt. Die Betonung des Fensters in der Mittelachse nahm Giacomo della Porta eigenmächtig vor. Über dem hohen Gesims und dem schweren Gebälk eine Balustrade mit Statuen.

Inneres. Im 1. Stock eine Arnolfo di Cambio zugeschriebene Statue *Karls I. von Anjou* (gegen 1280). – In der Sala degli Orazi e Curiazi hat Giuseppe Cesari gen. Cavalier d'Arpino *Episoden aus der römischen Königszeit* dargestellt (1596–1640): Kampf zwischen Horatiern und Curiatiern, Kampf des Tullius Ostilius, Auffindung der Wölfin, Numa Pompilius setzt den Kult der Vestalinnen ein, Roms Gründung durch Romulus, Raub der Sabinerinnen. Die Marmorstatue *Urbans VIII.* stammt von Bernini, das Bronzestandbild *Innozenz' X.* von Algardi. – In der Sala dei Capitani stellte Tomaso Laureti in einem Freskenzyklus *Episoden aus der republikanischen Zeit Roms* dar (1587–94). – In der Sala dei Trionfi ein Fries mit Darstellungen des *Triumphs des Aemilius Paulus über Perseus* von Michele Alberti und Giacomo Rochetti (1569). – Reich ausgestattet ist die Sala delle Guerre Puniche, so genannt nach den Fresken Giacomo Ripandas mit *Ereignissen aus den Punischen Kriegen,* ausgeführt zwischen 1508 und 1513.

Der dem Konservatorenpalast gegenüberliegende, 1603 nach seinem Muster begonnene, aber erst 1644–54 von Girolamo und
18 Carlo Rainaldi fertiggestellte **Palazzo Nuovo** (→ Musei Capitolini) entspricht nur im Aufbau der Fassade dem Vorbild, ist sonst aber ein schmaler Bau mit nur kleinem Hof; an dessen Rückwand der **»Marforio«**, eine der 5 »statue parlanti« (»sprechenden Statuen«) der Stadt.

An der Ostseite des Platzes liegt unter dem Senatorenpalast, mit der Front dem Forum
18 Romanum zugewandt, das **Tabularium**, das 78 v.Chr. vom Konsul Q. Lutatius Catulus erbaute Staatsarchiv der Römischen Republik. Die im Mittelalter zugemauerten, mit dorischen Halbsäulen geschmückten Arkaden einer nach dem Forum offenen Halle wurden 1939 z.T. wieder geöffnet. Im gleichen Jahr entdeckte man an der Südwestecke des Gebäudes einen **Tempel des Veiovis** mit der Kolossalstatue eines jugendlichen Gottes (Veiovis war eine jugendliche Erscheinungsform Jupiters). Die Reste des Tempels stammen von einer Wiederherstellung zur Zeit der Errichtung des Tabulariums, während der ursprüngliche Tempel 192 v.Chr. geweiht worden war. In der Halle des Tabulariums sind Gebälkstücke (z.T. Abgüsse) von den Tempeln der Concordia und des Vespasian, die unmittelbar unter der Halle an der Westseite des Forums lagen (s.u.), zu sehen.

Von der Piazza del Campidoglio führt eine Treppe links des Konservatorenpalastes, entlang den alten Sitzen der Handwerkerkongregationen, durch einen Vignola zugeschriebenen Durchgang zum **Tarpejischen Felsen**, der einen Blick auf Aventin und Gianicolo bietet. Die Römer pflegten bei bestimmten Verbrechen die Verurteilten von diesem Felsen hinabzustoßen. – Links des Senatorenpalastes steigt die Via S. Pietro in Carcere zur Talsohle hinab. Auf einem von Bäumen bestandenen Platz zur Linken der Straßenseite stehen Ruinen von der Mauer der **kapitolinischen Burg.** Beim weiteren Abstieg erreicht man eine **Terrasse** mit einem einzigartigen Blick über Forum und Palatin.
Von hier aus führt eine Treppe zur Via del

Tabularium. Fries vom Tempel des Vespasian

Foro Romano, an der sich links → **S. Giu-** 18
seppe dei Falegnami über den Resten des **Carcer Mamertinus**, des Staatsgefängnisses, aus der Zeit um 300 v.Chr. erhebt. – Rechts, zu Füßen des Kapitols, stehen die Ruinen des im 4. Jh. v.Chr. gegründeten **Concordia-Tempels.** Erhalten blieben Bruchstücke des Podiums von einem Neubau, den Tiberius zwischen 7 und 10 n.Chr. errichtete. Für den ehemals plastischen Reichtum des Gebäudes zeugt ein Gebälkstück im Tabularium. – Es folgt der **Tempel des Vespasian**, der vom Senat 79 n.Chr. errichtet und von Domitian geweiht wurde. 3 schöne korinthische Säulen, über 15 m hoch, stammen von der 6säuligen Vorhalle. Auf dem Gebälk Reste einer Inschrift, die von Restaurierungen durch Septimius Severus und Caracalla berichtet. Auf dem Podium unterhalb des Tabulariums ist noch der Sockel für die Standbilder der vergöttlichten Kaiser Vespasian und Titus erkennbar. Im Tabularium Reste eines Frieses. – Auf den Vespasians-Tempel folgt zur Linken die

Halle der Dei Consentes. 4 kannelierte und 5 glatte korinthische Säulen mit Gebälk – Bruchstücke des Portikus – sind wieder aufgestellt worden. Die Halle diente den 12 Gottheiten griechischen Ursprungs (Jupiter, Juno, Neptun, Minerva, Apollo, Diana, Mars, Venus, Vulcanus, Vesta, Mercurius, Ceres). Der im 2. und 3. Jh. v. Chr. entstandene Urbau wurde in flavischer Zeit durch einen Neubau ersetzt, den der Stadtpräfekt Vettius Praetextatus 367 n. Chr. restaurieren ließ, wie die Inschrift besagt. (Vgl. Lageplan S. 100.)

FG10 **Ehem. Manifattura dei Tabacchi** (Piazza Mastai)

Der den Platz beherrschende Bau, 1859–62 von Antonio Sarti für die Tabakverarbeitung errichtet, ist ein spätes Beispiel des römischen Klassizismus in kühler Formensprache. – Auf der Piazza Mastai ein **Brunnen** von Andrea Busiri Vici (1865).

I7 **Nationaldenkmal für Viktor Emanuel II.** (Piazza Venezia)

Das Monument zur Verherrlichung der Einheit Italiens wurde 1885–1911 nach Plänen von Giuseppe Sacconi errichtet. Um die gigantische Anlage bauen zu können, mußten mehrere Häuser abgerissen werden, darunter die Villa Papst Pauls III. und Teile des Konvents von S. Maria in Aracoeli, dessen Kirche samt dem Kapitol von den hochgetürmten Steinmassen in den Schatten gestellt wird.

Auf dem 1. Podest steht der ***»Altar des Vaterlandes«***, seit 1921 in der Mitte das Grab des Unbekannten Soldaten. Weitläufige Rampen führen hoch zu einem von Quadrigen bekrönten Portikus und umgeben das bronzene ***Reiterstandbild des Königs Viktor Emanuel II.*** Antikisierende Elemente, Brunnen und unzählige Bildwerke in Stein und Bronze bereichern dieses einmalige Monument des europäischen Historismus. Die Masse des in Rom sonst nie verwendeten schneeweißen Kalksteins wirkt befremdend im Stadtbild und drängt sich überall in das Blickfeld.

Links, am Fuße des Denkmals, haben sich Teile des → **Grabes von C. Publicius Bibulus** aus dem 1. Jh. v. Chr. erhalten.

F5 **Palazzo Altemps** (Via S. Apollinare 8)

Der Palast wurde um 1480 für den Kardinal Girolamo Riario erbaut. Freskenreste dieser Zeit wurden im 1. Stock entdeckt. Nach 1578 erneuerte Martino Longhi d. Ä. den Palast für den Kardinal Marcus Psiticus Altemps aus der österreichischen Familie von Hohenems.

Das Äußere des an allen Seiten von Straßen umgebenen Palastes zeigt eine schöne Renaissanceordnung. Den großen Hof umschließen ionische Pfeiler mit Rundbögen im Unter- und Obergeschoß. In der Hauskapelle haben sich Fresken von Antonio Circignani erhalten.

Der Palast ist jetzt einer der Ausstellungsorte des Museums für antike Kunst (→ **Museo Nazionale Romano**).

Palazzo Altieri (Via del Plebiscito; gegenüber Il Gesù) H7

Der Palazzo, aus 2 miteinander verbundenen Baukörpern bestehend, gehört zu den Großbauten, die ein ganzes Straßengeviert einnehmen.

Der ältere, gegen die Via del Gesù gerichtete Teil geht ins 16. Jh. zurück, der jüngere wurde im Auftrag von G. B. Altieri, dem Bruder Clemens' X., zwischen 1670 und 1676 durch Giovanni Antonio de' Rossi ausgeführt.

Die bedeutende Barockfassade (Abb. S. 173) erstreckt sich an der Piazza del Gesù als 3stöckige Schauseite mit 2 Säulenportalen und einer Loggia. Von den beiden Innenhöfen wird der eine an 3 Seiten von einem Portikus umschlossen. – Beachtung verdienen im Innern das Treppenhaus mit guten antiken Skulpturen und im 1. Stock der Salon mit Stuckdekoration sowie einem bedeutenden Fresko von Carlo Maratta: *»Triumph der Göttlichen Sanftmut«* (= Clemenza), in Anspielung auf den Namen des Papstes. Weitere, bis ins 18. Jh. reich ausgestattete Räume.

Palazzo del Banco di S. Spirito (**Palazzo della Zecca**; Via del Banco di S. Spirito 31) D5

Der Bau, für die päpstliche Münze (Zecca) bestimmt, liegt am Zusammenfluß der beiden Straßen Via dei Banchi Nuovi und Banchi Vecchi, wobei der spätere Einschnitt des Corso Vittorio Emanuele die ursprüngliche Situation entstellt hat. Ein bereits bestehendes Gebäude wurde von Bramante im Auftrag Julius' II. (1503–13) ausgestattet; die Münzeinheit der »Giulii« geht auf den Namen dieses Papstes zurück. – Die konkave Fassade mit einem Rustikamauerwerk in der Sockelzone und einem von Pilastern umstellten Triumphbogen gestaltete Antonio da Sangallo d. J. Die

Nationaldenkmal für König Viktor Emanuel II., »Altare della Patria«. Detail mit der Göttin Roma von Angelo Zanelli

das Dach bekrönenden Statuen der »Caritas« und der »Abundantia« wurden unter dem Pontifikat Clemens' IX. hinzugefügt, als um 1666 der Bau in den Besitz der Bank des Hospitals von S. Spirito überging.

● **Palazzo Barberini** (Via delle Quattro
K4 Fontane 13)

Den Kern des Komplexes bildet der 1625 von Urban VIII. Barberini erworbene Palazzo Sforza, den sein Neffe Taddeo in den folgenden Jahren erweitern ließ. Als Maderno, der erste Architekt, 1629 starb, übernahm Bernini bis 1633 die Arbeiten. Borromini war unter beiden Baumeistern tätig; auch ihm verdankt der Palast entscheidende Züge.

Der bedeutendste Palast des römischen Hochbarock. Der Grundriß folgt weder dem Typ des 4-Flügel-Baus mit Innenhof noch der strengen Quaderform, die den vorangehenden römischen Palästen eigen war. Wegen seiner damals fast ländlichen Lage orientiert sich der Palast an der Villa Farnesina: An den längsrechteckigen Mitteltrakt schließen 2 schmale Flügel an, die nach vorn und hinten über die Flucht des Mittelbaus hinausstoßen. Neu und zukunftweisend ist die Gestaltung der Fassade. Alle 3 Geschosse öffnen sich in Arkaden, die im Erdgeschoß einen Pfeilerportikus bilden, in den Obergeschossen dagegen verglaste Loggien vortäuschen, hinter denen die wirklichen Fenster z. T. ein viel kleineres Format haben. Die Konstruktion folgt dem römischen, vom Kolosseum abgeleiteten System, das im Erdgeschoß dorische, im mittleren ionische Säulen und im 3. Geschoß korinthische Pilaster vor die wandhaften Arkadenpfeiler stellt. Der 7achsige Mittelrisalit tritt in wirkungsvollen Kontrast zu den anschließenden Achsen und zu den Flü-

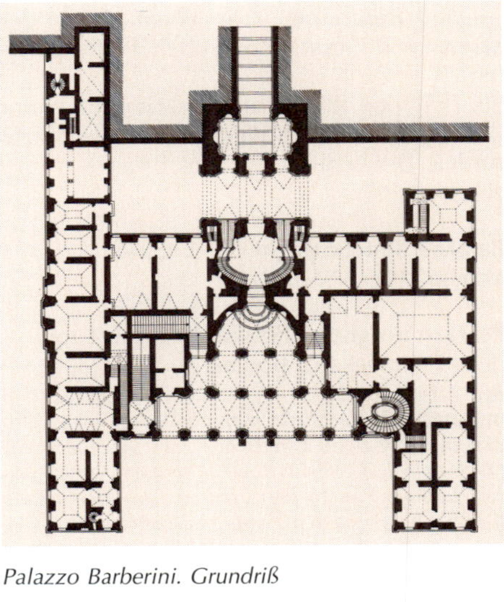

Palazzo Barberini. Grundriß

geln. – Aus dem tiefen Portikus führt ein Gang durch die ovale Sala Terrena in einen ansteigenden Gartenweg. Garten und Rückfassade wurden so stark verändert, daß die ursprünglichen Absichten kaum noch zu erkennen sind.

Borrominis Treppe des rechten Flügels ist eine über ovalem Grundriß aufsteigende Spirale. Die Haupttreppe Berninis im Mitteltrakt dagegen steigt in rechtwinkligen Brechungen um eine offene Mitte empor. – Die Zimmerflucht erhält ihre repräsentative Mitte in dem großen rechteckigen Salone, der die Höhe von 2 Stockwerken einnimmt. Seine *Decke* erhielt durch Pietro da Cortona ● 1633–39 ein Werk illusionistischer Malerei, in dem die göttliche Vorsehung und deren Vollstrecker Papst Urban VIII. verherrlicht werden. 3 große Bienen, Wappentiere der Familie Barberini, fliegen in den offenen Himmel, gewiesen von den Allegorien u.a. der Zeit, der Weisheit, der Frömmigkeit, der Herrschergewalt und der Staatsklugheit. Die Grenzen von Architektur und Malerei sind aufgehoben, und der Raum scheint sich in den Himmel zu öffnen. – Architektonisch interessant ist ferner der zum Garten gewandte ovale Saal im 1. Geschoß. – Unter der reichen Ausstattung verdienen das Fresko der »Göttlichen Weisheit« von Andrea Sacchi (1629–31) und in der Kapelle die Fresken von Pietro da Cortona und G. F. Romanelli (1631–32) besondere Beachtung. – Im ***ehem. Palast der Sforza*** sind Fresken des frühen 17. Jh. erhalten.

Ein Teil der Räume des Palazzo Barberini dient heute der → **Galleria Nazionale d'Arte Antica.** Der südliche Teil des Palastes ist unzugänglich.

K3 **Palazzo Boncompagni** (Via Vittorio Veneto 119) → S. 293.

● **Palazzo Borghese** (Piazza Borghese/Largo
G4 della Fontanella di Borghese)

Seit 1560 entstand an dieser Stelle ein Palast, den der spanische Kardinal Pedro de Deza 1586 erwarb und durch Martino Longhi d. Ä. neu gestalten ließ. Nach dem Tod Longhis (1591) übernahm sein Schüler Flaminio Ponzio die Arbeiten. Um 1604 kaufte Camillo Borghese den immer noch unfertigen Palast und schenkte ihn nach seiner Wahl zum Papst (Paul V.) seinen Brüdern Orazio und Francesco. Ponzio setzte bis zu seinem Tod (1613) die Arbeiten fort; danach übernahmen Vasanzio und Maderno die Leitung. Nach 1670 fügte Carlo Rainaldi den Flügel gegen die Via di Ripetta hinzu und schuf den Gartenhof.

Der Palast ist eine unregelmäßige Anlage. Dem längsrechteckigen Hof, wohl Longhis Werk, entspricht keine rechteckige Umbauung; nur die Fassade an der Via della Fontanella Borghese läuft der Schmalseite parallel; an sie schließt sich die rechte stumpfwinklig an, während die linke – Hauptfassade und zugleich längste Schauseite Roms – in einer Bogenlinie weit zum Tiber hin ausschwingt. Wegen des Grundrisses wird der Palast »Il Cembalo« genannt, wobei die Tiber-Fassade mit ihrer Terrasse und der Galerie als »Tastiera«, die Tastatur, angesehen wird. – Der Palast hat 3 Stockwerke und 2 Mezzaningeschosse. Hohe Portale mit Balkonen führen ins Innere. Die Architektur ist nicht auf Reichtum im Detail, sondern auf Monumentalität und fürstlichen Anspruch angelegt.

Im Hof ändert sich das Bild: 3 Seiten sind von ● 2geschossigen Rundbogenarkaden umgeben; an der Rückseite gibt die offene Doppelloggia den Blick in den Gartenhof frei. Der Hof gehört zu den vornehmsten und schönsten Roms, würdig der hier aufgestellten antiken Statuen. Hinter dem steinernen Riesengitter der 2geschossigen Arkadenstellung liegt der große und doch intime Gartenhof, dessen rechte Seite eine Mauer stützt, während im Hintergrund ein niedriger Vorbau mit Terrasse die gesamte Palastanlage zum Tiber hin abschließt. 3 Brunnen in Rundnischen sind mit nackten Jünglingen, Girlanden und Putten reich dekoriert; Standbilder, Bäume und Sträucher runden das Bild einer idyllischen Anlage, die zusammen mit dem Säulenhof dem Stadtpalast der Borghese die Vorzüge einer ländlichen Villa gibt.

Auch im Innern bestimmt die herrschaftliche Großzügigkeit der Hofanlage Form und Abfolge der Räume. In dem langgestreckten linken Flügel verbinden sich 12 Säle zu einer großartigen Raumflucht. Die Obergeschosse enthalten Fresken von Gaspard Dughet, Ciro Ferri, Luigi Garzi u.a.

Palazzo Brancaccio (Via Merulana 248) MN
→ S. 319.

F6 **Palazzo Braschi** (Piazza S. Pantaleo 10/Corso Vittorio Emanuele II)

Der Palazzo, der das von Piazza und Via S. Pantaleo, Via di Pasquino und Via Cuccagna gebildete Trapez füllt, wurde als letzter Palast einer päpstlichen Familie in Rom 1792 von Cosimo Morelli für die Neffen des Papstes Pius VI. Braschi (1775–99) errichtet. Die barocke Palastbautradition mit Innenhof, großzügiger (nach 1804 vollendeter) *Treppenanlage* und Vestibül ist trotz der neoklassizistischen Prägung unverkennbar. – Seit 1949 ist der Palast Sitz des **Museo di Roma.**

An der zur Piazza di Pasquino abgeflachten Ecke des Palastes steht die berühmte Statue des **»Pasquino«.** Ein Torso hellenistischer Skulptur, wurde sie seit dem 16. Jh. zur »sprechenden Statue«, so bezeichnet wegen der satirischen Texte (»Pasquinate«), die am Sockel angebracht wurden.

G7 **Palazzo Caetani** (Via delle Botteghe Oscure 32)

Den klar gegliederten 3stöckigen Stadtpalast erbaute Bartolomeo Ammanati (oder Annibale Lippi?) 1564 für Alessandro Mattei. (→ Palazzi Mattei.) Zwischen einem kräftigen Sockelgeschoß und dem schlichten Obergeschoß ist das beherrschende mittlere Stockwerk durch flache Fensterbekrönung und eine Art Mezzaningeschoß betont. Der Palast hat außer einem schönen, arkadenumschlossenen Hof einen zweiten mit einem Sarkophagbrunnen und antiken Skulpturen.

H18 **Palazzo Caffarelli** (Campidoglio; Via delle Tre Pile 3) → S. 319.

● **Palazzo della Cancelleria** (Piazza della Cancelleria)

6/7

Der Palast, den der päpstliche Kardinalschatzmeister Raffaele Riario, Neffe Papst Sixtus' IV., erbauen ließ, gehört zu den vollkommensten Werken der Renaissance-Architektur. Kein festungsartiger Bau mehr wie der Palazzo Venezia, ist er ganz auf die Selbstdarstellung der Familie ausgerichtet.

Der Bau wurde 1488/89 auf dem Platz begonnen, den bis dahin die Titelkirche → S. Lorenzo in Damaso und ein anstoßender Wohnbau eingenommen hatten. 1495 war die Fassade fertiggestellt; beim Tod des Bauherrn (1520) war der Palast noch nicht vollendet. Die Frage nach dem Architekten ist nicht eindeutig geklärt; stilistisch ist der Bau Baccio Pontelli zuzuweisen. Nach 1499 war Bramante, um 1514 Antonio da Sangallo d. J. an den Arbeiten beteiligt.

Weil Kardinal Riario an der Verschwörung gegen Leo X. teilgenommen hatte, verlor er seinen Palast an die Kurie, die ihn für Verwaltungszwecke nutzte. 1798/99 residierte in seinen Mauern die Regierung der Republik Rom, 1848 tagte hier das Revolutionsparlament. Seit 1870 Sitz der **Apostolischen Kanzlei**, *folglich Exterritorialbesitz des Vatikanstaats.*

Der Palast wendet dem Platz eine langgestreckte 3stöckige Fassade zu. Das glatte, durchgehende Rustikamauerwerk des Erdgeschosses hat die Massigkeit eines Sockels, dessen Fläche durch das asymmetrisch angelegte Palastportal, das kleinere Portal rechts, das in die Kirche → **S. Lorenzo in Damaso** führt, und die kleinen rundbogigen Fenster kaum unterbrochen wird. Die 2 sehr hohen Obergeschosse gliedern die Rustikawand durch doppelte, auf Postamente gesetzte Pilaster. Den Seiten sind als Türme intendierte Vorsprünge hinzugesetzt. Die seitlichen Fassaden – am Corso Vittorio Emanuele II, an der Gartenseite und an der Via del Pellegrino – sind in vereinfachter Form und ohne Travertinverkleidung ausgeführt. Der Travertin der Hauptfassade soll aus dem Kolosseum und vom Triumphbogen des Kaisers Gordianus stammen. Das barocke Hofportal, das sich in seiner plastischen Schwere von der Eleganz der Fassade abhebt, errichtete Domenico Fontana 1589.

Der weite viereckige Hof öffnet seine beiden unteren Geschosse in harmonischen, von Säulen getragenen Rundbogenarkaden. Die geschlossenen Backsteinwände des 3. Stockwerks werden von Pilastern gegliedert, zwischen denen – ähnlich dem Außenbau – kleine Rundbogenfenster über rechteckigen Fenstern stehen.

Der Ruhm der Innenausstattung ist der im 1. Stock gelegene Sitzungssaal, die sog. Sala dei Cento Giorni (»Saal der hundert Tage«), in deren *Fresken* Vasari 1546 die Taten Papst Pauls III. verherrlichte. Damals bewohnte Kardinal Alessandro Farnese, Neffe Pauls III., den Palast. Vasari soll die Arbeiten innerhalb von hundert Tagen ausgeführt haben. Die Fresken sind in 3 übereinander geordneten Friesen aufgebaut: zuunterst treppenartige Architekturen, die scheinbar den Zugang zu den weiten Landschafts- und Architekturräumen der Mittelfelder ermöglichen, während unter der Decke mit Allegorien und Wappen ein verwirrendes Spiel manieristischer Formen entfesselt wird. – In den zum Garten gelegenen Räumen befand sich die ***Kardinalswohnung.*** Die Kapelle wurde um 1550 von Francesco Salviati eingerichtet und ausgestattet. Im nahegelegenen Turmzimmer schuf Perin del Vaga an der Decke Fresken mit Szenen aus der Bibel.

G5 **Palazzo Capranica** (Piazza Capranica 98)

Der Palast, dessen älteste Teile, zu denen der Turm gehört, um die Mitte des 15. Jh. erbaut wurden (über dem Portal die Jahreszahl 1451), ist eines der wenigen großen Baudenkmäler der Frührenaissance in Rom. Unter der späteren Aufstockung beleben kreuzförmige Zwillingsfenster des 15. Jh. die Wände; 2 schöne Portale führen in das **Collegio Capranicense**, ein Priesterkolleg.

[I5] **Palazzo Carpegna** (Piazza dell'Accademia di S. Luca 77) → S. 313.

H5 **Palazzo Chigi** (Via del Corso / Piazza Colonna)

Pietro Aldobrandini, Bruder Papst Clemens' VIII., erwarb 1578 mehrere Häuser, die er nach Plänen von Matteo Bartolini aus Città di Castello vereinigen ließ. Die Arbeiten zogen sich – vielleicht unter Beteiligung von Carlo Maderno – lange hin, bis der Bau 1659 in den Besitz der Sieneser Familie Chigi gelangte, die ihn durch Felice della Greca fertigstellen ließ.

Die Wände des 5stöckigen Palastes sind lediglich durch die geraden Fenster gegliedert. – Der Palast ist **Amtssitz des italienischen Ministerpräsidenten.**

Vb8 **Palazzo della Civiltà del Lavoro** (EUR; Quadrato della Concordia; Farbabb. 6)

Das Werk der Architekten Giovanni Guerrini, Bruno La Padula und Mario Romano von 1939 war Teil der für 1942 geplanten Esposizione Universale di Roma (EUR), einer Weltausstellung.

Die 6 Stockwerke des 68 m hohen Quaders öffnen sich an allen Seiten in 216 großen Rundbogenarkaden. In jeder sollte ein riesiges Standbild stehen. Auf diese Weise wollte man allen Leistungen Italiens ein Denkmal setzen. Das »viereckige Kolosseum« greift bewußt auf Architekturelemente der Antike zurück.

Palazzo Colonna (Via della Pilotta / Piazza SS. Apostoli 60) I6

Die umfangreiche Palastanlage, die heute die Kirche → **SS. Apostoli** umschließt, bedeckt ein riesiges Geviert, das von der Piazza SS. Apostoli, der Via IV Novembre sowie der Via und der Piazza della Pilotta umgrenzt wird.

Der Palast wurde unter Martin V. Colonna (1417–31) auf älteren Fundamenten begonnen und ab 1654 von Antonio del Grande ausgestaltet sowie 1731 durch Niccolò Michetti um den Flügel an der Piazza SS. Apostoli erweitert. Er war Sitz der Familie Colonna, aus der u. a. Marcantonio, der Sieger von Lepanto (1571), und Vittoria, die Freundin Michelangelos, stammten. – Sitz der → **Galleria Colonna.**

Mit einer Reihe von Innenhöfen und der schönen **Palazzina di Giuliano della Rovere** (des späteren Papstes Julius II.) aus dem 15. Jh. bietet die Anlage das Bild eines prächtigen, durch Jahrhunderte gewachsenen Stadtpalastes. – Im Piano nobile die vollkommenste barocke ***Galerie*** Roms. Die dekorative Ausstattung der Sala Grande stammt von Antonio del Grande, Girolamo Fontana, Mario de' Fiori und Carlo Maratta; die Deckenfresken von Giovanni Coli und Filippo Gherardi (1675–78) zeigen Episoden aus dem Leben des Marcantonio Colonna (Seeschlacht von Lepanto). Auch die übrigen Räume sind mit wertvollen Wandmalereien ausgestattet. Der Thronsaal ist nach dem Brauch fürstlicher Häuser in Rom für den Besuch des Papstes eingerichtet.

Jenseits der Via della Pilotta, durch Brücken mit dem Palazzo verbunden, liegt am Hang des Quirinals die **Villa Colonna** (Eingang an IJ6 der Via XXIV Maggio). In ihr Ruinen eines **Tempels**, der wahrscheinlich Serapis geweiht und von Caracalla errichtet war.

Palazzo dei Congressi (EUR; Piazza John F. Kennedy) Vb8

Die 1938 von Adalberto Libera gebaute Kongreßhalle ist mit ihren klaren Formen gute funktionelle Architektur. Die sphärische Kuppel über quadratischem Grundriß gehört zu den großen architektonischen Leistungen des Jahrzehnts. Im Atrium Wandbilder von Gino Severini und Achille Funi (Geschichte Roms).

Palazzo dei Conservatori (Piazza del Campidoglio) → S. 282. I8

Palazzo della Cancelleria

J6 **Palazzo della Consulta** (Piazza del Quirinale 41)

*Papst Clemens XII. ließ den Palast 1732–36 durch Ferdinando Fuga für das päpstliche Gericht, das Tribunale della Sacra Consulta, erbauen. Heute Sitz des Verfassungsgerichtshofs (***Corte Costituzionale***; nicht zugänglich).*

Der auf einem trapezförmigen Grundstück errichtete 2geschossige Bau hat im Hauptgeschoß eine ausgeprägte Pilastergliederung und als Abschluß eine Balustrade, auf der das Papstwappen mit 2 Statuen des Ruhms und der Ehre von Paolo Benaglia die Mitte anzeigt. Auf dem Giebel des Mittelportals ruhen die Allegorien der Religion und der Gerechtigkeit von Filippo della Valle.

D8 **Palazzo Corsini** (Via della Lungara 10)

Den Palast ließ sich am Anfang des 16. Jh. Kardinal Domenico Riario erbauen. 1736 kam der Bau an den Kardinal Neri Corsini, der hier seine reiche Bibliothek und Gemäldesammlung einrichtete. Zu dieser neuen Bestimmung erweiterte Ferdinando Fuga den Palast. Hier wohnte bis zu ihrem Tod (1689) die Königin Christine von Schweden, 1797 Joseph (Giuseppe) Buonaparte, der Botschafter des französischen Direktoriums in Rom. Seit 1883 Staatseigentum und Sitz der **Accademia dei Lincei** *(wie die Farnesina) und außerdem der →* **Galleria Nazionale d'Arte Antica.**

Das 3stöckige Gebäude hat eine lange ernste Fassade, die im Piano nobile durch 3 Balkone belebt wird.

H6/7 **Palazzo Doria Pamphili** (Via del Corso 304)

Der Palast, der größte römische Wohnbau, nimmt ein Straßengeviert ein, das von der Via del Corso, der Via Lata mit der anschließenden Piazza del Collegio Romano, der Via della Gatta und der Via del Plebiscito umschlossen wird.

Der Palazzo wurde im 15. Jh. begonnen, erhielt aber erst im 18. Jh. die endgültige Gestalt. Mehrere römische Familien bewohnten das Gebäude, ehe Francesco Maria della Rovere, Fürst von Urbino, es 1601 dem Kardinal Pietro Aldobrandini verkaufte. Durch die Heirat der Donna Olimpia Aldobrandini mit Camillo Pamphili kam es 1647 an die Familie Pamphili. Seit diesem Zeitpunkt begann die Gestaltung des bestehenden Palastes, der durch Erbschaft schließlich in den Besitz der Familie Doria gelangte. Gabriele Valvassori errichtete um 1731–35 die Front am Corso, an die sich rechts die 1658–62 von Pietro da Cortona erbaute Fassade der Kirche → **S. Maria in Via Lata** *anschließt. Die Palastfassade an der Piazza del Collegio Romano stammt von Antonio del Grande. Die ausgedehnte Front an der Via della Gatta wurde erst im 19. Jh. von Andrea Busiri Vici ausgeführt. Den gegenüber dem Palazzo Venezia gelegenen Trakt an der Via del Plebiscito errichtete 1741–44 Paolo Ameli.*

Am bedeutendsten ist die zum Corso gewandte Fassade. Säulenordnungen, schmale, üppig bekrönte Fenster, geschwungene Balkone und Galerien entfalten in allen Stockwerken eine bewegte Linienführung. Bemerkenswert ist auch der Hof aus dem 16. Jh., in dessen Pfeilerarkaden der Stil Bramantes nachklingt; die Loggia wurde durch Valvassori vermauert. – Die Galleria degli Specchi ist mit Fresken von Aureliano Milani (»Gigantensturz«) ausgestattet; die übrigen Säle enthalten Wandmalereien von geringeren Künstlern.

Bedeutend ist die Gemäldesammlung, die → **Galleria Doria Pamphili**; ihr Eingang liegt an der Piazza del Collegio Romano.

Palazzo delle Esposizioni (Via Nazionale 194) K5/6

Der Ausstellungspalast (1880–82) von Pio Piacentini ist ein typisches Beispiel der Architektur der Gründerjahre: Eine Freitreppe führt zu einem 3torigen Triumphbogen, der den Zugang zum massiven Baukörper bildet. Die fensterlose, nur von Pilastern gegliederte Fassade hatte bei der Erbauung Kritik ausgelöst. Im Innern unzählige weite und gut beleuchtete Säle. Nach einer umfangreichen Restaurierung (bis 1990) wird der Palast wieder für Ausstellungen genutzt.

Palazzo Falconieri (Via Giulia 1) E7

Der Palast, Sitz der **Ungarischen Akademie**, *war im 16. Jh. Besitz der Familie Odescalchi. 1638 erwarb Orazio Falconieri das Anwesen und ließ es durch Borromini umgestalten.*

Der Via Giulia wendet der Bau eine Fassade des 16. Jh. zu. Borrominis »Handschrift« ist seitlich an den Hermen mit Falkenköpfen (heraldisches Element der Familie) zu erkennen. Der Front zum Tiber hin setzte er eine mit Janus-Hermen bekrönte *Gartenloggia* auf. – In einigen Räumen Stuckdekoration mit verschlüsselter Symbolik, ebenfalls von Borromini.

Palazzo Farnese (Piazza Farnese) ●

Bereits 1516 begann die Familie Farnese einen Palast für sich zu bauen. Als der Kardinal Alessandro 1534 zum Papst (Paul III.) gewählt wurde, wuchsen E7

Giovanni Battista Piranesi: Palazzo Farnese

die Ambitionen der Familie, die nun den Auftrag an Antonio da Sangallo d. J. übergab. Bei seinem Tod 1546 waren die Außenmauern fast vollendet, der Hof aber erst bis zum 2. Geschoß gediehen. Michelangelo übernahm die Bauleitung und führte das Dachgesims sowie das Obergeschoß des Hofes bis 1549 aus. Nach seinen Plänen hätte eine Loggia die Mitte des rückwärtigen Flügels durchbrechen und mit Hilfe einer neuen Tiber-Brücke eine unmittelbare Verbindung zur → Villa Farnesina ermöglichen sollen. Nach Vignola († 1573) brachte Giacomo della Porta, der schon beim Obergeschoß des Hofes mitgewirkt haben dürfte, die Arbeiten 1589 zum Abschluß; seine Hand ist besonders an der zur Via Giulia gelegenen Rückfront zu erkennen.

Der Palazzo kam durch Erbfolge an die Bourbonen und später in den Besitz des französischen Staates. 1936 vom italienischen Staat zurückerworben, dient er weiterhin als **Französische Botschaft** *und als Sitz der* **Ecole Française de Rome.** *(Besichtigung mit Genehmigung der Botschaft.)*

Der Palazzo Farnese, »König unter den römischen Palästen«, gibt eine vollkommene Vorstellung des Begriffs der Renaissance. Er vollendet den Typ des italienischen Cinquecento-Palastes, wie ihn in Florenz die Paläste der Medici und Strozzi ausgebildet hatten und wie er in den römischen Bauten Bramantes und Raffaels (vgl. auch Cancelleria, Palazzo Vidoni Caffarelli) seine Vorläufer hatte. Die Wohnräume sind in 3 Stockwerken um einen Innenhof angelegt, so daß alle Räume gut belichtet und belüftet sind. Neben solche praktischen Aspekte trat der Wille, die Macht und das Ansehen der Familie darzustellen. So erklärt sich nicht allein die Größe des Palastes, sondern auch der weite Platz davor (Piazza Farnese) mit den 2 **Brunnen**, deren kolossale ägyptische Granitwannen aus den Caracalla-Thermen stammen.

Die etwa 46 m breite, 3stöckige Hauptfassade ist aus gelbem Backstein erbaut, setzt aber die Gliederungselemente durch Haustein ab und betont die Ecken mit Quadern. Ein kräftiges Gesims schließt das Erdgeschoß mit seinen rechteckigen Fenstern unter geraden Bedachungen ab. Die Fenster des 1. Stockwerks sind als Säulenädikulen gebildet, deren Bekrönungen zwischen Dreiecks- und Segmentgiebeln wechseln. Sangallo übernahm die Form der Ädikulen vom Pantheon. Die Rundbogenfenster des 3. Geschosses sind gleichmäßig von Ädikulen unter Dreiecksgiebeln gerahmt. Michelangelos Eingriff in den Plan

Sangallos erkennt man an dem Rustikaportal, der plastisch umrahmten Tür mit dem Balkon im 1. Obergeschoß und dem weit vorkragenden Dachgesims.

Der freistehende Baukörper – eine Seltenheit in Rom – verlangte an jeder Seite eine voll ausgebildete Schauwand. Die Seitenfronten des Palastes sind deshalb ähnlich der Hauptfassade ausgebildet; nur die Rückseite ist als Gartenfront gestaltet, mit 3bogigem Portikus im Erdgeschoß und einer Loggia mit 3 hohen Rundbogen im obersten Stockwerk.

Den weiträumigen symmetrischen Innenhof, zu erreichen über eine tonnengewölbte Durchfahrt mit eindrucksvoller Säulen- und Nischenarchitektur, umgeben im Erdgeschoß offene Bogengänge, deren Pfeiler durch dorische Halbsäulen verstärkt sind. Das mittlere Stockwerk wiederholt diese Ordnung mit einer den unteren Bogen nachgebildeten Blendarkadengliederung im ionischen System, die schmale Rechteckfenster mit Dreiecksgiebeln überfängt. Das später ausgeführte Obergeschoß gliedert die Wand mit korinthischen Pilastern. In der kraftvoll-feinen Zeichnung seiner Fenstergewände, Segmentgiebel und Kapitelle äußert sich Michelangelos Kunst. Die Komposition aus Pfeiler und Säule und die Steigerung von der dorischen über die ionische zur korinthischen Ordnung sind antikes Erbe (vgl. das Kolosseum).

Von den vielen einst im Hof aufgestellten Antiken (heute in Neapel, Museo Archeologico Nazionale) verblieben 2 *Sarkophage,* von denen der kleine aus den Caracalla-Thermen stammt und der große aus dem Grab der Caecilia Metella.

Im großen Salon mit der Loggia zur Piazza hin, der Sala dei Fasti Farnesiani, haben 1552–65 Francesco Salviati und Taddeo Zuccari Szenen aus der Geschichte des Pontifikats Pauls III. Farnese dargestellt (im rechten Bildfeld der Hauptwand das Gespräch Martin Luthers mit Kardinal Cajetan). Im Salone werden die Skulpturen (Pax und Abundantia) Guglielmo della Portas für das Grab Pauls III. in St. Peter aufbewahrt.

Kardinal Odoardo Farnese rief 1595 Annibale Carracci nach Rom, um sein privates Studierzimmer, den Camerino, mit *Herkules-Taten* ausmalen zu lassen. – Unmittelbar danach (1597–1604) schuf Annibale in der langgestreckten Galerie eines der bedeutendsten Werke der Kunstgeschichte. Ihm standen sein Bruder Agostino, dazu Lanfranco, Domenichino und andere Schüler zur Seite. Breite Hohlkehlen leiten von der Wand in das Muldengewölbe über, dessen langgestrecktes Hauptbild von kleineren Darstellungen umschlossen ist. Atlantenpaare tragen das gemalte Rahmenwerk; zu ihren Füßen sitzen nackte Jünglinge; in den 4 Gewölbeecken treiben kräftige Putten ihr Spiel. Gemalte Skulptur und Architektur vermischen sich mit der hellen Malerei der Bilder. Das Thema der Bildfelder ist der *Triumph der Liebe*: Eros, Zeus und Hera, die keusche Artemis mit dem schlafenden Endymion, Herkules und Omphale, Anchises und Aphrodite, Polyphem und Galatea. Inmitten dieser Welt griechischer Mythologie feiert Dionysos, begleitet von Ariadne, seinen Festzug. Die lichte Atmosphäre und das großzügige Dekorationssystem ließen diese Fresken zu einem Vorbild der Barockkunst werden.

Farnesina (Via della Lungara 230) → S. 309. D8

Palazzo Firenze (Piazza Firenze 27) G4/

Der Bau wurde Anfang des 16. Jh. für Giacomo Cardelli errichtet und gelangte 1551 an Balduino del Monte, den Neffen Papst Julius' III. Bartolomeo Ammanati führte wesentliche Umbauten aus und fügte u. a. den Gartenflügel hinzu, der sich in Loggien öffnet. 1562 kam das Gebäude in den Besitz des Herzogs von Toskana; in dieser Zeit führte Jacopo Zucchi die Fresken im »Saal der Jahreszeiten« und im »Saal der Elemente« aus. – Heute gehört der Palast dem italienischen Staat und ist Sitz der **Gesellschaft Dante Alighieri.**

Palazzo Giustiniani (Via della Dogana Vecchia / Piazza S. Luigi dei Francesi) G6

Vincenzo Giustiniani erwarb 1590 einen bereits bestehenden Bau, den Giovanni Fontana erweiterte. 1650 oder 1651 lieferte Borromini Entwürfe, von denen nur das säulenumstellte Portal ausgeführt wurde. In diesem Palast befand sich die berühmte Kunstsammlung der Giustiniani, die im 19. Jh. veräußert wurde; ein Teil der Gemälde gelangte 1826 nach Berlin (heute in den Staatl. Museen). Der Palast ist Residenz des **Senatspräsidenten.**

EF4 **Palazzo di Giustizia** (Piazza dei Tribunali / Rückseite: Piazza Cavour)

Der gigantische Justizpalast, der als Musterbeispiel der Architektur der Gründerzeit das Tiber-Ufer neben der Engelsburg beherrscht, wurde 1888–1910 von Guglielmo Calderini errichtet und setzte den monumentalen Blickpunkt des seit 1883 urbanistisch erschlossenen Stadtteils der Prati di Castello. Der Bau, ohne wirkliche Funktionalität, beherrscht von Säulenordnungen und Ädikulafenstern, greift auf Stilformen des Barock und des römischen Altertums zurück. An einen zentralen Körper schließen sich etwas niedrigere Flügel an. Auf Podesten stehen die Standbilder berühmter Juristen. 1926 wurde als Bekrönung eine Quadriga (1907) von Ettore Ximenes aufgestellt.

E6 **Palazzo del Governo Vecchio** (**Palazzo Nardini**; Via del Governo Vecchio 39)

Kardinal Stefano Nardini ließ sich 1473–77 den Palast erbauen, der seit 1624 als Sitz des Gouverneurs von Rom diente und jetzt städtisches Eigentum ist.

Die 3stöckige Fassade erhält ihre Gliederung durch flache profilierte rechteckige Fenster. Das große, mit Wappen und mit Diamantschnitt geschmückte *Portal* ist einer der schönsten Hauseingänge des 15. Jh. in Rom. Den Hof umschließen 2stöckige Arkaden, deren unregelmäßige Rundbogen auf 8eckigen Säulen ruhen; mittelalterlicher Kreuzgang und Palasthof verbinden sich miteinander.

D10 **Palazzo del Laterano** (Piazza S. Giovanni in Laterano) → S. 186.

● FG6 **Palazzo Madama** (Piazza Madama / Corso Rinascimento)

Giuliano de' Medici erwarb 1505 einen bereits bestehenden Palazzetto, der sich an den Turm der Familie Crescenzi anschloß, als römischen Stadtpalast. Umbaupläne der Sangallo unter dem Medici-Papst Leo X. (1513–21) wurden nie realisiert. Erst um die Mitte des 17. Jh. erweiterte Paolo Marucelli den Bau (Entwurf von Lodovico Cigoli) und gab ihm die Fassade. Wie die → Villa Madama verdankt der Palast seinen Namen der »Madama« Margherita, Margarete von Österreich, Tochter Karls V. und Statthalterin der Niederlande, die in erster Ehe mit Alessandro de' Medici, in zweiter mit Ottavio Farnese, Herzog von Parma und Piacenza, verheiratet war und hier wohnte.

Die 3geschossige Fassade (1649) mit stark profilierten und liliengeschmückten Fenstern ziert ein Relieffries, der von den Fenstern des abschließenden Mezzaningeschosses unterbrochen wird. – Im Innern reich dekorierte Säle; ein Wandmalereizyklus schildert die Geschichte des römischen Senats (Cesare Maccari, 1880). – Seit 1871 ist der Palast Sitz des **Italienischen Senats.**

Palazzo Margherita (**Palazzo Boncompagni**; Via Vittorio Veneto 119) K3

Die Via Vittorio Veneto durchquert das Gelände der einst berühmten, nicht mehr existierenden ***Villa Ludovisi*** (vgl. auch Casino dell'Aurora), deren Grünanlagen nur noch um den Palazzo Margherita erhalten sind. Der Palast ist ein bezeichnendes Beispiel der römischen »Neorenaissance«.

1886–90 von Gaetano Koch unter Einbeziehung eines Vorgängerbaus des 17. Jh. für Fürst Rodolfo Boncompagni-Ludovisi errichtet. Als 1900 König Umberto I. ermordet wurde, erwarb das italienische Königshaus den Palast für seine Witwe, Königin Margherita; seitdem heißt er Palazzo Margherita. Seit 1931 Sitz der **Botschaft der USA.**

Palazzo Massimo alle Colonne (Corso Vittorio Emanuele II 141) ● F6/7

Auf dem Grund alter, im »Sacco di Roma« 1527 zerstörter Häuser begann Baldassare Peruzzi 1534 für die Familie Massimo einen Neubau, der nach seinem Tod (1536) von anderer Hand vollendet wurde. Der konvexe Grundriß der Fassade ist vom domitianischen Odeon übernommen, das sich an dieser Stelle befand und den Verlauf der Straße bestimmte.

Das Untergeschoß öffnet sich in der Fassaden-Mitte auf ungewohnte Weise in einem Portikus, dessen waagerechter Architrav auf 6 Säulen ruht. Die betont flache Rustikamauer durchbrechen rechteckige Fenster im Piano nobile, quadratische Fenster mit originellen Rahmen im 1. Halbgeschoß und solche mit doppeltem Profil im obersten Geschoß. Das Spiel der Formen und die konvexe Schwingung der Fassade vermitteln den Eindruck des Schwerelosen und Schwebenden. Ungewöhnlich ist auch die Folge von 2 Halbgeschossen übereinander als Fassadenabschluß. Im Sinne des Manierismus ist die formklare Harmonie der Renaissancebauten aufgegeben. Statt einer ausgeprägten, logisch die Geschosse gliedernden und sie an Portalen und

Fenstern akzentuierenden Ordnung äußert sich ein manieristischer Zug zur Originalität durch Abkehr vom Gesetzmäßigen.
Von der Vorhalle, deren Schmalseiten durch Rundnischen mit Standbildern gegliedert sind, führt ein tonnengewölbter Gang in den ***1. Hof***, an dem sich die Rückwand des Palastes in einer 3geschossigen Säulenstellung öffnet. Über dem Portikus, der zum Obergeschoß führt, erhebt sich eine prachtvolle Loggia, deren Decke und Wände aufs reichste dekoriert sind. Zuoberst lastet ein Halbgeschoß, das von einem schweren Dachgesims bekrönt wird. In der Rückfront zeigt sich, daß die 4geschossige Teilung der Straßenfassade eine manieristische Fiktion ist: Die querrechteckigen Fenster des unteren Halbgeschosses, die das 3. Stockwerk vortäuschen, gehören in Wirklichkeit zu den hohen Räumen des Hauptgeschosses. – Büsten und Reliefs schmücken den Hof, dessen Mitte das von Battista Rossi und Giovanni Battista Solari um 1620 geschaffene und mit antiken Bruchstücken ausgestattete **Nymphäum** bildet.
Ein Gang führt in den ***2. Innenhof***, der rückseits an den »**Palazzo Istoriato**« oder **Palazzetto Massimo** anstößt. [Dieser (Piazza de' Massimi 1–3), 1462 errichtet und im 16. Jh. von Peruzzi umgebaut, erhielt von Daniele da Volterra monochrome *Fassadenfresken* mit Darstellungen aus dem Alten und Neuen Testament. Hier war seit 1467 der Sitz der ersten römischen Buchdruckerei der beiden Deutschen Pannartz und Schweinheim. Die päpstliche Post war ebenfalls hier untergebracht.] Der Hof zeigt heute eine barocke Dekoration und ein **Nymphäum** von 1627. Die beiden Granitsäulen stammen wahrscheinlich aus einem nahegelegenen Heiligtum der Isis.
Im Innern hat sich die Dekoration des 16. Jh. vorzüglich erhalten. Die Sala degli Arazzi bewahrt eine Decke von Baldassare Peruzzi; der Salotto Celeste trägt Stuckarbeiten und Fresken von Perin del Vaga. Die Fresken mit der Gründung Roms im Salone Rosso wurden von Meistern aus der Schule des Giulio Romano ausgeführt. Andere Zimmer zeigen weitere bedeutende Arbeiten von Perin del Vaga. Im ***2. Stockwerk*** wurde ein Raum in eine Kapelle verwandelt, die dem Andenken an die Erweckung eines Knaben aus dem Hause Massimo durch den hl. Philippus Neri (1583) dient. Die Darstellung dieses Wunders schuf Pomarancio. Ein Tafelbild der Madonna zwischen 4 Heiligen stammt von Nicola di Antonio d'Ancona.

Auf der Piazza de' Massimi wurde eine **Säule** vom Odeon des Domitian aufgestellt.

Palazzi Mattei (Piazza Mattei) G7/

Die 5 Paläste der Familie Mattei bilden einen umfangreichen Komplex zwischen der Via Caetani, Via delle Botteghe Oscure, Piazza/Via Paganica, Piazza Mattei und Via dei Funari.
An der Piazza Mattei, in deren Mitte der **Schildkrötenbrunnen** (→ Fontana delle Tartarughe) steht, erheben sich **2 Paläste** des 16. Jh.; der Palazzo Nr. 19 hat einen schönen Innenhof mit Nymphäum. – An der benachbarten Via Paganica steht der **Palazzo Mattei-Paganica**, der 1540 nach einem Entwurf Vignolas oder Nannis di Baccio Bigio für Ludovico Mattei erbaut wurde, an der Via delle Botteghe Oscure der → **Palazzo Caetani**, 1564 für die Mattei errichtet.
Das bedeutendste Gebäude des Komplexes ist der **Palazzo Mattei di Giove** (Via dei Funari 31), den Carlo Maderno 1598–1611 für Asdrubale Mattei baute und so zugleich die Gruppe der Palazzi Mattei vollendete. Hohe architekturgeschichtliche Bedeutung kommt dem ***Hof*** als einer Art antiquarischem Schaustück zu: 2 der 3 Geschosse auf der Eingangsseite sind als Loggien gebildet; die Rückseite ist ein 1geschossiger Terrassentrakt, dessen mittlere Durchfahrt ursprünglich mit einer Nische geschlossen war, in der eine Stuckfigur das Ensemble der Statuen komplettierte; die Seitenwände haben nur wenige Fenster, um Platz zu gewinnen für teils echte, teils nachgeahmte antike Reliefs und Büsten. Standbilder auf Postamenten umstehen das Geviert. Den dahinter liegenden ***Garten*** zierten 2 Brunnen und zahllose antike Säulen und Statuenfragmente. – Das Treppenhaus besitzt gute Stuckarbeiten. Im Obergeschoß sind *Deckenfresken* der besten Maler der Zeit erhalten: Albani, Domenichino, Pomarancio, Lanfranco (1615). In der Galerie Darstellungen aus dem Leben Salomos, ein Frühwerk von Pietro da Cortona (1621/22).

GH5 **Palazzo di Montecitorio** (Piazza di Montecitorio)

Bernini entwarf den Palast 1650 für Innozenz X.; Carlo Fontana vollendete ihn 1694 für Innozenz XII. als päpstlichen Gerichtshof. Er veränderte das Portal und fügte den Glockenturm hinzu. Seit 1871 ist der Palast Sitz der italienischen Abgeordnetenkammer **(Camera dei Deputati)**.

Von Bernini stammt die Idee der konvex ausschwingenden 3geschossigen Front mit 25 Fensterachsen, die in 5 Abschnitte gegliedert ist. Die Mitte tritt als 7achsiger Risalit vor, der im Erdgeschoß durch ein Säulenportal betont wird, während die von einem Uhrtürmchen überhöhte Attika auch dem oberen Abschluß einen entschiedenen Akzent gibt. Die Wände sind glatt und betonen die felsartig behauenen Gesimse und die Verdachungen der Fenster. – Für die neue Bestimmung als Deputiertenkammer wurde der Bau im Innern vollkommen umgestaltet. Im Sitzungssaal – einst der Innenhof – hat 1908–12 Giulio Aristide Sartorio Allegorien des italienischen Volkes gemalt. – Auf der Rückseite (Piazza del Parlamento) fügte Ernesto Basile 1902–25 Ergänzungen und eine Jugendstil-Fassade hinzu.

Auf der Piazza di Montecitorio steht seit 1792 der **Obelisk** des Pharao Psammetich II. (594–589 v. Chr.), der unter Augustus 10 v. Chr. von Heliopolis in Ägypten nach Rom gebracht und auf dem Marsfeld als Gnomon einer Sonnenuhr aufgestellt worden war. Der in 4 Stücke zerbrochene Obelisk wurde 1748 ausgegraben (Inschrift am Haus Piazza del Parlamento 3), aber erst mehr als 40 Jahre später auf die Piazza di Montecitorio gebracht, wo er mit Fragmenten der Säule des Antoninus Pius ausgebessert und wiederaufgestellt wurde.

F8 **Palazzo del Monte di Pietà** (Piazza del Monte di Pietà)

Der Franziskaner Giovanni Mattei da Calvi hatte 1539 den Monte di Pietà, eine Pfandleihanstalt, eingerichtet, um Bedürftigen die Möglichkeit zum Geldleihen zu geben, ohne daß sie dem Wucher ausgesetzt würden. 1603 wechselte die Leihanstalt in den Palast der Familie Santacroce über, einen seit 1588 von Ottaviano Mascherino neugestalteten Bau.

Mascherinos Anlage entsprechen die zentralen 6 Fensterachsen; die Erweiterung nach rechts führte Carlo Maderno durch. Das Relief mit der Pietà und dem Wappen Papst Clemens' VIII. wurde 1604 in der Mitte der Fassade angebracht. Unter Papst Urban VIII. (1623–44) folgten die symmetrische Ergänzung nach links und der offene Glockenturm. Die rückwärtige Fassade gestaltete Niccolò Salvi 1735–40.

Über einen Innenhof gelangt man zu der von Giovanni Antonio de' Rossi umgestalteten ***Kapelle***, die dank ihrer reichen *Marmorausstattung* von Carlo Francesco Bizzaccheri eines der prächtigsten Beispiele des römischen Barock darstellt. Mit der farbigen Marmorverkleidung verbinden sich *Skulpturen* von Domenico Guidi (auf dem Altar eine Pietà; über der Tür zum Nebensaal die Büste des hl. Karl Borromäus), *Reliefbilder* an den Seiten von Pierre Legros (»Tobias leiht Gabael Geld«), Jean-Baptiste Théodon (»Joseph leiht den Ägyptern Getreide«) und *Allegorien* von Agostino Cornacchini (»Hoffnung«) u. a. ●

Palazzo Odescalchi (Piazza SS. Apostoli 80–81 / Via del Corso 260–269) HI6

Bis 1661, als ihn Kardinal Fabio Chigi erwarb, war der Palast im Besitz der Familie Colonna.

Die Fassade gegenüber der Kirche SS. Apostoli entstand 1664 nach Plänen Berninis. Der hier ausgebildete Palasttyp hatte 7 Fensterachsen, die von Kolossalordnungen gegliedert waren. An beiden Seiten, leicht zurückgesetzt, schlossen sich 3 Fensterachsen an. Das Portal in der Mitte war von einem Balkon bekrönt. Die Fassade verlor dieses Gleichgewicht, als durch N. Salvi und L. Vanvitelli 1750 die Schauseite verdoppelt wurde, nachdem 1746 Fürst Odescalchi den Palast erworben hatte. Die Fassade auf der Seite des Corso schuf 1887–89 Raffaele Ojetti. – Der Bau umschließt einen Hof mit Portikus und Brunnen (Carlo Maderno, um 1623).

Palazzo Orsini (Via Monte Savello 30) H8/9
→ S. 120.

Palazzo Pallavicini Rospigliosi (Via XXIV Maggio 43) J6

Kardinal Scipione Borghese ließ sich den Palast 1611–16 durch Giovanni Vasanzio und Carlo Maderno erbauen. Darauf im Besitz der Altemps, der Lante, schließlich des Kardinals Mazarin, gelangte er 1704 an die Familie Rospigliosi Pallavicini. – Im Palast ist die → **Galleria Pallavicini** *untergebracht.*

Das große, schlichte Gebäude zeigt die Formensprache des Manierismus, vergleichbar der → Farnesina.
Das abschüssige Gelände war in Terrassen aufgeteilt, auf denen je ein **Casino** stand; von ihnen blieb das mit dem berühmten *Fresko der »Aurora«* von Guido Reni (1614) erhalten. An der malerischen Ausstattung waren u. a. auch Tempesta mit dem *»Triumph von Amor und Fama«* und Paul Brill mit den *»Vier Jahreszeiten«* beteiligt. – Die aus einem beim Bau der Via Nazionale zerstörten Casino abgenommenen Fresken von Ludovico Cigoli sind jetzt im Palazzo Braschi.

F6 **Palazzo Pamphili** (Piazza Navona 14)
Girolamo Rainaldi baute den Palast um 1646–50 im Auftrag des Papstes Innozenz X. Pamphili. Borromini lieferte alternative Entwürfe, doch der traditionelle Plan Rainaldis wurde bevorzugt.
Zusammen mit der Kirche S. Agnese in Agone beherrscht der Palast die westliche Langseite der Piazza Navona. – Im großen Saal Fresken von Pietro da Cortona, die Taten des Aeneas darstellend (1651–55). – Der Palast dient heute der **Brasilianischen Botschaft.**

C5 **Palazzo dei Penitenzieri** (Via della Conciliazione 33) → S. 307.

I4 **Palazzo di Propaganda Fide** (Piazza di Spagna / Via di Propaganda)
Das Gebäude war bis 1931 Sitz der 1622 von Gregor XV. als Missionszentrum der katholischen Kirche eingerichteten Kongregation der Glaubensverbreitung. Der 1639–45 von Gaspare de' Vecchi aus einer älteren Anlage gebaute Palast ist exterritorial und gehört zum Vatikanstaat.
Die zum Platz gewandte Fassade errichtete 1644 Bernini. Die bewegte Seitenfassade an der Via di Propaganda und den ganzen zugehörigen Trakt erbaute Borromini nach seiner Berufung zum Baumeister der Kongregation (1646).
Im Innern, links des Palazzo-Portals, ist Borrominis 1666, ein Jahr vor seinem Tode, vollendete **Kirche Re Magi** sehenswert, ein bewegter, lichter Raum mit gerundeten Ecken und flacher Wölbung, 4 Seitenkapellen und 6 Nischen für Büsten. Das Altarbild ist eine *»Anbetung der Könige«* von Giacinto Gimignani (1643); darüber *»Aussendung der Apostel«* von Lazzaro Baldi. (Besichtigung nur mit besonderer Genehmigung.)

Palazzo dei Pupazzi (**Casa Crivelli**; Via dei Banchi Vecchi 22) D6
Der Mailänder Goldschmied Giovanni Pietro Crivelli errichtete um 1540 diesen Palast, der Kardinalssitz des späteren Papstes Sixtus V. wurde.
Das Interesse an dem später nach rechts erweiterten Bau richtet sich weniger auf die Architektur als auf seinen *plastischen Schmuck,* der Giulio Mazzoni zugeschrieben wird. Im 1. Stock umrahmen Trophäen mit Löwenköpfen die Fenster. Es folgt ein Mauerstreifen mit 4 Wappenmedaillons und ein mit Satyrn und Girlanden geschmücktes 2. Geschoß. Die Reliefs im 3. Geschoß huldigen Papst Paul III. (Karl V. küßt den Fuß Papst Pauls III., Paul III. versöhnt Karl V. mit Franz I. in Nizza).

Palazzo del Quirinale (Piazza del Quirinale) JK5
Auf dem seit dem 8. Jh. v. Chr. besiedelten Quirinalshügel, der Tempel und Patrizierhäuser trug, begann 1574 Papst Gregor XIII. unter Einbeziehung einer Villa des Kardinals Ippolito d'Este die päpstliche Sommerresidenz zu errichten; Flaminio Ponzio, dann Mascherino, Domenico Fontana, Carlo Maderno, Bernini und Ferdinando Fuga setzten die Arbeiten fort, die unter Clemens XII. (1730–40) abgeschlossen wurden. 1870–1946 diente der Quirinal als Residenz der Könige von Italien; heute ist er Sitz des **Präsidenten der italienischen Republik.**
Die Fassade am Quirinalsplatz ist ein Werk des Frühbarock. Das große, von Säulen gerahmte *Portal* von C. Maderno (1615) setzt sich im Obergeschoß in der Bernini zugeschriebenen Loggia fort. Auf den Seitenteilen der Portalverdachung rechts die Figur des Hl. Petrus von Stefano Maderno, links der Hl. Paulus von G. Berthélot (1615); die Muttergottes über der Loggia von Pompeo Ferrucci (1635). An die Fassade schließt im rechten Winkel der von Bernini begonnene und von Ferdinando Fuga vollendete riesige Flügel an der Via del Quirinale (»Manica Lunga«) an.
Die linke Schmalseite des großen, von Wandelgängen umschlossenen Hofes nimmt der **Palazzo Mascherile** ein, der als 2stöckiges Gartencasino mit offenen Pfeilerarkaden erbaut wurde; seitlich treten schmale Flügel turmartig vor, während ein mittlerer großer Turmbau, der das Glockenwerk trägt, die Anlage bekrönt.
Im Innern ist die nach einem Entwurf von Mascherino ausgeführte Wendeltreppe mit dorischen Säulen beachtenswert. Im großen

Treppenhaus das Fresko *»Christus in der Glorie«* von Melozzo da Forlì (um 1480 für die Apsis von SS. Apostoli geschaffen). – Für die Sala Regia, auch Sala dei Corazzieri genannt, schufen G. Lanfranco, C. Saraceni, O. Gentileschi und A. Tassi die Fresken, hervorragende Beispiele der Quadraturmalerei (1620). Die Galleria (zur Napoleon-Zeit in 3 Räume geteilt) wurde unter Leitung von Pietro da Cortona 1656/57 mit biblischen Szenen ausgestattet. – In der Cappella dell'Annunziata, der Privatkapelle Pauls V., sind Fresken aus dem Marienleben – auf dem Altar die *»Verkündigung«* – von Guido Reni (1610). – Die übrigen Säle sind reich an Gemälden und Wandteppichen, die zum Teil aus königlichem Besitz stammen. An der Ausstattung der für Napoleon bestimmten Räume waren Künstler ersten Ranges wie Thorvaldsen und Ingres 1811–13 beteiligt.

Die großartigen **Gärten** (nicht zugänglich), angelegt nach Entwürfen Madernos, gehörten zur Zeit ihrer Entstehung zu den berühmtesten Gartenanlagen Europas. Unter Benedikt XIV. wurde von Ferdinando Fuga das **»Coffee House«** eingerichtet, ein kleines Gebäude mit 3 Räumen, dekoriert von Agostino Masucci, Pompeo Batoni und Giovanni Paolo Pannini. – Im Garten auch die um 1600 zur stuckierten Grotte ausgestaltete **Fontana dell'Organo.**

F7 **Palazzetto Regis** (**Piccola Farnesina**, **Farnesina dei Baullari**; Corso Vittorio Emanuele II 166–168)

Der kleine Palast erhielt seinen irreführenden Namen »Kleine Farnesina«, weil seine Dekoration ebenso wie das Wappenschild der Farnese die Lilie zeigt; tatsächlich jedoch handelt es sich hier um die Lilie Frankreichs, die der Bauherr, der französische Diplomat und Kardinal Thomas Le Roy (Regis), anbringen ließ. Das seit 1523 vermutlich von Antonio da Sangallo d. J. errichtete Gebäude wurde 1889 bis 1904 gründlich restauriert und dabei teilweise verändert; so ist die durch Abbruch der Häuser am Corso notwendig gewordene Fassade mit der Loggia frei erfunden. Es kamen auch Reste eines römischen Hauses mit Fresken zutage. In dem zunächst für Büros der Stadtverwaltung verwendeten Palazzetto wurde 1948 das → **Museo Barracco** *eingerichtet.*

Der 3stöckige, kastenartig geschichtete Palazzo gilt als Musterbeispiel architektonischer Raumausnutzung; die Formen entfalten sich auf engstem Raum. Die Hauptfassade steht am Vicolo dell'Aquila. Die Rückseite an der Via dei Baullari öffnet sich in einem kleinen von 2 vorspringenden Flügeln flankierten Hof.

Palazzo Ruspoli (Via del Corso/Via Fontanella Borghese) GH4

Bartolomeo Ammanati erbaute den (1579 fast vollendeten) Palast für den Florentiner Orazio Rucellai. Die schlichte Fassade erhält lediglich durch das ehemalige Portal am Corso einen Akzent. Der im rechten Winkel anschließende Flügel an der Via Fontanella Borghese entstand im 17. Jh., als das Anwesen in den Besitz Kardinal Luigi Caetanis überging. Der Palast, der einen schönen Hof mit Loggia umschließt, erhielt um 1640 die berühmte *Treppe* mit 120 Stufen, die aus antiken Marmorblöcken gewonnen wurden; der ausführende Architekt war Martino Longhi d. J. – Jacopo Zucchi schuf 1586–90 im Piano nobile die alle Wände bedeckenden *Fresken* mit der Genealogie der Götter. Landschaftsbilder von Michelangelo Cerruti, Antonio Amorosi und Andrea Locatelli wurden 1715 ausgeführt. – Napoleon III. verlebte im Palazzo Ruspoli seine Jugend.

Palazzo Sacchetti (Via Giulia 66) D6

Antonio da Sangallo d. J. errichtete 1542 den Ziegelbau als eigenes Wohnhaus, hinterließ ihn jedoch 1546 unvollendet. Der neue Besitzer, Kardinal Giovanni Ricci da Montepulciano, veranlaßte den Ausbau und die Anfügung eines Hofflügels durch Nanni di Baccio Bigio.

Das 3stöckige Haus, dessen Mittelgeschoß durch ein Halbgeschoß hervorgehoben wird, wirkt gegenüber den Adelspalästen der Renaissance bürgerlich. Durch die Verbindung des Backsteins mit der Hausteingliederung von Türen, Fenstern und Gesimsen entsteht eine schlichte Schönheit. – Der Salone dell'Udienza im 1. Stockwerk wurde um 1553/54 von Francesco Salviati mit Szenen aus der *Geschichte Davids* ausgestattet.

Palazzo della Sapienza (Corso del Rinascimento 40) → S. 194. FG6

Palazzo Senatorio (Campidoglio) → S. 281. I8

Palazzo Spada (**Palazzo Capodiferro**; Piazza Capo di Ferro 13) F8

Um 1549 ließ sich Kardinal Girolamo Capodiferro den Palast erbauen. Als Baumeister wird von der neueren Forschung Giulio Merisi da Caravaggio angesehen. Die Stuckdekoration der Fassade und des Hofes schuf Giulio Mazzoni. 1632 kam das Gebäude in den Besitz des Kardinals Bernardino Spada, der es von Paolo Marucelli umbauen ließ. Nach dessen Tod (1649) übernahm Borromini die Arbeiten. – Der Palast ist heute Sitz des Italienischen Staatsrates **(Consiglio di Stato)** *und der* → **Galleria Spada.**

Das Erdgeschoß der manieristischen Fassade bildet ein schwerer, ungegliederter Rustikasockel. Das beherrschende Element der beiden mittleren Geschosse ist die plastische Dekoration: Zwischen den Fenstern öffnen sich Nischenädikulen mit Statuen römischer Helden und Kaiser; die kleinen Fenster wechseln mit Medaillons; Fruchtgirlanden und andere Ornamente bedecken die verbleibenden Flächen.

Der an 3 Seiten des Erdgeschosses von Pfeilerarkaden umgebene Hof wiederholt in den oberen Stockwerken die plastische Wanddekoration der Fassade. Die Rundnischen füllen Gestalten aus der griechischen und römischen Mythologie und Sage. An der Wand des Haupttraktes halten nackte Jünglinge die Wappen von Papst Paul III. und König Franz I. von Frankreich, an dessen Hof Capodiferro als Diplomat gewesen war.

Borromini fügte dem Bau die beiden ***Gartenflügel*** hinzu und die im linken Seitenhof mit
● falscher Perspektive vorgetäuschte ***Kolonnade*** (1653). Der aus der Bibliothek blickende Betrachter glaubt, daß die engen Raumverhältnisse des Palastes plötzlich einer langen Säulengalerie und einem großen zweiten Innenhof weichen. In Wirklichkeit ist der von toskanischen Einfach- und Doppelsäulen flankierte Bogengang, dessen kassettiertes Tonnengewölbe dreimal unterbrochen wird, nur 9 m lang; der Fußboden steigt an, das Gewölbe wird niedriger, der Gang verengt sich, so daß eine perfekte Vortäuschung großer Länge gelingt.

Die Räume des Palastes sind reich mit *Fresken* und *figürlichen Stuckreliefs* geschmückt. In der »Galleria«, dem großen Korridor, einem der ersten in Rom und wohl französischen Beispielen nachgebildet (Fontainebleau), drängen sich nackte Stuckgestalten, Ornamente und bewegte Malereien auf engem Raum – ein faszinierendes Dekorationsensemble des Manierismus. – Die Sala Grande ist mit perspektivisch täuschender Quadraturmalerei von Agostino Mitelli und Angelo Michele Colonna ausgestattet (1635).

Palazzo di Spagna (Piazza di Spagna 57) HI4
→ S. 304.

Palazzo dello Sport (EUR; Via Cristoforo Colombo) Vb9

Der große Sportpalast ist der letzte Bau, den Pier Luigi Nervi für die römischen Olympischen Spiele d. J. 1960 errichtete. Der Rundbau, der 16–20000

Palazzo dello Sport. Galerie

Palazzo Spada. Innenhof

Zuschauer aufnehmen kann, dient allen Arten des Hallensports und wird auch für Konzerte und Massenversammlungen benutzt.

Um die kreisförmige Arena baut sich in 3 Ringen das Amphitheater des Zuschauerraums auf, dessen untere Sitzreihen, wie beim Palazzetto dello Sport, im Erdboden liegen. Über dem Zuschauerraum wölbt sich mit einem Radius von 49 m eine große sphärische ● *Kuppel.* Sie ist aus vorfabrizierten, wellenförmig gefalteten Elementen gebildet, deren Seiten durchbrochen sind. In den Hohlräumen liegen die Beleuchtungs- und die Entlüftungsanlagen. Die durchbrochenen Elemente, die ein sogenanntes räumliches Tragwerk bilden, sind so leicht, daß es nur dünner Betonrippen bedarf, um sie untereinander zu verbinden. Die riesige Kuppelschale ist kein wandhaft schließendes Gewölbe, da die gefalteten und durchbrochenen Elemente den Raum in sich strömen lassen und seine Grenze aufheben. Die Konstruktion, die von einer lichterfüllten Laterne gekrönt wird, gehört zu den kühnsten und zugleich schönsten Wölbungen der Architektur dieser Zeit.

● **Palazzetto dello Sport** (Viale Tiziano)

Vb1 *Der kleine, 4–5000 Zuschauer fassende Sportpalast wurde 1957/58 von Pier Luigi Nervi und Annibale Vitellozzi für die Olympischen Spiele 1960 gebaut. Er dient der Gymnastik, dem Basketball- und Tennisspiel, dem Boxen und ähnlichen Sportarten, kann aber auch Versammlungen aufnehmen und als Theaterraum verwendet werden.*

Dem kreisförmigen Grundriß der Halle ist ein rechteckiges Spielfeld einbeschrieben, um das sich ein in den Umrissen bewegtes, z.T. im Erdboden liegendes Amphitheater aufbaut. Den Raum überwölbt eine sphärische Schale, unter deren Rand ein Lichtband entlangläuft. Die Kuppel ist aus vorfabrizierten Betonelementen montiert, die durch Betonrippen untereinander und mit den Stützen verbunden sind. – Das Äußere wird von der sphärischen Kuppel beherrscht, die 36 freistehende Y-förmige Betonstützen halten. Hinter diesem Strebewerk rundet sich die aus einer Backsteinwand und einem breiten Glasband gebildete Umfassungsmauer der Rundhalle. Die unverhüllten Strebestützen umgeben den Baukörper mit einem rhythmischen Reigen. Im Wechselspiel zwischen der massiven Kuppelschale und dem offenen Gitterwerk der Stützen werden urtümliche Beziehungen zwischen Architektur und Plastik anschaulich.

Palazzo Torlonia Giraud (Via della Conciliazione 30) C4

Der Palast wurde für den Kardinal Castellesi da Corneto von Bramante 1499 entworfen. Ein unbekannter Architekt – oft mit Andrea Bregno identifiziert – führte den Bau verändert aus. Der Kardinal schenkte den Palast König Heinrich VIII. von England. Über verschiedene Besitzer gelangte er im 18. Jh. an die Familie Giraud und schließlich 1820 an die Torlonia, die hier ihre berühmte Antikensammlung aufbewahrten.

Allein der Innenhof (1503–06) gilt als reines Werk Bramantes. Deutlich ist die Orientierung am → Palazzo della Cancelleria, dessen Formen gedrungener und weniger proportioniert übernommen sind.

Palazzetto Turci (Via del Governo Vecchio 123) E6

Der päpstliche Sekretär Pietro Turci erbaute sich um 1500 dieses typische Wohnhaus der Renaissance.

Irrtümlich zwar Bramante als Architekten zugeschrieben, ist der Bau stilistisch durchaus der → Cancelleria vergleichbar. Das Erdgeschoß mit Rustikamauerwerk wird von Läden eingenommen; die oberen Stockwerke besetzen Wohnungen mit rundbogigen Fenstern, im Piano nobile mit Gesimsen. Zarte Pilaster gliedern vertikal die Fassade.

Palazzo Venezia (Piazza Venezia) H7

Kardinal Pietro Barbo ließ 1455 den Palast seiner Titelkirche S. Marco durch einen Neubau erweitern. Nach seiner Papstwahl als Paul II. (1464) beabsichtigte er, die päpstliche Residenz hierher zu verlegen. Um 1470 kehrte er in den Vatikan zurück und überließ den Palast seinem Neffen, dem Kardinal Marco Barbo. – Als ausführender Architekt ist Francesco del Borgo dokumentiert, ein Humanist wie L. B. Alberti, dem der Bau oft zugeschrieben wurde, der sich jedoch noch mehr als dieser an antiken Bauwerken, wie z. B. dem Kolosseum, orientiert. 1564–1797 gehörte der Palast der Republik Venedig (daher sein Name), fiel dann an Österreich und 1916 an den italienischen Staat. Er war bis 1943 Regierungssitz Mussolinis. Heute beherbergt er das ***Institut für Archäologie und Kunstgeschichte****, wechselnde Kunstausstellungen sowie das →* ***Museo di Palazzo Venezia.***

Die urbanistische Situation der Piazza Venezia und der sie umgebenden Paläste entstand beim Bau des Monuments für Viktor Emanuel II. Ursprünglich umgaben den Platz auf

Palazzetto dello Sport

der Westseite der Palazzo Venezia und im Süden der Palazzetto Venezia als Abschluß des Corso. Der Palazzetto Venezia wurde an die Südseite gegen die Via delle Botteghe Oscure versetzt.

Ein mächtiger Eckturm überragt den von einem Wehrgang mit Zinnen bekrönten **Palazzo Venezia**, dessen breitgelagerte Front der Piazza zugewendet ist. Die schönen Detailformen des durch einen Balkon hervorgehobenen *Mittelportals* sprechen für eine Herkunft aus der Werkstatt des Giovanni Dalmata. Eine später ergänzte Fassade wendet sich der Via del Plebiscito zu, während im Westen, an der Via degli Astalli, der Palastbezirk lediglich durch die mit einem Wehrgang versehene Mauer gegen die Außenwelt abgeschlossen ist. An der Südseite verbindet sich der mächtige Wehrbau mit der Vorhalle der **Kirche → S. Marco.**

Ein großes Vestibül mit Kassettendecke führt in das Innere des als Papstresidenz konzipierten Baues. Das 1. Stockwerk, das Hauptgeschoß, vereinigt sich mit dem darüberliegenden Halbgeschoß, so daß die Sala Regia eine Höhe von 12 m erreicht; mit 35 m Länge ist sie der Sala Regia im Vatikan vergleichbar. Die Wände tragen gemalte Architekturen, die man Bramante zuschrieb. Ebenso bedeutend ist die Sala del Mappamondo, deren Wände eine gemalte Kolonnadenarchitektur in der Art Mantegnas tragen.

Der nicht vollendete Innenhof öffnet sich in 2geschossigen Arkaden mit vorgelegten Halbsäulen: Zum erstenmal seit antiker Zeit wird das römische System der Stützen (vgl. Kolosseum) wiederverwendet.

Der **Palazzetto Venezia**, als Gartenpalast, umschließt einen schönen Innenhof mit 2geschossigen Arkaden auf 8eckigen Säulen.

Im Winkel zwischen Palazzo und Palazzetto Venezia die Statue der **»Madama Lucrezia«**, eine der sog. sprechenden Statuen.

Palazzo Vidoni Caffarelli (Via del Sudario 10–16 / Corso Vittorio Emanuele II 116) G7

Seit dem 14. Jh. besaß die Familie Caffarelli an dieser Stelle ein Haus. 1515 entwarf Lorenzetto, ein Schüler Raffaels, den Palast für Bernardino Caffarelli. Im 18. und 19. Jh. wurde der Palast nach allen Seiten ausgebaut. Das annähernd ursprüngliche Aussehen hat sich an der Via del Sudario erhalten; für die anderen Seiten wurde dieser Aufriß übernommen. Seit 1746 gehörte der Palast Kardinal Giovanni Francesco Stoppani und kam durch Erbschaft in den Besitz der Vidoni. Der Überlieferung nach soll Kaiser Karl V. 1536 bei der Rückkehr aus Tunis im Palazzo Caffarelli gewohnt haben.

Oft für ein Werk Raffaels gehalten, ist der ursprüngliche, durch ausgewogene Proportionen und harmonische Schönheit bestimmte Bau tatsächlich stilistisch schwer von dessen Werk zu trennen. Der Aufriß orientiert sich am nicht mehr existierenden Palazzo Caprini, den Bramante als Wohnhaus für Raffael schuf. Im Gegensatz zur Florentiner Renaissance, die ihre Rustika aus sorgfältig

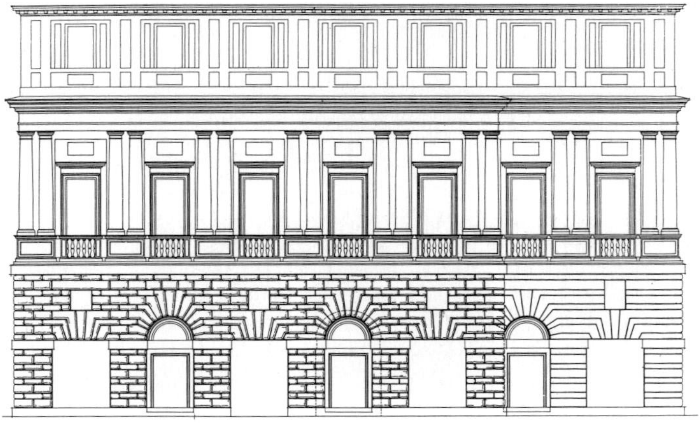

Palazzo Vidoni Caffarelli. Fassade des Kernbaus (nach Th. Hofmann)

gemeißelten Quadern zusammensetzte, bilden am Palazzo Caffarelli lange flache Bänder die Rustika. Sie treten in verschiedenen Breiten auf, getrennt von tiefen Fugen. Über den Rundportalen knicken sie höchst kunstvoll ein, um Keilsteine vorzutäuschen. Das Rustikawerk besteht nicht aus Haustein, sondern aus einem Gußbeton, den Bramante erfunden haben soll. Kräftige, paarweise gekoppelte Säulen statt der üblichen flachen Pilaster fassen die Geschosse zusammen.
Anton Raphael Mengs malte die Decke eines Saals im 1. Stock mit Allegorien der Künste aus, Künstler aus dem Umkreis der Zuccari dekorierten einen Saal mit biblischen Szenen.

H5 **Palazzo Wedekind** (Piazza Colonna)

Der Palast, benannt nach einer in der 2. Hälfte des 19. Jh. darin ansässigen deutschen Privatbank (heute Sitz der Zeitung »Il Tempo«), war 1659 bei der Gestaltung der Piazza Colonna für die Familie Ludovisi erbaut worden.

Giuseppe Valadier lieferte 1815 Entwürfe für eine Neugestaltung des Palastes unter Verwendung von 11 antiken ionischen *Säulen,* die bei Veji (nördlich von Rom) gefunden worden waren; die zwölfte ist eine Nachbildung. Die Ausführung der Pläne, die 1838 zum Abschluß kam, wurde jedoch Pietro Camporese d. J. übergeben.

[D5/6] **Palazzo della Zecca** (Via del Banco di S. Spirito 31) → S. 284.

Palazzo Zuccari (**Casa Bartholdy**; Via Gregoriana 28) 13/

Zwischen den beiden Straßen Via Gregoriana und Via Sistina, zur Piazza della Trinità dei Monti hin, begann 1591 der Maler Federico Zuccari sich ein Wohnhaus zu errichten. Von der Gartenfront ist das *Tor* in der Form eines ungeheuren aufgerissenen Mauls erhalten. Die unteren Räume – das Haus gedieh zu seinen Lebzeiten nicht über das Erdgeschoß hinaus – wurden vom Künstler mit *Fresken* ausgemalt, die seine Kunsttheorie (»Disegno«) verbildlichen.
Die Fresken mit Szenen aus der Josephs-Geschichte, welche die Nazarener P. v. Cornelius, F. Overbeck, W. v. Schadow und Ph. Veit 1816/17 im Auftrag des hier residierenden preußischen Generalkonsuls Bartholdy (daher hieß das Haus seinerzeit Casa Bartholdy) schufen, wurden 1887 abgenommen; sie sind heute in Berlin. – Der Palast ist Sitz der **Bibliotheca Hertziana**, des kunstgeschichtlichen Forschungsinstituts der Max-Planck-Gesellschaft.

Piazza Colonna H5

Der Platz verdankt seinen Namen der **Marc-Aurel-Säule** (s. u.), die seine Mitte beherrscht. An der Nordseite erhebt sich der → **Palazzo Chigi**, an der Westseite der → **Palazzo Wedekind**; im Süden liegt die kleine, nach 1726 erbaute **Kirche S. Maria della Pietà (SS. Bartolomeo e Alessandro dei Bergamaschi).** Zwi-

schen der Marc-Aurel-Säule und dem Corso ein **Brunnen** von Giacomo della Porta (1575).
Im antiken Rom standen an diesem Platz bedeutende Bauten: die Tempel Marc Aurels und Hadrians, das Ustrinum Antoninorum (Krematorium). Mitten in diesen Anlagen errichtete der römische Senat dem Kaiser Marc Aurel nach seinem Tod (180 n. Chr.) die 41,95 m hohe **Ehrensäule**, die den Siegen über die Markomannen und Quaden (172/173) und die Sarmaten (174/175) galt und spätestens im Jahre 196 vollendet war. Bei der 1589 im Auftrag Sixtus' V. durch D. Fontana vorgenommenen Restaurierung verlor der Sockel seinen Reliefschmuck und 3 m an Höhe, die seitdem in der Erde stecken. Das bekrönende Standbild des Marc Aurel, das bereits im 16. Jh. verschwunden war, ersetzte Fontana durch eine *Bronzestatue des Apostels Paulus.* Der nach dem Vorbild der Säule Trajans gestaltete Säulenschaft ist 29,60 m, das sind rund 100 röm. Fuß, hoch; die 26 innen ausgehöhlten Trommeln wurden aus carrarischem Marmor gearbeitet. Im Innern führt eine Wendeltreppe mit 190 Stufen zur Plattform. 23 Windungen eines einzigen *Spiralreliefs* erzählen außen detailreich und bewegt die Ereignisse der Feldzüge. Auf halber Höhe des Säulenschaftes steht die Victoria, die auf einem Schild die Kriegstaten verzeichnet und zugleich die Bildgeschichte unterteilt: Die untere Hälfte erzählt den Krieg gegen die Markomannen, die obere den Krieg gegen die Sarmaten.

Piazza Navona

F5/6 Die Piazza Navona entspricht im Grundriß dem langgestreckten, 275 × 106 m messenden **Stadion**, das Kaiser **Domitian** erbauen ließ (Reste sichtbar unter dem Haus an der Piazza di Tor Sanguigna 12–13).

Bereits Giacomo della Porta entwarf 1574–78 zwei Brunnen für diesen Platz. Kardinal Giovanni Battista Pamphili, später Papst Innozenz X., ließ den Platz gleichsam als persönliches Monument gestalten.

Der schlichte, vornehme Häuserkranz, der die Piazza umschließt, erhielt seinen Hauptakzent durch die Fassade von → **S. Agnese in Agone** und den anschließenden → **Palazzo Pamphili.** Auf der gegenüberliegenden östlichen Langseite des Platzes steht die Kirche → **Nostra Signora del Sacro Cuore** (ehem. S. Giacomo degli Spagnuoli).
Der Platz wird beherrscht durch die von Bernini entworfenen **Brunnen.** – Die Mitte nimmt die 1648 begonnene **Fontana dei Fiumi** (Abb. S. 77, 143) ein, ein originelles Werk, das Bernini mit einem **Obelisken** aus der Zeit Domitians und dem Wappentier des Papstes, der Taube mit dem Ölzweig im Schnabel, bekrönte. Ein mächtiger Travertinblock, dessen nach oben sich zusammenschließende 4 Teile die damals bekannten 4 Kontinente verkörpern, bilden das Zentrum des Brunnens. Auf den Ecken ruhen die von Bernini-Schülern geschaffenen Personifikationen von 4 großen Strömen in 4 Kontinenten – Nil, Ganges, Donau und Rio de la Plata. Aus der großen Öffnung des Felsens treten ein Löwe und ein Pferd heraus; Palmen erinnern an südliche Regionen. Die Erdteile, die sich mit einem Urelement der Stadt Rom, dem fließenden Wasser, verschwistern, huldigen dem Bauherrn Innozenz X., der Ewigen Stadt und dem Papsttum, das seine Macht über die Welt verteilt hat. – Die Mittelfigur der **Fontana del Moro**, die dem Palazzo Pamphili gegenüberliegt, führte 1654 G. A. Mari aus; sie ersetzte Berninis Schneckenskulptur (Original in der Galleria Doria Pamphili), die auf Algardis Fontana della Lumaca im Park der Villa Doria Pamphili wiederverwendet ist. – Das Gegenstück, die **Fontana del Nettuno**, die die Brunnenreihe nördlich symmetrisch beschließt, schufen 1878 die Bildhauer Bitta und Zappalà.
Als Fußgängerzone hat sich die Piazza Navona zu einem volkstümlichen Platz entwickelt; zur Weihnachtszeit werden hier Marktbuden aufgebaut.

Piazza del Popolo

Die alten Fernstraßen aus dem Norden, Via Cassia und Via Flaminia, führen von der Milvischen Brücke her durch die → **Porta del Popolo** (ehemals Porta Flaminia) auf die Piazza. Leo X. ließ 1518 zu seiten der Via del Corso (früher Via Lata) durch Raffael und Antonio da Sangallo d. J. zum Flußhafen beim Augustus-Mausoleum hin die Via Leonina (heute Via di Ripetta) anlegen, Clemens VII. 1525 die Via Clementina (heute Via del Babuino). Als Mitte erhielt der Platz durch Giacomo della Porta 1573 einen **Brunnen**, 1589 G1/2

als weithin weisendes Wegzeichen durch Domenico Fontana einen ägyptischen **Obelisken** aus dem Circus Maximus, den Augustus von Heliopolis nach Rom hatte schaffen lassen.
Ab 1658 entwarf Carlo Rainaldi im Auftrag Alexanders VII. für diese 3 Straßen, die vom Platz aus stadteinwärts führen (»Tridente«), städtebauliche Akzente durch 2 Kuppelkirchen, → **S. Maria dei Miracoli** und → **S. Maria di Montesanto.** Die heutige ovale Gestalt gab Giuseppe Valadier dem Platz 1816–24; ihm wird der große *Prospekt am Hang des* → *Pincio* verdankt. Symmetrisch zu → **S. Maria del Popolo** schuf er eine **Kaserne** mit einem kuppelförmigen Anbau, analog zur Cibo-Kapelle dieser Kirche. Beide bilden so den Platzeingang von der Via Flaminia her.

J5/6 Piazza del Quirinale

Der Platz, am Ende der heutigen Via del Quirinale (weiter nordöstlich: Via XX Settembre), ist als Gegenpol zur → Porta Pia angelegt. Sixtus V. ließ die monumentalen 5,6 m hohen **Dioskuren** aufstellen; sie stammen aus den einst hier gelegenen Thermen des Kaisers Konstantin und sind römische Werke der Kaiserzeit, die nach griechischen Originalen des 6./5. Jh. v. Chr. geschaffen wurden. Pius VI. ordnete der Gruppe den 14 m hohen **Obelisken** vom Augustus-Mausoleum zu. 1818 erweiterte Pius VII. das Monument um eine **Brunnenschale** aus dem Forum. – An 3 Seiten bilden Paläste die Platzwände (→ **Palazzo del Quirinale**, → **Palazzo della Consulta**). Gegenüber dem Palazzo della Consulta öffnet sich die Piazza in einer Terrasse mit weitem Blick auf die Stadt.

G6 Piazza della Rotonda → S. 129.

HI3 Piazza di Spagna

Die Piazza di Spagna, großartig überhöht durch die Spanische Treppe und die Kirche SS. Trinità dei Monti, gehört auch heute noch zu den eindrucksvollsten Anlagen römischer Stadtbaukunst. Im 19. Jh. wurde der Platz das Zentrum des romantischen Lebens in Rom. Das **Caffè Greco**, in der gegenüber der Treppe von der Piazza abgehenden Via Condotti, war das Stammlokal der deutsch-römischen Künstlerkolonie des 19. Jh., das auch von Goethe, Liszt, Gogol, Richard Wagner u. a. geschätzt wurde. Heute ist die Piazza di Spagna erneut Mittelpunkt des römischen Künstlerviertels, das sich ringsum in Privatgalerien und Ateliers (Via Margutta) präsentiert.
Der aus 2 mit ihren Spitzen ineinanderlaufenden Dreiecken gebildete Platz verdankt seinen Namen dem **Palazzo di Spagna**, der H4
seit dem 17. Jh. Sitz der Spanischen Botschaft beim Hl. Stuhl ist. Die Fassade des 18. Jh. ist ein Werk von Alessandro Specchi. – Südöstlich davon beschließt der → **Palazzo di Propaganda Fide** das an der Via Due Macelli gelegene Dreieck.
Das Zentrum des Platzes nimmt die **Fontana della Barcaccia** ein, eine niedrige Steinbarke (»Barcaccia«), aus der das Wasser hervorquillt. Den Brunnen schuf 1628–29 Pietro Bernini, der Vater des Gian Lorenzo, dem das Werk aber auch zugeschrieben wurde. Der Brunnen soll an die Tiber-Überschwemmung von 1598 erinnern bei der dieser Ort mit dem Kahn erreicht werden konnte. Er liegt also absichtlich ein wenig unter dem Platzniveau.
Von diesem Brunnen nimmt die 1723–25 von Francesco de Sanctis ausgeführte **Spanische** ●
Treppe ihren Ausgang. Je 12 Stufen vereinigen sich zu einer Gruppe; niedrige, zum Sitzen einladende Mauern teilen den breiten, festtäglichen Aufgang in 3 Treppenstraßen, die auf eine Terrassenwand stoßen. Hier teilt die Treppe sich in 2 schmale, geschwungene Aufgänge, die sich oberhalb der Terrasse zu einem breiten, ungeteilten Treppenlauf vereinigen. Jedoch hemmt eine zweite Terrassenmauer den Aufstieg nochmals, und erst 2 weitere seitliche Läufe führen endgültig zur freien Höhe der Piazza della Trinità dei Monti, auf der Papst Pius VI. 1789 einen in Rom gefertigten **Obelisken** aus den Gärten des Sallust aufstellen ließ. Krönung der gesamten Anlage bleibt jedoch die Doppelturmfassade der Kirche → **SS. Trinità dei Monti.** – Schmiegsam und gelassen, großzügig und doch mit liebevoller Beachtung des Details steigt die Treppe der Treppen auf, Erfüllung römischer Treppenarchitektur, der es nicht lediglich um die Überwindung von Höhenunterschieden ging, sondern vor allem um festliche Repräsentation.

Pincio HI

Der über der → Piazza del Popolo gelegene Hügel trug im alten Rom berühmte Villen, darunter die Gärten des Lucullus und eine Villa der Pincii, die dem Hügel ihren Namen gab Die napoleonische Regierung wollte hier den »Giardino del Gran Cesare« einrichten und beauftragte 1812 G. Valadier mit der Planung eines Parkes.

Die große, mit Pinien bewachsene und von breiten Wegen durchzogene Anlage grenzt an die → Villen Borghese und Medici. Giuseppe Mazzini ließ 1849 entlang der Alleen die *Büsten berühmter Italiener* aufstellen. – Die **Terrasse** am Piazzale Napoleone bietet einen der schönsten Blicke auf die Ewige Stadt, mit dem Oval der Piazza del Popolo unmittelbar zu Füßen des Hügels und der Peterskuppel jenseits des Tiber. – Am südlichen Ende, dem höchsten Punkt des Pincio, steht die klassizi-
H2 stische **Casina Valadier**, die der Architekt 1816–17 als Kaffeehaus erbaute.

N2 **Porta Pia** (Piazzale di Porta Pia / Via XX Settembre / Via Nomentana)

Pius IV. Medici ließ die Torburg 1561 nach Entwürfen Michelangelos bauen.

Bei einer Restaurierung 1864 wurde die Außenseite an der Via Nomentana mit den Standbildern der hll. Agnes und Alexander und dem bekrönenden Giebel neu geschaffen. Dagegen bewahrt die von einem 4kantigen Turm überragte Torburg an der Stadtseite die ursprüngliche Fassade, in einem reichen Portal geöffnet und mit Pilastern und Gesimsen gegliedert. Die 2 Längsflügel, die mit den Tormauern einen Hof umschließen, dienen heute dem **Museo Storico dei Bersaglieri.**

Rechts der Porta Pia eine Gedenkwand. Sie erinnert an die Bresche in der Stadtmauer, durch die am 20. September 1870 die Truppen des Königs von Italien in das päpstliche Rom eindrangen.

G1 **Porta del Popolo** (Piazza del Popolo / Piazzale Flaminio)

*Das Stadttor, das die aus dem Norden kommenden und vor der Milvischen Brücke vereinten Fernstraßen Via Cassia und Via Flaminia in die Stadt führt, hieß im antiken Rom **Porta Flaminia**, im Mittelalter **Porta S. Valentino**. Nach Erbauung der Kirche S. Maria del Popolo wurde der Name in Porta del Popolo umgewandelt.*

Als im Auftrag des Papstes Pius IV. das verfallene antike Stadttor wiederhergestellt wurde, schuf Nanni di Baccio Bigio 1562–65, vielleicht unter Verwendung eines Entwurfes Michelangelos, eine 1torige äußere Schauseite. Antike Säulen und Standbilder der hll. Petrus und Paulus von F. Mochi, ursprünglich für S. Paolo fuori le Mura geschaffen, bereichern die Architektur. Die innere Fassade, die sich der → Piazza del Popolo zuwendet, errichtete Bernini 1655 aus Anlaß des Einzugs der Königin Christine von Schweden. Die Inschrift an der Attika wünscht der Königin einen guten Einzug. Bekrönt wird der Aufbau von dem Wappen Papst Alexanders VII. – Als 1879 die seitlichen Durchgänge der Porta del Popolo angelegt wurden, zerstörte man 2 das Tor flankierende Türme.

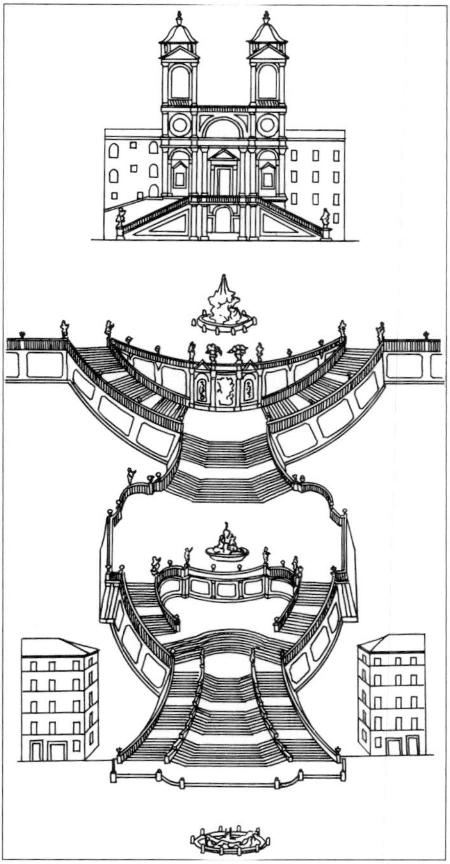

Piazza di Spagna. Spanische Treppe mit SS. Trinità dei Monti

Vb2 **Stadio Flaminio** (Viale Tiziano)

Das Stadion gehört zu den von Pier Luigi Nervi für die Olympischen Spiele des Jahres 1960 errichteten Bauten. Die Anlage ist kein Mehrzweckstadion, sondern allein für Fuß- und Handballspiel bestimmt, deshalb ohne Aschenbahn. Der Zuschauerraum kann 50 000 Menschen aufnehmen. Unter den seitlichen Tribünen sind Schwimmhallen, Turnsäle sowie Räume für Ringen, Fechten und Boxen untergebracht. – Den Zuschauerraum errichtete Nervi über einem aus Rechteck und Kreissegmenten gebildeten Grundriß. Das aus festen Betonkonstruktionen und vorfabrizierten Betonelementen erbaute Amphitheater steigt an den Langseiten steil auf, während die Schmalseiten flacher bleiben, so daß sich der übliche gleichmäßige Rundhorizont in einen bewegteren Umriß wandelt. Über der einen Langseite erhebt sich ein gefaltetes Sonnendach aus Betonteilen.

● **Stazione Termini** (Piazza dei Cinquecento)

N5 *Der Bau des neuen Bahnhofs wurde 1938 von Angelo Mazzoni begonnen, während des 2. Weltkriegs unterbrochen und 1950 vollendet. Die Architekten des Hauptgebäudes mit der Vorhalle waren Calini, Castellazzi, Fadigati, Montuori, Pintonello und Vitellozzi.*

Der römische Hauptbahnhof ist ein Kopfbahnhof. Es waren infolgedessen langgestreckte Flügelbauten längs der Bahnsteige sowie ein Kopfbau erforderlich, in dem die Empfangshalle, die Schalter, Diensträume, ein Restaurant und ein Hotel unterzubringen waren. Während die 1938/39 errichteten Flügel eine äußerliche Monumentalität pseudorömischer Tradition verkörpern, wurde der ***Haupttrakt*** zu einem Meisterwerk der Architektur um 1950. Über der langen, quer vor den Bahnsteigen gelagerten Halle erhebt sich ein 10stöckiges Verwaltungsgebäude. Der gestreckte, mit Travertin verkleidete Baukörper wird von durchgehenden Fensterbändern gegliedert. Vor diesen ruhigen, ausschließlich von Horizontalen beherrschten Block treten die schwingenden Linien der ***Empfangshalle***, deren Betonskelettdach kurvig gebrochen ist. Das spannungsvolle Miteinander von breit gelagertem Verwaltungsgebäude und bewegter Vorhalle bildet einen reizvollen Kontrast zu den Ruinen der **Servianischen Stadtmauer** (→ Stadtmauern), die links der Vorhalle erhalten sind.

Torre dei Conti (Via Cavour / Via dei Fori Imperiali) J8

Gleich der nahegelegenen → Torre delle Milizie gehört der Turm zu den ältesten und eindrucksvollsten Geschlechtertürmen Roms, die im hohen Mittelalter neben den Kirchtürmen die »Skyline« der Stadt prägten.

Den Bau ließ vermutlich Riccardo aus der Familie der Conti di Segni, ein Bruder des Papstes Innozenz III., von Marchione aus Arezzo errichten; einige Quellen nennen das Baujahr 1203. Petrarca rühmte den Turm als einzigartig in Rom und im ganzen Erdkreis. Beim Erdbeben 1348 beschädigt, dann restauriert, war er schon baufällig, als ihm unter Urban VIII. im 17. Jh. die heutige Gestalt gegeben wurde.

Die Torre dei Conti entstand in einer Zeit, in der der Papst versuchte, die Herrschaft über die römische Kommune von den führenden Adelsfamilien zurückzugewinnen. Der große Wehrbau erhebt sich an der Grenze zu dem Gebiet der gegnerischen Frangipani, welche die Kaiserforen und das Kolosseum als Festungen ausgebaut hatten. In der mittelalterlichen Vorstellungswelt wird ein Turm nicht nur als reiner Zweckbau, gelegentlich mit Herrschaftsattitüde, verstanden, sondern auch als Hinweis auf das Neue Jerusalem, dessen Verwirklichung der Papst in Rom propagierte.

Links des Turmes steht ein wiederhergestelltes **mittelalterliches Haus.**

Torre delle Milizie (Via IV Novembre / Largo Magnanapoli) J7

Im 13. Jh. erbaut, gelangte der Turm aus dem Besitz der Familie Annibaldi 1301 an Papst Bonifaz VIII. Caetani, der ihn restaurieren ließ. In den Streitigkeiten um die Kaiserkrone begann Heinrich VII. 1312 von dieser stärksten Stadtburg Roms aus einen blutigen Straßenkampf mit dem mißlungenen Sturm auf die Engelsburg. Ein 3. Geschoß stürzte beim Erdbeben 1348 ein. Im 16. Jh. gehörte der Turm wohl der Familie Conti, die ihn an Vittoria Massimi verkaufte; sie bezog ihn in ihre Gründung des Klosters → S. Caterina da Siena ein.

Der seit dem Erdbeben von 1348 leicht geneigte, das Forum Romanum überragende Geschlechterturm gehört zu den ältesten und mächtigsten Italiens. (Der neuere Zinnenkranz entspricht einem ursprünglichen Gebäudeabschluß.) Mit der **Torre del Grillo** (hinter dem Trajans-Forum) und einem weiteren Turm an der heutigen Via IV Novembre bil-

Villa Albani (Torlonia). Casino

dete die Torre delle Milizie ein ausgedehntes Verteidigungssystem über den antiken Ruinen; es umfaßte die Mercati Traianei und die Casa dei Cavalieri di Rodi über dem Augustus-Forum.

Auch kleinere antike Monumente wie das Augustus-Mausoleum und die Triumphbogen des Forum Romanum erhielten turmartige, oft zinnenbekrönte Aufsätze, um den Anspruch der Besitzer auf das Erbe imperialer römischer Macht zu dokumentieren.

4/5 **Via della Conciliazione**

Der Name, Straße der Versöhnung, soll an den Abschluß der Lateranverträge von 1929 erinnern. Um eine große Zufahrtsachse von der Engelsburg zu St. Peter zu gewinnen, wie schon von Bernini geplant und von Valadier wieder erwogen, riß man 1936–39 einen zwischen dem Borgo Vecchio und dem Borgo Nuovo gelegenen Baukomplex, die sog. Spina del Borgo, ein (Spina, Rückgrat, heißt auch die gemauerte Mittelachse eines Circus).

Entlang der neuen »Spina« reihen sich historische Gebäude: die **Kirche → S. Maria in Traspontina**, der → **Palazzo Torlonia Giraud**; ihm gegenüber (Nr. 33) der **Palazzo dei Penitenzieri** (Hotel Columbus), der um 1480 für Domenico della Rovere erbaut wurde und Baccio Pontelli zugeschrieben wird; die Räume bewahren Fresken mit mythologischen Figuren, die vermutlich von Pinturicchio stammen. C5

Villa Albani (**Villa Torlonia**; Via di Villa Albani / Eingang: Via Salaria. – Besichtigung nur mit Genehmigung der Verwaltung des Fürsten Torlonia) Vd2/3

Bauherr der 1756 begonnenen Villa war Kardinal Alessandro Albani, Architekt Carlo Marchionni. 1763 war das **Casino** *vollendet, 1764 der* **Semicircolo**, *um 1765 das* **Kaffeehaus**. *Den* **Garten** *vollendete Antonio Nollis erst nach dem Tode Albanis (1779). Der Kardinal errichtete die Anlage gezielt für die Aufstellung seiner umfangreichen Antikensammlung, die er mit Hilfe seines Freundes Johann Joachim Winckelmann ab 1758 aufbaute; Winckelmann wohnte 10 Jahre im Hause des Kardinals. – 1866 erwarben die Fürsten Torlonia die Villa.*

1760/61 malte A. R. Mengs im großen Salon im 1. Stock des Casinos das Deckenfresko des *»Parnaß«*, bei dem er das auf den Standort

Johann Wilhelm Baur: Villa Borghese. Casino (1636; Galleria Borghese)

des Betrachters ausgerichtete barocke Prinzip der perspektivischen Verkürzung aufgab, indem er die Figuren plan von vorn, wie auf einem Tafelbild, präsentierte – ein für den Klassizismus folgenreicher Schritt.

Galleria Albani und **Collezione Archeologica**
Die Antikensammlung stellt nur noch den Rest eines viel umfangreicheren Bestandes dar; von den 294 Antiken, die 1798 durch Napoleon nach Paris verbracht wurden, kehrten nur 2 zurück. Ein anderer großer Teil wurde von den Erben des Kardinals 1815 verkauft.

Die trotz Dezimierung immer noch reiche Sammlung umfaßt Werke der etruskischen, griechischen und römischen Antike, die über die ganze Villa verteilt sind. – Sarkophage und Reliefs im Garten.

H-J1/2 **Villa Borghese** (monumentale Eingänge: Via Pinciana, Piazza E. Sienkiewicz, Piazzale Brasile; Piazzale Flaminio; Farbabb. 7)
Kardinal Scipione Caffarelli Borghese, Neffe Papst Pauls V., erwarb nach 1605 Grundstücke vor der Porta Pinciana für eine Villa, die es an Größe und Ansehen mit den schönsten Anlagen von Frascati aufnahm. Die gedrängte und parzellierte Villa des Manierismus gewann hier barocke Freiheit. Eine ausgedehnte Anlage mit Seen, künstlichen Jagdgründen und Vogelhäusern wurde geschaffen, zu der an der Porta Pinciana ein Portal von Girolamo Rainaldi Einlaß gewährt. Fürst Marco Antonio Borghese verwandelte den 6 km² umfassenden barocken Park in einen Englischen Garten; sein Gartenarchitekt war der deutsche Maler Christoph Unterberger. Napoleons Schwager, Fürst Camillo Borghese, setzte die Veränderungen im Sinne des Klassizismus durch Luigi Canina fort. 1901 kam die Villa in den Besitz des Staates, der sie der Stadt Rom schenkte.

Schwerpunkte in der Fülle der Anlagen, Kopien und Denkmäler: der **Giardino del Lago** mit künstlichem See und einem **Äskulap-Tempel** von Antonio Asprucci (1785–87), die **Piazza di Siena**, eines der schönsten Reiterstadien, die **Casina dell'Orologio** von Nicola Fagioli (1791), die **Fontana dei Cavalli Marini** (Brunnen der Seepferde) von Unterberger (1791), die **Casina di Raffaello**, von der man sagt, sie habe dem Maler als Sommerhaus gedient, die romantische Ruine eines **Faustina-Tempels** (1792), der **Tempel der Diana** von M. Asprucci (1789). – Der Architekt Luigi Canina fügte die griechischen **Propyläen** am Piazzale Flaminio hinzu (1827–29). – Der Bildhauer Pietro Canonica (1869–1959) hat sein Wohnhaus des 17. Jh. in ein mittelalterliches **Kastell** umgewandelt (heute Museum seiner Werke: **Museo Canonica** [Viale P. P. Canonica, Fortezzuola di Villa Borghese]).

Vc3 **Casino Borghese** (Piazzale Scipione Borghese 5)

Architekt des Gartenpalastes war Flaminio Ponzio und nach dessen Tod (1613) Vasanzio (Hans von Xanten), der sich am Typus der → Villa Farnesina orientierte.

Die reichgegliederte Mittelfassade, zu der eine Treppe emporsteigt, öffnet ihr Erdgeschoß als große, heute verglaste Pfeilergalerie; sie trägt ein Attikageschoß und darüber eine Terrasse, hinter der 2 weitere Geschosse aufsteigen. 2 kräftige turmartige Flügel flankieren die Terrasse seitlich. Die Fassade trug ursprünglich reichsten Schmuck an Reliefs und Statuen (vgl. Villa Medici), der im Klassizismus reduziert und teilweise erneuert wurde. – Das Innere entspricht der Zwischenstellung zwischen Palast und Villa. Der Portikus führt in einen großen Eingangssaal, um den sich die großenteils klassizistisch umgestalteten Räume gruppieren. Der Salone hat ein Dekkengemälde von Mariano Rossi (1782) mit einer altrömischen Szene, *»M. F. Camillus bricht den Frieden mit Brennus«*. Giovanni Lanfranco malte den *»Rat der Götter«* in einem Saal im 1. Stock. – Das Casino war nicht für Wohnzwecke, sondern von vornherein zur Aufnahme der Skulpturensammlung des Kardinals Borghese bestimmt. Es birgt heute die sehr bedeutende → **Galleria Borghese.**

IJ6 **Villa Colonna** (Via XXIV Maggio) → S. 288.

B10 **Villa Doria Pamphili** (**Villa Belrespiro**, Haupteingang: Via S. Pancrazio)

Die Villa – zwischen Via S. Pancrazio, Via Vitellia und Via Aurelia Antica gelegen – wird von der 1960 angelegten Via Olimpica (Via Leone XIII) durchschnitten. Höchstwahrscheinlich gestalteten Alessandro Algardi und Giovanni Francesco Grimaldi 1644 für den Fürsten Camillo Pamphili, den Neffen Papst Innozenz' X., diesen größten Park Roms (9 km²). Seit dem Ende des 18. Jh. wandelte ihn der Gartenarchitekt Francesco Bettini zum Landschaftsgarten nach englischem und französischem Vorbild um. Gewächshäuser und künstliche Seen gehören dieser Zeit an. Andrea Busiri Vici baute 1859/60 den Triumphbogen an der Eingangsstraße. Ursprünglich stand hier das Casino dei Quattro Venti, das 1849 während der Garibaldi-Verteidigung Roms durch Artilleriefeuer zerstört wurde. – Der Park, Eigentum der Stadt Rom, ist öffentlich; die Paläste der Villa, Staatsbesitz, sind unzugänglich.

Über einer terrassierten geometrischen Gartenanlage und Freitreppen erhebt sich der **Palast** der Villa, das elegante, von Palladio beeinflußte Gartencasino Algardis, das u.a. die Antikensammlung Pamphili barg. Antike Reliefs und Bildwerke überziehen denn auch die gesamte Fassade. – Zahlreiche Brunnen und Grotten (**Venus-Brunnen**) bereichern die **Parkanlage.** Va4

Villa Farnesina (Via della Lungara 230) ●

Der Bankier Agostino Chigi, Freund der Päpste, Künstler und Dichter, ließ sich die Villa 1508–11 von Baldassare Peruzzi erbauen und durch die besten Maler Roms mit Fresken ausstatten. 1580 kam das Gebäude in den Besitz der Farnese und fiel 1731 durch Erbschaft an das Königshaus der Bourbonen von Neapel. Seit 1927 Eigentum des Staates, ist die Villa Sitz der **Accademia dei Lincei** *(zugleich mit dem Palazzo Corsini). In den oberen Räumen des Palastes ist das* **Gabinetto Nazionale delle Stampe** *untergebracht.* D8

In der Gartenloggia des 2stöckigen **Palastes** – mit prachtvollem Fruchtgirlandenfries am Dachgesims – stellten Giulio Romano und Francesco Penni unter der Leitung Raffaels die *Geschichte von Amor und Psyche* in einzelnen Szenen nach Apuleius dar; Giovanni da Udine schuf die üppigen Fruchtkränze. Die Gestalten in den Zwickeln sind von Raffaels eigener Hand.

Die vom Gang aus rechts liegende Sala di Galatea (ursprünglich ebenfalls eine Gartenloggia) enthält ein noch reicheres malerisches Programm: In den Deckenbildern stellte Baldassare Peruzzi das Horoskop Agostino Chigis in Sternbildern dar. In den Lünetten malte Sebastiano del Piombo Szenen aus den »Metamorphosen« des Ovid; in einer der Lünetten erscheint ein großer Jünglingskopf, eine Kohlezeichnung Sebastianos, die früher irrtümlich Michelangelo zugeschrieben wurde. Die Wandfelder tragen Fresken mit Szenen der griechischen Mythologie. Sie alle werden überstrahlt von dem *»Triumph der Galatea«*, den Raffael 1511 ausführte: Im Muschelkahn von Delphinen gezogen rauscht Galatea durch das Meer. Im Bildfeld daneben blickt der einäugige Polyphem wild und begehrend auf die Nymphe.

Villa Farnesina. Loggia di Psiche. Raffael: Merkur

Im ***Obergeschoß*** malten Peruzzi und seine Gehilfen den Saal der Perspektiven aus. Über einem großen Fries mit mythologischen Szenen weiten sich die Wände in einer illusionistischen Malerei, die hinter monumentalen gemalten Säulenstellungen *Ansichten* von Rom und anderen Städten ausbreitet.
Den Meisterwerken Raffaels kommen die von Sodoma 1511/12 im Schlafzimmer Agostino Chigis geschaffenen Fresken nahe. Sie stellen die *Begegnung Alexanders d. Gr. mit den Frauen des Darius* und seine *Hochzeit mit Roxane* dar, der schönen Tochter des persischen Kaisers. In der Einheit von Figur und Raum, von Szene und Farbe schuf Sodoma in diesem großen Wandbild sein Meisterwerk.

Villa Giulia (**Villa di Papa Giulio**; Viale delle Belle Arti / Piazzale di Villa Giulia 9) Vc

Papst Julius III. ließ sich die Villa 1551–53 erbauen. Vignola als leitender Architekt wurde 1552 durch Ammanati ersetzt. Der Bau wurde restauriert und durch An- und Umbauten als Museum hergerichtet; seit 1889 beherbergt er das → **Museo Nazionale di Villa Giulia.**

Die Anlage entspricht dem Typ der Villa suburbana, d.h. dem vor den Toren der Stadt gelegenen Landhaus. Hinter der 2stöckigen Fassade, die auf einem rustikalen Untergeschoß ein locker gegliedertes Obergeschoß trägt, erstrecken sich 2 festliche Innenhöfe. Beide verbinden in ihrem Grundriß das Rechteck mit dem Halbkreis: Der 1. Hof rundet sich in einer Exedrawand, der im 2. Hof eine zweite, in ihrer Gliederung enger gedrängte Exedra folgt. Ein Balustergeländer umrahmt ein tiefer gelegenes ***Nymphäum***, das Giorgio Vasari zusammen mit Ammanati entwarf. Pilaster und Rundnischen gliedern die Wände der 2stöckigen Bautrakte; hohe Gesimse betonen die vorherrschende Horizontale. Beim Durchschreiten bietet das Bauwerk überraschende Akzente; umbauter Raum, Mauer und Natur, Wasser und Bildwerk verbinden sich im Sinne des Manierismus miteinander. – Von der ursprünglich großartigen Ausstattung ist wenig geblieben. Einige Räume enthalten Deckenfresken, die Taddeo Zuccari zugeschrieben werden.

● **Villa Madama** (Monte Mario; Via di Villa
Va2 Madama)

Im Norden der Stadt, am Abhang zum Tiber und nahe der Straße in Richtung Florenz gelegen, ist die Villa Ausdruck des Machtanspruchs der Medici unter Papst Leo X. in Rom.

Kardinal Giulio de' Medici, der spätere Papst Clemens VII., beauftragte Raffael mit den Entwürfen für die Villa, die 1518 begonnen wurde und bis zum Tod Raffaels (1520) nur bis zum Erdgeschoß und wenigen Teilen darüber ausgeführt war. Antonio da Sangallo d. J. und dann Giulio Romano veränderten und erweiterten sie. Die Villa kam in den Besitz der »Madama« Margarete von Parma, Tochter Karls V. und Statthalterin der Niederlande, die in erster Ehe mit Alessandro de' Medici und in zweiter mit Ottavio Farnese, dem Herzog von Parma und Piacenza, verheiratet war; von ihr hat die Villa ihren Namen. Das 1913 durch den französischen Maschinenfabrikanten Maurice Bergés wiederhergestellte Gebäude dient dem **italienischen Außenministerium** *und ist nur mit besonderer Erlaubnis zu besichtigen.*

Raffael entwickelte unter Mitarbeit von Giovanfrancesco da Sangallo einen großzügigen Entwurf für eine »Villa suburbana« und gleichzeitig für einen Bau, der festlichen Empfängen dienen sollte. Der Berghang wurde in mehrere Terrassen gestuft. Die unterste hatte Gebäude für das Gefolge und die Ställe aufzunehmen. Auf der mittleren waren die Festräume des Kardinals im sog. Casino vorgesehen, während sich auf der oberen ein griechisches Theater halbrund in den Hang schmiegte. Raffael selbst konzentrierte alle Erfahrung und Kunst auf das Zentrum der Villa,

Villa Madama. Dekoration der Loggia

das Casino. Es sollte seine Mitte in einem kreisförmigen Hof finden.

Zum Garten, wo etwas tiefer ein Fischteich liegt, öffnet sich eine weite ***Loggia.*** Giulio Romano und Giovanni da Udine gaben ihren Wänden und Gewölben eine großartige *Gemälde- und Stuckdekoration.* Kurz vor dem Baubeginn hatte man in den römischen Ruinen, vor allem im Goldenen Haus des Nero, die antike Stuckornamentik wiederentdeckt. Da sie in höhlenartigen Räumen, den »grotte«, gefunden wurden, nannte man sie Grotesken. In der Villa Madama versuchten die Künstler der Renaissance, mit den antiken Vorbildern in Wettstreit zu treten.

Villa Massimo (Largo Villa Massimo 2) Ve2

1910 erwarb der Berliner Eduard Arnhold das Gelände des Fürsten Massimo und ließ durch den Schweizer Architekten Max Zürcher ein großes Gebäude im typisch italienischen Villenstil und 12 Künstlerateliers erbauen, um hier die Deutsche Akademie (**Accademia Tedesca**) einzurichten – einen Ort der Begegnung für deutsche Künstler (Maler, Bildhauer,

Schriftsteller und Musiker). 1913 kamen die ersten Stipendiaten nach Rom. – Zur Akademie gehört auch die Casa Baldi in → Olevano Romano östlich von Rom.

Villa Medici (Viale della Trinità dei Monti 1;
12 Farbabb. 14)

Die Neffen des Kardinals Giovanni Ricci di Montepulciano ließen den Bau 1564 von Nanni di Baccio Bigio und nach dessen Tod 1568 von seinem Sohn Annibale Lippi als Landhaus errichten. 1576 erwarb Kardinal Ferdinando de' Medici die Villa, um sie zum Museum seiner Antikensammlung zu machen; später kam sie durch Erbschaft an Frankreich. Napoleon übergab sie 1803 der Französischen Akademie **(Accademia di Francia)**, *deren Sitz sie noch heute ist.*

Der Bau ist das bedeutendste, vielfach nachgeahmte Beispiel einer »Villa suburbana« aus dem späten 16. Jh., mit schlichter Fassade auf der Straßenseite, hingegen manieristisch vielteiliger G a r t e n s e i t e. Den Mittelbau, der sich in einem Säulenportikus öffnet, flankieren 2 turmartig überhöhte Flügel. Zu den wenigen, meist kleinen Fenstern treten Nischen verschiedenster Form und Relieffelder als belebende Gliederung. Einige der Reliefs mit Girlanden wurden von der Ara Pacis Augustae an den Bau übertragen. Die Innenausstattung ist größtenteils im 19. Jh. verändert worden.

Villa Torlonia (Via di Villa Albani) → S. 307. [Vd.

Museen und Sammlungen

In anderem Zusammenhang besprochene oder erwähnte Museen und Sammlungen vermittelt das Objektregister.
Der Kunstführer Rom verzichtet auf die Angabe von Öffnungszeiten, weil diese oft geändert werden und weil manchmal ganze Sammlungen oder einzelne Abteilungen wegen Restaurierungsarbeiten oder Personalmangel unzugänglich sind. In der Regel sind die Museen von 9.00 bis 14.00 Uhr geöffnet; montags bleiben die meisten geschlossen.
Die Sammlungsbestände werden in diesem Führer zusammenfassend genannt, mit Hervorhebung der herausragenden Einzelwerke. Ein eingehenderes Interesse befriedigen die Kataloge der Museen.

I5 **Galleria dell'Accademia Nazionale di S. Luca** (Palazzo Carpegna; Piazza dell'Accademia di S. Luca 77)

Die Akademie von S. Luca, die Standesvereinigung der Maler, entstand aus der »Università dei Pittori«, die seit 1588 ihren Sitz bei der Kirche → SS. Luca e Martina hatte, bis beim Bau der Via dei Fori Imperiali in den 1930er Jahren das Haus abgerissen wurde. Seitdem ist die Malerakademie (Archiv und Gemäldegalerie) hier im ***Palazzo Carpegna****, für dessen Bau Graf Ambrogio Carpegna zwischen 1630 und 1640 mehrere Häuser erworben hatte. Borromini lieferte die Entwürfe für die Loggia und das ovale Treppenhaus.*

Die Gemäldesammlung entstand hauptsächlich durch Schenkungen von Künstlern, die Mitglieder waren, und umfaßt Werke des 16.–19. Jh.: Raffael (Putten, ein Freskenfragment), Tizian-Schule, Girolamo Bassano, F. Zuccari, Cavalier d'Arpino, P. F. Mola, A. van Dyck, P. P. Rubens (?) (»Krönung der Pomona«), G. P. Pannini, V. Camuccini, F. Hayez, A. Kauffmann. – Zahlreiche Gips- und Terracotta-Entwürfe von A. Canova. Interessant ist die umfangreiche Serie von Künstlerbildnissen; darunter sind einige Meisterwerke (F. Zuccari, Cavalier d'Arpino, P. L. Ghezzi, D. Corvi, S. Conca).

Galleria Albani (Via di Villa Albani) → S. 308. Vd2/3

Galleria Borghese (Villa Borghese; Piazzale Scipione Borghese 5) ● Vc3

Die Galerie, eine der großartigsten unter den privaten Kunstsammlungen der Welt, ist gleich der → Villa und dem → Casino im Auftrag des Kardinals Scipione Borghese entstanden, der ein begeisterter Sammler und unermüdlicher Bauherr war; Berninis »Apoll und Daphne« (1622–25), »Pluto mit Proserpina« (1621–22), »David« (1623–1624) und nicht zuletzt die meisterhafte Bildnisbüste des Kardinals (1632) entstanden neben vielen anderen Werken der Sammlung in seinem Auftrag. Das Casino diente seiner Skulpturensammlung, während die Gemälde ursprünglich im Stadtpalast untergebracht waren.
Fürst Camillo Borghese verkaufte zu Beginn des 19. Jh. einen großen Teil der Sammlung nach Paris, wo diese Werke heute zu den Kostbarkeiten des Louvre gehören. Fürst Francesco Borghese bemühte sich im 19. Jh. durch Ausgrabungen auf dem Fami-

Galleria Borghese. Antonio Canova: Paolina Borghese

lienbesitz in Frascati und neue Ankäufe um eine Vermehrung des Bestandes. 1891 wurde auch die Gemäldesammlung in das Casino übertragen, 1901 ging die Galerie gleich der Villa in den Besitz des Staates über.

Im **Erdgeschoß** (Farbabb. 15) sind hauptsächlich ***Skulpturen*** ausgestellt. Gian Lorenzo Bernini (neben den genannten Werken): »Jupiter und die Ziege Amalthea« (Frühwerk, um 1615); »Chronos enthüllt die Wahrheit« (1646–52); »Aeneas, der seinen Vater Anchises aus dem brennenden Troja trägt« (unter Mitarbeit des Vaters Pietro Bernini, 1618–19); Reiterstatue König Ludwigs XIV. (Entwurf, 1678). – Ein Meisterwerk Antonio Canovas (1805): Paolina Borghese, eine Schwester Napoleons, als ruhende Venus.

Unter den ***Gemälden*** im **Obergeschoß** hervorzuheben sind Werke von Francesco Albani, F. Barocci, G. L. Bernini (Selbstbildnis, 1635 [Farbabb. 18]), G. Bellini (»Madonna mit Kind«), S. Botticelli, Bronzino, Caravaggio (»David«; »Madonna dei Palafrenieri«; »Johannes d. T.«; »Junge mit Früchten«; »Hl. Hieronymus«), Correggio (»Danae«), L. Cranach d. Ä. (»Venus und Cupido«), Domenichino (»Sibylle«; »Jagd der Diana« [Farbabb. 16]), Dosso Dossi, Dürer-Schule (Bildnis), L. Lotto (»Sacra Conversazione«), Raffael (»Grablegung«, 1507; »Dame mit Einhorn«, unvollendet, 1507; »Bildnis eines Mannes«), P. P. Rubens (»Susanne«; »Grablegung«), Andrea Sacchi, Andrea del Sarto, Scarsellino, Sebastiano del Piombo, Tizian (»Himmlische und irdische Liebe«, Frühwerk, um 1512; »Erziehung Amors«, um 1565; »Hl. Dominikus«), Veronese (»Predigt Johannes' d. T.«).

Galleria Colonna (Palazzo Colonna; Via della Pilotta 17) I6

Der Hauptbestand der Sammlung geht zurück auf Lorenzo Onofrio Colonna (1637–1689), den der Maler Carlo Maratta beraten hat. Die Gemälde und Skulpturen sind in einem öffentlich zugänglichen Flügel des → Palazzo Colonna untergebracht.

Die Galerie umfaßt neben antiken Skulpturen vor allem Werke der Renaissance und des Barock, u. a. von Albani, Bronzino, Annibale Carracci, Guercino, Pietro da Cortona, Rubens, Salviati, Tintoretto. – Besonders zu erwähnen die Seekarte des Marcantonio Colonna in der Schlacht von Lepanto (1571).

● **Galleria Doria Pamphili** (Palazzo Doria Pamphili; Piazza del Collegio Romano 1A. – Privatsammlung, der Öffentlichkeit zugänglich) H6

Die Sammlung wurde von Camillo Pamphili um die Mitte des 17. Jh. begonnen und dank familiärer Bindungen (Aldobrandini und Doria) erweitert.

Die Galerie umfaßt vor allem Kunstwerke vom 16. bis 18. Jh.: Albani, Algardi, Bernini,

Brill, P. Brueghel d. Ä. (»Colf von Neapel«), Caravaggio (»Magdalena«, »Ruhe auf der Flucht«, »Johannes d. T.«), die Carracci, Duquesnoy, Guercino, Claude Lorrain, Preti, Ribera, Solimena, Tizian (»Salome«), Velázquez (Bildnis Innozenz' X. [Farbabb. 17]).

Galleria Nazionale d'Arte Antica

Tommaso Corsini verkaufte 1883 seinen Palast an der Via della Lungara an den Staat zur Einrichtung der Accademia dei Lincei und vermachte ihm gleichzeitig seine umfangreiche Bibliothek, die bereits seit 1754 dem Publikum offenstand, und seine Kunstsammlung, die neben Handzeichnungen und Graphik 606 Gemälde umfaßte. Den wesentlichen Grundstock der Sammlung hatte zu Beginn des 18. Jh. Neri Maria Corsini gelegt. Der Besitz wuchs dann nochmals in der 1. Hälfte des 19. Jh.

Mit der Sammlung der Corsini vereinigten sich durch Schenkung die Werke aus dem Besitz der Torlonia (1892) und als Pfand beim Monte di Pietà (vgl. S. 295) hinterlegte Kunstwerke, die nicht ausgelöst wurden. Daraus entstand der Entschluß, eine Galleria Nazionale d'Arte Antica zu gründen, die 1895 im Palazzo Corsini als erste staatliche Pinakothek Roms eröffnet wurde.

Die Sammlung wuchs durch weitere Schenkungen: H. Hertz (1915), Chigi (1918), Barberini (1952). 1949 wurde deshalb der Palazzo Barberini hinzuerworben und die Gemäldesammlung über beide Paläste verteilt. Die Graphiksammlung, das Gabinetto Nazionale delle Stampe, zog in die → Villa Farnesina ein. Die Bestände an mittelalterlicher Kunst sind im → Museum des Palazzo Venezia und im → Castel S. Angelo ausgestellt.

● **Galleria Nazionale d'Arte Antica – Palazzo**
D8 **Corsini** (Via della Lungara 10)

Hier sind fast ausschließlich Bestände aus der Sammlung Corsini ausgestellt. Die Mehrzahl der Werke gehört dem 17. Jh. an.

Am Beginn steht eine kleine Gruppe von ***Gemälden*** der toskanischen Schule des 14. und 15. Jh., Werken von Niccolò di Pietro Gerini, Fra Angelico (Triptychon) u. a. – Ausländische Schulen: Rubens (»Hl. Sebastian«), van Dyck (»Ruhe auf der Flucht«), Murillo (»Madonna mit Kind«), Simon Vouet (»Herodias«). – Italienisches Cinquecento: Jacopo Bassano, Giuseppe Cesari gen. Cavalier d'Arpino (»Erweckung des Lazarus«), Scipione Pulzone, Tizian (Bildnis Philipps II.). – Neapolitanische Schule: Luca Giordano (»Jesus unter den Schriftgelehrten«), Mattia Preti (»Hl. Bartholomäus«, »Anchises«), Jusepe Ribera, Salvator Rosa, Johann Heinrich Schönfeld, Stanzione. – Bologneser und Florentiner: Sisto Badalocchio, Donato Creti, Carlo Dolci (»Madonna del velo«), Francesco Furini, Guercino (»Apollo und Marsyas«), Lanfranco (»Der hl. Petrus heilt die hl. Agathe«). – Römer: Giacinto Brandi, Francesco Cozza, Ciro Ferri, Maratta (»Flucht nach Ägypten«, »Rebecca«), Pier Francesco Mola. – Genre- und Landschaftsmalerei: Michelangelo Cerquozzi, Leonardo Coccorante, Gaspar Dughet, Andrea Locatelli, Jan Miel, Giovanni Paolo Pannini (Ruinen), Michiel Sweerts, Jan Frans van Bloemen, Cornelis van Poelenburg. – Caravaggisten: Caravaggio (»Johannes d. T.«), Orazio Gentileschi (»Madonna mit Kind«), Maestro del Giudizio di Salomone.

Unter den ***Skulpturen*** sind hervorzuheben die Werke von Alessandro Algardi (»Taufe Christi«), Gian Lorenzo Bernini (Terracotta: Papst Alexander VII.), Giovanni Battista Foggini (»Die Zeit raubt die Jugend«).

Galleria Nazionale d'Arte Antica – Palazzo ●
Barberini (Via delle Quattro Fontane 13) K4

Die Sammlungen verteilen sich über zwei Stockwerke.

Im **1. Geschoß** ist die ***Malerei des 12.–17. Jh.*** ausgestellt. – Unter den Bildern von Künstlern des 12.–15. Jh. sind hervorzuheben das Gemälde der Maria und Christus aus der römischen Kirche S. Maria in Campo Marzio (datierbar 2. Hälfte 12. Jh.); ein Kruzifix aus Lucca (3. Viertel 13. Jh.), Bonaventura Berlinghieri zugeschrieben. Ferner: Nicolò di Pietro (»Marienkrönung«), Sano di Pietro, Neri di Bicci, Simone Martini (?) (»Madonna mit Kind«), Fra Angelico (Triptychon mit »Himmelfahrt«, »Pfingsten« und »Jüngstem Gericht«, um 1450), Filippo Lippi (»Madonna mit Kind«, dat. 1437, »Verkündigung«, vor 1450). Aus dem 16. Jh.: Werke von Pietro Perugino, Lorenzo Lotto (»Sacra Conversazione«), Raffael (»La Fornarina«), Andrea del Sarto, Giovanni Antonio Bazzi gen. il Sodoma, Bronzino, Dosso Dossi, Baldassare Peruzzi, El Greco, Jacopo Tintoretto (»Christus und die Ehebrecherin«), Tizian-Werkstatt (»Venus und Adonis«). – Werke flämischer und deutscher Künstler, darunter von Hans Holbein d. J. ein Bildnis Heinrichs VIII. von England und von Quentin Metsys ein Porträt des Erasmus von Rotterdam.

Besonders reich ist die Sammlung an Werken des 17. Jh.: Caravaggio (»Judith mit dem Haupt des Holofernes«, »Narziß«), Orazio Gentileschi, Carlo Saraceni (»Hl. Cäcilie mit Engel«), Valentin de Boulogne, Matthias Stomer, Hendrick ter Brugghen, Bernardo Cavallino, Mattia Preti, Jusepe Ribera, Salvator Rosa, Massimo Stanzione, Bernardo Strozzi, Nicolas Poussin (»Hagar und der Engel«), Francesco Albani, Gian Lorenzo Bernini (»David«, Bildnis Urbans VIII.), Giovanni Lanfranco (»Die Musik«), Guido Reni; G. B. Gaulli gen. il Baciccio. – Der Rundgang endet im Salone des Pietro da Cortona mit den Fresken des Ruhmes des Hauses Barberini (vgl. S. 286).

Die ***Skulpturen*** von Algardi, Bernini und Domenico Guidi sind vornehmlich Bildnisse von Angehörigen der Familie Barberini.

Im **2. Obergeschoß** ist die Abteilung der ***Gemälde und kunsthandwerklicher Gegenstände des 18. Jh.*** untergebracht: Gaspar van Wittel (Veduten von Rom), Canaletto (Veduten aus Venedig), Bernardo Bellotto, G. P. Pannini, Hubert Robert, Rosalba Carriera, Pietro Rotari, J. H. Schönfeld, Francesco Solimena, Francesco de Mura, Andrea Pozzo (Entwürfe für Fresken in S. Ignazio), Pompeo Batoni (Bildnisse), Marco Benefial.

Die Räume des sog. Appartamento Settecentesco, 1750–70 im Rokokostil unter den ersten Einflüssen des Neoklassizismus ausgestattet, bilden den idealen Rahmen für die Sammlungsgegenstände des Kunsthandwerks (Goldschmiedearbeiten, Möbel, Keramik und Porzellan usw.).

● **Galleria Nazionale d'Arte Moderna** (Viale delle Belle Arti 131) Vc2

Nach einer großen Ausstellung zeitgenössischer Kunst 1883 begann der Staat systematisch Werke lebender Künstler anzukaufen. 1912 wurde die Sammeltätigkeit auf Werke des ganzen 19. Jh. ausgedehnt. In einer Senke – Valle Giulia – des linken Tiber-Ufers entstand anläßlich einer Esposizione Internazionale di Belle Arti (1911; von ihr ist heute nur noch das Gebäude der **Britischen Akademie** *erhalten) der von Cesare Bazzani errichtete* **Palazzo delle Belle Arti**, *den 1915 die Galerie für Moderne Kunst bezog. Ihr Erweiterungsbau von 1988, bereits 1965 von Luigi Cosenza entworfen, dient vor allem für Wechselausstellungen.*

Das Museum besitzt Meisterwerke der italienischen und der internationalen Kunst des 19. und 20. Jh. Vor allem die Werke des 20. Jh. unterliegen immer wieder einer Veränderung ihrer Ordnung oder sind zeitweise unzugänglich; es kann daher nur eine Übersicht des Bestandes gegeben werden.

Malerei und Plastik des 19. Jh. (linker Gebäudeteil). Neoklassizismus: Appiani, Camuccini, Canova. – Romantik: Fontanesi, Hayez, Induno. – Landschaftsmalerei und Schule von Neapel: Caffi, Dalbono, Gigante, Morelli, Palizzi, Toma. – Historienmalerei. – Die toskanische Malergruppe der »Macchiaioli« (Freilichtmaler): Fattori, Lega, Signorini. – »Scapigliatura« (unbürgerliche Künstler der Lombardei): T. Cremona. – Impressionisten: Boldini, De Nittis. – Skulpturen von Medardo Rosso und Gemito. – Symbolisten und Divisionisten: Previati, Segantini.

Französische Meister: Cézanne, Courbet, Degas, Monet, Rodin, van Gogh.

Malerei und Plastik des 20. Jh. (rechter Gebäudeteil und Garten). Futurismus und Pittura Metafisica: Balla, Boccioni, Carrà, De Chirico, Magnelli, Morandi, Prampolini, Savinio, Severini. – Römische Schule um 1930: Mafai, Scipione. – »Novecento« und Realisten: Campigli, De Pisis, Modigliani, Rosai, Sironi, Soffici.

Italienische Künstler nach 1940: Afro, Birolli, Cagli, Capogrossi, Cassinari, Consagra, Corpora, Donghi, Fontana, Gentilini, Guttuso, Manzù, Marini, Mastroianni, Minguzzi, Morandi, Pomodoro, Santomaso, Tozzi, Turcato, Vedova.

Ausländische Künstler: Albers, Appel, Baumeister, Braque, Dix, Ernst, Giacometti, González, Grosz, Hartung, Höch, Jorn, Kandinsky, Klee, Klimt, Mirò, Moore, Pollock, Richier, Schiele, Tamayo, Tobey.

Zeitgenössische Kunst: Burri, Colla, Klein, Lo Savio, Manzoni, Pistoletto, Soto, Tinguely.

Galleria Pallavicini (Palazzo Pallavicini Rospigliosi; Via XXIV Maggio 43. – Privatsammlung, Besichtigung nur mit Ausnahmegenehmigung möglich) J6

Lazzaro Pallavicini (1602–80) schuf den Grundstock der Sammlung, die bis ins 19. Jh. beständig wuchs, bis sie auf die verschiedenen Zweige der Familie verteilt wurde. Der verbliebene Rest ist im 1. Stock des Palastes untergebracht.

Hervorzuheben sind: P. P. Rubens (»Christus«, »Apostel« – Jugendwerke), Schule des Leonardo da Vinci (»Hl. Johannes«), Luca Signorelli (»Hl. Familie mit Johannes«), Annibale Carracci (»Weibliches Bildnis«), van Dyck (»Bildnis«), Poussin (»Amor«), Ribera (»Hl. Bartholomäus«), Tizian (?) (»Vanitas«), Lorenzo Lotto (»Triumph der Keuschheit«).

F8 **Galleria Spada** (Palazzo Spada; Piazza Capo di Ferro 13)

Die Sammlung des Kardinals Bernardino Spada (1594–1661) bildete den Grundbestand des Museums. Aus der Kollektion seines Urenkels Fabrizio Spada Veralli (1643–1717) stammen die Werke des späten 17. und des frühen 18. Jh.

Die Auswahl der Gemälde und ihre Präsentation spiegeln den Charakter einer Privatsammlung des 17. Jh. wider. Die Werke stammen u. a. von L. Baldi, den Carracci, Cerquozzi, Conca, Gaulli, Guercino, Reni, Rubens, Solimena, Testa, Trevisani.

Vb8 **Museo dell'Alto Medioevo** (EUR; Viale Lincoln 3)

Das Museum vereinigt Kunstwerke aus dem frühen Mittelalter, vom 4. bis 10. Jh., darunter langobardische Kunst aus Gräbern in Nocera Umbra und Castel Trosino (bei Ascoli Piceno) und Fragmente von Ambonen und Zierleisten aus Rom und Latium. Eine Abteilung ist koptischen Stoffen gewidmet

[F7] **Museo Barracco** (Palazzetto Regis / Piccola Farnesina; Corso Vittorio Emanuele II 168)

Die vom Baron Giovanni Barracco 1902 der Stadt Rom geschenkte Sammlung befindet sich seit 1948 an diesem Standort.

Der nicht sehr umfangreiche Bestand zeichnet sich durch die ausgewählten Stücke aus, die mit der Absicht vereinigt wurden, einen Überblick über die antike Skulptur zu geben. Die Werke entstammen der assyrischen, ägyptischen, griechischen, etruskischen und römischen Kunst.

Daneben besitzt das Museum einige Autographen von Goethe.

● **Musei Capitolini** (Palazzo Nuovo, Palazzo dei Conservatori und Palazzo Caffarelli; Piazza del Campidoglio)

Die Gründung der Kapitolinischen Sammlungen wird mit der Statuenstiftung Papst Sixtus' IV. von 1471 in Verbindung gebracht. 1734 eröffnete Papst Clemens XII. den **Palazzo Nuovo** *als erste öffentliche Sammlung antiker Kunst in Rom. Die Einrichtung des Museo Pio-Clementino im Vatikan (1771) behinderte jedoch die weitere Entwicklung. Papst Benedikt XIV. schuf 1749 durch den Erwerb der Sammlungen der Familien Sacchetti und Pio den Grundstock der Pinakothek, die im* **Konservatorenpalast** *untergebracht wurde.*

Als Rom Hauptstadt des vereinten Italien wurde, kamen die bei der intensiven Bautätigkeit aufgefundenen Stücke an die Kapitolinischen Museen. Der Zuwachs machte eine neue Aufstellung in beiden Gebäuden notwendig.

Zu den Gebäuden und der Baugeschichte → Kapitol, S. 280.

Palazzo Nuovo I8

Aus dem reichen Material sind der Anteil ägyptischer Kunst und die Zeugnisse orientalischer Kulte hervorzuheben. Ferner: Reiterstatue Marc Aurels vom Kapitolsplatz (hier seit 1990); sog. Juno Cesi (Statue einer Göttin, nach Original aus dem frühen 2. Jh. v. Chr.); Sterbender Gallier (römische Kopie nach einer Figur vom Siegesdenkmal, das Attalos II. von Pergamon nach dem Sieg über die Gallier Ende des 3. Jh. v. Chr. errichten ließ); Amazonenstatue (Kopie nach Polyklet); Porträtköpfe griechischer und römischer Dichter und Gelehrter, römischer Kaiser und ihrer Verwandten; Trunkene Alte (Kopie nach hellenistischem Original); Leda mit dem Schwan (Kopie nach Timotheos, 4. Jh. v. Chr.); sog. Kapitolinische Venus (römische Kopie eines wohl hellenistischen Originals des 2. Jh. v. Chr.); Mosaik mit trinkenden Tauben aus der Villa Adriana.

Palazzo dei Conservatori I8

Im Hof bereits sind antike Skulpturen aufgestellt, u. a. links Sockelreliefs vom Tempel des Hadrian (145 n. Chr.), mit Darstellungen von Provinzen und Waffen, und rechts die Reste eines kolossalen Sitzbildnisses Konstantins d. Gr. aus der Maxentius-Basilika, um 315 n. Chr. – Links ist der Zugang zum Museum: Auf dem ersten Absatz der Treppe 3 Reliefs vom Bogen des Marc Aurel (andere jetzt am Konstantins-Bogen), den Kaiser beim Empfang besiegter Barbaren, im Triumphwagen und beim Opfer vor dem Tempel des Jupiter Capitolinus darstellend. Ein viertes Relief stammt von einem Denkmal Hadrians; es zeigt den Kaiser und die Göttin Roma.

Aus der Fülle der Monumente sind zu nennen: bronzener Porträtkopf des sog. Brutus (italisch-etruskisch, 3. oder 2. Jh. v. Chr.); Ka-

Kapitolinische Museen. Reiterstandbild des Kaisers Marc Aurel (Detail)

pitolinische Wölfin (italisch-etruskisch, 5. Jh. v. Chr.; die Zwillinge fügte A. Pollaiuolo im späten 15. Jh. hinzu; Abb. S. 39). – In weiteren Räumen frühchristliche Sarkophage und griechische Vasen.

Im Garten: Rekonstruktion der sog. *»Forma Urbis Romae«*, eines unter Septimius Severus entstandenen Marmorplans der Stadt Rom, der in einem öffentlichen Gebäude des Forum Pacis des Vespasian angebracht gewesen war. Die originalen Fragmente des für die Ortskunde wichtigen Plans sind heute durch Kopien ersetzt.

Braccio Nuovo

Am Boden (unter Glas sichtbar) Tuffblöcke der Mauern des von König Tarquinius begonnenen und 509 v. Chr. der Kapitolinischen Trias (Jupiter, Juno, Minerva) geweihten **Tempels**. – Die Säle enthalten großenteils Fragmente von republikanischen Monumenten, dazu römische Nachbildungen griechischer Skulpturen.

Pinacoteca Capitolina (2. Obergeschoß)

Die Gemäldesammlung umfaßt fast ausschließlich Werke des 17. Jh. Unter den Gemälden der früheren Zeiten sind hervorzuheben: Bilder von Cola dell'Amatrice (»Tod und Himmelfahrt Mariens«), Dossi, Garofolo, Macrino d'Alba (»Madonna mit Heiligen«), Mazzolino, Ortolano, Pisanello, Savoldo, Tizian (»Taufe Christi«), Tintoretto (»Taufe Christi«), Veronese (Allegorien); aus dem 17. Jh.: Caravaggio (»Hl. Johannes d. T.«); Carracci; Guercino (»Hl. Petronilla«, aus S. Pietro); Lanfranco; Pietro da Cortona; Reni (mehrere Spätwerke); Rosa (»Hexen«); Rubens (»Romulus und Remus mit der Wölfin«); van Wittel (Veduten aus Rom).

Museo Nuovo

Das Museo Nuovo ist – wie das **Antiquarium Comunale** *(einst auf dem Celio) – in dem 1584 durch Gregorio Canonico für Giovanni Pietro Caffarelli erbauten, hinter dem Konservatorenpalast gelege-*
HI8 *nen* **Palazzo Caffarelli** *untergebracht. Bis 1915 diente der Palast der Preußischen und später der Deutschen Botschaft. Das Museo Nuovo wurde 1925 als Museo Mussolini in dem restaurierten Gebäude eingerichtet.*

Ausgestellt sind Fundstücke aus dem Stadtgebiet von Rom, die nach 1870 ausgegraben wurden: römische Inschriften, Sarkophage, Architekturfragmente, Kleinfunde. – Teile beider Sammlungen sind nur mit besonderer Genehmigung zugänglich.

b8/9 **Museo della Civiltà Romana** (EUR; Piazza Giovanni Agnelli 10)

Das Museum (Gebäude 1939–52 von P. Aschieri, D. Bernardini, C. Pascoletti und G. Peressutti) zeigt in *Modellen, Abgüssen und Nachbildungen* einen einzigartigen Querschnitt durch die Geschichte, die Kultur, die Religion, das öffentliche und private Leben des Römischen Imperiums. Neben Rekonstruktionen zahlreicher Bauwerke sind Abgüsse der Reliefs der Trajans-Säule und ein großes Modell des antiken Rom vorhanden.

G2 **Museo di Goethe** (Via del Corso 18)

Das Goethe-Museum in Rom wurde 1973 in dem Haus eröffnet, das Goethe während seines römischen Aufenthalts (1786–88) bei seinem Malerfreund Johann Heinrich Wilhelm Tischbein bewohnte. Seit 1990 ist die 1. Etage des Hauses Eigentum des Arbeitskreises selbständiger Kulturinstitute e. V. (AsKI).

Das Museum ist vor allem der »Italienischen Reise« Goethes und seinem Aufenthalt in Rom gewidmet. Es soll die kulturgeschichtliche Wirkung seines Werkes auf seine Zeitgenossen und bis in die Gegenwart darstellen.

I3 **Museo di Keats e Shelley** (Casina Rossa; Piazza di Spagna 26)

Das »Memorial House« der englischen Dichter John Keats (1795–1821, seit 1820 in Rom) und Percy Bysshe Shelley (1792–1822, seit 1817 in Italien) ist in den Räumen untergebracht, die sie bis zu ihrem Tode bewohnten.

In Vitrinen sind Handschriften, Bücher und Erinnerungsstücke ausgestellt. Von einigen Fenstern bieten sich schöne Ausblicke auf die Spanische Treppe.

Kapitolinische Museen. Kopf einer Dame aus flavischer Zeit (2. Hälfte 1. Jh. n. Chr.)

Museo Nazionale d'Arte Orientale (Palazzo MN7/8
Brancaccio; Via Merulana 248)

Das Museum in dem in der 2. Hälfte des 19. Jh. von Luca Carimini entworfenen **Palazzo Brancaccio** ist den Kulturen des Nahen und Fernen Ostens gewidmet. Die Gegenstände entstammen hauptsächlich italienischen Grabungen im Iran und in Palästina. Aus China, Korea und Japan werden wertvolle Porzellane und Seiden gezeigt. Dazu kommen Fundstücke aus Tibet, Indien und Afghanistan.

Museo Nazionale Etrusco di Villa Giulia •
(Piazzale di Villa Giulia 9) Vc2

Das Museum in der Villa Papst Julius' III. (→ S. 310) wurde 1889 eröffnet.

In den 1955 nach damals modernen Gesichtspunkten der Museumspräsentation eingerichteten Räumen sind Funde aus den etruskischen Stätten Latiums, dem südlichen Etrurien und Umbrien ausgestellt.

Grabplastiken aus Vulci und Cerveteri (Tonsarkophag mit lagerndem Paar; 2. Hälfte 6. Jh. v. Chr.); großfigurige Terrakotten von Tempelfronten, darunter als bedeutendstes Stück der schreitende Apoll vom Apollo-Tempel in Veji; Beispiele aus Lanuvium, Scasato, Falerii Veteres u. a. Zahlreiche Vasen, auch griechischer Herkunft, Schmuck aus Grabbeigaben, Urnen und Bronzewerke verschiedener Herkunft.

Wichtig sind die Grabfunde aus der Tomba Barberini und der Tomba Bernardini in Palestrina: Edelmetall, Bronze und Elfenbein; reichverzierte Bronzespiegel und Cisten, darunter die hervorragende Ficoronische Ciste mit Szenen aus der Argonautensage (Ende 4. Jh. v. Chr.).

Den Museumsbestand ergänzt die Sammlung Augusto Castellani, die zahlreiche griechische und etruskisch-italische Vasen vom 8. bis 1. Jh. v. Chr. umfaßt, darunter die bemerkenswerten »Caeretaner Hydrien«.

Vb8/9 **Museo Nazionale Preistorico-Etnografico »Luigi Pigorini«** (EUR; Viale Lincoln 3)

Das Museum für Vor- und Frühgeschichte trägt den Namen des Begründers der italienischen Vorgeschichtsforschung Luigi Pigorini (1842–1925); es befand sich früher im Collegio Romano in der Altstadt Roms.

Das kleine, gut eingerichtete Museum gibt einen instruktiven Überblick über die Fauna und Flora Latiums sowie über Werke aus Menschenhand vom subtropischen Paläolithikum bis zur Villanova-Kultur.

● **Museo Nazionale Romano** (Collegio Massimo, Terme di Diocleziano, Palazzo Altemps)

Das 1889 gegründete Museum der antiken Kunst in Rom war ausschließlich in den Diokletians-Thermen untergebracht. Die Menge des Materials und moderne Ausstellungskriterien zwangen in den 1990er Jahren zur Aufgliederung der Bestände auf mehrere Häuser. Bis jetzt (1993) liegt im wesentlichen nur ein Konzept der Verteilung der Ausstellungsstücke auf 3 Gebäude vor:

M5 **Collegio Massimo** (Piazza dei Cinquecento 68)

Der Palast, der sich auf dem Gelände der Villa Peretti befindet, wurde 1883–87 von Camillo Pistrucci als Jesuitenkolleg errichtet. Hier soll der Hauptsitz der Museen eingerichtet werden.

Die Sammlung verteilt sich über 4 Geschosse. – Das Untergeschoß ist für die *Medaillen* bestimmt. – Die Anordnung der *Skulpturen* (im Erdgeschoß und 1. Stock) ist chronologisch, beginnend mit der Zeit der Republik, und reicht über die Augusteische Periode (Augustus von der Via Labicana) zu den Flaviern und Antoninen (Werke aus der Villa Adriana in Tivoli), schließlich bis in das 3. und 4. Jh. n. Chr. (vornehmlich Bildnisse). – Im 2. Obergeschoß sind *Fresken und Mosaiken* untergebracht (Fresken aus der Villa der Livia, der Frau des Augustus, bei Prima Porta nördlich von Rom).

Terme di Diocleziano (Eingang: Piazza dei Cinquecento 79) M4

Der historische Raum des Archäologischen Museums in den → Thermen des Diokletian ist den *Fundstücken aus den kaiserlichen Thermen* gewidmet. Daneben sind Bildnisse, Reliefs, Sarkophage und epigraphische Zeugnisse ausgestellt.

Zum Museum gehört der Ausstellungsraum im ***ehem. Planetarium*** (Via Romita 8; sog. ***Sala della Minerva*** der Palaestra im westlichen Teil der Diokletians-Thermen). Hier sind ausschließlich *figürliche Funde* aus den Thermen vereint (»Thermenherrscher« und Ringkämpfer).

Palazzo Altemps (Via S. Apollinare 8) F5

Nach seiner Restaurierung soll in diesem Renaissance-Palast (→ S. 284) die Sammeltätigkeit in Rom seit dem 15. Jh. dargestellt werden, mit der *Sammlung Ludovisi* (Ludovisischer Thron) als Kern.

Weitere Ausstellungsorte des Museo Nazionale Romano, welche die Geschichte des antiken Rom unter den verschiedenen Aspekten belegen, sind das → **Antiquarium Forense**, das → **Antiquarium del Palatino** und die → **Domus Aurea**, die den Funden der Neronischen Residenz vorbehalten ist.

Museo di Palazzo Venezia (Via del Plebiscito 118) ● H7

Die große »Esposizione Internazionale« im Jahre 1911 gab auch den Anstoß zur Schaffung eines römischen Nationalmuseums für die italienische Kunst des Mittelalters und der Renaissance. Zunächst für das Castel S. Angelo vorgesehen, bot sich

Museo Nazionale Etrusco, Villa Giulia. Ehegatten-Sarkophag aus Cerveteri

1916 im → Palazzo Venezia die Möglichkeit der Einrichtung des Museums. Da jedoch 1922 die Regierung Mussolinis in den Palast einzog, ließ sich das Projekt erst 1945 realisieren.

Aufgenommen wurden Werke des Kunsthandwerks: Kleinbronzen, Emailarbeiten und Goldschmiedekunst, Elfenbein, Keramik und Textilien. Grundstock der Sammlung bildeten Objekte aus dem Museum des Universalgelehrten Athanasius Kircher (1602–80), aus der Ausstellung von 1911 und Kirchengut aus den 1915 beim Erdbeben in den Abruzzen zerstörten Kirchen. Durch zahlreiche Schenkungen und Ankäufe erweiterte sich die Sammlung und veränderte sich ihr ursprünglicher Charakter. 1959 wurde die ca. 1200 Stücke umfassende Waffensammlung der Odescalchi erworben.

Auch hervorragende *Gemälde* – u.a. von Giuseppe Maria Crespi, Donato Creti, Ciro Ferri, Garofalo, Johannes Lingelbach, Francesco Solimena und Bernardo Strozzi – gehören zum Bestand.

Die umfangreiche Sammlung an *Kleinbronzen* umfaßt Werke von Tiziano Aspetti, Girolamo Campagna, Guglielmo della Porta, Antonio Susini, Pietro Tacca u.a. – Eine eigene Gruppe bilden die *Skulpturen und Plastiken des 17. Jh.*, vornehmlich Entwürfe für monumentale Werke von G.L. Bernini (Engelsbrükke, Fontana del Moro), Pietro Bracci und Filippo della Valle (Fontana di Trevi), Melchiorre Cafà (S. Agnese in Agone) u.a.

Museo degli Strumenti Musicali (Piazza S. Croce in Gerusalemme 9A) Ve4

In den weiten Sälen des Museums sind über 3000 Musikinstrumente vereinigt, welche die Entwicklung und die Geschichte der Musik von der römischen Antike bis ans Ende des 19. Jh. dokumentieren. Einige Instrumente sind reich dekoriert und so auch von künstlerischem Interesse, z.B. ein Spinett von 1668 mit Chinoiserie, ein Cembalo mit Blumendekoration.

Vatikanstadt

Abb. S. 323: Die Kuppel der Peterskirche. Blick aus den Vatikanischen Gärten

Die Vatikanstadt bildet mit 440000 qm Bodenfläche und nicht mehr als 1000 Bürgern den kleinsten Staat der Welt.

Als 1870 die Truppen des Königs von Italien Rom zu erobern begannen, hatten die Päpste im Vatikan ein freiwilliges Exil gewählt, das bis zum Abschluß der Lateranverträge am 11. Februar 1929 dauerte. Dieses Abkommen schuf den souveränen ***Stato della Città del Vaticano*** *und überließ dem Heiligen Stuhl den Vatikan als Hoheitsgebiet nebst einigen exterritorialen Gebäuden in der Stadt und in Castel Gandolfo.*

Die Grenze verläuft längs der Kolonnaden des Petersplatzes, der Via di Porta Angelica, der Piazza del Risorgimento, der Via Leone IV, des Viale Vaticano, der Via della Sagrestia und der Piazza del S. Uffizio. Der Vatikanische Palast, die Vatikanischen Gärten, die Peterskirche und der Petersplatz liegen in diesem Gebiet; exterritorial sind die Basiliken → S. Giovanni in Laterano mit dem Lateranpalast, → S. Maria Maggiore, → S. Paolo fuori le Mura mit dem zugehörigen Benediktinerkloster sowie die Palazzi della Dataria, → della Cancelleria, → di Propaganda Fide, del Santo Uffizio, dei Convertendi und del Vicariato; hinzu kommen auf dem Gianicolo die Villa Gabrieli mit dem Pontificio Collegio Americano del Nord und die Kinderklinik »Bambino Gesù«, in Castel Gandolfo die Sommerresidenz der Päpste mit dem Palazzetto Cibo und der Villa Barberini.

Der »Kirchenstaat« ist für Fremde nicht zugänglich. Dem freien Zutritt sind Petersplatz und Peterskirche, der Campo Santo Teutonico, die Kirche S. Anna sowie die Vatikanischen Museen und die ihnen angeschlossenen Räume geöffnet.

Die Città del Vaticano nimmt nur einen kleinen Teil des im antiken Rom Vaticanum genannten Gebietes ein, das sich am rechten Tiber-Ufer zwischen dem Gianicolo und dem Monte Mario erstreckte. Zum Vaticanum gehörten der Mons Vaticanus (der Vatikanische Hügel), die Vallis Vaticana (das Vatikantal) und der etwa dem heutigen Stadtviertel Prati entsprechende Campus Vaticanus (das Vatikanfeld). Das Gebiet galt in römischer Zeit als suburbane Region, in der Villen mit ausgedehnten Gärten lagen. Antike Quellen berichten von einer palastartigen Anlage, die Kaiser Nero an diesem Tiber-Ufer besaß. Grabungen wiesen Reste dieses Komplexes unter dem heutigen Ospedale S. Spirito in der Nähe der Engelsburg nach.

Neben den Villenanlagen prägte das Bild dieser Gegend besonders der große ***Circus des Kaisers Caligula****, der sich mit ca. 300 m Länge unter den südlichen Kolonnaden des heutigen Petersplatzes bis zur Südwestecke der Peterskirche erstreckte. Am östlichen Ende des Circus, außerhalb der Bernini-Kolonnaden, ließen sich die boxenartigen Startplätze (carceri) der Rennwagen noch nachweisen; der ägyptische Obelisk, der heute im Zentrum des Petersplatzes steht, markierte im antiken Circus die Spina, die Mitte der Rennbahn. Dieser Circus sollte für die Geschichte der Christenheit eminent wichtige Bedeutung erlangen: Hier ließ Nero, dem römischen Historiker Tacitus zufolge, im Jahr 64 viele Christen hinrichten, unter ihnen möglicherweise Petrus.*

Über der durch eine lange Tradition der Verehrung beglaubigten Stelle seines Grabes errichtete Konstantin d. Gr. um 324 den Urbau der Peterskirche. Die erstmals im 5. Jh. erwähnte Wohnung des Papstes, des Bischofs von Rom, ist vor allem in nachmittelalterlicher Zeit zur größten Palastanlage der Welt ausgebaut worden.

Petersplatz – Piazza S. Pietro B4/5

Das 1656–67 geplante und geschaffene Meisterwerk Berninis besteht aus 2 miteinander verbundenen Plätzen: Der erste, größere ist ein an den Längsseiten geöffnetes Queroval; die Schmalseiten schließen über Kreissegmenten errichtete, 17 m breite **Kolonnaden**, die jeweils aus 4 Reihen monumentaler dorischer Säulen und Pfeiler unter einem flachen Gebälk gebildet sind; die Öffnung an der Stadtseite mündet heute in die → Via della Conciliazione. Unmittelbar vor der Fassade der Peterskirche erstreckt sich die sog. Piazza Retta, ein kleinerer, scheinbar rechteckiger Platz, der in Wirklichkeit einen trapezförmigen Grundriß hat: Die Kolonnadenöffnung ist schmaler als die Kirchenfassade. Bernini faßte den Platz mit ansteigenden **Flügelbauten** ein, die sich an die Ecken der Fassade lehnen. Die große Freitreppe, die zur Fassade ansteigt, hat ebenfalls einen trapezförmigen Grundriß. Diese Kunstgriffe bewirken eine perspektivische Täuschung: Die Breite der Fassade scheint sich zu verringern, die Höhe zuzunehmen.

Auf den Kolonnaden und den Flügelbauten stehen 140 *Standbilder von Heiligen*. In der Mitte des ovalen Platzes erhebt sich ein 25 m hoher **Obelisk** ohne Inschrift, der 37 n. Chr. aus Heliopolis nach Rom gekommen sein soll und im Circus des Caligula aufgestellt wurde. Domenico Fontana versetzte ihn 1586 an den

Giovanni Battista Piranesi: Basilica und Piazza S. Pietro in Vaticano

gegenwärtigen Platz. Das Mittelalter glaubte, daß eine – 1527 heruntergeschossene – goldene Kugel an der Spitze die Asche Caligulas enthalte. – Rechts und links des Obelisken steigen **Springbrunnen** bis zu 14 m Höhe auf; den rechten entwarf 1613 Maderno, der linke wurde 1677 von C. Fontana errichtet. Zwischen den Brunnen und dem Obelisken markieren runde, in Marmor eingefaßte Granitscheiben die Mittelpunkte der Kreise, über deren Segmenten die Kolonnaden stehen. Von hier aus gesehen rücken die 4fachen Säulen- und Pfeilerstellungen so präzise hintereinander, daß lediglich die vordere Säulenreihe in Erscheinung tritt.

● **S. Pietro in Vaticano – Peterskirche**
A4/5 (Farbabb. 1, 20, 21)

St. Peter, die über dem Grab des Apostels errichtete traditionsreiche Papstkirche, ist eine Hauptkirche der katholischen Christenheit und das größte christliche Gotteshaus überhaupt. Durch Jahrhunderte bildet die Kirche gleichsam ein Monument päpstlicher Machtfülle in geistlichen und nicht selten in weltlichen Dingen. – Der Petersdom gehört zu den 5 Patriarchalbasiliken, den Basilicae maiores (S. Giovanni in Laterano, S. Pietro in Vaticano, S. Paolo fuori le Mura, S. Maria Maggiore, S. Lorenzo fuori le Mura), und ist eine der 7 Pilgerkirchen (S. Giovanni in Laterano, S. Pietro in Vaticano, S. Paolo fuori le Mura, S. Maria Maggiore, S. Lorenzo fuori le Mura, S. Croce in Gerusalemme, S. Sebastiano ad Catacumbas).

Die im Circus des Caligula von Nero 64 n. Chr. hingerichteten Märtyrer fanden ihre letzte Ruhestätte wahrscheinlich in einer Nekropole der Via Cornelia, die an der nördlichen Langseite des Circus vorbeiführte. Jedenfalls konnten die Grabungen der Jahre 1940–49 unter dem heutigen Papstaltar der Peterskirche nachweisen, daß hier ein Gräberfeld für arme Leute lag und ein Grab, nämlich das von der Gemeinde vermutete Petrus-Grab, um 160 durch eine Ädikula hervorgehoben worden war, als die Armengräber durch Mausoleen von reichen Freigelassenen überbaut werden sollten. Der Gedenkstätte für den Apostel Petrus kam in dem umfangreichen römischen Bauprogramm Kaiser Konstantins eine herausragende Rolle zu: Um 324 begann die Errichtung der großen Kirchenanlage, die 12 Jahrhunderte bestehen sollte.

Weil die Gräberstraße am Steilhang des Vatikanischen Hügels vorbeiführte, hatte eine Terrasse angelegt, d.h. die Nekropole zugeschüttet werden müssen. Bis zu 10 m hohe Mauern stützten im Süden diese zur Hügelhöhe reichende Terrasse, auf der sich – parallel zum Zirkus – der 219 m lange Baukomplex von ***Alt St. Peter*** erhob. Durch eine Toranlage im Osten betrat man ein ausgedehntes Atrium, an das ein Portikus anschloß und dahinter die – folglich nach Westen ausgerichtete! – 5schiffige Basilika (Länge: 119 m; Breite: 64 m), welche die Größe der Lateranbasilika Konstantins (→ S. Giovanni in Laterano) noch um ein Drittel übertraf. Die 5 Schiffe (Höhe des Mittelschiffs: 32 m) mündeten in ein ausladendes Querschiff mit Apsis, das jene inzwischen mit Marmor verkleidete Ädikula über dem vermuteten Petrus-Grab als Zentrum der gesamten Anlage umschloß – das 25 m hohe Querhaus erhielt damit die Funktion eines monumentalen Schreines über dem aus der frühesten Zeit des Christentums stammenden Denkmal des Apostelfürsten.

Dem aufwendigen Bau der Peterskirche, die für Jahrhunderte ein vorbildlicher Bautypus wurde, entsprach die im Lauf des 4. Jh. fertiggestellte Ausstattung mit Mosaiken, wertvollen Geräten, vergoldeten Silberaltären, Leuchtern und Altarlampen sowie einer vergoldeten Kassettendecke. Seit Papst Gregor d. Gr. (590–604) umgab ein Podium in der Apsis die frühchristliche Ädikula über dem angenommenen Petrus-Grab, um das ein halbkreisförmiger Gang unter dem Podium führte, der den Kontakt mit der heiligen Stätte ermöglichte – eine erste Ringkrypta. Über dem Podium erhob sich ein Altar mit einem Baldachin.

Rom hatte mit St. Peter ein ideelles und urbanistisches Zentrum erhalten, das sich von der Stadt her architektonisch entfaltete und den paganen Tempelanlagen nicht nachstand. Wenn auch der Lateran noch für weitere Jahrhunderte die Residenz der Päpste blieb, so entstanden doch in der Nähe der Petersbasilika Kapellen und Klöster, Spitäler und Herbergen, auch ein Palast als Papstwohnung. Pilger aus ganz Europa und dem Mittelmeerraum strömten hierher – die antike, die Region einst von Norden erschließende Via Triumphalis wurde zur großen Pilgerstraße.

Vielfach restauriert, stand die alte Peterskirche bis ins 15. Jh. Papst Nikolaus V. ließ 1452–55 durch Bernardo Rossellino (nach einem Plan L. B. Albertis?) einen Neubau von Chor und Querhaus beginnen, während das frühchristliche Langhaus zu-

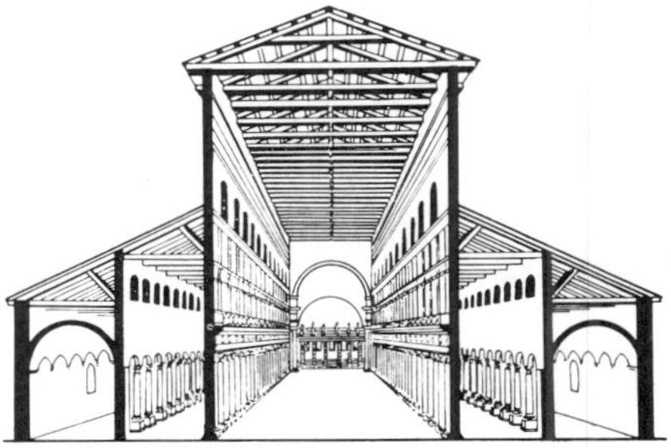

Alte Peterskirche. Querschnitt

Peterskirche. Das Innere während des Baues. (Anonyme Darstellung, um 1562; Hamburger Kunsthalle)

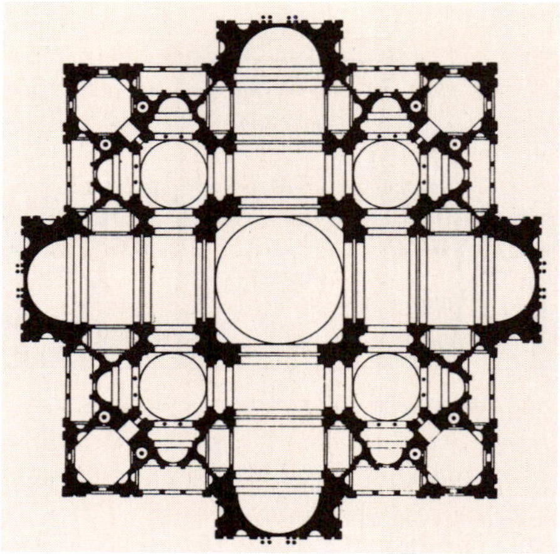

Peterskirche. Grundriß nach Bramantes Entwurf

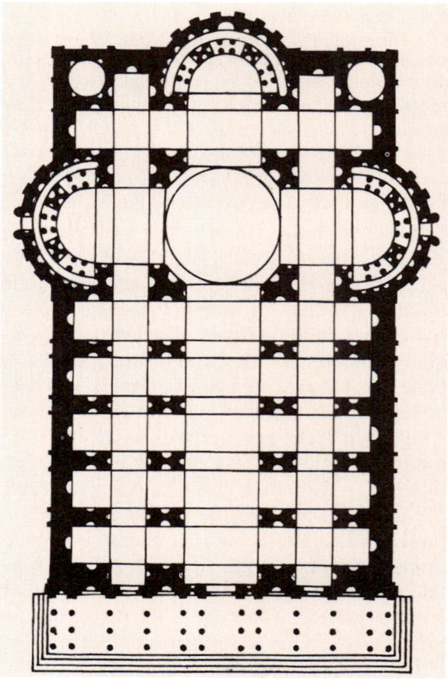

Peterskirche. Grundriß nach Raffaels Entwurf

nächst beibehalten werden sollte. Nach dem Tode Nikolaus' V. blieben die Arbeiten liegen. Erst unter Papst Alexander VI. wurde der Chorbau mit Giuliano da Sangallo als leitendem Architekten wiederaufgenommen.

Die eigentliche Baugeschichte der bestehenden Peterskirche begann, als Papst Julius II. am 18. April 1506, nach einjähriger Planberatung mit mehreren Architekten, zu ihr den Grundstein legte. Bramante leitete die Arbeiten an einem 3schiffigen Zentralbau über dem Grundriß eines griechischen Kreuzes; er beabsichtigte, »das Pantheon auf die Konstantins-Basilika [des Forums] zu türmen«. Als Bramante 1514 starb – ein Jahr nach dem Tode Julius' II. –, waren nur die 4 monumentalen Pfeiler der Kuppel mit den verbindenden Bogen und Teile des südlichen Kreuzarms vollendet. Giuliano da Sangallo übernahm die Bauleitung zusammen mit Fra Giocondo und Raffael, der schließlich oberster Planer wurde. Der Plan Bramantes wurde verworfen, die schon ausgeführten Partien einem neuen Projekt einbezogen, das eine 3schiffige Basilika mit Seitenkapellen und Querhaus vorsah. Raffaels früher Tod (1520) verhinderte die Realisierung auch dieses Entwurfes. Sein Nachfolger Baldassare Peruzzi († 1536) kehrte zu der Grundform Bramantes zurück, während Antonio da Sangallo d. J. danach wieder dem Plan Raffaels zuneigte. Sangallo konnte kurz vor seinem Tode (1546) den südlichen und östlichen Kreuzarm einwölben. Er legte den Fußboden des Neubaus 3,20 m höher und bildete so einen Kellerraum, der den Neubau vor Bodenfeuchtigkeit schützen sollte. So entstanden die sog. Vatikanischen Grotten.

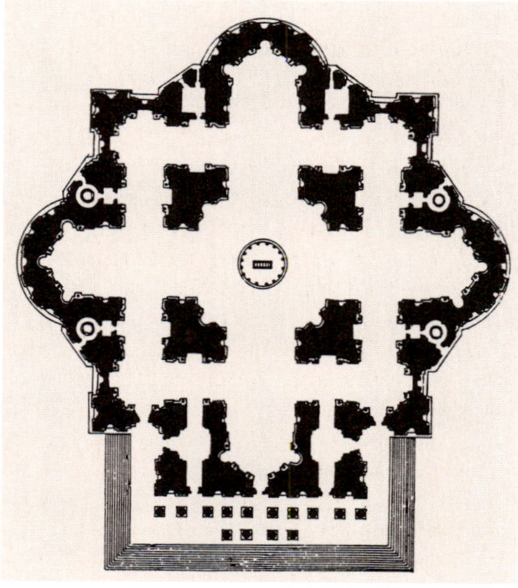

Peterskirche. Grundriß nach Michelangelos Entwurf

Im Januar 1547 übernahm der alte Michelangelo, seit August 1546 Mitglied der Bauhütte, die Bauleitung, übrigens ohne Bezahlung, aus »Gottesliebe und Verehrung des Apostelfürsten«. Er entschied sich grundsätzlich für den ursprünglichen Entwurf Bramantes, den er jedoch vereinfachte und abänderte. Michelangelos besonderes Interesse galt der Kuppel, deren Tambour bis zu seinem Todesjahr 1564 ausgeführt wurde. Die Nachfolger in der Bauleitung waren Pirro Ligorio, Vignola, Giacomo della Porta, Domenico Fontana und Carlo Maderno. Die Kuppel vollendeten G. della Porta (1588–93) und Fontana; Vignola schuf die rückwärtigen Nebenkuppeln.

Die neue Peterskirche bedeckte nur einen Teil der Grundfläche, den der konstantinische Vorgängerbau eingenommen hatte. Der auf einen Mittelpunkt bezogene Zentralbau entsprach der Bestimmung als Grabeskirche, aber nicht der hergebrachten Form der abendländischen Bischofs- und Klosterkirchen, die in der Regel über dem Grundriß eines lateinischen Kreuzes errichtet wurden. Den Forderungen des Gottesdienstes, wie sie sich nach dem Konzil von Trient erhoben, konnte der Zentralraum nicht in vollem Umfang gerecht werden. So griff Papst Paul V. den Plan des Längsbaus wieder auf und beauftragte Carlo Maderno, den Zentralbau nach Osten durch ein Langhaus zu erweitern. Die Arbeiten wurden 1608 begonnen; am 18. November 1626 nahm Papst Urban VIII. die Weihe vor. Bernini, der 1629 Maderno in der Bauleitung folgte, wollte die beiden von diesem geplanten Glockentürme der Fassade 1637 nach eigenem Entwurf errichten; da jedoch der erste, südliche, zu Instabilitäten führte, wurde er 1646 abgetragen, und es unterblieb die weitere Ausführung. Die äußersten Achsen der Fassade erhielten erst 1786 Uhraufsätze durch Valadier.

Pius VI. ließ 1776–84 durch Carlo Marchionni die an der Südseite gelegene Sakristei erbauen, die mit der Kirche durch Hochkorridore verbunden ist.

Beim Bau der Fassade stand Maderno vor erheblichen Schwierigkeiten: Das Langhaus der Kirche war nicht nur ungewöhnlich breit, sondern zudem verlangte Papst Paul V. eine Verbindung zwischen der Vorhalle und dem Vatikan; daher wurde die Vorhalle rechts um ein Joch verbreitert, und später erhielt, der Symmetrie zuliebe, auch die linke Seite ein zusätzliches Joch. Da schließlich die Fassade den Kuppelbau Michelangelos nicht völlig verdecken sollte, mußte sie möglichst niedrig bleiben. So kommt auf eine Breitenausdehnung von 114,70 m eine Höhe von nur 45,50 m, d.h. die absoluten Maße stehen in keinem sehr glücklichen Verhältnis zueinander.

Mit Hilfe einer stark schattenbildenden Gliederung gelang es Maderno, die übermäßige Breite bis zu einem gewissen Grad auszugleichen. Kolossale korinthische Dreiviertelsäulen, die Unter- und Obergeschoß zusammenfassen, gliedern die Fassade in 9 Achsen unterschiedlicher Breite, deren 5 mittlere sich im Erdgeschoß abwechselnd in hohe Rechteck- und niedrige Rundbogentore öffnen, während die beiden flankierenden Achsen durch Nischen aufgelockert sind; die zuäußerst abschließenden Joche werden von Riesenarkaden durchbrochen. Im Obergeschoß nehmen Fenster den Rhythmus der Erdgeschoßöffnungen auf. Über einer mächtigen Gebälkzone erhebt sich das von Fenstern durchbrochene, weniger monumental gegliederte Attikageschoß, dessen Mitte ein Dreiecksgiebel vorgelagert ist: Er betont den 3achsigen Mittelrisalit unter ihm und darin das mittlere Fenster, das zu der Benediktionsloggia gehört: Von hier aus spendet der Papst bei besonderen Anlässen den Segen Urbi et Orbi, der Stadt Rom und dem ganzen Erdkreis, hier verkündet der Dekan des Kardinalkollegiums bei einer Papstwahl den Namen des Neugewählten. – Auf der Attika stehen die mächtigen, 5,70 m hohen *Standbilder* Christi, Johannes' d.T. und der Apostel (mit Ausnahme des Apostelfürsten Petrus); an den Seiten Valadiers Uhren.

[3]***Vorhalle.*** Die Tore führen in Madernos Vorhalle, einen gewölbten Querraum von 71 m Breite, 13,50 m Tiefe und 20 m Höhe. Jedem der äußeren Tore entspricht ein Portal in der Stirnwand der Kirche. Zwischen den Portalen treten kräftige Pilaster aus der Wand, die ein verkröpftes Gesims tragen. Darüber stehen Blendfenster, die den Rhythmus der niedrigen Mezzaningeschoßfenster der Außenwand aufnehmen. 32 von A. Buonvicino in Stuck gearbeitete Standbilder heiliggesprochener Päpste flankieren die Öffnungen. Das einheitlich dekorierte Spiegelgewölbe zeigt in den von ornamentalem Rahmenwerk eingefaßten Reliefs nach Entwürfen G. B. Riccis die Taten der Apostel. Über dem Mittelportal der Außenwand sind die einschneidend restaurierten Fragmente der berühmten [4]*»Navicella«* (des Sturmes auf dem See Genezareth) von Giotto eingelassen, eines Mosaiks, das aus der alten Peterskirche übernommen wurde.

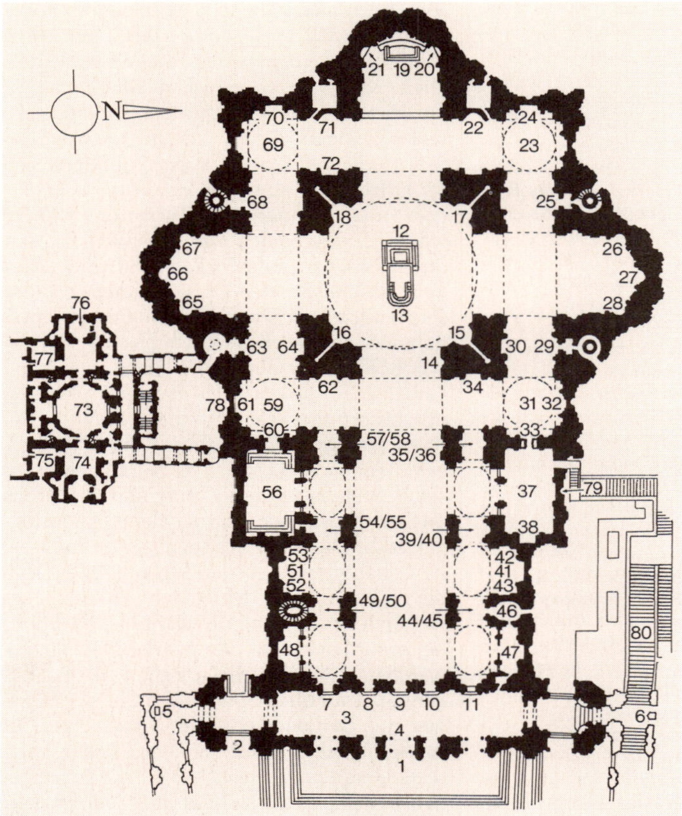

S. Pietro in Vaticano. Grundriß

1 Fassade. Benediktionsloggia
2 Arco delle Campane
3 Vorhalle
4 Fragmente der »Navicella« Giottos
5 Reiterstandbild Kaiser Karls d. Gr.
6 Reiterstandbild Kaiser Konstantins
7 Porta della Morte
8 Porta del Bene e del Male
9 Hauptportal. Bronzetür Filaretes
10 Porta dei Sacramenti
11 Porta Sancta
12 Papstaltar. Ziborium
13 Confessio
14 Hl. Petrus
15 Hl. Longinus. Zugang zu den Vatikanischen Grotten
16 Hl. Andreas
17 Hl. Helena
18 Hl. Veronika
19 Cathedra Petri
20 Grabmal Papst Urbans VIII.
21 Grabmal Papst Pauls III.
22 Grabmal Papst Clemens' X.
23 Cappella S. Michele
24 Petronilla-Altar
25 Grabmal Papst Clemens' XIII.
26 Erasmus-Altar
27 Altar der hll. Processus und Martinianus
28 Wenzels-Altar
29 Grabmal Papst Benedikts XIV.
30 Basilius-Altar
31 Cappella Gregoriana
32 Altar »Madonna der immerwährenden Hilfe«
33 Grabmal Papst Gregors XVI.
34 Hieronymus-Mosaik
35 Grabmal Papst Gregors XIV.
36 Grabmal Papst Gregors XIII.
37 Cappella del SS. Sacramento
38 Franziskus-Altar
39 Grabmal der Markgräfin Mathilde von Tuszien
40 Grabmal Papst Innozenz' XII.
41 Cappella di S. Sebastiano
42 Grabmal Papst Pius' XII.
43 Grabmal Papst Pius' XI.
44 Grabmal Königin Christines von Schweden
45 Grabmal Papst Leos XII.
46 Cappella delle Reliquie
47 Cappella della Pietà. »Pietà« Michelangelos
48 Baptisterium
49 Grabmal Maria Clementina Sobieskas. Zugang zum Dach
50 Stuart-Denkmal
51 Cappella della Presentazione
52 Grabmal Papst Benedikts XV.
53 Grabmal Papst Johannes' XXIII.
54 Grabmal Papst Pius' X
55 Grabmal Papst Innozenz' VIII.
56 Cappella del Coro
57 Grabmal Papst Leos XI.
58 Grabmal Papst Innozenz' XI.
59 Cappella Clementina
60 Grabmal Papst Pius' VII.
61 Altar Papst Gregors d. Gr.
62 Altar »Verklärung Christi«
63 Grabmal Papst Pius' VIII. Zugang zur Sakristei
64 Ananias- und Saphira-Mosaik
65 Altar »Kreuzigung Petri«
66 Josephs-Altar
67 Thomas-Altar
68 Grabmal Papst Alexanders VII. Tür zur Piazza S. Marta

Beide Stirnseiten der Vorhalle öffnen sich zu den Loggien der Seitenjoche, in die das Tageslicht strahlend einfällt. Hinter den Loggien stehen Reiterstandbilder in perspektivischen Nischen, links [5]*Karl d. Gr* (von Cornacchini, 1725), rechts (meist hinter einer Tür verborgen) [6]*Konstantin d. Gr.*, ein Werk Berninis (1663–70), das den Kaiser mit aufwärts, zum Licht, erhobenem Blick und in einer Geste des Erstarrens und Erstaunens schildert: Er sieht das Christus-Monogramm mit der Schrift »In hoc signo vinces« (In diesem Zeichen wirst du siegen). Es ist der mit seiner Bekehrung gleichgesetzte Moment vor der siegreichen Schlacht gegen seinen Mitkaiser Maxentius, ein Ausgangsdatum für das christliche Staatskirchentum.

Das [9]*Hauptportal* schließt eine 2flügelige *Bronzetür*, die der Florentiner Bildhauer Filarete 1433–45 mit seinen Gehilfen (die auf der Innenseite der linken Tür beim Feiern dargestellt und namentlich genannt sind) für die alte Peterskirche geschaffen hatte. Die großen Bildfelder zeigen zuoberst Christus und die Muttergottes, in der Mitte den hl. Paulus und den hl. Petrus, der Papst Eugen IV. seine Schlüssel übergibt, unten schließlich die Kreuzigung Petri und das Martyrium Pauli. Die schmalen Reliefstreifen zwischen diesen großen Feldern schildern historische Szenen: die Krönung Kaiser Sigismunds und den Zug des Papstes mit dem Kaiser zur Engelsburg; die Abreise Kaiser Johannes' VI. Palaeologus aus Konstantinopel und seine Begrüßung durch Eugen IV. in Ferrara; das Florentiner Konzil (1438) und die Abreise der Griechen aus Venedig; den Abt Andreas vom ägyptischen Antoniuskloster, der in Florenz vom Papst das Dekret über die Vereinigung von Ost- und Westkirche erhält und die Apostelgräber in Rom besucht. Den umlaufenden Fries schmücken Gestalten der griechischen und römischen Mythologie.

Vatikan. Scala Regia. Gian Lorenzo Bernini: Konstantin d. Gr.

Aufgrund einer Stiftung (1947) der Prinzen Konrad und Georg von Bayern (dieser war Domherr von St. Peter) war es möglich, 3 weitere Portale mit Bronzetüren auszustatten: die äußere linke Tür, [7]*Porta della Morte*, von Giacomo Manzù (1960–64); rechts des

---

69 Cappella della Madonna della Colonna
70 Altar Papst Leos d. Gr.
71 Grabmal Papst Alexanders VIII.
72 Altar »Lahmenheilung Petri«
73 Sagrestia Comune
74 Sagrestia dei Canonici
75 Sala Capitolare
76 Cappella dei Beneficiati
77 (und anliegende Räume) Museo Storico Artistico – Tesoro
78 Zugang zur Nekropole
79 Ausgang aus den Vatikanischen Grotten
80 Scala Regia

Peterskirche. Porta della Morte. Giacomo Manzù: Papst Johannes XXIII.

Hauptportals die [10]*Porta dei Sacramenti*, von Venanzo Crocetti (1965); die Tür zwischen dem Hauptportal und der von Manzù, [8]*Porta del Bene e del Male*, 1977 von Luciano Minguzzi ausgeführt (ursprünglich für S. Petronio in Bologna). – Das äußere rechte Portal, von außen vermauert, ist die [11]*Porta Sancta*, die nur im Hl. Jahr geöffnet wird; Bronzetür von Vico Consorti (1950).

Inneres. Die Peterskirche ist eine 3schiffige, kreuzförmige Basilika, deren 3schiffiges Querhaus von einer monumentalen Kuppel überhöht wird. Die lichte Gesamtlänge beträgt 186,30 m, die Höhe bis zum Tonnengewölbe des Querhauses 45 m, bis zum Scheitel der Kuppel 119 m. Das Mittelschiff mißt 25,80 m Breite, das Langhaus insgesamt 114,70 m. Auf einer Grundfläche von 15160 m^2 kann dieser größte Kirchenraum der Christenheit 60000 Menschen bequem aufnehmen. Im Fußboden des Mittelschiffs sind Metallschilder eingelassen, auf denen die Länge anderer großer Kirchenbauten (von der Apsis her gemessen) vergleichsweise verzeichnet ist. Daß die ungeheuren Dimensionen nicht uferlos erscheinen, sondern menschlich begreifbar bewältigt worden sind, beweist schlagender als jede Detailbetrachtung die Qualität der Architektur.

Das 46 m hohe und – bis zum Kuppelraum – ebenso lange Mittelschiff wird von den schmalen Seitenschiffen beiderseits durch 4 weitgespannte Arkaden getrennt, deren monumentalen Pfeilern Pilaster vorgeblendet sind. Über einem kräftigen, verkröpften Gebälk setzt das kassettierte Tonnengewölbe an, in das über den Scheiteln der Arkaden Fenster einschneiden. Die Seitenschiffjoche werden jeweils von einer ovalen Kuppel mit Tambour und lichterfüllter Laterne überhöht. Während sich beiderseits die ersten 2 Joche der Seitenschiffe in flache Nebenkapellen öffnen, ist dem jeweils 3. Joch eine große, in sich geschlossene Kapelle angegliedert – zur Rechten die Sakramentskapelle, auf der Gegenseite die Chorkapelle. Die Kreuzarme, die ebenso wie der Chor über polygonalem Grundriß errichtet sind, haben über den geschlossenen Wänden des Erdgeschosses Fenster im Obergeschoß und im Tonnengewölbe.

4 fünfeckige Pfeiler von 24 m Durchmesser tragen die monumentale Kuppel (Farbabb. 20), deren kreisrunder Tambour sich in 16 Fenstern öffnet. Ebenso viele Rippen gliedern die über einem Durchmesser von 42,34 m gespannte Kuppel, deren Laterne durch wiederum 16 Fenster Licht erhält. Die Doppelkuppel hat eine innere Raumschale und eine äußere Schutzkuppel.

Ausstattung. Architekturglieder, Ornamente und Skulpturen schmücken den ganzen Innenraum auf das reichste; Altäre, Grabmäler und Standbilder setzen dabei vielfältige Akzente.

Altäre, Grabmäler, Statuen. Die Pfeiler des Mittelschiffs, das Bernini mit Marmor verschiedenster Art inkrustieren ließ, schmücken *Bildnismedaillons von Päpsten* (vgl. die Rundbilder am Hochschiff von St. Paul vor den Mauern). In den Pfeilernischen stehen *Statuen von Ordensgründern*. In die Arkadenzwickel sind *Tugendallegorien* eingefügt. Dieses ganze Figurenprogramm wurde ab 1706 bis um 1903 verwirklicht.

Peterskirche. Cathedra Petri

Die Rundnischen in den zum Papstaltar gewandten Schrägseiten der Kuppelpfeiler rahmen monumentale, fast 5 m hohe Statuen von Heiligen, die mit der Passion Christi in enger Verbindung stehen: die **18***Hl. Veronika* von F. Mocchi, die **17***Hl. Helena,* die das Kreuz Christi auffand, von dem Bernini-Schüler Andrea Bolgi, der **15***Hl. Longinus,* der mit der Lanze die Seite Christi öffnete, von Bernini selbst (1638), und schließlich der **16***Apostel Andreas,* der gleich Christus gekreuzigt wurde, von F. Duquesnoy. Die Ausführung dieser gewaltigen Skulpturen, die 1627 geplant wurden, zog sich bis 1640 hin. Über diesen Nischen trägt jeder Pfeiler einen von Bernini entworfenen Balkon. Auf ihnen werden an Festtagen die Reliquien der Peterskirche ausgestellt, darunter die Hl. Lanze, eine Partikel des Hl. Kreuzes und das Schweißtuch der Veronika. – Auf den Hängezwickeln, die zwischen den Vierungsbogen und der Kuppel vermitteln, erscheinen in riesigen *Rundbildern* (Mosaik) die 4 Evangelisten, Matthäus und Markus nach Entwürfen von Cesare Nebbia, Lukas und Johannes nach Zeichnungen von Giovanni de' Vecchi. – Der Kuppelring trägt die mosaizierte Inschrift: »TV ES PETRVS ET SVPER HANC PETRAM AEDIFICABO ECCLESIAM MEAM ET TIBI DABO CLAVES REGNI CAELORVM« (Matth. 16, 18/19: »Du bist Petrus, und auf diesen Felsen will ich meine Kirche bauen [...], und dir werde ich die Schlüssel des Himmelreiches geben«). – Die Kuppel stattete Cavalier d'Arpino mit *Mosaiken* aus; dargestellt sind u.a. die Heiligen, deren Reliquien in der Peterskirche aufbewahrt werden, ferner heiliggesprochene Päpste, Christus, Maria und die Apostel, Engel mit Märtyrerwerkzeugen und anbetende Engel; unter der Laterne erscheint das Bild Gottvaters.

Unter der Kuppel verehrt man das Petrus-Grab, über dem sich der [12]*Papstaltar* erhebt, vor dem die vertiefte, von Maderno reich mit Marmor und Intarsien eingefaßte [13]Confessio liegt. – Über dem Papstaltar errichtete Bernini im Auftrag Papst Urbans VIII. Barberini 1624–33 das *Altarziborium*. 4 gedrehte, reich ornamentierte Säulen aus Goldbronze tragen ein bewegtes, drapiertes Gebälk, auf dessen Ecken je ein Engel steht. 4 große Voluten bilden die Bekrönung und stützen zugleich die Erdkugel, über der siegreich das Kreuz aufsteigt. Bernini schuf mit diesem Meisterwerk, dessen Höhe (29 m) der des Palazzo Farnese entspricht, einen neuen Typ des Altarziboriums. Die Bronze, aus der das Werk gegossen ist, stammt vom Beschlag der Balkendecke in der Vorhalle des Pantheons, weshalb in Rom gespottet wurde: »Quod non fecerunt barbari/fecerunt Barberini« (Was die Barbaren nicht taten [nämlich die Ruinierung des Pantheon], taten die Barberini) – in Anspielung auf Urban VIII.

Am Pfeiler des hl. Longinus (im Mittelschiff) thront der [14]*Hl. Petrus* in der Haltung eines altrömischen Senators. Die von Pilgern einst viel verehrte Bronzestatue galt früher als Arbeit des 5. nachchr. Jh., wird aber heute dem 13. Jh. zugeschrieben. Der Bildhauer (wahrscheinlich Arnolfo di Cambio) lehnte sich offensichtlich an antike Vorbilder in der Art der Marmorfigur Petri in den Grotten unter der Peterskirche an.

Ein Gegenstück zum Papstaltar ist die [19]*Cathedra Petri* in der Chorapsis, ebenfalls ein Werk Berninis (1657–66). Die Armlehnen des monumentalen Thrones werden von 2 Engeln flankiert, 2 Putti halten über der Rückenlehne die päpstlichen Embleme Schlüssel und Tiara. 4 Kirchenväter – Ambrosius und Augustinus für die lateinische, Athanasius und Johannes Chrysostomos für die griechische Kirche – sind der Cathedra stützend zugewandt. Die in rauschende Gewänder gekleideten Figuren überragen an Größe alle anderen Standbilder der Peterskirche. Eine grandiose Strahlenglorie aus vergoldetem Stuck bildet Hintergrund und Krönung zugleich; Engelreigen umkreisen ihre leuchtende Mitte, eine Alabasterscheibe, in der die Taube des Hl. Geistes schwebt. Intention Berninis war, für den Bischofsstuhl des Apostels Petrus – auf den die Päpste als seine Nachfolger ihren Primat zurückführen – einen Reliquienschrein zu schaffen. Als man jedoch 1970 die Thron-Custodia öffnete, fand man einen Stuhl, jenen von der Legende als Sitz des Petrus angesehenen, der aber ein mittelalterlicher Thron ist mit Elfenbeinschmuck Karls d. Kahlen. So ist die Cathedra heute nicht mehr als Reliquienbehälter, sondern eher als Sinnbild und Verherrlichung des apostolischen Amtes anzusehen, eine Deutung, die Berninis Vorhaben durchaus entspricht.

2 der 23 *Papstgräber* der Peterskirche wurden beiderseits der Cathedra errichtet: rechts das Grabmal Urbans VIII. Barberini, links das Pauls III. Farnese. Das [21]*Monument für Paul III.* (1549 in Auftrag gegeben und 1575 vollendet) ist ein Hauptwerk von Guglielmo della Porta. An die Stelle des bisher üblichen Grabtypus tritt das Ehrenmal: Der Papst thront hoch über seinem Sarkophag als der Lehrer der Kirche; zu Füßen lagern die Personifikationen der Gerechtigkeit und der Klugheit. – Anders als der stille, in Körperhaltung und Gebärde gemäßigte Humanist Paul III. ist [20]*Urban VIII.* dargestellt. Bernini schuf hier 1628–44 das beispielgebende Barockgrabmal. Die Tiara auf dem Haupt, die rechte Hand in gebietender Gebärde vorgestreckt, thront Urban VIII. als Herrscher auf einem Denkmalsockel. Zu Füßen der Bronzefigur steht der reich ornamentierte Sarkophag, an den sich die allegorischen Gestalten der Caritas und der Justitia lehnen, malerisch bewegte Marmorstatuen.

Am Eingang zum Chor steht rechts an der Wand das von Mattia de' Rossi 1684 entworfene [22]*Grabmal für Clemens X.* († 1676), für das Ercole Ferrata die Bronzestatue des Papstes ausführte. Das Relief stellt die Öffnung der Hl. Pforte im Jubeljahr 1675 dar. – Der nach rechts folgende, unter einer Rundkuppel liegende Raum, die [23]***Cappella di S. Michele***, zeigt auf einem Altar eine Mosaikkopie des hl. Michael von Guido Reni, dessen Original sich in S. Maria della Concezione befindet, wie überhaupt der überwiegende Teil der Altarbilder in St. Peter aus Kopien nach Meisterwerken besteht, die hier in Mosaik vergrößert ausgeführt wurden. – Im Durchgang zum nördlichen Querarm des Kuppelraums linker Hand das [25]*Grabmal Clemens' XIII.*, ein Ju-

Peterskirche. Gian Lorenzo Bernini: Grabmal für Papst Urban VIII.

gendwerk Canovas (1788–92). 2 Löwen liegen links und rechts eines Tores, auf dessen Pfeilern der Sarkophag ruht. Links steht groß der Genius der Religion mit einem Kreuz, rechts lehnt sich der Genius des Todes an den Sarkophag an, der die Allegorien von »Liebe« und »Hoffnung« zeigt. Über dem Grabmal kniet betend der Papst.

Im rechten Seitenschiff befindet sich gegenüber dem nordöstlichen Kuppelpfeiler das 1769 vollendete [29]*Grabmal Benedikts XIV.* von P. Bracci. Die Statuen der »Weisheit« und der »Uneigennützigkeit« stammen von P. Bracci und G. Sibilia. – Der in Richtung der Eingangsfront folgende Kuppelraum, die [31]***Cappella Gregoriana***, wurde 1583 unter Gregor XIII. von Giacomo della Porta nach dem Entwurf Michelangelos vollendet. Die reichen Mosaikdekorationen schuf Girolamo Muziano. Auf dem [32]Altar ein kleines Bild der *»Madonna der immerwährenden Hilfe«* aus dem 12. Jh. An der Stirnwand (16) das [33]*Grabmal für Gregor XVI.* von L. Amici, 1854.

Im rechten Seitenschiff des Langhauses das [35]*Grab Gregors XIV.* von P. Antichi, schräg gegenüber das [36]*Gregors XIII.*, mit den Standbildern der »Religion« und der »Stärke« (?), von C. Rusconi, 1720–23; das Relief auf dem Sarkophag erinnert an die Kalenderreform, die der Papst 1582 vornahm. – Die große, von Pietro da Cortona gestaltete [37]***Sakramentskapelle*** schließt ein nach Entwurf Borrominis gefertigtes Eisengitter vom Seitenschiff ab. Der von Bernini 1673 entworfene *Altar* trägt ein als Rundtempel gebildetes Ziborium, dessen Kuppel von Heiligen umstanden ist. Seitlich knien anbetende Engel. Das Altarbild der *»Hl. Dreifaltigkeit«* hinter dem Ziborium stammt von Pietro da Cortona (1628–31). – Im folgenden Durchgang des Seitenschiffs links das [40]*Grabmal Inno-*

Peterskirche. Michelangelo: Pietà

zenz' XII., das Filippo Valle nach einem Entwurf von Ferdinando Fuga 1746 schuf, rechts das nach einem Entwurf Berninis 1633–37 ausgeführte [39]*Mausoleum der Markgräfin Mathilde von Toscana* mit einem Relief, das Kaiser Heinrich IV. in Canossa (1077) *zeigt.* – *In der* [41]***Sebastianskapelle*** Domenichinos steht rechts das [43]*Denkmal für Pius XI.* († 1939) von Francesco Nagni, links das für [42]*Pius XII.* von Francesco Messina (1963). – Im Durchgang danach rechts ein 1702 vollendetes [44]*Erinnerungsmal für Königin Christine von Schweden*, die 1689 in Rom starb (ihr Grab ist in den Grotten der Peterskirche). Der Gesamtentwurf stammt von Carlo Fontana, das Relief von G. Théodon. Gegenüber die [45]*Statue Papst Leos XII.* (Grab in der Cappella della Colonna der Peterskirche), ein Werk von G. de Fabris (1836).

Es folgt links die [47]***Cappella della Pietà***, auf

deren Altar die berühmte, 1498–1500 geschaffene Marmor-»*Pietà*« Michelangelos steht. Bewundernswert ist die Harmonie der Komposition ebenso wie die geradezu raffinierte Vollendung der Marmorbehandlung, die in der viel zu hohen Aufstellung freilich nicht voll zur Geltung kommt. Das Werk zeigt die Kenntnis des nordischen Typus des Vesperbildes. Die verschiedentlich bemängelte Jugendlichkeit der Maria hat Michelangelo selber mit dem Hinweis verteidigt, daß er die Jungfräulichkeit Mariä zum Ausdruck bringen wollte. Die »Pietà« wurde 1972 von einem Geistesgestörten am linken Unterarm, an der Nase und am linken Auge der Madonna stark beschädigt, jedoch sofort sorgfältig restauriert. Das Deckenfresko von Giovanni Lanfranco zeigt den »Triumph des Kreuzes« (um 1630). – Das Seitenschiff endet vor der **11**Porta Sancta.

Der Rundgang führt quer durch das Mittelschiff, in dessen Bodenbelag vor dem Mittelportal eine runde Porphyrscheibe eingelassen ist; 6 solcher Scheiben lagen vor dem Hauptaltar in Alt St. Peter.

Die 1. Kapelle am linken Seitenschiff ist die **48*Taufkapelle*** von Carlo Fontana. Das *Taufbecken* wurde aus dem Deckel eines Porphyrsarkophags gearbeitet, von dem man irrtümlich annahm, Kaiser Otto II. sei in ihm in der Engelsburg beigesetzt worden. Den Bronzedeckel entwarf Carlo Stefano Fontana. Die *Mosaiken* der Kapelle zeigen die nach einem Bild von Maratta (in S. Maria degli Angeli) ausgeführte Taufe Christi im Jordan und die Darstellung Petri, der im Mamertinischen Kerker mit dem Wasser der von ihm erweckten Quelle Processus und Martinianus sowie den Centurio Cornelius tauft; es sind Kopien nach Passeri und Procaccini.

Im Durchgang linker Hand (über dem Eingang zum Fahrstuhl, der einen bequemen Zugang zum Dach ermöglicht) das **49***Denkmal für Maria Clementina Sobieska*, die 1735 gestorbene Gattin Jakobs III. Stuart. Die Architektur entwarf F. Barigioni, das Standbild führte Pietro Bracci, das Mosaik Fabio Cristofari aus. Gegenüber diesem letzten Barockwerk der Peterskirche steht das **50***Denkmal der letzten Stuarts*, Jakobs III. und seiner Söhne, des Thronprätendenten Karl Eduard, Herzog von Albany, und Heinrichs, Herzog von York, Kar-

Peterskirche. Antonio und Piero Pollaiuolo: Grabmal für Papst Innozenz VIII.

dinal und Bischof von Frascati (Grab in den Grotten). Das klassizistische Werk schuf Canova 1817–19. Bedeutend die beiden Todesgenien mit den gesenkten Fackeln.

Es folgt linker Hand die **51*Cappella della Presentazione***, die ihren Namen nach dem Bild des »Tempelgangs Mariä« erhielt, einer Kopie

Peterskirche. Gian Lorenzo Bernini: Grabmal für Papst Alexander VIII.

nach Romanelli. Rechts des Altars die Nische, in der jeweils der Leichnam des verstorbenen Papstes bis zu seiner endgültigen Beisetzung aufgebahrt wurde. Links das 52*Denkmal für Benedikt XV.* von Pietro Canonica (1928), rechts das für 53*Johannes XXIII.* von Emilio Greco (1964–66).

Am Durchgang rechts das 1498 vollendete 55*Wandgrabmal für Innozenz VIII.* von Antonio und Piero Pollaiuolo, das aus der alten Peterskirche übernommen und hier verändert wiederaufgebaut wurde. Der Papst ist zweimal dargestellt, einmal als irdischer Herrscher, (mit der Spitze der Hl. Lanze in der Hand, die ihm Sultan Beyazit II. geschenkt hatte), darunter als Toter. Wenn sich die Maße des Denkmals am heutigen Platz auch bescheiden ausnehmen, so gehören doch die imposante Gestalt des thronenden Papstes – durch 3 Jahrhunderte Vorbild einer langen Reihe von Papstgestalten bis hin zu Bernini und Canova – ebenso wie die Relieffiguren der 4 Kardinaltugenden neben ihm zu den Meisterwerken der Quattrocento-Plastik. – Gegenüber, auf der linken Seite des Durchgangs, das 54*Denkmal für Pius X.* von Pier Enrico Astorri (1916–23).

Es folgt linker Hand die von einer ovalen Kuppel überwölbte 56***Cappella del Coro***, die den Messen des Domkapitels dient. Entworfen hat sie Giacomo della Porta; die *Stukkaturen* der Gewölbe schuf G.B. Ricci. Giuseppe Ottavianis Mosaik der »*Immaculata*« (1745) auf dem Altar geht auf ein Original des Pietro Bianchi zurück. Im Fußboden erinnert eine Inschrift an Papst Clemens XI., der unter der Kapelle beigesetzt ist. Hohe Qualität zeigt das geschnitzte *Chorgestühl*.

Im folgenden Durchgang rechts das 58*Grabmal für Innozenz XI.*, das P. E. Monnot als sein Meisterwerk um 1700, gestützt auf einen Entwurf von Maratta, geschaffen hat. Der Papst thront herrscherlich über dem Sarkophag, flankiert von »Glaube« und »Stärke«. Die Figuren verraten in der Eleganz und Lebhaftigkeit die Hand des französischen Künstlers. Das Relief schildert die Befreiung Wiens von den Türken. – In ähnlicher Weise zurückhaltend und geistreich ist das 57*Marmorgrab für Leo XI. Medici*, das Alessandro Algardi 1634–44 schuf. Der Papst, der als stiller müder Greis nur 24 Tage regierte, wird mit den Mitteln der Kunst zum geistlichen Herrscher erhöht. »Magnanimitas« (Hochherzigkeit; ausgeführt von E. Ferrata) und »Liberalitas« (Freigebigkeit; G. Peroni) stehen ihm zu seiten. Das Relief auf dem Sarkophag zeigt Leo noch in seiner Stellung als Kardinal-Legat, vor dem König Heinrich IV. von Frankreich dem Calvinismus abschwört und sich zur Veröffentlichung der Tridentiner Reformen unterschriftlich verpflichtet.

Als nächste folgt die von einer Rundkuppel überhöhte [59]***Cappella Clementina***, die Giacomo della Porta unter Clemens VIII. auf das Jahr 1600 vollendete. Linker Hand das [60]*Grabmal Pius' VII.* von Thorvaldsen (1824–40) mit den allegorischen Gestalten der »Weisheit« und »Standhaftigkeit«, darüber der »Zeit« und der »Geschichte«. Unter dem [61]Altar der Kapelle ruht Gregor d. Gr. Das *Mosaik,* das 1772 nach einem Gemälde von Andrea Sacchi (1626) ausgeführt wurde, stellt ein Wunder aus dem Leben Gregors dar: Der Heilige berührt mit einem Stück Stoff Reliquien von Märtyrern, und der Stoff wird wunderbarerweise mit Blut getränkt. – Das [62]Mosaik am Kuppelpfeiler nahm die »Verklärung Christi« von Raffael (heute in der Vatikanischen Pinakothek) zum Vorbild. – Im Durchgang folgt das [63]*Denkmal für Pius VIII.,* eine 1866 vollendete klassizistische Arbeit von P. Tenerani. Unter dem Grabmal führt der Eingang zur Sakristei hindurch. Auf dem gegenüberliegenden [64]Altar ein Mosaik von Pietro Adami (1726) nach Pomarancio, das die Bestrafung des Ananias und der Saphira (Apostelgesch. 5.1) darstellt.

In der Apsis des südlichen Querhauses links ein Altarbild mit der [65]»Kreuzigung Petri« nach einem Original (in der Vatikanischen Pinakothek) von Guido Reni und rechts eines mit dem [67]»Ungläubigen Thomas« nach Vincenzo Camuccini.

In der Fortsetzung des Seitenschiffs findet sich im Durchgang links eines der bedeutendsten Papstdenkmäler, das [68]*Grabmal Alexanders VII.,* ein Meisterwerk, das Bernini 1672 entwarf, also in seinen späten Jahren, und bis 1678 gemeinsam mit zahlreichen Schülern ausführte. Das Denkmal nimmt den Platz ein, der zur Piazza S. Marta und zu einem der Aufgänge zur Peterskuppel führt. Die Tür wurde mit dunklem Marmor eingefaßt und ein ungeheures Bahrtuch aus sizilianischem Jaspis über sie drapiert; aus ihm steigt das Gerippe des Todes mit dem Stundenglas schaurig hervor. Alexander VII. kniet auf hohem Postament und betet. Die 4 Gestalten der personifizierten »Gerechtigkeit«, »Weisheit«, »Caritas« und (ursprünglich nackten) »Wahrheit« umgeben den Sockel.

Peterskirche. Alessandro Algardi: Altar Papst Leos I.

Der folgende Kuppelraum, die [69]***Cappella della Madonna della Colonna***, wurde von Vignola gestaltet. Auf dem Altar ein altes, aus der konstantinischen Peterskirche übernommenes *Madonnenbild.* Unter dem Altar links ruhen die Gebeine der Päpste Leo II., Leo III., Leo IV.; im Fußboden ist Leo XII. bestattet. An der Stirnwand des Seitenschiffs steht der [70]*Altar des hl. Leo I. d.Gr.* mit einem riesigen Marmorrelief, das Innozenz X. 1646 bei Algardi in Auftrag gegeben hatte. 7 m hoch, stellt es die Begegnung zwischen Leo und König Attila, der »Geißel Gottes«, dar, den er 452 zum Abzug aus Italien bewog. Himmlischen Beistand leisten die Apostelfürsten Petrus und Paulus. Das aus mehreren Blöcken zusammengesetzte Werk, meisterhaft in der Geschlossenheit der Komposition bei leidenschaftlicher Bewegungsfülle, zeigt eine Durchdringung des malerischen mit dem plastischen Prinzip: Während die vorderen Gestalten fast freiplastisch in den Raum ausgreifen, differenzieren sich die rückwärtigen bis zu feinsten Reliefabstufungen.

Im anschließenden Übergang zur Apsis auf der linken Seite das reiche [71]*Grabmal Alexanders VIII.*, eines der letzten Barock-Grabmäler, das von verschiedenen Meistern unter Leitung Arrigo di San Martinos 1725 vollendet wurde. Die Standbilder der »Religion« und der »Weisheit« stammen ebenso wie das Relief von Angelo de' Rossi. – Das gegenüberstehende [72]Altarmosaik mit der *»Heilung des Lahmen durch Petrus«* wurde 1760 nach einem Werk von Francesco Mancini geschaffen.

Nach Betrachtung des Innenraums und der Ausstattung empfiehlt sich der Aufstieg oder eine Fahrstuhlfahrt zum Dach (Treppen und Fahrstuhl befinden sich im Durchgang des [49]Grabmals der Maria Clementina Sobieska-Stuart im linken Seitenschiff). Ein Rundgang über das Dach bietet sowohl interessante Einblicke in die Konstruktion des Baues als auch eine unvergleichliche Aussicht auf den Petersplatz und die Stadt.

● Vor allem aber sollte von hier aus die Kuppel (Farbabb. 21) aus der Nähe betrachtet werden. Ihren Tambour erbaute Michelangelo, während den sphärischen Kuppelteil seine Nachfolger vollendeten. Die Einwölbung wurde 1586–93 von Giacomo della Porta unternommen, dem Domenico Fontana als technischer Berater zur Seite stand. Michelangelo hatte – antiken Vorbildern folgend – gleich Bramante die in sich ruhende halbkugelförmige Kuppel geplant, die von G. della Porta leicht überhöht und etwas angespitzt wurde; er gab auch der Laterne die endgültige Form. Schönheit der Einzelform, Harmonie und Rhythmus sowie ein hoher Wohlklang der Proportionen machen diese Kuppel zu einem der unvergleichlichen Meisterwerke der Weltkunst. Zwischen den beiden Schalen der Kuppel liegt ein Hohlraum, in dem 2 Treppen zum Umgang der Laterne emporführen. Von hier aus bietet sich ein großartiger Blick auf die Vatikanstadt, auf Rom und Latium. – Die beiden kleineren rückwärtigen Seitenkuppeln wurden schon von Michelangelo geplant, jedoch erst von Vignola ausgeführt. Es handelt sich um reine Zierkuppeln, die nicht in Zusammenhang mit dem Kirchenraum stehen.

Sakristei. Der Zugang zu dem 1776–84 nach Entwurf C. Marchionnis errichteten Bau liegt im linken Seitenschiff des Querhauses der Peterskirche unter dem [63]Grabmal Pius' VIII. In der säulenumstandenen Vorhalle ein Standbild des hl. Andreas aus dem 16. Jh. und an der rechten Wand das Verzeichnis der in St. Peter bestatteten Päpste. Ein schöner Säulenkorridor mit Inschriften und Büsten führt links in die [73]***Sagrestia Comune***, die allgemeine Sakristei, einen 8eckigen Kuppelraum, dessen kannelierte Säulen aus der Villa Adriana bei Tivoli und deren Kapitelle von Berninis geplantem Campanile für den Petersdom stammen. Die Kuppel, die bis zur Laternenspitze 36 m hoch ist, wird von 8 Pfeilern aus sienesischem Marmor getragen. – Anschließend die [74]***Sagrestia dei Canonici***, die Domherren-Sakristei. Über der Tür »Die Glorie der Heiligen« von F. Zuccari. In der Sakristei »Die Madonna und die hll. Anna, Peter und Paul« von Fr. Penni, »Die Madonna und Johannes d. T.« von Giulio Romano und in den Fenstern die »Geschichte Petri« von A. Cavallucci. – Von der Sakristei der Kanoniker aus ist der [75]***Kapitelsaal*** des Domkapitels zugänglich, dessen Malereien von Andrea Sacchi stammen. – Vom Säulenkorridor aus erreicht man das A5

[77]Museo Storico Artistico – Tesoro di S. Pietro.

In den Sälen um die alte [77]Schatzkammer, beim Sarazeneneinfall 846, beim Sacco di Roma 1527 und zuletzt durch das Abkommen mit Napoleon 1797 stark reduziert, ist heimatlos gewordenes Kunstgut aus der Basilika vereint.

Saal I. Eine der 12 gedrehten Säulen, welche die Confessio in Alt St. Peter umstanden, oströmisches Werk des 4. Jh. n. Chr. Turmhahn, 9. Jh., ebenfalls von der alten Basilika.

Saal II. Vatikanisches Kreuz, 6. Jh., Geschenk des byzantinischen Kaisers Justinos II. an die Peterskirche. Sog. Dalmatik Karls d. Gr., die früher für karolingisch gehaltene Arbeit ist eine byzantinische Arbeit des 11. Jh. Kleine Staurothek, byzantinisches Kreuzreliquiar des 6./7. Jh. Fragment eines byzantinischen Elfenbeindiptychons des 11. Jh. Petersthron, in

Vatikan. Museo Storico Artistico – Tesoro di S. Pietro. Junius-Bassus-Sarkophag (Aufnahme nach dem Gipsabguß im Museo Pio Cristiano)

Mainz hergestellte Nachbildung jenes Thrones aus Holz und Elfenbein, den Karl d. Kahle anläßlich seiner Kaiserkrönung 875 Papst Johannes VIII. schenkte und den man 1970 in Berninis Cathedra Petri entdeckte.

Saal III (ehem. [76]***Cappella dei Beneficiati***, errichtet von Marchionni [1784]). Altarbild der »Schlüsselübergabe« von Girolamo Muziano. Gegenüber das *Marmor-Ziborium* von Donatello, um 1433. Mit der Darstellung der Grablegung Christi an der Attika wird zum ersten Mal der »rilievo schiacciato«, das »graphische« Flachrelief Donatellos, auf römischen Boden übertragen. In der Ausführung überwiegt die Mitarbeit der Werkstatt. Die berühmte *»Madonna della Febbre«* im Tabernakel wird Lippo Memmi zugeschrieben. Dem Eingang gegenüber steht ein Abguß der »Pietà« Michelangelos.

Saal IV. *Grabmal für Papst Sixtus IV. della Rovere*, von Antonio Pollaiuolo 1489–93 als eines des hervorragendsten Denkmäler seiner Art geschaffen und ursprünglich in der Sixtuskapelle aufgestellt. Das Werk hält in betont realistischer Weise die Aufbahrung des Toten fest. Auf dem Deckel ruht der Papst in voller Pontifikalkleidung, als energischer und machtvoller Greis, lebensgetreu bis in die unzähligen Gewandfalten gebildet. Die Reliefs zu seinen Seiten zeigen links, von oben nach unten, Glaube, Klugheit, Stärke, rechts Hoffnung, Mäßigkeit, Gerechtigkeit. Über ihm die Liebe. An den Seiten des Katafalks sind die 7 Freien Künste dargestellt (von unten, im Uhrzeigersinn: Grammatik, Rhetorik, Dialektik, Astronomie, Arithmetik, auf der rechten Seite Geometrie, Musik), dazu die Perspektive und über dem Kopf des Papstes die allen Wissenschaften übergeordneten Fächer Theologie und Philosophie. An den herabfließen-

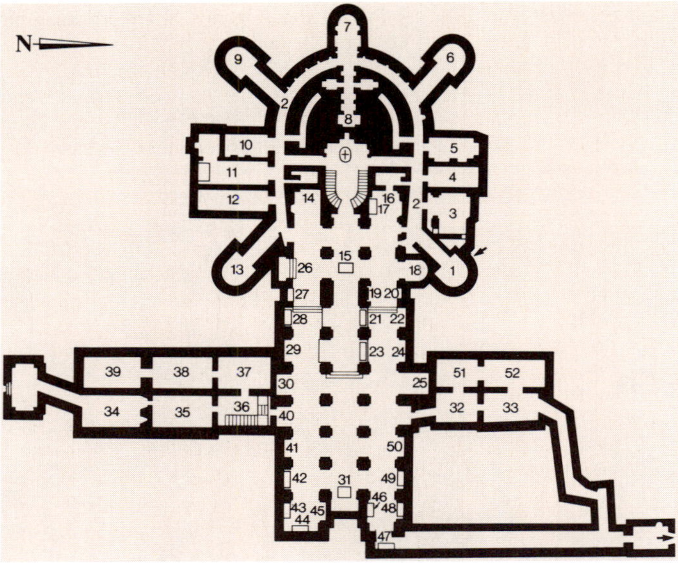

Vatikanische Grotten. Lageplan (Ziffernerläuterung im Text)

den Schrägseiten gliedern starke Voluten die Bildfelder und verbinden den Katafalk mit dem Boden. (Ein Balkon ermöglicht eine Gesamtansicht von oben.)

Saal V. Tafelbild »Hll. Petrus und Paulus« von einem Giotto-Nachfolger, ursprünglich in der Grabkapelle des hl. Petrus. Reliquiar der Hl. Lanze, venezianisch, 15. Jh. Reliquienbüste des hl. Lukas, 14. Jh. Tabernakelförmiges Reliquiar des hl. Blasius, 14. Jh. Bischofsring des Papstes Sixtus IV. Kreuze aus Bergkristall, darunter das sog. Palastkreuz, 15. Jh. – Im Durchgang: Codex von F. M. Perusino, 1543. Elfenbeinkruzifix, 17. Jh.

Saal VI. In den Vitrinen Kreuz und Leuchter von Sebastiano Torrigiani, um 1585. Leuchterpaar, 15. Jh., fälschlich Antonio und Piero Pollaiuolo zugeschrieben. Leuchter und Kreuz von A. Gentili aus Faenza, 1582.

Saal VII. In den Vitrinen Statuetten der hll. Petrus und Paulus, dat. 1662. Reliquiare und Ostensorien. Engel von Bernini, um 1673, Tonmodell für eine Figur in der Sakramentskapelle von St. Peter.

Saal VIII. In den Vitrinen liturgische und profane Gefäße und Geräte sowie Paramente, die von Staatsoberhäuptern den Päpsten im 18., 19. und 20. Jh. geschenkt wurden.

Saal IX. *Marmorsarkophag des Junius Bassus*, der 1595 nahe dem Petrus-Grab gefunden wurde. Junius Bassus, Präfekt von Rom, starb 359 (nach unserer Zeitrechnung am 25. August, wie aus der Inschriftleiste hervorgeht), kurz nach seiner Taufe. Der Sarkophag besteht aus einem einzigen Marmorblock; die außergewöhnliche Qualität und der ikonographische Reichtum machen ihn zu einem der bedeutendsten Dokumente der christlichen Archäologie. In 2 Stockwerken übereinander sind in Säulennischen biblische Szenen dargestellt. In der oberen Reihe, von links: Abraham beim Opfer seines Sohnes Isaak, Gefangennahme des Petrus, Christus übergibt Petrus und Paulus sein Gesetz (eine für das frühe Christentum wesentliche Darstellung: Die Traditio legis ist ein Auftrag zur Glaubensverkündigung und entspricht der Übergabe der Gesetzesrolle durch den Kaiser an seinen Kanzler im römischen Hofzeremoniell; sie wurde in der weströmischen Kirche interpretiert als Bestimmung des hl. Petrus zum Nachfolger Christi als Bischof von Rom), Vorführung des gefangenen Christus, Christus vor dem in Richterhaltung sitzenden Paulus. Untere Reihe: Hiob, Adam und Eva, Christi Einzug in

Jerusalem, Daniel in der Löwengrube, Paulus wird zum Tode abgeführt. Dem Christusbild der Frühzeit entspricht seine jugendliche, den antiken Heroen nahestehende Erscheinung und das Fehlen der erst später ausgeweiteten Erlösungssymbolik des Kreuztodes.

Vatikanische Grotten

Über eine Treppe im Kuppelpfeiler des hl. Longinus ([15] im Grundriß S. 330) sind die sog. Grotten, die unter der Peterskirche gelegenen Räume, zu erreichen. Die Besucher werden dann durch die an der Ringkrypta gelegenen Räume im Einbahnverkehr zum Ausgang ([79] im Kirchengrundriß) im Hof auf der rechten Seite der Kirche geleitet. Die Räume und Monumente 8, 26–45, 51–52 können nur nach Einholung einer schriftlichen Erlaubnis von der Reverenda Fabbrica di S. Pietro besichtigt werden.

Neue Grotten. Vom Zugang her führt ein Stichkorridor zum ringförmigen [2]Umgang und den Kapellen der sog. Neuen Grotten. Die Bezeichnung bezieht sich nicht auf ihre Entstehungszeit, sondern auf das Datum ihrer Wiederherstellung; tatsächlich sind sie älter als die anderen Grotten und bestehen vornehmlich aus dem Umgang, der sich bereits im Urbau um das Apostelgrab legte und später erweitert wurde; von ihm gehen u.a. 4 Korridore aus, die in kreuzförmige, in den Fundamenten der Kuppelpfeiler angelegte Kapellen münden: die Pfeilerkapellen des [1]hl. Longinus, der [6]hl. Helena, der [9]hl. Veronika und des [13]hl. Andreas. Im Kuppelraum der Peterskirche stehen in den Pfeilernischen die Standbilder der entsprechenden Heiligen, darüber werden in den Hochkapellen die Reliquien aufbewahrt, während sich im Fuß jedes Pfeilers ein dem Heiligen geweihter Altar befindet. Pfeiler und Heilige verschmelzen in ihrer Bedeutung miteinander, so daß die Kuppel gleichsam auf den hll. Longinus, Helena, Veronika und Andreas ruht.

Die ersten Kapellen (3–5) wurden in jüngerer Zeit neu gestaltet, so die [3]Kapelle der Patrone Europas, die den hll. Benedikt, Cyrillus und Methodius geweiht ist.

Es folgen die sog. [4]Polnische Kapelle und die dem hl. Kolumban geweihte [5]Irische Kapelle.

Der nächste abzweigende Stichkorridor führt in die [6]Pfeilerkapelle der hl. Helena.

Im Umgang links sind Reliefs vom *Tabernakel Sixtus' IV.*, dem Hochaltar der alten Peterskirche, angebracht. Wahrscheinlich stammen die Marmordarstellungen von Matteo Pollaiuolo (15. Jh.).

Dann, im [7]Scheitel der Anlage, das Grab Pius' XII. († 1958).

Ihm gegenüber der Kernraum der Kirche, die ***[8]Peterskapelle*** (früher Cappella Clementina), deren im 6. Jh. entstandener Altar unmittelbar am Grab des hl. Petrus steht. Die 24 Reliefs von G. B. Maini (1690–1752) zeigen Szenen aus dem Leben der Apostelfürsten. Der Altar hat, in Erinnerung an die Kreuzigung Petri, die Form eines auf dem Kopf stehenden Kreuzes. Die Kapelle wurde von Clemens VIII. (1592–1605) vergrößert und reich ausgestattet.

Im weiteren Verlauf des Rundgangs geht rechts der Gang zur [9]Pfeilerkapelle der hl. Veronika ab.

Die folgende [10]Tschechische Kapelle wurde durch ein bedeutendes Marienbild ausgezeichnet: das aus dem Atrium der konstantinischen Basilika stammende Fresko der *»Madonna della Bocciata«* (d.h. mit dem angeblich vom Schlag einer Kegelkugel angeschwollenen Gesicht) aus der Cavallini-Schule.

Anschließend die [11]Kapelle der Muttergottes der Gebärenden mit einem Melozzo da Forlì zugeschriebenen Wandbild der *»Madonna delle Partorienti«*.

An der [12]Litauischen Kapelle vorbei führt der Rundweg zur [13]Andreaskapelle und danach in die sog.

Alten Grotten. Sie sind eine 3schiffige Hallenkrypta, deren Schiffe durch flache Rundbogen auf dicklichen Pfeilern getrennt werden. In den 3 Schiffen wurden Gräber von Päpsten, Kaisern und Königen sowie Altäre der alten Peterskirche aufgestellt; außerdem fanden auch spätere Päpste und Kardinäle hier ihre Ruhestätte. Da der Fußboden der Peterskirche oberhalb der Grotten nachgab, wurden umfangreiche Sicherungsarbeiten erforderlich. Man begann damit, Architekturstücke und Mauerteile der konstantinischen Basilika, die noch im Mauerwerk der Grotten stecken, freizulegen. Damit verbunden war eine Neuordnung der Altäre und Denkmäler,

die z. T. in andere Räume, z. B. das Museo Storico Artistico, versetzt wurden.
Beim [15]Altar stehend, hat der Besucher freien Blick auf die *Pallien-Nische* der Confessio unter dem Papstaltar; das Engel- und das Löwenpaar über der vorgesetzten Glaswand sind Marmorwerke aus der alten Peterskirche.
Vor der Stirnwand des linken Seitenschiffes ein [14]Altar mit dem perspektivischen Relief des im Grabe leidenden Christus (15. Jh.).
An der Stirnseite des rechten Seitenschiffes ist ein [16]Altar mit einem Relief der Madonna zwischen den hll. Petrus und Paulus, die sog. *»Madonna degli Orsini«,* aufgestellt. Maria thront königlich aufgerichtet, in weich fließenden Gewändern; ihr zu Füßen knien die Stifter, Papst Nikolaus III. Orsini und ein Kardinal Orsini; zu seiten stehen die Apostel Petrus und Paulus. Wir verdanken das bedeutende Werk dem Isaia da Pisa (15. Jh.). – Neben dem Altar das [17]*Grab Pius' VI.* († 1799), für das ein Sarkophag aus dem 4. Jh. verwendet wurde. Bemerkenswert das Relief, das den Verkauf Josephs durch seine Brüder darstellt; rechts die Anbetung der Könige.
Der Rundgang wird weitergeführt in das rechte Seitenschiff, dort zunächst in eine tiefe Nische mit dem [18]Grab Johannes' XXIII. – Weiterhin ist im Seitenschiff an einem Pfeiler das [19]Grab Carlottas von Savoyen-Lusignan, der Königin von Zypern († 1487), zu sehen, gegenüber das [20]Grab der Königin Christine von Schweden († 1689). – Es folgen rechts das [21]Grab Benedikts XV. († 1922) und gegenüber das [22]Grab Innozenz' IX. († 1591), darauf das [23]Grab Johannes Pauls I. († 1978) und diesem gegenüber das [24]Grab Marcellus' II. († 1555), der wie Johannes Paul I. nur wenige Tage nach seiner Wahl starb; der frühchristliche Sarkophag stammt aus dem 4. Jh. – In der folgenden [25]Kapelle links, auf deren mittelalterlichem Altar das Hochrelief einer *Madonna* von einem Künstler aus dem Umkreis Donatellos aufgestellt ist, liegt das Grab Pauls VI. († 1978).
In den (erlaubnispflichtigen) Räumen 32 und 33 werden heidnische, frühchristliche und mittelalterliche *Inschriften* und ein Sarkophag aufbewahrt, dazu Fragmente eines großen Portals aus der konstantinischen Basilika.
Im linken Seitenschiff, das normalerweise nur mit Erlaubnis besichtigt werden kann (aber vom rechten Seitenschiff aus einsehbar ist), befindet sich das [26]Grab Pius' XI. († 1939) und das [27]Grab des Kardinals Merry de Val († 1930). – Es folgt die [28]Grabstätte der seit 1689 im römischen Exil lebenden Stuarts. In dem klassizistischen, von der Krone des hl. Eduard überhöhten Sarkophag liegen König Jakob III. († 1766) und seine Söhne Karl Eduard III., Herzog von Albany († 1788), und Heinrich IX., Herzog von York († 1807), Kardinal und Bischof von Frascati, mit dem das Geschlecht erlosch. (Ihr Grabmal, von Canova geschaffen, steht darüber, im linken Seitenschiff der Peterskirche.) – Es folgen das [29]Grabmal Innozenz' XIII. († 1724) und das für [30]Urban VI. († 1389), dessen Relief wahrscheinlich ein Werk des Salvatorello Romano ist.
An der Rückwand des Mittelschiffs die [31]*Statue* des kniend im Gebet dargestellten Papstes *Pius VI.* († 1799), das letzte Werk Canovas, 1822, vollendet von Adamo Tadolini.
In der Apsiskapelle des rechten Seitenschiffes rechter Hand das [46]*Grabmal Nikolaus' III.* († 1280). Die Vorderseite des frühchristlichen Sarkophages ist durch Säulenarkaden in 5 Bildfelder geteilt; die Szenen zeigen in der Mitte Christus, zu dessen Füßen ein christliches Ehepaar kniet, rechts den hl. Petrus vor Pilatus, links den hl. Paulus und nochmals den hl. Petrus, der die Fußwaschung durch Christus abzuwehren sucht. – An der Stirnwand zum Ausgang befindet sich ein [47]Madonnenbild von 1486 in einem Marmortabernakel und zu seiten Relieffiguren der Kirchenlehrer.
Im weiteren Durchgang sind die Trennmauern der Basilika aus der Zeit Pauls III. (1538) freigelegt. An der linken Seitenwand das [48]*Grab Bonifaz' VIII.* († 1303), ein Meisterwerk von Arnolfo di Cambio. Der Papst ruht mit Meßgewand und Tiara auf der Tumba, über die ein reich gefaltetes und ornamentiertes Marmortuch geworfen ist.
An der Wand des Seitenschiffs folgen die Grabmäler für [49]Nikolaus V. († 1455) und [50]Innozenz VII. († 1406).
Erhalten sind auch Säulenstümpfe aus der konstantinischen Basilika. Am Ausgang ist das im 3. Jh. entstandene *Marmorbild des hl. Petrus* aufgestellt; ursprünglich stellte die Sitzstatue einen Philosophen oder Rhetoriker dar. Kopf und Hände wurden im Mittelalter ersetzt; der Kopf wird Arnolfo di Cambio zugeschrieben.

Die nicht allgemein zugänglichen Teile der Grotten umfassen die am eigentlichen Eingang (vom Gelände des Vatikans im Süden her) gelegenen Räume (34–39), die östlichen Abschnitte der Seitenschiffe (41–45) und nördlich die Räume 32, 33, 51 und 52.
Der äußerste [34]Raum birgt Grabplatten des 14. und 15. Jh. sowie Sarkophage ohne Inschriften. Die freigelegte Mauer ist ein Rest der konstantinischen Peterskirche. – Der [35]nächste Raum bewahrt Sarkophage ohne Inschriften, Grabplatten des 15. Jh. und Teile von der Mauer des linken Seitenschiffes der konstantinischen Anlage. – Im [36]dritten Raum sind Bruchstücke von Ambonen und anderen Ausstattungsstücken des 4.–9. Jh. aufgestellt; die Fragmente von Grundmauern gehören zum Mittelschiff des konstantinischen Baues. – Der [37]anschließende Raum zeigt Bruchstücke von Mosaiken des 6.–16. Jh. aus der Peterskirche, u. a. Waschung des Christuskindes (8. Jh.); Segnender Christus (8. Jh.); Papst Johannes VII. mit dem rechteckigen Heiligenschein der Lebenden († 707); Engel in einem Medaillon, *Bruchstück von der »Navicella«* des Giotto aus der Vorhalle von St. Peter; *Kopf des hl. Petrus* von Melozzo da Forlì (1438–94); Kopf des hl. Bernhard von Clairvaux (15. Jh.). – Im [38]nächsten Raum wiederum Fragmente von Grabmälern, u. a. die Grabplatten Papst Benedikts XII. († 1342) und des Kardinals Pietro Fonseca († 1422), ein Werk des Paolo Romano; von besonders hoher Qualität 2 *Reliefplatten mit den hll. Petrus und Paulus* von Giovanni Dalmata, die das Grab des Kardinals Eroli († 1479) schmückten. – Der [39]nächste Raum gehörte dem Grabdenkmal für Sixtus IV., das jetzt im Museo Storico Artistico aufgestellt ist.
Am Ausgang aus Raum 36 die [40]Grabplatte Papst Calixtus' III. Borgia († 1458). – Um die Ecke, an der Seitenschiffwand, das [41]Grabmal Pius' III. Todeschini-Piccolomini († 1503). – Im Seitenschiff folgt das [42]*Grab Hadrians IV.* († 1159), des einzigen Papstes britischer Herkunft; der schöne Sarkophag ist eine römische Arbeit des 3. nachchr. Jh.
In der Apsiskapelle am Ende des Seitenschiffes, an der rechten Wand, das [43]Grabmal *Gregors V.* († 999), der der erste deutsche Papst war, ein vom Reformgeist Clunys begeisterter Urenkel Kaiser Ottos I.; der reliefgeschmückte Sarkophag ist eine frühchristliche Arbeit des 4. Jh. Ein wertvolles Dokument für die Sprachgeschichte blieb mit der Grabinschrift erhalten, die den Gebrauch der italienischen Sprache im 10. Jh. belegt. – Der [44]*Altar* an der Stirnwand befand sich ursprünglich über dem Grab Kaiser Ottos II. Auf dem Altar ein Mosaikretabel mit der Gestalt Christi zwischen den Aposteln Petrus und Paulus. – An der linken Seitenwand der Kapelle steht der schlichte, aus frühchristlicher Zeit stammende [45]*Sarkophag Kaiser Ottos II.*, der 964 in der Peterskirche gekrönt wurde.
Nach der [51]Ungarischen Kapelle birgt der folgende [52]Raum eine bedeutende Sammlung *frühchristlicher Sarkophage* von hoher Qualität, die z. T. bei Ausgrabungen der Nekropole von St. Peter gefunden worden sind.

Nekropole (zugänglich [von Raum 36 aus] nur mit einer Erlaubnis der Reverenda Fabbrica di S. Pietro) Es war bekannt, daß unter St. Peter antike Gräber lagen. Während des Pontifikats Pius' XII. (1939–58) wurden unter Mittelschiff und Confessio Grabungen unternommen. Die Ausgräber deckten 22 **Mausoleen** und 2 **offene Gräber** auf. 18 Mausoleen, die sich in 2 Reihen am Abhang des Vatikanhügels hinziehen, konnten freigelegt werden. In die reich ausgestatteten heidnischen Grabanlagen drangen früh christliche Elemente ein. Unter der heutigen Confessio von St. Peter stieß man auf einfache Gräber, die aus dem 1. Jh. n. Chr. stammen. Offenbar wurde dieser Grabbezirk – und vor allem eines seiner Gräber – in allen folgenden Jahrhunderten in Ehren gehalten. Im 2. Jh. bedrohte ein großes heidnisches Mausoleum den Platz, den man durch eine Mauer – von den Archäologen ihrer Farbe wegen *»Rote Mauer«* genannt – schützte. Diese Mauer überschneidet z. T. das besonders verehrte Grab. Vor einer Nische, deren Fundament festgestellt wurde, errichtete man um 160 n. Chr. eine sog. **Memorie**, eine Gedächtnisstätte, in der 2 kleine Säulen eine Travertinplatte von 150 × 180 cm trugen. Später erhielt die Rote Mauer einen Riß und wurde durch eine Quermauer abgestützt, der man in der Folgezeit in einigem Abstand eine Parallelmauer hinzufügte. Der Raum wurde mit Marmorplatten verkleidet, doch blieb über der Travertinplatte eine Öffnung in der Nische, durch die kleine Gegenstände (Berührungsreliquien) mit dem verehrten Grab in Verbindung gebracht werden konnten. Konstantin d. Gr. hielt das Tropaion am Vatikan, von dem der Presbyter Gaius um 200 n. Chr. berichtet, für das Grab des Apostels Petrus. Er ließ die Memorie von einem Säulenziborium überhöhen und machte sie zum Ziel der alten Basilika.
Im 9. Jh. ordnete ein päpstlicher Erlaß an, daß jeder Altar Reliquien eines Märtyrers enthalten müsse.

Um diesem Gebot auch in St. Peter zu entsprechen, ließ Gregor d. Gr. den Boden der Peterskirche um die Apostelmemorie so weit erhöhen, daß nur noch der Oberteil des Ziboriums herausragte und zum Altar umgestaltet werden konnte. Fortan lag der Hauptaltar der Peterskirche über dem wahrscheinlichen Grab Petri. An der Apsisseite beließ man einen Rundgang in Art einer Ringkrypta im Erdboden und gab so einen Zugang zum Grab frei. Er blieb in den Neuen Grotten und der Cappella Clementina unter St. Peter erhalten.

A5 **Audienzhalle**

Links hinter den Kolonnaden des Petersplatzes liegt der Eingang zur **Aula delle Udienze Pontificie**, die 1964–71 von Pier Luigi Nervi erbaut wurde. Sie hat 6300 Sitz- bzw. 12000 Stehplätze. Der große Raum wird von einer der für Nervi typischen schwingenden, lichterfüllten Decken beherrscht, die als freies Tragwerk aus Betonlamellen und eingesetztem Glas gebildet sind.

A5 **Campo Santo Teutonico** mit **S. Maria della Pietà**

Neben S. Maria dell'Anima ist der Campo Santo Teutonico eine weitere deutsche Stiftung in Rom. Friedhof und zugehörige Kirche gehen auf die Schola Francorum zurück, die 799 zum erstenmal genannt wird. Ihr folgte 1461 die »Erzbruderschaft U. L. Frau auf dem Campo Santo Teutonico neben St. Peter in Rom«, die noch heute Trägerin der Stiftung ist. 1876 wurde das Priesterkolleg gegründet, das sich dem Studium der Geschichte und der Altertumswissenschaften widmet.

Die **Kirche S. Maria della Pietà,** eine 3schiffige Halle mit 2 Nebenchören über dem Grundriß eines griechischen Kreuzes, wurde 1475–1501 errichtet. Die Bronzetür von Elmar Hillebrand stiftete der deutsche Bundespräsident (1949–59) Heuss, die Fenster von Georg Meistermann Bundespräsident (1969–74) Heinemann. 1973 wurde die Kirche in den ursprünglichen Zustand gebracht und den Erfordernissen der Liturgiereform angepaßt.

Im Foyer und Vortragssaal des **Kolleggebäudes** Werke der frühchristlichen Kunst und eine Ikonensammlung.

Auf dem **Friedhof**, im Schatten von St. Peter, ruhen u. a. der Maler Joseph Anton Koch, die Bildhauer Wilhelm Achtermann und Toni Fiedler, Königin Charlotte Friederike von Dänemark, der Archäologe Ludwig Curtius, die Schriftsteller Stefan Andres und Johannes Urzidil.

S. Anna dei Palafrenieri (Via S. Anna) B4

Die kleine, an der Porta S. Anna der östlichen Vatikanmauer gelegene Kirche ist die Pfarr- und Begräbniskirche der Vatikanstadt. Sie wurde 1572 von der Confraternità dei Palafrenieri della Corte Papale durch Vignola errichtet, der mit diesem Bau erstmals auf römischem Boden eine Kirche über dem Grundriß des Ovals schuf, nachdem er bereits bei S. Anna in Via Flaminia einem Rechteck eine ovale Kuppel aufgesetzt hatte. Die Fassade und einige andere Zutaten stammen von seinem Sohn Giacinto Barozzi. Die *Fresken* in den Lünetten schuf der aus Ingolstadt gebürtige Maler Ignaz Stern (um 1680–1748).

Vatikanischer Palast (Plan S. 348/349) ●

Der rechts, nördlich, des Petersplatzes und der Peterskirche gelegene Palast hat eine lange, nicht immer durchschaubare Entstehungsgeschichte. A4

Päpstliche Wohnräume in der Nähe der Petersbasilika gab es schon in früher Zeit. So wissen wir, daß Papst Symmachus um 500 für einige Zeit seine Residenz von Lateran nach St. Peter verlegte und Gebäude für seine Kurie errichtete. Um die Kirche am Grab des Apostelfürsten waren bereits im Frühmittelalter viele kirchliche Gebäude, Klöster und Pilgerherbergen entstanden.

Einen wesentlichen Ausbau erlebte der Komplex unter Papst Innozenz III. (1198–1216), unter dessen Pontifikat der Stuhl Petri angesichts der zeitweiligen Schwächung der deutschen Kaiser zum Zentrum der europäischen Politik wurde. Dieser Papst legitimierte seine Macht mit der ausdrücklichen Betonung der Petrus-Nachfolge und erhob konsequent den Vatikan zur Residenz. In unmittelbarer Nähe der Peterskirche entstand ab 1208 sein befestigter Palast, die Keimzelle der späteren Vatikanischen Paläste um den heutigen **f***Cortile dei Pappagalli, den Papageienhof. – Nikolaus III. (1277–80) bezog den Platz des heutigen Belvedere-Hofes dem Palast ein, dessen Reste unterhalb der* **71***Sixtinischen Kapelle, des Belvedere-Hofes und der* **70***Cappella Paolina erhalten sind.*

Während des päpstlichen Exils in Avignon (1309–77) und des anschließenden großen abendländischen Schismas (1378–1415) verfiel wie die Petersbasilika auch der Vatikanische Palast. – Erst Nikolaus V. (1447–55) entwickelte einen monumentalen Plan zur Restaurierung und Vergrößerung des päpstlichen Sitzes, mit dem **f***Papageienhof als Zentrum. Mit Nikolaus V. hatte sich in der römischen Kirche endgültig die papalistisch-kurialistische Politik gegen die Ansprüche der Bischöfe durchgesetzt, so daß die Erneuerung des Komplexes um die Gedenkstätte Petri besondere Bedeutung bekam. Eine Prachtstraße sollte die Engelsburg in einer langen*

Achse mit dem Vatikan verbinden. Das Areal vor der Peterskirche war in dieser Zeit noch weitgehend unstrukturiert, teils mit Wohnhäusern bebaut, teils als Markt genutzt. Nikolaus V. konnte von seinen hochgesteckten Zielen nur wenig vollenden, seine Planungen blieben jedoch die Basis für alle Bauprojekte der folgenden Jahrhunderte.

Sixtus IV. ließ 1473 die **[71]***Sixtinische Kapelle einrichten, die vom Petersplatz aus rechts neben dem Langhaus der Peterskirche sichtbar ist. – Alexander VI. Borgia (1492–1503) fügte dem Palast Nikolaus' V. das sog.* **[59–64]***Appartamento Borgia und den Borgia-Turm hinzu; er ließ den Passetto, den Gang auf der Mauer, errichten, der den Vatikan mit der Engelsburg verbindet.*

Mit seinem Architekten Bramante begann Julius II. (1502–13) am Belvedere-Hof eine großartige Bautätigkeit; Antonio da Sangallo d. J., Baldassare Peruzzi, Giulio Romano, die beiden Sansovini und andere Meister waren unter Bramantes Oberleitung tätig und führten die Galerien der großen Korridore aus, die heute u. a. das **[14]***Museo Chiaramonti beherbergen. Ferner ließ Julius II. die Loggien am* **[h]***Damasus-Hof bauen, Leo X. (1513–21) die Räume nach Raffael-Entwürfen ausmalen, die heute* **[57]***Loggien Raffaels genannt werden. Paul III. (1534–49) beauftragte Antonio da Sangallo d. J. mit der Ausstattung der* **[69]***Sala Regia und dem Bau der* **[70]***Cappella Paolina. Dafür wurde eine von Fra Angelico ausgemalte Trecento-Kapelle abgerissen. Die Cappella Paolina erhielt die letzten Fresken von der Hand des greisen Michelangelo.*

Pius IV. (1559–65), für den Pirro Ligorio in den Vatikanischen Gärten die reizende Sommervilla Casina di Pio IV (Farbabb. 21) errichtete, setzte den Ausbau der Palastanlagen fort. – Unter Pius V. (1566–72) und Sixtus V. (1585–90) wurde durch Domenico Fontana der Flügel des Palastes erbaut, der heute auf die Kolonnaden von St. Peter beherrschend zustößt. Er enthält im Obergeschoß die privaten Wohn- und Arbeitsräume des Papstes.

Die zugänglichen Räume des Palastes → Vatikanische Museen.

Vom Portone di Bronzo, am rechten Arm der Kolonnaden des Petersplatzes, ist die **[68]*Scala Regia*** einzusehen, die Bernini 1659–66 im Auftrag Alexanders VII. erbaute. Den sich verjüngenden Raum der engen Treppe nutzte Bernini, um ihn in der perspektivischen Wirkung monumentaler wirken zu lassen. An ihrem Fuß steht das *Standbild Konstantins* (→ S. 331).

A4 Vatikanische Museen

Nachdem Julius II. 1503 zum Papst gewählt worden war, brachte er eine »Apollon«-Statue mit in den Vatikan und ließ sie im Innenhof des ***Belvedere-Palazzetto****, der Sommervilla von Innozenz VIII. (1484–92) auf dem nördlichen Vorsprung des Vatikanhügels, der ersten nachantiken Villa in Rom, aufstellen. Seitdem heißt die Statue »Apoll vom Belvedere« und steht noch heute an ihrem Platz. Sie wurde Ausgangspunkt der Sammlung.*

Als am 14. Januar 1506 die »Laokoon«-Gruppe am Abhang des Esquilin zum Kolosseum hin gefunden wurde, erwarb sie Papst Julius II. wenige Wochen vor der Grundsteinlegung von Neu St. Peter und ließ sie ebenfalls im »Statuenhof des Belvedere« neben dem »Apoll« aufstellen. Papst Leo X., Sohn des Lorenzo Magnifico aus Florenz, meinte, nach Gotteserkenntnis und Glaubenserhaltung gebe es nichts Bedeutenderes als die Beschäftigung mit der Antike, mit den Wissenschaften und Künsten: Sie verschönen und veredeln nicht nur das menschliche Leben, sondern spenden Trost im Mißgeschick und gereichen zur Ehre im Wohlstand; ohne sie aber entbehren wir aller Anmut des Lebens und aller Verbindlichkeit des Gemeinwesens. In derselben Zeit zu Beginn des 16. Jh. wohnten im Palazzetto del Belvedere Bramante, Michelangelo, Leonardo da Vinci, Raffael, Baccio Bandinelli und bald darauf auch Tizian, Künstler, die im Auftrage der Päpste Projekte entwarfen und auch zum Teil ausführten. Beim Besuch der Vatikanischen Museen dürfte es einer der besonderen Reize sein, zu entdecken, wie in diesem Ambiente eines (die Antike) in dem andern (der Renaissance) wirkt und lebt.

Um die Mitte des 16. Jh. ist erstmals im Zusammenhang mit der Bibliothek von einer Art Kunstsammlung, wohl eher ein Raritätenkabinett, die Rede. Erst Benedikt XV. schuf 1756 das **[77]**Museo Sacro *der Bibliothek, »um den Glanz der Stadt zu mehren und die Wahrheit der Religion durch die Denkmäler der Christen zu bezeugen«, wie die Dedikationsinschrift sagt. 1767 wird zur »Erhaltung der römischen Altertümer« das* **[87]**Museo Profano *der Bibliothek gegründet auf Betreiben des Kardinals Alessandro Albani, den Johann Joachim Winckelmann, seit 1763 Kommissär über alle Altertümer des Kirchenstaates, beriet.*

Als im 18. Jh. die Ausfuhr von Antiken aus Rom überhandnahm, entschloß sich Clemens XIV. 1770, die Sammlungen Mattei und Fusconi zu erwerben. Der Statuenhof des Belvedere wurde zum Ausgangspunkt des neuen Museums. A. Dori und M. Simonetti bauten den Belvedere-Palazzetto um: Die Nordloggia wurde zur **[7]**Galleria delle Statue*, und der Innenhof verlor seine Orangenbäume, er erhielt eine Säulenhalle und wird seitdem* **[10]**Cortile Ottagono *genannt.*

Der Nachfolger, Pius VI. (1775–99), scheute weder Mühen noch Kosten, die Sammlung zu mehren. Er verband den alten Statuenhof des Belvedere (den jetzigen Cortile Ottagono) mit den Kunstsammlungen der Bibliothek durch die Bauten **[6]**Sala degli

Vatikanischer Palast und Vatikanische Museen. Lagepläne

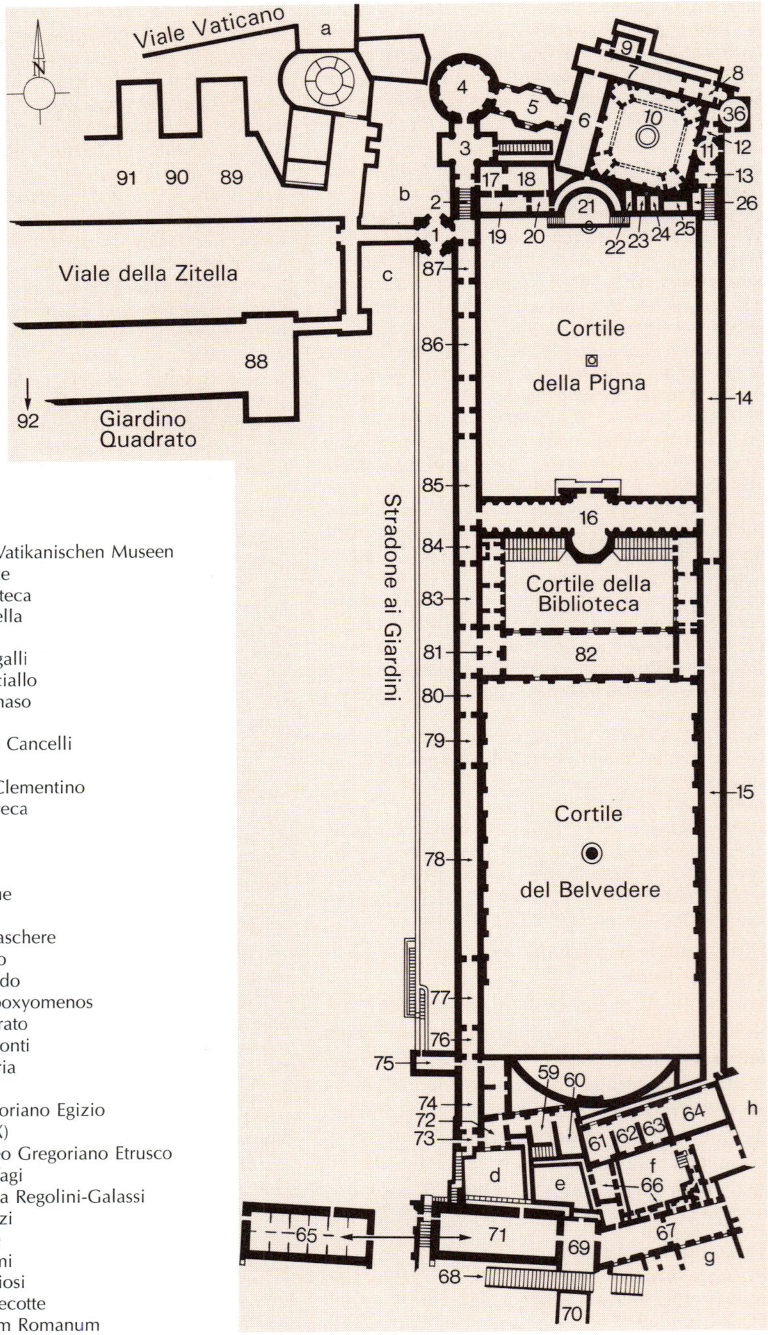

a Eingang zu den Vatikanischen Museen
b Cortile d. Corazze
c Cortile d. Pinacoteca
d Cortile d. Sentinella
e Cortile Borgia
f Cortile d. Pappagalli
g Cortile d. Maresciallo
h Cortile di S. Damaso

1 Atrio d. Quattro Cancelli
2 Scala Simonetti
3–13 Museo Pio-Clementino
3 Sala a Croce Greca
4 Sala Rotonda
5 Sala d. Muse
6 Sala d. Animali
7 Galleria d. Statue
8 Sala d. Busti
9 Gabinetto d. Maschere
10 Cortile Ottagono
11 Vestibolo Rotondo
12 Gabinetto d. Apoxyomenos
13 Vestibolo Quadrato
14 Museo Chiaramonti
15 Galleria Lapidaria
16 Braccio Nuovo
17–26 Museo Gregoriano Egizio (Sala/Saletta I–X)
27–35, 39–42 Museo Gregoriano Etrusco
27 I. Sala d. Sarcofagi
28 II. Sala d. Tomba Regolini-Galassi
29 III. Sala d. Bronzi
30 IV. Sala d. Urne
31 V. Sala Guglielmi
32 VI. Sala d. Preciosi
33 VII. Sala d. Terrecotte
34 VIII. Antiquarium Romanum

35 IX. Sala Falcioni
36 Scala Bramante
37 XII. Salette d. Originali Greci
38 XIII. Scala d. Rilievi Assiri
39–42 Antike Vasensammlung
39 XIV. Sala d. Meridiana
39a XV. Sala Astarita
40 XVI. Hemicyclus
41 XVII. Oberer Hemicyclus
42 XVIII. Sala d. Vasi Italioti
43 Sala d. Biga
44 Galleria d. Candelabri
45 Galleria d. Arazzi
46 Galleria d. Carte Geografiche
47 Säle Pius' V.
48 Cappella di Pio V
49 Sala d. Sobieski
50 Sala d. Immacolata
51–54 Stanze di Raffaello
51 Stanza d. Incendio di Borgo
52 Stanza d. Segnatura
53 Stanza d'Eliodoro
54 Sala di Costantino
55 Sala d. Chiaroscuri
56 Cappella di Niccolò V
57 Logge di Raffaello
58 Cappella di Urbano VIII
59–66 Collezione d'Arte Religiosa Moderna
59–64 Appartamento Borgia
59 Sala d. Sibille
60 Sala d. Credo
61 Sala d. Arti Liberali
62 Sala d. Vita d. Santi
63 Sala d. Misteri d. Fede
64 Sala d. Pontefici
65 Collezione d'Arte Religiosa Moderna
66 Salette Borgia
67 Sala Ducale
68 Scala Regia
69 Sala Regia
70 Cappella Paolina
71 Cappella Sistina
72–87 Kunstsammlungen d. Biblioteca Apostolica
72 Sala d. Indirizzi di Pio IX
73 Cappella di Pio V
74 Sala d. Indirizzi
75 Sala d. Nozze Aldobrandine
76 Sala d. Papiri
77 Museo Sacro d. Biblioteca Apostolica
78 Galleria di Urbano VIII
79, 80 Sale Sistine
81 Vestibolo
82 Salone Sistino
83, 84 Sale Paoline
85 Sala Alessandrina
86 Galleria Clementina
87 Museo Profano d. Biblioteca Apostolica
88 Pinacoteca Vaticana
89 Museo Gregoriano Profano
90 Museo Pio Cristiano
91 Museo Missionario-Etnologico
92 Museo Storico Vaticano

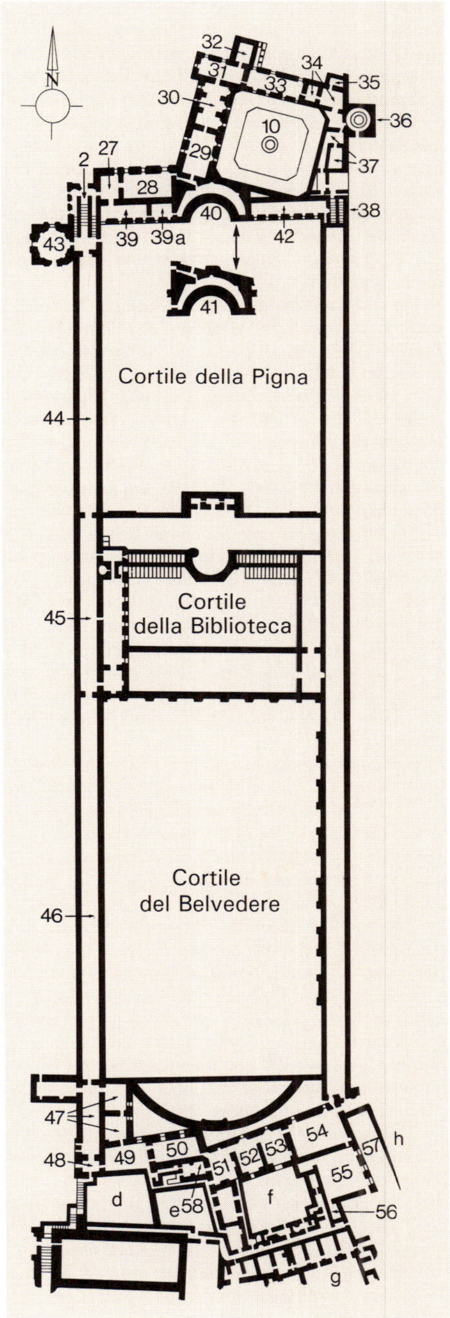

Animali, [5]Sala delle Muse, [4]Sala Rotonda, [3]Sala a Croce Greca und die [2]Scala Simonetti; das [1]Atrio dei Quattro Cancelli bildet den Eingang zu diesem Museum, dem [3–13]Museo Pio-Clementino. In dieser Funktion und in der Gestalt, die ihm Michelangelo Simonetti und Giuseppe Camporese als verantwortliche Architekten nach 1773 gaben, ist es vorbildlich geworden für einen wichtigen Bautypus des späten 18. und des 19. Jh., das Kunstmuseum; in der Anlage einzelner Säle und deren thematisch gebundener Ausstattung ebenso wie in der Raumfolge mit Prachttreppe, Empfangshalle und dominierendem Kuppelsaal.

Kaum war dieses gewaltige Museum vollendet, mußten aufgrund des Vertrages von Tolentino (19. Februar 1797) alle bedeutsamen Werke den Franzosen ausgeliefert und nach Paris geschafft werden. Der nachfolgende Papst, Pius VII. Chiaramonti (1800–23), berief Antonio Canova zum Generaldirektor der Museen und erwarb seinen »Perseus« (1801), der noch heute als politisches Dokument des Museumsgeschicks im [10]Cortile Ottagono gegenüber dem »Apoll vom Belvedere« ausgestellt ist. Canova richtete die eine Hälfte des langen östlichen Korridors vom Belvedere-Hof, den Bramante zu Beginn des 16. Jh. schuf, als [14]Museo Chiaramonti ein (1807–10), und Gaetano Martini ordnete zur selben Zeit die Inschriftensteine in der anderen Hälfte des Korridors als [15]Galleria Lapidaria. Nach Rückkehr der Kunstwerke aus Paris (1816) wurde der von Raffael Stern zu Beginn des 19. Jh. entworfene Plan des [16]Braccio Nuovo ausgeführt und dieser 1822 eröffnet.

Die reichen Funde aus dem Etruskerland führten unter Gregor XVI. (1831–46) zur Gründung des [27–35, 39–42]Museo Gregoriano Etrusco, das 1837 im 2. Geschoß des Belvedere-Palazzetto, des Nicchione und der angrenzenden Flügel eröffnet wurde. Im unteren Geschoß des Nicchione und seiner beiden Seitenflügel wurde das [17–26]Museo Gregoriano Egizio eingerichtet. Als drittes Museum rief Gregor XVI. das Museo Gregoriano Profano (heute: [89]) im unteren Geschoß des Lateranpalastes ins Leben. Die Schenkung der Sophokles-Statue aus Terracina nahm er 1839 zum Anlaß, die Funde aus dem Kirchenstaat hier zu sammeln. Bereits 1844 konnte er dieses Museum eröffnen. Sein Nachfolger Pius IX., passionierter Ausgräber in Ostia, ließ die christlichen Altertümer im Museo Pio Cristiano (heute: [90]) im 2. Geschoß des Lateranpalastes vereinigen, wohl die vorzüglichste Sammlung frühchristlicher Sarkophage und Inschriften.

Aus der Missionsausstellung des Hl. Jahres 1925 ging das Museo Missionario-Etnologico (heute: [91]) hervor; 1927 wurde es im Lateranpalast eröffnet.

Mit Abschluß der Lateranverträge vom 11. Februar 1929, dem Abkommen des Heiligen Stuhls mit dem italienischen Staat, ging der neugeschaffene unabhängige Vatikanstaat die Verpflichtung ein, seinen Kunstbesitz der Öffentlichkeit zugänglich zu machen. Pius XI. schuf den neuen Museumseingang am Viale Vaticano. 1932 konnte er den Bau der [88]Pinakothek vom Mailänder Architekten Luca Beltrami feierlich eröffnen. Damit kam der Vatikan den Bedingungen des Wiener Kongresses nach, die aus Paris zurückgekehrten und seitdem heimatlosen Bilder aus dem Besitz des Kirchenstaates in würdiger Form zu präsentieren.

Der Versuch einer systematischen Ausstellung antiker Skulpturen nahm mit den 1960 eröffneten [37]Salette degli Originali Greci ihren Anfang. Die Wiederentdeckung des Pferdekopfes vom Athena-Gespann aus dem Westgiebel des Parthenon in Athen bot den glücklichen Anlaß, griechische Originale, die verstreut und schwer auffindbar in den übrigen Teilen des Museums aufbewahrt wurden, zu vereinigen.

Als Johannes XXIII. am Vorabend des 2. Vatikanischen Konzils (1962/63) die Verwaltung seiner römischen Diözese in den Lateranpalast verlegte, um dadurch seinem Bischofssitz S. Giovanni in Laterano mehr Gewicht zu geben, wurden die dort aufbewahrten drei Sammlungen – Museo Gregoriano Profano, Museo Pio Cristiano und Museo Missionario-Etnologico – in den Vatikan gebracht. Ein neuer [89–91]Museumsflügel im Komplex der Vatikanischen Museen wurde dafür von den Architekten Passarelli errichtet, und zwar im Norden parallel zur Pinakothek. Seit 1970 können die antiken und frühchristlichen Altertümer wieder besichtigt werden und seit 1973 die völkerkundliche Sammlung. Gleichzeitig wurde 1973 das [92]Museo Storico eröffnet. Nach Auflösung der Guardie Nobili Pontificie und der Gendarmeria sind hier Uniformen, Waffen und Transportmittel der päpstlichen Hofhaltung (vor allem aus dem 19. Jh.) zusammengetragen.

1964 äußerte Papst Paul VI. den Wunsch, moderne religiöse Kunst im Vatikan zu sammeln. Die (bis 1973) ca. 780 im Appartamento Borgia, in den Salette Borgia, in den Räumen unter der Sixtinischen Kapelle und der Sala Ducale gesammelten Werke sind der Öffentlichkeit seit 1973 als [59–66]Collezione d'Arte Religiosa Moderna zugänglich.

Der Weg durch die Vatikanischen Museen beläuft sich auf etwa 7 km, und an die 50000 Denkmäler können besichtigt werden. Einerseits handelt es sich dabei um Museen im wahren Sinne des Wortes, um Ansammlungen von Kunstwerken aus der Antike, dem Mittelalter und der Neuzeit; und unter ihnen heben sich Werke heraus, die eine eigene Berühmtheit erlangt haben. Andererseits bekommt der Besucher Einlaß in einen Teil des Papstpalastes, der nicht nur künstlerische und historische Bedeutung besitzt, sondern zum Lebensvollzug des Papsttums gehört.

Der [a]Eingang zu den Vatikanischen Museen liegt seit 1932 am Viale Vaticano. Das *Portal* wird von 2 Statuen bekrönt, die Michelangelo und Raffael darstellen sollen und das Wappen Pius' XI. halten (von Pietro Melandri). Über eine Treppe in Form einer Doppelspirale (Architekt G. Momo, Treppengeländer A. Maraini) erreicht man das Niveau des Vatikanhügels. – Der Einbahnverkehr zwingt zu einer Wahl des Besichtigungsprogramms. Die farbig markierten Wegweiser nennen die im Verlauf des Ganges erreichbaren Säle. Im folgenden werden sämtliche Museumsräume und Kapellen beschrieben, auch die nicht immer zur Besichtigung freigegebenen.

Vom [c]Cortile della Pinacoteca gelangt man in den [b]Cortile delle Corazze und dann in das [1]Atrio dei Quattro Cancelli. Blickt man von hier (nach Süden) auf die Peterskuppel, so hat man zur Rechten die [88]Pinakothek und den Neubau für die früher im Lateranpalast untergebrachten [89–91]Sammlungen und zur Linken den langen Westtrakt des Belvedere-Hofes, an dessen Ende (im Süden) das Dach der [71]Sixtinischen Kapelle hervorragt. Hinter dem Atrio dei Quattro Cancelli sieht man in den Cortile della Pigna, der nach dem kolossalen *Pinienzapfen* aus Bronze benannt ist. – Bei einer vollständigen Besichtigung führt der Weg in das

Museo Gregoriano Egizio[17–26],

die Sammlung der ägyptischen Altertümer. Die Denkmäler wurden zum großen Teil in Rom und seiner Umgebung gefunden, in den Gärten des Sallust, im Isis-Heiligtum auf dem Marsfeld und in der Villa des Kaisers Hadrian bei Tivoli. Hinzu kamen Erwerbungen und Stiftungen. Der Barnabiterpater L. Ungarelli, einer der ersten italienischen Ägyptologen, die Jean-François Champollion in der Entzifferung der Hieroglyphenschrift folgten, vereinte die im Vatikan und im Kapitolinischen Museum aufbewahrten ägyptischen Altertümer. Gregor XVI. eröffnete dieses Museum 1839 in den 10 Räumen des Untergeschosses zwischen Scala Simonetti, Nicchione und Treppe zum Museo Chiaramonti.

Die Säle enthalten Stelen, Sarkophage und Mumien, selbst Mumien von hl. Tieren. Ausgestellt sind auch Kunstwerke der römischen Zeit (1.–3. Jh. n. Chr.). Ein Raum ist den Papyri gewidmet.

Vom letzten [26]Saal gelangt man in einen langen, von Bramante entworfenen Gang, der den Papstpalast (in Höhe des Appartamento Borgia) mit der einstigen Sommervilla, dem Palazzo del Belvedere, verbindet. Links ist der Zugang zum [3–13]Museo Pio-Clementino (s. u.). Nach rechts blickt man durch die Galerien [14]Chiaramonti und [15]Lapidaria in Richtung des Papstpalastes bis hin zur ersten Loggia am [h]Cortile di S. Damaso.

Museo Chiaramonti[14] ●

Von Pius VII. (1800–23) aus der Familie Chiaramonti stammt der Name. Antonio Canova richtete diesen Gang als Museum ein. – Eine einfache Pilasterordnung gliedert die Wände in 59 Abteilungen (30 links und 29 rechts). Etwa 1000 *antike Bildwerke* aller Art und Qualität sind hier ausgestellt: Götter und Bildnisstatuen (meistens leider nur als Köpfe erhalten), Altäre und Architekturornamente, Urnen und Sarkophage. In den 15 *Lünetten* stellten Maler der Accademia di S. Luca im Auftrag Canovas die kunstfördernde Tätigkeit des Chiaramonti-Papstes dar.

Ein Eisengitter teilt den langen Korridor. Der zum Papstpalast gelegene Teil bildet die

Galleria Lapidaria[15],

die Inschriftengalerie. Die vielen *Inschriftensteine* ordnete zu Beginn des 19. Jh. Gaetano Marini. Bis heute haben sie im wesentlichen ihre alte Gliederung behalten: auf der östlichen Wand zur Stadt, links, die profanen und auf der anderen Wand zum Hof, rechts, die christlichen Inschriften; jeder Wandabschnitt hat ein Thema, das auf dem Architrav angegeben ist. – Die Galleria Lapidaria ist nur mit besonderer Erlaubnis der Museumsdirektion zugänglich.

Wendet man sich aus der [26]»Saletta Grassi« des Museo Gregoriano Egizio kommend nach links, gelangt man in das

Museo Pio-Clementino[3–13]. ●

Es enthält fast ausschließlich antike Bildwerke, die zwischen 1770 und 1784 in den eigens dafür errichteten Sälen aufgestellt wurden. Da heute die große Anzahl der Besuchergruppen nur einen Einbahnverkehr zu-

Antonio Canova: Perseus (Vatikanische Museen, Museo Pio-Clementino)

Apoll vom Belvedere (Vatikanische Museen, Museo Pio-Clementino)

läßt, besucht man die Räume dieses Museums in rücklaufender Reihenfolge.

Der [13]Vestibolo Quadrato ist der Vorraum des einstigen Klementinischen Museums. »Museum Clementinum« steht auf dem Architrav der gegenüberliegenden Seite über dem perspektivisch ausgerichteten Bogen geschrieben. Davor die Büsten der beiden Gründerpäpste des Museums, links Clemens XIV., der 1770 mit dem Ankauf der Sammlungen Fusconi und Mattei die Neueinrichtung des Museums im **Palazzetto del Belvedere** veranlaßte, und rechts Pius VI., der das Museum ausbaute und vollendete. – In der linken Wandnische: Sarkophag des Lucius Cornelius Scipio Barbatus, Konsul von 298 v.Chr., aus der Familiengruft der Cornelii Scipiones an der Via Appia. Die Inschrift enthält das Elogium auf den Verstorbenen, die Ämterlaufbahn und seine Taten in altlateinischen Versen.

● [11]Vestibolo Rotondo und [12]Gabinetto dell'Apoxyomenos: *Apoxyomenos,* der »Schaber« des Lysipp, eine römische Kopie nach einem griechischen Original um 320 v.Chr. Ein Sieger ist dargestellt, wie er sich nach sportlichem Wettkampf mit dem Schabeisen, der Strigilis, vom Schmutz der Palästra reinigt. Er blickt mit kleinen, abgespannten Augen, zermürbt vom Kampfe. Nicht der strahlende Sieger, sondern die Anstrengung, die der Sieg kostet, ist vergegenwärtigt. – Vom Vestibolo Rotondo gelangt man in den

[10]Cortile Ottagono, einst, als hier noch Orangenbäume blühten zu Beginn des 16. Jh., Keimzelle der Museen. In dem Eckraum zur Linken: *Apoll vom Belvedere*; der Gott erscheint leichten Schrittes, selbstsicher hält er inne und schaut in Richtung des ausgestreckten Armes, dessen Hand den Bogen hielt, das Kennzeichen des ferntreffenden, rächenden Gottes. Seine Rechte trug einen Lorbeerzweig mit Binden, das Zeichen der reinigenden, heilenden Kraft. Die strahlende, jugendliche Gestalt wurde für Jahrhunderte zum Inbegriff der Hoheit und Reinheit apollinischen Wesens, die Harmonie der Körperhaltung des Gottes ●

für Generationen von Künstlern ein Inbegriff vollendeter Klassizität, wie der »*Perseus*« von Antonio Canova (im Eckraum schräg gegenüber) für die Ära nach Winckelmann anschaulich beweist. Ihrer Form nach ist die Marmorstatue Apolls in römischer Kaiserzeit um 130 n.Chr. gearbeitet worden nach einem Vorbild aus Bronze, das aller Wahrscheinlichkeit nach auf der Athener Agora stand und von Leochares um 330 v.Chr. geschaffen wurde. – Im nächsten Eckraum: die *Laokoon-Gruppe*. Plinius d.Ä., der beim Vesuv-Ausbruch 79 n.Chr. ums Leben kam, berichtet von dieser Gruppe (»Naturalis Historia« 36, 37): »Laokoon, der im Palast des Titus sich befindet, ein Werk, allen anderen der Malerei und Plastik vorzuziehen [...] ihn schufen Hagesander, Polydoros und Athanodoros aus Rhodos.« Hiermit ist uns über Bedeutung und Wert dieses Bildwerks ein Urteil aus der Antike bekannt. Der Priester Laokoon ist mit seinen beiden Söhnen an den Stufen eines Altars dargestellt, von zwei Schlangen umwunden. Die eine setzt zum Biß in die linke Hüfte Laokoons an, der sich aufbäumt und vergeblich den Schlangenkopf wegzudrücken sucht. Die andere Schlange hat bereits in die Seite des einen Knaben gebissen, der von Schmerz gekrümmt zusammenbricht, während der andere Sohn zu entkommen versucht. (Siehe Schilderung Vergils in der »Aeneis« II, 40 ff.) Das Bildwerk hatte für die Römer eine besondere Bedeutung, denn Laokoon warnte die Trojaner vor dem hölzernen Pferd der Griechen. Nur Aeneas folgte dem Warnruf, entkam und wurde Ahnherr des römischen Kaiserhauses. Die Gruppe war 1506 in einem nicht mehr bestimmbaren antiken Gebäudekomplex am Colle Oppio gefunden und von den Künstlern der Generation Michelangelos sogleich als vorbildliches antikes Meisterwerk empfunden worden. – In der Nische nebenan steht als Gipsabguß die frühere Rekonstruktion mit erhobenem rechten Arm Laokoons nach dem Vorbild der Kopie des Baccio Bandinelli, von G.A. Montorsoli ausgeführt. Der originale rechte Arm wurde von L. Pollak 1905 entdeckt und bei der Restaurierung 1957–60 angesetzt. – Westlich des Cortile Ottagono gelangt man in die

6 Sala degli Animali. Sie erhielt ihren Namen von den hier versammelten *Tierdarstellungen*. Der größte Teil ist weitgehend von der Hand des Bildhauers Francesco Antonio Franzoni (1734–1818) ergänzt. Im linken Flügel: Statue des *Meleager,* Held der kalydonischen Jagd mit Hund und Jagdtrophäe, einem Eberkopf; das Vorbild dieser Statue geht auf ein griechisches Original zurück, das man mit dem berühmten Bildhauer Skopas und der Zeit um 340/330 v.Chr. verbindet. Im rechten Flügel: *Mithras-Gruppe*: Der persische Gott Mithras tötet den Urstier, Symbol der Zeugungskraft; aus seinem Blut entsteht die Schöpfung, was Skorpion und Schlange als böse Geister zu verhindern trachten; ein Hund leckt das Blut, das aus der Wunde fließt und die Seele des Tieres enthält. – Hinter dem rechten Flügel der Sala degli Animali öffnet sich die

7 Galleria delle Statue. Einst befand sich hier die offene Loggia des Belvedere-Palazzetto; Reste der ursprünglichen *Fresken* des Pinturicchio und seiner Schule sind an Wänden und Decke noch zu sehen, übermalt im 18. Jh. – Links vor der Nische der Rückwand: Einst vielbewundertes und gerühmtes *Sitzbild einer Schlafenden,* früher Kleopatra genannt; überzeugender erscheint die Erklärung Ariadne, die von Theseus verlassen wurde und nun schlafend der Epiphanie des Gottes Dionysos harrt, der sie erwählt; nach einem griechischen Vorbild im 2. Jh. n.Chr. geschaffen. Darunter als Sockel: Sarkophag mit schlangenbeinigen Giganten im Kampf gegen die hier nicht wiedergegebenen Götter, Ende 2. Jh. n.Chr. – Auf der den Fenstern gegenüberliegenden Seite, rechts vom Eingang aus der Sala degli Animali: *Eros von Centocelle*; Einlaßspuren eines Flügelpaares auf dem Rükken sichern die Benennung; römische Nachbildung nach einem griechischen Original aus dem Beginn des 4. Jh. – *Apollon Sauroktonos,* Eidechsentöter; die Statue geht auf ein Vorbild des Praxiteles zurück, das um die Mitte des 4. Jh. v.Chr. aus Bronze gegossen wurde: In spielerischer Leichtigkeit hat der Künstler den Gott, der Menschen von Unreinheit und Schuld befreit, hier im Bild vergegenwärtigt. Anmutig und geschmeidig lehnt er sich in Knabengestalt an einen Baum. Versunken in sein unbefangenes Spiel wartet er gespannt auf den günstigen Augenblick, die am Stamm emporkletternde Eidechse zu tö-

ten. – Daneben: Statue einer *Verwundeten Amazone*; diese Darstellung wurde mit einer Plinius-Notiz (»Naturalis Historia« 34, 53), die von einem Weihgeschenk an die Göttin Artemis in Ephesos berichtet, in Verbindung gebracht. Vier große Bildhauer der klassischen Epoche um 430 v. Chr. wetteiferten miteinander, die beste Statue für dieses Weihgeschenk zu schaffen. In diesem Werk glaubt man die Kopie nach dem Original des Phidias zu besitzen; den nicht zugehörigen Kopf weist man der Amazonenstatue des Polyklet zu. – Von der Statuengalerie gelangt man direkt, flankiert von 2 Sitzbildern, dem Poseidippos rechts und dem sog. Menander links, in die

[8]Sala dei Busti, einst der Wohntrakt des Papstes in der Sommervilla. Rechts, gegenüber der Fensterreihe: *Kaiserbildnisse*; unten Julius Caesar (ermordet am 15. März 44 v. Chr.). In der Nische der Rückwand: Sitzbild des *Jupiter Verospi,* in der Linken das Zepter (richtig ergänzt), in der Rechten den Blitz; als Vorbild diente das Kultbild des Jupiter-Tempels auf dem Kapitol, ein Goldelfenbeinbild des Apollonios aus dem 1. Jh. v. Chr. – Zurückgehend auf der Fensterseite am Ende der Sala dei Busti: Bildnisgruppe, Halbfiguren eines *Ehepaares,* das sich die rechte Hand reicht (dextrarum iunctio), von einem Grabmal aus dem Ende des 1. Jh. v. Chr. – Zurück durch die Statuengalerie: Gegenüber der Sala degli Animali liegt der Zugang zum

[9]Gabinetto delle Maschere, einem turmartigen Vorsprung des Belvedere-Palazzetto. Das *Fußbodenmosaik* mit den Maskendarstellungen (aus der Villa des Kaisers Hadrian bei Tivoli) gab dem Raum den Namen. Gegenüber dem Eingang ist eine der besten Kopien des in der antiken Literatur mit am meisten genannten und gefeierten Werkes ausgestellt: die *Knidische Aphrodite* von Praxiteles. Die Liebesgöttin erscheint zum Bade entkleidet. Sie legt das Gewand über einen Krug ab – so, als sähe sie niemand, wie sie niemanden wahrnimmt, still und ungestört in ihrem göttlichen Dasein. – Daneben die Gruppe der *Drei Grazien*; der Reiz dieser Skulptur liegt in dem kunstvollen Spiel von Wechsel und Wiederholung, wie es in der späten Phase der griechischen Kunst, im Hellenismus des 1. Jh. v. Chr., Mode war und hier in einer Kopie der römischen Kaiserzeit des 2. Jh. vorliegt. – Zurück bis zur Mitte der Sala degli Animali, gelangt man nach rechts in die

[5]Sala delle Muse, benannt nach den hier ausgestellten Statuen des Apollon mit den 9 Musen aus der Villa des Cassius bei Tivoli. – In der Mitte: *Torso vom Belvedere*; das überlebensgroße Sitzbild aus Marmor schuf Apollonios, wie die Inschrift auf der Vorderseite des Felsblockes sagt: »Apollonios, Sohn des Nestor, aus Athen, hat es gemacht.« Nur der Torso von dem kraftvollen Körper eines Mannes in vorgeschrittenem Alter ist erhalten geblieben. Er sitzt auf einem Felsblock, über den ein Tierfell gebreitet ist; ist es das eines Löwen, trifft die alte Deutung des Dargestellten als Herakles zu. Michelangelos Bewunderung für den Torso spiegelt sich nicht nur in den Gestalten der Sixtinischen Fresken, sondern auch in dem Ausruf angesichts des Torsos, den Bernini überliefert: »Wahrlich, das hat ein Mensch gemacht, der weiser war als die Natur! Ein Jammer, daß es ein Torso ist!« – An den Wänden *Bildnishermen* berühmter griechischer Dichter, Denker und Politiker; links: Euripides, Platon, Sokrates, Homer, Periander und Bias; rechts: Sophokles, Epikur, Aischines, Antisthenes und am Ende rechts Perikles. – Anschließend die

[4]Sala Rotonda. Antike *Mosaiken* aus Otricoli schmücken den Fußboden. In der Mitte steht eine gewaltige *Porphyrschale* von 13 m Umfang, die aus dem Goldenen Haus des Nero stammen soll. – In den 8 Nischen und vor den Pilastern stehen kolossale *Bildwerke von Göttern und heroisierten Sterblichen.* Rechts vom Eingang folgen einander (Reihenfolge gegen den Uhrzeigersinn): Kopf des *Zeus von Otricoli,* lockenumwalltes Haupt des obersten der Götter, in dem Erhabenheit und Würde versammelt sind, ein viel bewundertes Werk, dessen Gesichtstyp sicher auf ein griechisches Vorbild zurückgeht. Statue des Antinous als Dionysos. »Demeter«, hoheitsvolle Göttin in griechischem Gewand, Kopie der römischen Kaiserzeit nach einem Vorbild aus dem Umkreis des Phidias (5. Jh. v. Chr.). Porträtkopf des Kaisers Hadrian aus seinem Mausoleum, der Engelsburg. Herkules-Statue aus vergoldeter Bronze, die in der Gegend des Pompeius-Theaters gefunden wurde, und zwar sorgfältig unter Steinplatten beigesetzt mit der Aufschrift F C S (fulgur conditum summanium), was be-

sagt, daß die Statue vom Blitz getroffen am selben Orte begraben wurde. Büste des Antinous, des von Hadrian geliebten Jünglings aus Bithynien, der am 30. Oktober 130 vor den Augen des Kaisers im Nil ertrank und vergöttlicht wurde. Statue der »Hera Barberini«; wenn auch die Bezeichnung der majestätischen Gestalt als Gemahlin des Zeus nicht gewiß ist, so trifft sie doch ihren hehren Charakter; Bildwerk aus der römischen Kaiserzeit nach einem klassisch-griechischen Vorbild vom Ende des 5. Jh. v. Chr. Thronender Herrscher, gewöhnlich Galba oder Nerva genannt, doch wohl noch aus dem 1. Jh. v. Chr. Büste des synkretistischen Gottes Serapis. Statue des Kaisers Claudius als Jupiter. Statue der Juno Sospita, altitalische Göttin von Lanuvium mit Ziegenfell, Schild, Lanze und Schnabelschuhen, ein Bildwerk aus dem 2. Jh. n. Chr. Büste der Kaiserin Plotina, Frau Trajans, gest. 122 n. Chr. – In dieser Aufstellung in der Sala Rotonda spiegelt sich sehr deutlich der Geist des ungeschichtlich denkenden Klassizismus. Die beratenden Altertumsforscher jener Zeit, Giambattista und Ennio Quirino Visconti, waren der Ansicht, die antike Kunst habe sich von Perikles bis Hadrian, vom 5. Jh. v. Chr. bis ins 2. Jh. n. Chr., auf gleich hohem Niveau gehalten. – Es folgt die

● [3]Sala a Croce Greca, so benannt nach dem Grundriß in Form eines griechischen Kreuzes mit 4 gleich langen Armen. Den Durchgang von der Sala Rotonda flankieren Telamone, ägyptisierende Stützfiguren aus rotem Granit, die aus der Villa des Kaisers Hadrian bei Tivoli stammen. Die Hauptwerke bilden 2 monumentale *Sarkophage* aus dunkelrotem Porphyr. Schon das Material weist auf einen hohen Auftraggeber. Aufgrund des ursprünglichen Aufstellungsortes des einen Sarkophags (zur Linken) im Mausoleum der Kaiserin Helena an der Via Casilina (Tor Pignattara) wird dieser traditionell mit der Mutter Konstantins verbunden. Sie starb 335 n. Chr. Jedoch läßt der Reliefdekor, siegende Römer zu Pferde und gefangene Barbaren, eher an einen Heerführer als an die fromme Kaisermutter denken. Vermutlich hatte Konstantin den Sarkophag für sich vor seiner Bekehrung in Auftrag gegeben. – Der andere Sarkophag stammt aus S. Costanza an der Via Nomentana bei S. Agnese fuori le Mura. Constantia, die älteste Tochter Konstantins, zu Lebzeiten mit Diadem und dem Titel Augusta ausgezeichnet, starb 354 n. Chr. Der Reliefdekor, geflügelte Eroten bei der Weinlese und Kelter, umgeben von Rebzweigen und akanthusartigen Ranken, mutet antikisch an und läßt sich zwanglos mit dionysischen Vorstellungen verbinden. Aus christlicher Sicht können aber auch die Freuden des Paradieses versinnbildlicht sein. Die geheimnisvolle Transsubstantiation des Weins in das Blut des erlösenden Gottes gibt es sowohl in den dionysischen Mysterien als auch im christlichen Kult.

Von der Sala a Croce Greca gelangt man wieder zur [2]Scala Simonetti. Auf der nächsten Etage steht man vor dem langen Korridor, der zu den Stanzen Raffaels und zur Sixtinischen Kapelle führt und mit der [44]Galleria dei Candelabri beginnt; zur Rechten hat man die [43]Sala della Biga. – Ein weiterer Treppenabsatz der Scala Simonetti führt zum

Museo Gregoriano Etrusco[27–35, 39–42], ●
der Sammlung der etruskischen Altertümer. Gregor XVI. eröffnete dieses Museum 1837. Der größte Teil der Bestände stammt aus den Nekropolen Südetruriens, einem Gebiet, das bis 1870 zum Kirchenstaat gehörte, und ist nach Vorschlag der Altertümer-Kommission durch das Schatzamt angekauft worden. Außerordentlichen Zuwachs erhielt die Sammlung später durch Erwerb der Sammlung Falcioni (1900) bzw. Schenkung der Kollektionen Guglielmi (1935) und Astarita (1967).

An die etruskischen Denkmäler (Sala I–VII) schließt sich das Antiquarium Romanum (Sala VIII) an, und es folgen die Salette degli Originali Greci (Sala XII). Da die griechischen Vasen in den etruskischen Gräbern gefunden wurden (und lange Zeit für etruskisch gehalten wurden), erscheint die enge Verbindung mit der etruskischen Kunst durch die Tradition legitimiert. Sie sind parallel zu den etruskischen Altertümern ausgestellt (Sala XIV bis XVIII), und zwar in den Räumen, die auf der Südseite zum Cortile della Pigna hin gelegen sind (einschließlich des Hemicyclus im Nicchione).

Die mittleren Ausstellungsräume (Sala V–XII) gehören zum oberen Stockwerk des **Belvedere-Palazzettos** Innozenz' VIII. (1484–92); »Sala X« ist die [36]Scala Bramante (vgl. S. 357), »eine

Wendeltreppe auf steigenden Säulen, und zwar so, daß man auch zu Pferde hinaufkommt« (so Vasari), an der Ostseite des Belvedere-Palazzetto (begonnen vor 1512 von Bramante, vollendet 1564 von Pirro Ligorio). Die übrigen Räume I–IV und XIV–XVIII gehören zu den angrenzenden, unter Pius IV. errichteten Bauten; zu diesen gehört auch der ***Nicchione*** von Pirro Ligorio aus dem Jahre 1562/63.

I. [27]Sala dei Sarcofagi. Denkmäler aus Stein, aber von unterschiedlicher Art (Sarkophage, Urnen, Rundplastiken, Reliefs, Grabsteine, Inschriften), Herkunft (Chiusi, Vulci, Cervéteri, Orte, Palestrina) und Zeit (6.–1. Jh. v. Chr.). – In der Mitte des Saales eine Gruppe von 4 *Sarkophagen*: Sarkophag aus Nenfro (lokales Tuffgestein) mit Szenen aus der Atriden-Sage (Vorderseite) und der thebanischen Sage (Rückseite); nicht zugehöriger Deckel mit gelagertem Toten; Tarquinia, 2. Jh. v. Chr. Sarkophag aus Kalkstein mit farbigen Reliefs; Cervéteri, Ende 5. Jh. v. Chr. Sog. Beamtensarkophag aus Nenfro mit der Darstellung der letzten Fahrt des Verstorbenen; Inschrift mit Namen, Cursus honorum und Anweisungen zur Bestattung; Tuscania, 3. Jh. v. Chr. Sarkophag aus Nenfro mit Niobiden, Kentauromachie und Schleifung Hektors; Tuscania, 2. Jh. v. Chr. – Rechts: Sandsteinstatuette einer sitzenden Frau aus einem Grab bei Chiusi, 3./2. Jh. v. Chr.; dargestellt ist eher Lasa, ein etruskischer Dämon des Jenseits, als die Tote.

II. [28]Sala della Tomba Regolini-Galassi. Die *Fresken* oben an den Wänden mit Darstellungen aus dem Leben des Moses malten Federico Barocci und Taddeo Zuccari um 1563. – Unter den hier ausgestellten Funden aus der Sorbo-Nekropole südlich von Cervéteri sind die aus der *Tomba Regolini-Galassi* am wichtigsten. Dieses Kammergrab in einem Tumulus (Grabhügel) wurde 1836 gefunden und nach den beiden Ausgräbern benannt. Die Grabanlage enthielt 3 Bestattungen: die einer fürstlichen Frau (Fundnummer 1–226), die eines eingeäscherten Mannes (Fundnummer 227–233) und die eines Kriegers im mittleren Teil des Korridors (Fundnummer 234–327). Das Grab kann in die 2. Hälfte des 7. Jh. v. Chr. datiert werden und bildet eines der vollständigsten und besten Zeugnisse der sog. orientalisierenden Phase in Etrurien. – Vitrine A, Goldschmuck: außergewöhnlich große Fibel mit reicher Granulation, Brustschild (Pektorale) mit getriebenem Rapport sich wiederholender Motive in konzentrischer Anordnung, Halsketten mit Bernsteinanhänger und reliefverzierte Armbänder. – Bei dem Geschirr in den anderen Vitrinen ist interessant, daß Importe aus dem Orient, ägyptisierende Silberschalen, protokorinthische Vasen aus Griechenland sowie lokale Nachahmungen und Bucchero nebeneinander vorkommen. – In der Mitte des Raumes: Rekonstruktion des 2rädrigen und des 4rädrigen Wagens: auf dem letzteren steht das Bett, auf dem der Leichnam des Kriegers bestattet war.

III. [29]Sala dei Bronzi. Hier sind die etruskischen Bronzen vereinigt: Geräte und Gefäße, ferner Bronzestatuetten, wie der Haruspex (etruskischer Priester, der den Willen der Götter aus den Eingeweiden von Tieren las) in der Vitrine I, oberes Bord, aus dem 4. Jh. v. Chr., Spiegel, Cisten und Beschläge sowie Kandelaber und Weihrauchständer. – Im Durchgang zur IV. Sala: *»Mars« von Todi*; eines der wenigen Beispiele italischer Großbronzen. Aus mehreren Teilen gegossen. Die Augen waren eingesetzt (eines wurde anläßlich der letzten Restaurierung in der Statue wiedergefunden). In der Linken des jugendlichen Kriegers ist die Lanze zu ergänzen, in der Rechten hält er eine Omphalosschale (nebenan in der Wandvitrine ausgestellt) zum Spenden des Opfers. Bemerkenswert die Weihinschrift in umbrischem Dialekt auf der Lasche des Panzers in der Mitte: »Ahal Trutitis dunum dede.« Der Einfluß der griechischen Klassik ist unverkennbar. Anfang 4. Jh. v. Chr.

IV. [30]Sala delle Urne. *Aschenurnen* aus Alabaster und Kalkstein haben auf einer umlaufenden Bank, welche die der etruskischen Kammergräber ins Gedächtnis ruft, Aufstellung gefunden. Die Urnen stammen aus Gräbern der Gegenden von Volterra, Chiusi und Perugia. Die Kästen zeigen Reliefs, deren Themen vielfach aus der griechischen Mythologie genommen sind, und auf dem Deckel erscheinen die Verstorbenen beim Mahl. Die meisten Urnen gehören ins 2. Jh. v. Chr.

V. [31]Sala Guglielmi. Die Altertümer der Sammlung des Marchese A. Benedetto Guglielmi stammen aus den Gräbern seines

Landbesitzes in Vulci (in der Nähe von Montalto di Castro). Die wichtigsten Gruppen: griechische (Vitrine B, C, D, K) und etruskische Vasen (Vitrine E), Bronzen (Vitrine A), Goldschmuck (Vitrine G) und Bucchero-Gefäße, die schwarzen glänzenden keramischen Erzeugnisse, die für das Etrurien des 7.–5. Jh. v. Chr. charakteristisch sind (Vitrine F).

VI. [32]Sala dei Preziosi. *Goldschmuck* (mit Ausnahme der Goldarbeiten aus dem Regolini-Galassi-Grab): Diademe, Kopfkränze mit Lorbeer-, Eichen- und Efeublättern, Ohrgehänge, Halsschmuck, Ketten und Anhänger. Der größte Teil wurde 1837 in Vulci gefunden.

VII. [33]Sala delle Terrecotte. Umfaßt in breiter Fülle die *Keramik*: Impasto-Urnen der Villanova-Zeit (Vitrine A, B), Grabausstattungen der Eisenzeit in Latium mit Hüttenurnen (Vitrine E), Kastenurnen mit menschlichem Kopf, aus Veji, 6. Jh. v. Chr. (Vitrine F). Zu den bemerkenswertesten Tonplastiken gehört das *Vorderteil eines geflügelten Pferdes* aus Cervéteri, Abschluß der Frontseite eines Tempels, Anfang 5. Jh. v. Chr. – Reichhaltige Serie von Weihgeschenken aus dem Tempelbezirk von Cervéteri (Vitrinen H, I, K, N, O), Grabdenkmal mit sterbendem Adonis, aus Tarquinia, 2./1. Jh. v. Chr. (Vitrine M).

VIII. [34]Antiquarium Romanum. *Antike Kleinkunst,* vornehmlich aus der römischen Kaiserzeit (1.–3. Jh. n. Chr.). – 1. Sektion: Auswahl architektonischer Verkleidungsplatten aus Ton, Campana-Reliefs, benannt nach dem berühmten Sammler und Ausgräber des 19. Jh., aus der Zeit vom 1. Jh. v. Chr. bis ins 2. Jh. n. Chr. – An der Wand: Verkleidungsplatten mit der Darstellung von 3 Herkules-Taten: Nemeischer Löwe, Lernäische Hydra und Kretischer Stier. 2. Jh. n. Chr. – In der Vitrine D, oben: Puppe aus Elfenbein mit beweglichen Armen und Beinen, aus römischer Kaiserzeit; unten: Silbervasen, Weihgeschenke an Apollon, aus Vicarello, 2./3. Jh. n. Chr. – 2. Sektion: Megarische Becher, mit Reliefschmuck, Vasengattung, die in hellenistischer Zeit (2. Jh. v. Chr.) weit verbreitet war. – Gefäße aus italischen Werkstätten, welche die megarischen nachahmen. – Zahlreiche Tonlampen vom 1.–4. Jh. n. Chr. – Glas, farblos hell und polychrom, gegossen und geblasen, 6. Jh. v. Chr. – 2. Jh. n. Chr. – 3. Sektion: Oberkörper einer Porträtstatue aus Bronze, 1. Jh. v. Chr., Identifizierung noch nicht gelungen. – Bronzekopf mit Lorbeerkranz, vermutlich der des Trebonianus Gallus, römischer Kaiser 251–253 n. Chr.

IX. [35]Sala Falcioni, ein Erker des Belvedere-Palazzettos. *Fresken* aus der Zeit Julius' III. – Hier hat die Sammlung Falcioni, die unter Leo XIII. hinzukam, ihren Platz gefunden: Werke etruskischen und römischen Ursprungs aus der Umgebung von Viterbo.

Auf dem Weg zu den Salette degli Originali Greci kann man links einen Blick auf die [36]Bramante-Treppe werfen, die dieser zu Beginn des 16. Jh. für Julius II. als Reittreppe zu seiner Sommervilla zu bauen begann: In einem quadratisch vorgelegten Turm ist die Spirale der Rampe eingebaut, die nach vitruvischer Vorschrift im ersten Drittel von tuskischen, im zweiten von ionischen und im letzten Drittel von korinthischen Säulen getragen wird.

XII. [37]Salette degli Originali Greci. Seit 1960 sind hier die wenigen griechischen Originale zusammengetragen. Im ersten Teil: griechische Votivreliefs. Im zweiten: 3 *Fragmente vom Skulpturenschmuck des Parthenon,* 447–432 v. Chr. errichtet unter Leitung des Phidias mit 92 Metopen, 160 m Fries und 2 Giebeln mit überlebensgroßen Figuren. Die Metopen geben Kämpfe der Vorzeit wieder; der hier ausgestellte Kopf von der Südmetope XVI: Sieger im Kentaurenkampf. Auf dem Fries erscheint das attische Volk im Festzug der Panathenäen; der Jünglingskopf hier: Träger einer Schüssel mit Opferkuchen. In den Giebelfeldern bildete Athena unter den olympischen Göttern den Mittelpunkt; im Westgiebel fuhren Athena und Poseidon auf dem Viergespann zueinander, um im Wettkampf die Gunst des attischen Volkes zu erlangen. Vom Athena-Gespann stammt der hier aufbewahrte Pferdekopf. – *Grabstele eines Jünglings;* den linken Arm hat er zum Gruß erhoben. Vor ihm steht sein kleiner Diener, der die Strigilis und den Aryballos mit Salböl bereithält. Jugendlich vollendetes Dasein in dieser Form zu vergegenwärtigen ist nur der klassisch-griechischen Kunst um 450 v. Chr. möglich gewesen. ●

XIII. [38]Scala dei Rilievi Assiri. *Fresken* aus der Zeit Julius' III. (1550–55); 2 große Engel halten sein Wappen. – An den Wänden, links: assyrische Reliefs; rechts: Keilschriftsteine in Assyrisch und Sumerisch sowie kufische (arabische) Grabinschriften (11.–13. Jh.). – Auf dem Treppenabsatz: palmyrenischer Porträtkopf mit Lorbeerkranz um die Kopfbedeckung und Medaillon mit Büste in der Mitte; um 150 n. Chr. – Auf dem Treppenabsatz links eine Tür, hinter der sich die

Antike Vasensammlung[39–42] des Museo Gregoriano Etrusco befindet, und zwar ihr Ende. Sie beginnt, im großen und ganzen chronologisch geordnet, neben dem 1. Raum des Etruskischen Museums ([27]Sala dei Sarcofagi) mit der

XIV. [39]Sala della Meridiana. Die Ausstellung dieses Raumes umfaßt die frühe Keramik griechischer und etruskischer Herkunft: korinthische Gefäße des 7. und 6. Jh. v. Chr., Caeretaner Hydrien und zahlreiche schwarzfigurige attische Dinoi, Amphoren, Hydrien und Schalen des 6. Jh. v. Chr.

XV. [39a]Sala Astarita. Die Papst Paul VI. 1967 geschenkte Sammlung hat hier ihre würdige Aufstellung gefunden. Unter den zahlreichen, z. T. signierten Fragmenten griechischer Vasen ragt ein großer, spätkorinthischer Krater heraus; auf der Hauptseite: Gesandtschaft des Odysseus und Menelaos, um die Auslieferung der Helena zu erwirken. Um 560 v. Chr.

XVI. [40]Hemicyclus. Die *Fresken* an den Wänden aus der Zeit Pius' VI. (1775–99) stellen Veduten vom Vatikan, von Rom und vom Kirchenstaat dar. – Attische Vasen aus dem Ende des 6. und aus dem Anfang des 5. Jh. v. Chr. sind hier ausgestellt. Gleich rechts: Wein-Amphora mit schwarzfiguriger Darstellung vom Amasis-Maler. In der Mitte (Vitrine F): *Exekias-Amphora,* ein Meisterwerk attischer Keramik. Exekias signiert als Töpfer und Maler. Auf der einen Seite: Achill und Ajax beim Würfelspiel; auf der anderen: Leda und Tyndareos mit ihren Söhnen Kastor und Polydeukes. Um 525 v. Chr. Diese Vase gehört zu den letzten und besten, die in schwarzfiguriger Technik bemalt sind, d. h. der »Firnis« wurde aufgetragen und die Innenzeichnungen eingeritzt. Die folgenden Vasen sind rotfigurig bemalt, d. h. die Figuren wurden vom »Firnis« ausgespart, sie bleiben rot wie die Tonfarbe. Vorzügliche Schalen in der rotfigurigen Malweise aus dem Beginn des 5. Jh. v. Chr. vom Brygos-Maler und von Duris. Bei diesem rotfigurigen Malverfahren lassen sich malerische und plastische Werte besser zum Ausdruck bringen, die in der schwarzfigurigen Malweise nur silhouettenhaft blieben.

XVII. [41]Oberer Hemicyclus (Emiciclo superiore). Im Nicchione ist über dem 2. noch ein 3. Stockwerk: Attisch rotfigurige Vasen aus dem 5. Jh. v. Chr. Hier ist die berühmte *Achilleus-Amphora* zu finden: Eine einzelne Figur erscheint auf dem schwarzen Grund der Amphora, ein Krieger, barhäuptig, mit kurzem Panzer und Chiton, in der Linken eine Lanze. »Achilleus« hat der Maler dazugeschrieben. Mitte 5. Jh. v. Chr.

XVIII. [42]Sala dei Vasi Italioti. Rotfigurige italische Vasen des späten 5. und 4. Jh. v. Chr., etruskische und unteritalische Gefäße mit ihren lokalen Schulen, wie paestanisch, lukanisch, apulisch. Bemerkenswert der *Phlyaken-Krater* des Asteas.

Dieser Saal XVIII führt auf die [38]Scala dei Rilievi Assiri. – Man geht zurück zum [27]Eingang des Etruskischen Museums, dann einen Treppenabsatz der [2]Scala Simonetti hinunter und sieht wieder in den langen Korridor, der zu den Stanzen Raffaels und zur Sixtinischen Kapelle führt. Am Anfang, vor dem Durchgangsbogen zur [44]Galleria dei Candelabri, rechts, ein Stockwerk über dem Atrio dei Quattro Cancelli:

Sala della Biga[43]

Unter Pius VI. (1775–99) von Giuseppe Camporese gebaut. Der runde Innenraum ist mit einer Kuppel gewölbt. 4 Nischen für Statuen mit je 2 korinthischen Säulen und 3 Fenster dazwischen gliedern die Wand.

In der Mitte ist die *Biga,* das Zweigespann, aufgestellt, die dem Raum den Namen gibt. Der antike Wagenkasten diente in S. Marco als Bischofssitz. 1788 wurde er von F. A. Franzoni als Zweigespann hergerichtet. Dem Aussehen nach gleicht er einem antiken Triumphwagen; wegen des Reliefschmucks, Akanthus und Lorbeer, könnte man auch an einen Götterwagen für Ceres oder Triptolemus denken. Römisch, 1. Jh. n. Chr. – *Diskobol* des Myron, Kopie des Diskuswerfers in Marmor, aus der Villa des Kaisers Hadrian bei Tivoli, Bild eines Siegers, der auf dem Höhepunkt seines Wettkampfes dargestellt ist. Wenn auch die Künst-

Vatikanischer Palast. Galleria dei Candelabri

lersignatur am Baumstamm modern eingemeißelt ist, so ist sie doch wohl zutreffend. Das Original wurde um 460 v.Chr. geschaffen. (Vom gleichen Meister die Athena-Marsyas-Gruppe im Museo Gregoriano Profano.) – Geht man nach rechts in den langen Korridor, so kommt man in die

Galleria dei Candelabri [44].

Ursprünglich offene Loggia, nimmt sie ein Drittel des oberen Stockwerks in dem von Bramante geplanten westlichen Verbindungsbau von Papstpalast und Belvedere ein; unter Pius VI. 1787/88 durch Simonetti und Camporese geschlossen und durch Arkaden mit Säulen und Pfeilern in 6 Abteilungen gegliedert. Unter Leo XIII. 1883–87 von Ludwig Seitz und Domenico Torti ausgemalt. Die Galerie hieß zunächst Galleria delle Miscellanea nach ihrer Bestimmung für kleinere und weniger bedeutende Skulpturen; etwa 500 sind noch heute an diesem Ort ausgestellt. – Die 1792 hier aufgestellten *Kandelaber* in den Seitenöffnungen der Durchgangsbogen gaben der Galerie ihren jetzigen Namen. 2 der Kandelaber wurden 1782 in Otricoli gefunden; 4 ließ Clemens XIV. 1772 aus S. Costanza ins Museum bringen. Die Kandelaber, Beleuchtungskörper, bestehen aus 3seitiger Basis, mit Reliefs verziert, einem Schaft, als Pflanze gebildet oder mit pflanzlichen Motiven geschmückt, und einer Schale, dem eigentlichen Feuerbecken. Römisch, 1./2. Jh. n. Chr. – Von der Galleria dei Candelabri gelangt man in die

Galleria degli Arazzi[45],

die Galerie der *Bildteppiche,* die man nach dem flämischen Zentrum der Teppichkunst, Arras, in Italien »Arazzi« benannte. Zeitweise hingen hier Raffaels Teppiche mit der Apostelgeschichte, die jetzt im Raffael-Saal der Pinakothek zu sehen sind. An der Fensterseite neben einem Gobelin des 17. Jh. aus Vigevano eine Folge von 7 Teppichen mit Begebenheiten aus dem Leben Urbans VIII., römisch, ebenfalls 17. Jh., und an der Wand gegenüber 10 Szenen des Christuslebens, nach Entwürfen der Raffael-Schule in Brüssel hergestellt. – Es folgt die

Galleria delle Carte Geografiche[46]

mit italienischen Stadtansichten und Landkarten nach Entwürfen des Dominikanermönchs, Mathematikers, Kosmographen und Architekten Ignazio Danti aus Perugia an den Wänden, 1580–83. (Schöner Blick in die Vatikanischen Gärten mit Villa Pia, Casina Pio IV.)

Durch die **Galerie** und die [47]**Säle Pius' V.** mit Wandteppichen vornehmlich aus Tournai, Brüssel und Brügge gelangt man zur oberen

Kapelle Pius' V.[48],

deren gemalte Ausstattung von G. Vasari (Hl. Petrus Martyr, auf der Altarwand) und F. Zuccari (Engelssturz, an der Decke) stammt. – Es schließen sich an die

Sala del Sobieski[49],

so genannt nach dem großformatigen Ölbild des polnischen Historienmalers Jan Matejko (1838–93) mit der Schlacht am Kahlenberg bei Wien (1683), in der dem polnischen König Johann III. Sobieski der entscheidende Sieg über die Türken gelang, und die

Sala dell'Immacolata[50].

Hier verdient Michelangelos *Holzmodell der Peterskuppel,* 1558–60 entstanden und später von Giacomo della Porta und Domenico Fontana verändert, Interesse. Thema der *Fresken* Fr. Podestis (1800–95) ist das 1854 verkündigte Dogma der Unbefleckten Empfängnis Mariä. – Der Weg führt weiter in die

Stanzen Raffaels[51–54].

Julius II. ließ die von Nikolaus V. erbauten Räume über dem Appartamento Borgia 1508 neu ausstatten. Die älteren Fresken wurden entfernt, um Raffael die Möglichkeit einer einheitlichen Ausmalung der ganzen Raumfolge zu geben.
Das erste Zimmer, die [51]Stanza dell'Incendio di Borgo, wurde gegen Abschluß der Arbeiten 1517 von Giulio Romano und anderen Schülern Raffaels nach Entwürfen des Meisters ausgemalt. – Die Deckenmalerei von Perugino entstand um 1508. Seinen Namen erhielt der Raum nach dem Fresko der Eingangswand, das den *»Brand des Borgo«,* des Wohnviertels vor St. Peter, im Jahre 847 und die wunderbare Löschung des Feuers durch Papst Leo IV. darstellt. Interessant die Wiedergabe der Fassade der konstantinischen Peterskirche. – Die linke Wand füllt der 849 bei Ostia errungene *»Seesieg Leos IV.«* über die Sarazenen. – Die Fensterseite zeigt den *»Reinigungseid«,* den Leo III. 795 gegen eine falsche Anklage Karls d. Gr. leistete, während an der rechten Wand schließlich die *»Krönung Karls d. Gr.«* im Jahre 800 in der Peterskirche dargestellt ist.
Der zweite Raum ist die [52]Stanza della Segnatura. Die Fresken Raffaels von 1508–11 sind die Krönung seines Lebenswerks, die vollkommenste Verkörperung der Hochrenaissance schlechthin. – Die Decke zeigt zwischen dekorativer Malerei Gestalten der »Theologie«, der »Gerechtigkeit«, der »Philosophie« und der »Poesie«. Die dem Eingang gegenüberliegende Wand trägt das Bild der *»Schule von Athen«* (Farbabb. 22). Raffael hat hier das geistige Erbe der Griechen, wie es sich dem Zeitalter darstellte, in klassischer Form verkörpert. Nie zuvor und niemals wieder in der Folgezeit hat ein abendländischer Maler eine tiefenräumliche Perspektive mit den Gesetzen der Fläche in so vollendeter Form in Übereinstimmung gebracht, niemals wieder eine solche Fülle frei bewegter, ja geradezu statuarisch modellierter Einzelfigu-

ren so mühelos zu einer harmonischen Einheit verschmolzen. Das Zentrum des Bildfeldes beherrschen Plato und Aristoteles; zu ihren Füßen sind die Vertreter der exakten Wissenschaften dargestellt: zur Linken Pythagoras, zur Rechten – über eine Schiefertafel geneigt – Euklid, am Bildrand eine Gruppe von Astronomen, denen sich – vom Rahmen schon überschnitten – Raffael und sein Mitarbeiter Sodoma zugesellen; in der Mitte des Bildfeldes, auf die Treppenstufen gelagert, stellt Diogenes – laut neueren technischen Untersuchungen erst nachträglich der Komposition eingefügt – die Verbindung zwischen Naturwissenschaften und Philosophie her (nach anderer Meinung handelt es sich um eine Porträtfigur Michelangelos). Die Architektur spiegelt den Neubau der Peterskirche wider, wie Raffael ihn plante. – An der einen der beiden Fensterwände ist der *»Parnaß«* mit dem geigenden Apoll, den Musen und den Dichtern dargestellt, an der anderen die *»Erteilung des weltlichen und geistlichen Rechtes«*. – Die Eingangsseite trägt das Fresko der *»Disputà del Sacramento«*, die Disputation über das allerheiligste Altarsakrament. Dieses Fresko gibt in ähnlicher Weise wie die »Schule von Athen« Gelegenheit, sich die Größe der Komposition und der Darstellungskraft Raffaels zu vergegenwärtigen. Harmonisch fügen sich die beiden über halbkreisförmigem Grundriß gruppierten Figurenzonen dem Rundbogen der Wandfläche ein, dessen Form auch in der Gloriole Christi widerklingt. Das Zentrum der irdischen Region nimmt ein Kastenaltar mit der Monstranz ein. Dem Allerheiligsten, um das sich die 4 Kirchenväter versammelt haben, nähern sich lebhaft bewegte Gruppen von Kirchenlehrern, Bischöfen, Päpsten, begleitet von Ordensleuten und Jünglingen. Rechts außen mit Lorbeer bekränzt der Dichter Dante. Im Hintergrund breitet sich eine stille, fast ein wenig schwermütige Landschaft aus. In der oberen Zone öffnet sich der Himmel. Verklärten Leibes thront Christus über dem Altar, unter sich die Taube des Hl. Geistes, über sich Gott Vater, der Himmel und Erde segnet. Zu seiten Christi sitzen die Muttergottes und Johannes d. T.; ihnen schließt sich im Halbkreis eine Versammlung von Aposteln und Propheten an, denen sich Adam, der Stammvater der Menschheit, zugesellt. Die Komposition vereinigt außerordentliche Freiheit und Lebendigkeit des Details mit einer vereinheitlichenden Strenge des Aufbaus zu einer harmonischen Wirkung. Die Perspektive – von allen forcierenden Effekten der Frührenaissance befreit – wird mit selbstverständlicher Sicherheit beherrscht. Edel gebildete Menschen bewegen sich frei und zugleich von stiller Würde erfüllt im Raum. Die leuchtende Farbigkeit der Gewänder vollendet den Klang festlicher Monumentalität.

Der anschließende Raum ist die [53]Stanza d'Eliodoro, deren Deckenmalereien von Peruzzi stammen, während Raffael 1512–14 die Fresken der Wände ausführte. – An der Eingangsseite ist *Leo I.* dargestellt, der Attila bewegt, von Rom abzulassen. – An der gegenüberliegenden Wand das namensgebende Fresko, die *»Vertreibung des Heliodor aus dem Tempel in Jerusalem«*. Es gehört zu den überraschendsten Eindrücken der römischen Kunst, wie sich Raffaels Stil innerhalb von zwei Jahren zu wandeln vermochte. Der äußere Aufbau des Freskos zwar ist der »Schule von Athen« eng verwandt: Wie dort bildet eine Flucht von Kuppeln die architektonische Folie, wie dort sind die Figurengruppen von den Seiten her in das Bildinnere gestaffelt. Während Raffael aber in der vorangehenden Darstellung die Raumtiefe in hintereinanderliegenden Reliefschichten erschloß und damit dem perspektivischen Tiefenzug immer wieder die Betonung der Fläche ausgleichend entgegenstellte, bleibt jetzt die Mittelachse des Bildfeldes einer sich jäh verkürzenden Raumflucht geöffnet, in die die trichterförmig aufgebauten Figurengruppen den Blick mit suggestiver Kraft hineinziehen. Entsprechend hat die Figuren eine leidenschaftliche Unruhe ergriffen; am rechten Bildrand drohen der schräg heranreitende Ritter und die gestürzte Gestalt des Heliodor den Bildraum zu sprengen. Diesem Wandel ist auch die Farbgebung unterworfen, die gedämpfte Farben bevorzugt und in zuvor unbekanntem Ausmaß mit Licht- und Schattenreflexen arbeitet. Nirgends zeigt sich deutlicher als hier, daß die klassische Ausgewogenheit der Hochrenaissance, wie sie sich in der »Disputà« und in der »Schule von Athen« offenbart, lediglich ein schmaler Grat in der Geschichte der abendländischen

Kunst gewesen ist, der – kaum erreicht – neuen Bereichen der künstlerischen Entwicklung weichen mußte. Der thronende Papst am linken Bildrand ist ein Porträt des Auftraggebers, Julius' II., dessen Bemühungen um die Befreiung des Kirchenstaates von den »Barbaren« in diesem Fresko symbolisch dargestellt werden sollte. – An der rechten Fensterwand die *»Messe von Bolsena«*. Ein Priester, der an der Verwandlung der Hostie in den Leib Christi zweifelte, sah während der Messe in Bolsena 1263, wie die konsekrierte Hostie Blutspuren hinterließ. Das Wunder ist zwar nicht – wie häufig angenommen – die Grundlage zu dem ein Jahr später allgemein eingeführten Fronleichnamsfest, mag aber doch zu dessen Ausbreitung wesentlich beigetragen haben (ein lokal begrenztes Fronleichnamsfest war in Lüttich auf Grund einer Vision der Nonne Juliana bereits seit 1246 gefeiert worden). – Man beachte hier – wie auch bei den meisten anderen Fresken der Stanzen – den mit genialer Sicherheit erzielten Ausgleich der ungünstigen, durch unregelmäßige Tür- und Fenstereinbrüche gestörten Wandflächen. – An der linken Fensterwand die Darstellung der *»Befreiung Petri aus dem Kerker«*, vermutlich das späteste der von Raffael eigenhändig ausgeführten Fresken in den Stanzen. Die gewandelte Farbgebung – vor allem in der Verwirklichung fast »barocker« Lichteffekte – tritt hier noch ausgeprägter in Erscheinung als in der »Vertreibung des Heliodor«. Der nächste Raum ist die [54]Sala di Costantino, die nach Raffaels Tod (1520) seine Schüler Giulio Romano, Fr. Penni und Raffaello del Colle ausmalten. Das namengebende Fresko ist der *»Sieg Konstantins d. Gr.«* über seinen Mitkaiser Maxentius am Ponte Molle 312 n. Chr. – An die Sala di Costantino schließt sich die

Sala dei Chiaroscuri[55]

an, die eine schöngeschnitzte und vergoldete Decke hat. Die Apostel und Heiligen sind 1582 von T. und F. Zuccari nach Zerstörung wiederhergestellte Fresken Raffaels und seiner Schule in Helldunkel-Malerei. – Es folgen die

● **Loggien Raffaels**[57].

Der von Bramante begonnene Bau wurde 1513–18 vollendet. Er ist eine lange Galerie mit 13 Kreuzgewölben, die sich zum Damasus-Hof hin öffnet. In den ersten 12 Gewölben sind *Szenen aus dem Alten Testament* dargestellt, im letzten Gewölbe 4 Szenen aus dem *Neuen Testament*. Raffael hat in diesen 52 Fresken, die seine Schüler nach seinen Entwürfen ausführten, eine Art Bildbibel geschaffen. Die Wände des Galeriebaus zeigen schöne Dekorationen, sog. Grotesken. – Von den Loggien aus führt der Rundgang in die

Kapelle Nikolaus' V.[56], ●

die der Florentiner Maler Fra Angelico da Fiesole (um 1400–55) in seinen letzten Lebensjahren mit gut erhaltenen Fresken ausstattete. Dieser Zyklus, der die Prinzipien der Malerei der Florentiner Frührenaissance nach Rom vermittelte und zu den Arbeiten von Melozzo da Forlì (»Bibliotheksfresko« in der Vatikanischen Pinakothek) überleitete, zeigt auf 3 Wänden 2 übereinanderliegende Szenenfolgen, von denen die Legenden aus dem Leben des hl. Laurentius den unteren Wandabschnitt einnehmen, während die Lünettenfelder dem Wirken des hl. Stephanus vorbehalten blieben. – Die Erzählung der Episoden aus dem *Leben des hl. Laurentius* beginnt mit seiner Weihe durch den hl. Sixtus (zwischen den Fenstern [Farbabb. 19]) und wird fortgesetzt durch die Schilderung der Übergabe des Kirchenschatzes angesichts eindringender römischer Soldaten. Anschließend zeigen 2 Szenen die Verteilung des Schatzes an die Armen sowie die Verurteilung des hl. Laurentius durch Kaiser Valerian im Jahre 258 und die Hinrichtung des Heiligen. Für die Deutung des Freskenzyklus ist es von entscheidender Bedeutung, daß Sixtus II. mit dem Porträt des Auftraggebers Fra Angelicos, Nikolaus' V., abgebildet wird: Papst Sixtus II. (257–258) hatte, nach jahrelangen Auseinandersetzungen, die Einheit der Kirche wiederhergestellt – in diesem Sinn läßt sich auch Nikolaus V. als Papst feiern, der die Kirche nach dem großen abendländischen Schisma und den Wirren des 14. und frühen 15. Jh. erneut einigt und zu einer neuen Machtposition führt. – Der papale Gedanke und die Anknüpfung an das früheste Christentum bestimmen auch die Konzeption der *Stephanus-Fresken*: Ordinierung und Weihe des Stephanus durch Petrus (den Motiven des darunterliegenden Laurentius-Zyklus angeglichen) und Almosenverteilung. Das 3. Lünettenfeld schildert in einem dynamischen Bewegungsablauf das Martyrium des Heiligen in einer weiten Hügellandschaft.

Der Rundgang führt zum Eingang der [51]Stanzen zurück, von dort in die von Pietro da Cortona 1630–35 ausgemalte

Kapelle Urbans VIII.[58]

und über die Treppe hinunter zu dem von Alexander VI. Borgia (1492–1503) angelegten

Appartamento Borgia[59–64].

Die 6 Räume wurden von Pinturicchio und seiner Werkstatt 1492–95 mit *Fresken* ausgestattet.

Der erste Raum, die [59]Sala delle Sibille, zeigt in den Lünetten Propheten und Sibyllen von Schülern Pinturicchios, der zweite, die [60]Sala del Credo, des Glaubensbekenntnisses, Propheten und Apostel von der Hand des Pier Matteo d'Amelia. Beide Räume liegen im ***Borgia-Turm.***

Die [61]Sala delle Arti Liberali gilt den 7 freien Künsten (Grammatik, Dialektik, Rhetorik sowie Geometrie, Arithmetik, Musik und Astronomie), deren Allegorien in den Lünetten überwiegend Antonio da Viterbo gemalt hat.

Die [62]Sala della Vita dei Santi zeigt in den Lünetten rechts die hll. Einsiedler Paulus und Antonius, die Heimsuchung Mariä; am Fenster das Martyrium des hl. Sebastian und an der Wand die Disputation der hl. Katharina von Alexandrien; am Ausgang links die Legende der hl. Susanna, rechts die der hl. Barbara. Die Deckenbilder mit ihren Szenen aus der ägyptischen (Isis, Osiris, der Apisstier) und griechischen (Io und Argus) Mythologie spielen auf den Stier im Wappen der Borgia an. Die Fresken dieses Raumes führte Pinturicchio größtenteils eigenhändig aus. Sie gehören zu seinen besten Werken.

Dagegen geht die Ausmalung der [63]Sala dei Misteri della Fede mit Bildern aus dem Leben Christi und der Muttergottes wieder weitgehend auf seine Schüler zurück.

Im letzten und größten Raum, der [64]Sala dei Pontefici, hat sich keines der Papstbildnisse, die ihm den Namen gaben, erhalten. An die Stelle der ursprünglichen Holzdecke trat unter Leo X. eine gewölbte aus Stein, die Giovanni da Udine und Perin del Vaga stuckierten und mit astronomischen Zeichen und Bildern ausmalten.

Collezione d'Arte Religiosa Moderna[59–66]

Die 1973 von Papst Paul VI. eingeweihte Sammlung moderner religiöser Kunst in 54 Räumen ist nicht nur Kunstwerken mit christlichen Themen gewidmet, sondern religiöser Kunst schlechthin. Der thematischen Freiheit entspricht die des Stils: Es sind alle Tendenzen des 20. Jh. vertreten.

Fluktuierende Schausammlung. In Museum und Depot vorhanden sind u.a. Werke von: Bacon, Balla, Barlach, Bazaine, Beckmann, Bernard, Bissière, Boccioni, Braque, Buffet, Campendonk, Capogrossi, Carrà, Chagall, de Chirico, Cingria, Couturier, Dali, Denis, Dix, Ensor, Ernst, Feininger, Fontana, Gauguin, Greco, Guttuso, Hansing, Hartung, Heckel, Kandinsky, Kirchner, Klee, Kokoschka, Le Corbusier, Léger, Lipchitz, Manessier, Manzù, Marini, Mastroianni, Matisse, Meistermann, Modersohn-Becker, Modigliani, Moore, Munch, Münter, Nay, Nolde, Picasso, Piper, de Pisis, Redon, Rodin, Rohlfs, Rosai, Rouault, Saetti, Schmidt-Rottluff, Severini, Sironi, Soffici, Sutherland, Thorn-Prikker, Utrillo, Vallotton, Villon, de Vlaminck, Wendling, Wildt, Zack, Zadkine.

Der Rundgang durch den Vatikanischen Palast wird wiederaufgenommen mit der

Cappella Sistina[71].

Der schlichte Saalraum der **Sixtinischen Kapelle** ist 1473–84 von Baccio Pontelli unter der Leitung von Giovannino de' Dolci im Auftrag Sixtus' IV. erbaut worden. Im Äußeren ist die Kapelle von ihrem Festungscharakter geprägt. Ihr Ruhm und Glanz sind die Fresken an Wänden und Decke. Der Raum ist kein Museum, sondern hat nach wie vor kirchliche Funktionen: Hier findet das Konklave statt, das den neuen Papst wählt; die Kapelle dient dem Papst für feierliche interne Gottesdienste.

Eine Marmorschranke teilt den Raum in eine Zone der Priester und einen Bereich der übrigen Gläubigen. Der Reliefschmuck der Schranken und der Sängerkanzel stammt aus der Werkstatt des Mino da Fiesole. Für die Sockelzone der Wände entwarf Raffael

Vatikanischer Palast. Cappella Sistina. Schema der Deckenmalerei

1 (L) Amminadab
2 Esther, Bestrafung Hamans
3 Prophet Jona
4 Eherne Schlange
5 (L) Nachschon
6 Prophet Jeremia
7 (M) Elia im feurigen Wagen
8 Gott scheidet Licht und Finsternis
9 (M) Opferung Isaaks
10 Libysche Sibylle
11 (L, St) Salmon, Boas, Obed
12 Gott schafft die Gestirne
13 (L, St) Isai (Jesse), David, Salomo
14 Persische Sibylle
15 (M) leer
16 Gott scheidet Erde und Wasser
17 (M) Tod Absaloms
18 Prophet Daniel
19 (L, St) Rehabeam, Abija
20 Beseelung Adams
21 (L, St) Asa, Josaphat, Joram
22 Prophet Ezechiel (Hesekiel)
23 (M) Tod des Nikanor
24 Erschaffung Evas
25 (M) Alexander d. Gr. huldigt dem Hohenpriester
26 Cumäische Sibylle
27 (L, St) Usija, Jotham, Ahas
28 Sündenfall, Vertreibung aus dem Paradies
29 (L, St) Hiskija, Manasse, Amon
30 Erythräische Sibylle
31 (M) Jehu läßt die Statue Baals zerstören
32 Noahs Opfer
33 (M) Bestrafung des Heliodor
34 Prophet Jesaja
35 (L, St) Serubbabel, Abihud, Jojakim (Eljakim)
36 Sintflut
37 (L, St) Josija, Jojachin, Schealthiel
38 Prophet Joel
39 (M) Bidkar wirft Jorams Leichnam vom Wagen
40 Noahs Trunkenheit
41 (M) Joab tötet Abner
42 Delphische Sibylle
43 (L) Achim, Elihud
44 David und Goliath
45 Prophet Sacharja (Zacharias)
46 Judith und Holofernes
47 (L) Azor, Zadok
48 (L) Jakob, Joseph
49 (L) Eleasar, Matthan

L = Lünette
M = Medaillon
St = Stichkappe

Vatikanischer Palast. Cappella Sistina.
Sandro Botticelli: Moses und die Rotte Korah. (Rechts: Versuch, Moses zu steinigen)

1515/16 eine Folge von Bildteppichen, die in Brüssel ausgeführt und zum Weihnachtsfest 1519 hier aufgehängt wurden (jetzt in der
88 Vatikanischen Pinakothek, Saal VIII).

Papst Sixtus IV. hat die Wandflächen unterhalb der Fenster mit einem Fries großformatiger *Fresken* schmücken lassen; 1481 waren die Arbeiten begonnen und gegen 1483 abgeschlossen worden. Es stehen sich Szenen aus dem *Leben des Moses* und Bilder aus dem *Leben Jesu* gegenüber. Die lateinischen Inschriften über den Bildfeldern stellen gleichzeitig den Bezug zum Papsttum her. Der Zyklus begann an der Altarwand mit der Auffindung des Moses und der Geburt Christi; beide Fresken sind für Michelangelos späteres »Jüngstes Gericht« entfernt worden.

Die linke (Süd-)Wand zeigt: 1. *»Reise nach Ägypten«* und *»Beschneidung des Moses«*, von Perugino entworfen und z.T. ausgeführt; der umfangreichen Mitarbeit Pinturicchios sind die Landschaft, Nebenszenen und Einzelfiguren zu verdanken. – 2. Szenen aus dem *Jugendleben des Moses,* von Botticelli (Moses verteidigt die Töchter Jethros; der brennende Dornbusch; die Flucht des Moses). – 3. *»Durchzug der Juden durch das Rote Meer«,* ein Werk aus der Schule Ghirlandaios. – 4. *»Moses empfängt auf dem Berge Sinai die Gesetzestafeln«,* eine der 3 Szenen, die Cosimo Rosselli dem Zyklus beisteuerte. – 5. Von Botticelli stammt das folgende Fresko mit der *»Bestrafung der Rotte Korah«*. Bemerkenswert die archäologisch getreue Wiedergabe des Konstantin-Bogens. – 6. *»Tod des Moses«* von Signorelli; kennzeichnend hier der Vorrang der plastisch modellierten Einzelfigur.

Gegenüber auf der rechten (Nord-)Wand sind dargestellt: 1. *»Taufe Christi«,* von Perugino entworfen und gemeinsam mit Pinturicchio ausgeführt; der Anteil Pinturicchios dürfte dabei – ähnlich wie auf dem Fresko mit der »Beschneidung des Moses« – Landschaft, Nebenszenen und Engelfiguren umfassen. – 2. *»Reinigungsopfer des Aussätzigen«* von Botticelli, das reifste seiner Werke für die Sixtina: Die Bewältigung des großen Formats, die Hervorhebung einer Mitte, die Verbindung der zahlreichen Figurengruppen und die Vereinheitlichung der Landschaft gelingen hier weitaus selbstverständlicher als in der »Bestrafung der Rotte Korah« oder den Szenen aus der Jugend des Moses. Eine eingehende Betrachtung verdient die Fülle meisterhafter Porträtköpfe. – 3. *»Berufung der hll. Petrus und Andreas«* von Ghirlandaio. Der Gestalter großer Bildformate und figurenreicher Massenszenen vermag auch hier die Vielteiligkeit der Darstellung ebenso durch symmetrische Anordnung von Gruppen und Landschaft in feste Formen umzuprägen wie durch Hervorhebung der Hauptfiguren, die nicht nur der Mittelachse zugeordnet, sondern auch durch die Farbigkeit ihrer Gewänder akzentuiert werden. Besondere Beachtung verdient die virtuos verkürzte Landschaft. – 4. *»Bergpredigt«* und *»Heilung des Aussätzigen«* von Cosimo Rosselli. An diesem Werk war auch Piero di Cosimo beteiligt. – 5. *»Schlüsselübergabe an Petrus«* von Perugino, das Meisterwerk des gesamten Zyklus. Die ganz neuartige Weite des Platzes, die durch den Kontrast im Figurenmaßstab doppelt fühlbar wird, fängt Perugino durch den Aufbau in flächenparallelen »Reliefschichten« auf. Und wie sich Raum und Fläche in harmonischem Ausgleich die Waage halten, so stehen auch Ruhe und Bewegung innerhalb der Figurengruppen im Gleichgewicht. – 6. *»Abendmahl«* von Cosimo Rosselli.

Die 28 *Papst-Bildnisse* zwischen den Fenstern stammen von Botticelli, Ghirlandaio, Cosimo Rosselli und Fra Diamante.

Eingangswand: *»Der Streit des Teufels und des hl. Michael um den Leichnam des Moses«,* 1560 von Matteo da Lecce, auf der Südseite, und *»Auferstehung Christi«,* Ende 16. Jh. von Hendrick van den Broeck gen. Arrigo Fiammingo, auf der Nordseite, ersetzen Bilder gleicher Themen von Signorelli bzw. Ghirlandaio.

Großartige Bekrönung der Papstkapelle ist die Deckenmalerei, die Michelangelo im Auftrag Julius' II. anstelle des quattrocentesken Sternenhimmels in einem einzigen Arbeitsgang von Herbst 1508 bis August 1510 ausführte. Nach einer Unterbrechung schuf Michelangelo dann in den Jahren 1511 und 1512 die Fresken mit den *Vorfahren Christi* in den die Fensterbögen umgebenden Lünetten. Am 31. Oktober 1512 konnte die Kapelle eröffnet werden (Farbabb. 23).

Dargestellt sind in den Mittelfeldern die *Erschaffung der Welt und des ersten Menschenpaares* sowie die *Geschichte Noahs,* beiderseits begleitet von den Gestalten der *Sibyllen* und *Propheten,* deren Reihe von den dreieckigen Zwickelfeldern mit *Szenen aus dem Alten Testament* unterbrochen wird (über Themen und Abfolge informiert das beigefügte Schema). Michelangelo begann die Arbeiten an der dem »Jüngsten Gericht« gegenüberliegenden Eingangsseite (also mit den inhaltlich letzten Darstellungen), wie der Übergang von den kleinfigurigen Szenen zu den monumentalen, auf Fernsicht berechneten Figurengruppen der Schöpfungsgeschichte zeigt. – Das schlichte Gewölbe wurde durch eine Scheinarchitektur gegliedert. In diesen monumentalen Rahmen stellte Michelangelo Wesen, an denen die plastische Körperschau des Bildhauers – die auf einer heroisch-idealen Menschensicht im Sinne des Neuplatonismus gründet – ebenso großen Anteil hat wie die verwandelnde Kraft des Malers. Nach Abschluß der Restaurierung der Deckenfresken (1989) muß unser Urteil über ihre Farbigkeit grundsätzlich neu gefaßt werden. Unter der Rußschicht, die über die Fresken einen einheitlich bräunlichen Ton legte, sind kühle und brillante Farben zum Vorschein gekommen, die den Figuren eine noch größere Plastizität geben. Kühn werden die Farben nebeneinander gesetzt: Rot neben Grün und Gelb, Blau neben Gelb und helles Rot. In den großen feierlichen Rhythmen der Komposition, in der Dynamik von Gebärde und Ausdruck schuf Michelangelo ein Werk, das zu den höchsten Leistungen der abendländischen Kunst gehört.

Sehr andersartig stellt sich das die gesamte Altarwand füllende Fresko des *»Jüngsten Gerichts«* dar, mit dem Michelangelo 2 Jahrzehnte später (1534–41) die Ausgestaltung der Sixtinischen Kapelle vollendete. Um die riesige Wandfläche ungeteilt für die Darstellung zur Verfügung zu haben, wurden 2 Fenster vermauert und 2 Fresken Peruginos abgeschlagen. Im Mittelpunkt steht Christus als Weltenrichter, einem antiken Heros vergleichbar, begleitet von Maria, den Aposteln und Heiligen. Zur Linken steigen die Seligen zum Himmel auf, rechts stürzen die Verdammten in die Hölle. Charon und Minos nehmen sich ihrer an, wie es Dante in der »Göttlichen Komödie« geschildert hat. Geschichtliche Ereignisse wie die Reformation, vor allem aber die Entwicklung der persönlichen religiösen Anschauungen Michelangelos verleihen den Gestalten eine gesteigerte Gefühlsintensität. Die Fülle der 391 Figuren hat er in Gruppen zusammengefaßt und so die Komposition überschaubar gehalten. – Wenige Jahre nach der Vollendung des Werkes mußte Daniele da Volterra 1564 Lendentücher und Gewandzipfel hinzumalen, da die antikische Nacktheit der Gestalten Anstoß erregte.

Seit 1964 werden die Fresken der Cappella Sistina restauriert: die Quattrocento-Fresken 1964–74, die Lünetten und Papst-Bildnisse 1980–84, die Decke 1984–89, das »Jüngste Gericht« 1989–94.

Der Ausgang der Sixtinischen Kapelle ist unter dem Fresko der »Schlüsselübergabe«; ein schmaler Gang führt in die Ausstellungsräume der

Kunstsammlungen der Biblioteca Apostolica Vaticana[72–87].

Die [72]Sala degli Indirizzi di Pio IX ist nach den früher hier ausgestellten Huldigungsschreiben (indirizzi) an den Papst benannt. Heute sind hier *Stoffe* ausgestellt, vorwiegend mittelalterliche. Eine aus Leinen gewebte Tunika aus vorkonstantinischer Zeit (3. Jh.) dürfte am ältesten sein. Herrliche Seidenstoffe mit Verkündigung und Geburt Christi, syrisch, 8. Jh., und sassanidische Stoffreste aus dem 6. Jh. Der größte Teil stammt aus dem Schatz von Sancta Sanctorum; die Reliquienbehälter dieses Schatzes sind in der Wandvitrine der folgenden

[73]**Cappella di Pio V** ausgestellt, der mittleren von 3 Kapellen gleichen Namens übereinander. Jacopo Zucchi hat sie nach Entwürfen Vasaris zwischen 1566 und 1572 ausgemalt. Der in der Wandvitrine ausgestellte Schatz gehörte einst zur Hauskapelle der Päpste im mittelalterlichen Lateranpalast, von dem fast allein noch die dem hl. Laurentius geweihte Kapelle (Sancta Sanctorum) an der heutigen Scala Santa erhalten blieb (→ S. Giovanni in Laterano: SS. Salvatore della Scala Santa). 1905 wurden die alten kostbaren Gefäße in den Vatikan gebracht, während die Reliquien selbst in neuen Behältern am alten Ort unter dem Altar in der Laurentiuskapelle blieben. Unter diesen Kostbarkeiten sei hingewiesen auf: *Goldenes Emailkreuz Paschalis' I.* (817–824), Staurothek, da 5 Kreuzpartikel in ihm aufbewahrt wurden, mit Darstellungen aus der Kindheit Jesu und zugehöriger Silberkasten mit thronendem Christus zwischen Petrus und Paulus auf dem Deckel. – *Silberreliquiar für das Haupt der hl. Praxedis* mit Emails auf dem Deckel, Deesis umgeben von Rundbildern der Apostel, und getriebenen Reliefs auf den Seiten, 11. Jh., vermutlich aus Byzanz. – Der Weg führt weiter in die

[74]Sala degli Indirizzi, die einst zur Ausstellung der Huldigungsschreiben an Leo XII. und Pius X. diente. Heute sind in den Vitrinen römische und frühchristliche *Gläser, Elfenbein-, Email-* und kostbare *Metallarbeiten* vom Mittelalter bis zur Neuzeit zu sehen, wie: Konchylien-Becher, eine Glasschale mit aufgesetzten Fischen, um 300. – Elfenbeinerner Einbanddeckel eines Evangeliars aus Lorsch mit Christus als Sieger über Löwe und Drache, karolingisch um 800. – Elfenbein-Diptychon aus Rambona mit thronender Madonna und Kreuzigung, um 900. – Statuetten des thronenden Christus und 5 Apostel, aus Kupfer getrieben, vergoldet und mit Email und Perlen versehen, Werkstatt von Limoges, 13. Jh., einst Schmuck des Altars der Confessio in der alten Peterskirche. – Von hier betritt man die

[75]Sala delle Nozze Aldobrandine. Unter Paul V. 1611 errichtet. Das Deckengemälde, *Taten des Samson,* ist von Guido Reni. 1817 wurde der Raum restauriert, um hier die Kupferstichsammlung aufzubewahren. 1838 ließ Gregor XVI. die antiken Fresken hierher bringen: Auf der Rückwand: *»Aldobrandinische Hochzeit«,* Fresko aus augusteischer Zeit um Christi Geburt (die Echtheit wird von einigen angezweifelt). Gefunden 1604/05 auf dem Esquilin. Den Namen erhielt es vom ersten Besitzer, dem Kardinal Pietro Aldobrandini, und von dem dargestellten Thema, dem Teil eines Hochzeitszeremoniells. Bei dem Fresko handelt es sich um einen Ausschnitt aus einem

großen Wandfries. Die Braut, in weißem Gewand, sitzt auf dem Bett, neben ihr Venus und vor ihr eine Gefährtin der Liebesgöttin, die Öl in eine Muschel gießt. Links, an einer Wasserschale, vermutlich die Brautmutter mit einem Knaben und Mädchen. Rechts, am Bettende sitzend, Hymenaeus, der Brautführer, in dionysischem Gewand und weiter rechts, draußen vor dem Haus, Musikantinnen an einem Thymiaterion, Weihrauchständer, um den Brautgesang anzustimmen. – Der Bilderfries links und rechts, oben an der Wand, mit *Szenen aus der »Odyssee«* (10. und 11. Buch), ist ein Fresko aus spätrepublikanischer Zeit um 40 v. Chr., gefunden 1848/49 auf dem Esquilin. Links Mitte: Ankunft des Odysseus mit seinen Gefährten im Lande der Lästrygonen; diese rüsten sich zum Kampf. Rechts gegenüber: Zerstörung der Schiffe von den Gefährten des Odysseus; Odysseus' Fahrt zur Insel der Kirke. Auf derselben Seite, rechts: Odysseus im Palast der Kirke; Bild nebenan zerstört. Gegenüber auf der linken Wand: Odysseus' Ankunft in der Unterwelt; Büßergestalten im Hades: Orion, Tityos und Danaiden. – In die **74**Sala degli Indirizzi zurückgekehrt, gelangt man links in die

76Sala dei Papiri. Clemens XIV. (1769–74) ließ hier die »Ravennatischen Papyri« aus dem 6.–9. Jh. aufbewahren. Von Anton Raphael Mengs stammt das Deckengemälde: die Verherrlichung des neu eingerichteten Museum Clementinum. – In den beiden Vitrinen sind *Goldgläser* ausgestellt mit Darstellungen profaner, jüdischer und christlicher Themen; besonders qualitätvoll sind die Porträtdarstellungen. Diese Sammlung ist einzigartig auf der Welt. Es folgt das

77Museo Sacro della Biblioteca Apostolica, von Benedikt XIV. als Sammlung der Kleinkunst frühchristlicher Altertümer 1756 ins Leben gerufen: Gläser, Bronze- und Tonlampen sowie Metallarbeiten und die kostbare *Ikone mit dem hl. Theodor,* feinstes Mosaik in Wachs, 12./13. Jh. – Es folgen die

78Galleria di Urbano VIII zur Aufbewahrung der Biblioteca Palatina, vor den Fenstern astronomische Instrumente, und die beiden **79/80**Sale Sistine; sodann der

82Salone Sistino, das Obergeschoß der **Biblioteca Apostolica Vaticana,** der bedeutendste Bibliothekssaal des Manierismus. Papst Sixtus V. gab 1587 an Domenico Fontana den Auftrag zum Neubau. Aus Raummangel durchschnitt der 2stöckige Bau rücksichtslos den Belvedere-Hof Bramantes. Eine der schönsten Anlagen der Hochrenaissance-Architektur wurde damit zerstört. Die heutige Folge von Cortile del Belvedere, Cortile della Biblioteca und Cortile della Pigna, die der Besucher aus den Fenstern der Museen einsehen kann (der Cortile della Pigna also durch den **16**Braccio Nuovo noch einmal zerteilt und der Bibliothekshof abgetrennt), ist sinnloses Stückwerk. Bramante hatte eine Anlage entworfen, die mit dem umbauten Teil des heutigen Belvedere-Hofes begann und dann mit einer großen Freitreppe und Rampen in eine umgrenzte Gartenanlage emporstieg, die in die noch erhaltene riesige Apsis des heutigen Cortile della Pigna mündete.

Der Salone Sistino ist eine schlichte 2schiffige Halle. 6 Pfeiler trennen die Schiffe und tragen die Kreuzgewölbe. In den Längswänden stehen vereinzelte Fenster. Die Querräume einer Galerie und eines **81**Atriums legen sich vor den Hauptraum.

Oberhalb der Bücherschränke tragen die Wände *Fresken,* deren Themen nur den Eingeweihten verständlich sind, obwohl Beischriften sich bemühen, die Personen und Ereignisse zu erklären. 2 große Bildfolgen breiten sich an den Wänden aus. Die eine stellt die 19 allgemeinen *Konzilien* dar, die bis 1587 stattgefunden hatten, die zweite erinnert an die großen *Bibliotheken* der Alten Welt und des frühen Christentums. In Bild und Beischrift wird auch der *Personen* gedacht, die jene Bibliotheken angeblich gründeten oder erneuerten. Peisistratos und Xerxes stehen für die Bibliothek von Athen, Ptolemäus für Alexandrien, Tarquinius Superbus und Augustus für Rom, Alexander für die Christliche Bibliothek von Jerusalem, Pamphilius für Caesarea und kein Geringerer als der Apostel Petrus legt schließlich den Grundstein für die Apostolische Bibliothek in Rom. Andere große Persönlichkeiten, durch ihre Beischriften zu identifizieren, stehen an den 4kantigen Pfeilern oberhalb der Bücherschränke. Ihre Reihe beginnt mit »Adam, von Gott erzogen, Vater der Literatur«. Das Widmungsbild, in dem der Papst den Bau anord-

Vatikanischer Palast. Salone Sistino (Bibliothek)

net, hält sich bescheiden in einer Hälfte der Stirnwand des rechten Schiffes. Es bezieht aber eine überraschende Bedeutung aus dem Gegenbild der anderen Wandhälfte. Dort befiehlt Moses den Leviten, das Buch des Gesetzes im Tabernakel aufzubewahren.
Eindeutiger sprechen die *Stadtveduten* in den Lünetten und in den Gewölben. Sie feiern den Papst als Erneuerer der Stadt Rom. In den Lünetten der Galerie tritt dem Erscheinungsbild des alten Lateranpalastes jener Neubau gegenüber, den Sixtus V. 1587–89 errichten ließ. In einer Lünette der Halle sehen wir, wie Fontana die Kuppel der Peterskirche vollendet. Aus der eindrucksvollen Schauwand der Acqua Felice, die Sixtus an der Piazza S. Bernardo errichtete, strömt zum ersten Mal das Wasser. Vor allem aber treten römische Plätze

ins Bild. Sie wurden ihrer beherrschenden Obelisken wegen gemalt. Als der Papst begann, das verfallene Rom neu zu ordnen, richtete er sie wieder auf. Als ruhende Mitte und zugleich als Wegweiser stehen sie seitdem auf dem Petersplatz, bei S. Giovanni in Laterano, auf der Piazza del Popolo und andernorts.

Die Stadtveduten geben ihre Gebäude, Obelisken und Plätze klar und sehr genau wieder. Der Eindruck von Präzision beruht freilich z.T. auf einem Kunstgriff: die Veduten stehen in einem frappierenden Gegensatz zu der Gewölbemalerei. In der Fensterzone herrschen das Geschichtsbild und die große Einzelgestalt, im Gewölbe breitet sich die *Groteske* aus. Sie bewahrt noch die Motive, die Raffael und seine Freunde in den »Grotten«, den verschütteten Räumen vom Goldenen Haus des Nero, fanden: Ranken, Früchte, Architekturwerk, menschliche und tierische Wesen. Ihr Spiel wird jedoch unübersichtlich, die Grenzen verfließen: Allegorien verweben sich geheimnisvoll in den gemalten Teppich, dessen Motivfülle kapriziös und zugleich unheimlich wuchert. Selbst das große Rahmenwerk, das im Sinne des Manierismus die Gewölbe unorganisch zerteilt, vermag dieses schrankenlose Leben kaum einzudämmen. Weiße Gründe wechseln mit blauen. Die Motive heben sich fleischfarben, ockerfarben, golden, rot und grün aus ihnen heraus. Die Farben wirken hell und leicht. Sie haben jene gespenstische Heiterkeit, die auch im Lindgrün und Pastellblau der Bücherschränke erscheint, während die Farben der Fensterzone erdschwer in die Wand eingehen.

Die Frage nach den Malern der Sixtinischen Halle konnte noch nicht geklärt werden. Die schönsten Grotesken scheint Prospero Orsi gemalt zu haben. Neben ihm werden V. Salimbeni, Ricci, Lilio, Gentileschi, Nucci, Brill, Guerra, Nebbia genannt.

Die Bilderfülle dient keineswegs allein der Selbstverherrlichung des päpstlichen Bauherrn. Die 3 Zyklen entsprechen vielmehr dem Zweck und dem Sinn des Raumes. In der Päpstlichen Bibliothek haben die Schriften der Glaubenslehre den ersten Platz; die Lehre der Kirche aber wurde vornehmlich auf den allgemeinen Konzilien erörtert und bestimmt. Die Päpstliche Bibliothek sammelte darüber hinaus die Schriften des Altertums, des Alten und des Neuen Testaments, der Kirchenväter. Sie betrachtete sich als Erben der großen alten Bibliotheken. Diese Gedankengänge stellen die Bildreihe im rechten Schiff und die vereinzelten Gestalten an den Pfeilern dem Besucher vor Augen. (Der Saal dient heute den Ausstellungen der Bibliothek.)

Der Rundgang führt vom **[81]**Vestibolo durch die **[83/84]**Sale Paoline, 2 Räume, die unter Paul V. von Giovanni Battista Ricci mit Szenen aus dem Pontifikat Pauls V. ausgemalt wurden.

Danach die **[85]**Sala Alessandrina, die unter Alexander VIII. 1690 ausgebaut, aber erst 1818 unter Pius VII. von Domenico De Angelis mit Szenen aus dem Pontifikat Pius' VI. ausgemalt wurde. – Gleich zu Beginn rechts der Zugang zum

Braccio Nuovo[16]. •

Dieser »neue Museumsarm« ist zwischen die beiden langen, korridorartigen Flügel der Bramanteschen Hofeinfassung des Belvedere eingespannt. Die antikisierende Hallenarchitektur wurde 1805/06 von Raffaele Stern entworfen, konnte jedoch erst 1822 eingeweiht werden. Die nur von oben beleuchteten *Statuen* sind in gleichmäßigen Nischen, die *Büsten* auf gleich hohen, einheitlichen Postamenten vor den Pfeilern aufgestellt. Der antik wirkende Fries über den Nischen ist von Max Laboureur.

Rechts: Statue des *Demosthenes,* dessen Benennung durch eine beschriftete Büste aus Herculaneum gesichert ist. Zahlreiche Wiederholungen zeugen von der Beliebtheit; vermutlich gehen sie auf die Bronzestatue des Polyeuktos zurück, die 280 v. Chr. auf dem Marktplatz von Athen aufgestellt wurde, 42 Jahre nach dem Tode des unerschrockenen Redners, der für Freiheit und Selbständigkeit der Griechen gegenüber den Makedonen eintrat. – In der nächsten Nische rechts: Statue einer *verwundeten Amazone,* eine von denen des ephesischen Weihgeschenks (vgl. oben Galleria delle Statue); in diesem Werk glaubt man die Kopie nach dem Original des Kresilas zu besitzen.

Unter der Kuppel, rechts: Kolossalbild des gelagerten *Nils,* Personifikation des Flußgottes, der an dem Beiwerk von Sphinx und

Krokodil zu erkennen ist: im Arm das Füllhorn des Segenspenders. Die 16 in verschiedenen Höhen verteilten Knäblein stellen Ellen dar, um die der Nil steigt, wenn er das Land überschwemmt und fruchtbar macht. Die Basisreliefs schildern das Leben an den Ufern des Nils. – Gegenüber vor den Treppenstufen, rechts und links von der stark überarbeiteten Porträtbüste des C. Julius Caesar: 2 *Pfauen* aus vergoldeter Bronze, die während des Mittelalters das Dach des Pinienbrunnens im Vorhof von Alt St. Peter zierten; vermutlich kommen sie vom Mausoleum des Kaisers Hadrian, der Engelsburg; sie sind Symbole astraler Unsterblichkeit.

Nach dem Zentralraum links in der eckigen Nische: Togastatue des *Titus* (reg. 79–81 n.Chr.); das reiche Faltenwerk der Toga ist charakteristisch für die flavische Zeit. – ● Rechts, in der drittletzten Nische: *»Doryphoros«*, der Speerträger des Polyklet, eine der zahlreichen Kopien aus der römischen Kaiserzeit nach dem Vorbild um 440 v.Chr. »Effigies Achileae«, Bilder des Achilleus, nennt Plinius d. Ä. diese Statuen. Doch mehr als den mythischen Helden vor Troja bewundert die Nachwelt in dieser Statue das Kunstwerk: Einfach und klar in Stellung und Haltung. Standbein und entspannter Arm auf der einen, Spielbein und agierende Hand auf der anderen Seite, jedes Glied nimmt in Proportion und rhythmischem Bewegungsablauf Bezug auf die Gesamtkonzeption; die bewegte Gestalt in sich ruhend wiederzugeben ist hier in klassischer Form vor Augen geführt. Das verschaffte dem »Doryphoros« den Rang eines »Kanon«, einer Musterfigur für die folgenden Bildhauergenerationen. – In der 4. Nische auf der linken Seite: ● Statue des *Augustus von Prima Porta* an der Via Flaminia; einzigartig ist der reliefgeschmückte Panzer mit der Rückgabe eines römischen Feldzeichens, ein Ereignis, das mit dem Jahr 20 v.Chr. verbunden wird, von dem Augustus in seinem Tatenbericht sagt: »Die Parther habe ich gezwungen, die Beutestücke und Zeichen dreier römischer Heere mir zurückzugeben und die Freundschaft des römischen Volkes zu erbitten.« An diesem Erfolg friedlicher Einigung nimmt der ganze Kosmos teil: Caelus, Sol und Aurora oben, unten Tellus, die fruchtbare Erde, auf den Seiten Apollon und Diana und die Personifikationen von Provinzen.

Zurück zur [85]Sala Alessandrina der Bibliothek; in der Mitte vor der Tür Bildnisbüste *Pius' VII.*, des Gründers des Braccio Nuovo, von Antonio Canova. – Von der Sala Alessandrina gelangt man zur

[86]Galleria Clementina, unter Clemens XII. ausgebaut und unter Pius VI. in 5 Säle unterteilt; an den Wänden Freskenmalerei mit Szenen aus dem Pontifikat Pius' VII. von D. De Angelis. – Im letzten Säulendurchgang, unmittelbar vor dem Museo Profano der Bibliothek, achte man auf die Reliefdarstellung der Tetrarchen, der 4 römischen Kaiser an der Wende vom 3. zum 4. Jh., oben an den Porphyrsäulen und in der Vitrine auf ein griechisches Votivrelief mit Reiterdarstellung aus klassischer Zeit (2. Hälfte 5. Jh. v.Chr.). – Das

[87]Museo Profano della Biblioteca Apostolica ist ein Ausstellungsraum für verschiedenartige Sammelstücke meist römischer und etruskischer Herkunft, in Münzschränken von Giuseppe Valadier (1762–1839), dem führenden Klassizisten Roms. – Man geht zurück in das [1]Atrio dei Quattro Cancelli und erreicht über einen Korridor die

Pinacoteca Vaticana[88].

Das von Luca Beltrami entworfene, 1932 vollendete Gebäude der Pinakothek enthält in seinem mittleren Geschoß die Schausammlung, die in 15 Sälen etwa 460, in zeitlicher Folge geordnete, Tafelbilder zeigt.

Saal I. Frühe Werke der sienesischen, umbrischen und toskanischen Schulen bis in das 14. Jh.

Saal II. Giotto und seine Schüler, Simone Martini, Pietro Lorenzetti.

Saal III. Fra Angelico, Filippo Lippi, Benozzo Gozzoli.

Saal IV. Melozzo da Forlì.

Saal V. Lucas Cranach d.Ä., Ercole de' Roberti.

Saal VI. Carlo Crivelli, Antonio Vivarini.

Saal VII. Umbrische Schule (Pinturicchio, Perugino).

Saal VIII (Sala di Raffaello). Raffael.

Saal IX (Sala di Leonardo da Vinci). Leonardo, Giovanni Bellini.

Saal X (Sala di Tiziano). Tizian u.a. venezianische Maler des 16. Jh.

Saal XI. Federico Barocci, Giorgio Vasari.

Saal XII. Domenichino, Caravaggio, Guido Reni, Guercino, Nicolas Poussin.
Saal XIII. Pietro da Cortona, Anton van Dyck, Ribera.
Saal XIV. Poussin, niederländische und flämische Maler.
Saal XV. Porträts, u.a. von Tizian, Giuseppe Maria Crespi, Carlo Maratta und Thomas Lawrence.
Kommt man aus der Pinakothek auf den Cortile della Pinacoteca, so hat man links, nördlich parallel zur Pinakothek, den 1965–71 errichteten ***neuen Museumsflügel,*** in dem die **ehem. Lateranensischen Sammlungen** ausgestellt sind. Sie umfassen das **89**Museo Gregoriano Profano, das **90**Museo Pio Cristiano und das **91**Museo Missionario-Etnologico.

Museo Gregoriano Profano[89]

Die Sammlung enthält vornehmlich Funde aus dem Kirchenstaat seit der Gründung durch Gregor XVI. Die Neuaufstellung berücksichtigt didaktische und sachliche Zusammenhänge: Kopien und Umbildungen griechischer Werke aus der römischen Kaiserzeit; Bildnisse, Reliefs und Architekturfragmente aus der römischen Kaiserzeit; Urnen, Grabaltäre und Sarkophage, sowie Skulpturen aus kultischen und dekorativen Bereichen.

● Vorbei an der neuen Dedikationstafel und an den alten geht man in der Mitte auf die *Marmorkopien nach der Bronzegruppe Athena-Marsyas* zu: die ganze Gestalt des Marsyas vom Esquilin, die Torsoreplik aus Castel Gandolfo und das Kopffragment der Athena. Das verlorene Original war als Weihgeschenk auf der Akropolis in Athen aufgestellt. Myron aus Eleutherai hatte es um 450 v. Chr. geschaffen. Von dieser Gruppe berichten Plinius d. Ä. (»Naturalis Historia« 34,17) und Pausanias (»Beschreibung Griechenlands« I 24,1): Der Silen Marsyas, ein Wesen der Wildnis, von den Klängen der Doppelauloi angelockt, kommt herangesprungen, um das Blasinstrument aufzuheben, das Athena erfand und fortwarf, da es ihr Gesicht entstelle. – Unter den Jünglingsköpfen aus Marmor auf der Rückseite ist einer aus schwarzem Basalt, Kopie nach einer griechischen Ehrenstatue, die unter der Bezeichnung »Idolino« bekannt ist: ein jugendlicher Sieger, der den Göttern spendet. Das Vorbild geht auf Polyklet zurück, der es um 440 v. Chr. schuf.

Wendet man sich nach rechts, findet man *Bildnisse berühmter Griechen.* In der Mitte steht die *Statue des Sophokles,* 1839 in Terracina gefunden. Die Benennung ist durch die beschriftete Herme in der Sala delle Muse des Museo Pio-Clementino gesichert; beide Porträts gehen auf ein griechisches Bronzeoriginal zurück, das man mit Lykurgos verbindet, auf dessen Antrag hin (um 340 v. Chr.) Statuen der drei großen Tragödiendichter, Aischylos, Sophokles und Euripides, im Dionysos-Theater von Athen aufgestellt wurden. Bei den Griechen gehört die vollständige Gestalt zum Bildnis, was nur selten kopiert wurde und noch seltener erhalten blieb; die Form der Büsten- und Kopfporträts wurde erst in der römischen Kaiserzeit üblich. ●

Im Saal links, auf dem Fußboden: Ausschnitt aus einem *Mosaik,* das 1833 in einem antiken Gebäude südlich vom Aventin gefunden wurde. Nur Fragmente der Rahmenzone sind erhalten: 6 Theatermasken mit Bühnenrequisiten auf weißem Grund auf der einen Seite und auf den andern schön verstreut umherliegende Essensreste, Überbleibsel von Mahlzeiten: Hummerscheren, Fischgräten, Geflügelbeine, Schneckengehäuse usw., wobei jeder Gegenstand seinen Schatten wirft. Diese Art stillebenhafter Fußbodendekoration bezeichnet man mit dem griechischen Wort »asaroton« (= ungefegt); Plinius d. Ä. nennt Sosos aus Pergamon als ihren Erfinder. Die Inschrift unter den Masken: »Heraklitos hat es gemacht« besagt, daß dieser Künstler den Mosaikfußboden verlegte; er benutzte das mittlerweile in der Literatur berühmt gewordene Motiv. Aus hadrianischer Zeit, 2. Jh. n. Chr. ●

Beim Hinausgehen blickt man auf das *Medea-Relief,* Kopie eines klassischen Dreifigurenreliefs. Medea, in langem Gewand und mit phrygischer Mütze, hatte den beiden Töchtern des Pelias die Ermordung ihres Vaters mit dem Vorwand, daß sie ihn verjüngen will, schmackhaft gemacht; diese bringen Dreifußkessel und Messer herbei, um die furchtbare Tat auszuführen.

Vorbei an den männlichen Torsen, Kopien und Umbildungen aus römischer Kaiserzeit nach griechischen Götter- oder Heroenbildern, denen möglicherweise Porträtköpfe aufgesetzt waren, um eine Heroisierungs- oder Vergöttlichungsabsicht kundzutun, gelangt man rechts in den Saal *klassischer Frauengestalten.* In der Mitte: 2 gleiche weibliche Gewandstatuen, Repliken, *»Aurae«,* Personifikationen der sanfteren Winde. Vermutlich aus Palestrina, dienten wohl als Akrotere, als Bekrönung der Giebelecken eines Tempels. Die eine Statue ist mit dem Kopf erhalten geblieben, was äußerst selten ist. Eher neuattisch-hellenistische Kopien aus dem 1. Jh. v. Chr. als griechische Originale aus dem Ende des 5. Jh. v. Chr. – Daneben: *Niobide.* Die Identifizierung mit einer der Töchter der Niobe ist dadurch gesichert, daß diese Statue in allen wesentlichen Zügen mit einer Statue in den Florentiner Uffizien übereinstimmt, die aufgrund des Fundzusammenhangs als Niobe-Tochter ausgewiesen ist. Niobe brüstete sich ihres Kinderreichtums gegenüber Leto, die nur zwei Kinder, Apollon und Artemis, habe. Diese rächten die Mutter. Von einer Skulpturengruppe der sterbenden Niobe-Kinder im Tempel des Apollon Sosianus in Rom berichtet Plinius d. Ä., der griechische Bildhauer Skopas (4. Jh. v. Chr.) habe sie geschaffen.

Am Ausgang dieses Saales beginnt die römische Skulptur mit *Porträts der späten Republik und frühen Kaiserzeit* (ausgehendes 1. Jh. v. Chr./1. Jh. n. Chr.). Zur Linken hat man die Rekonstruktionsandeutung einer Rundgrabverkleidung aus Vicovaro. In dem Halbrund sind die Funde aus dem Theater von Cervéteri ausgestellt: Sitzbilder in der Art Jupiters von Tiberius und Claudius, ein kolossaler Kopf des Augustus. – Wendet man der Cervéteri-Gruppe den Rücken zu, so sieht man an der Wand im Hintergrund den Relieffries der »Ara der Vicomagistri«, ein Opferzug: rechts Konsuln mit Liktoren am Anfang der Prozession, Trompetenbläser, Opfertiere und Diener, Jünglinge (ministri) mit Kopftuch und Statuetten der Laren bzw. des Genius Augusti in den Händen, gefolgt von Togati mit Lorbeerkranz, den Vicomagistri. Aus claudischer Zeit, um 40 n. Chr.

Unter dem Zwischengeschoß befinden sich *Urnen und Grabaltäre* aus dem 1. Jh. n. Chr. – Anschließend gelangt man in das Raumkompartiment mit den beiden großen *Cancelleria-Reliefs,* die nach dem Fundort unter dem Palazzo della Cancelleria Apostolica benannt sind. Es handelt sich um monumentale historische Reliefs: Die Ankunft (adventus) des Kaisers Vespasian in Rom ist auf dem einen Fries (links) dargestellt. Der würdige Togatus in der rechten Bildhälfte mit dem charakteristischen Kopf ist der Kaiser. Er wird von seinem Sohn Domitian, umgeben von den Genien des Senats und des Volkes, an der Grenze des Pomeriums empfangen. Auf der linken Bildseite thront die Göttin Roma, umgeben von Vestalinnen, welcher der ankommende Kaiser seine Reverenz erweist. So sah Domitian das Ereignis d. J. 70 n. Chr., als Vespasian nach den Wirren des Vier-Kaiser-Jahres als neuerkorener Kaiser von seinem Befehlshaberposten in Alexandria heimkehrte. Auf dem anderen Fries ist der Auszug (profectio) des Kaisers Domitian dargestellt, umgeben von Göttern und Genien, Liktoren und Soldaten. Das Gesicht Domitians ist in das seines Nachfolgers Nerva umgearbeitet; denn Domitian verfiel der Damnatio memoriae. Kurz zuvor, um 90, werden die Reliefs entstanden sein.

Im folgenden Raumkompartiment hinter dem zuletzt genannten Relief sind 39 *Fragmente aus dem Grab der Haterier* an der Via Casilina vor Porta Maggiore vereint: die Büsten von Mann und Frau in einer Ädikula, die sich durch ihre gute Erhaltung auszeichnen. Interessant sind vor allem die Reliefs: ein Fries mit der Darstellung von fünf antiken Bauten in Rom, die man glaubt, identifizieren zu können: Isis-Bogen, Kolosseum, Eingangstor zum Circus Maximus, Titus-Bogen und Tempel des Jupiter tonans. Relief mit der Darstellung der Totenaufbahrung und Relief mit Grabbau und Baukran. Von besonders feiner Qualität sind die Reliefs an dem frei aufgestellten Rosenpfeiler, Rosen ranken um einen Kandelaber und oben picken zwei Papageien an den Blüten. Bildnisse, Reliefs und Pfeiler gehören in die spättrajanische-frühhadrianische Zeit um 120 n. Chr.

Unter dem Zwischengeschoß stehen die *Sarkophage.* Den Anfang bilden die mit mythologischem Reliefschmuck: Herakles, Meleager, Adonis, Hippolytos, Orest, Niobidentötung, Mars und Rhea Silvia sowie Endymion und Selene. Zuweilen tragen die Köpfe der Götter und Heroen die Porträtzüge der Verstorbenen, wodurch die Teilnahme am ewigen Leben zum Ausdruck gebracht werden soll. Sarkophage mit Eroten und mit dionysischen Szenen folgen, und Darstellungen aus dem Menschenleben beschließen die Reihe. Unter den letzten ist die Frontseite eines großen Philosophensarkophags beachtenswert. Der Lehrer der Weisheit sitzt erhöht auf seinem Lehrstuhl (cathedra) und hat seinen Blick meditierend erhoben; er ist umgeben von 2 Frauen, deren Aussehen an Musen denken läßt. Wegen des ungewöhnlich ausdrucksstarken Porträts des Philosophen hat man an Plotin gedacht (gest. 270 n. Chr.), eine ansprechende Hypothese, die jedoch nicht zu beweisen ist. – Vor dem Treppenaufgang links: Sarkophag mit Darstellungen von Ackerbau- und Brotbearbeitungsszenen; mit der Inschrift auf dem Deckel verabschiedet sich der Verstorbene ironisch von Hoffnung und Glück, nichts habe er mehr mit ihnen zu tun, andere mögen sie noch zum besten haben.

Rechts eine Sammlung *römischer Porträts* aus dem 3. Jh. n. Chr.; unter ihnen die Togastatue des Dogmatius, eines Vertrauten des Kaisers Konstantin, wie aus der Inschrift auf der Basis hervorgeht. Aufstellung der Bildnisstatue zwischen 323 und 337 n. Chr. Der Stil des Porträtkopfes entspricht diesem Datum, die Togastatue aber stammt aus früherer Zeit; vermutlich ist sie hadrianisch, 2. Jh. n. Chr., und wurde wiederverwendet, wie die Basis, die vorher (im 1. Jh. n. Chr.) ein Altar war; jetzt auf den Kopf gestellt und die Rückseite für die Inschrift benutzt.

Der angrenzende Raum birgt *Skulpturen aus dem religiösen Bereich*: Tötung des Stiers durch Mithras (vgl. Sala degli Animali im Museo Pio-Clementino), Altar mit den 12 Taten des Herkules, Diana von Ephesos, Äskulap. – Draußen vor diesem Raum: ein apsidialer Hof, in dem das eine der beiden *Mosaiken aus den Exedren der Caracalla-Thermen* ausgestellt ist. Geht man die Treppe hinauf, gewinnt man einen guten Überblick über das Mosaik mit seinen Athleten und Kampfrichtern von teilweise grobem und brutalem Aussehen.

Im Obergeschoß führt der Gang an Satyrköpfchen und dionysischen Reliefs vorbei und endet in einem Rundbau, von dem man einerseits nach unten auf das andere, vollständigere Mosaik aus den Caracalla-Thermen mit gleichem Thema, Athleten und Kampfrichter, sehen kann und andererseits einen herrlichen Ausblick in die Vatikanischen Gärten hat: rechts Taubenturm aus der Zeit Innozenz' VIII. (1484–92) und links die Peterskuppel. – Hier in diesem Belvedere beginnt (oder endet) das

Museo Pio Cristiano[90],

die Sammlung frühchristlicher Altertümer, vor allem Sarkophage und Inschriften. Hier sollten nach dem Willen des Gründers, Pius' IX. (1846–78), alle Denkmäler geborgen werden, deren Aufbewahrung in den Katakomben nicht möglich war. Pius XI. (1922–39) wünschte sich den Ausbau dergestalt, hier eine Art Repertorium aller Themen, die auf frühchristlichen Sarkophagen vorkommen, zur Verfügung zu haben. Daher findet man hier eine Reihe von Gipsabgüssen berühmter Sarkophage, wie z.B. den aus S. Ambrogio in Mailand, deren Original nicht nach hier gebracht werden kann. Die Sarkophagreliefs sind mehr oder weniger nach ihren thematischen Zusammenhängen geordnet.

An der Rückseite der »Schönen Aussicht«: *Marmorstatue des Guten Hirten,* stark restauriert. Mit einem Lamm auf den Schultern, bartlos und mit langen Locken erscheint das Idealbild des jugendlichen Hirten, auf den gleichnishaft die Hl. Schrift anspielt (Lukas 15,3–5). Dieses Motiv der Hirtendarstellung kennt das klassische Altertum schon seit seinen Anfängen als Weihgeschenk. Christlich gesehen erhält das Thema einen neuen Sinn, wenn Christus von sich sagt (Johannes 10, 11–18): »Ich bin der gute Hirte.« Aus vorkonstantinischer Zeit, 3. Jh. n. Chr. – Daneben: *Denkmal für Aberkios,* Bischof von Hieropolis in Phrygien (Kleinasien); 2 aneinandergesetzte Marmorfragmente und Rekonstruktionsversuch. Der vollständige Text der Grabinschrift ist in den »Acta Sanctorum« überliefert: »... Aberkios, Schüler bin ich eines reinen Hirten, der seine Schafherden weidet auf Bergen und Ebenen ...« Er erwähnt ausdrücklich in der Inschrift, daß er in Rom war. Da er in die 2. Hälfte des 2. Jh. n. Chr. zu datieren ist, wäre dieses eines der frühesten Dokumente für die besondere Stellung des Bischofs von Rom.

Geht man den Gang durch die Sarkophaggalerie im Obergeschoß zurück (zum Eingang in den neuen Museumsflügel), so hat man gleich zur Linken einen Gipsabguß des Sitzbildes vom Märtyrer und Kirchenlehrer St. Hippolytos (das Original bis 1963 in dieser Sammlung, heute im Eingang zur Biblioteca Apostolica am unteren Belvedere-Hof). Auf der einen Seite des Stuhls: Verzeichnis seiner Werke; auf der anderen: die von ihm berechneten Osterdaten für 112 Jahre (222–324). Seltenes Beispiel einer Rundplastik aus frühchristlicher Zeit, 3. Jh. n. Chr.

Nach der Glaswand, links: Auf 4 Seiten *reliefierter Sarkophagkasten* aus dem Ende des 4. Jh. n. Chr. mit 3 Hirtenstatuen auf der Vorderseite, dazwischen Reben mit zahlreichen Genien bei der Weinlese. – Links (Brücke): Zugang zur Sammlung christlicher Inschriften. – Vor den 3 Stufen, rechts (vor der Außenwand): *Friessarkophag* mit reliefiertem Deckel, noch Farbspuren (blau, rot, gold) seiner einstigen Bemalung; Hirten- und Jagdszenen, Orans (betende Frauengestalt) und Bildnisbüste des Verstorbenen.

Es folgen die zahlreichen Sarkophage mit biblischen Szenen. Ein gutes und charakteristisches Beispiel steht in der Mitte des hohen Raumes, der sog. *Dogmatische Sarkophag* mit dachförmigem Deckel, bei Fundamentierungsarbeiten des Baldachins von St. Paul vor den Mauern 1838 gefunden. 2 Bildfriese: In der Mitte des oberen Medaillon mit Bildnisbüsten eines Ehepaares, Köpfe bossiert, noch nicht ausgearbeitet. Oberer Bildfries links: Erschaffung des ersten Menschenpaares, Gottsohn präsentiert Gottvater Eva, Adam am Boden schlafend. Christus gibt Adam ein Ährenbündel, Eva ein Schaf (Anspielung auf Nahrung und Kleidung). Baum der Erkenntnis mit Schlange. Oberer Bildfries rechts: Weinwunder von Kana, Brotvermehrung und Auferweckung des Lazarus (leider teilweise zerstört). Unterer Bildfries, von links nach rechts: Anbetung der 3 Weisen; Heilung des Blindgeborenen; Daniel in der Löwengrube, dem Habakuk zu essen bringt; Christus, der Petrus voraussagt, daß dieser ihn dreimal verleugnen wird, ehe der Hahn kräht; Gefangennahme des Petrus; Quellwunder. Mitte 4. Jh. n. Chr.

Geht man die Rampe hinunter, steht in der Mitte des Podiums der Gipsabguß des Sarkophags von Junius Bassus; das Original wurde 1595 in der Confessio der Peterskirche wiedergefunden und steht heute im Museo Storico Artistico von St. Peter (Abb. S. 341). – Links dahinter: *Sarkophag mit 5 Nischen,* durch Säulen voneinander getrennt; Mitte: im Schnabel des Adlerkopfes oben, flankiert von den Köpfen des Sol und der Luna, Lorbeerkranz mit eingeschriebenem Christus-Monogramm, darunter Kreuz mit je einer Taube auf dem Querbalken und unten 2 sitzende Soldaten, der eine mit erhobenem Kopf, der andere schlafend (Symbol der Apotheose, der Auferstehung). Rechts: Christus vor Pilatus. Links: Ecce homo und Kreuzweg. Hiermit beginnt eine eigenständige christliche Ikonographie im 4. Jh.

An der Außenwand, dem Ausgang zu: Fragmente mit Darstellungen der *Geburt* und der *Erscheinung des Herrn* (Epiphanie). Für das zahlreiche Vorkommen dieser Szene sei an Augustinus (»Sermones« 203, 3) erinnert: »Die drei Weisen lernten Christus den Herrn als erste kennen, und diese ersten waren es wert, alle Völkerscharen zu vertreten.« – Ein Stockwerk unter dem Museo Gregoriano Profano befindet sich das

Museo Missionario-Etnologico[91].

Das Museum für Völkerkunde und Mission ist aus der Missionsausstellung 1925 hervorgegangen und vereinigt Bestände aus dem früheren Museo Borgia und Stiftungen verschiedener Missionsorden und privater Hand. Der Hauptrundgang, der in erster Linie die verschiedenen außereuropäischen Religionsformen veranschaulicht, führt der Reihe nach durch folgende Bereiche:

China: 2 Takuchai, Löwen, aus Peking. – Modell des Himmelstempels in Peking. – Grabbeigaben aus den Dynastien Ch'in (221 bis 206 v. Chr.), Han (206 v. Chr. – 220 n. Chr.) und Tang (618–906 n. Chr.). – Modell einer Pagode von Fu Kien. – Altar des Konfuzius, originalgetreue Wiedergabe von Küfu, der Heimat des Konfuzius. – Buddha mit 2 taoistischen Genien, ein Dokument des religiösen Synkretismus in China, Provinz Shensi, Ming-Dynastie (1368–1644). – Holzfigur des Kwanyin, meistverehrter Bodhisattva in China. – Steinskulptur vom Kopf eines Mönchs aus Lohan, Ming-Dynastie (1368–1644).

Japan: 2 Löwen aus vergoldetem Holz, Wächter und Beschützer vor bösen Geistern.

– Modell eines schintoistischen Tempels aus Nara (der alten Hauptstadt). – Schintoistisch-buddhistische Masken. (Der Schintoismus, japanischen Ursprungs, verschmolz im Laufe der Jahrhunderte mit dem Buddhismus, der im 6. Jh. n. Chr. aus China nach Japan kam.) – Zeremonialgegenstände aus dem japanischen Buddhismus. – Bilder japanischer Märtyrer, die 1597 in Nagasaki hingerichtet wurden, und einige Holztäfelchen mit dem Verfolgungsedikt.

Korea: Modell vom Hauptgebäude des Kaiserpalastes in Seoul, das Haus einer reichen und das einer armen Familie. – Koreanische Kleidungsbeispiele. – Hausaltar und Opfergefäße.

Tibet, Mongolei: Charakteristische Beispiele zur Illustrierung des Lamaismus tibetanischer Prägung. – Statuen, Reliquiare, Kultinstrumente und Kultgefäße. – Reisezelt eines mongolischen Lama.

Indochina: Beigaben aus dem Totenkult. – Stühle mit Weihetafeln an die Vorfahren. – Buddha- und Bodhisattva-Statuetten.

Indischer Subkontinent: Hauptreligion Hinduismus, mit den Strömungen des Schiwaismus (höchster Gott Schiwa) und Wischnuismus (höchster Gott Wischnu). – Votivochse (Nandi), das mythische Fahrzeug von Schiwa (18. Jh.). – Leinwand mit dem Bildnis des Schiwa und seiner Frau Kalí. – Leinwand mit Wischnu und verschiedenen Gestalten, die mit dem Wischnuismus verbunden sind. – Hausaltärchen des Wischnu und seiner verschiedenen Inkarnationen. Zeremonialmasken. – Statue von Bhima, dem Beschützer gegen die Schlangen, unter dem großen Portal.

Indonesien, Philippinen: 24 Reliefs mit Szenen aus dem Leben des Buddha von der Geburt bis zur ersten Predigt, Abgüsse von den Tempelreliefs in Borobudur, Java, 9. Jh. – Gegenstände aus den primitiven Kultreligionen. – Eisen- und Bronzefigürchen hinduistisch-buddhistischer Gottheiten. – Bemalte Holzstatuen hinduistischer Hauptgottheiten.

Polynesien: Boote für den Transport der Seelen ins Jenseits. – Ahnenschrein und Trauerkronen. – Statuetten aus Holz und Stein, Meisterwerke polynesischer Schnitzkunst. – Kultinstrumente: Urnen, Äxte, Ruder, Keulen aus Holz. – Dokumente zweier Missionare, die ihr Leben den Aussätzigen in Polynesien widmeten, Damien de Veuster (1840–89) und Nicouleau.

Melanesien: Holzskulpturen, »Talevis« (Schutzgeister). – Im Mittelpunkt wiederaufgebautes Geisterhaus (Tambaran) aus Zentral-Neu-Guinea für Ahnen-, Totenkult und Initiationsriten; Pilaster, Stützbalken reich verziert; über dem Eingang bemalte Menschenschädel und große Maske in Form eines Schildes.

Australien: Totemtiere. – Steinbilder der Ureinwohner.

Nordafrika: Statuetten aus dem altägyptischen Bereich. – Koptische Armreife. – Tongefäße und Schmuckstücke aus islamischer Zeit.

Äthiopien: Schmuck und Ikonen.

Madagaskar: Grabstelen aus Holz.

Westafrika: »Pantheon« von Dahomey. – Gegenstände aus Toten- und Ahnenkult. – Zeremonialmasken.

Zentralafrika: Zahlreiche Statuetten, Fetische. – Kruzifixe von den ersten Missionaren im 16. Jh.

Ostafrika: Strohhütte. – Holzstatuetten aus dem Ahnenkult. – Magische Kultobjekte.

Südafrika: Kopien prähistorischer Malerei: magische Jagdriten. – Ahnen- und Götterstatuetten.

Christliches Afrika: Krippenfiguren aus Ebenholz, Jesusknabe aus Elfenbein. – Madonnenstatuetten.

Südamerika: Hütte der Feuerlandindianer. – Federschmuck. – 5 Holzskulpturen aus Santa Marta, Kolumbien, 1692 nach Rom gebracht; älteste kolumbianische Skulpturen in Europa. – Zeremonialmasken. – Inka-Skulpturen. – Kolumbianische Goldschmiedearbeiten.

Zentralamerika: Modell der Ruinen des Tempels von Copan (Honduras) und Säule (Abguß) aus demselben Tempel. – Modell vom sog. Tempel des Kreuzes (Maya). – Mythische Vögel. – Modell der Pyramide von Papantha. – Skulptur des Quetzalcoatl (Azteken). – 4 Statuen (Kopien) der aztekischen Hauptgottheiten. – Modell des sog. Tempels der Schilde und der Jaguare, der Gottheit Kukulkan geweiht (Yucatan, Tolteken). – Modell des Tempels von Xochicalco, der Göttin des Regens und der Fruchtbarkeit (Hochland von Mexiko, Azteken).

Christliches Amerika: Meßbuchpult von

Fra Bartolomeo de Las Heras, des Kaplans von Kolumbus, Eingeborenenarbeit der Kariben auf Kuba.

Nordamerika: Modelle für Skulpturen von Ferdinand Pettrich (1798–1872), Schüler Thorvaldsens, der 1835 in den Vereinigten Staaten war: Sauks-Foxes und Sioux vom Mississippi; Winnebago und Creeks; Statue des sterbenden Te-cum-seh, berühmter Häuptling aller Indianerstämme des Westens, 1813 in der Schlacht von Thames tödlich verwundet; Büsten von verschiedenen Indianerhäuptlingen.

Persien: Majoliken, teils in Sternform mit Koran-Versen. – Kleine quadratische Ziegel mit Lasur: mythischer Vogel Simurgh (13./14. Jh.).

Vorderer Orient: Tontäfelchen mit Keilschrift (2000 v. Chr.) – Steinfragment mit hethitischen Schriftzeichen (1400 v. Chr.). – Kleinkunst mit hellenistisch-römischem Einfluß. – Kultgegenstände aus dem Judentum: Thorarolle (14. Jh.) mit Holzhülle (17. Jh.). – Hamukija (Synagogenleuchter). – Kopie des Mosaiks aus Madeba: Landkarte des Heiligen Landes aus der Zeit um 600 n. Chr.

Die Sammlung schließt mit christlicher Kunst aus den Missionsländern.

Bleibt man unten und geht in der Chinesischen Abteilung aus dem Gebäude hinaus, unten an der Pinakothek vorbei bis zum Ende des Giardino Quadrato, steigt man eine Treppe hinab ins

Museo Storico Vaticano[92].

Der schmale, langgestreckte Raum liegt unterhalb des Rasens. Er birgt im ersten Teil die päpstlichen Fahrzeuge und im zweiten Uniformen und Ausrüstungen der päpstlichen Truppen und der Nobelgarde (beide 1970 aufgelöst).

1. Abteilung. Landauer und Reisewagen; Galakutsche in Rot und Gold des Kardinals Lucien Louis Bonaparte (1829–95); Prunkwagen Leos XII. vom römischen Karossenmacher Gaetano Peroni. – Päpstliche Sänften.

2. Abteilung. Sog. französische Turnierrüstung aus dem 16. Jh. – Rüstung der sog. zerbrochenen Lanzen, Helm ursprünglich nicht zugehörig. – Uniformen der päpstlichen Nobelgarde, der Schweizergarde, der päpstlichen Gendarmerie, der Ehrengarde und des Heeres (aus dem Kirchenstaat). – Feuerwaffen aller Art. – Helme und Sturmhauben vom 16. bis ins 19. Jh. – Fahnen und Standarten aller Waffengattungen (einschließlich der Flagge des päpstlichen Kriegsschiffes »San Pietro«, das sich am 26. September 1860 bei Ancona ehrenvoll dem König ergab). – Galapferdegeschirr des Bannerträgers der Hl. Römischen Kirche (im Rang eines Generalleutnants).

Umgebung

Abb. S. 379: Franz Horny: Blick auf Olevano (1822). Aquarellierte und lavierte Federzeichnung

FRASCATI

*Der Ursprung Frascatis liegt oberhalb der Stadt in dem **Tusculum** genannten Ort, den der Sage nach Telegonus, der Sohn der Circe und des Odysseus, gründete. Cicero, Lucullus, Brutus, Caesar und Tiberius hatten Besitzungen in dem von den Dichtern als Sommerfrische gepriesenen »Otium tusculanum« (Cicero). Nachdem Papst Cölestin III. Tusculum zerstört und nicht wiederhergestellt hatte, siedelten sich die vertriebenen Bewohner unterhalb des Hügels an.*
*Die neu entstehende Stadt, **Frascati**, die im 14. Jh. einen Mauerring erhielt, trat die Nachfolge des antiken Tusculum an, als Kardinal Alessandro Rufini hier 1545 einen Landsitz errichtete. Ihm folgten bald größere Villen, deren Zahl um 1620 auf 11 angestiegen war. Die Anlagen verfielen teilweise im Laufe des 19. Jh., wurden jedoch im 20. Jh. größtenteils restauriert und überstanden auch die Bombenangriffe der Jahre 1943/44, in denen die Stadt schwere Schäden erlitt.*

S. Maria del Vivario (S. Rocco), ehem. Kathedralkirche von Frascati, ein schlichter romanischer Bau mit schönem Glockenturm (1305). In dem 3schiffigen Inneren tragen ionische Säulen die Hochwand des Mittelschiffs.

Cattedrale S. Pietro. Der 1943/44 zur Hälfte zerstörte und später wiederhergestellte Bau wurde 1598 von Ottaviano Mascherino über dem Grundriß eines griechischen Kreuzes errichtet. 1697–1700 fügte Girolamo Fontana die Fassade hinzu. Geschichtliches Interesse beansprucht das Grabmal Karl Eduard Stuarts, des 1788 gestorbenen englischen Thronprätendenten, dessen Leichnam aber in St. Peter in Rom begraben liegt.

Chiesa del Gesù. In dem 1schiffigen, nach dem Modell von Il Gesù in Rom errichteten Bau des 17. Jh. verdient die illusionistisch gemalte Kuppel des Pozzo-Schülers Antonio Colli Beachtung. Die Fassade wird Pietro da Cortona zugeschrieben.

Villen

Frascati erhält seine kunstgeschichtliche Bedeutung durch die 1545–1607 an seinem Berghang errichteten Villen. In einer zweiten Bauphase, die etwa die Jahre 1600–50 umfaßt, wurden viele der Landsitze vergrößert und reicher ausgestattet. Eine dritte Epoche schließlich, zu Beginn des 18. Jh., veränderte und erweiterte die Gärten.

Die Albaner Berge und der Hügel von Tusculum trugen im 16. Jh. Eichen- und Kastanienwälder. Die 2 antiken Wasserleitungen waren großenteils verfallen, ließen sich jedoch wiederherstellen; verstärkt durch 3 neue Leitungen vermochten sie nicht nur die Landsitze zu versorgen, sondern darüber hinaus auch die Unmengen an Wasser aufzubringen, die für die Kaskaden und Wassertheater benötigt wurden.

Die geologische Form des Berges (3 Bergzungen, 2 Talmulden) ließ zwei Typen von Villen entstehen. So gibt es zum einen den Villentyp, der sich auf der Berghöhe frei öffnet (die Villen Aldobrandini, Falconieri, Mondragone, Rufinella, Torlonia), während der zweite, in der Talmulde auftretende Typ mehr nach innen auf seine Gärten und Höfe ausgerichtet ist (die Villen Borghese, Grazioli, Lancellotti und Vecchia). Bestimmend für alle Villen ist die am Berghang geforderte Terrassenanlage, die mit ihren Stützmauern z. T. für die Treppen sowie für die Kaskaden und Wassertheater benutzt wird. Dabei bestimmen zwei Grundformen die Villen: ein ländlicher Typ, dem Landhaus der Campagna entsprechend, und ein Typ, der dem herrschaftlichen Anspruch des römischen Stadtpalastes nachgebildet ist.

(Der Park der Villa Torlonia ist zugänglich; sonst kann nur der Park der Villa Aldobrandini – mit einer Genehmigung des Fremdenverkehrsamts – besichtigt werden.)

Villa Aldobrandini (Belvedere)

Pietro Aldobrandini, Neffe Papst Clemens' VIII., ließ den Bau in seiner ausgezeichneten Position 1598 durch Giacomo della Porta beginnen und nach dessen Tod von Carlo Maderno 1602–04 vollenden.

Casino und **Park** entfalten sich auf einem strengen Achsenkreuz, vom Stadtplatz in Frascati ausgehend und auf halber Höhe quer geteilt. Schräg ausstrahlende Rampen führen auf querrechteckige Terrassen. Von dort erreicht man über doppelläufige Rampen das Untergeschoß des Casinos, durch dessen 3

Tore jedoch lediglich die Diensträume und Keller betretbar sind. Der eigentliche Zugang befindet sich auf der Rückseite auf einer dritten Terrasse, die sich in einer weiten Exedra öffnet und für das Wassertheater Raum schafft.

Auf dem imposanten Sockel, den die Anlagen aus Alleen, Terrassen und Rampen bilden, erhebt sich eine noble Palastfassade, deren Wirkung im wesentlichen auf den großen Umrissen der Silhouette beruht. Alle kleinteiligen, nicht in der Fernsicht wirkenden Formen sind vermieden. Reicher entwickelt ist die Gartenfront, deren vortretender, als Schauseite gestalteter Mittelbau sich über einem Mezzaningeschoß in 2 Loggien öffnet.

Das Casino, im Inneren auf Prachtentfaltung angelegt, wird von der Tendenz zum repräsentativen Stadtpalast bestimmt. Von der großen Mittelhalle, dem festlichen Wohnraum, gehen 2 lange Flügel aus, in denen die Repräsentationsräume liegen. Vestibül und Kapelle erhielten ihren Platz in dem vortretenden Mittelbau der Gartenfassade. Die bildliche Ausstattung schufen Cavalier d'Arpino und Schüler des Domenichino.

Das von G. della Porta entworfene und von Maderno ausgeführte **Wassertheater** übertrifft alle entsprechenden Anlagen von Frascati durch seine Größe und den Reichtum der Gliederung. In den Rundnischen mit triumphbogenartigen Zugängen sind mythologische Figuren aufgestellt; im Zentrum gießt Atlas die Flut der Wassertreppe in ein Becken. – Die Flügel des Wassertheaters enthalten links einen ***Gartensaal*** und rechts eine dem hl. Sebastian geweihte ***Kapelle***. Beide Räume wurden mit *Fresken* geschmückt, die Passignano begann; 1616–18 malte im Gartensaal Domenichino mit Gehilfen 10 Apollo-Szenen (heute 8 davon in London, National Gallery).

Die **Wassertreppe** ist tatsächlich eine gestufte Anlage, die von Fußtreppen begleitet wird. Die 2 riesigen, girlandenumwundenen Säulen auf der Höhe geben der großen Längsachse an ihrem Abschluß den bedeutenden Akzent.

Villa Borghese (Taverna)

Graf Ferdinando Taverna, unter Papst Clemens VIII. Gouverneur von Rom, errichtete sich 1604/05 sein Landhaus im Tal neben der → Villa Mondragone. Der Architekt ist nicht bekannt, das Vorbild des Casinos von Mondragone jedoch unverkennbar. 1614 kaufte Kardinal Scipione Borghese die Villa, die seinen Namen erhielt. Er fügte die Villa Taverna seinen großen, aus den Villen Vecchia und Mondragone bestehenden Anlagen ein und ließ den Bau durch Girolamo Rainaldi erweitern. Dann erst, nach 1729, kam es zu einer weiteren Ausgestaltung durch die Maler Giuseppe und Domenico Valeriani und den Deutschen Ignaz Heldmann. Die im 19. Jh. verfallene Villa wurde zu Anfang des 20. Jh. wiederhergestellt.

Das **Casino,** im Landhaus-Typ, ist klein und intim in der Talmulde gelegen. Dem zentralen Baukörper schließt sich hufeisenförmig der Flügel für das Gesinde und die Wirtschaft an. Ein halbkreisförmiger Hof trennt Casino und Garten, zu dem man über eine doppelläufige von einem blinden Tor gerahmte Treppe gelangt. – Der auf der östlichen Bastion von Kolonnaden umgebene **Giardino Pensile** – der Garten für die private Muße des Hausherrn – hat sich mit winkelig angelegten Wegen, kleinen Blumenbosketts und Springbrunnen unversehrt erhalten.

Villa Falconieri (»La Rufina«, Maddalena)

Die Villa Rufina ist die älteste der Villen Frascatis. 1545 begann Alessandro Rufini, Bischof von Melfi, seine Villa auf dem Gelände einer antiken Villa und der mittelalterlichen Kapelle S. Maddalena errichten zu lassen. 1623 kam die Anlage in den Besitz der Falconieri, die Borromini den Auftrag zum Ausbau des schlichten, kastellartig mit 4 Ecktürmen bewehrten Casinos zu einer repräsentativen Villa erteilten. Die Innenausstattung zog sich bis etwa 1724, die Vollendung des Gartens bis 1729 hin.

Im späten 19. Jh. war die Villa ein Tusculum deutscher Dichter und Maler: Paul Heyse, Richard Voß und Arnold Böcklin verhalfen ihr zu neuem Ruhm.

Die Villa Falconieri wendet der Ewigen Stadt die Schmalseite zu, während ihre Talfassade nach Osten, die Gartenfront nach Westen gerichtet ist. An den kräftigen Mittelbau, dessen Struktur noch von den Ecktürmen der ursprünglichen Anlage bestimmt wird, schließen sich schmale Flügel an. Die schlichte 3stöckige Talfassade erhält durch die Ecktürme eine zurückhaltende, den Mittelbau betonende Gliederung. Die Gartenfassade dagegen läßt in den komplizierten Raumverschränkungen und in den bewegten Kurven die Hand Borrominis erkennen. Der stark vortretende Mittelbau öffnet sich in einer 3bogigen Vorhalle, hinter deren balustradenbe-

Frascati. Villa Aldobrandini (Belvedere)

wehrtem Balkon die Wand in einer großen, an die Exedren antiker Tempel erinnernden Nische zurücktritt. Der Eingang flankieren die von Borromini mit komplizierten Mustern aus runden Blendbögen, viereckigen und rundbogigen Fenstern, mit Pilastern und Gebälk verkleideten Ecktürme. Die Außenwände der Flügel zeigen ein ähnliches flächiges Dekorationssystem, zu dem die große, die ganze Wand organisierende Arkatur einen kräftigen Kontrapunkt setzt.

In einigen Räumen hat sich die Dekoration des 16. Jh. erhalten, die Perin del Vaga und Luzio Romano schufen. Im Speisesaal stellte Carlo Maratta die *»Geburt der Venus«* dar. In den nördlichen Sälen stammen die Deckenbilder mit den *»Jahreszeiten«* (nach 1668) von Ciro Ferri (Herbst, Winter), Giacinto Calandrucci (Sommer) und Giovan Francesco Grimaldi (Frühling). Niccolò Berrettoni malte im Eingang den *»Triumph der Venus«* und Bildnisse der Familienmitglieder der Falconieri. In einer letzten Phase, zwischen 1724 und 1734, schuf Pier Leone Ghezzi *perspektivische Architekturen* mit Gestalten, die am Leben im Raum teilzunehmen scheinen.

Die **Gärten** der Terrasse sind wiederhergestellt worden. Idyllisch liegt der Steineichenhain zwischen Straße und Blumenparkett vor der Gartenfront. Das Borromini zugeschriebene **Löwentor** führt zu dem von Richard Voß gerühmten Zypressenweiher; eine doppelte Rampe geleitet zu dem trapezförmigen Weiher. – Als Eingang zur Villa dient heute wieder das **Falkentor** (→ Rom, Palazzo Falconieri) an der Straße von Frascati nach Tusculum.

Villa Grazioli (Acquaviva, Montalto)

Vom Kardinal Antonio Carafa nach 1580 erbaut, gelangte die Villa nach seinem Tod 1591 an Kardinal Ottavio Acquaviva. 1614 erwarb die Familie Montalto das Anwesen.

Die Villa liegt in der Mulde zwischen den Villen Torlonia und Muti. **Garten** und **Casino** neigen, entsprechend ihrer Lage, zu einer intimen, nach innen bezogenen Anlage. – Die kunstgeschichtliche Bedeutung der Villa, die sich heute im Besitz des Herzogs Grazioli befindet, beruht auf der fast vollständig erhaltenen Ausmalung. Agostino Ciampelli schuf die Fresken der *Tageszeiten*. In anderen Räumen arbeiteten Schüler des Annibale Carracci (Zimmer des Elisäus). In der Galerie des 1. Stocks schuf G. P. Pannini umfangreiche Dekorationen (um 1730).

Villa Lancellotti (Piccolomini)

Im Gegensatz zu den anderen Villen von Frascati war der Kern der Villa Lancellotti ein am äußersten südlichen Rand des Ortes gelegener Stadtpalast, den sich die Visconti errichtet hatten. Seit dem 17. Jh. wurde der Besitz durch Gärten und landwirtschaftliche Anlagen erweitert.

Die Lage des **Palastes** zwang zu einer nach innen bezogenen Gestaltung. Der **Garten**, der keinen Blick auf Rom bietet, wurde zu einem intimen Platz, in dem die Innenräume sich fortsetzen. Zwischen der Gartenfassade, die im 18. Jh. eine reizvolle 3bogige Loggia und eine bekrönende Attika erhielt, und dem **Wassertheater** von 1620, das in seinem von Nischen unterbrochenen Halbrund die antike Gestalt des Nymphäums fortbildet (im 19. Jh. restauriert), erstreckt sich noch das geometrische Blumenparkett des 17. Jh.; Eichenalleen begrenzen die Seiten.

Im Innern des Palastes haben sich Fresken von Cherubino Alberti erhalten. In den Fußboden des Vestibüls ist ein 1863 wiederaufgefundenes römisches Mosaik mit Darstellungen von Gladiatoren eingelassen.

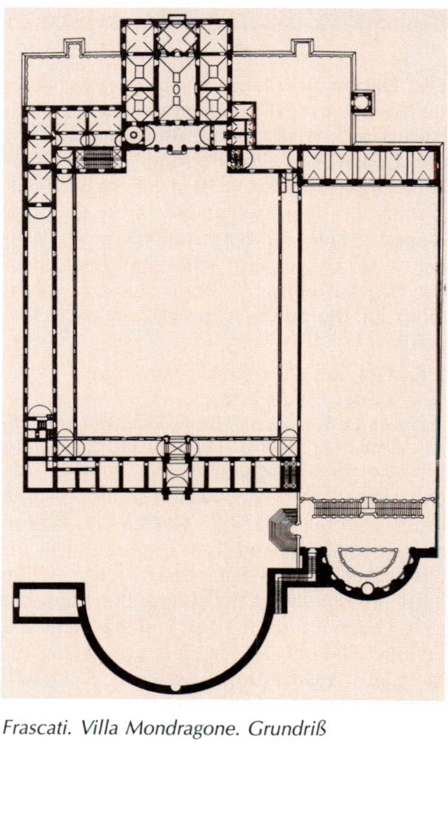

Frascati. Villa Mondragone. Grundriß

Villa Mondragone

Kardinal Mark Sittich von Hohenems, der spätere Erzbischof von Salzburg, ließ den Bau 1573–75 auf der nordwestlichen Zunge des Berges durch Martino Longhi d. Ä. errichten. Zu Ehren Papst Gregors XIII. erhielt die Villa nach dessen Wappentier den Namen Mondragone (= Drachenberg). 1577 wurde südlich dieses als Casino dienenden, von den Zeitgenossen bewunderten Landhauses der Bau des Palazzo della Retirata begonnen, der im Abstand von 80 m gegen den Berg lag, so daß eine 12 m hohe, aus statischen Gründen halbrund in den Berg schneidende Stützmauer notwendig wurde, welche die Reitbahn aufnahm. Der Palazzo della Retirata bestand ursprünglich aus einem einzigen, von Osten nach Westen sich erstreckenden Trakt, der mit einer Breite von 66 m weit über die Maße des alten Casinos hinausgriff. Kardinal Hohenems wohnte üblicherweise in der Villa Vecchia, während sein Freund Gregor XIII. oft für längere Zeit im Palazzo della Retirata Quartier nahm, wo er am 13. Februar 1582 die Bulle unterzeichnete, die den nach ihm benannten Gregorianischen Kalender einführte.

1613 kaufte Kardinal Scipione Borghese, der Neffe Pauls V., den Besitz. Seine Baumeister und Gartenarchitekten Maderno, Vasanzio, Ponzio, G. Rainaldi und Giovanni Fontana gaben der Villa ihre heutige Gestalt: Ein Westflügel stellte die Verbindung zwischen dem Casino und dem Palazzo della Retirata her; um den Anschluß an das schmalere Casino zu gewinnen, erhielt dieses im Westen einen seitlichen Erweiterungsbau, dem im Osten ein niedrigerer Flügel symmetrisch entspricht, so daß damit die Casinoanlage die Breite des Palazzo della Retirata erreichte; die ehemalige Gartenfassade des Casinos wurde auf diese Weise Hofseite. Der neue Verbindungsflügel nahm einen Teil der Kunstsammlungen des Kardinals auf (→ Rom, Galleria Borghese).

Giovanni Fontana richtete östlich der halbrunden Stützmauer ein Wassertheater ein, das zu den berühmtesten Wasserspielen des Jahrhunderts gehörte. Unterhalb der doppelläufigen Treppe, die zu seinem Halbrund emporführte, erstreckte sich ein geometrisches Blumenparkett. Zwischen dem Bankett und dem Giardino Pensile, gegen die Ebene hin, erbaute Hans von Xanten einen 5achsigen Portikus. Er schuf auch 1618 den graziösen, 4geschossigen Brunnen mit wasserspeienden Drachen und Adlern auf der 110 m breiten und 40 m tiefen Terrasse vor dem Casino. – Mit Alleen verband Scipione Borghese seine Besitzungen Villa Mondragone, Villa Taverna (Borghese) und Villa Vecchia (diese 1567–69 von Vignola errichtete Villa ist 1944 zerstört worden).

Im 19. Jh. verfiel dieser großartige Fürstensitz und wurde 1865 von den Jesuiten übernommen, die eine Schule einrichteten und eine umfassende Restaurierung einleiteten. Dabei unterteilte man die durch 2 Geschosse gehende Galerie mit einer Zwischendecke, um neue Schlafsäle zu gewinnen; zugleich wurde ein neuer Korridor angelegt, der jedoch die alten Fenster benutzt. Das Casino erhielt 2 zusätzliche Obergeschosse, welche die Sternwarte aufnahmen.

Das **Casino** gehört zum ländlichen Villentyp. Um den 11 m hohen Mittelsalon gruppieren sich symmetrisch die Räume, deren nördliche Flucht – das Appartamento Papale – den Blick in die Campagna freigibt. Zum Berg und in den Garten öffnet sich ein Vestibül, das auf der einen Seite die Wendeltreppe, auf der anderen eine Kapelle aufnimmt. 2 beiderseits der durchgehenden Mittelhalle im Obergeschoß gelegene Korridore führen zu den Schlafzimmern. Das Untergeschoß öffnet sich nach vorn auf die große Terrasse, liegt aber mit der Rückwand im Berg, so daß die rückwärtigen Räume als Keller dienen. Unter der Terrasse liegen Küchen deren Kamine als säulenartige Türme aus der Stützmauer aufwachsen. Das Vestibül ist eine (erst in späterer Zeit verglaste) Loggia, die im Obergeschoß einen Saal aufnimmt.

Der **Palazzo della Retirata** enthält in seinen 3 Geschossen eine lange Flucht von Räumen gleicher Tiefe. 3 Zimmer des Mittelgeschosses bewahren *Deckengemälde* mit Schlachtenbildern, die von flämischen Künstlern um 1577 ausgeführt wurden.

Vom **Wassertheater,** das nur noch in seinen Grundzügen erhalten ist, hat sich die große Exedra bewahrt. Gegenüber liegt ein Portikus mit Säulenarkade und einer Brüstung.

Villa Muti (Arrigoni, Rocci, Varese)

Auf dem Höhenzug, der sich von Tusculum am weitesten nach Westen in die Campagna vorschiebt, entstand 1579 eine kleine Villa, die 1595 in den Besitz des Kardinals Pompeo Arrigoni und später der Familien Rocci und Varese kam.

Die Anlage von Villa und **Casino**, vornehmlich unter Arrigoni erbaut, wurde von dem nach Westen abfallenden Gelände und von dem Wunsch nach einem Ausblick auf das in nördlicher Richtung gelegene Rom bestimmt. Die Innenräume bewahren *Deckenmalereien* mit Darstellungen aus dem Alten Testament von Cigoli und Domenico Passignano (vor 1616), Pietro da Cortona und Giovanni Lanfranco (um 1630). – Der **Garten** ist in den Zustand des 18. Jh. zurückversetzt worden.

Villa Rufinella

Die Höhenlage und die spätere Bestimmung als Erholungsheim der Jesuiten unterscheidet die Villa von den Adelssitzen Frascatis.

1564 kaufte Ascanio Rufini das Grundstück und errichtete sich ein kleines Casino. Die Villa, die ihre Besitzer vielfach wechselte, blieb ein unbedeutender Bau, bis 1740 die Jesuiten die Anlage als Sommerhaus erwarben.

Luigi Vanvitelli errichtete über dem Grundriß eines griechischen Kreuzes einen Bau mit langen Korridoren, an denen beiderseits die Wohnzellen liegen; im Erdgeschoß der Speisesaal, in den beiden Stockwerken darüber die Kapellen. Der durch 3 Torbogen und einen Balkon betonte Mittelteil der Talfront wird durch ein Belvedere gekrönt (Blick auf die Campagna und die Stadt Rom).

Villa Torlonia (Ludovisi, Conti)

1563 erwarb der Dichter und Philosoph Annibale Caro, der wie kein zweiter Frascati als das neue Tusculum gepriesen hat, westlich der Stadt Grundstück und Ruinen der Villa des Lucullus und errichtete hier sein Landhaus. 1571 kam der Besitz an Kardinal Tolomeo Galli aus Como, Bischof von Frascati, der Haus und Garten weiter ausbaute.

Die Gartenanlagen wurden vergrößert, nachdem 1607 Kardinal Scipione Borghese den Besitz gekauft hatte. Seine Architekten Maderno, Domenico Fontana und Ponzio schufen den neuen, von Wasseranlagen und Stützmauern bestimmten Park. Eine eigens geschaffene Leitung führte das Wasser von Canalicchio herbei; Maderno baute die Stützmauer am Berg zu einer großartigen Kaskade als Wassertheater aus; gegenüber lag die entsprechend lange Stützmauer des Abhangs als zweite Stufe der Terrassenanlage; westlich der Kaskade erhob sich, wie heute, das Casino, über ihr blühte der Giardino Pensile; zwischen westlicher und östlicher Stützmauer erstreckte sich ein barockes Blumenparkett; vor dem Casino schob sich eine aus Rechteck und Trapez gebildete, von einem vierpaßförmigen Brunnen geschmückte Terrasse über den Abhang.

1614 erwarb Herzog Johann Angelus von Hohenems die Villa. – Unter den zahlreichen weiteren Nachbesitzern hat Lotario Conti (1680) Bedeutung, der die zweite große Bauperiode einleitete und damit der

Anlage die heutige Gestalt gab. Der Garten wurde erheblich vergrößert, das barocke Blumenparkett in einen Steineichenhain verwandelt, während die Stützmauer am Hang einer mächtigen Treppenanlage wich. – 1841 ging die Villa in den Besitz des Herzogs Torlonia über. 1944 wurde sie größtenteils zerstört.

Das **Casino** ist wiederaufgebaut, der **Park** als Villa Comunale allgemein zugänglich.

Eremitenkloster von Camaldoli

(Damen sind nicht zugelassen.) – Die Gründung des Klosters der Camaldulenser an der Straße von Frascati nach Tusculum wurde 1606 von dem Kanoniker Giovan Angelo Frumenti angeregt. 1610 war die Kirche fertiggestellt.

Kirche S. Romualdo. Von der Ausstattung sind die Gemälde von Antiveduto Gramatica (»Traum des hl. Romuald«, 1620 ca.) und Carlo Saraceni (»Ruhe auf der Flucht«) zu erwähnen; die Stuckdekoration stammt von Tommaso Righi (1776).

Tusculum

Südöstlich auf den Hügeln über Frascati liegen die Ruinen von Tusculum, die überwiegend zu der römischen Sommerstadt gehören. Vom **Amphitheater** blieben Tuffmauern und einige unterirdische Räume erhalten. Die **Villa des Tiberius** (früher irrtümlich als Villa Ciceros angesehen) macht selbst mit den Ruinen der Substruktionen noch einen imperialen Eindruck. Einen oberirdischen Raum bildet das sog. **Haus des Wächters**, das das Fragment einer Inschrift aus der Zeit des Tiberius trägt. Gepflasterte **Straßen**, unterirdische **Gewölbegänge**, eine **Wasserleitung** des 5. oder 6. Jh. v. Chr., **Zisternen**, Ruinen des **Forums** und eine **Gräberstraße** lassen noch den Umfang der Stadt Tusculum erkennbar werden. Besser erhalten als diese Reste ist das **Theater** am Fuß der Akropolis, dessen halbkreisförmige Anlage 1500 Zuschauer aufnehmen konnte.

Der Ruhm Tusculums ist größer als die noch bestehenden sichtbaren Zeugnisse. Die Landschaft, die allmählich in die Ruinen eindringt, erhöht den Zauber des Ortes. Nimmt man den großartigen Ausblick hinzu, der rechter Hand die Sabiner Berge und den Soractus, linker Hand die Albaner Berge mit den Castelli Romani, nordwestlich das Panorama der Ewigen Stadt einschließt, so wird verständlich, warum die Sage den Sohn des Odysseus und der Circe hier seßhaft werden ließ und warum Cicero an diesem Ort seine »Tusculanischen Gespräche« erdachte.

OLEVANO ROMANO

Der malerische, an den Berghang gebaute und vom **Kastell der Colonna** (13. Jh.) beherrschte Ort war seit dem 18. Jh. ein Anziehungspunkt der Landschaftsmaler, besonders der deutschen (Joseph Anton Koch, Carl Rottmann, Ludwig Richter, Julius Schnorr von Carolsfeld u.a.), auch von Dichtern wie Waiblinger.

Außerhalb des Ortes, an der Straße nach Bellegra, liegt die **Casa Baldi,** Landsitz der → Villa Massimo in Rom. Von dort ist der Eichenwald der **Serpentara** zu erreichen; von dem Maler Edmund Kanoldt 1873 erworben und dann dem deutschen Kaiser geschenkt, ist er heute Eigentum der Bundesrepublik Deutschland. An diesem Wald hat sich Gustave Doré für seine Illustration zu Dantes »Hölle« inspiriert.

OSTIA (Com. Rom)

Ancus Marcius soll im 6. Jh. v. Chr. die Stadt Ostia gegründet haben; durch archäologische Forschung läßt sich der Ort jedoch erst um 338 v. Chr., nach der Gründung eines Castrums zum Schutz der Tiber-Mündung (lat. »ostium«), nachweisen.

Im Wachstum Ostias spiegelt sich die Entwicklung

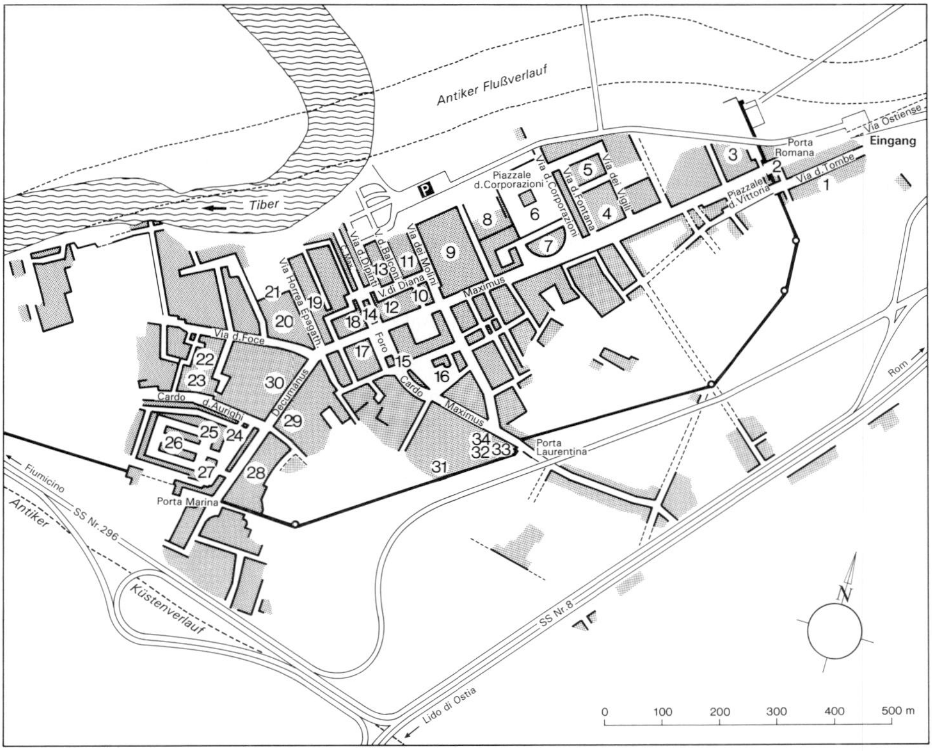

Ostia Antica. Lageplan der antiken Stadt (Ziffernerläuterung im Text)

des Seehandels und der Seemacht Roms. In der beginnenden Kaiserzeit reichten die Anlegeplätze am Tiber für die Schiffe nicht mehr aus. Bereits Augustus dachte deshalb an den Bau eines Seehafens, Kaiser Claudius verwirklichte ihn. 54 n. Chr. war er hier, in Ostia, vollendet. Nero ließ ihn zwar zuschütten, aber Trajan gab ihm 102–112 die endgültige Gestalt. Als Warenumschlagplatz zog er Reeder, Händler, Seeleute und Zollbeamte an, so daß die Stadt bald eine Einwohnerzahl von 50000 erreichte. In ununterbrochener Bautätigkeit entstanden systematisch Straßen und Plätze, Geschäfts- und Wohnhäuser.

Der Niedergang Ostias begann, als Konstantin d. Gr. 314 den nördlich der Stadt liegenden Hafen selbständig machte und dessen Siedlung Portus zur Stadt erhob. Trotzdem erlebte Ostia im 4. Jh. noch eine Nachblüte seines Wohlstandes. Alle Versuche der Päpste im Mittelalter, dem Ort neue Bedeutung zu verleihen, scheiterten; Gregor IV. ließ um 839 eine Befestigung anlegen. Teuer war Ostia den Päpsten auch deshalb, weil hier die hl. Monika, Mutter des Kirchenlehrers Augustinus, 387 gestorben war, als beide sich nach Afrika einschiffen wollten.

Neues Leben erfuhr der Ort unter Kardinal Guillaume d'Estouteville und seinem Nachfolger Giuliano della Rovere, dem späteren Papst Julius II., der 1483–86 das Kastell »zur Verteidigung von Ostia, zum Schutz der römischen Campagna und als Zuflucht der Seefahrer« errichten ließ – eines der ersten Werke der Militärarchitektur seit der Erfindung der Feuerwaffen. Vor der Küste Ostias schlugen sich Sarazenen, Türken, Pisaner und Genuesen. Der Salzhandel gab den Bewohnern eine gewisse Existenzgrundlage, bis 1613 der Kanal von Fiumicino gebaut wurde. Ostia versank in den Sümpfen und verging unter der Malaria. Im 19. Jh. lebten hier nur noch 100 Sträflinge.

Archäologische Ausgrabungen wurden unter Pius VII. und Pius IX. begonnen und am Ende des 19. Jh. von der italienischen Regierung fortgesetzt. 1909 begann die systematische Erforschung des alten Ostia. Das Wiedererstehen von ***Ostia Antica*** *führte zu neuer Besiedlung und zu bescheidener landwirtschaftlicher Nutzung. Zudem gedieh das nahe Seebad* ***Lido di Ostia*** *zum sommerlichen Zufluchtsort der Stadt Rom.*

S. Aurea (Kathedrale). Die an antiken Tempeln orientierte und ideal proportionierte Kirche ließ Kardinal Giuliano della Rovere 1483–86 durch den Florentiner Baccio Pontelli errichten. Sie ist einer der ersten Sakralbauten der Renaissance in Latium.

Im großen Saal des **Episcopio**, des Bischofspalastes, haben sich *Fresken* erhalten, die Reliefs der römischen Trajans-Säule imitieren. Sie werden Cesare da Sesto und Baldassare Peruzzi zugeschrieben.

Kastell

1483 ließ Kardinal Giuliano della Rovere von Baccio Pontelli auch das Kastell erbauen, unter Einbeziehung eines unter Papst Martin V. (1417–31) errichteten Befestigungsturmes. Die an der letzten Tiber-Schleife vor dem Meer gelegene Festung verlor ihre Aufgabe, als infolge eines Hochwassers 1575 der Flußlauf sein Bett von der Burg entfernte.

Grundriß der Festung ist ein ungleichseitiges Dreieck von 32 × 39 × 34 m. Ein von gezackten Brustwehren gekrönter Mauerring von ungefähr 5 m Durchmesser bildet die Umfassung; die Ecken der Flußseite runden 2 Bastionen. Innerhalb der Mauern ist ein System von Kasematten eingerichtet, deren jede ein Geschütz aufnehmen konnte. Luftlöcher sorgten für den Abzug des Pulverdampfs, Korridore verbanden die einzelnen Kampfplätze, eine Rampe diente den Zugtieren als Weg. Kern der Anlage ist ein großer 4kantiger Festungsturm, der den alten runden Turm überragt.

Scavi di Ostia Antica (Farbabb. 26)

Die Ausgrabungen haben die antike Stadt in ihrem ganzen Organismus ans Tageslicht gebracht. Der Besucher geht über römische Straßen zwischen Wohnhäusern und Zweckbauten, die sich zum Teil bis zum 2. Stockwerk erhalten haben. Auf Schritt und Tritt bekommt er Auskunft über Leben, Arbeit, Kultur und Religion der Bewohner dieser Stadt.

Das alte Ostia war in 5 Quartiere eingeteilt. Die ausgegrabene Stadt, die nicht durch Gewalt, sondern durch Verfall Ruinenplatz geworden ist, haben die Archäologen zur Orientierung wiederum in 5 Regionen gegliedert, die aber nicht der antiken Einteilung entsprechen. Straßen und Häuser tragen neue Namen, die sich entweder aus ihrem Zweck, aus bestimmten Eigenschaften oder aus Fundgegenständen ergaben. Der Begriff *»Insula«* bezeichnet den Haustyp des mehrstöckigen Wohnhauses, *»Domus«* ein Wohnhaus, das dem traditionellen pompejanisch-republikanischen Haus oder dem ähnlichen Typ der späten Kaiserzeit entspricht; *»Caseggiato«* ist ein Komplex von Insulae, vereint mit Tavernen und anderen Bauten.

Der Eingang zu den Ausgrabungsfeldern liegt gegenüber dem Kastell. Der Besucher nähert sich der Stadt auf der Via delle Tombe, der Gräberstraße, die Bruchstücke von **1 Grabdenkmälern** verschiedener Epochen säumen. Die tiefer liegenden Reste stammen aus republikanischer Zeit: Wie in der ganzen Stadt, so legten sich auch hier die kaiserzeitlichen Bauten in einer neuen Kulturschicht über die Bebauung republikanischer Zeit.

Die Via Ostiense, der Via delle Tombe parallellaufend, führt durch die **2 Porta Romana**, ein Bauwerk aus sullanischer Zeit, das im 1. Jh. n. Chr. neu ausgestattet wurde, in die Stadt. Hinter dem Tor öffnet sich der Piazzale della Vittoria mit der ursprünglich zur Dekoration des Tores gehörenden *Marmorstatue einer Minerva Victoria*. – Rechts am Platz Ruinen von **3 Horrea**, d.h. von Magazinen, die im 1. Jh. v. Chr. entstanden, in der Kaiserzeit erneuert und später zu Thermen umgebaut wurden. In einem der Räume findet sich ein *Fußbodenmosaik* mit Szenen aus dem alltäglichen Leben von Ostia, mit von Maultieren gezogenen Wagen, mythischen Meereswesen und der Stadtmauer. Aufgrund dieses Mosaiks nannte man die Badeanlage **Terme dei Cisiarii** (Thermen der Lohnkutscher), in der Annahme, daß hier unmittelbar nach der Ankunft in Ostia Kutscher und Fahrgäste sich vom Staub der Reise reinigen konnten.

Die etwa 10 m breite und 1,5 km lange Hauptstraße, der Decumanus Maximus, führte zum Meer. – Eine Terrasse zur Rechten ist das 1. Stockwerk der **4 Thermen des Neptun**, die von Hadrian begonnen und unter Antoninus Pius vollendet wurden; Säulenreste des Tepidariums und des Caldariums, ferner Bruchstücke von Badewannen blieben erhalten. Im großen Eingangssaal liegt ein bedeutendes *Mosaik* aus der Zeit der Antonine: Neptun, von Tieren und Fischen jeglicher Art umgeben, führt Hippokampen, Tritonen, Nereiden und Delphine; im Nebenraum wird das Spiel

mit Amphitrite, Immene und einigen Tritonen fortgesetzt. Von der Terrasse bietet sich ein großartiger Blick auf die Ruinen mit ihren Pinien und Zypressen, auf das Meer, in die Campagna und auf die Albaner Berge.
Einige Schritte zurück auf dem Decumanus Maximus gelangt man in die Via dei Vigili, die am Anfang des 2. Jh. n. Chr. über den Fußboden älterer Gebäude gelegt wurde, wie Spuren rechts der Straße zeigen, u. a. ein vorzüglich erhaltenes *Mosaik* mit Personifikationen der Winde und römischer Provinzen. – Am Ende der Straße erhebt sich die [5]**Kaserne der Feuerwehr.** Neben den Zweckräumen liegt am Ende des Hofes das Augusteum, das dem Kaiserkult diente. Ein *Mosaik* zeigt die Opferung eines Stieres.
Der Straße nach links folgend, erreicht man die Via della Palestra, die ihrerseits in die Via della Fontana, eine der besterhaltenen Straßen Ostias, mündet. Die z. T. in mehreren Stockwerken erhaltenen Gebäude zeigen das schöne Ziegelmauerwerk, mit dem die **privaten Häuser** in Ostia verkleidet wurden. die Häuser haben nur eine Fensterwand, an der sich die Zimmer längs eines rückwärtigen Korridors reihen.
In der nahe gelegenen Via delle Corporazioni hat sich eine **Dreizimmerwohnung** erhalten, die an Wänden und Decken noch die ursprüngliche Malerei zeigt.
Die Straße mündet in den Piazzale delle Corporazioni mit dem Theater. Der idyllische, von Pinien beschattete Ruinenplatz war das weltoffene Herz der Handels- und Seestadt Ostia. 70 Büros für Handelsvertretungen aus aller Welt umgaben den Piazzale, der gleichsam das Handelszentrum des Römischen Imperiums war. Der Fußboden des doppelten **Portikus**, der den Platz entlang den Büros säumte, zeigt noch heute die Zeichen der Speditionsfirmen aus den Ländern um das Mittelmeer in Mosaiken. Voller Stolz werden auch Tätigkeiten des Handels wie etwa das Scheffeln von Getreide, einfahrende Frachtschiffe oder das Verladen dargestellt. – In der Mitte des Platzes erhob sich der [6]**Tempel der Ceres**, von dem das hohe Podium mit 2 Säulen erhalten ist. – Das wahrscheinlich unter Augustus erbaute und unter Septimius Severus und Caracalla erweiterte [7]**Theater** schloß die Stirnseite des Gevierts. Von der Scena ist nur die mit rechteckigen und runden Nischen geschmückte Bühnenmauer vorhanden, welche die halbkreisförmige Orchestra nach Norden abschließt. Auf der gegenüberliegenden Seite steigen die (wiederhergestellten) Sitzreihen des Zuschauerraumes an, der etwa 2700 Sitzplätze faßte. Das ursprünglich höhere Theater war von einem Portikus gekrönt, dessen Säulen auf der Bühne aufgestellt wurden zusammen mit 3 Marmormasken, der Dekoration des Bühnenhauses. Die dem Decumanus zugewandte Fassade ist von 2 dekorativen **Straßenbrunnen** eingerahmt. Über dem östlichen wurde in später Kaiserzeit ein **christliches Oratorium** für die Märtyrer von Ostia, die hl. Aurea und den Bischof Ciriacus, errichtet, die nach der Überlieferung hier mit anderen Gefährten den Märtyrertod erlitten.
Neben dem Piazzale delle Corporazioni liegt das [8]**Haus des Apuleius**, ein größeres Atriumhaus, von dem sich Säulen und Mosaiken erhalten haben. Zu dem Haus gehört das **Mithräum »delle sette Sfere«**, eines der am besten erhaltenen unter den vielen Mithras-Heiligtümern Ostias. Der langgestreckte rechteckige Raum bewahrt die Sitzbänke für die Gläubigen. In den *Mosaiken* sind 7 Kreise als Bilder der 7 Planetensphären und die Zeichen des Tierkreises zu erkennen, die auf die Herkunft des Mithras aus der persischen Sonnenreligion deuten.
Zurückgekehrt zum Decumanus Maximus, trifft der Besucher auf die [9]**Großen Horrea**, riesige Getreidespeicher, und sieht an der Via dei Molini die Gebäude der **Getreidemühlen.** Die mächtigen Tuffblöcke sind Reste der [10]**Mauer** des ersten befestigten Platzes, des »Castrum«, aus dem 4. Jh. v. Chr.
Nahe der Via dei Molini liegt die Via dei Balconi mit der [11]**Casa di Diana**, in der Läden und Wohnungen mit interessanten vorspringenden Balkonen vereinigt waren.
Links in der Via di Diana das [12]**Thermopolium**, eine Schenke mit Marmorbank, Wasserbecken und anderen Einrichtungen. Der auf Travertinkonsolen gestützte Balkon vor dem Haus zeigt, daß der Konsolenbalkon keine mittelalterliche Erfindung, sondern römisches Erbgut ist.
An der Via dei Dipinti ein [13]**»Caseggiato«** mit **Mietwohnungen** in 3 oder 4 Stockwerken. *Mosaikfußböden* und *Malereien* geben eine

Ostia Antica. Römische Ruinen. Forum mit Kapitol

Vorstellung von der luxuriösen Ausstattung römischer Mietshäuser. Die Anlage zeigt eine doppelte Reihe von Zimmern, die in 3 Gruppen unterteilt sind: Die mittlere hat ein Vestibül, 2 kleine Räume und ein Durchgangszimmer; die seitlichen Gruppen enthalten die vornehmeren und größeren Räume.

Nächste Station des Rundgangs ist das Forum, der zweite große Stadtplatz. Die Planung von Ostia folgte Prinzipien, wie sie ähnlich in der neueren Architektur verwirklicht werden: Ein Platz (der Piazzale delle Corporazioni) diente als Mittelpunkt des Geschäftslebens, eine zweite Platzanlage (das Forum) war Zentrum der Verwaltung. – Das [14]**Kapitol**, das sich auf der Nordseite des Forums erhebt, war der wichtigste, Jupiter, Juno und Minerva geweihte Tempel der Stadt. Der monumentale, unter Hadrian errichtete Bau verlor in den Stürmen der Völkerwanderung seine Marmorbekleidung. Erhalten blieb der eindrucksvolle Ziegelkern. Eine Vorhalle, zu der eine großartige Treppe hinaufführte, war von 6 weißen Marmorsäulen umgeben. Unter der Cella liegen 3 große, durch Schlitzfenster erleuchtete Räume. – Gegenüber dem Kapitol stand der ganz aus Marmor erbaute [15]**Tempel der Roma und des Augustus**, von dem lediglich Grundmauern und Fragmente erhalten sind. Bruchstücke der rückwärtigen Fassade, ein Kapitell, Stücke vom Gesims und vom Tympanon wurden an einer neuen Mauer östlich des Tempels wieder zusammengestellt. Sie geben zusammen mit der *Kultstatue der Roma* als Siegerin im Amazonenkleid und dem *Standbild der Victoria* einen hohen Begriff von diesem im 1. Jh. n. Chr. errichteten Kultbau. – An der Ostseite des Platzes befanden sich elegant ausgestattete [16]**Thermen**, die im 2. Jh. n. Chr. angelegt und in nachkonstantinischer Zeit restauriert wurden. An der Westseite erhob sich die [17]**Basilica**, der Mittelpunkt der Volksversammlungen und der Gerichtsverhandlungen. Gegenüber steht auf der Nordseite des Decumanus die [18]**Curia.** Beide Bauwerke wurden unter Trajan in Ziegeln errichtet.

Dem Decumanus weiter folgend, dann nach rechts abbiegend, stößt der Besucher auf die [19]**Horrea Epagathiana et Epaphroditiana**, ein nach den beiden Besitzern, orientalischen Freigelassenen, benanntes Lagerhaus. Das imposante rundbogige Eingangstor, das von 2 Säulen gerahmt und von einem Giebel bekrönt wird, führt in einen Innenhof, den ein Pfeilerportikus umschließt; die oberen Stockwerke, zu denen 2 Treppen führen, öffnen sich entsprechend in Loggien. Das antike Lagerhaus stellt einen Typ dar, den die Architekten der Renaissance zum Palast weiterentwickelten.

Hinter dem [20]**Tempel des Herkules** erhebt sich die im 4. Jh. entstandene [21]**Domus di Amore e Psiche**, die den letzten Wohnhaustyp Ostias vertritt: Das Haus gruppiert eine Fülle von Räumen um den Innengarten; an das Atrium schließen sich 4 kleine Zimmer an, von denen eines noch die Marmorverkleidung der Wände und den sehr schönen Marmorplattenfußboden zeigt. Im Osten das ***Nymphäum***, das einen kleinen, gartenähnlichen Hof bildet und eine Fassade aus 5 Säulen mit Travertinkämpfern und Ziegelbogen besitzt. Die Wand teilt sich in Treppen und Nischen, über die das Wasser aus einer noch sichtbaren Bleiröhre lief. Erhalten blieb ferner der untere Teil des großen Saales, dessen Fußboden aus bunten geometrischen Marmorplatten verlegt ist.

Die nahen [22]**Thermen der 7 Weisen** verdanken ihren Namen einer Wandbemalung, die ursprünglich einer Taverne als Wandschmuck diente; im späteren Auskleideraum der Thermen äußern sich die noch erhaltenen 3 durch Namensbeischriften gekennzeichneten Weisen mit Ratschlägen für eine gute Verdauung: offensichtlich eine populäre Satire auf die Weisheit der Sieben. In einem anschließenden Saal sind die Wände mit *Mosaiken* verkleidet, eine für das frühe 3. Jh. seltene Art des Wandschmucks. Das Zentrum der Thermen bildet ein runder Kuppelsaal; das *Fußbodenmosaik* mischt in 5 konzentrisch angelegten Kreisen Jäger und Tiere mit ornamentalen Ranken. Ein Raum für kaltes Wasser hat sogar seine Lampen behalten; auf der Wand hinter dem Becken leuchtet ein *Fresko* der Aphrodite Anadyomene, die bei ihrer Toilette von Fischen umgeben und von 2 Eroten unterstützt wird. Die Seitenwände zeigen lebhafte Eroten als Fischer und das Bruchstück eines weiblichen Aktes (Anfang 3. Jh.).

Neben den Thermen liegt das [23]**Haus des Wagenlenkers** (Insula degli Aurighi), ein unter Antoninus Pius vollendeter Mietsblock. Er gehört zu den typenbildenden Anlagen, die der Straße große Fassaden zuwandten, aber auch die rückwärtigen Zimmer durch Innenhöfe beleuchteten.

Das [24]**Haus der bemalten Decken** (Insula delle Volte Dipinte) in der gleichnamigen Straße (125–128 n. Chr.), das im mittleren Korridor ein Kreuzgewölbe bewahrt hat, zeichnet sich

Ostia Antica. Horrea Epagathiana et Epaphroditiana, Lager- und Wohnhaus (Rekonstr.)

durch *Wandmalereien* sowohl der Erbauungszeit als auch späterer Jahrhunderte aus. An der Ecke befindet sich ein mit einer Wohnung verbundener Laden. Interessant ist die Treppe mit einer Nische für Standbilder der Laren. Die Treppen wurden in den Mietshäusern so angelegt, daß nach Möglichkeit jede Wohnung ihren eigenen, von anderen Wohnungen unabhängigen Zugang erhielt.

Gegenüber liegt das aus hadrianischer Zeit stammende **25Haus der Musen** (Domus delle Muse), ein Haus mit Innenhof, dessen eindrucksvoller Pfeilerportikus mit flacher Holzdecke wiederhergestellt wurde. Das Innere birgt gute Wandmalereien.

Dem Haus der Musen benachbart ist das Quartier der **26Case a Giardino**: 4 Flügel umschließen im Rechteck einen großen Rasenbezirk, auf dem 2 längsrechteckige Häuserblocks stehen, die alle Fenster zur Grünfläche öffnen. Es handelt sich um herrschaftliche Mietwohnungen in einer kleinen Gartenstadt ohne Läden. Die Ausstattung mit heizbaren Badezimmern und mit Mosaiken bietet ein anschauliches Beispiel für die römische Wohnkultur.

Gegenüber auf der Südseite steht die **27Domus del Ninfeo** mit einem Hof und einem großen Saal, der ein farbiges *Fußbodenmosaik* bewahrt. Die Säulenstellungen des 3bogigen Fensters scheinen die Frührenaissance vorauszunehmen.

Der 108 m lange **28Häuserblock »della Fontana a Lucerna«** gibt dem unteren Teil des Decumanus den Charakter einer Ladenstraße, die in den oberen Stockwerken der Häuser Wohnungen hatte. Im Erdgeschoß reihten sich an einen Portikus die Läden, zwischen denen die Treppenhäuser sich öffneten.

Kurz davor liegt am Decumanus das um die Mitte des 2. Jh. erbaute Klubhaus der Schiffsbauer und Reeder, das wegen einer dort gefundenen Panzerstatue Trajans **29Schola del Traiano** genannt wird. In der Mitte einer weiträumigen Gartenanlage liegt vor einem eleganten, nach vorn offenen Speisesaal, der mit der Statue einer Kaiserin geschmückt ist, eine lange *Fontäne,* bei der die von den Seiten kommenden Wasserstrahlen sich in der Mitte trafen. – Von den Privathäusern des 1. Jh., die zuvor dieses Gelände eingenommen hatten, stammt der in der Südostecke wiederaufgebaute **Peristylgarten** mit den Ziegelsäulen und dem Nymphäum.

Schräg gegenüber am Decumanus liegt die **30Basilica Cristiana**, die einzige bisher in Ostia gefundene christliche Kirche, die in der 2. Hälfte des 4. Jh. als Umbau einer Thermenanlage entstand. Von der Straße führen Vorräume in die beiden langen, durch Säulen getrennten Schiffe. Während das rechte Schiff in einer Apsis endet, führt das linke in das Baptisterium, das durch eine über dem Eingang angebrachte Inschrift als solches gekennzeichnet ist. Nach einem Christus-Monogramm sind darauf die Paradies-Flüsse Geon, Fison, Tigris und Euphrat erwähnt.

An der südlichen Stadtmauer liegt das »Feld der Großen Mutter der Götter«, **Campus Magnae Matris**, ein weiter, unter Antoninus Pius vollendeter dreieckiger Platz, an dessen westlicher Spitze der **31Tempel der Magna Mater Kybele** steht. An der östlichen Ecke erhebt sich das **32Sacellum des Attis**, der Tempel des phrygischen Vegetationsgottes, des Geliebten der großen Mutter Kybele. Der im 3. Jh. errichtete Einraum schließt in einer halbrunden Apsis; zu seiten des breiten Eingangs wachen die Standbilder zweier junger Faune; in der Apsis fand man 19 Standbilder des Attis-Kultes, die in das Museum von Ostia kamen. – Heiligtümer anderer Kulte schließen sich an, so der **33Tempel der Bellona** und die **34Schola degli Hastiferi**, einer die Kybele verehrenden religiösen Vereinigung. Der Platz erweist sich als ein Zentrum der orientalischen Kulte, die im römischen Kaiserreich zahlreiche Anhänger hatten.

Museo Ostiense

Das Museum wurde 1933 in einem alten Gebäude, 1945 und 1962 erweitert, innerhalb der Grabungen eröffnet. Es enthält nur Funde aus Ostia und seinen Nekropolen.

Isola Sacra

Nordwestlich 2 km von Ostia Antica entfernt liegt an der Straße nach Fiumicino das Sepulcretum der Isola Sacra, der von der Zeit Trajans bis zum Ende des 4. Jh. benutzte große Friedhof des kaiserlichen Hafens von Portus. Der ausgegrabene Teil gibt eine umfassende Vorstellung von den römischen Grabkammern und ihrer Ausstattung mit Sarkophagen und Standbildern.

PALESTRINA

Die ältesten Zeugnisse der Stadt, des antiken ***Praeneste****, reichen in das 8. Jh. v. Chr. zurück. Während der Bürgerkriege ergriffen die Bewohner die Partei des Marius; deshalb eroberte und zerstörte Sulla 82 v. Chr. die befestigte Stadt und ließ alle Bewohner umbringen. Um die Göttin Fortuna Primigenia zu versöhnen, die in Praeneste von alters her einen Tempel und ein Orakel besaß, schonte und erneuerte er jedoch die Tempelanlagen. Im 9. Jh. entwickelte sich die Stadt um den heutigen Dom. Die Gebäude des Fortuna-Tempels wurden von mittelalterlichen Bauten überwuchert. Im 11. Jh. kam Palestrina in den Besitz der Familie Colonna, wodurch ab 1299 im Streit mit dem Papst die Stadt mehrfach zerstört wurde, darunter auch die 1482 erneuerte Burg der Colonna auf der Akropolis, das heutige* **Castel S. Pietro Romano***, in dem Herzog Konradin von Schwaben, der letzte Hohenstaufe, gefangengehalten wurde. 1630 erwarb die Familie Barberini die Stadt. Im 2. Weltkrieg hat sie schwere Schäden erlitten.*

Palestrina ist die Heimat des Giovanni Pierluigi da Palestrina (1525–94), des römischen Meisters der Kirchenmusik. Während ihres Italienaufenthalts 1895–97 haben Thomas und Heinrich Mann hier einige Zeit gelebt; Thomas Mann begann 1897 in Palestrina die Niederschrift der »Buddenbrooks«.

Tempel der Fortuna Primigenia

Mehrere Rekonstruktionsversuche seit der Renaissance (Bramante, Palladio, Pirro Ligorio) zeugen für das Interesse an der Anlage, jedoch erst die Bombenschäden des 2. Weltkriegs gaben den Anstoß, den oberen Tempel 1952–55 auszugraben.

Der riesige Terrassentempel war in ein unteres und ein oberes Heiligtum unterteilt. Der ehemalige Zugang ist an der Via degli Arcioni in Bruchstücken einer Arkadenmauer noch erkennbar. Anderes zyklopisches Mauerwerk findet sich an der Via del Sole.

Bedeutende Ruinen des **unteren Heiligtums** blieben unter dem Dom und im benachbarten Bischöflichen Seminar erhalten (nicht zugänglich), unter ihnen die ***Orakelgrotte*** (Cicero nennt sie in »De Divinatione« »Aedes Fortunae«) aus dem 4. Jh. und der ***Tempel der Juno*** aus dem 3. Jh. v. Chr., die in den Neubau Sullas übernommen wurden. Die Grotte bildet über kleeblattförmigem Grundriß einen kleinen, zyklopisch gewölbten Apsidenraum. Das nur z. T. erhaltene schöne *Fußbodenmosaik* aus der 1. Hälfte des 2. Jh. n. Chr. zeigt eine Fülle von Meerestieren und die Küste mit Badenden. Rechter Hand ist der sog. ***Apsidensaal***, eine rechteckige, 16 m hohe Halle mit einer halbkreisförmigen Apsis; ihr Halbzylinder wurde in den Fels vorgetrieben und mit einer Halbkuppel überwölbt. Die Rundwand öffnet sich in 5 tonnengewölbten Rechtecknischen. Der zugehörige Hallenraum zeichnete sich durch seine reiche Wandgliederung aus, die an der Nordwand noch zu erkennen ist: Ein niedriger Sockel trug ein System von Halbsäulen und Pilastern, zwischen denen sich die Wand in flachen Nischen öffnete.

In der komplizierten Anlage des **oberen Heiligtums** führten Rampen und Treppen zu der ***Exedrenterrasse***, deren Säulenhallen zurücktretende, in rundbogigen Arkaden geöffnete Wände trugen. Auf der nächsthöheren ***Terrasse*** umkränzten offene ***Säulenhallen*** einen weiten Platz, der nach rückwärts von einer halbkreisförmigen, dem Zuschauerraum anti-

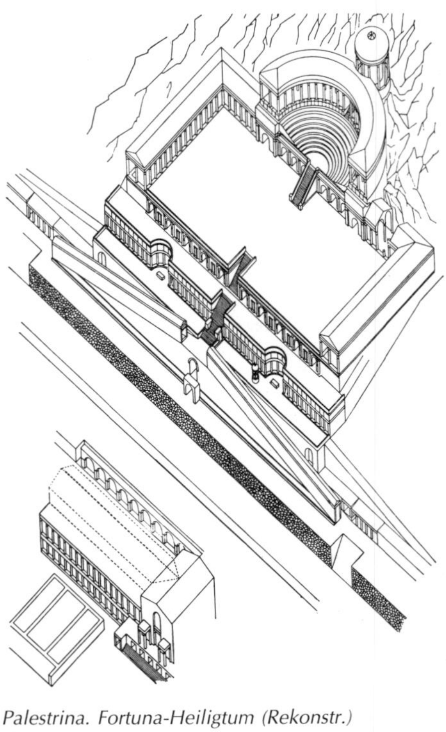

Palestrina. Fortuna-Heiligtum (Rekonstr.)

ker Theateranlagen verwandten ***Treppenanlage*** abgeschlossen wurde. Erst auf nochmals höherer Stufe erhob sich in einer von Säulengängen umgebenen ***Apsis*** das Standbild der Fortuna Primigenia. Der gesamte Bau war auf eine streng symmetrisch von Nord nach Süd gerichtete Mittelachse bezogen.

Von der Anlage haben sich Teile des Grundrisses und der Kern des Mauerwerks erhalten. Auf der Exedrenterrasse geben einige Säulen, die ein Kassettengewölbe tragen, eine Vorstellung vom ursprünglichen Zustand. Auf dieser Terrasse stand ein kleiner ***Tholos***, ein Rundtempel, der in den Hof des Museums transloziert wurde (gegenwärtig nicht zu besichtigen). Die halbkreisförmige Säulenhalle ist z. T. in dem

Palazzo Colonna-Barberini

aufgegangen, der im 11. Jh. errichtet, 1493 in schlichten Formen erneuert wurde und 1640 die heutige Form erhielt. Eine doppelläufige Treppe führt zu der halbkreisförmigen Freitreppe empor, dem Zugang zum Gebäude. – Im Palazzo Barberini ist seit 1955 das

Museo Archeologico Nazionale Prenestino

untergebracht. Es birgt Bauteile und Fundstücke vom Tempelgelände, darunter etruskische Bronzespiegel und -zisten, Statuen und Porträts. Das wichtigste Stück der Sammlung ● ist das berühmte *Mosaik des Nil*, das zu Beginn des 17. Jh. im Apsidensaal des unteren Heiligtums gefunden und (stark) restauriert worden ist. Umstritten ist die Datierung, die zwischen der späthellenistischen Epoche (1. Jh. v. Chr.) und dem 3. Jh. n. Chr. schwankt. Das Mosaik stellt in fortlaufenden Bildern eine Nil-Überschwemmung dar. Das Thema entspricht der Verehrung des Nil, auf dessen Überschwemmungen der Wohlstand des ägyptischen Reiches beruhte. Genau wiedergegebene reale und fabelhafte Tiere sowie eine Fülle von Inschriften erhöhen den instruktiven Charakter der Szenen.

Zur Linken der Palastfassade schließt sich die Grabkirche der Barberini, **S. Rosalia**, an. Die reich ausgestattete Kirche wurde 1656–60 von Francesco Contini erbaut. Hier befand sich Michelangelos sog. »Pietà di Palestrina« (jetzt Florenz, Accademia).

S. Agapito (Dom)

In den Bau gingen Teile des antiken Tempelbezirks ein. 889 ist eine christliche Kirche erwähnt, für 1116 eine Weihe überliefert. nach Zerstörungen 1437 fanden mehrere Restaurierungen und Umbauten statt. In der Fassade sind antike Mauerreste sichtbar. Der Glockenturm stammt aus dem 12. Jh. – Im linken Seitenschiff das Altarbild des hl. Agapitus von Andrea Camassei und das Martyrium des Heiligen von Carlo Saraceni (1628).

TIVOLI

*Tivoli ist das alte **Tibur**, das 380 v. Chr. der römischen Republik einverleibt wurde. Die durch die Wasserfälle des Aniene belebte Stadt war bevorzugter sommerlicher Zufluchtsort der Römer, die hier ihre Villen anlegten. Catull, Hadrian, Horaz, Maecenas, Sallust, Trajan besaßen in Tivoli Landhäuser. Die idyllische Landschaft zog seit dem 18. Jh. zahlreiche Landschaftsmaler an. Trotz großer Schäden im 2. Weltkrieg hat die Stadt bedeutende Monumente der Antike und der Neuzeit überliefert.*

Dom S. Lorenzo (Piazza del Duomo)

Vom Bau des 12. Jh. blieb der Glockenturm erhalten, während die 3schiffige Pfeilerbasilika dem 17. und 18. Jh. entstammt. Ein ganz hervorragendes Werk der Skulptur ist die ● noch von der Romanik geprägte *»Kreuzabnahme«* des frühen 13. Jh. (4. Seitenkapelle rechts). Die Füße Christi sind noch an den Kreuzstamm genagelt, während die Arme bereits vom Balken herabsinken, so daß die aufgerichtete Gestalt gleichsam zu schweben scheint. 2 Männer, deren einer auf eine Leiter steigt, sind damit beschäftigt, den Leichnam ganz vom Holz zu lösen. Aus dem Himmel schwebt ein Engel heran. Zu seiten der streng gebauten Gruppe stehen in verhaltener Klage Maria und der Jünger Johannes. Von der ursprünglichen farbigen Fassung der Figuren blieben Spuren erhalten. – Von höchstem Wert ferner ein in Tempera gemaltes *Triptychon* des 12. Jh., das ● den sitzenden Erlöser zwischen der Madonna und Gabriel zeigt (3. Kapelle links); der

Tivoli. Dom. Kreuzabnahme

mit Silber ausgekleidete Schrein wurde im 15. Jh. hinzugefügt.

S. Maria Maggiore (Piazza Trento)
Die Fassade des aus dem 12. Jh. stammenden Baues wurde in gotischer Zeit mit einer schönen Rose und einem großen, dem Angelo da Tivoli zugeschriebenen Portal verändert. Im Atrium ein Fresko der *»Thronenden Madonna«* (13. Jh.). Von der Ausstattung der 3schiffigen Pfeilerbasilika sind bemerkenswert ein großes Triptychon der *»Madonna mit Heiligen«* des 16. Jh. und ein Triptychon der *»Madonna mit Heiligen und einer Verkündigung«* von Bartolomeo Bulgarini da Siena (14. Jh.), beide im Altarraum.

S. Silvestro (Piazza del Colonnato; Schlüssel im Pfarramt)
Die 1schiffige romanische Kirche bewahrt im Fußboden Reste eines *antiken Mosaiks*. Apsis und Triumphbogen sind mit qualitätvollen *Fresken* aus dem 1. Viertel des 13. Jh. geschmückt: am Triumphbogen Christus als Richter zwischen den Evangelistensymbolen und den 24 Ältesten der Apokalypse; in der Apsiswölbung Christus über den Wassern zwischen Petrus und Paulus; darunter das Mystische Lamm zwischen den 12 Schafen, die Muttergottes mit dem Kind, die thronende Muttergottes zwischen Johannes und Propheten, schließlich die Legende der hll. Silvester und Konstantin. – Von hoher Qualität ein Holzrelief des *Hl. Valerius* aus dem Jahr 1138. – Unter der Apsis liegt eine kleine Krypta.

Rocca Pia
Die von Papst Pius II. 1459 erbaute Burg steht auf einem römischen **Amphitheater**, dessen Überreste 1948 entdeckt wurden. 4 riesige,

bastionartige Rundtürme bewehren die Ecken der Festung.

Villa d'Este (Farbabb. 24)

In dem Terrassengarten dieser »Königin der Villen« schufen die Prinzipien des Manierismus aus Architektur, Landschaft und Wasser ein Meisterwerk, das die Grenzen zwischen Natur und Kunst aufhebt.

1550 erwarb Kardinal Ippolito d'Este, der Sohn des Herzogs Alfonso und der Lucrezia Borgia, das Grundstück; 10 Jahre später dürfte der Bau von Pirro Ligorio begonnen worden sein. Die Erben Ippolitos, der Kardinal Luigi d'Este († 1586) und Alessandro d'Este, der 1605 Gouverneur von Tivoli wurde, vollendeten das Werk. Als mit Ercole III. 1803 die Este im Mannesstamm ausstarben und die Erbtochter Maria Beatrice Erzherzog Ferdinand von Österreich heiratete, nahm das so begründete habsburgische Haus Österreich-Este die Villa in Besitz. Seit 1918 ist die Anlage italienisches Staatseigentum. 1925 erfolgte eine sorgfältige Restaurierung.

Der beherrschend auf der Höhe neben der Kirche und dem Kreuzgang von → S. Maria Maggiore gelegene **¹Palast** ist ein langgestreckter 3stöckiger Bau auf schlichtem Sokkel. Risalite betonen die Ecken; horizontale Gesimse geben dem Baukörper etwas Lagerndes. Aus der Mitte tritt ein 2geschossiger Vorbau, dessen Loggia und Altane reich mit Säulen gegliedert sind. Von den Seiten führen Freitreppen zu der fürstlichen Wohnung im 1. Stockwerk. Die Räume wurden von Livio Agresti, den Zuccari und anderen manieristischen Malern mit Fresken ausgestattet.

Bedeutender als der schlichte Palast ist der **Garten**, der in einem geometrischen System von Terrassen, Wegen und Brunnen dem Berghang eine strenge Ordnung auferlegt. Die den Hang heraufsteigende Hauptachse und die 2 Querachsen werden nach manieristischem Prinzip immer wieder aufgehalten: Die Hauptachse stößt zunächst auf die **⁶Rotunde der Zypressen**, wird dann durch die jenseits der **¹¹Fischteiche** aufsteigende Treppe gehemmt, verläuft sich seitlich im großen Rund der **¹⁴Fontäne der Drachen** und wird schließlich, schon in unmittelbarer Nähe des Palastes, durch Tore, Rampen und doppelläufige Treppen aufgefangen. In ähnlicher Weise sind die Querachsen durch die Drachenfontäne, durch das im Nordosten gelegene große Halbrund der **²⁰Fontana dell'Ovato**, durch die im Südwesten aufsteigende **¹⁷Fontana di Proserpina** und das manieristische Architekturspiel der **¹⁸Rometta**, einer Miniaturkopie der Stadt Rom, belebt und beirrt zugleich. Die zweite Hauptachse ist als **¹⁹Weg der Hundert Brunnen** gänzlich um ihre Richtungstendenz gebracht. Die Brunnen, die aus einer gestuften Quermauer Wasser nach vorn und in die Höhe strahlen, wirken als ein einziges bewegtes Verweilen.

Auch wenn die Villa in späteren Zeiten mehrmals verändert wurde und neue Brunnen erhielt (z. B. die ⁴Wasserorgel), sind die gestalterischen Gedanken des Pirro Ligorio, der das Wasser als Urelement des Lebens betrachtete, noch bestens zu erkennen. Die Verherrlichung von Herkules und Hippolyt, den Beschützern von Tivoli und dem Haus d'Este, zugleich Verkörperungen von Kraft und Keuschheit, war der mythologische Leitgedanke der Gartenanlage mit seinen Statuen. In eine andere Vorstellung vom Mythos der Natur und seiner Gestaltung durch Künstlerhand haben danach ungezählte Maler und Schriftsteller das Bild der Villa d'Este übertragen, unter den Komponisten am eindrucksvollsten Franz Liszt im 3. Heft seiner »Années de pèlerinage«.

Tempel der Sibylle

Am Ende der Via della Sibilla tritt man rechts in das alte **Gasthaus der Sibylle.** Es ist voll von deutschen Erinnerungen, wovon viele Marmortafeln mit den Namen bekannter Gäste seit dem frühen 19. Jh. zeugen.

Auf seiner über der Schlucht des Aniene gelegenen Terrasse steht der zu Ende der römischen Republik erbaute ***Rundtempel***, von dessen ursprünglich 18 korinthischen Säulen noch 10 erhalten sind, die ein Gebälk mit einem Stierschädel- und Girlandenfries tragen. Der kleine, elegante Bau in seiner beherrschenden Lage über den Wasserfällen des Aniene ist in zahlreichen Gemälden, Zeichnungen und Stichen seit dem 17. Jh. irrtümlich als Tempel der Sibylle oder der Vesta wiedergegeben worden, eine Bestimmung, die ebenso gegenstandslos ist für den etwas älteren (2. Jh. v. Chr.) ***rechteckigen Tempel*** daneben, einen Pseudoperipteros auf hohem Podium, mit 4 ionischen Säulen an der Vorhalle. – Unterhalb der Tempel liegt der Park der

Tivoli. Villa d'Este. Lageplan

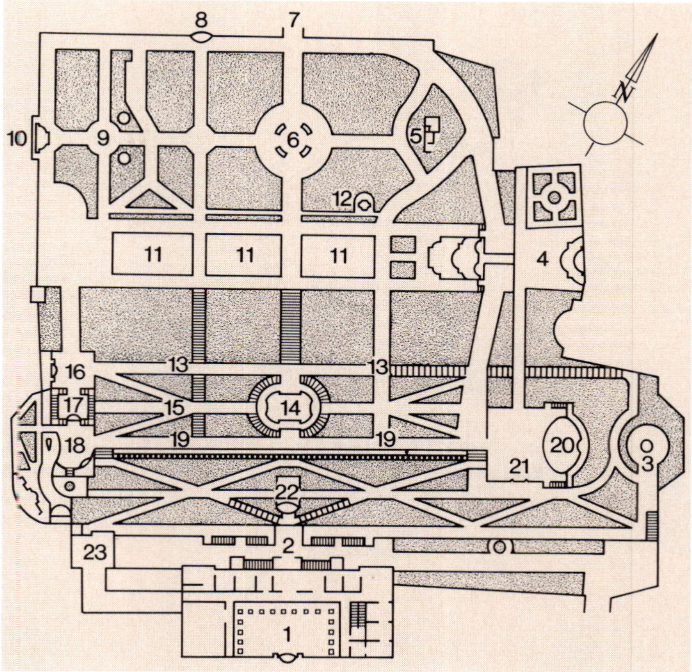

1 Palast
2 Loggia
3 Fontana di Pegaso
4 Fontana dell'Organo Idraulico (Wasserorgel)
5 Ruine eines römischen Hauses
6 Rotonda dei Cipressi
7 Alter Garteneingang,
8 Fontana della Madre Natura (Brunnen der Mutter Natur)
9 Fontana delle Mete
10 Fontana di Arianna
11 Fischteiche
12 Fontana delle Aquile
13 Viale delle Ortensie
14 Fontana dei Draghi (Drachenbrunnen)
15 Scala dei Bollori (Treppe der siedenden Wasser)
16 Fontana della Civetta (Eulenbrunnen)
17 Fontana di Proserpina
18 Rometta (»Piccola Roma«)
19 Viale delle Cento Fontane
20 Fontana dell'Ovato
21 Fontana di Bacco
22 Fontana del Bicchierone (Brunnen des Großen Glases)
23 Grotta di Diana

Villa Gregoriana.
Gregor XVI. ließ seit 1835 die großen Wasserfälle des Aniene in ein System bringen und von einem englischen Garten umgeben, dessen Aussichtsterrassen, Grotten und Wege prachtvolle Ausblicke auf die berühmten Kaskaden bieten.

Villa Adriana (Farbabb. 25)
Südwestlich, weit unterhalb von Tivoli, liegt die Villa, die Kaiser Hadrian 118–134 n. Chr. errichten ließ. Als Konstantin nach Byzanz übersiedelte, verfiel die rund 60 Hektar große Anlage. Im Mittelalter diente sie als Steinbruch. Daher zeigen die Ruinen heute nur noch die nackte Ziegelsteinstruktur, nicht mehr den Glanz der mit Marmor verkleideten oder verputzten und bemalten Wände. Das früh erwachte archäologische Interesse galt zunächst fast nur den Bildwerken, die zu Hunderten in privaten Sammlungen und in den Museen Roms und der Welt Platz fanden. 1870 ging das Gelände großenteils in den Besitz des italienischen Staates über. Obwohl die Ruinen den Baumeistern aller Jahrhunderte bekannt waren, kam eine systematische Ausgrabung erst um 1950 in Gang.

Bauprogramm. Kaiser Hadrian schuf mit seinen Architekten nach seinen eigenen Entwürfen eine große Sommerresidenz, die sich im flachen Gelände zu Füßen der Sabiner Berge frei entfalten sollte. Neben dem kaiserlichen Palast wurden ein Gästehaus, Thermen, Wirtschaftsgebäude, ein Stadion, ein Hippodrom, Tempel und Nymphäen sowie eine Kaserne für die Palastwache errichtet und ferner Fischteiche und Gärten angelegt. Der Stätte kaiserlicher Repräsentation traten Bauten für den Philosophen und Freund der Musen zur Seite: ein griechisches Theater, Bibliotheken, ein Rundsaal für Vortrag und Diskussion. Schließ-

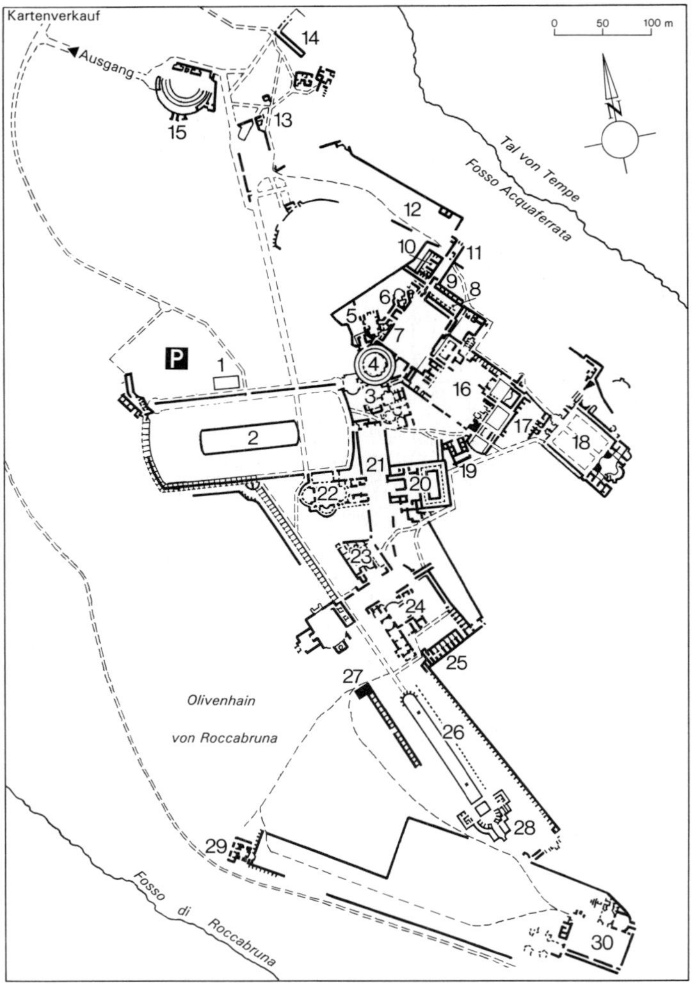

Tivoli. Villa Adriana. Lageplan

1 Parkplatz. Pavillon (mit Modell der Villa)
2 Poikile
3 Thermenanlage mit Heliocaminus
4 Teatro Marittimo
5 Griechische Bibliothek
6 Lateinische Bibliothek
7 Hof der Bibliotheken
8 Hospitalia / Gästehaus
9 Küche
10 Triclinum für Gäste (?)
11 Padiglione di Tempe
12 Terrazza di Tempe
13 Nymphäum (Ninfeo Fede)
14 Palaestra
15 Griechisches Theater
16 Kaiserpalast
17 Saal der dorischen Pfeiler
18 Piazza d'Oro
19 Kaserne der Wache
20 Audienzsäle (?)
21 Stadion/Nymphäum (?)
22 Großes Triclinium
23 Kleine Thermen
24 Große Thermen
25 Praetorium
26 Canopus
27 Museum
28 Serapeum
29 Torre di Roccabruna
30 Akademie

lich wünschte Hadrian auch jene Stätten und Bauwerke in seiner Nähe zu haben, die ihm durch Reisen und Lektüre besonders lieb geworden waren: So wurde das thessalische Tempe-Tal nachgebildet; ein Stück des Kanals kopiert, der die ägyptische Stadt Kanopos mit dem Nil verband, und ihm ein Tempel für den Gott Serapis zugefügt; die Akademie zu Athen mit Odeon und Apollo-Tempel nachgeahmt; wahrscheinlich auch die Stadt Atlantis aus Platons Dialogen angelegt.

Die archäologische Forschung konnte bisher nur wenige der Gebäude, von denen manche nicht einmal identifiziert sind, mit dem Spaten erforschen. Alle ihre Namen, bis auf einen, den des Canopus-Tals, sind erfundene, durch antike Quellen nicht beglaubigte Bezeichnungen.
Eine prachtvolle Zypressenallee führt in den Kern der Anlage, von der die wichtigsten Bauwerke hier in einem Rundgang beschrieben werden. Sehr instruktiv für die allgemei-

ne Orientierung ist das Modell im [1]**Eingangspavillon.**

Eine hohe Mauer mit einer Säulenhalle umgab einst einen Hof mit Wandelhalle (232 × 97 m) und einem Wasserbecken (106 × 26 m), die [2]**Poikile**; diese war der »Stoa Pokile«, der gemäldegeschmückten Halle in Athen, nachgebaut.

Das sog. [4]**Teatro Marittimo** war kein Theater, sondern eine kleine, in sich geschlossene Villa. Das Gebäude umgab eine Ringmauer, an der ein kreisrunder Weg entlanglief; diesem folgte ein ebenfalls kreisförmiger Wasserstreifen, der durch einen Säulenkranz mit dem umlaufenden Weg verbunden und doch von ihm geschieden war. Im Zentrum lag die künstliche Insel von 24,5 m Durchmesser mit kleinen Schlaf-, Speise- und Wohnräumen, selbst einem Bad, über komplizierten Grundrissen. Vermutlich war dies die private Lebenszone Hadrians. Die vielen Perspektiven und Durchblicke, die sich auch beim Gang durch die an der [18]Piazza d'Oro (s. u.) gelegenen Räume ergaben, boten sich hier von einem einzigen Punkte aus. Es wurde nachgewiesen, daß man 11 verschiedene Raumschichten, die auch in Licht und Schatten kontrastieren, gleichzeitig durchblicken konnte. Von der künstlichen »Meervilla«, die vielleicht an die Stadt Atlantis in Platons Dialogen erinnern sollte, ist ein Teil des Säulenkranzes und der Bauten innerhalb des geschlossenen Mauerrings wiederhergestellt worden.

Südlich davon eine kleine [3]**Thermenanlage** und nördlich die beiden sog. [5/6]**Bibliotheken,** deren Grundrißform (Triclinium) auf ursprüngliche Speisesäle schließen läßt. Die [9]**Küche** dazu hätte im Nordosten gelegen, nahe bei einem größeren [10]**Triclinium** für Gäste (?). Gänzlich unbekannt ist die Bestimmung des 3geschossigen [11]**Padiglione di Tempe.** Im Gebäude nordöstlich des [7]**Bibliothekshofes** wird ein [8]**Gästequartier** vermutet, der wie Alkoven wirkenden Mauerzüge und der Nischen an den Wänden wegen.

Das Peristyl des [16]**Palastes** enthielt eine kleine Bibliothek in den Anräumen. Es folgen der [17]**Saal der dorischen Pfeiler** und die exponierte große [18]**Piazza d'Oro**, ein Peristyl. Eine offene Säulenhalle umgab den Vorplatz, an den sich eine Flucht großer Gartenräume an-

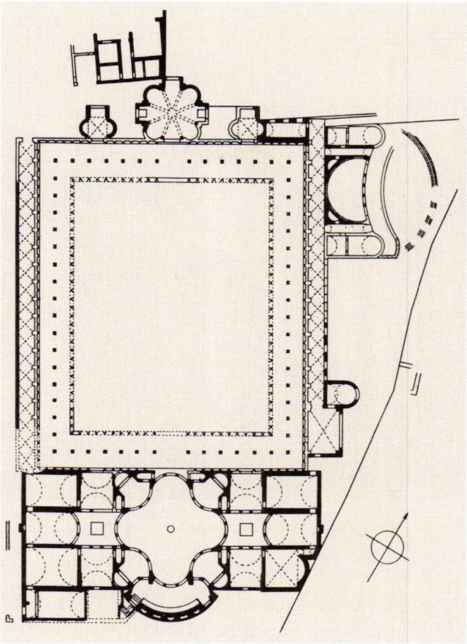

Tivoli. Villa Adriana. Piazza d'Oro. Grundriß

schloß. Säulen verfestigen im Wechsel mit sehr schmalen Wandstücken die fließenden Raumlinien. In den Querachsen lagen je 5 um rechteckige Lichthöfe gruppierte Nebenräume, die vom Zentrum aus nur in ihrer Reihenfolge zu durchschreiten waren. Als [19]**Kaserne der Wache** gilt ein Bau weiter westlich.

Ein Platz, ehemals vielleicht der Ort eines [21]**Nymphäums**, scheidet einen [20]**Palast** mit Audienzsälen(?) im Obergeschoß von einem großen [22]**Triclinium**. – Die [23/24]**Thermen** nehmen einen großen Platz ein, den ein Labyrinth von unterirdischen Gewölbegängen, Fußbodenheizungen, Wasserleitungen und mächtigen Räumen füllt. Interessant sind die massiven, weitgespannten Kuppelgewölbe, die in Gußbeton über Verschalungen aufgeführt wurden. Herabgestürzte Blöcke geben eine Vorstellung von den technischen Möglichkeiten römischer Wölbungskunst. – Im sog. [25]**Prätorium** vermutet man das Quartier der Garde.

Die Allee nach Süden führt direkt auf den [26]**Canopus** zu, eine langgestreckte Anlage mit

Tivoli. Villa Adriana. Canopus

dem Wasserbecken (119 × 18 m), das den Nil-Kanal von Kanopos (heute Abukir) bei Alexandria nachbilden soll. An seinem nördlichen Abschluß erhebt sich ein mit wechselnd waagerechtem und halbkreisförmigem Gebälk erhöhter Säulenkranz, in dessen Freiräumen Statuen aufgestellt sind.

Die Originale sind im [27]**Museum**, das Fundstücke der Villa, vor allem die 1950–55 im Canopus gefundenen Skulpturen, zu dessen Ausstattung sie gehörten, enthält, darunter Karyatiden (nach dem Erechtheion in Athen), Flußgötter (Nil und Tiber), Statuen (nach Phidias und Praxiteles), Porträts (Caracalla, Julia Domna).

Am Berghang mündet der Canopus-Kanal in den halbkreisförmigen [28]**Tempel des Serapis.** Neben diese Erinnerungen an Ägypten traten die sog. [29]**Torre di Roccabruna**, eine Kopie des timonischen Turmes, der in Athen nahe der Akademie stand, und das Tal von Tempe in Thessalien, in das man von der [12]**Terrasse von Tempe** blickt.

Zuletzt ist der Gartensaal der sog. [30]**Akademie** ganz typisch für die Gestaltungsprinzipien der Bauten Hadrians: Er erhebt sich über einem Grundriß, dessen Halbkreise in einen Kreis einschneiden, so daß ein »Kurvenkreuz« entsteht. Der Raum ist in den Diagonalen konvex, in den Achsen konkav geschwungen.

Die Villa Hadrians, des Individualisten auf dem Kaiserthron, kann als die erste subjektive Architektur bezeichnet werden; vom Kaiser persönlich für seine eigenen Zwecke entworfen, unterliegt sie keiner Tradition des repräsentativen Villenbaus (Augustus, Nero oder Domitian). So erklärt sich zum Teil auch das wenig Planmäßige der Gesamtanlage.

Grab der Plautier

Nahe bei der Villa Adriana steht an der Via Tiburtina das turmartige Rundgrab der Plautier, das in den ersten Jahrzehnten der Kaiserzeit entstand und dem Grab der Caecilia Metella an der Via Appia Antica verwandt ist. Der Zinnenkranz wurde im 15. Jh. hinzugefügt. Unmittelbar daneben überquert der **Ponte Lucano** den Aniene. Grab und Brücke bezeichnen einen wichtigen strategischen Punkt, der in der deutschen Kaiserzeit und in den Kämpfen der römischen Fürstenfamilien eine Rolle spielte.

Anhang

QUELLENNACHWEIS DER ABBILDUNGEN

Alinari, Florenz: S. 129, 152, 153, 159, 171, 201, 212, 213, 224, 237, 249, 257, 267, 283, 289, 299, 307, 337, 383. – Anderson: S. 83, 89, 164, 167, 173, 195, 198, 211, 216, 225, 246, 255, 271, 272, 279, 308, 310, 311, 335, 339

Fototeca Unione, Rom: S. 107, 147 (Hutzel), 161, 210, 365

Klaus Fräßle, Kornwestheim: S. 109, 192

Gabinetto Fotografico Nazionale, Rom: S. 148, 149, 165, 187, 215, 231, 233, 238, 395

Instituto Centrale di Restauro, Rom: S. 185

Monumenti Musei e Gallerie Pontificie, Città del Vaticano: Farbabb. Nr. 23 (Bracchetti/Zigrossi)

Werner Neumeister, München: S. 39, 77, 95, 96, 97 (2), 105, 117, 119, 143, 181, 183, 194, 199, 219, 221, 223, 226, 239, 248, 253, 263, 282, 285, 314, 318, 319, 321, 323, 331, 332, 333, 336, 338, 341, 352 (2), 359, 369, 390, 400. – Farbabb. Nr. 3, 4, 11, 14, 15, 18, 19, 20, 21, 22

Erhard Pansegrau, Berlin: Farbabb. Nr. 1, 2, 5, 6, 7, 24, 25, 26

E. Richter, Rom: S. 207

Oscar Savio, Rom: S. 298, 301

Scala, Florenz: Farbabb. Nr. 8, 9, 10, 12, 13, 16, 17

Abbildungen wurden ferner aus folgenden Werken übernommen:

Filippo Coarelli, Rom. Ein archäologischer Führer. Freiburg: Herder, 1975 (© 1974 Arnoldo Mondadori Editore, Mailand): S. 92, 101/102, 123, 128, 134 (jeweils für den Kunstführer Rom bearbeitet)

H. Kähler, Rom und seine Welt. 2 Bde. München: Bayerischer Schulbuch-Verlag, 1958 u. 1960: S. 121, 391, 393, 399

Die übrigen Zeichnungen fertigten Peter Anselm Riedl, Heidelberg, Ulf-Dietrich Korn, Münster, Marianne Haelssig, Stuttgart, Anneliese Kiehne, Stuttgart und Theodor Schwarz, Urbach. Th. Schwarz bearbeitete auch die Stadtpläne.

Die anderen Abbildungen stammen aus den Archiven der Autoren und des Verlages.

FACHWORT-ERLÄUTERUNGEN

Abakus. Deckplatte eines Kapitells.

Abfasung. Abschrägung, die abgeschrägte Kante eines Baugliedes.

Achse. Gedachte Linie, vertikal oder horizontal, durch Architekturrisse und -schnitte als Orientierungsgerade. Senkrecht übereinanderliegende Fenster bilden so eine Fenster-A. (oft abkürzend nur A. genannt) durch mehrere Geschosse.

Ädikula (lat. = Tempelchen, Häuschen). Rahmender architektonischer Aufbau um Portale, Fenster, Reliefs oder Gemälde.

Akanthus. Distelähnliche Pflanze. Die Form ihrer gezackten oder gelappten Blätter findet sich zuerst an korinthischen Kapitellen. Seit der Antike vielfach verwendetes und abgewandeltes Ornamentmotiv.

Akroterie (griech. = äußerste Spitze). Von der Antike übernommenes Zierglied auf der Spitze oder an den Ecken eines Giebels.

al fresco → Fresko.

Allegorie. In den darstellenden Künsten eine Form der Verbildlichung unanschaulicher Begriffe wie Tugend, Ruhm, Ehre oder ganzer Begriffsgruppen und abstrakter Vorstellungen. Im Gegensatz zum → Symbol bediente man sich dafür in der Regel menschlicher Figuren, Personifikationen.

al secco → Fresko.

Ambo. Niedriges, kanzelartiges, um mehrere Stufen erhöhtes Lesepult an oder vor den Chorschranken. Aus dem A. entwickelt sich die Kanzel.

Amphora. Bauchiger 2henkeliger Vorratskrug.

Ancona. Großes 1teiliges Altarretabel (→ Retabel).

Ante. Am griechischen Tempel ein frei endender Mauerzug in der Flucht der Cella-Wände oder nur seine Stirnseite, die ein Kapitell tragen kann. Die Bezeichnung »in antis« weist auf die Stellung einzelner Architekturglieder (Säulen) zwischen den Anten hin. – Der *Antentempel* oder *Templum in antis* ist ein einfacher Grundrißtyp des griechischen Tempels, ohne Ringhalle, mit Pronaos, der in der Regel 2 Säulen »in antis« aufweist.

Antependium (lat. antependere = davorhängen). Bekleidung der Altarvorderseite, aus gesticktem Stoff, als Treibarbeit, auch gemalt, geschnitzt oder als Einlegearbeit.

antikisch. Antiken Formen nachstrebend, sie (z. T. auf dem Stil der eigenen Zeit fußend) nachahmend.

Apodyterium. Auskleidezimmer im römischen Bad.

apotropäisch. Unglück abwehrend. – Als *Apotropäen,* zur Dämonenabwehr und Vernichtung des heidnischen Geistes, wurden außen an christlichen Kirchen baufremde figürliche oder ornamentale »heidnische« Steine (römische Köpfe, karolingische Flechtwerksteine u.a.) eingemauert.

Apsidiole. Kleinere Apsis, meist seitlich der Hauptapsis gelegen.

Apsis. Das griech. Wort bedeutet Bogenrundung, und der Halbkreis ist auch das Merkmal der A., die, aus dem römischen Profanbau übernommen, das Mittelschiff der Basilika an einer der Schmalseiten, meist der östlichen, als eigener Raumkörper, Halbzylinder mit Halbkuppelwölbung, beschließt. Urspr. für den Altar, den Sitz des Bischofs (Kathedra) und die der Presbyter bestimmt, verliert die A. mit der Ausdehnung der Choranlage (durch Querschiff und Chorarm) diese Bestimmung im frühen Mittelalter. Doch bleibt sie wesentlicher Bestandteil der romanischen Kirchenarchitektur. Erst die Einbeziehung des Chorschlusses in den größeren Organismus der Choranlage in der Gotik verneint ihre Geltung. Sie ist nicht unbedingt an den Halbkreisgrundriß gebunden (polygonale Apsiden im 12.–16. Jh.), bleibt ihm aber eng verhaftet. – Die mittelalterliche romanische A. kann in Mehrzahl vorhanden sein: etwa jedem der Schiffe, dem Hauptschiff an beiden Enden, dem Querschiff zugeordnet. (Vgl. a. Konche.)

Aquamanile (lat. aqua = Wasser; manus = Hand). Meist metallenes Gießgefäß, aus dem bei liturgischen Handlungen das Wasser auf die Hände des Priesters gegossen wird.

Ara. Altar.

Arca. Schrein, Sarg, Sarkophag.

Architrav. Der waagerechte Steinbalken über Säulen, Pfeilern oder Pilastern in der antiken und der von ihr abhängigen Architektur.

Archivolte. Rahmenleiste an der Stirnseite eines Bogens oder die (meist plastische) Innengliederung einer Bogenleibung.

Arkade (lat. arcus = Bogen). Bogenstellung, d.h. ein Bogen über Säulen oder Pfeilern. Das Wort A. bezeichnet auch die fortlaufende Reihe solcher Bogenstellungen.

Arkosolgrab, Arkosolie. Durch einen Bogen überwölbtes, in die Wand eingelassenes Grab.

Assunta (it. = die Aufgenommene). Darstellung der Himmelfahrt Mariae.

Astragal. Perlstab. Ornament in Form einer Perlschnur mit paarweise dazwischengesetzten spitzovalen Stegen.

Atlant. Nach dem Riesen Atlas der griechischen Sage, der das Himmelsgewölbe trägt, menschlich (männlich) gebildeter, scheinbarer oder wirklicher Träger eines Architekturteiles. Weibliche Entsprechung ist die → Karyatide.

Atrium. Vorhof. Das lat. Wort bezeichnet urspr. den Haupt(Herd)raum, später den Eingangsraum des römischen Hauses mit stark erweiterter Regenöffnung des Daches. Die konkurrierende Bezeichnung *Paradies* scheint auf eine zweite, östliche Wurzel, auf den Tempelvorhof hinzuweisen. Atrien, Vorhöfe mit Säulenhallen (Portiken) auf 3 Seiten und Brunnenanlage in der offenen Hofmitte gehören zum Bestand der frühchristlichen und noch der frühmittelalterlichen Basilika.

Attika. Mehr oder minder reich gegliederte brüstungsartige Aufmauerung über dem Hauptgesims eines Bauwerkes.

Attisches Profil. Folge von Baugliedern, v.a. an Basen, aber auch an Kämpfern und Gesimsen. Sie besteht aus 2 Wülsten, meist unterschiedlicher Größe, die durch eine Kehle getrennt werden.

Aureole → Heiligenschein.

Baldachin. Urspr. ein kostbarer Stoff, dann der daraus gefertigte Prunkhimmel über einem Thron oder Bischofsstuhl, auch der Traghimmel bei Prozessionen. In Stein – oder auch Holz – umgesetzt als Auszeichnung über einem Altar (→ Ziborium) oder einem Grabmal, in verkleinerter Form als luftiges Gehäuse für Figuren an gotischen Strebepfeilern (→ Tabernakel) oder nur als krönender Überfang einer Einzel- bzw. einer Gewändefigur gotischer Kirchenportale.

Baluster. Niedriges profiliertes, oft auch ausgeschwungenes Säulchen oder Vierkantpfosten aus Holz oder Stein als Träger eines Geländers oder Handlaufes und mit diesem zusammen als *Balustrade* bezeichnet.

Baptisterium. Taufkirche. Stets einer Hauptkirche zugeordnet; meist über zentralem, rundem oder 8eckigem Grundriß mit mittlerer Taufgrube. Aus dem Frühchristentum herkommend.

Basilika (griech. = Königshalle). 1. Die römische B. ist – als Gerichts-, Markthalle – ein Langbau, meist mit einer apsidialen »Tribuna«. – 2. Als langgestreckte, komplexe Anlage ist die B. seit frühchristlicher Zeit der Haupttypus der Kirche. Bestehend aus dem Langhaus, das vorwiegend 3 Schiffe umfaßt, wovon das mittlere im höherragenden Teil (Obergaden) eigene Fenster besitzt, und dem Chor mit Apsis. Senkrecht zu Langhaus und Chor kann zwischen beiden das schiffähnliche Querhaus liegen; der Raumteil, an dem sich Langhaus und Querhaus durchdringen, heißt Vierung. – 3. Ehrende päpstliche Auszeichnung für bestimmte Kirchen: in Rom »Basilicae maiores«, ansonsten »Basilicae minores«.

Basis. Der ausladende, meist profilierte Fuß einer Säule oder eines Pfeilers, der den Druck der Stütze auf eine größere Grundfläche verteilt.

Bifore. 2bogiges Fenster. Entsprechend sind *Mono-* bzw. *Triforen* 1- bzw. 3bogige Fenster usw.

Blende. Das einem Baukörper eingefügte, der Dekoration und Gliederung dienende »blinde« architektonische Motiv, das nicht räumlich vorhanden ist, z.B. ein Blendfenster oder eine Blendarkade.

Bogen. Die gedrückte oder elliptische Form des Rundb.s heißt *Korbb.* Der *Segmentb.* (auch *Flach-* oder *Stichb.* genannt) entsteht aus dem flachen Segment eines Kreises, dessen Durchmesser größer ist als die Weite der zu überspannenden Öffnung. Der *Kleeblattb.* zeigt durch Zusammenfügen eines mittleren Dreiviertel- und zweier Halbkreise die Form eines regelmäßigen Kleeblattes. Der *Hufeisenb.* entsteht durch Einziehung der Bogenschenkel. Die besondere Form des Spitzb.s mit engen steilen Schenkeln wird *Lanzettb.* genannt. Beim *Eselsrücken,* besonders bei dem weich schwingenden *Kielb.,* sind die B.-Schenkel S-förmig. Beim *Vorhangb.* liegen die Mittelpunkte der kreissegmentförmigen Schenkel oder ihrer einzelnen Abschnitte außerhalb des B.s; sie wirken daher wie hängende Drapierungen.

Bogenstellung → Arkade.

Borgo. Gebäudekomplex in italienischen Städten mit neuen Befestigungen außerhalb alter Stadtmauern, zumeist Vorstadt.

Bosse. Im Wand- oder Mauergefüge der sichtbare Teil eines Steinquaders, der sich noch in rohem, unbearbeitetem Zustand befindet.

Bossenquader → Quader.

Bozzetto. Bildhauerentwurf (meist aus Ton).

Buckelquader → Quader.

Caldarium. Der warme Raum im römischen Bad.

Campanile. Nicht im Verband mit dem Kirchengebäude stehender Glockenturm, bildet in der vormittelalterlichen italienischen Architektur die Regel.

Cantoria. Sängerkanzel, -empore, -tribüne.

Cardo. Wendepunkt, Pol, von da die auf den Äckern von S nach N gezogene Linie. In der Archäologie die von S nach N verlaufenden Straßen in regelmäßig angelegten römischen Städten. (Vgl. a. Decumanus.)

Cattedra → Kathedra.

Cella. Haupt-, doch nicht Kultraum des antiken Tempels, als Wohnung des Gottes meist mit seinem Standbild ausgestattet. Sie ist fensterlos und kann durch Säulen im Innern gegliedert sein. – Darüber hinaus kann C. einen beliebigen kleinen Raum bezeichnen, im Mittelalter die Mönchszelle.

Chiaroscuro (it. = Helldunkel). Verzicht auf entschieden gegeneinander abgesetzte Lokalfarben zugunsten feiner, mit Hilfe von Licht und Schatten erzielter Abstufungen.

Chor. Das griech. Wort bezeichnet einen Platz für Reigen und Gesang, dann, übertragen, Reigen und Gesang selbst. Der C. des christlichen Kirchengebäudes ist, genaugenommen, der für den Sänger-Chor bestimmte Raum, seit dem 15. Jh. aber der Altarraum einschließlich seiner Annexe.

Chorumgang. Um den Chor herumgeführter, 1- oder mehrschiffiger Raumteil.

Chronogramm. Eine Inschrift, bei der die Addition der darin vorkommenden Zahlzeichen das Datum ergibt. Da z.B. im Lateinischen I = 1, V = 5, X = 10, L = 50, C = 100, D = 500 und M = 1000 bedeuten, läßt sich durch Hervorhebung solcher Zahlen-Buchstaben auf ein bestimmtes Datum verweisen.

Ciborium → Ziborium.

Cipollin. Grünlicher, schuppiger Marmor aus Euböa.

Cippus. Freistehendes steinernes Mal, oft über einem Grab.

Ciste → Ziste.

Clipeus. Schild, runde Platte. Daraus abgeleitet die *Imago clipeata,* die Wiedergabe einer Porträtbüste in einem runden Rahmen.

Coemeterium → Zömeterium.

Collegiata (it.). Kollegiatkirche, Stiftskirche.

Compluvium. Im römischen Haus die von den Dächern eingeschlossene obere Öffnung, durch die das Regenwasser in das Atrium fiel.

Confessio. Das unter dem Hochaltar einer Kirche angelegte Grab eines Märtyrers, des Kirchengründers oder Titelheiligen. Seit dem 8. Jh. meist von einem halbkreisförmigen Gang umzogen, der eine direkte Verehrung ermöglichte. Die C. ist die Vorform der mittelalterlichen Krypta.

Coretti. Niedrige, logenartige Emporen.

Cosmaten. Römische Künstlergruppe, urspr. aus Süditalien, in der zahlreiche Mitglieder den Vornamen Cosmas trugen. Vom 12. bis 14. Jh. schufen sie eine Fülle meist ornamentaler Mosaikarbeiten an Fußböden, kirchlichem Inventar, in Vorhallen und Kreuzgängen (C.-Arbeit); teilweise waren die C. auch als Bildhauer tätig.

Courtine, Kurtine. Laufgang als Teil einer Befestigung, der 2 Bastionen miteinander verbindet. Häufig durch ein davor liegendes Werk gedeckt.

Crochetkapitell → Kapitell.

Cubiculum. Eigentlich Schlafzimmer des antiken römischen Wohnhauses. Übertragen auf die Grabkammern in den Katakomben frühchristlicher Zeit.

Custodia → Monstranz.

Dach. Die wichtigsten D.-Formen sind: *Satteld.,* bestehend aus 2 schrägen, gegeneinander geneigten und im First zusammenstoßenden D.-Flächen, die an ihren Enden durch Giebel begrenzt werden. Sind bei rechteckigen Gebäuden auch die Giebelseiten mit schrägen D.-Flächen versehen, so ist ein *Walmd.* gegeben; die D.-Flächen der Schmalseiten anstelle der Giebel heißen Walme; die Traufkante umzieht das ganze Gebäude. Bei gleicher Ausführung über quadratischem Grundriß treffen alle 4 D.-Flächen in einem Punkt zusammen; es entsteht das *Zeltd.,* das bei steilem Neigungswinkel der D.-Flächen als Turmd. (Helm) beliebt ist. Wird der Walm bei Dächern über rechteckigem Grundriß nicht bis zur Traufkante herabgeführt, so daß noch ein Giebelrest erhalten bleibt, entsteht das *Krüppelwalmd.* Beim *Mansardd.* werden die D.-Flächen gebrochen, um eine günstigere Ausnützung des D.-Raumes für Wohnzwecke zu erreichen diese seit dem ausgehenden 17. Jh. bekannte D.-Form leitet ihren Namen von dem französischen Baumeister François Mansart ab, der sie jedoch nicht erfunden hat.

Decumanus. Die auf den Äckern von W nach O gezogene Grenzlinie. In der Archäologie die von W nach O verlaufenden Straßen in regelmäßig angelegten römischen Städten. – *D. maximus* = Hauptstraße. (Vgl. a. Cardo.)

Deesis. Dreifigurengruppe, bestehend aus Christus als Weltenrichter und den fürbittenden Maria und Johannes d. T. – Treten weitere Heilige dazu, wird diese Darstellung als *Große D.* bezeichnet.

Deposizione (it.) vgl. Pietà.

Diakonikon → Pastophorien.

Diamantquader → Quader.

diaphan. Durchscheinend, aber nicht durchsichtig.

Dienst. Einer Wand oder Pfeilern vorgelegter Rundstab zur Aufnahme der Rippen, Gurte und Schildbögen des in der Gotik üblichen Kreuzrippengewölbes. Die stärkeren D.e bezeichnet man als die *alten,* die dünneren als die *jungen.* (Vgl. a. Bündelpfeiler.)

Disegno (it.). Zeichnung, Entwurf, Skizze, im übertragenen Sinne die erste Bild-Idee, das Bild-Konzept.

Dom. Das lat. domus bezeichnet zunächst (schon im 6./7. Jh.) das Haus der Kleriker, nicht die Kirche, und erst in zweiter Bedeutung die Bewohner des Hauses, die Gemeinschaft der Geistlichen, das »Kapitel«. Die mhd. Form thum, thumb erhält sich bis ins 18. Jh. Die Übertragung des Wortes auf die Kirche des Kapitels vollzieht sich offenbar unter dem Anstoß des frz. dôme im 15. Jh.

Domikalgewölbe → Gewölbe.

dorisch → Säulenordnungen.

Dormitorium. Gemeinsamer klösterlicher Schlafraum.

Dorsale. Rückwand des Chorgestühles, häufig reich gegliedert und geschmückt.

Dossale (it. = Decke). Altarverkleidung.

Dreipaß → Paß.

Echinos. Runder, wulstartiger Teil des Kapitells der dorischen Säule.

Eckblatt, -knolle, -sporn. Blattartige Verzierung an den 4 Ecken der Säulenbasis, die den zwischen dieser und der quadratischen Fußplatte (Plinthe) vorhandenen Zwickel ausfüllt. Diese Ecklösung beginnt mit der Wende von 11. zum 12. Jh.

Eierstab. Zierleiste aus abwechselnd eiförmigen und pfeilspitzenartigen Formen, unten stets und häufig auch oben von einer Perlschnur abgeschlossen.

Empore. Eine Galerie auf Freistützen oder Obergeschoß der Seitenschiffe, des Chorumganges, der Vorhalle. Frühchristlicher (orientalischer) Herkunft mit Bestimmung als Frauenaufenthalt, spielt die E. im Abendland zunächst eine geringe Rolle. Erst im 12. Jh. räumt ihr die Architektur eine hohe Bedeutung ein.

Enkaustik. Malerei mit Farben, die in Wachs verschmolzen sind.

Entasis. Schwellung des Säulenschaftes.

Epitaph. Gedächtnismal für einen Verstorbenen mit Inschrift und meist bildlicher Darstellung an Wand oder Pfeiler.

Eselsrücken → Bogen.

Esonarthex → Narthex.

Evangelistensymbole. In Anlehnung an die Vision des Ezechiel und die Beschreibung der vier Lebenden Wesen in der Apokalypse des Johannes zum Typus gewordene Darstellungsform der vier Evangelisten als geflügelte Wesen. Danach bezeichnet der Engel den Matthäus, der Löwe Markus, der Stier Lukas und der Adler Johannes.

Exedra. Gebäude oder Raum von halbkreisförmigem Grundriß. Im Kirchenbau: Apsis, Kuppelkonche.

Exonarthex → Narthex.

Fächergewölbe → Gewölbe.

Faltkuppel → Kuppelformen.

Fase → Abfasung.

Fassade. Das »Gesicht«, die Eingangs- oder Schauseite eines Bauwerks, die häufig den Querschnitt des Inneren spiegelt, ihn aber auch gänzlich ignorieren kann. Mehrheit von F.n an einem Gebäude ist möglich (Front-, Seiten-, Rückf.), doch wird stets eine unter mehreren den Vorrang als Hauptf. beanspruchen.

Fassung. Die in der Regel auf eine Grundierung aufgetragene Bemalung von Skulpturen aus Holz oder auch Stein, aber auch der Architektur.

Faszien. Horizontale, mehrfach übereinander liegende und vorspringende Mauerstreifen, meist an den lastenden Bauteilen über Stütze und Kapitell.

Fenstergaden → Gaden.

Feston. Schon in der Antike verwendete Ornamentgirlande aus Blumen, Laub und Früchten. Später häufig in barocker Stuckdekoration. Auch *Fruchtgehänge* genannt.

Fiale, Pinakel. Spitzes, türmchenartiges Zierglied der gotischen Baukunst, oft als Bekrönung von Strebepfeilern.

Flachkuppel → Kuppelformen.

Florentiner Mosaik → Pietra dura.

Fresko (it. al fresco = frisch). Auf den feuchten Putz aufgetragenes Gemälde, das durch gleichzeitiges Abbinden und Eintrocknen von Putz und Erdfarben besonders haltbar ist. Gegenteil: *al secco,* die Malerei auf der trockenen Wand. Eine Mischtechnik wird als *Fresco-Secco-Malerei* bezeichnet; sie ist im frühen und hohen Mittelalter vorherrschend.

Fries. Flächenband zur Gliederung und zum Schmükken von Wänden und Fassaden; leer oder mit Figuren und Ornamenten besetzt.

Frigidarium. Kühlraum im römischen Bad.

Frontispiz. Der mittlere Teil einer Fassade, meist leicht vorgezogen und mit Giebel abgeschlossen.

Fruchtgehänge → Feston.

Gaden, Fenstergaden, Obergaden. Obergeschoß einer architektonischen Wandgliederung, v.a. der überhöhte Teil des Mittelschiffes in der Basilika.

Gaube, Gaupe. Dachausbau mit Walm oder Giebel zur Belichtung und Belüftung des Dachraumes. In der Renaissance oft reich verziert und im Barock vielfach unter der elegant vorgeschwungenen Dachhaut als sog. *Fledermausg.* ausgeführt. Daneben gibt es noch seit dem Mittelalter bei Steildächern die *Schleppg.,* bei der die Dachhaut über der niedrigen Fensteröffnung gleichsam emporgehoben und von der Fensterwand unterstützt wird.

Gebundenes System. Die für alle Teile des Grundrisses einer mittelalterlichen 3schiffigen Basilika verbindliche Maßeinheit ist durch das Vierungsquadrat festgelegt, das, nach O wiederholt, das Chorquadrat, nach N und S die Querhausarme ergibt. Den Mittelschiffjochen des Langhauses liegt ebenfalls diese Maßeinheit zugrunde. Die Seitenschiffe haben halbe Breite des Mittelschiffes, so daß jedem quadratischen Gewölbe eines Mittelschiffjoches je 2 kleinere Gewölbequadrate von halber Seitenlänge in beiden Seitenschiffen entsprechen und stark belastete Hauptpfeiler mit schwächeren Zwischenpfeilern wechseln, die nur die Last der Seitenschiffgewölbe aufnehmen.

Geison. Gesims, als Traufg. der durchlaufende unterste Saum der Dachschräge am Tempel. Das Giebelfeld wird gebildet von dem Horizontalg., auf welchem Giebelfiguren stehen können, und den beiden im Scheitel zusammenlaufenden Schräggeisa.

Geschlechterturm. Als Wahrzeichen einer adeligen Familie im Bauverband mit dem Palast errichteter Turmbau, der die Bedeutung des Geschlechtes meist durch gesteigerte Höhenerstreckung kundtun soll, aber auch wie der Bergfried einer Burg der Verteidigung diente.

Gesims. Waagerecht aus der Mauer vortretender Streifen zur Horizontalgliederung. Die einzelnen Geschosse trennt das *Gurtg.*; das *Haupt-* oder *Kranzg.* schließt die Fassade oben ab (»Abschlußg.«).

Gewände. Die durch schrägen Einschnitt eines Fensters oder Portales in der Mauer entstehenden Schnittflächen, während die bei rechtwinkligem Einschnitt sich ergebenden *Leibung (Laibung)* genannt werden.

Gewölbe. Gerundete Raumüberdeckung. Die grundlegende Wölbform ist das *Tonneng.* Sein Querschnitt kann einen Halbkreis, einen Segmentbogen, Korb- oder Spitzbogen bilden. Wird ein über quadratischem Grundriß erstelltes Tonneng. mit Halbkreisquerschnitt durch 2 Diagonalschnitte in 4 Teile zerlegt, so entstehen 2 Wangenstücke und 2 Kappenstücke. Durch Zusammensetzen von 4 Wangenstücken wird das *Klosterg.* gebildet, bei dem am Zusammenstoß der Wangen kein Grat, sondern eine zurückspringende Kehllinie (Falte) vorhanden ist. Werden bei einem Klosterg. 2 gegenüberliegende Wangen auseinandergezogen, so daß statt des Firstpunktes eine Firstlinie entsteht, spricht man von einem *Muldeng.* Es kann aber auch durch Einfügen einer Wange an beiden Schmalseiten eines Tonneng.s auf Rechteckgrundriß gebildet werden. Wird dagegen der Grundriß eines Klosterg.s nach beiden Seiten verbreitert, so entsteht statt der Firstlinie eine horizontale Fläche, die, *Spiegel* genannt, der nun entstehenden Wölbform den Namen gibt. Tonnenstreifen kleinen Querschnittes, die sich rechtwinklig mit dem Tonneng. durchdringen, führen zur Bildung der sog. *Stichkappentonne,* die dort bevorzugt wird, wo auf die Anbringung hoher Fenster bei tonnengewölbten Räumen nicht verzichtet werden soll. – Durch Zusammensetzen von 4 Kappenstücken entsteht das *Kreuzg.,* das man geometrisch auch aus der rechtwinkligen Durchdringung von 2 Tonneng.n gleichen Querschnittes ableiten kann *(Kreuztonneng.).* Die Durchdringungslinien heißen Grate; daher ist auch die Bezeichnung *Kreuzgratg.* üblich. Wird der Scheitelpunkt in die Höhe gezogen, so verliert das G. den Charakter sich durchkreuzender Tonnen, und die Gratlinien werden zum selbständigen Konstruktionselement (gerader oder Bogenstich). Treten an die Stelle der Grate Rippen, so können die Kappen in einem gesonderten Bauvorgang dünnwandiger ausgeführt werden; es entsteht das *Kreuzrippeng.* Der G.-Schub wird hier wie beim Kreuzg. auf 4 Stützpunkte abgeleitet. Werden die Rippen nicht mehr durchgehend angeordnet, sondern sternartig verzweigt, so entsteht das in der Spätgotik beliebte *Sterng.* Beim *Fächerg.* streben die Rippen von einer Stütze allseits fächerförmig empor. Beim Stern- und Fächerg. bleibt im Gegensatz zum *Netzg.* aber die Jochfolge gewahrt. Dort überziehen die Rippen netzartig eine aus dem Halbkreis oder Spitzbogenquerschnitt entwickelte tonnenartige Wölbschale. Das *Zelleng.* verzichtet auf Rippen und bringt ein so enges Netz von Graten, daß dazwischen nur kleine, kehlig vertiefte Zellen übrig bleiben. Das Rippennetz kann von seiner Grundlage teilweise gelöst werden und frei schweben; auch eine Verbindung von frei schwebendem Rippennetz und Zelleng.n ist möglich. – Eine Weiterentwicklung des Kreuzg.s stellt das mit 6 oder meist 8 Rippen unterlegte *Domikalg.* dar, bei dem vorwiegend über quadratischem Jochfeld die einzelnen G.-Kappen stark ansteigen und gebust sind, daher in der Regel keine geometrisch reine Form mehr darstellen. Optisch entsteht der Eindruck eines kuppelartigen Raumabschlusses. Technisch wurden die Kappen gern in ringförmiger Mauerung gewölbt und die Rippen ohne Verband vorgeblendet.

Gewölbekappe → Kappe.

Giardino pensile. Dachgarten, Hanggarten hinter einer Futtermauer.

Giebel. Die geläufigsten Arten sind *Dreiecksg., Treppen-* oder *Staffelg.* (d.h. Dreiecksg., deren Schrägen abgetreppt sind) und *Segmentg.* (bei denen ein flaches Kreissegment an die Stelle des G.-Dreiecks tritt). Wird die obere G.-Mitte offen gelassen, entsteht ein *gesprengter G.*

Gloriole → Heiligenschein.

Graffito. In eine Wand eingekratzte Inschrift oder Zeichnung.

Grisaille. In einer einzigen Farbe (z.B. grau in grau) in verschiedenen Abstufungen gehaltene Malerei.

Groteske (it. grottesco). Ornament aus dünnem Rankenwerk, in das phantastische Menschen- und Tiergestalten, Blumen und Früchte, Trophäen und Architekturelemente eingefügt sind. Gegen Ende des 15. Jh. in unterirdischen Räumen, sog. Grotten, antiker römischer Gebäude wiederentdeckt und künstlerisch neu belebt.

Gurt, Gurtbogen. Der mehr oder weniger stark markierte Bogen, der 2 Gewölbejoche voneinander trennt, rund- oder spitzbogig, allen Stilperioden eigentümlich.

Gurtgesims → Gesims.

Hallenkirche. Eine mehr-, meist 3schiffige Kirche, deren Gewölbekämpfer in gleicher Höhe liegen. Meist mit einheitlichem Satteldach, bisweilen solches über jedem Schiff. Das Mittelschiff empfängt sein Licht nicht mehr wie bei der Basilika direkt durch einen eigenen Fenstergaden, sondern indirekt von den Fenstern der Seitenschiffe. Liegen die Gewölbescheitel annähernd in einer Ebene, so ist die echte H. gegeben; sind sie im Mittelschiff hinaufgeschoben, ist die Bezeichnung *Staffelkirche* oder *Stufenhalle* üblich. Zuweilen kann die Höhe der Mittelschiffgewölbe gegenüber denjenigen der Seitenschiffe so beträchtlich sein *(Stutzbasilika),* daß eine basilikale Dachbildung erforderlich wird (vgl. Pseudobasilika). – Bei der *reduzierten H.* entfällt das auf der Klosterseite gelegene Seitenschiff; der Kreuzgang schließt außen direkt an das Mittelschiff an (seit Ende des 13. Jh., im 14. Jh. auch von Pfarrkirchen übernommen). Im Gegensatz zu dieser asymmetrischen Grundrißgliederung stehen symmetrische 2schiffige H.n.

Hängekuppel → Kuppelformen.

Hängezwickel (= Pendentif) → Kuppel.

Heiligenschein, Gloriole. Lichtschein oder Strahlenkranz zur Kennzeichnung heiliger Personen. Die *Aureole* umgibt die ganze Figur, ebenso die ovale (mandelförmige) *Mandorla,* fast nur Christus und Maria vorbehalten. Der *Nimbus* umgibt scheiben- oder kreisförmig den Kopf; in frühen Darstellungen erhalten noch lebende, nicht heilige Personen (z.B. Päpste) gelegentlich einen quadratischen Nimbus.

Hell-Dunkel-Malerei → Chiaroscuro.

Herme. Brustbild des griechischen Gottes Hermes auf hohem, 4kantigem Sockel, der an seiner Vorderseite ein männliches Geschlechtsteil trägt. Später allgemein Büsten von Göttern oder ausgezeichneten Menschen auf hohem Sockel. *H.-Säulen* oder *-Pilaster* treten auch als tragende oder schmückende Architekturelemente auf.

Hetoimasia (griech.). Das Bild des leeren Thrones, der für den Weltenrichter bereitgestellt ist.

Hufeisenbogen → Bogen.

Hypogäum. Unterirdisches Bestattungsgewölbe.

Hypokaustum. In römischen Bauten Vorrichtung für die Warmluftbeheizung von Fußböden und Wänden.

Ikone. Im byzantinisch-ostkirchlichen Kunstkreis das Heiligenbild als gemalte Tafel.

Ikonographie. Zweig der Kunstwissenschaft, der die Bildinhalte, deren Sinn, Herkunft und Wandel erforscht.

Ikonostase. Mit Bildern bedeckte Wand, die in orthodoxen Kirchen den Gemeinderaum vom Allerheiligsten abschließt.

Imago clipeata → Clipeus.

Impluvium. Sammelbecken für Regenwasser unterhalb des Compluviums im Atrium des römischen Hauses.

Inkarnat. Fleischton; der vom Weiß ins Rot spielende Farbton der menschlichen Haut.

Inkrustation. Bekleiden von Mauern und Wänden mit Steinplatten (z.B. Marmor), auch Einlegearbeiten in Stein, mit denen ein farbiger Schmuck von Flächen erzielt wird.

Insula. Von Straßen eingefaßter Häuserblock in der römischen Stadt.

Intercolumnium. Lichter Abstand (Zwischenraum) zwischen 2 Säulen. – In der Archäologie wird damit exakt die Distanz von Säulenachse zu Säulenachse bezeichnet, der Zwischenraum dagegen als → Joch.

Internationale Gotik → Weicher Stil.

ionisch → Säulenordnungen.

Joch. Der einem Gewölbefeld entsprechende Abschnitt eines mehrere Gewölbefelder enthaltenden und sie längs oder quer reihenden kirchlichen oder profanen Raumes.

Kalotte (frz. = Käppchen). Kuppelform, die mittels eines horizontal geführten Schnittes durch eine Kugel oberhalb ihres Großkreises (= Äquator) entsteht. Auch Bezeichnung für eine geviertelte Kugel als Wölbung über einer Apsis auf Halbkreisgrundriß.

Kämpfer. Die abschließende Platte eines Pfeilers, einer Säule oder eines Dienstes, die als Auflager für Bogen oder Gewölbe dient.

Kannelure. Senkrechte Hohlkehle an Säulenschäften oder Pilastern.

Kanon, klassischer. Die unter Berufung auf den antiken Bautheoretiker Vitruv (1. Jh. v. Chr.) von den Architekten der Renaissance und des Barock festgesetzte »Säulenordnung«; sie teilt die dorische oder toskanische Säule dem Untergeschoß eines Bauwerkes, die ionische dem mittleren und die korinthische oder komposite dem Obergeschoß zu. In gleicher Weise unterliegen diesem »Kanon« auch die Pilaster. (Vgl. a. Säulenordnungen.)

Kanope. 1. In Altägypten: Steinkrüge zur Aufbewahrung der Eingeweide Verstorbener. – 2. In Etrurien: Aschenurnen mit Deckeln in Menschenkopfform.

Kantonierter Pfeiler. Stützenform mit schlanken Säulen an den abgeschrägten Ecken oder – beim Rundpfeiler – einfach auf dem Schaft.

Kantorie → Cantoria.

Kapitell. Das Kopfglied, wörtlich »Köpfchen«, der Stütze (Säule, Pfeiler, Pilaster), gegen das Auflager (Gebälk, Bogen) absetzend und zugleich zwischen Stütze und Auflager vermittelnd. Zu den antiken K.-Formen → Säulenordnungen. Die wichtigsten späteren K.e sind: *Würfelk.*, entstehend aus der Durchdringung von Kugel und Würfel; es vermittelt ideal zwischen der runden Säule und der kubischen Last. Das *Kelchk.* ist als eine kelchartige Erweiterung der Säule zu begreifen. Beim *Knospenk.* (auch *Knollenk.)* ist der K.-Kelch von aufsteigenden, an den Ecken knospend eingerollten Blättern umhüllt, beim *Crochetk.* von hakenartig gekrümmten Blättern oder Blüten.

Kapitelsaal. Raum für die täglichen Zusammenkünfte der klösterlichen Gemeinschaft (Konvent), in der Regel hallenartig und an der O-Seite des Kreuzgangs gelegen. Im K. finden außer Lesungen aus der Schrift oder Ordensregel Beratungen über Arbeiten und Vorgänge im Kloster statt.

Kappe, Gewölbekappe. Teilfläche zwischen den Graten und Rippen eines mehrteiligen Gewölbes. Die *Stichk.* schneidet als sphärisches Dreieck seitlich in das Gewölbe ein.

Kartusche. Ornamental gerahmtes Feld der Flächendekoration des 16.–18. Jh. Obgleich das Feld durch Inschrift oder Malerei gefüllt sein kann, liegt der Nachdruck auf dem Rahmengebilde (aus Rollwerk, Akanthus, Rocaillen o. ä.).

Karyatide. Stützpfeiler in Form einer weiblichen Gewandfigur. (Vgl. Atlant.)

Kassettendecke. Eine flache oder gewölbte Decke mit gleichmäßig oder rhythmisch verteilten, zugleich vertieften Feldern, sog. *Kassetten.* Diese können quadratisch, rechteckig oder rund, sie können bemalt oder mit Reliefs versehen, ihre Wandungen profiliert sein.

Kathedra, Cattedra. Der Sitz oder Thron des Bischofs.

Kathedrale. Von der Kathedra abgeleitete und auch nur für Bischofskirchen übliche Bezeichnung.

Kelchkapitell → Kapitell.

Kenotaph (griech. = leeres Grab). Grab*denk*mal in Form eines Grabmals (Tumba, Sarkophag), das, meist ohne Zusammenhang mit der Grabstätte des Verstorbenen, nur an diesen erinnern soll.

Kielbogen → Bogen.

Klangarkade, Schallarkade. Bogenöffnung im Glockengeschoß des Kirchturms.

Klausur (lat. claudere = einschließen). Der ausschließlich den Klosterinsassen vorbehaltene Bezirk der Klosteranlage, zu dem Fremden allgemein kein Zutritt gewährt wird.

Kleeblattbogen → Bogen.

Klostergewölbe → Gewölbe.

Knollenkapitell, Knospenkapitell → Kapitell.

Kolonnade. Säulengang als selbständiges Bauwerk oder im Anschluß an ein Gebäude.

Kolossalordnung. Säulen-(auch Pilaster-)ordnung, die mehrere Geschosse eines Bauwerkes übergreift und zusammenfaßt.

Kolumbarium. Grabkammer mit Wandnischen zur Aufnahme der Aschenurnen, so genannt nach der Ähnlichkeit mit einem Taubenschlag (lat. columbarium).

Kompositkapitell → Säulenordnungen.

Konche (griech. = Muschel). Die Kuppelschale der → Apsis, übertragen die Apsis selbst. – *Dreikonchenchöre* entstehen bei einer kreuzförmigen Basilika, deren Querhausarme in ihren Abmessungen dem O-Chor angeglichen sind und auch in Apsiden enden. Im Grundriß ergibt sich die Form eines regelmäßigen Kleeblatts.

Konsole. Aus der Mauer hervortretender Tragstein für Bögen, Gesimse, Figuren usw.

Kontrapost. Bei plastischer und malerischer Darstellung des stehenden Menschen die Ausgewogenheit (→ Ponderation) der Körperhaltung durch (belastetes) Stand- und (entlastetes) Spielbein.

Korbbogen → Bogen.

korinthisch → Säulenordnungen.

Kouros, Kouroi (griech.). Jüngling. Allgemeine Bezeichnung für die antike Statue eines – zumeist in leichter Schrittstellung – stehenden nackten Jünglings.

Kranzgesims → Gesims.

Kreuzgang. Das Geviert meist überwölbter Gänge, das den Stifts- und Klosterkirchen, in der Regel auf der S-Seite und einen Hof *(Kreuzhof)* umgebend, zugeordnet ist. Schon in karolingischer Zeit bezeugt.

Kreuzgewölbe, Kreuzgratgewölbe, Kreuzrippengewölbe, Kreuztonnengewölbe → Gewölbe.

Krüppelwalmdach → Dach.

Krypta. Unterkirche, aus der Confessio erwachsen. Im 10. Jh. entwickelt sich die Hallenk. unter dem Chor, dessen Boden durch die K. über das Niveau der Schiffe emporgehoben wird. Die Zweckbegründung dieser oft sehr geräumigen, zuweilen auch Vierung und Querschiff einbeziehenden Unterkirchen ist im Reliquienkult des frühen und hohen Mittelalters zu suchen. Die Gotik scheidet die (schon von den Reformorden des 11./12. Jh. abgesetzte) K. aus.

Kryptoportikus. Gedeckter oder unterirdischer Gang; Gruftzugang; Vorratskeller.

Kuppel. Halbkugelförmiges oder einer Halbkugel angenähertes Gewölbe. Grundformen sind die Stutzk. und die Pendentif- oder Zwickelk., die beide meist über quadratischem Grundriß gewölbt sind. Die *Stutzk.* wird durch eine Halbkugel über eingeschriebenem Quadrat gebildet, bei der durch Vertikalschnitte die außerhalb des Quadrates liegenden Kugelsegmente entfernt sind. Bei der *Pendentifk.* bleibt dagegen die Halbkugel unberührt, und der Übergang von ihrem Grundkreis zu den Ecken des hier umschriebenen Quadrats erfolgt durch sphärische Drei-

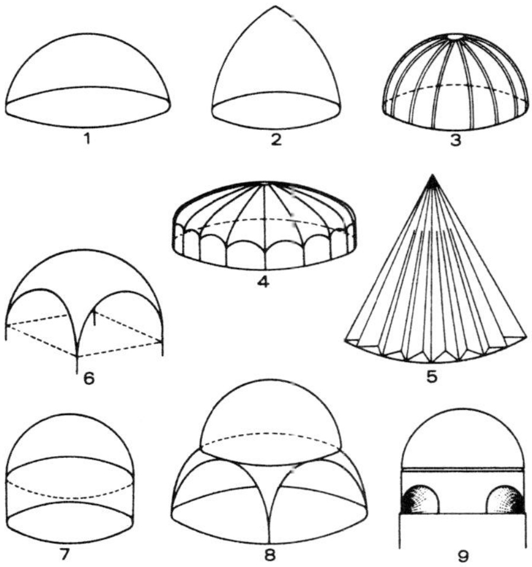

Kuppelformen

Die Kuppelbenennungen orientieren sich teils an der allgemeinen Form der Kuppel (1, 2), teils an der Ausführung des Kuppelgewölbes selbst (3–5) oder an der Konstruktion der Unterbauten bzw. Auflager (6–9).

1 Flachkuppel
2 Spitzkuppel
3 Rippenkuppel
4 Schirmkuppel
5 Faltkuppel
6 Hängekuppel
7 Tambourkuppel
8 Pendentifkuppel
9 Trompenkuppel

ecke, sog. Pendentifs. Durch Einschiebung eines Kreiszylinders, eines sog. Tambours, zwischen Pendentifs und Halbkugel entsteht die seit der Renaissance beliebte *Tambourk.* Der Scheitel jeder K. kann kreisförmig oder polygonal geöffnet sein, so daß der Blick in eine bekrönende Laterne gelenkt wird.

Kurtine → Courtine.

Kyma, Kymation. Aus stilisierten Blattformen zusammengesetzte Schmuckleiste in der antiken Architektur; wurde in der Renaissance wiederaufgegriffen. Zu unterscheiden sind 3 Formen: 1. das konkave dorische K. (Hohlkehle); 2. das konvexe ionische K. (→ auch Eierstab); 3. das konvex-konkave lesbische K. (Wasserlaub), das herzförmige Blätter aneinanderreiht.

Labrum. Großes, flaches Becken im (römischen) Heißbad für kaltes Wasser.

Laibung (Leibung) → Gewände.

Langhaus. Der Kirchenbau in voller Breite vom Eingang bis zum Beginn von Querschiff- bzw. Chorbereich. (Vgl. a. Basilika, Schiff).

Lanzettbogen → Bogen.

Laren. Schutzgötter des römischen Hauses, *Lararium* ihr Schrein in einem römischen Haus.

Laterne. Rundes oder polygonales zierliches Türmchen, das mit Fenstern oder Öffnungen versehen ist und auf dem Scheitel einer Kuppel sitzt, einen Dachreiter bekrönt oder, bei Welschen Hauben sowie Zwiebelhelmen, als Zwischenglied erscheint.

Laufender Hund → Mäander.

Laufgang. Der durch Mauerrücksprung ermöglichte Gang, meist an der Basis der Fensterhochwand, der aber auch in die Mauer selbst gelegt sein kann und dann die Leibung der Fenster durchbricht.

Lavabo. Becken für die Handwaschung des Priesters in der Messe.

Leibung (Laibung) → Gewände.

Lettner, Lectorium. Scheidewand als Chorschranke zwischen Chor und Mittelschiff mit einer Lese- und Sängerbühne.

Lisene. Senkrechter flacher Mauerstreifen ohne Basis und Kapitell.

Loggia. Von Pfeilern oder Säulen getragene, meist überwölbte Bogenhalle, die freistehen oder Gebäuden vorgesetzt sein kann. Dann oft mehrgeschossig als Zugangskorridor für die Räume angelegt.

Lokalfarbe. In der Malerei die Eigenfarbe eines dargestellten Gegenstandes.

Lünette. Halbkreisförmiges oder von einem Kreissegmentbogen begrenztes Feld über Türen und Fenstern, oft mit Malerei oder Reliefschmuck ausgefüllt oder als Fenster durchbrochen.

Mäander. Ornamentband mit labyrinthartig geführten, rechtwinklig abgeknickten Linien. Nach dem in zahlreichen Windungen fließenden Fluß Maiandros (Menderes) in Kleinasien benannt. – Neben dieser geometrischen Form gibt es den Mäander als Band mit spiralförmigen Wellen, *»Laufender Hund«* genannt.

Macigno. Bruchstein.

Maestà (it. = Majestät). In der italienischen Kunst die Darstellung der thronenden Maria mit Kind, von Engeln und häufig auch Heiligen umgeben.

Majestas Domini. Darstellung des frontal thronenden Christus mit erhobener Rechter, das Lebensbuch in der Linken. Das Motiv stammt aus der Apokalypse des Johannes, deshalb wird Christus oft mit den vierundzwanzig Ältesten oder mit den vier Wesen (→ Evangelistensymbole) wiedergegeben.

Mandorla → Heiligenschein.

Manierismus. Künstlerische Strömung, welche die »klassische« Form einer natürlichen Gesetzlichkeit hinter der betonten »Künstlichkeit«, der »Manier«, zurückstellt. Sie läuft neben den Formprinzipien der Spätrenaissance und des Frühbarock her. Zeitliche Eingrenzung etwa 1530–1600, in manchen Ländern bis ins 17. Jh. hinein.

Mansarddach → Dach.

Maßwerk. Der Ausdruck deutet auf Messen. Zirkelkonstruktion kennzeichnet das aus Kreisen und Kreissegmenten gewonnene M., das ein rein geometrisches Ornament ist. Anlaß zu seiner Erfindung und Entwicklung bot die Einstellung kleinerer Fensterbogen in einen übergreifenden großen, dessen Restfläche gefüllt werden sollte. Einfache, kreisförmige Vorformen im späten 12. Jh. Erst die Gotik bringt das echte M.

Maureske. Auf der Grundlage hellenistischer Pflanzenornamentik in der islamischen (maurischen) Kunst entwickeltes, reines Flächenornament aus schematischen Linien mit streng stilisierten Blättern und Blüten.

Mausoleum. Architektonisches Grabmal, so genannt nach dem Grabbau, der für König Mausolos von Karien (gest. 352 v. Chr.) in Halikarnassos errichtet wurde.

Memorie. Grabbau, Gedächtniskirche.

Mensa (lat. = Tisch). Platte des Altartisches.

Metope → Triglyphe.

Mezzanin (it. mezzo = halb). Halbgeschoß oder niedriges Zwischengeschoß. Die geringere Höhe kommt außen durch kleinere Fensteröffnungen zum Ausdruck.

Modul. Verhältnismaß bei Bauwerken und Bauteilen in der Formenlehre der Antike und der Renaissance.

Monopteros. Baldachinartiger Säulenbau ohne → Cella.

Monstranz, auch *Ostensorium, Custodia.* Schaugefäß aus Edelmetall und Glas oder Kristall, in dem die geweihte Hostie gezeigt wird. – Ostensorien und Custodien können auch Reliquien enthalten.

Mosaik. Aus verschiedenfarbigen Kleinkörpern (Stein, Glas u. a.) zusammengesetztes Bild. Verwendet für figürliche Darstellungen oder zur ornamentalen Dekoration an Gebäudeflächen (Boden, Wand, Gewölbe, Fassade). Seit der Antike bekannt, von großer Bedeutung in der frühchristlichen und byzantinischen Kunst.

Muldengewölbe → Gewölbe.

Narthex. Eine reduzierte Form des Atriums, welche die syrische Architektur im 4. Jh. entwickelt. Meist der Fassade vorgelagerte, durch Säulenstellungen in ganzer Breite geöffnete Vorhalle von 1 Joch Tiefe. Seit dem 6. Jh. wird im Bereich der byzantinischen Kunst dem äußeren *(Exon.)* häufig ein innerer *(Eson.)* angeschlossen, konstruktiv eine Weiterführung der Seitenschiffe über die westliche Abschlußwand hinaus. (Vgl. auch Portikus.)

Nekropole (griech. = Totenstadt). Vor den Stadtmauern angelegter Gräberbezirk, Friedhof.

Netzgewölbe → Gewölbe.

Nimbus → Heiligenschein.

Nymphäum. Nymphenheiligtum, in der Regel mit einer Quelle verbunden.

Obelisk. Hoher, im Grundriß quadratischer, sich nach oben verjüngender Steinpfeiler mit stumpfer pyramidenförmiger Spitze. Der im alten Ägypten als Kultsymbol dienende O. war in der Renaissance ein beliebtes Zierglied der Architektur und des Kunsthandwerks.

Obergaden → Gaden.

Oculus, Okulus (lat. = Auge). Rundfenster.

Opaion (griech.). Lichtöffnung im Scheitel einer Kuppel.

Opera del Duomo. Dombauhütte, auch Bezeichnung für ein dem Kirchengebäude angegliedertes Museum.

Opus alexandrinum, auch *Opus sectile.* 2farbiges, geometrisch angeordnetes Boden- oder Wandmosaik (vermutlich nach Alexandria benannt).

Opus incertum. Mauerwerk aus unregelmäßigem Bruchstein mit Mörtelguß.

Opus latericium, auch *Opus testaceum.* Ziegelmauerwerk.

Opus listatum. Mauerwerk aus wechselnden Schichten von Ziegeln und schmalen Steinblöcken.

Opus mixtum. Mauerwerk in regelmäßiger Abfolge von Stein- und Ziegellagen.

Opus reticulatum. Netzwerk, Mauerwerk aus kleinen, quadratischen Steinen, die schräggestellt ein Netzmuster ergeben.

Opus sectile → Opus alexandrinum.

Opus testaceum → Opus latericium.

Orans, Orant. Mit erhobenen Händen betende Gestalt, oft in den Katakomben dargestellt.

Oratorium. In frühchristlicher Zeit Bezeichnung für alle Sakralbauten, später für Kapellen und private Gotteshäuser.

Ordnungen → Säulenordnungen.

Ossarium, Ossuarium. Beinhaus. Raum an einer Kirche oder Gebäude auf einem Friedhof zur Aufnahme der bei Neuanlagen aufgefundenen Gebeine.

Ostensorium → Monstranz

Pala. Altaraufsatz.

Paliotto. Altarverkleidung. (Vgl. Antependium.)

Palladio-Motiv. 3teilige Säulenstellung (z. B. für Fenster), die Mittelöffnung unter Halbrundbogen, die niedrigeren Seitenöffnungen unter geradem Abschlußgebälk. Vom italienischen Architekten Andrea Palladio (1508–80) häufig verwendetes, wenn auch nicht erfundenes Architekturmotiv der Renaissance, das auch später und v. a. im englischen Kunstkreis beliebt war. (Vgl. Serliana.)

Palmette. Ornamentform, bei der um eine betonte Mittelsenkrechte fächerförmig sich auseinanderlegende Blätter flächig geordnet sind. Am weitesten in der Antike verbreitet.

Paradies → Atrium.

Parament. Bezeichnung für kirchliche Bekleidungsstücke, z. B. für die des Priesters, des Altars oder der Kanzel. Für die verschiedenen kirchlichen Feiertage ist die Farbe der P.e jeweils vorgeschrieben.

Paß. Das Wort P. ist gleichbedeutend mit Zirkel. Die aus Dreiviertelkreisen zusammengefügte Maßwerkfigur wird daher P. genannt. Nach Anzahl der Kreisstücke unterscheidet man den *Dreip.,* bei dem die Mittelpunkte der Kreisteile die Spitzen eines gleichseitigen Dreiecks bilden, den *Vierp.,* bei dem diese Mittelpunkte die Ecken eines Quadrates bestimmen, den *Fünfp.* usw.

Pastophorien. Die beiderseits der Mittelapsis einer Kirche liegenden Räume *Diakonikon* (südlich, »links«) und *Prothesis.*

Patere. Römische (Opfer-)Schale bzw. entsprechendes Kreisrelief in der Architektur.

Pavillon. Abgeleitet aus der frz. Bezeichnung für ein großes Rechteckzelt (papillon, Schmetterling) und auf kleine, freistehende Gartenbauten angewendet. Im barocken Profanbau werden auch die in der Mitte oder an den Ecken hervortretenden und im Dach mehr oder minder stark betonten Teile eines Gebäudes als P. bezeichnet.

Pendentif, Pendentifkuppel → Kuppel.
Peripteros. Griechische Tempelform mit rings umlaufender Säulenhalle.
Peristyl. Einen Hof umgebende Säulenhalle.
Perlstab → Astragal.
Pfeiler. Architektonisches Stützglied aus Mauerwerk und meist rechteckig. Je nach Lage und Einordnung werden unterschieden der freistehende P. und der Wand- oder Halbp. (→ Pilaster).
Piano nobile. Das hervorgehobene Hauptgeschoß eines Profanbaues, meist das 1. Obergeschoß.
Pietà, Vesperbild. Darstellung Mariae mit dem Leichnam Christi auf dem Schoß. Bildformulierung des späten 13. Jh., dann besonders im 14. und 15. Jh., aber auch noch in der Barockskulptur häufig. – In der italienischen Auffassung des P.-Themas als *Deposizione* (it. = Niederlegung) durchdringen sich Kreuzabnahme, Beweinung und Grablegung.
Pietra dura (it. = harter Stein), auch *Florentiner Mosaik.* Eine der Inkrustation verwandte Abart des Mosaiks, die v.a. der Verzierung von Tischplatten und Architekturgliedern, aber auch der Herstellung von Vasen und Schmuckstücken dient. Verschiedenfarbige Steine (auch Halbedelsteine) werden in reich variierenden Formen fugenlos aneinandergekittet und poliert. Seit dem 16. Jh. speziell in Florenz zu hoher Blüte entwickelt.
Pietra serena. Feinkörniger, grauer Sandstein, in der italienischen Architektur häufig zur Hervorhebung und Absetzung bestimmter Architekturteile verwendet.
Pilaster. Flacher Wandpfeiler (an Außen- oder Innenwand) mit Basis und Kapitell, antiker Abkunft. Im Mittelalter zugunsten der Lisene zurücktretend. Von hoher Bedeutung in den Wandgliederungssystemen der Renaissance, des Barock und des Klassizismus.
Pinakel → Fiale.
Piscina. 1. Taufbecken in einem Baptisterium. – 2. Kleine Nische in der S-Wand des Chores mit einem Ablauf für das Wasser, das der Priester bei der Messe zum Waschen der liturgischen Gefäße und der Hände benützt.
Plinthe. Standplatte einer Statue oder einer Säulenbasis.
Polsterquader → Quader.
Polyptychon. Flügelaltar oder Retabel mit mehreren Flügeln bzw. Tafeln. Beim Triptychon ist der Aufbau 3geteilt mit Mittelbild und 2 Seitenflügeln.
Ponderation. Ausgewogenheit der Körperhaltung im Stehen. (Vgl. Kontrapost.)
Portal. Repräsentativer, durch Größe oder Schmuck hervorgehobener Eingang. P.e gehören zum vornehmsten Bestand jeder mit Ansprüchen auftretenden Architektur. Seine glänzendste Verwirklichung fand das P. im romanischen und gotischen Kirchenbau des Abendlandes.
Portikus. Von Säulen oder Pfeilern getragener Vorbau eines Gebäudes an der mit dem Haupteingang versehenen Fassade.
Predella. Untersatz oder Fußstück eines gotischen oder Renaissance-Altarschreines oder -Altarbildes.
Presbyterium. Dem Klerus vorbehaltener Raum der Kirche, in der Regel beim Altar oder um ihn herum.
Pronaos, Pronaon. Die offene Vorhalle des griechischen Tempels am Eingang zur Cella. Von hier wurde der Begriff auch auf die Vorhalle des christlichen Kirchengebäudes übertragen.
Prothesis → Pastophorien.
Prothyros, Prothyron. Einfriedung vor der Tür des römischen Hauses.
Protorenaissance. Bezeichnung für jene Bereiche der europäischen Kunst des 12. Jh., die sich stark an antiken Formen orientieren (besonders in der Toskana, aber etwa auch in der Provence). – Begriffsprägung J. Burckhardts.
Pseudobasilika. Basilikaler Kirchenraum, der in der Hochwand des Mittelschiffes keine Fenster hat und das Licht, gleich der Hallenkirche, allein aus den Fenstern der Seitenschiffwände erhält. Die Hochwand des Mittelschiffes ist in voller Höhe errichtet und meist mit Blendfenstern versehen. Zu unterscheiden von der Staffelkirche (vgl. Hallenkirche).
Pseudoperipteros. Abwandlung des griechischen Peripteros in der römischen Baukunst: Nur die Vorhalle hat Vollsäulen, die das Gebälk wirklich tragen, alle anderen sind nur der Cella vorgeblendete Halbsäulen.
Putto, Putti (it. = Knäblein). Nackte kleine Knaben, meist mit Flügeln. Letztlich auf die antiken Eroten zurückgehend, ist der P. eine in der italienischen Frührenaissance vorgenommene Umformung gotischer Engelskinder. Weiteste Verbreitung in der Kunst des Barock.
Pylon. Großes, festungsartig überbautes Tor, auch Torturm. Torförmiger Brückenträgerpfeiler.
Quader. Regelmäßig behauener Werkstein. Der in der Ansichtsfläche des Mauerwerkes nur mit einem Randschlag versehene Steinblock wird *Bossenqu. (Buckelqu.)* und ein derartiges Mauerwerk *Rustika* genannt. Ist die Ansichtsfläche quadratisch und wie ein halbiertes Oktaeder geformt (oder rechteckig, dann mit mittlerer Gratkante), so spricht man vom *Diamantqu.,* bei polsterähnlicher Ansichtsfläche von einem *Polsterqu.* Allgemein werden seit der Renaissance Bossen-, Diamant- und Polsterqu. für das Mauerwerk der Sockelzone bei Gebäuden und durchgehend bei Befestigungswerken verwendet.
Quaderung. Nachahmung von Quadermauerwerk durch Putz mit eingeritzten oder gemalten Fugen.
Querhaus, Querschiff. Rechtwinklig zum Langhaus angelegter Querraum, der das Schiff vom Chor trennt. Meist 1-, in großen Anlagen auch 3schiffig.
Radialkapelle. Chorkapelle, die zusammen mit anderen einen Kapellenkranz um den Chorumgang bildet.
Refektorium. Speisesaal der Mönche, meistens der S-Seite des Kreuzganges vorgelagert. Als *Laienr.* wird der Speisesaal der »Brüder« (Fratres) von dem der »Väter« (Patres) unterschieden.
Reliquiar (lat. relinquere = zurücklassen). Behälter zur Aufbewahrung der Überreste (Reliquien) eines Heiligen oder für die seinem Andenken geweihten Gegenstände, um diese den Gläubigen zur Verehrung zu zeigen oder auf dem Altar auszustellen. Die Form des R.s wird durch Art und Umfang der Reliquien bestimmt. Neben Reliquienkästen und -büchsen so-

wie Medaillons sind figurierte Behälter, z.B. Statuetten, Büsten, Arm-, Fuß- und Fingerr., weit verbreitet. Außerdem wurden R.e Architekturen nachgeformt. Haupttyp ist der Reliquienschrein, der meist in Haus- oder Basilikaform die äußere Hülle des Reliquiensarges bildet und zu den bedeutendsten Leistungen mittelalterlicher Goldschmiede- und Emailkunst gehört.

Retabel. Urspr. Tafel (lat. tabula) hinter und über dem Altartisch. Die einfache Bildtafel entwickelt sich im Spätmittelalter zum Schrein mit Flügeln, in Renaissance und Barock zu hohen, prunkvollen Architekturen.

Rippe. Der in einem Bogensegment gekrümmte, gemauerte Stab, der im Querschnitt rechteckig, rund oder spitzbogig, glatt oder profiliert, den Gratlinien des Kreuzgewölbes oder der Fläche des Tonnengewölbes anliegt. Die R. kann konstruktive Bedeutung haben, als Gerüst des Kreuzgewölbes, dessen Kappen dann nur Füllungen des Gerüstes sind, ist aber meist ohne technische Funktion, lediglich dekorativ lineare Gliederung der Wölbflächen. (Vgl. Gewölbe.)

Rippenkuppel → Kuppelformen.

Risalit (it. risalto = Vorsprung). Ein aus der Hauptfluchtlinie eines Baues in dessen ganzer Höhe hervortretender Gebäudeteil, der die Symmetrie des Baues nicht aufheben darf.

Rocaille (frz. = Muschel). Leitform des R.-Ornaments, das vorwiegend zwischen 1725 und 1770 *(Rokoko)* verbreitet war.

Rundbogenfries. Reihung von glatten oder ornamentierten kleinen Halbrundbogen.

Rustika → Quader.

Saalkirche. 1schiffige Kirche.

Sacra (Santa) Conversazione (it. = heilige Unterhaltung). Bildtypus v.a. der italienischen Malerei seit dem 15. Jh.: die Madonna umgeben von mehreren Heiligen.

Sakramentshäuschen → Tabernakel.

Satteldach → Dach.

Säule. Architektonisches Stützglied, kreisförmig im Grundriß, mit einer Schwellung im unteren und einer Verjüngung im oberen Teil des Schaftes.

Säulenordnungen. Die griechische Baukunst kennt 3 verschiedene Säulen- und Gebälksysteme, die für die rhythmische Gliederung ihrer Tempelbauten maßgebend sind: die dorische, ionische und korinthische Ordnung. – Am Anfang steht die *dorische Ordnung,* deren Säule einen kannelierten Schaft ohne Basis und ein wulstförmiges Kapitell mit quadratischer Deckplatte (Abakus) aufweist. Das Gebälk besteht aus glattem Steinbalken (Architrav), darüber der Fries im Wechsel von 3schlitzigen Platten (Triglyphen) mit meist reliefierten Metopen und abschließend das profilierte Kranzgesims mit der Traufleiste. – Bei der *ionischen Ordnung* weist die Säule eine aus mehreren Einzelgliedern zusammengesetzte Basis und am Schaft durch Stege getrennte Kanneluren auf. Das Kapitell hat als Hauptmerkmal 2 ausladende Schnecken (Voluten). Der Architrav ist in 3 horizontale Streifen unterschnitten und darüber ein durchgehender Relieffries angeordnet. – Die *korinthische Ordnung,* weitgehend der ionischen verwandt, zeigt ein Kapitell, das in 2 Reihen mit gegeneinander versetzten und etwas abstehenden Akanthusblättern besetzt ist; hinter ihnen wachsen Voluten- oder Blattstengel auf und tragen die vorschwingenden Ecken der Deckplatte sowie eine Blüte in der Mitte jeder Seite. Diese 3 S. haben in römischer Zeit verschiedene Umbildungen erfahren. – Beim *Kompositkapitell* legt sich die Doppelschnecke des ionischen Kapitells über den doppelten Blattkranz des korinthischen. – Die dorische Säule wurde durch Hinzufügen einer Basis sowie eines Halsringes und Wegfall der Kanneluren am Schaft zur *toskanischen.* – Die S. sind durch ihre wohlabgewogenen und nach strenger Regel festgelegten Maßverhältnisse ausgezeichnet und an keinen bestimmten Stil gebundene Ausdrucksformen, sondern unterscheidende Merkmale aller klassisch direkt oder indirekt beeinflußten Stilperioden.

Scagliola. Material aus Gips, Leimwasser und Farben, das, luftgetrocknet und geschliffen, hauptsächlich zur Imitation von Marmor Verwendung fand. (Vgl. Stuck.)

Schaftring → Wirtel.

Schallarkade → Klangarkade.

Scheidbogen. Der ein Joch des Mittelschiffes vom entsprechenden Joch des Seitenschiffes trennende Bogen.

Schiff. Raumbezeichnung, meist im Kirchenbau. Unterschieden werden Mittel- und Hauptsch. und die durch Säulen oder Pfeiler abgetrennten Seiten- oder Nebensch.e, die insgesamt das *Langhaus* bilden. Auch dem Querhaus können Seitensch.e zugeordnet sein. Der 1schiffige Kirchenraum bildet die Saalkirche. (Vgl. a. Basilika.)

Schirmkuppel → Kuppelformen.

Schlußstein. Stein im Scheitel eines Bogens oder Gewölbes, diese abschließend, häufig ornamental ausgebildet.

Schutzmantelmadonna. Maria, bekleidet mit einem weiten Mantel, mit dem sie zahlreiche Gläubige umfängt, die sich bittend ihrem Schutz anvertrauen.

Schwibbogen. Ein 2 Wände (etwa eines Kirchenschiffes) oder Mauerteile miteinander verbindender freier Bogen.

Secco → Fresko.

Segmentbogen → Bogen.

Serliana. Nach dem italienischen Architekten und Kunsttheoretiker Sebastiano Serlio (1475–1554) benanntes Architekturmotiv, das besonders für Palladio und seine Nachfolger charakteristisch ist (daher auch als → *Palladio-Motiv* bekannt): Eine 3teilige Säulenstellung, deren mittlere Öffnung breiter ist als die seitlichen und von einem halbrunden Bogen überfangen wird, während die beiden Seiten mit einem geraden, tiefer gelegenen Gebälkstück abschließen.

Sgraffito. Eine in der oberitalienischen Renaissance entwickelte Putztechnik. Eine dunkelfarbige Putzschicht (meist rötlich, grau oder schwarz) wird mit hellfarbener Tünche überzogen. Diese wird, noch vor ihrem Trocknen, mit geritzten Zeichnungen versehen, durch die der dunkle Grund wieder hervortritt.

Sinopie. Vorzeichnung eines Freskos auf dem (in Italien arriccio genannten) ersten Wandputz. Diese S.n wurden zusätzlich mit Kohle, darüber mit dem Pinsel in Ocker ausgeführt, einem Farbstoff, der im Mittelalter aus der Stadt Sinope an der türkischen Schwarzmeerküste importiert wurde.

Soffitto. Horizontale Decke eines Raumes, häufig durch Kassetten oder ornamental geschnitztes Rahmenwerk unterteilt.

Sohlbank. Die waagerechte untere Begrenzung einer Fensteröffnung, die deren Gewände trägt.

Spiegelgewölbe → Gewölbe.

Spitzkuppel → Kuppelformen.

Spolie (lat. spolia = Beute). Wiederverwendetes Werkstück (z.B. Stein, Säule) aus einem älteren Bauwerk.

Sprenggiebel. Flachwinklige oder gerundete architektonische Fensterbekrönung mit unterbrochenem, »gesprengtem« Mittelteil. (Vgl. a. Giebel.)

Staffelkirche → Hallenkirche.

Stele (griech. = Säule). Pfeiler oder aufgestellte Platte aus Stein in unterschiedlicher Verwendung, z.B. als Grabst., mit Text oder bildlicher Darstellung auf der Frontseite.

Sterngewölbe → Gewölbe.

Stichbogen → Bogen.

Stichkappe → Kappe.

Stichkappentonne → Gewölbe

Stipes. Unterbau des Altartisches, in den Reliquien versenkt sind; Träger der Mensa.

Strebewerk. Das System von Strebepfeilern und Strebebögen zur Abstützung von Wänden und Gewölben in der Gotik.

Strigilierung. S-förmige Riefelung (zunächst an altchristlichen Sarkophagen).

Stuck. Masse aus Gips, Kalk und Sand, die in feuchtem Zustand leicht knetbar ist, aber schnell erhärtet. – *S.-Marmor* entsteht nach Beimischung von Pigmentfarben und Leim durch Schleifen und eine abschließende Polierung. (Vgl. Scagliola.)

Stufenhalle → Hallenkirche.

Sturz. Der waagerechte Abschluß einer Tür- oder Fensteröffnung.

Stutzbasilika → Hallenkirche.

Stützenwechsel. Der rhythmische Wechsel von Säule und Pfeiler (jambisch) oder von 2 Säulen und Pfeiler (daktylisch) bei den Mittelschiffwänden der romanischen Basilika. (Vgl. a. Gebundenes System.)

Stutzkuppel → Kuppel.

Stylobat. Die oberste, den Säulenkranz tragende Stufe des Tempelunterbaus.

Substruktion. Unterbau zum Ausgleich von Terrainunterschieden oder zur Festigung des Untergrundes.

Supraporte. Das über einem Türsturz, meist in den gleichen Breitenmaßen, angebrachte Zierstück in Stuck, Schnitzerei oder Malerei.

Symbol. Erkennungszeichen, das bildhaft für einen (Glaubens-)Inhalt steht, wie das Kreuz für den christlichen Erlösungsgedanken. Geometrische Zeichen, Tiere, Zahlen, Farben sind die bevorzugten S.-Formen. (→ Evangelistensymbole.)

Tabernakel (lat. tabernaculum = Hütte, Zelt). 1. Aufbewahrungsort für Kelch und Hostie. Tritt seit dem Tridentiner Konzil 1563 allgemein an die Stelle des mittelalterlichen *Sakramentshäuschens.* – 2. Ziergehäuse (für Figuren), häufig von Säulen oder Pfeilern getragenes Spitzdach, z.B. an Strebepfeilern gotischer Kirchenbauten.

Tablinum. Repräsentativer Empfangsraum im römischen Haus, gegen das Atrium hin offen.

Tambour, Tambourkuppel → Kuppel.

Tepidarium. Lauwarmer Raum im römischen Bad.

Terracotta. Gebrannter, unglasierter Ton. Er findet in der Bauornamentik anstelle des Stucks Verwendung, auch als Bildstoff für Plastik seit dem späten Mittelalter.

Terra sigillata. Anfänglich in Arezzo (röm. Arretium) hergestellte Gebrauchskeramik der römischen Kaiserzeit, später weithin verbreitet und mindestens bis in das 4. Jh. n. Chr. nachweisbar.

Terra verde (it. = grüne Erde). Ein natürliches Farbpigment und ein grüner Farbton, der besonders charakteristisch in der byzantinischen Malerei für das Inkarnat eingesetzt wurde.

Thermen. Mehrräumige römische Badeanlagen, öffentlich und in Privathäusern.

Titelkirche, Titulus. Schon im 3. Jh. nachweisbar und seit dem 4. Jh. als Bezeichnung gebräuchlich für die innerhalb der Stadtmauern Roms gelegenen (Pfarr-)Kirchen. Da die Einrichtung gottesdienstlicher Räume sehr oft in Privathäusern stattfand, trugen solche »Kirchen« den Namen, Titel, des Besitzers. Die an den Tituli hauptamtlich angestellten Priester waren die Cardinales, aus denen dann Amt und Würde der Kardinäle hervorgegangen sind, und bis in die Gegenwart ist jeder Kardinal zugleich Inhaber einer Titelkirche. Die heute im ganzen römischen Stadtgebiet zu findenden Titelkirchen sind als solche sehr leicht an den Wappenschildern des regierenden Papstes und des Titelinhabers erkennbar.

Tondo. Gemälde, Mosaik oder Relief von kreisrunder Form.

Tonnengewölbe → Gewölbe.

toskanisch → Säulenordnungen.

Transenne (it. transenna = Geländer, Absperrung). Vorläufer der Fensterverglasung in frühchristlichen Kirchen: durchbrochene Holz-, Stein- oder Alabasterplatten, die in die Fensteröffnungen eingefügt werden.

Travée. Lichte Weite zwischen 2 Stützen. In der mittelalterlichen Architektur gleichbedeutend mit Jochband von Außenmauer zu Außenmauer.

Tribuna. Gleichbedeutend mit → Apsis. (Vgl. a. Basilika.)

Triclinium. Liegebank, auch 3 Bänke U-förmig aneinandergestellt im Freien unter einer Pergola oder in einem Raum. Schließlich dieser Raum selbst als Ort für gemeinsame Gelage und Festessen.

Trifore. 3bogiges Fenster (vgl. Bifore). – *Triforium* heißt der Laufgang in der Hochschiffwand gotischer Kirchen unterhalb der Fensterzone.

Triglyphe (griech. = 3fache Rille). 3fach gekerbter hochrechteckiger Block, urspr. wohl Schmuckplatte auf den Balkenköpfen des griechischen Tempels. In der dorischen Baukunst bilden die T.n im Wechsel mit den *Metopen* (annähernd quadratischen, flachen oder reliefgeschmückten Feldern zwischen den T.n) die Frieszone des Tempelgebälks.

Trikonchos. Dreipaß. (→ Konche.)

Triptychon. 3teiliges (Altar-)Bild. (Vgl. a. Polyptychon.)

Triumphbogen. Der Bogen, der den Chor vom Kirchenschiff trennt. Benannt nach der dort urspr. angebrachten Darstellung des über den Tod triumphierenden Erlösers *(Triumphkreuz)*.

Trompe (frz. = Jagdhorn). Bogen mit nischenartiger Wölbung zwischen 2 rechtwinklig zusammenstoßenden Mauern. Die T. dient bei Türmen und Kuppeln zur Überleitung des quadratischen Grundrisses ins Oktogon.

Trompenkuppel → Kuppelformen.

Tropaion. Siegeszeichen, Siegesmal. Das Wort wird auch gleichbedeutend mit *Trophäe* zur Bezeichnung eines bauplastischen Motivs verwendet, bei dem Waffen, Brustpanzer und Helme zu einem Ensemble zusammengestellt sind.

Tumba. Ein über einem Grab sich erhebender, rechteckiger, meist steinerner Unterbau, der die Grabplatte trägt. Auf dieser ist eine Inschrift, ein Wappen oder die Gestalt des Verstorbenen aus Stein oder Bronze dargestellt.

Tumulus. Hügelgrab.

Tympanon. Die das Bogenfeld über dem Portal füllende Steinplatte, häufig mit ornamentalem oder figürlichem Relief geschmückt.

Typologie. In der Kunstgeschichte eine seit den Anfängen christlicher Kunst bekannte Darstellungsart, bei der einem Geschehen des Alten Testamentes (Typus) eine Szene aus dem Neuen Testament (Antitypus) gegenübergestellt ist. Die Bilder sind sinnvoll so aufeinander bezogen, daß der zugrunde liegende Gedanke, die Auslegung des Alten Bundes als Vorausweisung auf den Neuen Bund, augenfällig wird. So entspricht z. B. Isaak, der das Holz zur eigenen Opferung trägt, dem kreuztragenden Christus, die Aufrichtung der Ehernen Schlange der Kreuzigung Christi usw.

Vasen (lat. vas = Gefäß). Oberbegriff für die antiken Tongefäße, unterschieden nach ihren Verwendungszwecken (Vorrats-, Misch-, Gieß-/Schöpf-, Trink-, Kult-, Salbgefäße u.a.).

Vedute. Gemalte oder gezeichnete Wiedergabe einer Stadt oder Landschaft, die den Gegenstand sachlich genau darstellt.

Verkröpfung. Eine V. entsteht, wenn Gebälke oder Gesimse um Mauervorsprünge, Säulen, Pfeiler oder Lisenen herumgeführt werden.

Vesperbild → Pietà.

Vierpaß → Paß.

Vierung. Meist quadratischer Raum einer größeren Kirchenanlage, der bei der Durchdringung von Langhaus und Querhaus entsteht. (Vgl. a. Basilika, Gebundenes System.)

Volute. Schneckenförmig gewundene Verzierung an Baugliedern und Möbeln. Urspr. Teil des ionischen Kapitells (→ Säulenordnungen).

Vorhangbogen → Bogen.

Voute. Meist im Viertelkreisbogen verlaufende Ausrundung zwischen Wand und Decke bei Innenräumen.

Walmdach → Dach.

Wandpfeilerkirche. Durch Versetzen der Außenwände bei einer gotischen Hallenkirche, seltener bei einer Basilika, in die Flucht der Stirnseiten der Strebepfeiler entstehen innen parallel zu den Seitenschiffen zwischen den Strebepfeilern kapellenartige Nischen. Dieser Raumtyp wird in der Renaissance beibehalten und im Barock im Sinne der Vereinheitlichung des Raumgefüges weiterentwickelt, so daß die Wandpfeiler kulissenartig das 1schiffige Langhaus flankieren.

Wandvorlage. Verstärkung einer Wand durch Pilaster, Lisene oder Pfeiler aus statischen Gründen oder zur Gliederung.

Wange. Seitenwände an Stühlen und Bänken, oft plastisch reich dekoriert, besonders an Chorgestühlen. Außerdem ist W. die Bezeichnung für die niedrige Seitenwand an den Stufen und am Auslauf der Treppe, auf der die Brüstung oder das Geländer aufgesetzt ist.

Weicher Stil. Ein Abschnitt der spätgotischen europäischen Plastik und Malerei *(Internationale Gotik)* etwa in den Grenzen der Jahre 1380 und 1430. Ein flüssiges, nie eckiges Gleiten der stets reich gehäuften Faltenbahnen verbindet sich mit einem fraulich zarten Gefühlsausdruck.

Wirtel. Steinerner Ring, der sich um die Mitte des Säulenschafts legt, daher auch als *Schaftring* bezeichnet. Bereits seit frühromanischer Zeit nachweisbar.

Würfelkapitell → Kapitell.

Zahnschnitt. Gesims, das aus einer Reihe kleiner, in Dreiecksform vorspringender Glieder besteht.

Zellengewölbe → Gewölbe.

Zeltdach → Dach.

Zentralbau. Im Gegensatz zum Langbau der Basilika der Bau mit einem oder mehreren um einen Punkt zentrierten Räumen über rundem, ovalem oder polygonalem Grundriß. Nach der Basilika ist der Z. die wichtigste Form des christlichen Kultbaus.

Ziborium, Ciborium (lat. cibus = Speise). Der steinerne, auf Säulen oder Pfeiler gesetzte Altarbaldachin mit flacher Decke oder Gewölbe und entsprechender Verdachung. An ihm hing das Gefäß mit dem eucharistischen Brot. Häufig im frühmittelalterlichen Italien. – Als Z. wird seit dem späten Mittelalter auch der Wandtabernakel (Sakramentsnische) bezeichnet und das seit dem 13. Jh. dem Meßkelch nachgebildete und mit Deckel versehene Gefäß aus Edelmetall zur Aufbewahrung des eucharistischen Brotes.

Ziste, Ciste. 1. In der etruskischen Kunst des 4./3. vorchr. Jh. gebräuchliches Bronzegefäß in Form eines Zylinders zur Aufnahme von Toilettengegenständen; in der Regel mit gravierten Figuren geschmückt. – 2. Aus Alabaster, Marmor oder Ton gearbeitete, sarkophagförmige Aschenurne der spätetruskischen Kunst; ihre Vorderseite zeigt meist Reliefs, während der Deckel Figuren des Verstorbenen trägt.

Zömeterium. Unterirdische Grabanlage der frühchristlichen Zeit (Katakombe), später allgemein Friedhof.

Zwerggalerie, Zwerchgalerie. In Säulenarkaden geöffneter, mit einer Längstonne oder mit Quertonnen gewölbter Laufgang, der unterhalb des Dachansatzes in die Mauer gelegt ist. In der Romanik sehr häufiges Gliederungsmotiv v.a. an Apsiden, doch gelegentlich auch auf Chortürme, Querhäuser oder Langhauswände ausgedehnt.

Zwickelkuppel (= Pendentifkuppel) → Kuppel.

KÜNSTLERREGISTER

Seiten, auf denen Künstler mit eigenen (bzw. zugeschriebenen) Arbeiten genannt sind, werden durch **fette Schrift** hervorgehoben. Künstler mit Zusatz des Vatersnamens (di) oder der Herkunft (da) stehen in der Regel unter ihren Vornamen.
Abbildungshinweise erscheinen *kursiv*. Dabei verweist *»Abb.«* auf die *Seitenzahlen* der Schwarzweißillustrationen im Text, *»F.«* auf die *Nummern* von Farbabbildungen.

Künstler (Abkürzungen ohne Punkt):

A	Architekt, Baumeister, Bauleiter	Kst	(Kupfer-)Stecher
B	Bildhauer, -schnitzer, Plastiker, Steinmetz	M	Maler, Zeichner
		Med	Medailleur
G	Gießer, Metallkünstler	Mm	Marmorkünstler
Ga	Gartenarchitekt	Mos	Mosaikkünstler
Gl	Glasmaler	Obj	Objektkünstler
Go	Gold-, Silberschmied	Org	Orgelbauer
Ing	Ingenieur	St	Stukkateur
Kart	Kartograph	T	Teppich-, Textilkünstler
Ker	Keramiker, Töpfer	Vs	Vasenmaler

Weitere Abkürzungen und Zeichen:

Abb.	Schwarzweißabbildung	nw.	nachweisbar
Anf.	Anfang	o.	oder
att.	attisch	rhod.	rhodisch
d.	der, die (usw.)	röm.	römisch
E.	Ende	V.	Viertel
F.	Farbabbildung	v.	von, vor
gen.	genannt	zw.	zwischen
griech.	griechisch	~	um, etwa (Zeitangabe)
H.	Hälfte	*	geboren
M.	Mitte	†	gestorben
n.	nach	→	siehe

OBJEKTREGISTER

Die Seitenzahlen von **Objektartikeln** und von sonstigen Hauptstellen sind durch **fette Schrift** hervorgehoben.
Abbildungshinweise erscheinen *kursiv.* Dabei verweist *»Abb.«* auf die *Seitenzahlen* der Schwarzweißillustrationen im Text, gelegentlich auch auf Plan-Einträge, *»F.«* auf die *Nummern* von Farbabbildungen.
Für schnelleres Auffinden wurden verschiedene Objekte zu **Sachgruppen** zusammengefaßt (**fette Stichwörter**), u.a.:

Cappella / Kapelle
Casa / Haus
Fontana / Brunnen
Forum / Foro
Garten / Giardino
Katakombe / Catacomba
Kirchen, Klöster
Museo / Museum
Ospedale / Hospital
Palazzo / Palast
Tempio / Tempel
Thermen

Kirchen, Klöster, Baptisterien, Oratorien

Kirchen, Klöster, Baptisterien, Oratorien

Kirchen, Klöster, Baptisterien, Oratorien

Kirchen, Klöster, Baptisterien, Oratorien

Kirchen, Klöster, Baptisterien, Oratorien

Umgebung

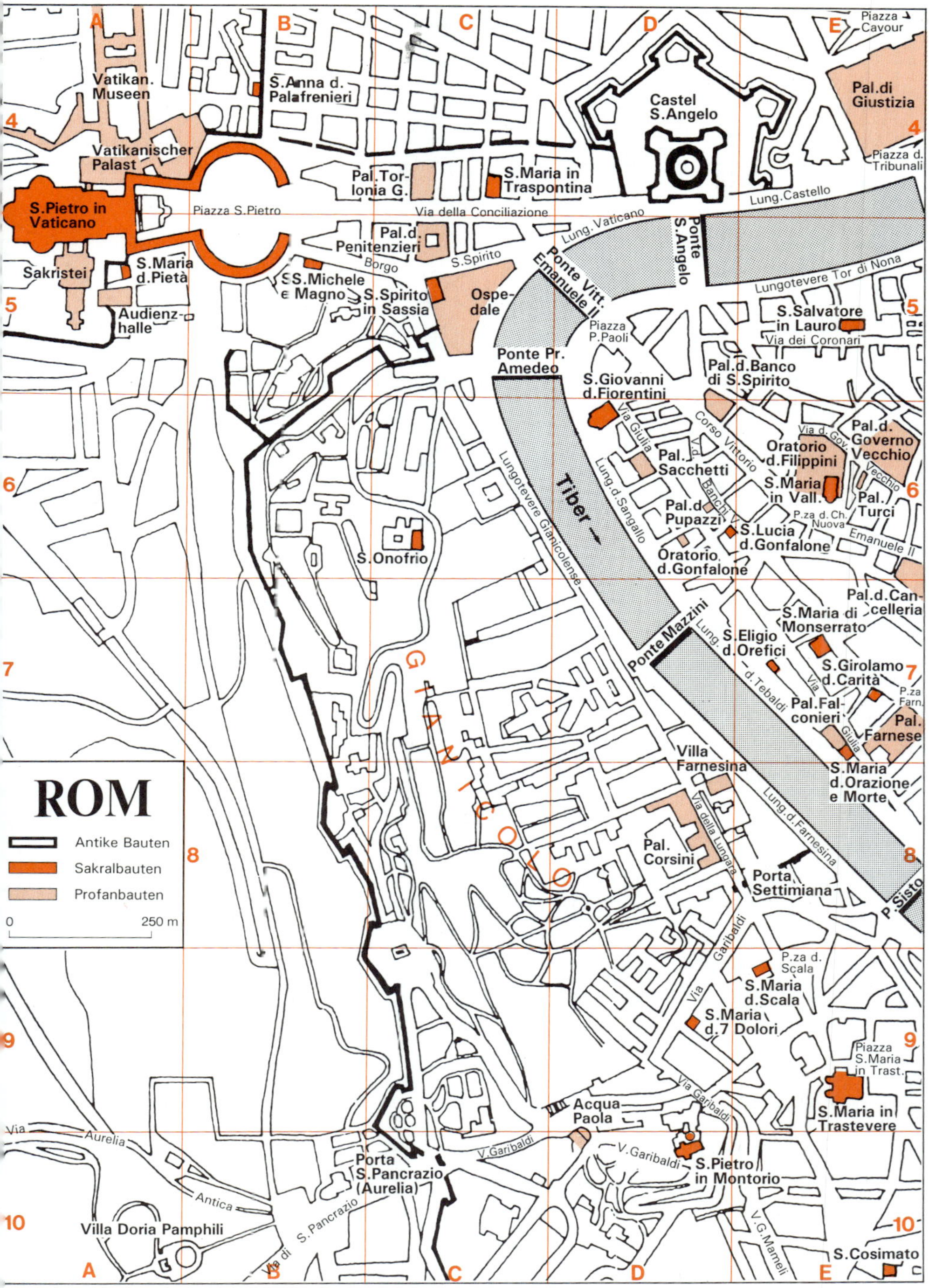
ROM
Antike Bauten
Sakralbauten
Profanbauten
0
250 m
A
B
C
D
E
4
5
6
7
8
9
10
Piazza Cavour
Vatikan. Museen
S.Anna d. Palafrenieri
Castel S.Angelo
Pal.di Giustizia
Piazza d. Tribunali
Vatikanischer Palast
Pal.Torlonia G.
S.Maria in Traspontina
Lung.Castello
S.Pietro in Vaticano
Piazza S.Pietro
Via della Conciliazione
Lung. Vaticano
Ponte S.Angelo
Sakristei
S.Maria d.Pietà
Pal.d. Penitenzieri
Borgo
S.Spirito
Ponte Vitt. Emanuele II
Lungotevere Tor di Nona
S.Michele e Magno
S.Spirito in Sassia
Ospedale
Audienzhalle
S.Salvatore in Lauro
Piazza P.Paoli
Via dei Coronari
Ponte Pr. Amedeo
Pal.d.Banco di S.Spirito
S.Giovanni d.Fiorentini
Via Giulia
Corso Vittorio
Via d. Gov. Vecchio
Pal.d. Governo Vecchio
Oratorio d.Filippini
Pal. Sacchetti
Lungotevere Gianicolense
Tiber
Lung.d.Sangallo
S.Maria in Vall.
Pal. Turci
Pal.d. Pupazzi
Banchi V.
P.za d.Ch. Nuova
S.Onofrio
S.Lucia d.Gonfalone
Emanuele II
Oratorio d.Gonfalone
Pal.d.Cancelleria
S.Maria di Monserrato
Ponte Mazzini
Lung.
S.Eligio d.Orefici
S.Girolamo d.Carità
d. Tebaldi
Via
P.za Farn.
Pal.Falconieri
Pal. Farnese
Giulia
GIANICOLO
Villa Farnesina
S.Maria d.Orazione e Morte
Via della Lungara
Lung.d.Farnesina
Pal. Corsini
Porta Settimiana
P. Sisto
Via Garibaldi
P.za d. Scala
S.Maria d.Scala
S.Maria d.7 Dolori
Piazza S.Maria in Trast.
Acqua Paola
Via Garibaldi
S.Maria in Trastevere
Via Aurelia Antica
V.Garibaldi
Porta S.Pancrazio (Aurelia)
S.Pietro in Montorio
Via di S. Pancrazio
V.G.Mameli
Villa Doria Pamphili
S.Cosimato

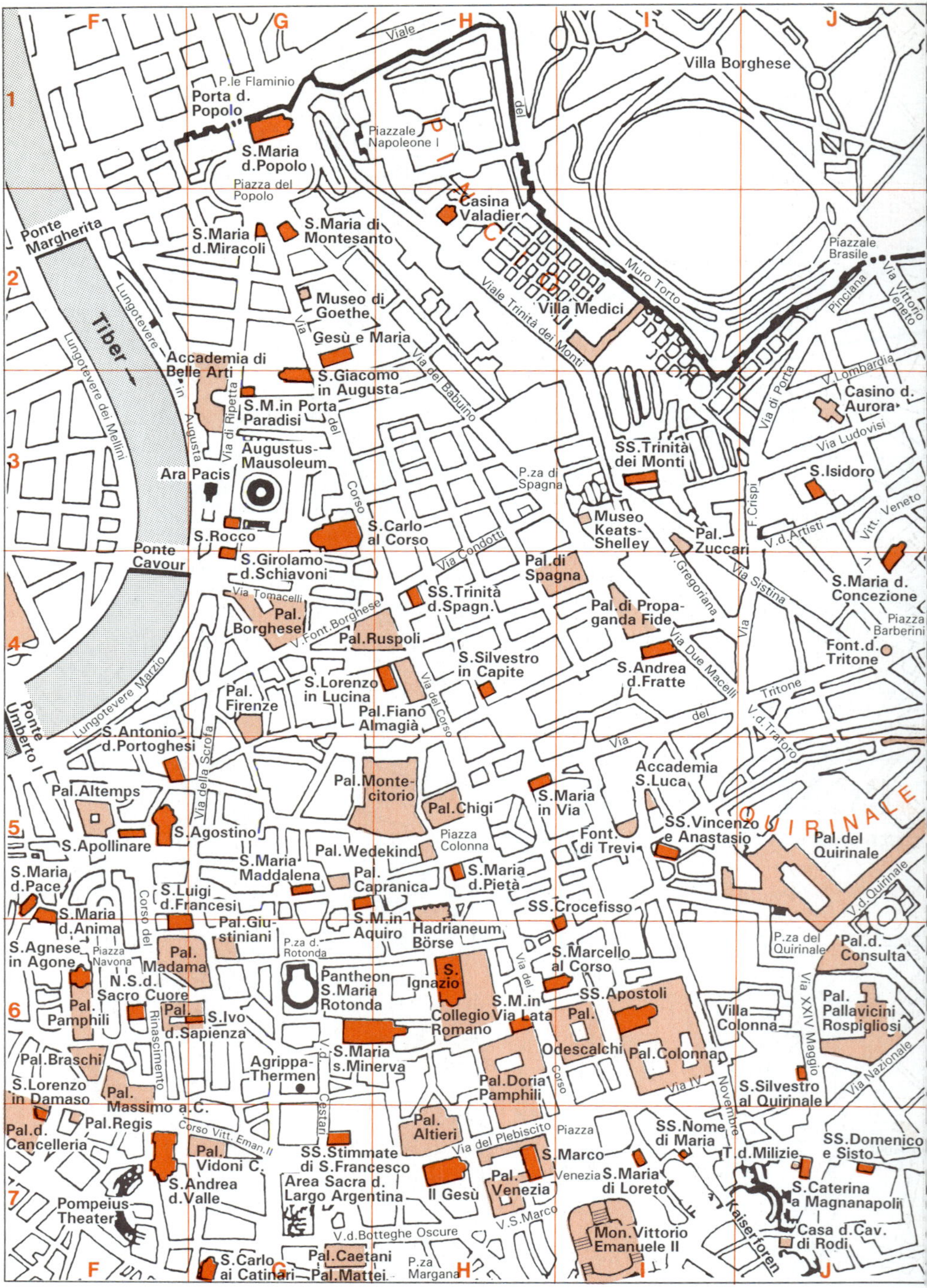
F
G
H
I
J
1
2
3
4
5
6
7
Viale
P.le Flaminio
Porta d. Popolo
S.Maria d.Popolo
Piazza del Popolo
Piazzale Napoleone I
P I N C I O
Casina Valadier
Villa Borghese
Piazzale Brasile
Muro Torto
Ponte Margherita
S.Maria d.Miracoli
S.Maria di Montesanto
Lungotevere
Tiber
Lungotevere dei Mellini
Museo di Goethe
Gesù e Maria
Viale Trinità dei Monti
Villa Medici
Pinciana
Via Vittorio Veneto
Accademia di Belle Arti
S.Giacomo in Augusta
S.M.in Porta Paradisi
Via di Ripetta
Augusta
Augustus-Mausoleum
Ara Pacis
Via del Babuino
V. Lombardia
Casino d. Aurora
Via di Porta
Via Ludovisi
SS.Trinità dei Monti
S.Isidoro
P.za di Spagna
Museo Keats-Shelley
Corso
S.Rocco
S.Carlo al Corso
Pal. Zuccari
F. Crispi
V.d.Artisti
Vitt. Veneto
Ponte Cavour
S.Girolamo d.Schiavoni
Via Condotti
Pal.di Spagna
Via Sistina
V. Gregoriana
S.Maria d. Concezione
Via Tomacelli
Pal. Borghese
V.Font.Borghese
SS.Trinità d.Spagn.
Pal.di Propaganda Fide
Piazza Barberini
Pal.Ruspoli
Via Due Macelli
Via
Font.d. Tritone
S.Silvestro in Capite
S.Andrea d.Fratte
Tritone
S.Lorenzo in Lucina
Via del Corso
Pal. Firenze
Lungotevere Marzio
Pal.Fiano Almagià
del
V.d.Traforo
Ponte Umberto I
S.Antonio d.Portoghesi
Via della Scrofa
Accademia S.Luca
Pal.Monte-citorio
S.Maria in Via
Q U I R I N A L E
Pal.Altemps
Pal.Chigi
S.Agostino
Piazza Colonna
Font. di Trevi
SS.Vincenzo e Anastasio
Pal.del Quirinale
S.Apollinare
Pal.Wedekind
S.Maria d.Pace
S.Maria Maddalena
Pal. Capranica
S.Maria d.Pietà
V.d.Quirinale
S.Luigi d.Francesi
Corso del
S.Maria d.Anima
Pal.Giu-stiniani
S.M.in Aquiro
Hadrianeum Börse
SS.Crocefisso
P.za d. Rotonda
P.za del Quirinale
Pal.d. Consulta
S.Agnese in Agone
Piazza Navona
Pal. Madama
Pantheon S.Maria Rotonda
S. Ignazio
S.Marcello al Corso
N.S.d. Sacro Cuore
Via del
Via XXIV Maggio
Pal. Pallavicini Rospigliosi
Pal. Pamphili
Pal. d.Sapienza
S.Ivo
Collegio Romano
S.M.in Via Lata
SS.Apostoli
Pal. Odescalchi
Villa Colonna
Pal.Colonna
Pal.Braschi
Rinascimento
S.Maria s.Minerva
Agrippa-Thermen
V.d.
Corso
Pal.Doria Pamphili
Via IV Novembre
S.Silvestro al Quirinale
Via Nazionale
S.Lorenzo in Damaso
Pal. Massimo a.C.
Pal.d. Cancelleria
Pal.Regis
Corso Vitt. Eman.II
Cestari
Pal. Altieri
Via del Plebiscito
Piazza
SS.Nome di Maria
SS.Domenico e Sisto
Pal. Vidoni C.
SS.Stimmate di S.Francesco
S.Marco
T.d.Milizie
Venezia
S.Maria di Loreto
S.Andrea d.Valle
Area Sacra d. Largo Argentina
Il Gesù
Pal. Venezia
S.Caterina a Magnanapoli
Pompeius-Theater
Kaiserforen
V.S.Marco
Casa d.Cav. di Rodi
V.d.Botteghe Oscure
Mon.Vittorio Emanuele II
S.Carlo ai Catinari
Pal.Caetani
Pal.Mattei
P.za Margana

K
L
M
N
O
1
2
3
4
5
6
7
Via Pinciana
Via Salaria
Piazza E. Sienkiewicz
Corso d'Italia
Piazza Fiume
Via Nomentana
Sulpicius-Grab
Porta Pia
Christuskirche
Sicilia
Via Toscana
Via
Via Piave
Viale
Policlinico
del
Via Boncompagni
Sallustianische Gärten
Piazza Sallustio
Pal. Boncompagni
Vittorio
Veneto
Via Friuli
Lucullo
Via XX Settembre
Viale Castro Pretorio
S.Nicola da Tolentino
S.Maria d.Vittoria
Via Cernaia
Via S.Nicola da Tolentino
Via Barberini
Acqua Felice Font.d.Mosè
S.Susanna
Piazza S. Bernardo
V. Parigi
Diokletians-Thermen
Piazza Indipendenza
Pal.Barberini
S.Bernardo a.Terme
P.za d.
Repubblica
Font.d. Naiadi
S.Maria d.Angeli
Viale E.De Nicola
Piazza dei Cinquecento
Servianische Mauer
Via delle Quattro Fontane
V. d. Quirinale
S.Carlo a 4 Fontane
Via Nazionale
Collegio Massimo
Stazione Termini
Via Marsala
S.Andrea al Quirinale
St Paul's within the Walls
V. Viminale
Napoli
S.Vitale
Via A. Depretis
Via Cavour
Pal.d. Esposizioni
VIMINALE
S.Pudenziana
Via Giovanni Giolitti
Via Milano
Piazza d. Esquilino
S.Maria Maggiore
Via Principe Amedeo
Urbana
V.S.Maria Magg.
Piazza S.Maria Maggiore
Via Panisperna
V. Cavour
Via Carlo Alberto
Via dei Serpenti
S.Agata d.Goti
S.Prassede
S.Eusebio
Via Merulana
Aqua Julia Trofei di Mario
Via Giovanni Lanza
S.Maria ai Monti
P.za Vitt. Emanuele II
Via Cavour
S.Martino ai Monti
Pal. Brancaccio

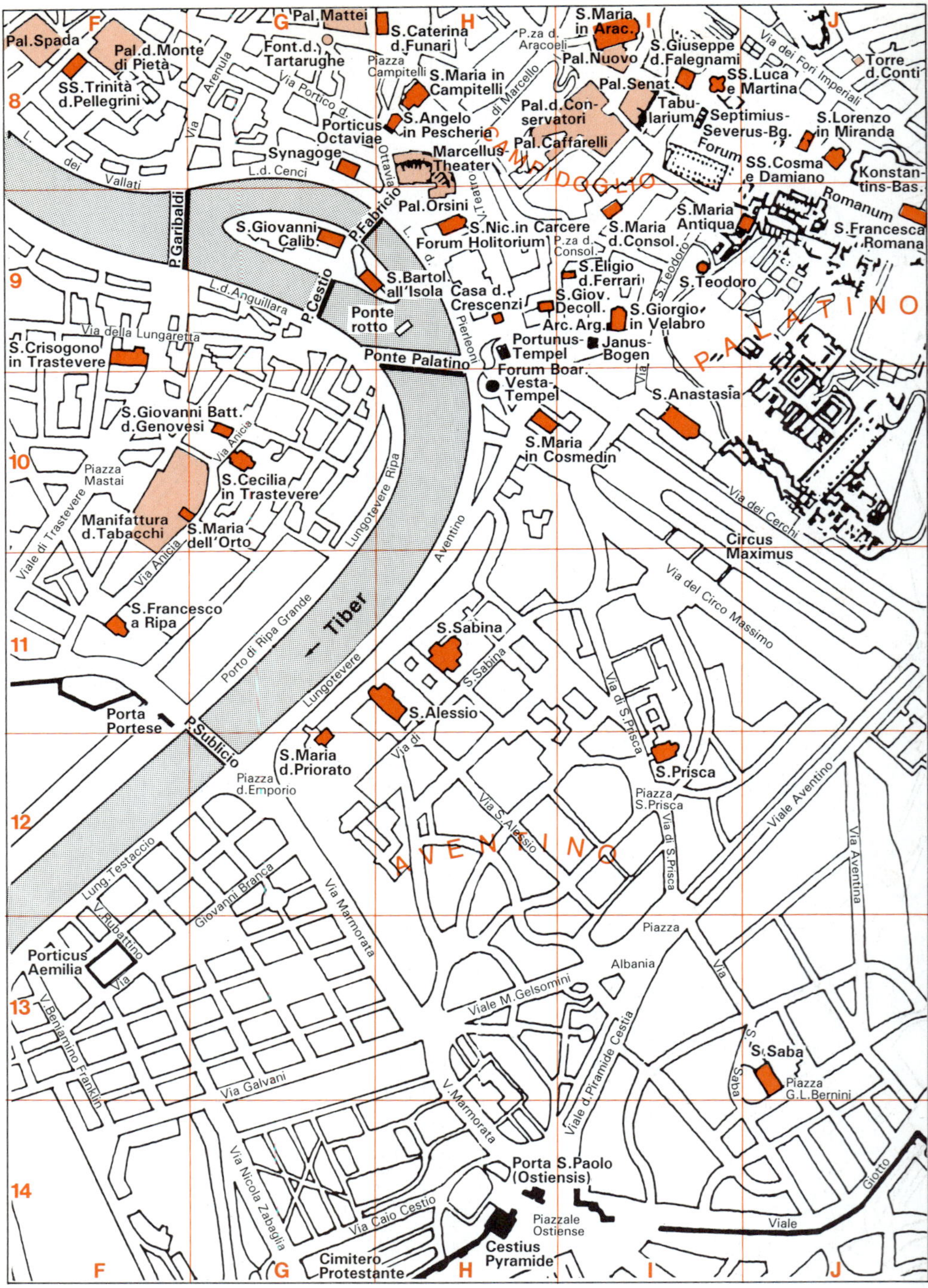

Pal.Spada
Pal.d.Monte di Pietà
SS.Trinità d.Pellegrini
Font.d. Tartarughe
Pal.Mattei
S.Caterina d.Funari
Piazza Campitelli
S.Maria in Campitelli
S.Angelo in Pescheria
Porticus Octaviae
Synagoge
Marcellus-Theater
Pal.Orsini
P.za d. Aracoeli
S.Maria in Arac.
Pal.Nuovo
Pal.d.Conservatori
Pal.Caffarelli
Pal.Senat.
Tabularium
S.Giuseppe d.Falegnami
SS.Luca e Martina
Septimius-Severus-Bg.
Forum Romanum
Via dei Fori Imperiali
Torre d.Conti
S.Lorenzo in Miranda
SS.Cosma e Damiano
Konstantins-Bas.
S.Francesca Romana
S.Maria Antiqua
S.Teodoro
CAMPIDOGLIO
S.Nic.in Carcere
Forum Holitorium
P.za d. Consol.
S.Maria d.Consol.
S.Eligio d.Ferrari
S.Giov. Decoll.
S.Giorgio in Velabro
Arc. Arg.
Janus-Bogen
Portunus-Tempel
Forum Boar.
Vesta-Tempel
Casa d. Crescenzi
S.Giovanni Calib.
S.Bartol. all'Isola
P.Fabricio
P.Cestio
P.Garibaldi
Ponte rotto
Ponte Palatino
L.d.Anguillara
L.d.Cenci
L. dei Vallati
Via Arenula
Via Portico d. Ottavia
Via d. Teatro di Marcello
V.Teatro
Pierleoni
Via della Lungaretta
S.Crisogono in Trastevere
S.Giovanni Batt. d.Genovesi
Via Anicia
S.Cecilia in Trastevere
Piazza Mastai
Manifattura d.Tabacchi
S.Maria dell'Orto
Viale di Trastevere
Lungotevere Ripa
Aventino
S.Maria in Cosmedin
S.Anastasia
PALATINO
Via dei Cerchi
Circus Maximus
Via del Circo Massimo
S.Francesco a Ripa
Porto di Ripa Grande
Tiber
Lungotevere
Porta Portese
P.Sublicio
S.Sabina
Via S.Sabina
S.Alessio
Via di S.Prisca
S.Prisca
S.Maria d.Priorato
Piazza d.Emporio
Piazza S.Prisca
Via S.Alessio
AVENTINO
Viale Aventino
Via Aventina
Lung. Testaccio
Via Giovanni Branca
Via Marmorata
V.Rubattino
Porticus Aemilia
Piazza Albania
Viale M.Gelsomini
V.Beniamino Franklin
Via Galvani
V.Marmorata
Viale d.Piramide Cestia
S.Saba
Via S.Saba
Piazza G.L.Bernini
Porta S.Paolo (Ostiensis)
Piazzale Ostiense
Via Nicola Zabaglia
Via Caio Cestio
Cimitero Protestante
Cestius Pyramide
Viale Giotto
F
G
H
I
J
8
9
10
11
12
13
14

K
L
M
N
O
1
2
3
4
5
6
7
Via Pinciana
Via Salaria
Via Nomentana
Piazza E. Sienkiewicz
Corso d'Italia
Piazza Fiume
Sulpicius-Grab
Porta Pia
Christuskirche
Sicilia
Via Toscana
Via
Via Boncompagni
Via Piave
Viale
del
Policlinico
Sallustianische Gärten
Piazza Sallustio
Pal. Boncompagni
Via Friuli
Lucullo
Via Vittorio Veneto
Via XX Settembre
Viale Castro Pretorio
S.Nicola da Tolentino
S.Maria d.Vittoria
Via S.Nicola da Tolentino
Via Cernaia
Acqua Felice Font.d.Mosè
Piazza Indipendenza
Via Barberini
S.Susanna
Piazza S. Bernardo
V. Parigi
Diokletians-Thermen
Pal.Barberini
S.Bernardo a.Terme
P.za d.
Font.d. Naiadi
S.Maria d.Angeli
Repubblica
Viale E.De Nicola
Piazza dei Cinquecento
Servianische Mauer
Via delle Quattro Fontane
S.Carlo a 4 Fontane
V.d. Quirinale
Via Nazionale
Collegio Massimo
Stazione Termini
Via Marsala
S.Andrea al Quirinale
St.Paul's within the Walls
V. Viminale
Napoli
S.Vitale
Via A.Depretis
Via Cavour
Pal.d. Esposizioni
VIMINALE
S.Pudenziana
Via Giovanni Giolitti
Piazza d. Esquilino
S.Maria Maggiore
Via Milano
Urbana
V.S.Maria Magg.
Via Principe Amedeo
Piazza S.Maria Maggiore
Via Panisperna
V. Cavour
Via dei Serpenti
Via Carlo Alberto
S.Agata d.Goti
S.Prassede
S.Eusebio
Via Merulana
Aqua Julia Trofei di Mario
Via Giovanni Lanza
S.Maria ai Monti
P.za Vitt. Emanuele II
Via Cavour
S.Martino ai Monti
Pal. Brancaccio

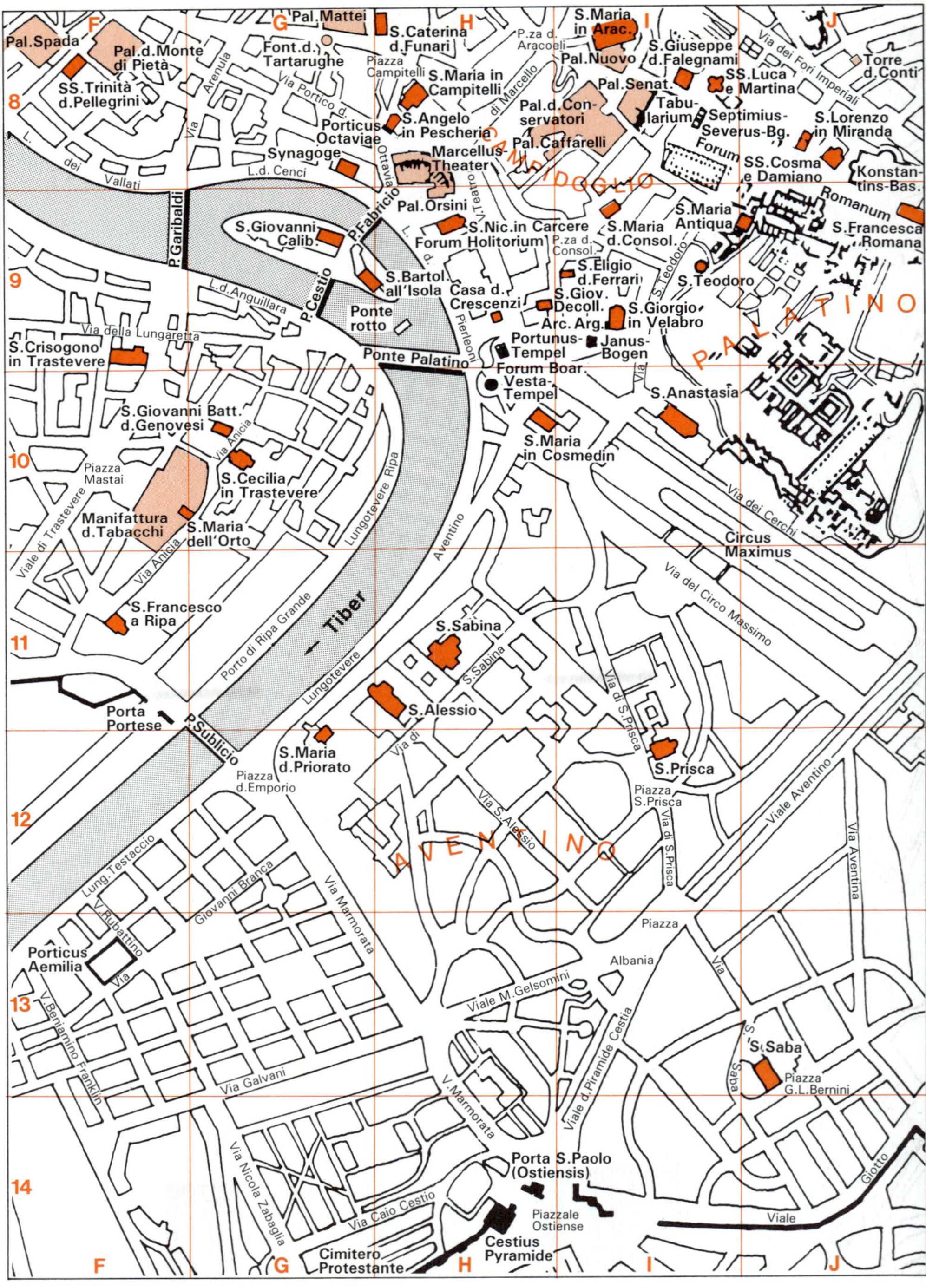
Pal.Spada
Pal.d.Monte di Pietà
SS.Trinità d.Pellegrini
Pal.Mattei
Font.d. Tartarughe
S.Caterina d.Funari
Piazza Campitelli
S.Maria in Campitelli
S.Angelo in Pescheria
Porticus Octaviae
Synagoge
Marcellus-Theater
Pal.Orsini
S.Maria in Arac.
P.za d. Aracoeli
Pal.Nuovo
Pal.Senat.
Pal.d.Conservatori
Pal.Caffarelli
CAMPIDOGLIO
Tabularium
S.Giuseppe d.Falegnami
SS.Luca e Martina
Septimius-Severus-Bg.
Forum Romanum
Via dei Fori Imperiali
Torre d.Conti
S.Lorenzo in Miranda
SS.Cosma e Damiano
Konstantins-Bas.
S.Francesca Romana
S.Maria Antiqua
S.Teodoro
PALATINO
L. dei Vallati
Via Arenula
Via Portico d. Ottavia
L.d.Cenci
P.Garibaldi
S.Giovanni Calib.
P.Fabricio
P.Cestio
S.Bartol. all'Isola
Ponte rotto
Ponte Palatino
L.d.Anguillara
Via della Lungaretta
S.Crisogono in Trastevere
S.Nic.in Carcere
Forum Holitorium
P.za d. Consol.
S.Maria d.Consol.
S.Eligio d.Ferrari
S.Giov. Decoll.
Casa d. Crescenzi
S.Giorgio in Velabro
Arc.Arg.
Janus-Bogen
Portunus-Tempel
Forum Boar.
Vesta-Tempel
S.Anastasia
S.Maria in Cosmedin
Via dei Cerchi
Circus Maximus
Via del Circo Massimo
S.Giovanni Batt. d.Genovesi
Via Anicia
Piazza Mastai
S.Cecilia in Trastevere
Manifattura d.Tabacchi
S.Maria dell'Orto
Viale di Trastevere
Lungotevere Ripa
Aventino
S.Francesco a Ripa
Porto di Ripa Grande
Tiber
Porta Portese
P.Sublicio
S.Sabina
Via S.Sabina
S.Alessio
Via di S.Alessio
S.Maria d.Priorato
Piazza d.Emporio
Via di S.Prisca
S.Prisca
Piazza S.Prisca
Viale Aventino
AVENTINO
Lung.Testaccio
Giovanni Branca
Via Marmorata
V.Rubattino
Porticus Aemilia
V.Beniamino Franklin
Via Galvani
Piazza Albania
Viale M.Gelsomini
Viale d.Piramide Cestia
S.Saba
Piazza G.L.Bernini
Via Nicola Zabaglia
Via Caio Cestio
Porta S.Paolo (Ostiensis)
Piazzale Ostiense
Cestius Pyramide
Cimitero Protestante
Viale Giotto
F G H I J
8 9 10 11 12 13 14

K
L
M
N
O
8
9
10
11
12
13
14
Piazza S.Pietro in Vincoli
S.Pietro in Vincoli
ESQUILINO
Maecenas-Auditorium
Trajans-Thermen
Via d.Annibaldi
Viale del Monte Oppio
V.d.Terme di Traiano
Via Merulana
Via Eman.Filiberto
Domus Aurea
Titus-Bogen
Kolosseum
Piazza del Colosseo
Meta Sudans
Konstantins-Bogen
Ludus Magnus
Via Labicana
Viale A.Manzoni
S.Clemente
Via S.Giovanni in Laterano
V.dei Querceti
SS.Quattro Coronati
Casino Massimo
Ospedale S.Giovanni
Claudius-Tempel
Via Claudia
SS.Salvatore d.Scala Santa
Piazza S.Giovanni in Laterano
Lateranpalast
Via di S.Stefano Rotondo
SS.Giovanni e Paolo
P.za SS. Giov.e Paolo
Clivo di Scauro
Bapt.S.Giovanni in Fonte
S.Giovanni in Laterano
S.Gregorio Magno al Celio
Piazza di Porta Capena
S.Maria in Domnica
Via della Navicella
S.Stefano Rotondo
Via Amba Aradam
CELIO
Viale delle Terme di Caracalla
Porta Metronia
Via Gallia
Viale
S.Balbina
Via Druso
SS.Nereo a Achilleo
Piazzale Numa Pompilio
G.Baccelli
Caracalla-Thermen
Viale Metronio
Viale Guido Baccelli
Viale delle Terme di Caracalla
Via di Porta S.Sebastiano
Via di Porta Latina
S.Giovanni a Porta Latina
Hylas-Kolumbarium
Porta Latina
Scipionen-Grab
S.Giovanni in Oleo

INHALT

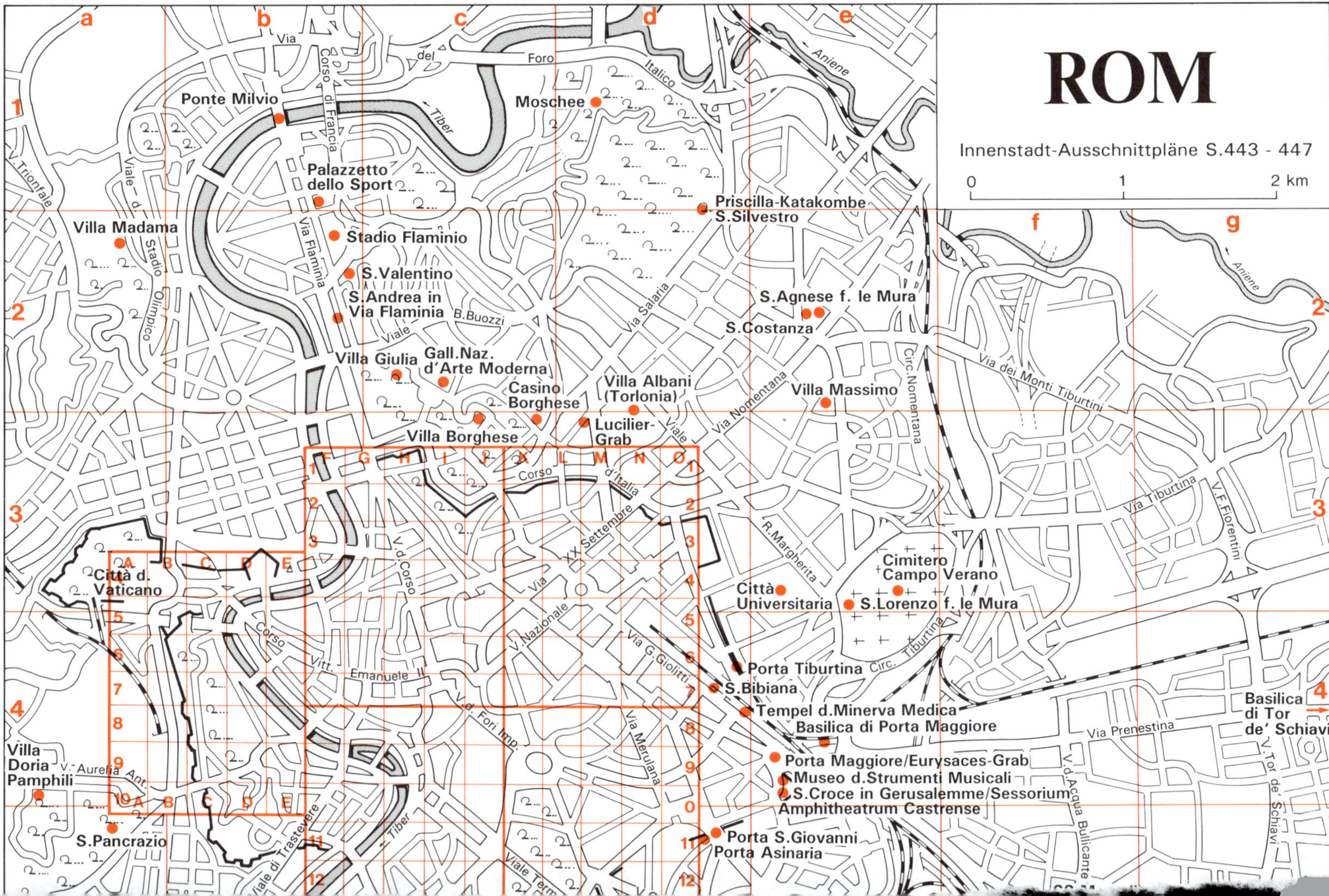
ROM
Innenstadt-Ausschnittpläne S.443 - 447
0 1 2 km
Ponte Milvio
Palazzetto dello Sport
Stadio Flaminio
Villa Madama
S.Valentino
S.Andrea in Via Flaminia
Villa Giulia
Gall.Naz. d'Arte Moderna
Casino Borghese
Villa Borghese
Villa Albani (Torlonia)
Lucilier-Grab
Moschee
Priscilla-Katakombe
S.Silvestro
S.Agnese f. le Mura
S.Costanza
Villa Massimo
Città Universitaria
Cimitero Campo Verano
S.Lorenzo f. le Mura
Porta Tiburtina
S.Bibiana
Tempel d.Minerva Medica
Basilica di Porta Maggiore
Porta Maggiore/Eurysaces-Grab
Museo d.Strumenti Musicali
S.Croce in Gerusalemme/Sessorium
Amphitheatrum Castrense
Porta S.Giovanni
Porta Asinaria
Basilica di Tor de' Schiavi
Città d. Vaticano
Villa Doria Pamphili
S.Pancrazio
Via del Foro Italico
Corso di Francia
Via Flaminia
Viale d. Stadio Olimpico
V.Trionfale
Tiber
Aniene
Viale B.Buozzi
Via Salaria
Via Nomentana
Viale Regina Margherita
Circ.Nomentana
Via dei Monti Tiburtini
Via Tiburtina
V.F.Fiorentini
Circ. Tiburtina
Via Prenestina
V.Tor de' Schiavi
V.d.Acqua Bullicante
Corso d'Italia
Via XX Settembre
V.d.Corso
V.Nazionale
Via G.Giolitti
Corso Vitt. Emanuele
V.d. Fori Imp.
Via Merulana
Viale di Trastevere
V. Aurelia Ant.